兽医内科学

徐世文 唐兆新 主编

科学出版社
北京

内 容 简 介

全书共13章，包括159个疾病与综合征。编排以系统器官为序，分为消化器官、呼吸器官、心血管器官、血液与造血器官、泌尿器官、神经系统、被皮系统、内分泌系统疾病及免疫、遗传、营养代谢病与中毒病。详细介绍了牛、犬、猪、禽类、马和猫，以及部分野生动物疾病，在编写过程中，融入了相关疾病的最新研究成果和常见症状的鉴别诊断，便于使用者掌握诊断疾病要点。

本书可供兽医专业本科生、高职生作为教材使用，也可作为兽医临床技术人员和从事相关领域人员的参考书。

图书在版编目(CIP)数据

兽医内科学/徐世文，唐兆新主编. —北京：科学出版社，2010.2

ISBN 978-7-03-026752-8

Ⅰ.兽…　Ⅱ.①徐…②唐…　Ⅲ.①兽医学：内科学-高等学校-教材　Ⅳ.①S856

中国版本图书馆CIP数据核字(2010)第020774号

责任编辑：林梦阳 / 责任校对：张怡君
责任印制：赵　博 / 封面设计：北极光视界

科学出版社出版
北京东黄城根北街16号
邮政编码：100717
http://www.sciencep.com

北京凌奇印刷有限责任公司印刷
科学出版社发行　各地新华书店经销

*

2010年2月第　一　版　开本：787×1092　1/16
2024年5月第十次印刷　印张：23 1/2
字数：554 000

定价：89.00元

(如有印装质量问题，我社负责调换)

《兽医内科学》编审委员会

主　编：徐世文　唐兆新

副主编：王振勇　李艳飞

编　委（以姓氏笔画为序）：

王生奎　（云南农业大学）
王振勇　（山东农业大学）
邓俊良　（四川农业大学）
刘宗平　（扬州大学）
李金龙　（东北农业大学）
李艳飞　（东北农业大学）
杨自军　（河南科技大学）
杨正涛　（吉林大学）
杨宗泽　（河北科技师范学院）
邵良平　（福建农林科技大学）
胡国良　（江西农业大学）
唐兆新　（华南农业大学）
夏　成　（黑龙江八一农垦大学）
徐世文　（东北农业大学）

主　审：史　言　（东北农业大学）

前　　言

为适应我国高等兽医学教育改革和发展的需要，在科学出版社的支持和协助下，《兽医内科学》教材编审组组织了东北农业大学、华南农业大学、扬州大学、吉林大学、山东农业大学、福建农林科技大学和江西农业大学等12所大学的一批中青年专家，以注重素质教育和创新能力与实践能力的培养，及时反映新世纪教学内容与课程改革成果和为学生知识、能力、素质协调发展创造条件为指导思想，制订了编写大纲。

在教材的编写中，力求简明扼要、科学性强、定义准确、概念清楚、言之有据、材料来源能反映最新进展。在形式上，兼顾教材的系统性和完整性；在内容上，描述常见动物（牛、犬、猪、家禽）疾病的诊断与鉴别诊断同时，兼顾了马、猫、经济动物和野生动物疾病的诊疗，并简略地介绍了现代兽医内科学的研究方法。

兽医内科学是兽医专业临床学科的基础，而且与它们存在着密切关系，故学好兽医内科学，是成为一个好的临床兽医工作者的基础。兽医工作者的根本任务不仅是预防和治疗动物疾病，更重要的是要保证动物源性食品卫生和进行人兽共患病的防治。因此，在本书编写内容的取舍上，以现阶段常见病、多发病为主，突出群发病和共患病。全书共分13章，包括159个疾病与综合征。

在本教材的编写过程中，得到了兽医内科学界老前辈史言教授的指导，并对编写大纲进行了详细审定，老一辈学者严谨求实的学风和无私忘我的精神，是我们学习的楷模，我们也由衷地表示崇高的敬意和感谢。

由于本教材涉及的领域广泛，各学科的迅速发展，在资料的搜集过程中难免遗漏，加之我们的编写经验不足，书中仍会存在缺漏和不足，请广大师生和读者批评指正，以便再版时修正。

编　者

2009年10月

目　　录

第一章 绪 论

临床兽医学是认识和防治动物疾病，保护动物健康的科学。前人在与动物疾病作斗争的过程中，不断积累经验，形成和丰富了理论，这些知识经过整理归纳与研究发展，逐渐形成了现代兽医学的各个学科。兽医内科学是一门涉及面广和整体性强的临床医学学科，是临床各科的基础，又与临床各科有密切的关系。近年来，在生物学、化学、物理学等基础医学的理论与技术蓬勃发展的基础上，临床兽医学的内容正在不断更新和深入，兽医内科学也相应地进入一个飞跃发展的阶段。

兽医内科学的范围和内容

兽医内科学的范围很广，随着专业学科的形成和发展，原来属于兽医内科学范围的兽医传染病学、兽医寄生虫病学等已由兽医内科学分出成为独立的学科。虽然如此，现代兽医内科学的研究范围还是十分广泛。从研究动物种类看，除了传统的畜禽外，还有伴侣动物、观赏动物、野生动物、水生动物等，尤其是伴侣动物的内科疾病已经逐渐成为一个新的研究领域；从研究内容看，除了注重研究个体动物疾病发生、发展规律和诊断治疗技术外，更加注重群发性疾病、动物性食品安全、人类疾病的动物模型和动物保健与福利等方面的研究。本教材的范围包括消化、呼吸、循环、泌尿、神经和造血系统疾病，遗传性疾病、内分泌疾病与皮肤病，以及营养代谢病、中毒病和应激性疾病等常见疾病。每一系统或每类疾病的各章均以总论，提纲挈领地简述该组疾病的共同要点。每一疾病的编写内容大体包括概述、病因、发病机理、临床表现（包括病理解剖、实验室和其他检查）、诊断、治疗和预防，使学生能够学到较为全面和系统的兽医内科学基本知识。

本书系供我国高等农业院校兽医、兽医药学、兽医公共卫生等专业本科学生学习兽医内科学时使用的教材，重点阐述常见病和多发病，学生应深入学习，不断丰富自己的知识，提高预防和治疗这些疾病的能力。但还有相当数量的内科疾病未收入本书之内，学生应参阅有关专著，以扩大知识面。

兽医内科学与其他临床学科关系密切。兽医内科学所阐述的内容在临床兽医学的理论和实践中具有其普遍意义，是学习和掌握其他临床学科的重要基础；而其他临床各学科从各自的角度和特点来阐明疾病，又补充和丰富了兽医内科学的内容，从而使学生能更全面深入地掌握兽医内科学的知识。

学习兽医内科学的目的、要求和方法

学习兽医内科学的目的，主要是通过理论教学和教学实习，掌握常见内科病的基本理论和实际操作技能，初步具有独立分析和解决动物疾病防治的能力；通过临床实践，能进行自学和开展科学研究等活动，继续提高理论知识水平和防治工作能力。并在临床实践中，能贯彻预防为主的方针，为保障畜牧业的可持续发展、保障人民健康，为发展我国兽医科学和社会主义现代化建设服务而贡献力量。

兽医的诊疗对象是患病动物，服务的是动物的所有者，因此在学习兽医内科学知识和技能时，首先要巩固树立全心全意为人民服务的思想和高尚品德。兽医工作者不单要看到疾病，看到患病动物，更重要的是要看到畜主，应该充分了解畜主的心理，以高度的责任感、同情心和实事求是的作风对待畜主。高尚的医德，结合系统而细致的病史采集和检查，正确而及时的诊断和合理的治疗是达到最高疗效的保证。但在治疗的过程中，一定要明确诊疗的对象和畜主的意愿，要考虑诊疗对象的经济价值。

正确诊断是合理治疗的依据。近年来实验室技术和其他检查技术有了很大发展，但完整的病史搜集和体格检查仍是临床诊断的基础。应在此过程中找寻诊断的线索，从而选择必要的实验室检查和其他检查方法。在了解全面材料之后，经过分析综合与逻辑推理，拟出诊断方案。诊断应力求全面，包括病因、病理形态及功能诊断。治疗应强调整体观念，避免局部观点和单纯药物观点，根据一般原则，结合患病动物的特点与具体情况，制订积极而又切实可行的治疗计划。对危重患病动物应不失时机地进行急救处理和治疗。要贯彻预防为主的方针，根据具体情况提出预防措施。

兽医学各基础学科和兽医临床诊断学是兽医内科学的基础，在学习本门课程的过程中要经常复习和密切联系。学习兽医内科学要掌握各个疾病的临床表现、诊断方法和治疗措施，同时还要深入研讨病因、发病机理、病理解剖和病理生理等方面的知识，这样才能更好地理解临床知识并运用于医疗实践。

在整个学习过程中，应理论联系实际，一方面要运用基础学科与兽医内科学的知识来理解、分析和解决防治上的实际问题，另一方面又要以临床实践来检验认识的正确性，经过实践、认识、再实践、再认识的过程，不断总结经验教训，从而充实和提高理论知识以及发现问题、分析问题和解决问题的能力。

兽医内科学的进展

兽医内科学的进展很快，目前对于许多疾病的病因和发病机理的认识已日益明确和深化，在诊断技术和防治方法上也有很大的更新和发展。

1. *病因和发病机理方面*　　近年来，由于分子生物学、免疫学、内分泌学和物质代谢研究等方面的飞跃进展，不少疾病的病因和发病机理得以进一步阐明。虽然很早以前已认识到遗传与环境之间的互作是许多疾病致病因素之一，但只有运用现代的实验方法和手段，才能深入到基因和分子水平来认识疾病。下丘脑多种神经内分泌激素的发现和一些神经递质作用的阐明，使调节动物机体生理活动的两大系统（神经系统和内分泌系统）的相互关系得到更深入的认识，推动了神经内分泌学的发展，并对不少疾病的发病机理提供了进一步的解释。细胞凋亡、氧自由基、DNA 甲基化和组蛋白乙酰化等表观遗传学理论，内分泌激素与其受体如消化道激素、前列腺素等的发现和研究，不仅为某些消化系统、循环系统疾病等的发病机理和治疗的探索开辟了新途径，而且对了解其他疾病的发病机理也具有较广泛的意义。此外，由于环境污染物种类和数量的不断增加，规模化饲养程度的提高，伴侣动物的兴起，动物的器官系统疾病、营养代谢病、中毒病以及肿瘤性疾病和老年病等造成的危害日益突出，使疾病的种类不断增加。

2. *检查和诊断技术方面* 放射免疫技术、酶联免疫吸附测定技术、PCR 技术、芯片技术和酶学检查技术的建立和完善，使测定体液中微量物质或药物成为可能，其灵敏度可达微克至纳克水平，单克隆抗体制备成功又把高度专一性的分析技术推进一步，为诊断学和实验医学提供了新的有效手段。临床生化分析向超微量、高效能、高速度和自动化方向发展，如自动生化分析仪、血球分析仪、酶标仪等。超声诊断已经从 A 型发展到 B 型，对于内脏器官尤其是腹腔脏器如肝脏、心脏、肾脏、子宫、前列腺等某些疾病的诊断起到了决定性作用。纤维内镜目前也已进入兽医临床的诊断和治疗领域，通过直接观察、照相、录像、采取脱落细胞和活组织标本等手段，提高了对消化道、呼吸道、泌尿道等一些疾病的早期诊断和确诊率，而且可用于治疗，如取出结石和脾脏止血、切除息肉和修补肝损伤等。随着科技的发展，电子计算机 X 射线体层扫描（computerized tomography，CT）、核磁共振技术（magnetic resonance imaging，MRI）和放射性核素等新技术也将逐渐地应用于临床诊断中。

3. *预防和治疗方面* 随着药理学和制药技术的发展，新的药物和新的剂型不断出现，为动物疾病的预防和治疗提供了新的方法和手段。头孢菌素、喹诺酮类药物的第四代、第五代的问世，透皮剂的使用，超声雾化器的出现，为临床治疗提供了新的药物、新的给药方法；群体药动学理论的发展，瘤胃内缓释剂、皮下包埋剂的开发，为一些疾病的防治提供了新的方法。在现代免疫理论研究的基础上，出现了如单克隆抗体、干扰素等生物工程药物，为病毒病、肿瘤性疾病等的治疗提供了特效药物。

（徐世文）

第二章　消化器官疾病

第一节　概　　论

动物的消化器官，包括消化道和消化腺两部分。一般来说，消化道起始于口腔，通过咽、食道、胃、小肠、大肠，终止于肛门。反刍动物的胃有四个室，分为前胃（瘤胃、网胃、瓣胃）和皱胃。家禽又不同，其食管在进入胸腔前形成嗉囊，胃分前后两个部分，前部为腺胃，后部为肌胃。至于消化腺，主要包括唾液腺、胃腺、肠腺、肝脏和胰腺等。其中唾液腺、肝和胰腺称为壁外腺，胃腺和肠腺称为壁内腺。消化腺分泌的消化液中有多种消化酶，在消化过程中起催化作用，很显然，消化器官是动物机体的一个自动联合加工的消化营养器官。

引起消化系统疾病的原因很多。概括起来，其原发性疾病的病因，主要是饲料饲养失宜，管理护理不当，环境气候的影响等；继发性疾病主要见于某些肠道细菌、病毒感染，寄生虫侵袭，中毒病，营养物质缺乏与代谢紊乱，也见于循环系统、神经系统、内分泌系统及免疫系统疾病的经过中。高效和特效药物的使用，也常常成为医源性疾病的主要原因。

消化系统疾病，包括口腔及相关器官疾病、食道疾病、胃及肠道疾病、反刍动物前胃疾病、肝脏病、胰脏病及腹膜疾病等。常多发于各种动物，对养殖业危害严重，是兽医内科学教学及临床防治的重点之一。

关于病理发生，各个病有不同的发生发展规律，并具有各自的病理变化特点，但就主要胃肠疾病而言，其病理演变过程中表现为消化、吸收、分泌与排泄的功能障碍，这是本系统疾病病理发生中的基本病理过程。因此，在学习过程中要学会“由个别到一般，再由一般到个别”的分析方法，善于从诸多个别疾病的病理特点中，概括出其基本规律，并用其规律指导每个病的病理发生的学习。例如，在学习肠炎时，首先要掌握如下基本病理过程：肠壁出现炎症，肠黏膜通透性升高，过量体液从血液经肠黏膜漏到肠腔，在肠黏膜吸收不良时则发生漏出性腹泻；因肠道炎症，肠吸收机能与消化液分泌机能障碍，肠道内营养物质消化、吸收不完全，肠腔内渗透压升高，导致渗透性腹泻。肠分泌过多和肠内渗透作用增强，又促进了腹泻过程的发生与发展。由于腹泻，引起机体脱水、酸碱和电解质平衡失调，再则肠内环境改变，肠道菌群紊乱，常继发病毒或细菌感染，最后则导致自体中毒与休克。掌握这一病理过程后，重点是要注意与其他腹泻性疾病如霉菌性肠炎、马属动物急性盲结肠炎、伪膜性肠炎等进行比较、综合，概括出共同规律。可以发现，虽然它们病因有些不同，病理过程与特点各有差异，但腹泻、脱水、酸碱中毒等是其共同的病理过程。在学习过程中若如此，则能触类旁通，举一反三。

消化器官疾病临床症状主要表现消化障碍、流涎，单胃动物常有呕吐、腹痛、腹泻、便秘和少便、腹胀、脱水等。需要强调的是，因消化道病理损害的部位与性质不同；就某疾病而言，因患病动物种类、个体、病程或病情不同，其临床表现均有差异。在学习尤其在临床实践过程中，要注意应用动物生理学、病理学等相关学科的基础理论知识，分析产生症状的病理学基础，阐明症状间的彼此关系，论证胃肠功能损害的部位及性质，建立诊断，并据此提出防治原则与措施。

消化系统疾病的治疗原则，首先除去原发性病因，其次是支持疗法和对症疗法，目的是缓解疼痛，纠正异常损害，抗菌药物和驱虫药物应用在特殊病理过程中。

（唐兆新）

第二节　上消化道疾病

口炎（stomatitis）

口炎是口腔黏膜炎症的统称，包括舌炎、腭炎和齿龈炎。按炎症性质分为卡他性、水泡性、溃疡性纤维素性和蜂窝织性口炎等类型。临床上以采食障碍、口腔黏膜潮红肿胀、流涎为特征。各种动物均可发生。

病因

1. 理化性因素　　物理性病因包括外伤，如粗硬的饲料、粗暴的管理、鱼骨、骨头、锐齿、齿结石等刺激引起，过热或过冷食物烫伤、药物的错误投食等。化学性病因包括刺激性物质，特别是酸性和碱性物质，刺激性药物应用不当，如外用药物涂布体表被动物舔食引起。

2. 生物性因素　　包括细菌性、病毒性和真菌性因素。细菌性病因引起口炎多表现坏死，并出现溃疡或化脓，常发生细菌混合感染，多见于衰弱的犬、猫，有时也可继发于胃肠疾和其他传染病过程中。病毒性口炎因动物种类多病因复杂。例如，水泡的形成是口蹄疫、水泡性口炎、水泡疹的特征；溃疡性口炎见于牛恶性卡他热、牛黏膜病、牛流行热、蓝舌病等；增生性口炎见于丘疹性口炎、犬的乳头状瘤病、猫杯状病毒病、猫免疫缺陷病毒病、猫疱疹病毒病、猫白血病病毒病、犬腺病毒Ⅱ型、犬瘟热或猫泛白细胞减少症等病理过程中。真菌性病例大多数由念珠菌属的真菌和采食霉变饲料引起。

3. 营养代谢性因素　　见于核黄素、抗坏血酸、烟酸、锌等营养缺乏症，慢性疾病如佝偻病、贫血、维生素A过多症、犬蛋白能量不足性营养不良也表现出口炎，也见于糖尿病、甲状旁腺机能减退、尿毒症和甲状腺机能减退等疾病。

4. 其他因素　　邻近器官的炎症，如咽、食道、唾液腺等；消化器官疾病的经过中，如急性胃卡他等。

症状

任何一种类型的口炎，都具流涎，口角附着白色泡沫；采食、咀嚼障碍，采食柔软饲料，而拒食粗硬饲料；口黏膜潮红、肿胀、疼痛，口温增高等共同症状。有些病例尤其是传染性口炎伴有发热等全身症状。其他类型口炎，除具有卡他性口炎的基本症状外，还有各自的特征性症状。

1. 卡他性口炎　口黏膜弥漫性或斑块状潮红，硬腭肿胀；唇部黏膜的黏液腺阻塞时，则有散在的小结节和烂斑；当由植物芒或尖锐异物所致的病例，在口腔内的不同部位形成大小不等的丘疹，其顶端呈针尖大的黑点，触之坚实、敏感；舌苔为灰白色或黄白色。

2. 水泡性口炎　在唇部、颊部、腭、齿龈、舌面的黏膜上有散在或密集的粟粒大至蚕豆大的透明水泡，2～4d后水泡破溃形成鲜红色烂斑。间或有轻微的体温升高。

3. 溃疡性口炎　动物发病初表现为门齿和犬齿的齿龈部分肿胀，呈暗红色，疼痛，出血。1～2d后，病变部变为淡黄色或黄绿色糜烂性坏死，流涎，混有血丝带恶臭。炎症常蔓延至口腔其他部位，导致溃疡、坏死甚至颌骨外露，散发出腐败臭味，通常体温升高。犬猫常伴呕吐或干呕、摩擦脸或摇头，有时出现异常的或夸张的咀嚼动作。

诊断与预后

原发性口炎，根据病史及口腔黏膜炎症变化，可做出诊断。继发性口炎应根据流行病学、病史、症候群以及特殊检查结果进行确诊。

原发性口炎经过积极治疗，一般预后良好。继发性口炎的预后视原发病而定。

治疗

治疗原则为消除病因，加强饲养管理，净化口腔，收敛与消炎和对症治疗。

消除原因，主要是鉴别口炎发生的病因，消除和处理原发性的疾病，尤其是饲养管理所导致的口炎。

加强饲养管理，患畜饲养在卫生良好的厩舍内，给予柔软而易消化的饲料，以维持其营养。草食动物可给予营养丰富的青绿饲料，优质的青干草和麸皮粥；肉食动物和杂食动物可给予牛奶、肉汤、鸡蛋、碎肉等。对于不能采食或咀嚼的动物，应及时补糖输液，或者经胃管投给流质食物，及时补充维生素B、维生素A和维生素C等。

净化口腔、消炎、收敛，可用1%食盐或2%硼酸溶液、0.1%高锰酸钾溶液洗涤口腔；不断流涎、口腔恶臭时，可选用1%明矾溶液或1%鞣酸溶液、1%过氧化氢液、0.1%黄色素溶液、氯乙定（0.2%洗必泰）、聚烯吡酮碘（1∶10）冲洗口腔。溃疡性口炎，病变部可涂擦10%硝酸银溶液后，用灭菌生理盐水充分洗涤，再涂擦碘甘油（5%碘酊1份、甘油9份）或2%硼酸甘油，1%磺胺甘油于患部，肌肉注射维生素B_2和维生素C。

病情严重时，除口腔的局部处理外，要及时选用抗菌药物、抗病毒药物和抗真菌药物进行全身治疗和营养支持疗法。对传染性口炎，重点是治疗原发病，并及时隔离，严格检疫。

唾液腺炎（sialadenitis）

唾液腺炎是腮腺、颌下腺和舌下腺炎症的统称，其包括腮腺炎、颌下腺炎和舌下腺炎，其中以腮腺炎较多见，其次是颌下腺炎。临床上以唾液腺肿胀、流涎和采食障碍为特征。各种动物均可发生，以犬、马、牛、猪多发。

病因

原发性病因主要是饲料芒刺或尖锐异物损伤腮腺管或颌下腺管，或继而污染化脓菌而发生。继发性唾液腺炎，常因邻近器官炎症的蔓延而发生，如口炎、咽炎、喉炎、马腺疫、马传染性胸膜肺炎、维生素A缺乏症、犬瘟热等。病毒性疾病如犬副黏病毒病（流行性腮腺炎），犬并发黏液囊肿。

继发性病因，多见于口炎、咽炎、马腺疫及流行性腮腺炎等病的经过中。犬可继发于犬瘟热和狂犬病经过中。

症状

唾液腺炎共同的症状是流涎，头颈伸展（两侧性）或歪斜（一侧性），采食、咀嚼困难，腺体局部红、肿、热、痛等，继发咽炎时，则吞咽困难。不同的唾液腺炎又各有其特有的临床症状。

1. 腮腺炎　急性腮腺炎腮腺（单侧或双侧）肿大、增温、疼痛。如已化脓，则肿胀部触诊有波动感，并有脓液从腮腺管流出，口腔有恶臭气味；否则肿胀部较坚实，患畜有疼痛反应。严重的化脓性腮腺炎还波及颊、口腔底壁及颈部，血液学检查则白细胞数明显增多。慢性腮腺炎时，触压腺体硬固，疼痛轻微。

2. 颌下腺炎　下颌间隙肿胀，触压舌尖旁侧、口腔底壁的颌下腺管，有脓液流出或发现有鹅卵大波动性肿块（炎性舌下囊肿）。严重时患畜头颈伸直，常伴发下颌间隙蜂窝织炎或口炎。

3. 舌下腺炎　比较少见，常继发于腮腺炎或颌下腺炎。触诊口腔底部和颌下间隙肿胀、增温、疼痛，腺叶突出于舌下两侧黏膜表面，最后化脓并溃烂，口腔恶臭。

诊断与预后

根据唾液腺，特别是腮腺的解剖部位和临床特征，结合病史调查和病因分析进行鉴别诊断。

积极治疗，一般预后良好。

治疗

治疗原则为消除炎症和对症治疗。

轻症的腮腺炎，可用50%酒精热敷，或涂擦凡士林碘软膏（碘∶碘化钾∶凡士林为1∶5∶15），促进炎症消散和渗出物吸收。对化脓性唾液腺炎，当脓肿成熟时，多采用手术切开引流排脓，用3%过氧化氢或0.1%高锰酸钾溶液冲洗脓腔，急性炎症伴有体温升高时，可酌用抗生素如磺胺制剂。继发性唾液腺炎，应着重治疗原发病。

此外应注意护理，畜圈要清洁、通风；给予易消化而富有营养的饲料，役畜停止使役。

咽炎（pharyngitis）

咽炎是咽黏膜、软腭、扁桃体（淋巴滤泡）及其深层组织炎症的总称。按病程分为急性型和慢性型；按炎症性质分为卡他性、蜂窝织性和格鲁布性等类型。临床上以咽部敏感、吞咽障碍和流涎为特征。各种家畜都可发生。

病因

原发性病因，主要是饲料中的芒刺、异物等机械性刺激，饲料与饮水过冷过热或混有酸碱等化学药品的温热性和化学性刺激，受寒、感冒、过劳或长途运输时，机体防卫能力减弱，链球菌、大肠杆菌、巴氏杆菌、坏死杆菌等条件致病菌内在感染而引发本病。

继发性病因，常见于邻近器官的炎性疾病的蔓延，如口炎、食管炎、喉炎以及流感、咽炭疽、马腺疫、口腔坏死杆菌病、巴氏杆菌病、牛恶性卡他热牛口蹄疫、猪瘟和瘟热等传染病的经过中。

发病机制

咽是呼吸道和消化道的共同通道，易受到物理化学因素的刺激和损伤。咽的黏膜组织中有丰富的血管和神经纤维分布，黏膜极其敏感。因此，当机体抵抗力降低，黏膜防卫机能减弱时，极易受到条件致病菌的侵害，导致咽黏膜的炎性反应。特别是扁桃体是各种微生物居留及其侵入机体的门户，容易引起炎性变化。

在咽炎的发生、发展过程中，由于咽部血液循环障碍，咽黏膜及其黏膜下组织呈现炎性浸润，扁桃体肿胀，咽部组织水肿，引起卡他性、格鲁布氏或化脓性咽炎的病理反应。并因炎症的影响，咽部红、肿、热、痛和吞咽障碍，因而患畜头颈伸展，流涎，食糜及炎性渗出物从鼻孔逆出甚至因会厌不能完全闭合而发生误咽，引起腐败性支气管炎或肺坏疽。当炎症波及喉时，引起咽喉炎，喉黏膜受到刺激而产生频频咳嗽。

在重剧性咽炎，由于炎性产物的吸收，引起恶寒战栗、体温升高，并因扁桃体高度肿胀，深部组织胶样浸润，喉口狭窄，呼吸困难甚至发生窒息。

症状

一般患畜畏忌采食，勉强采食时，咀嚼缓慢，吞咽时，摇头缩颈，骚动不安，甚至呻吟，或将食团吐出。由于软腭肿胀和机能障碍，在吞咽时常有部分食物或饮水从鼻腔逆出，使两侧鼻孔常被混有食物和唾液的鼻液所污染。口腔内常积聚多量黏稠的唾液，呈丝状流出，或在开口时涌出。牛呈现哽噎，猪、犬、猫出现呕吐或干呕；咽腔检查可见软腭和扁桃体高度潮红、肿胀，附着脓性或膜状覆盖物。沿第一颈椎两侧横突下缘向下颌间隙后侧舌根部向上做咽部触诊，患畜表现疼痛不安并有痛性咳嗽。

1. *格鲁布氏咽炎*　起病较急，体温升高，精神沉郁，不愿采食，颌下淋巴结肿胀，鼻液中混有灰白色伪膜；咽部视诊，扁桃体红肿，咽部黏膜表面覆盖有灰白色伪膜，将伪膜剥离后，见黏膜充血、肿胀，有的可见到溃疡。

2. *化脓性咽炎*　患畜咽痛拒食，高热，精神沉郁，脉率增快，呼吸急促，鼻孔流出脓性鼻液。咽部视诊，咽部黏膜肿胀、充血，有黄白色脓点和较大的黄白色突起；扁桃体肿大，充血，并有黄白色脓点。

严重病例，尤其是格鲁布氏和化脓性咽炎，伴有发热，脉搏、呼吸增数，咽区及颌下淋巴结、扁桃体肿大；炎症蔓延到喉部，呼吸促迫，咳嗽频繁，咽黏膜上和鼻孔内有脓性分泌物。血液学检查：白细胞数增多，中性粒细胞显著增加，核左移。咽部涂片检查，可发现大量的葡萄球菌、链球菌等化脓性细菌。

慢性咽炎，病程缓长，症状轻微，咽部触诊疼痛反应不明显。

诊断与预后

根据患畜头颈伸展、流涎、吞咽障碍以及咽部视诊的特征病理变化，可做出诊断。但须与咽腔内异物、咽腔内肿瘤、食管阻塞、腮腺炎、喉卡他、腺疫、流感、炭疽、猪瘟、巴氏杆菌病等疾病进行鉴别。

一般经积极治疗预后良好，重剧病例预后谨慎。

1. 咽腔内异物　也出现吞咽困难、口鼻流涎等症状，但本病呈突然发生，咽腔检查可见有异物。以牛和犬常见。

2. 咽腔肿瘤　其特点是咽部无炎症变化，缺乏相应的急性症状，触诊咽部无疼痛现象。

3. 喉卡他　虽有流鼻液、咳嗽等症状，但吞咽无异常。

4. 食管阻塞　有吞咽障碍、口鼻流涎症状，但咽部触诊无疼痛，多为突然发生，反刍动物易继发瘤胃臌气。

治疗

治疗原则为加强护理，抗菌消炎。

对吞咽困难的患畜，要及时补糖输液，维持其营养；尚能采食的给予柔软易消化饲料，肉食动物喂食米粥、肉汤、牛奶等；疑似传染病的应及时隔离观察与治疗。严禁经口投药。

药物治疗，应根据口炎类型和病情的不同，选择合适的治疗方法，才能达到预期效果。病的初期，咽部先冷敷后热敷，每天 3 或 4 次，每次 20～30min。也可用樟脑酒精或鱼石脂软膏、止痛消炎膏涂布。小动物可用碘甘油或鞣酸甘油直接涂布咽黏膜。必要时，可用 3%食盐水喷雾吸入，有良好效果。

病情重剧的用 10%水杨酸钠液，牛、马 10mL，猪、羊、犬 10～20mL，静脉注射，或用普鲁卡因青霉素钠，牛、马 200～300 万 IU，驹、犊、猪、羊、犬 40～80 万 IU，肌肉注射，每天 3 次。蜂窝织性咽炎宜早用土霉素，牛、马 2～4g，猪、羊、犬 0.5～1g，用生理盐水或葡萄糖液作溶媒，分上下午两次静脉注射。若出现呼吸困难并有窒息现象时，用封闭疗法进行急救，有一定效果，用 0.25%普鲁卡因液，牛 50mL，猪 20mL；青霉素，牛 100 万 IU，猪 40 万 IU；混合后做咽喉部封闭。或用 20%磺胺嘧啶钠液 50mL，10%水杨酸钠液 100mL，分别静脉注射，每日 2 次。

中药可用口咽散，青黛 15g、冰片 5g、白矾 15g、黄连 15g、黄柏 15g、硼散 10g、柿霜 10g、栀子 10g 共研细末，装入布袋内使病畜衔于口中，每天更换一次。

食道阻塞（esophageal obstruction）

食道阻塞是由于吞咽的食物或异物过于粗大和（或）咽下机能障碍，导致吞咽功能障碍的一种疾病。按阻塞程度，分为完全阻塞和不完全阻塞；按其部位，分为咽部食道阻塞、颈部食道阻塞和胸部食道阻塞。临床上以突然发病、惊恐不安、流涎、反刍兽腹围迅速膨胀为特征。各种动物均可发病，以牛和犬较为常见。

病因

引起本病的堵塞物，常见的有甘薯、马铃薯、甜菜、萝卜等块根块茎饲料；棉籽饼、豆饼、花生饼块、谷秆、稻草、干花生秧、甘薯藤等粗硬饲料；软骨及骨头、木块、棉线团、布块等异物。原发性阻塞，多发生在饥饿、抢食，采食时受惊等应激状态下，因匆忙吞咽而阻塞于食道。继发性阻塞，常伴发于异嗜癖、脑部肿瘤以及食管的炎症、狭窄、扩张、痉挛、麻痹、憩室等疾病。亦有因全身麻醉，食管神经功能尚未完全恢复即采食，从而导致阻塞。

发病机制

异物可以阻塞在任何部位，当发生完全阻塞时，由于食物、饮水、分泌的唾液不能通过阻塞部位，出现流涎，胃内产生的气体不能通过嗳气排出，因而反刍兽迅速发生瘤胃臌胀，腹内压升高，出现呼吸困难和循环障碍。因阻塞部位食管肌肉受到机械性刺激，发生痉挛性收缩，患畜表现精神烦闷，紧张，不断做出吞咽动作，显示出疼痛不安的状态。至于不完全阻塞，患畜采食的液体饲料和饮水尚能通过食管进入胃内，胃内的气体也可由嗳气排出，病情比较轻微。

阻塞物若不能及时排除，被阻塞部位可能继发扩张，或由于压迫出现组织发炎、坏死、甚至穿孔，病情随之急剧发展和恶化。

症状

完全性食管阻塞的共同症状表现为急性经过，患畜突然停止采食，低头伸颈，不断徘徊，狂躁不安；频频出现吞咽动作，口腔和鼻腔大量流涎，常伴有咳嗽。颈部食道阻塞，见有局限膨隆，外部触诊可感阻塞物，压之患畜敏感疼痛。胸部食管阻塞时，在阻塞部位上方的食管内积满唾液，触诊能感到波动并引起哽噎运动。用胃管探诊可感知阻塞物，当触及阻塞物时，感到阻力，不能推进。X射线检查可见阻塞部呈块状密影；食管造影检查，显示钡剂到达该处则不能通过。

反刍动物食管阻塞时，腹围膨大、呼吸困难及流涎是其特征性症状。腹围很快膨大，叩诊鼓音，张口伸舌呼吸。瘤胃穿刺排气，病情缓解后，不久又反复发生鼓气。不完全阻塞时症状较轻。

猪食管阻塞时，垂头站立，流涎，时而试图饮水、采食，但饮进的水立即逆出口腔。

犬食管阻塞时，饮食欲废绝，流涎，干呕和咽下困难。不完全阻塞时，液体和流质食物可通过食管进入胃，病犬呕吐，厌食，逐渐消瘦。

诊断与预后

根据病史和临床特征，结合胃管探诊和影像学检查，可做出确诊。

病程及预后应视其阻塞物的性质、阻塞的部位以及治疗的结果而定。若及时去除阻塞物一般预后良好。反刍兽完全阻塞若治疗不及时，可因腹胀而窒息死亡。

治疗

治疗原则为解除阻塞，消除炎症，加强护理和预防并发症的发生。

在反刍动物继发瘤胃臌气时，首先应做瘤胃穿刺排气，缓解呼吸困难，控制病情，然后再行治疗。为镇痛与缓解食道痉挛，用水合氯醛，牛、马10～25g/次，羊、猪2～4g/次，犬0.3～1g/次，配成1%～5%浓度灌肠，然后用0.5%～1%普鲁卡因液，混合少许植物油或液石蜡灌入食道。在缓解痉挛、润滑管腔的基础上，依据阻塞部位和堵塞物性状，选用以下方法疏通食道：①疏导法，栓缰绳于左前肢系凹部在坡道上来回驱赶（马）或皮下注射新斯的明注射液，马 3～10mg/次，牛 4～20mg/次，羊、猪 2～5mg/次，犬 0.25～1mg/次，借助于食道运动而使之疏通；②推压法，插入胃导管并抵住阻塞物，缓慢用力将其推压入胃；③挤出法，手掌抵堵塞物下端，对侧颈部垫以平板，手掌用力将堵塞物向咽部挤压。上述方法无效时，手术切开食道取出堵塞物。

加强护理，预防并发症。暂停饲喂饲料和饮水，以免误咽而引起异物性肺炎。牛、羊食管阻塞，当继发瘤胃臌气时，应及时施行瘤胃穿刺放气，并向瘤胃内注入防腐消毒剂。病程较长者，应注意消炎、强心等。

（王振勇）

第三节　反刍动物胃疾病

前胃弛缓（atony of forestomach）

前胃弛缓是由各种病因引起的前胃神经兴奋性降低，平滑肌收缩力减弱，瘤胃内容物运转缓慢所致的反刍动物消化机能障碍综合征。根据发病原因分为原发性和继发性前胃弛缓，按病程可分为急性瘤胃弛缓和慢性瘤胃弛缓。其临床特征为食欲减退、反刍缓慢、前胃运动减弱甚至停止。本病主要发生于舍饲的牛、羊，特别是肉牛和奶牛，多见于早春和晚秋，是前胃疾病中最为常见的一种。

病因

1. 原发性因素　　常见于饲养管理不当和环境条件改变。

（1）饲草饲料因素。饲料饲草过于粗硬或过于细软；饲料单纯，粗纤维过多，营养成分较少；饲料饲草不洁，混有泥沙；饲草饲料缺乏，饲喂野生杂草、小树枝等；饲草饲料霉败、变质、霜冻、堆积发酵等。矿物质和维生素缺乏，在严冬早春，水冷草枯，牛、羊被迫食入大量的秸秆、垫草或灌木，或者日粮配合不当，矿物质和维生素缺乏，特别是维生素 A、维生素 B_1 以及钙缺乏时，可导致瘤胃的兴奋性降低和收缩力减弱，引起单纯性消化不良。

（2）饲养管理因素。饲养程序紊乱，如不定时、定量，饥饱无常；饲养方式的突然改变，如由放牧迅速转变为舍饲或由舍饲突然转为放牧。过度劳役、长期休闲、运动不足等。误食塑料袋、化纤布或分娩后的母牛食入胎衣等均可引起单纯性消化不良。环境因素，如圈舍卫生不良，空气潮湿、污浊，温度过高、过低或温度变化过于剧烈，过于拥挤或缺乏光照等可导致本病的发生。

（3）应激因素。由于严寒、酷暑、饥饿、疲劳、断乳、更换圈舍、调群、离群、恐惧、感染与中毒等因素或手术、创伤、剧烈疼痛的影响，引起应激反应，而发生单纯性消化不良。

2. 继发性因素　　瘤胃弛缓常继发于胃肠疾病、口腔疾病、营养代谢性疾病、传染性疾病、寄生虫性疾病、发热性疾病等。此外长期大量服用抗生素或磺胺类等抗菌药物，致使瘤胃内正常微生物区系受到破坏，也可发生消化不良，从而造成医源性前胃弛缓的发生。

发病机理

在致病因素的作用下，中枢神经系统或植物神经系统功能出现紊乱，平滑肌收缩力降低，前胃反射性降低及瘤胃内环境紊乱，这些病理过程或单独存在或混合存在，导致前胃的运动功能降低和瘤胃消化能力减弱，瘤胃处于弛缓状态。

由于前胃弛缓，瘤胃收缩力减弱，致使瘤胃内容物得不到充分的搅拌，造成瘤胃内微生物群系失衡，瘤胃内容物出现异常分解，产生大量的有机酸（乙酸、丙酸、丁酸、乳酸等）和气体（CO_2、CH_4 等），pH 下降，瘤胃内微生物区系共生关系遭到破坏，纤毛虫的活力减弱或消失，瘤胃蠕动也进一步受到抑制，出现食欲减退或废绝，反刍减弱或停止；前胃内容物不能正常运转与排出，瓣胃的运动也受到抑制，瓣胃内容物停滞，消化机能更加紊乱。随着疾病的发展，前胃内容物异常腐败分解，产生大量的氨和其他含氮物质（酰胺、组胺等）。这时血液中尿素和铵盐增高，并出现有毒的酰胺和氨，肝脏受到毒性损害，解毒机能降低，发生自体中毒。同时由于有毒物质的强烈刺激引起前胃炎、皱胃炎、肠炎和腹膜炎，肠道渗透性增强，发生脱水，病情急剧恶化，导致迅速死亡。

症状

前胃弛缓按其病情发展过程，可分为急性和慢性两种类型。

急性型　患畜食欲减退或废绝，反刍减少、短促、无力，时而嗳气并带酸臭味；奶牛和奶山羊泌乳量下降；体温、呼吸、脉搏一般无明显异常。瘤胃蠕动音减弱，蠕动次数减少，有的患畜虽然蠕动次数不减少，但瘤胃蠕动音减弱、每次蠕动的持续时间缩短；瓣胃蠕动音微弱。触诊瘤胃，其内容物黏硬或呈粥状。病初粪便变化不大，随后粪便变为干硬、色暗，被覆黏液。如果伴发前胃炎或酸中毒时，病情急剧恶化，呻吟，磨牙，食欲废绝，反刍停止，排棕褐色糊状恶臭粪便；精神沉郁，黏膜发绀，皮温不整，体温下降，脉率增快，呼吸困难，鼻镜干燥，眼窝凹陷。

慢性型　通常由急性型前胃弛缓转变而来。患畜食欲不定，有时减退或废绝；常常虚嚼、磨牙，发生异嗜，舔砖、吃土或采食被粪尿污染的褥草、污物；反刍不规则，短促、无力或停止；嗳气减少，嗳出的气体带臭味，病情弛张，时而好转，时而恶化，日渐消瘦；被毛干枯、无光泽，皮肤干燥、弹性减退；精神不振，体质虚弱。瘤胃蠕动音减弱或消失，内容物黏硬或稀软，瘤胃轻度臌胀；多数病例，网胃与瓣胃蠕动音微弱。腹部听诊，肠蠕动音微弱。患畜便秘，粪便干硬、呈暗褐色，附有黏液；有时腹泻，粪便呈糊状，腥臭，或者腹泻与便秘互相交替；老牛病重时，呈现贫血与衰竭，常有死亡。

实验室检查　瘤胃液 pH 下降至 6.0 以下（正常的变动范围为 6.5～7），少数升高至 7.0 以上；纤毛虫活力降低，数量减少至 7.0 万/mL 左右（正常黄牛为 13.9 万～114.6 万/mL，水牛为 22.3 万～78.5 万/mL）；葡萄糖发酵能力降低，60min 时，产气低于 1mL，甚至产生的气体仅有 0.5mL（正常牛、羊 60min 时，产气 1～2mL）；瘤胃沉淀物活性实验，其中微粒物质漂浮的时间延长（正常为 3～9min）；纤维素消化实验，用系有小金属重物的棉线悬于瘤胃液中进行厌气温浴，棉线被消化断离的时间超过 60h（正常为 50h 左右），显示前胃弛缓，消化不良。

病理变化，瘤胃胀满，黏膜潮红，有出血斑。瓣胃容积增大甚至可达正常时的3倍，瓣叶间内容物干燥，其上覆盖脱落的黏膜，有时还有瓣叶的坏死组织。有的病例，瓣胃叶片组织坏死、溃疡和穿孔，局限性或弥漫性腹膜炎以及全身败血症等变化。

诊断与预后

原发性前胃弛缓的诊断，可根据饲养管理失调和临床症状以及瘤胃液pH的下降，纤毛虫活力降低、数量减少，糖发酵能力降低等实验室检查指标的变化建立诊断。但须与奶牛酮病、创伤性网胃腹膜炎、皱胃左方变位、瘤胃积食等疾病进行鉴别。

原发性前胃弛缓，若无并发症，及时采取对因治疗，加强护理，3～5d内即可康复。若治疗不及时，同时伴发瓣胃阻塞，则预后慎重。继发性前胃弛缓，病情发展与转归，应视原发病而定，如创伤性网胃炎所继发的前胃弛缓，则预后不良。

治疗

治疗原则为加强护理，消除病因，促进瘤胃蠕动、助消化、防腐止酵和对症治疗。

改善饲养管理，针对发病因素，采取针对性措施，消除致病因素。病初绝食1～2d后，饲喂适量富有营养、易消化的优质干草或青草，增进消化机能。

促进瘤胃蠕动可使用副交感神经兴奋剂如氨甲酰胆碱，牛1～2mg，羊0.25～0.5mg，或用新斯的明，牛10～20mg，羊2～4mg，或用毛果芸香碱，牛30～50mg，羊5～10mg，皮下注射。此类药物应用时应注意少量多次应用，必要时可进行追加，一定要严格控制单次的剂量，以免引起剧烈的腹痛。另外，妊娠、病情严重及心机能不全时禁止应用。也可选用浓盐水、促反刍液等静脉注射。例如，选用5%氯化钠溶液300mL，5%氯化钙溶液300mL，安钠咖1g，一次静脉注射；10%氯化钠溶液100mL，5%氯化钙溶液200mL，20%安钠咖溶液10mL，1次静脉注射。也可用小剂量的吐酒石2～4g，常水1000～2000mL，内服，1次/d，连用3d。吐酒石沉积在瘤胃内引起化学性瘤胃炎，故内服时要完全溶解，多次应用易引起中毒反应。

健胃助消化可使用胃蛋白酶5～10g，0.2%稀盐酸15～30mL，混合灌服；乳酶生10～30g，加水灌服；药曲30～60g，加水灌服；乳酸菌素片15～30g，加水灌服等。芳香性健胃剂如陈皮酊40～80mL、姜酊40～60mL、辣椒酊8～15mL，灌服。苦味健胃剂如龙胆酊50～100mL、复方龙胆酊40～60mL，灌服。盐类健胃剂如人工盐50～100g，加水2000mL，灌服。

防腐止酵可选用稀盐酸15～30mL，酒精100mL，煤酚皂溶液10～20mL，常水500mL，牛一次内服；鱼石脂15～20g，酒精50mL，常水1000mL，一次内服，每天1次。大蒜酊40～80mL或芳香氨醑30～60mL，灌服。但在病的初期宜用硫酸钠或硫酸镁300～500g，鱼石脂10～20g，温水600～1000mL，一次内服；或用液体石蜡1000mL，苦味酊20～30mL，一次内服，以促进瘤胃内容物运转与排除。视病情可连用2或3剂，羊按此量的1/6投药。

在治疗过程中也可选用缓冲剂，调节瘤胃内容物pH，恢复微生物群系活性及其共生关系，增进前胃消化功能。当瘤胃内容物pH降低时，可选用碳酸盐缓冲合剂（碳酸钠50g，碳酸氢钠420g，氯化钠100g，氯化钾20g，温水10L）胃管灌服，每日1次，此方适用于酸过多性瘤胃食滞。也可用氧化镁200～400g，配成水乳剂或并用碳酸氢钠

50g，加水适量，一次内服。瘤胃内 pH 升高时，可灌服醋酸盐缓冲合剂（乙酸钠 130g，冰醋酸 25g，氯化钠 100g，氯化钾 20g，常水 10L）胃管灌服，每日 1 次，此方适用于碱过多性瘤胃食滞；也可内服稀乙酸 20～40mL，具有较好疗效。必要时，采取健康牛的瘤胃液 4～8L，经口灌服接种，效果显著。

过敏性因素或应激反应所引起的前胃弛缓，可用 2%盐酸苯海拉明液 10mL 肌肉注射，配合钙制剂，效果更佳。

对症治疗，当患畜呈现轻度脱水和自体中毒时，应静脉注射 5%葡萄糖注射液 500～1000mL，40%乌洛托品注射液 20～50mL，20%安钠咖注射液 10～20mL，5%碳酸氢钠注射液 250～500mL 等。

中兽医辨证施治也是治疗本病的一个好方法。脾胃虚弱，水草迟细，消化不良，以健脾和胃，补中益气为主，牛宜用四君子汤加味；若久病虚弱，气血双亏，应以补中益气，养气益血为主，可用加味八珍散；若病牛口色淡白，耳鼻俱冷，口流清涎，水泻，应以温中散寒，补脾燥湿为主，可用厚朴温中加味汤。

继发性前胃弛缓，应着重治疗原发病，并配合前胃弛缓的相关治疗，促进病情好转。

预防

注意饲料的选择、保管，防止霉败变质，并注意饲料的多样性；不同动物应依据日粮标准进行饲喂，不可任意增加饲料用量或突然变更饲料；耕牛在农忙季节，不能劳役过度，而在休闲时期，还应注意适当运动；圈舍须保持安静，避免异常声音、光线和颜色等不利因素刺激和干扰；注意圈舍卫生和通风、保暖，做好预防接种工作。

瘤胃臌气（ruminal tympany）

瘤胃臌气是因瘤胃内容物在微生物的作用下，异常发酵，产生大量气体，引起瘤胃急剧膨胀的疾病。根据瘤胃积气的物理性质，可分为泡沫性瘤胃臌气和非泡沫性瘤胃臌气；按其病因可分为原发性瘤胃臌气和继发性瘤胃臌气。临床上以腹围显著增大、呼吸促迫、反刍和嗳气障碍为特征。

本病发病较急，病程短促，病死率较高，有时可达 30%以上，多发生在春末或夏初首次放牧时，亦见于冬季舍饲了霉败秸秆饲料的反刍动物，放牧的反刍动物有成群发生的情况。牛和绵羊多发，山羊较少见。

病因

原发性瘤胃臌气是由于反刍动物直接饱食容易发酵的饲草、饲料后而引起，特别是舍饲转放牧的牛、羊群更易发生，如幼嫩青草、沼泽地区的水草、湖滩的芦苗等或采食堆积发热的青草、霉败饲草、品质不良的青贮饲料，或者经雨淋、水浸渍、霜冻的饲料等而引起非泡沫性瘤胃臌气。而采食富含蛋白质、皂苷、果胶等物质的豆科牧草，如新鲜的豌豆蔓叶、苕子蔓叶、花生蔓叶、苜蓿、草木犀、红三叶、紫云英则易发生泡沫性瘤胃臌气。此外饲料配合或调制不当，如精料过多过细、未经调制、饲草不足、钙磷比例失调、矿物质元素不足等，都可能成为本病的病因。

继发性瘤胃鼓胀，主要见于前胃弛缓、创伤性网胃心包炎，食管阻塞、痉挛、麻痹，膈疝、前胃积沙、毛球和结石，某些植物中毒，如毒芹、乌头、白藜芦、白苏和毛茛科植物，或桃、李、梅、杏和栎树等的幼嫩枝叶，也可发生瘤胃臌胀。

发病机理

反刍动物瘤胃内容物在消化过程中因发酵产生一定量的气体，其中 CO_2 占 66%、CH_4 占 26%、N_2 和 H_2 占 7%、H_2S 占 0.1%、O_2 占 0.9%等。这些气体是由纤毛虫、鞭毛虫、根足虫和细菌参与瘤胃代谢所形成的。产生的气体大部分通过嗳气排出，小部分气体随同瘤胃内容物经皱胃进入肠道和经血液被吸收，从而保持着产气与排气的动态平衡。瘤胃内始终保持一定量的气体覆盖于瘤胃内容物表面，保持瘤胃内一定的压力。瘤胃内气体的产生受到反刍动物个体的神经反应性、唾液的分泌、瘤胃的运动、内容物形状、嗳气的反射、气体的性状、食糜运转的速度以及内容物 pH 和微生物区系的变化等影响。因此，瘤胃臌气的发生涉及机体的神经反应性、饲料的性质和瘤胃内微生物共生关系三者之间变化及其动态平衡失调。

在病理情况下，瘤胃内容物经微生物发酵迅速生成大量的气体，超过了气体的排除速度或产生大量的泡沫不能经嗳气排除，因而导致瘤胃的急剧扩张和臌胀。

瘤胃臌气按性质分为泡沫性和非泡沫性臌气。泡沫的形成主要取决于瘤胃液的表面张力、黏稠度和泡沫表面的吸附性能等三种胶体化学因素的作用。按照病因分析，易发酵的饲料，特别是豆科植物，含有大量的蛋白质、皂苷、果胶等物质，都可产生气泡，其中 18S 核蛋白体（rRNA）更具有形成泡沫的特性；而果胶与唾液中的黏蛋白和细菌的多糖类可增高瘤胃液的黏稠度。瘤胃内容物发酵过程所产生的有机酸（特别是柠檬酸、丙二酸、琥珀酸等非挥发性酸）使瘤胃液 pH 下降至 5.2～6.0 时，泡沫的稳定性显著增高。显而易见，瘤胃内所产生的大量气体，与其中的内容物互相混合形成稳定性泡沫，而不能融合成较大的气泡通过嗳气将气体排出，从而导致泡沫性臌气的发生。

非泡沫性臌气，除瘤胃内重碳酸盐及其内容物发酵所产生的大量 CO_2 和 CH_4 外，饲料中还含有氰苷与脱氢黄体酮化合物，具有降低前胃神经兴奋性，抑制瘤胃平滑肌收缩的作用，因而引起非泡沫性瘤胃臌气的发生。

在瘤胃臌气发生发展的过程中，瘤胃过度臌胀和扩张，腹内压升高，影响呼吸和血液循环，气体代谢障碍，病情急剧发展和恶化。并因瘤胃内容物发酵、腐败产物的刺激，瘤胃壁痉挛性收缩，引起疼痛不安。病的末期，瘤胃壁紧张力完全消失乃至麻痹，气体排除更加困难，血液中 CO_2 显著增加，碱贮下降，最终导致窒息和心脏麻痹。

症状

急性瘤胃臌气，通常在采食后不久发病。腹部迅速膨大，左肷窝明显突起，严重者高过背中线。反刍和嗳气停止，食欲废绝。腹痛不安，回顾腹部。腹壁紧张而有弹性，叩诊呈鼓音；瘤胃蠕动音初期增强，常伴发金属音，后减弱或消失。呼吸急促甚至头颈伸展，张口呼吸，呼吸数增至 60 次/min 以上；心率、脉搏增快，可达 100 次/min 以上。胃管检查时，非泡沫性臌气，从胃管内排出大量酸臭的气体，臌气明显减轻；而泡沫性臌气时，仅排出少量气体，而不能解除臌气。病的后期因腹内压升高而导致呼吸困难，心力衰竭，血液循环障碍，静脉怒张，黏膜发绀，目光恐惧，出汗，站立不稳，甚至突然倒地，痉挛，抽搐，最终因窒息和心脏麻痹而死亡。

慢性瘤胃臌气，多为继发性。病情弛张，瘤胃中等程度膨胀，时消时胀，常为间歇性反复发作。经治疗虽能暂时消除臌气，但较易复发。在这种情况下，兽医工作者应对患畜做全面检查，具体分析病因，力求确诊原发病。

死后立即剖检可见，瘤胃壁表现过度紧张，并充满大量气体及含有泡沫的内容物；瘤胃腹囊黏膜有出血斑，角化上皮脱落。心外膜充血和出血，肺脏充血，颈部气管充血和出血；肝脏和脾脏呈现贫血状，浆膜下出血。有的甚至瘤胃破裂或膈肌破裂。

诊断与预后

急性瘤胃臌气，病情急剧，具有采食大量易发酵性饲料后发病的病史，腹部膨胀，肷窝凸出，血液循环障碍，呼吸极度困难，确诊不难。

插入胃管进行间接性触诊是区别泡沫性臌气和非泡沫性臌气的有效方法。此外瘤胃穿刺亦可作为鉴别的方法。泡沫性臌气，在瘤胃穿刺时，只能断断续续从导管针内排出少量气体，针孔常被堵塞，排气困难；而非泡沫性臌气，则排气顺畅，排气后，臌气明显减轻。

急性瘤胃膨气，病程急促，如得不到及时救治，数小时内便可因窒息死亡。病情轻的病例，若治疗及时，可迅速痊愈，预后良好。慢性瘤胃臌气，病程可持续数周甚至数月，由于原发病不同，预后不一，如继发于前胃弛缓者，原发病治愈后，慢性臌气也随之消失；若继发于创伤性网胃腹膜炎、腹腔脏器粘连、肿瘤等疾病者，则久治不愈，预后不良。

治疗

治疗原则为排气消胀，防腐止酵，健胃消导和强心补液。

加强饲养管理，避免突然采食大量青绿饲草或豆科饲草。尽量少喂堆积发酵和被雨露浸湿的青草。

排气消胀，病情轻的病例，可使患畜立于斜坡上，保持前高后低的姿势，不断牵引其舌或在木棒上涂煤油或菜油后给患畜衔在口内，同时按摩瘤胃，促进气体排出；或者内服8%氧化镁溶液600～1500mL或生石灰水1000～3000mL上清液以吸收气体。对于严重病例，当有窒息的危险时，首先应实行胃管放气或用套管针穿刺放气，防止窒息。

对于泡沫性臌气，应先消除泡沫然后再行排气消胀。首先内服表面活性药物，如二甲基硅油，牛2～4g，羊0.5～1g；消胀片（每片含二甲基硅油25mg，氢氧化铝40mg)，牛100～150片/次，羊25～50片/次；也可用液体石蜡，牛500～1000mL，羊30～100mL；植物油，牛300～500mL，羊30～50mL，加温水，牛500～1000mL，羊50～100mL制成油乳剂，一次内服。待泡沫消除后再行排气消胀。用药无效时，可采取瘤胃切开术，取出内容物。

止酵可选用如鱼石脂，牛10～15g，羊2～5g；松节油，牛20～30mL，羊5～8mL；酒精，牛30～50mL，羊5～10mL，混合内服，可止酵消胀；福尔马林15～30mL溶于1000mL水中牛灌服，或用克辽林、来苏儿、食醋、乳酸等加水灌服；也可灌服胡麻油合剂，胡麻油（或清油）500mL，芳香氨醑40mL，松节油30mL，樟脑醑30mL，常水适量，成年牛一次灌服（羊30～50mL)，止酵药也可通过穿刺针直接注入瘤胃内。

如果瘤胃内 pH 降低，可用 2%～3%碳酸氢钠溶液进行瘤胃洗涤，为了迅速排出内容物，兴奋和恢复瘤胃的运动机能可内服泻剂，或注射拟胆碱类药物，如新斯的明 10～20mg 或毛果芸香碱 20～50mg，静脉注射 10%氯化钠注射液、促反刍注射液等，或肌肉注射维生素 B_1 等，兴奋瘤胃蠕动，有利于反刍、嗳气和内容物的排出。

在治疗过程中，应注意全身机能状态，及时强心补液，解毒。以增进疗效。

预防

本病的预防应着重搞好饲养管理。由舍饲转为放牧时，应给予一定的适应过程，最初几天在出牧前先喂一些干草后再出牧，并且还应限制放牧时间及采食量；在饲喂易发酵的青绿饲料时，应先饲喂干草，然后再饲喂青绿饲料；尽量少喂堆积发酵或被雨露浸湿的青草；管理好畜群，不让牛、羊暴食幼嫩多汁豆科植物；不到雨后或有露水、下霜的草地上放牧。舍饲育肥动物，全价日粮中至少含有 10%～15%的铡短的粗料，粗料最好是禾谷类秸秆或青干草；应避免饲喂用磨细的谷物制作的饲料。

瘤胃积食（impaction of rumen）

瘤胃积食又称急性瘤胃扩张，是由于瘤胃内容物积滞，引起瘤胃体积增大，胃壁扩张，瘤胃正常运动机能紊乱的一种疾病。临床上以瘤胃膨满，触诊黏硬或坚硬，反刍停止，瘤胃蠕动音消失为特征。反刍动物均可发生，舍饲牛多发。

病因

瘤胃积食主要是由于采食了大量富含粗纤维的饲料，如豆秸、山芋藤、老苜蓿、花生蔓、紫云英、谷草、稻草、麦秸、甘薯蔓等，而又缺乏饮水，难于消化所致。另外过量采食易于膨胀的饲料如大豆、小麦、大麦等，也可引起瘤胃积食。

由放牧突然转为舍饲时，对采食干枯饲料不适应，消化能力较弱，也易于发病。

当饲养管理和环境卫生条件不良时，牛、羊受到各种不利因素的刺激和影响，导致过度紧张，产生应激反应，导致副交感神经过度抑制，瘤胃运动功能降低也可引起瘤胃积食。

此外在前胃弛缓、创伤性网胃腹膜炎、瓣胃秘结以及皱胃阻塞等病程中，也常常继发瘤胃积食。

发病机理

瘤胃积食的发生除与一次大量暴食有关以外，也与前胃弛缓有着密切的关系。这是由于在前胃弛缓的基础上，饲料数量和质量稍有变更，就可导致瘤胃内容物不能正常运转而停滞，从而导致本病的发生。

由于大量胃内容物积聚于瘤胃，压迫瘤胃黏膜感受器，在瘤胃短时间的兴奋之后，立即转入抑制状态。随着病情发展，瘤胃内微生物区系失调，产生大量乳酸，pH 降低，瘤胃内纤维分解菌和纤毛虫活性降低甚至大量死亡。微生物区系共生关系失调，腐败产物增多，引起瘤胃炎，进一步导致瘤胃的渗透性增强，引起积液。由于脱水，酸碱平衡失调，碱贮下降，神经-体液调节机能更加紊乱，病情急剧恶化，表现呼吸困难，血液循环障碍，循环虚脱，病情更加危重。

症状

常在饱食后数小时内发病，患畜表现神情不安，目光凝视，拱背站立，回头顾腹，后肢踢腹，间或不断起卧。食欲废绝、反刍停止、虚嚼、磨牙、时而努责，常有呻吟、流涎、嗳气，有时作呕或呕吐。

瘤胃区听诊瘤胃蠕动音初期增强，很快减弱或消失；触诊瘤胃，患畜不安，内容物坚实或发硬；腹部膨胀，瘤胃背囊有一层气体，穿刺时可排出少量气体和带有臭味的泡沫状液体；右腹部听诊，肠音微弱或沉寂。

直肠检查可发现瘤胃扩张，容积增大，充满坚实或干硬内容物。

瘤胃内容物检查可见内容物 pH 一般由中性逐渐趋向弱酸性，发病后期，纤毛虫数量显著减少。若瘤胃内容物呈粥状，恶臭时，表明继发中毒性瘤胃炎。

晚期病例，病情恶化，腹部胀满，瘤胃积液，呼吸急促，心悸动增强，脉率增快；皮温不整，四肢下部、角根和耳冰凉；全身战栗，眼窝凹陷，黏膜发绀；患畜衰弱、卧地不起，陷于昏迷状态。

病理变化，患畜瘤胃极度扩张，其内含有气体和大量腐败内容物，胃黏膜潮红，有散在出血斑点；瓣胃叶片坏死；各实质器官淤血。

诊断与预后

根据病史和临床症状可以确诊。但须与前胃弛缓、急性瘤胃臌胀、创伤性网胃炎、皱胃阻塞、牛甘薯黑斑病中毒、皱胃变位、肠套叠、生产瘫痪等疾病进行鉴别。

一般病例，经及时治疗，3～5d 后即可痊愈。慢性病例，病情反复，有的暂时好转，而后又加重，病程达 7d 以上，多因瘤胃高度弛缓，内容物胀满，呼吸困难，血液循环障碍，发生窒息及心力衰竭，预后不良。

治疗

本病的治疗原则为加强护理，增强瘤胃蠕动机能，促进瘤胃内容物的排除和对症治疗。

对食入大量易膨胀的豆、谷或饼粕类的饲料或瘤胃中已形成大量气体，应限制其饮水，对一般性的瘤胃积食饮水也应以少量多次为宜。对食入一般性的饲料，且瘤胃气体不多，触诊瘤胃很硬，又不自行喝水，则可灌入一部分温水。如出现食欲，不宜马上就喂，待充分反刍后再喂少量的易消化饲料，以后可逐日增多。

增强瘤胃蠕动机能，促进加速瘤胃内容物的排除，可行瘤胃按摩 5～10min/次，每 30min 一次；也可使用副交感神经兴奋剂如 0.025％氨甲酰胆碱 5～10mL，0.1％硫酸甲基新斯的明 4～10mL 等，皮下注射；静脉注射促反刍液 400～600mL，或 10％氯化钠注射液 100mL、10％氯化钙溶液 100mL、20％安那加注射液 10～20mL，静脉注射，以促进瘤胃蠕动，排除瘤胃内容物。使用泻剂促进瘤胃内容物后送，如硫酸镁 300～500g、石蜡油 500～1000mL、20％鱼石脂酒精 80～100mL，加水 6000～10 000mL，灌服。也可洗胃将瘤胃内容物清除，然后再灌服健牛瘤胃液 1000～2000mL，保证瘤胃的正常消化机能。必要时可行瘤胃切开，将瘤胃内容物取出。

为缓解脱水症状，可静脉注射 5％葡萄糖氯化钠液 2～4L，解除酸中毒可静脉注射 5％碳酸氢钠液 500～1000mL。另外，还可酌情或对症采用其他药物疗法。

中兽医称瘤胃积食为宿草不转，治以健脾开胃，消食行气，泻下为主。牛可用加味大承气汤：大黄60～90g，枳实30～60g，厚朴30～60g，槟榔30～60g，芒硝150～300g，麦芽60g，藜芦10g，共为末，灌服，服用1～3剂。过食者加青皮、莱菔子各60g；胃热者加知母、生地各45g，麦冬30g；脾胃虚弱者加党参、黄芪各60g，神曲、山楂各30g，去芒硝，大黄、枳实、厚朴均减至30g。

预防

加强饲养管理，防止突然变换饲料或过食；耕牛不要劳役过度；避免外界各种不良因素的影响和刺激。

瘤胃酸中毒（rumen acidosis）

瘤胃酸中毒又称为急性碳水化合物过食、乳酸酸中毒、消化性酸中毒，是由于突然采食了大量富含碳水化合物的饲草饲料，在瘤胃内微生物作用下产生大量乳酸，而引起以前胃机能障碍为主征的一种疾病。临床上以起病突然、脱水、瘤胃液pH降低、神经症状和自体中毒为特征。本病主要发生于奶牛和奶山羊，役用牛和绵羊和鹿偶有发生。

病因

本病发生的主要原因在于突然过量采食富含碳水化合物的饲料如小麦、玉米、水稻、黑麦等，块根类饲料如甜菜、白薯、马铃薯、甜菜等，水果类如葡萄、苹果、梨等，或者是淀粉、糖类、挥发性脂肪酸、乳酸等，以及酸度过高的青贮玉米或质量低劣的青贮饲料等也是本病较常见的发病原因。此外，饲养管理不当，如突然变换饲料、过度饲喂、偷食、饲料中缺乏粗料或粗饲料质量低劣等，均可促进发病。

过量采食富含碳水化合物的饲料是相对的，关键在于其突然性，即突然性过量采食。如果富含碳水化合物饲料的增加是逐渐过渡的，即使日粮中的富含碳水化合物的饲料比例达到70%以上，也未必发生急性瘤胃酸中毒。饲料的种类和性状，动物的体况、习惯性和营养状态对发病也有一定的影响，如粉状饲料比粒状饲料更易引发本病。

此外，临产牛和高产牛抵抗力低、寒冷、气候骤变、分娩等应激因素都可促使本病的发生。

发病机制

瘤胃可看作一个连续培养的发酵罐，瘤胃液及采食的饲料共同构成培养基，构成一个相对稳定的培养系统。瘤胃微生物系统在细菌和各种原生生物之间建立了平衡，微生物系统的发酵终产物为挥发性脂肪酸，能被瘤胃吸收，合成的蛋白质会被小肠消化吸收，在发酵过程中还会产生一定量的水溶性维生素。如果饲料种类发生突然性的变化，微生物系统的平衡就会遭到破坏，如果过多摄入容易发酵的富含碳水化合物的饲料就会导致链球菌和乳酸杆菌的大量繁殖，从而其数量在微生物系统中占据主导地位，发酵的产物发生改变，由乙酸和丙酸为主转变为乳酸为主，瘤胃的pH降低，乳酸的蓄积势必会导致瘤胃内氢离子浓度显著增高，$pH \leqslant 5$时，即可损伤胃壁，导致瘤胃黏膜发生炎症。蓄积的乳酸还能增高瘤胃内容物的渗透压，使机体组织液进入瘤胃中，而造成瘤胃内容物稀软、积液，导致机体脱水、少尿和血液浓缩。乳酸经过吸收进入血液会降低血液的pH，机体发生酸中毒。进入肠道的乳酸和未发酵的碳水化合物，使肠道菌群发生紊乱，肠道内酸度和渗透压升高，造成肠壁特别是小肠和盲肠出血乃至坏死，临床上出现腹泻。

因此本病的实质是乳酸中毒。乳酸在瘤胃内急剧生成，大量蓄积和吸收是其发病基础。除乳酸外，可能还与其他一些有毒物质有关，主要包括组胺、酪胺、色胺等有毒胺类以及酒精、细菌内毒素和一些尚未确定的有毒物质。

症状

瘤胃酸中毒临床上一般分为以下 4 种类型。

轻微型，呈原发性前胃弛缓体征，表现为精神轻度沉郁，食欲减损，反刍无力或停止，瘤胃蠕动减弱，稍膨满，内容物呈捏粉样硬度，瘤胃 pH 6.5～7.0，纤毛虫活力基本正常，脱水体征不明显，体温、脉搏和呼吸数无明显变化，腹泻，粪便灰黄稀软，或呈水样，混有一定黏液，多能自愈。

亚急性型，食欲减退或废绝，瞳孔正常，精神沉郁，能行走而无共济失调，轻度脱水，体温正常，结膜潮红，脉搏加快，瘤胃蠕动减弱，中等充满，触诊内容物呈生面团样或稀软，pH 5.5～6.5，纤毛虫数量减少。常继发或伴发蹄叶炎或瘤胃炎而使病情恶化，病程 24～96h。

急性型，体温不定，呼吸、心跳增加，精神沉郁，食欲废绝。结膜潮红，瞳孔轻度散大，反应迟钝。消化道症状典型，磨牙虚嚼不反刍，瘤胃膨满不蠕动，触诊有弹性，冲击性触诊有震荡音，瘤胃液的 pH 为 5～6，无存活的纤毛虫。排稀软酸臭粪便，有的排粪停止，中度脱水，眼窝凹陷，血液黏滞，尿少色浓或无尿。后期出现神经症状，步态蹒跚，或卧地不起，头颈侧曲，或后仰呈角弓反张样，昏睡或昏迷。若不及时救治，多在 24h 内死亡。

最急性型，精神高度沉郁，极度虚弱，侧卧而不能站立，双目失明，瞳孔散大，体温低下，36.5～38℃，重度脱水，腹部显著膨胀，瘤胃停滞，内容物稀软或水样，瘤胃 pH$<$5，无纤毛虫存活，心跳 110～130 次/min，微血管再充盈时间延长，通常于发病后 3～5h 死亡，直接原因是内毒素休克。

病理变化，患畜脱水，血液浓缩，血液的 pH 也可能下降，白细胞总数增加，核左移，血液生化值的变化包括二氧化碳结合力下降，血糖下降，血浆平均渗透压降低；瘤胃内容物稀粥样，pH 多为 4.4～5.5，乳酸含量高达 50～150mmol/L，乳酸杆菌和巨型球菌等革兰氏阳性菌为优势菌；尿量少、色暗、相对密度高，pH 5.0 左右；粪便也呈酸性，pH5.0～6.5。

诊断与预后

根据有过食精料病史，瘤胃积液，共济失调，瘤胃 pH 降低，严重脱水和自体中毒的症状即可进行诊断。

动物发生瘤胃酸中毒时，只要能及时的诊断治疗，一般预后良好。发现不及时，致使患畜发生脱水和自体中毒，则预后不良。

治疗

治疗原则为清除瘤胃有毒内容物，纠正脱水、酸中毒和恢复胃肠功能。

清除瘤胃内有毒的内容物多采用洗胃和（或）缓泻法。洗胃可用双胃管或内径 25～

30mm 的粗胶管，经口插入瘤胃，排除液状内容物，然后用 1%食盐水、碳酸氢钠溶液、自来水或 1∶5 石灰水反复冲洗，直至瘤胃内容物无酸臭味而呈中性或弱碱性为止。缓泻多用盐类或油类泻剂如石蜡油、植物油或芒硝等。重剧病例，为排除瘤胃内蓄积的乳酸及其他有毒物质，应尽快施行瘤胃切开术，取出瘤胃内容物。为保持瘤胃的正常发酵作用，接种健畜瘤胃液或瘤胃内容物 10～20L，效果更好。

病情较轻的病例，也可灌服制酸药和缓冲剂如氢氧化镁或碳酸盐缓冲合剂（干燥碳酸钠 50g，碳酸氢钠 420g，氯化钾 40g）250～750g，水 5000～10 000mL，牛一次灌服。

纠正脱水和酸中毒，可应用 5%碳酸氢钠液，静脉注射剂量须根据患畜血浆二氧化碳结合力加以确定。为解除机体脱水，可用生理盐水，复方氯化钠液，5%葡萄糖盐水等，每天 4000～10 000mL，分 2 或 3 次静脉注射。

防止心力衰竭，应用强心药物；降低脑内压，缓解神经症状，应用山梨醇、甘露醇。伴发蹄叶炎时，可应用抗组胺药物；防止休克，宜用肾上腺皮质激素制剂；促进胃肠运动，可给予整肠健胃药或拟胆碱制剂。

预防

严格控制精料喂量，做到日粮供应合理，构成相对稳定，精粗比例平衡，加喂精料时要逐渐增加，严禁突然增加精料喂量。对产前、产后牛应加强健康检查，随时观察奶牛异常表现并尽早治疗。

创伤性网胃腹膜炎（traumatic reticuloperitonitis）

创伤性网胃腹膜炎是指由于尖锐异物穿透网胃并刺伤膈和腹膜引起的网胃和腹膜的炎症。临床症状以发病经过缓慢、病情时重时轻、机体消瘦和网胃区疼痛为特征。

本病主要发生于舍饲的奶牛、肉牛以及半舍饲半放牧的耕牛，间或发生于羊。而草原上放牧的牛羊群，距离城市和矿区较远，很少发生本病。

病因

牛采食比较粗放，随着食物可能吞下异物，如铁钉、缝针等。一些屠宰场调查报告显示，超过 1/2 的牛网胃内含有金属、石头和木头。铁丝和铁钉是最常见的致病金属物。据文献报道，牛吞下的金属异物中，铁丝约占 58%，铁钉约占 36%，其他异物占 6%。当瘤胃收缩时尖锐的金属异物就会穿透网胃壁引起本病。

随意放牧，对放牧环境未经严格选择，在放牧环境中含有金属性异物，如铁器加工厂等厂矿废弃物以及生活垃圾等，是造成本病的主要原因。此外本病的发生与饲养管理也有关系，饲料、饲草加工粗放，对饲料中的金属异物检查不仔细，导致饲草饲料中含有金属异物。

发病机理

进入网胃的异物，由于网瓣口高于网胃底部，易受重力的作用而停留于网胃内，而网胃的蜂房状黏膜又促使尖锐物体陷于其中。短而尖锐的物品才能穿透网胃，通常是 5～10cm 长的物品。刺入网胃壁后，有的异物继续刺入直到腹腔。根据损伤的器官组织不同，可能造成腹膜炎、肝脓肿、脾炎等。能引起腹内压升高的疾病或因素也能诱发本病的发生，如分娩、爬跨、跳沟、瘤胃胀气、瘤胃积食等。

最常见的是慢性创伤性网胃腹膜炎，并发网胃或肝脾脓肿，大量的纤维蛋白渗出，腹腔脏器粘连，出现胃肠功能紊乱，可引起慢性前胃弛缓、周期性瘤胃臌气、瓣胃秘结、真胃阻塞，甚至继发脓毒败血症。

症状

本病发病缓慢，病程较长，常维持数月至数年，病情时轻时重（急性炎症反应期和稳定期相互交替，逐渐发展并加重），时好时坏，反复出现瘤胃弛缓的症状，机体消瘦，被毛蓬乱无光泽。

病牛因网胃区疼痛而出现异常的姿势和行为，病牛站立姿势改变，喜欢站在斜坡上，并保持前高后低的体位；病牛站多卧少，起卧动作缓慢，站立时肘头外展；背部肌肉紧张，腰背拘强；病牛不愿活动，强迫运动时动作缓慢，不愿下坡，喜欢上坡（上下坡运动阳性）；在硬质路面上行走时，止步不前，神情忧郁；部分病例在反刍、咀嚼、吞咽时出现痛苦的表现。

疼痛敏感检查：鬐甲反射阳性（用双手将鬐甲部皮肤紧捏，病牛即因疼痛而凹腰）；抬杠检查阳性（将木杠放在肘头后下方，轻轻上抬，因网胃受到压迫，病牛即出现痛苦不安）；拳顶反射阳性（用拳头向上顶压网胃区，病牛出现疼痛表现）；对网胃区进行叩诊时，病牛疼痛不安、躲避或抗拒检查。

在稳定期，病牛一般无明显全身症状，但是在急性炎症反应期，体温、呼吸、脉搏明显增高和增加。血液学检查可发现白细胞总数升高，中性粒细胞比例升高，并出现核左移现象。

本病在一定程度上类似于瘤胃弛缓，但按照瘤胃弛缓进行治疗，症状不但不减轻反而加重。

弥漫性网胃腹膜炎的病例，全身症状明显，体温升高至 40～41℃，脉率增快，呼吸次数增加。食欲废绝，泌乳停止，粪便稀软而少，胃肠蠕动音消失；皮肤厥冷，毛细血管再充盈时间延长；患畜时常发出呻吟声，在起卧和强迫运动时更加明显。患畜不愿起立或走动，并且由于腹部出现广泛的疼痛，触诊时难以判断疼痛的部位。多数患畜在 24～48h 内进入休克状态。

脾脏或肝脏受到损伤，形成脓肿，扩散蔓延，往往引起脓毒败血症。

继发心包炎时，出现循环障碍症状，如静脉怒张、胸前下颌水肿、心包杂音等。

本病的病理变化依金属异物的性状而异。有的引起创伤性网胃炎，特别是铁钉或销钉，可使胃壁深层组织损伤，局部增厚，化脓，形成瘘管或瘢痕。有的网胃与膈粘连或胃壁局部结缔组织增生，其中埋藏铁钉或销钉，并形成干酪腔或脓腔。还有一部分病例，由于网胃壁穿孔，形成弥漫性或局限性腹膜炎，乃至胸膜炎，脏器互相粘连，或者膈、脾、肝、肺脏发生脓肿。心脏受损害时，心包中充满大量纤维蛋白性渗出液，心包壁增厚，慢性病例则形成“绒毛心”。

诊断及预后

创伤性网胃腹膜炎，通过临床症状、网胃区的叩诊与疼痛敏感检查、金属探测器检查可做出诊断。而症状不明显的病例则需要辅以实验室检查和 X 射线检查才能确诊。有的病例呈现间歇性前胃弛缓、瘤胃臌气，迁延不愈。重症病例，形成腹膜炎、心包炎，病情发展急剧，往往数天内死亡。有的形成肝脾脓肿，或局限性的腹膜炎，则长期消化不良，逐渐消瘦，生产性能下降。

治疗

治疗原则是加强护理，及时摘除异物，抗菌消炎。

治疗方法分为保守治疗和手术治疗。

对于病情较轻的病例可以使病牛保持前高后低的体位（立于斜坡或具有 15～20cm 倾斜的平台上），同时限制饲料日供给量，以降低腹腔脏器对网胃的压力，以利于异物从网胃壁退出，同时使用磺胺或四环素等广谱抗菌药物控制细菌感染。也可使用金属异物摘除器（特制磁铁）从网胃中吸取金属异物或投服磁铁笼，以吸附固定金属异物。多数病例，往往伴有弥漫性腹膜炎，应及时应用广谱抗生素进行治疗，通常使用盐酸土霉素 2～3g 或四环素 3～4g，生理盐水 4000mL，腹腔注入，每日 1 次，连续使用 3～5d，具有良好的治疗效果。

一般采取保守疗法，经治疗后 48～72h 内若病情明显好转，则预后良好。如果病情没有明显改善，则根据动物的经济价值，可考虑实施瘤胃切开术，从瘤胃将网胃内的金属异物取出，术后进行 5d 的抗生素治疗可防止异物引起的腹膜炎。

预防

选择清洁牧区进行放牧，不在村前屋后、铁工厂、垃圾堆附近放牧和收割饲草。在饲料加工设备上安装金属探测器可明显减少饲料中的金属物。大型奶牛场和肉牛场的饲料自动输送线或青贮塔卸料机上安装大块电磁板，以除去饲草中的金属异物。定期应用金属探测器检查牛群，并应用金属异物摘除器从瘤胃和网胃中取出金属异物。在创伤性网胃腹膜炎多发地区，可采用给所有达 1 岁的青年公牛和母牛投服磁铁笼，每 6～7 年更换一次的手段进行预防，效果良好。

瓣胃阻塞（obstructive omasum）

瓣胃阻塞又称瓣胃秘结，中兽医称为“百叶干”，主要是因瓣胃收缩力减弱，内容物运转迟滞，致使内容物干涸、充满，瓣胃扩张而导致的一种前胃病。临床上以鼻镜干燥、龟裂，粪便呈算盘珠状，瓣胃蠕动音消失和瓣胃区扩大敏感为特征。本病多发于牛，其他反刍兽也可发病。

病因

原发性瓣胃阻塞，常因过度劳役，饲养粗放，长期饲喂干草，特别是饲喂甘薯蔓、花生蔓、豆秸、青干草、紫云英等含坚韧粗纤维的饲料（特别是铡得过短后喂牛）而引起；长期饲喂糠麸、粉渣、酒糟等含有泥沙的饲料或受到外界不良因素的刺激影响瓣胃的蠕动也易发生本病。此外放牧转为舍饲或突然变换饲料，饲料中缺乏蛋白质、维生素以及微量元素，或者因饲养不正规，饲喂后缺乏饮水以及运动不足等都也可引起瓣胃阻塞。

继发性瓣胃阻塞，常继发于前胃弛缓、瘤胃积食、皱胃阻塞、皱胃变位、皱胃溃疡、腹腔脏器粘连、生产瘫痪、甘薯黑斑病中毒、牛恶性卡他热、急性肝炎以及血液原虫病和某些急性热性病等疾病，系瓣胃收缩力减弱所致。

发病机制

瓣胃的黏膜形成百余片大小相同的叶瓣，起滤过器的作用。通过其缓慢而强有力的收缩，将液体及细碎的食物压入皱胃，并将未磨碎的饲料留下，经过粗糙叶片的揉捏和碾磨，使其变得细小后才进入皱胃。因此，瓣胃内容物含水量比瘤胃和网胃都少。在病因的作用下，瓣胃的运动机能减弱，食物的后送缓慢，瓣胃的食物不能及时进入皱胃，而网胃的食物仍可进入瓣胃，瓣胃内的食物逐渐积累，同时瓣胃内的水分不断被吸收，这样致使瓣胃的内容物变得多而坚硬，从而导致瓣胃的收缩停止，容积增大，阻塞不通。干涸的物质嵌入各瓣胃小叶间，腐败分解产物的刺激和压迫，使小叶黏膜缺血、发炎，甚至发生小叶坏死、脱落；腐败分解产物被机体吸收，引起自体中毒，机体饮食欲废绝，脱水。

症状

患畜精神沉郁，鼻镜干燥、龟裂，空嚼，磨牙。呼吸疾速，心搏亢进，脉搏增至80～100次/min。食欲减退至废绝，反刍停止。瓣胃蠕动音微弱或消失。于右侧腹壁第7～9肋间的中央触诊，病牛疼痛不安；在右侧第9肋间与肩关节水平线相交点进行穿刺，进针时感到有较大的阻力，瓣胃不显现收缩运动。瘤胃轻度臌胀，收缩力减弱，蠕动音降低。便秘，粪便呈算盘珠状，干燥、色暗，附有少量黏液。直肠检查可见肛门与直肠痉挛性收缩，直肠内空虚，有黏液，有少量暗褐色粪块附于直肠壁。

晚期病例，伴发肠炎和全身败血症，症状加重。神情忧郁，体温升高0.5～1℃，皮温不整，结膜发绀；食欲废绝，排粪停止或排出少量黑褐色粥状恶臭黏液。尿量减少，呈黄色或无尿。尿呈酸性反应，相对密度高，含大量蛋白质、尿蓝母、尿酸盐。呼吸急促，心搏亢进，脉搏可达100～140次/min，脉搏节律不齐，毛细血管再充盈时间延长。体质虚弱，卧地不起。

剖检可见瓣胃内容物充满，坚硬如木，指压无痕，其容积增大2～3倍。瓣叶与干涸的内容物粘贴在一起，瓣叶变菲薄，有的大片坏死。瓣叶间内容物干涸，可捻成粉末状。此外，肝、脾、心、肾以及胃肠等部分，具有不同程度的炎性病理变化。

诊断及预后

根据病史、临床症状并结合瓣胃穿刺检查，可以确诊。同时，应注意同前胃弛缓、瘤胃积食、创伤性网胃腹膜炎、皱胃阻塞、肠便秘等病进行鉴别诊断，以免误诊。

轻症病例，经及时治疗，可以痊愈。重症病例，病程短急，伴发瓣叶坏死及败血症，经过3～5d后，陷于昏迷状态，预后不良。

治疗

治疗原则为增强前胃蠕动机能，软化瓣胃内容物促进其排出和对症治疗。

有食欲的病例，停止使役，充分饮水，给予青绿易消化的饲料。

促进瓣胃内容物排除，可使用硫酸镁或硫酸钠500～700g，液体石蜡或植物油1000～2000mL，水8000～10 000mL，混合，一次内服。同时可依据病情皮下注射士的宁或毛果芸香碱等（妊娠母牛及心肺功能不全、体质弱的病牛忌用），或静脉注射促反刍液、浓盐水等，以促进瓣胃的运动功能。

瓣胃内注射，在右侧第9肋间与肩端水平线相交点处垂直刺入约4cm，然后调整方向，向对侧肘头刺入约 10cm，注入生理盐水 100mL，回抽，有混有草渣的液体流出，即表明已经刺入瓣胃内，然后再注射药物，如 10%硫酸钠或硫酸镁溶液 2000mL，液体石蜡或甘油 300～500mL，普鲁卡因 2g，盐酸土霉素 3～5g，疗效确实。

重症病例，可采用瓣胃冲洗进行治疗，即施行瘤胃切开术，将胃管插入网瓣孔冲洗瓣胃。瓣胃经冲洗疏通后，病情即可缓和，效果良好。

对症治疗可用庆大霉素，链霉素等抗生素，防止继发感染，并及时进行补液、强心、解毒，缓和病情，防止脱水和自体中毒。

中兽医称瓣胃阻塞为百叶干，治以养阴润胃、清热通便为主。宜用葫芦润肠汤：藜芦、常山、二丑、川穹各 60g，当归 60～100g，水煎后加滑石 90g，石蜡油 1000mL，蜂蜜 250g，一次内服。也可用加减承气汤内服。

预防

避免长期应用混有泥沙的糠麸、糟粕饲料喂养，同时注意适当减少坚硬的粗纤维饲料；铡草喂牛，也不宜铡得过短；注意补充蛋白质与矿物质饲料；尽量防止可导致前胃弛缓的各种不良因素，发生前胃弛缓、皱胃阻塞、创伤性网胃炎、肠便秘、牛产后血红蛋白尿病、生产瘫痪等疾病时，应及早治疗；加强运动，并给予充足的饮水。

真胃积食（impaction of abomasal）

真胃积食又称真胃阻塞，是由于受纳过多和（或）排空不畅所造成的真胃内容物停滞，胃壁扩张和体积增大引起的一种真胃疾病。根据病因可分为原发性和继发性真胃积食。本病以脱水、右腹部局限性膨隆，直肠检查真胃膨大为临床特征，病理学特征为低氯血症、低钾血症和代谢性碱中毒。本病常见于牛，其他反刍兽也有发生。

病因

原发性因素主要是饲养管理不当，包括冬春季节缺乏青绿饲料，用谷草、麦秸、玉米秸秆、高粱秸秆或稻草铡碎喂牛；农忙季节，因饲喂麦糠、豆秸、甘薯蔓、花生蔓或其他秸秆，同时添加磨碎的谷物精料所引起；饲养失调、饮水不足、劳役过度和精神紧张也可引起真胃阻塞；此外由于消化机能和代谢机能紊乱，发生异嗜，舔食砂石、水泥、毛球、麻线、破布、木屑、刨花、塑料薄膜甚至食入胎盘也是引起真胃阻塞的病因；犊牛则因大量乳凝块滞留而发生真胃阻塞。

继发性因素常见于真胃炎、真胃溃疡、真胃淋巴肉瘤、小肠阻塞和真胃变位等。

发病机理

食糜由瓣胃孔进入真胃并经幽门口向小肠排空后送，其基础是真胃壁平滑肌固有的自律性运动，并由大脑皮质通过皮质下中枢和自主神经系统等神经体液机制加以调控。交感神经抑制胃壁平滑肌收缩，兴奋幽门括约肌收缩，而迷走神经兴奋胃壁平滑肌收缩，抑制幽门括约肌收缩。两者相互制约，协调和控制真胃的正常运转，保证真胃的正常消化吸收过程，使真胃内容物的进入量和排空后送量处于动态平衡，从而保持一定的真胃容积。

在迷走神经机能紊乱或受损伤的情况下，或受到饲养管理等不良因素的影响，可反射性地引起幽门痉挛、真胃壁弛缓和扩张，或者因真胃炎、真胃溃疡、幽门部狭窄、胃肠道运动障碍，而从前胃陆续运转内容物进入真胃，逐渐积聚，形成阻塞。由于真胃内容物积聚，瓣胃内容物后送受到阻塞，继而导致瓣胃秘结，更加促进其病情急剧的发展过程。由于前胃机能受到反射性的抑制，消化障碍，食欲废绝、反刍停止，呈现迷走神经消化不良的部分综合征。瘤胃内微生物区系急剧变化，内容物腐败过程加剧，产生大量的有毒物质，引起瘤胃和网胃黏膜组织炎性浸润，渗透性增强，瘤胃内大量积液，全身机能状态显著恶化，发生严重的脱水和自体中毒。

真胃阻塞一旦发生，不论原发还是继发，也不论起病于肌源性弛缓还是神经源性弛缓，都将因大量回渗的液体以及分泌的氢离子、氯离子和钾离子不能从真胃流至小肠吸收，而发生不同程度的脱水、低氯血症、低钾血症以至代谢性碱中毒，使胃壁弛缓愈加严重，内容物更加充满，有的多达 30kg 以上，体积显著增大，极度扩张和伸展，直至真胃的永久性弛缓。

真胃阻塞后，通过内脏-内脏反射途径，使前胃功能受到抑制，导致食欲废绝，反刍停止，瘤胃内微生态和菌群发生紊乱，内容物腐败分解过程加剧，产生大量的刺激性有毒物质，引起胃壁的炎性浸润、渗透性增强、瘤胃内大量积液，而发生严重的脱水和自体中毒。

症状

病初，食欲、反刍减退，瘤胃蠕动音短促、稀少、低弱，瓣胃音低沉，排粪迟滞，粪便干燥，腹部外观无明显异常，临床表现如同一般的前胃弛缓。

随着病情的发展，病牛皮肤弹性减退，眼窝凹陷；食欲废绝，反刍停止，瘤胃蠕动极弱以至完全绝止，瓣胃蠕动音消失，肠音稀弱，常常取排粪姿势，粪便量少、糊状、棕褐色、有恶臭，混少量黏液、血丝或血块。而腹部显著增大，右侧尤甚，冲击式触诊或右拳抵触，则病牛有躲闪、蹴踢或抵抗等敏感表现，同时感触到真胃明显扩张、坚硬。轻叩右侧 9～11 肋间肋骨弓附近可在右肷部听到钢管音。真胃蠕动音减弱或消失。直肠检查，手入盆腔前口即可摸到充满捏粉样内容物的瘤胃从左腹腔一直扩延到右腹腔的后部，犹如拐了个弯而呈“L”字形。特征性的改变是可触及伸展扩张的真胃，其后壁远远超出右肋弓部向下后方延伸，呈捏粉样硬度，轻压留痕，或质地黏硬，重压留痕。尿量少而浓稠，呈黄色或深黄色，具有强烈的臭味。体重迅速减轻，体况亦逐渐恶化，呼吸促迫，脉搏增数，60～80 次/min，有的体温升高，出现中度发热。

病的后期，病牛精神极度沉郁，体质虚弱，鼻镜干燥，眼球凹陷，结膜发绀，舌面皱缩，血液黏稠，脉搏细弱而疾速，100 次/min 以上，呈现严重的脱水和自体中毒症状。

临床病理学检查可见主要包括低氯血症、低钾血症、代谢性碱中毒以及血液浓缩等脱水指征。但有时由于饥饿和消耗引起贫血、低蛋白血症和代谢性酸中毒，而使红细胞压积（PCV）、血浆总蛋白以及 CO_2 结合力等碱中毒和脱水检验指征的变化被抵消或掩盖，应做具体分析。

病理变化，真胃极度扩张，体积显著增大甚至超过正常的 2 倍，真胃被干燥的内容物阻塞。局部缺血的部分，胃壁菲薄，容易撕裂。皱胃黏膜炎性浸润、坏死、脱落；有的病例幽门区和胃底部，有散在出血斑点或溃疡。瓣胃体积增大，内容物黏硬，瓣叶坏死，黏膜大面积脱落。由肠秘结继发的病例，则表现瓣胃空虚；瘤胃通常膨大，且被干燥内容物或液体充满。

诊断与预后

原发性真胃阻塞可依据长期饲喂粗硬细碎草料的病史、视诊、触诊并结合直肠检查结果做出诊断。必要时进行开腹探查。

本病的病程及预后主要取决于阻塞的病因类型和阻塞物的性质。食物性真胃阻塞及时确诊和治疗，多能痊愈。重症病例或诊治延误常于1周左右因真胃破裂而死于穿孔性腹膜炎和内毒素休克。异物性真胃阻塞可通过手术救治。继发性真胃阻塞，病程数日至数周不等，预后大多不良，最终死亡。

治疗

治疗原则包括恢复胃泵功能，消除积滞食（异）物，纠正机体脱水和缓解自体中毒。

增强胃壁平滑肌的自动运动性，解除幽门痉挛，从而恢复真胃的排空后送功能，是治疗真胃阻塞尤其是继发性真胃阻塞的根本原则。主要措施是药物阻断胸腰段交感神经干和小量多次注射拟副交感神经药如比塞可灵、毛果芸香碱、新斯的明等，使自主神经对胃肠运动的调控趋向平衡。

清除积滞内容物是治疗真胃阻塞的中心环节，初期或轻症病牛，可投服盐类泻剂，如硫酸镁或氯化镁，油类泻剂如植物油和液体石蜡，经胃管投服，每日一次，连续3～5d。中后期或重症病牛，宜施行瘤胃切开和瓣胃真胃冲洗排空术，即首先施行瘤胃切开术，取出瘤胃内容物，然后应用胃导管插入网瓣孔，通过胃导管灌注温生理盐水，逐步深入地冲洗瓣胃以至真胃，直至积滞的内容物排空为止。对塑料薄膜、胎盘等异物阻塞，则必须施行真胃切开术取出异物。

纠正脱水和缓解自体中毒是对各病程阶段病牛，特别是中、后期重症病牛必须施行的急救措施。通常应用5%葡萄糖生理盐水5～10L，10%氯化钾溶液20～50mL，20%安钠咖溶液10～30mL，静脉注射，每日2次，连续2～3d，兼有兴奋胃肠蠕动的作用，也可选用乌洛托品注射液、维生素C注射液等。为防止感染，可适当使用抗菌类药物。

但在任何情况下，真胃阻塞的病牛都不能内服或注射碳酸氢钠，否则将会加剧碱中毒。

在真胃阻塞已经基本疏通的恢复期病牛，可用氯化钠（50～100g）、氯化钾（30～50g）、氯化铵（40～80g）的合剂，加水4～6L灌服，每日1次，连续使用，直至恢复正常食欲为止。

由于真胃阻塞，多继发瓣胃秘结，药物治疗效果不好。因此，在确诊后，可及时施行瘤胃切开术，取出瘤胃内容物，然后用胃管插入网-瓣孔，通过胃管灌注温生理盐水，冲洗真胃，减轻胃壁的压力，以改善胃壁的血液循环，恢复运动与分泌机能，达到疏通的目的。

中兽医治疗：以宽中理气，消坚破满，通便下泻为主。早期病例可用加味大承气汤，或大黄、郁李仁各120g，牡丹皮、川楝子、桃仁、白芍、蒲公英、二花各100g，当归160g，一次煎服，连服3或4剂。如积食过多，可加川朴80g，枳实140g，莱菔子 140g，生姜 150g。

预防

加强经常性的饲养管理，按合理的日粮饲喂牛、羊，特别是应注意粗饲料和精饲料的调配，饲草不能铡得过短，精料不能粉碎过细；注意清除饲料中异物，防止发生创伤性网胃炎，避免损伤迷走神经；农忙季节，应保证耕牛充足的饮水和适当的休息。

真胃变位（dislocatio of abomasi）

真胃变位是指真胃的正常解剖学位置发生改变。真胃变位是奶牛常见的一种真胃疾病，按其变化的方向分为左方变位和右方变位两种类型。在兽医临床上，绝大多数病例是左方变位。真胃左方变位发病高峰在分娩后 6 周内，也可散发于泌乳期或怀孕期，成年高产奶牛的发病率高于低产母牛。犊牛断奶前常发生右方变位。

（一）左方变位

真胃左方变位（left displaced of abomasum）简称 LDA，是真胃变位的一种常见病型，即真胃由腹中线偏右的正常位置经瘤胃腹囊与腹腔底壁间潜在的空隙移位并嵌留于腹腔左侧壁与瘤胃之间。临床上以左侧 9～12 肋骨弓下缘、肩-膝水平线上下叩听诊钢管音，穿刺可得到真胃内容物为特征。本病自 1950 年由 Begg 首先描述和确认以来，临床报道逐年增多，但几乎只发生于奶牛，尤其多发于 4～6 岁的中年奶牛和冬季舍饲期间。常见于泌乳早期，约 80%的病例出现于产后泌乳的头一个月之内。雄性乳牛、妊娠期奶牛、青年母牛以及肉用母牛极少发生。

病因

真胃左方变位的确切病因目前仍然不清楚，但真胃弛缓是左方变位的基础，在此基础上伴有真胃和瘤胃位置的变化则可发生真胃左方变位。

引起真胃弛缓的原因很多，包括分娩应激、饲喂大量谷物、精料过高、冬季舍饲而缺乏运动、瘤胃消化不良、迷走神经性消化不良、乳房炎、子宫炎、生产瘫痪、酮病等。

真胃和瘤胃位置的改变主要是在分娩前后发生。在妊娠后期，由于胎儿的快速发育，导致子宫增大而下垂，机械性地将瘤胃向上抬高，瘤胃与腹底壁间的间隙增大，真胃沿此空隙向左方移位，分娩时瘤胃又复下坠，致使移位的真胃嵌留在瘤胃与左腹壁之间，同时由于真胃弛缓，运动功能降低，无法回复原位，而发生真胃左方变位。

发病机理

正常牛的真胃处于瘤胃和网胃的右侧。在分娩的后期，因胎儿的增大，子宫下坠，向前上方推移瘤胃，致使瘤胃与腹壁间的空隙增加，真胃沿此空隙向左方移动，并有可能越过瘤胃底部，若此时分娩，子宫的体积突然减小，瘤胃下沉致使移位的真胃嵌留于瘤胃和左腹壁之间。如果真胃的收缩能力正常，依靠其自身的收缩能力仍能回到原来的位置。如果存在各种导致真胃迟缓的因素，真胃的收缩能力降低，则难以凭借真胃的收缩能力而回到正常的位置致使真胃持续性留在瘤胃和左腹壁之间而发生左方变位。

由于真胃内含有气体，胃大弯向上扩张，这样真胃就很容易向上移到瘤胃前盲囊和网胃之间，最后定居在瘤胃背囊和左腹壁之间。变位的真胃被瘤胃和左腹壁包围，部分地受到压迫，于是真胃内容物逐渐减少，运动能力进一步减弱。但左方变位只造成真胃的不完全阻塞，因此有一些内容物还可以进入到小肠，极少会发生严重的积食。由于陷落在左腹壁与瘤胃之间的真胃并不发生血液供给障碍，而只发生消化和运动扰乱，导致慢性营养不良。

症状

患畜精神沉郁，产奶量下降 1/3～1/2，轻度脱水。若无并发症，其体温、呼吸和脉率基本正常。病牛表现消化障碍，食欲减退，厌食谷物类饲料，青贮饲料的采食量往往减少，大多数病牛对粗饲料仍保留一些食欲，瘤胃运动稀弱、短促以至废绝，反刍稀少甚至停止，通常排粪量减少，呈糊状，深绿色。当瘤胃强烈收缩时表现呻吟、踏步、踢腹等轻微的腹痛不安。

视诊病牛腹围显著缩小，左侧肋弓部后下方出现局限性凸起，该部触诊有气囊样感觉，叩诊为鼓音。听诊左侧腹壁，可于第 9～12 肋骨弓下缘、肩-膝水平线上下听到真胃蠕动音，且与瘤胃运动无关。用手掌用力推动流水音明显处，可感知局限性振水音。用听叩诊结合的方法，常能在此部位听到钢管音。钢管音的区域大小和形状随真胃所含气液的多少以及漂移的位置而发生改变。在钢管音区域的直下部做试验性穿刺，常可获得褐色带酸臭气味的浑浊液体，pH2.0～4.0，无纤毛虫。

直肠检查，可发现瘤胃比正常更靠近腹正中。触诊右侧肋骨弓后下方有空虚感。病程数周、瘤胃体积显著缩小的，可在瘤胃和左腹壁之间摸到膨胀的真胃或感有较大的空隙。有的病牛可出现继发性酮病，表现出酮尿症、酮乳症，呼出气和乳中带有酮味。

诊断与预后

依据发病的阶段性、临床症状和腹部检查可进行初步诊断。必要时在听诊与叩诊结合听到钢管音区域的直下部进行穿刺检查，穿刺液呈酸性反应（pH 为 1～4），棕褐色，缺乏纤毛虫，可做出明确诊断。但是此方法易于发生真胃瘘，应谨慎使用。

通常取亚急性和慢性经过，病程迁延数周，如不治疗，最终多死于恶病质或真胃穿孔所致的腹膜炎。有的可自行复位，但容易再发。

治疗

目前治疗真胃左方变位的方法有滚转法、药物疗法和手术疗法 3 种。

滚转法是治疗单纯性真胃左方变位的常用方法，运用巧妙时，可以痊愈。具体的方法是使牛右侧横卧 1min，然后转成仰卧（背部着地，四蹄朝天）1min，随后以背部为轴心，先向左滚转 45°，回到正中，再向右转 45°，再回到正中；如此来回地向左右两侧摆动若干次，每次回到正中位置时静止 2～3min，此时真胃可“悬浮”于腹中线并回到正常位置，将牛转为左侧横卧，使瘤胃与腹壁接触，然后马上使牛站立，以防左方变位复发。也可以采取左右来回摆动 3～5 次后，突然一次以迅猛有力动作摆向右侧，使病牛呈右横卧姿势，至此完成一次翻滚动作，直至复位为止。如尚未复位，可重复进行。

对于单纯性真胃左方变位，可口服缓泻剂与制酵剂，并应用促反刍药物和拟胆碱药物，以促进胃肠蠕动，加速胃肠排空，解除真胃迟缓，促进真胃复位。

病牛经药物、滚转治疗或药物与滚转相结合治疗后，让动物尽可能地采食优质干草，以增加瘤胃容积，从而达到防止左方变位的复发和促进胃肠蠕动的目的。

这两种方法的治疗效果有一定的限制，且易于复发，如条件许可，应尽快实行手术治疗。

真胃左方变位的手术有四种手术途径，即左髂部切口、右髂部切口、两侧髂部同时切口和腹正中旁线切口，四种途径各有优缺点，应根据具体情况而定。

预防

在满足动物的各种营养需要量的同时，应合理配合日粮，日粮中的谷物饲料、青贮饲料和优质干草的比例应适当；对发生乳房炎或子宫炎、酮病等疾病的病牛应及时治疗。

（二）右方变位（right displaced of abomasum）

真胃从正常的解剖位置以顺时针方向扭转到瓣胃的后上方，而置于肝脏与腹壁之间，称为真胃右方变位。真胃右方变位又称真胃扭转。

病因

真胃右方变位的病因目前仍不清楚，目前认为皱胃弛缓亦是真胃右方变位发生的基础。在此基础上皱胃积气积液，真胃的位置发生前移或后移，在突然跳跃、起卧、滚转、分娩等条件下突然发生大幅度扭转而发病。

发病机理

真胃扭转通常在瓣-皱孔附近以垂直平面旋转，从右侧看为顺时针方向扭转，扭转一般呈 180°～270°，严重的可达 540°。真胃扭转导致幽门阻塞，引起真胃的分泌增加而又无法后送，导致真胃扩张、积液积气。由于真胃扭转，真胃的血液供应受到影响，最终引起真胃局部血液循环障碍和缺血性坏死。

症状

食欲急剧减退或废绝，泌乳量急剧下降。腹痛不安、踢腹，背腰下沉。体温一般正常或偏低，心率 60～120 次/min，呼吸数正常或减少。瘤胃蠕动音消失。粪便呈黑色、糊状，混有血液。从尾侧视诊可见右腹膨大或肋弓突起，在右肷窝可发现或触摸到半月状隆起。在听诊右腹部的同时进行叩诊，可听到高亢的鼓音。右腹冲击式触诊可听到振水音（扭转的真胃内有大量液体）。直肠检查：在右腹部触摸到膨胀而紧张的真胃。从膨胀部位穿刺真胃，可抽出大量带血色液体，pH 1～4。

治疗

真胃扭转的治疗主要采用手术治疗法。真胃扭转的手术有两种手术途径，即右肷窝部切口和腹正中旁（右）线切口。以右肷窝部手术途径较好，便于确定真胃的解剖学位置和整复的方向，能够站立的病牛尽量实行此种手术途径，卧地不起的病牛只能采用腹正中旁（右）线手术途径。

预防

真胃右方变位的预防与真胃左方变位的预防措施相似。

真胃炎（abomasitis）

真胃炎又称皱胃炎，是指各种病因所致的真胃黏膜及黏膜下层的炎症。根据病程分为急性和慢性真胃炎，根据病因分为原发性真胃炎和继发性真胃炎。临床上以严重的消化机能紊乱为主要特征。皱胃炎多见于老龄牛和体质衰弱的牛，在犊牛和成年牛也有发生。

病因

原发性真胃炎多因饲喂的饲料过于粗硬、冰冻、发霉变质或长期饲喂糟粕、粉渣等。当饲喂不定时，时饱时饥，突然变换饲料或劳役过度，经常调换饲养员，或者因长途运输，过度紧张，引起应激反应，因而影响到消化机能，而导致真胃炎的发生。

继发性真胃炎常见于前胃疾病、营养代谢疾病、口腔疾病、肠道疾病、肝脏疾病、寄生虫病（如血矛线虫病）和某些传染病（如牛病毒性腹泻、牛沙门氏菌病等）等的疾病的过程中。

症状

急性或慢性真胃炎，都呈现消化障碍，但各有特点。

急性真胃炎时，患畜精神沉郁，鼻镜干燥，皮温不整，结膜潮红、黄染，体温一般无明显变化。食欲减退或废绝，反刍无力或停止，有时出现空嚼、磨牙。瘤胃轻度臌气，收缩力减弱。触诊右腹部真胃区，病牛疼痛不安。便秘，粪便呈球状，表面覆盖多量黏液，间或出现腹泻。有的病牛还表现腹痛不安。病的末期，病情急剧恶化，往往伴发肠炎，全身衰弱，脉率增快，脉搏细弱，精神极度沉郁甚至昏迷。

慢性真胃炎，患畜长期消化不良，异嗜。口腔黏膜苍白或黄染，唾液黏稠，有舌苔，瘤胃收缩力量减弱；便秘，粪便干硬。病的后期，患畜衰弱，贫血，腹泻。

诊断与预后

本病主要表现为消化机能障碍，缺乏特异性临床症状，诊断较为困难。根据病牛消化不良、皱胃区触诊有疼痛表现和可视黏膜黄染现象进行初步诊断。

急性真胃炎的病程为 1～2 周，经过适当治疗，并改善饲养和加强护理，可以康复。慢性真胃炎的病程及预后应视病情轻重，护理和治疗条件而定；有的病程持续数月或年余，时而好转，时而严重；而长期消化不良，贫血，年老体衰者，往往预后不良。

治疗

治疗原则为清理胃肠，消炎止痛和对症治疗。

在病的初期，先绝食 1～2d，并内服植物油 500～1000mL，或人工盐 400～500g，以清除胃肠道内有害的内容物。为提高治疗效果，可用土霉素 5～8g，酒精 50mL，冷开水适量配成溶液，进行瓣胃注入，每日 1 次，连用 3～5d。腹痛明显时应静脉注射安溴注射液 100mL 以缓解疼痛。对病情严重、体质衰弱的成年牛应及时用抗生素，防止感染；同时用 5%葡萄糖生理盐水 2000～3000mL，20%安钠咖注射液 10～20mL，40%乌洛托品注射液 20～40mL，静脉注射。病情好转时，可服用复方龙胆酊 60～80mL 或橙皮酊 30～50mL 等健胃剂。

对犊牛，绝食 1～2d，在绝食期间喂给温生理盐水。绝食结束后先给予温生理盐水，再给少量牛奶，逐渐增量。断乳犊牛可饲喂易消化的优质干草和适量精料，补饲少量氯化钴、硫酸亚铁、硫酸铜等微量元素。调整瘤胃消化机能，瘤胃内容物发酵、腐败时，可用抗生素如土霉素1g内服，1次/d，连用3或4次。必要时给予新鲜牛瘤胃液0.5～1L，进行瘤胃内容物接种，增进其消化机能。

中兽医主要认为胃气不和，食滞不化引起，应以调胃和中，导滞化积为主。宜用加味保和丸：焦三仙200g，莱菔子50g，鸡内金30g，延胡索30g，川楝子50g，厚朴40g，焦槟榔20g，大黄50g，青皮60g，水煎去渣，内服。

若脾胃虚弱，消化不良，皮温不整，耳鼻发凉，应以强脾健胃、温中散寒为主。宜用加味四君子汤：党参100g，白术120g，茯苓50g，肉豆蔻50g，广木香40g，炙甘草40g，干姜50g，共为末，开水冲，候温灌服。

康复期间，应加强护理，保持安静，尽量避免各种不良因素的刺激和影响；应给予优质干草，加喂富有营养、易消化的饲料，并注意适当运动。

预防

加强饲养管理，并给予优质饲料，饲料搭配合理；搞好畜舍卫生，控制和减少应激因素；对能引起真胃炎的原发性疾病应做好防治工作，及时治疗原发性疾病。

附：反刍动物前胃及真胃疾病的鉴别诊断

反刍动物为复胃动物，其胃由瘤胃、网胃、瓣胃和皱胃四部分组成，瘤胃、网胃、瓣胃缺乏消化腺腺体，统称为前胃，只有皱胃才具有分泌胃液的功能，具有真正意义上的消化功能，所以又称为真胃。四个胃中瘤胃最大，占80%；网胃最小，占5%；瓣胃和皱胃各占7%～8%。

反刍动物的前胃及真胃疾病在发生疾病时，由于其功能上的相关性，相互影响，互为因果而使病情复杂化，在临床诊断时要注意鉴别。反刍动物在发生前胃及真胃疾病时通常均出现食欲减退甚至废绝，反刍无力或停止，嗳气减少至消失，瘤胃蠕动减弱或消失。若排粪无明显变化时，多为瘤胃或网胃疾病，若粪便存在显著的变化出现排粪减少或停止排粪则多为瓣胃及真胃疾病，即通常所讲的“左三（不吃不喝不叫㘄）右四（不吃不喝不叫㘄加不排粪）”。

网胃和瘤胃疾病的鉴别

网胃和瘤胃的疾病主要包括创伤性网胃炎、瘤胃弛缓、瘤胃积食、瘤胃臌气和瘤胃酸中毒。在诊断这些疾病时，应当注意网胃区和瘤胃区的检查，以鉴别网胃和瘤胃疾病。

当怀疑网胃和瘤胃疾病时，首先应观察腹围的变化。若出现腹围显著增大，应着重考虑是否为瘤胃积食和瘤胃臌气。对瘤胃进行叩诊，若呈现广泛性鼓音，即可诊断为瘤胃臌气；若叩诊时瘤胃浊音区增大上移，且触诊内容物坚硬，即可诊断为瘤胃积食。若腹围增大不明显或没有增大现象，则重点考虑创伤性网胃炎、瘤胃弛缓和瘤胃酸中毒；若发病缓慢，持续时间很长，病情时轻时重，并具有特异性姿势如左侧肘头明显外展、喜欢前高后低的体位、站多卧少等，应重点考虑创伤性网胃炎，此时应进行各种网胃区疼痛性检查，若表现阳性，即可诊断为创伤性网胃炎；若发病比较急剧，病情发展快速，全身症状严重，并有突然采食大量精料或玉米、小麦等谷物饲料的病史，则怀疑为瘤胃酸中毒，此时对瘤胃进行叩诊，出现瘤胃浊音区上移，冲击式触诊呈现水平浊音，则可诊断为瘤胃酸中毒；若仅仅出现食欲减退、反刍、嗳气减少、瘤胃蠕动功能降低而没有其他明显的表现，则可诊断为瘤胃弛缓。

瓣胃和真胃疾病的鉴别

瓣胃和真胃的疾病主要包括瓣胃阻塞、真胃积食、真胃变位和真胃炎。在诊断瓣胃和真胃的疾病时，应当注意真胃区的形态有无显著变化。

当怀疑瓣胃和真胃疾病时，首先应观察真胃区是否出现膨大现象。若真胃区（右侧肋骨弓后下方）出现局限性膨隆，则重点考虑真胃积食，此时对真胃区进行触诊时病牛表现疼痛不安，内容物坚硬，叩诊时出现石板音，则可诊断为真胃积食；若真胃区膨隆度变小，则重点考虑真胃变位，此时如果发现右侧中腹部明显膨大、冲击式触诊有振水音、粪便呈黑色且混有血液、发病突然且具有明显腹痛症状（踢腹、脊部下沉等），则可诊断为真胃右方扭转；若左、右肷窝塌陷而左侧肋骨弓后方明显膨大，此时听诊膨大区若听到与瘤胃蠕动不一致的真胃蠕动音，叩诊膨大区呈现钢管音，则可诊断为真胃左方变位；若真胃区膨隆度没有明显变化时，则重点考虑瓣胃阻塞和真胃炎。对真胃区进行叩诊和触诊病牛表现疼痛敏感，且缺乏其他明显的临床症状，则可诊断为真胃炎；若病牛鼻镜干燥严重甚至龟裂，粪便呈算盘珠状，此时听诊瓣胃区（右侧7～9肋间中央）瓣胃蠕动音减弱、触诊瓣胃区疼痛敏感，则可诊断为瓣胃阻塞。

在进行前胃和真胃疾病诊断时，不仅要对发病部位和性质进行判断，还要对相关的发病的因素进行分析，以判断是原发性疾病还是继发性疾病，以便在治疗时做到对因治疗，达到理想的治疗效果。

（唐兆新）

第四节 胃肠疾病

胃肠炎（gastroenteritis）

胃肠炎是胃肠黏膜表层和深层组织的重剧性炎症。在动物临床上由于胃炎和肠炎往往相伴发生，故合称为胃肠炎。按炎症性质分为浆液性、出血性、化脓性、纤维素性胃肠炎。按病程可分为急性和慢性胃肠炎；按病因分为原发性胃肠炎和继发性胃肠炎。临床上胃肠炎以严重的胃肠机能紊乱、脱水、自体中毒或毒血症为特征。胃肠炎是动物最常见的疾病之一，尤其以犬、猪和牛最为常见，一年四季均可发生。

病因

原发性因素主要是饲养管理不当。采食霉变饲料或不洁饮水；采食了有毒植物，如蓖麻、巴豆、刺槐和针叶植物的皮及叶等；误食（饮）有强烈刺激性或腐蚀性的化学物质，如酸、碱、砷、汞、铅、磷以及氯化钡等；动物厩舍阴暗潮湿、卫生条件差，气候骤变、车船运输、过劳、过度紧张、动物机体处于应激状态，动物受寒感冒，机体防卫能力降低，胃肠道内条件性致病菌大量繁殖，引起感染所致；抗生素特别是广谱抗生素的滥用，造成肠道的菌群失调引起二重感染，导致胃肠炎的发生，如幼龄动物在使用广谱抗生素治疗肺炎后不久，由于胃肠道菌群失调而发生霉菌性肠炎、大肠杆菌性肠炎、坏死杆菌性肠炎等；不适当地使用健胃剂，或使用对胃黏膜有明显刺激作用的药物，如高锰酸钾、吐酒石、水合氯醛等，引起胃肠黏膜的损伤而发生胃肠炎。

继发性因素主要包括一些传染性因素，如猪瘟、流感、犬细小病毒性肠炎等；寄生虫性因素，如猪蛔虫病、鸡球虫病等；中毒性因素，如棉籽饼中毒。也见于一些普通病，腹痛病如肠套叠等、微量元素缺乏如硒缺乏等、心脏病、肾脏病以及产科病等。

发病机理

在致病因素的强烈刺激下，胃肠道黏膜发生不同程度的病理性损伤，如充血、出血、渗出、化脓、坏死、溃疡等，引起胃肠的分泌和运动机能的紊乱，胃肠壁的血液循环与营养也受到严重障碍。胃肠道炎症的严重程度与致病因素的刺激强度、有毒物质溶解度、胃肠道不同区段的酸碱度、有毒物质的排出部位以及某些病原体对组织的特殊亲嗜性有关。胃肠内容物在肠内有害微生物的作用下，加速其腐败和发酵过程。其分解产物除了直接刺激胃肠黏膜使炎症进一步发展外，同时被机体吸收引起全身毒血症过程。炎症产物以及内容物腐败产物刺激胃肠黏膜，使胃肠道蠕动增强，出现腹泻并使粪便恶臭。剧烈的腹泻导致大量肠液、胰液丢失，K^+、Na^+丢失增多，引起脱水、电解质丢失及酸碱平衡紊乱；随机体脱水的发展，血液浓缩，外周循环阻力增大，加重心脏的负担，在心脏失代偿后迅速发生心力衰竭甚至陷于休克状态。

若炎症局限于胃和十二指肠，由于副交感神经受到抑制，肠蠕动减弱，肠道内容物在肠道内滞留时间延长，大肠吸收水分增多，所以不显腹泻症状甚至出现排粪迟缓；但由于胃肠道内的有毒物质被吸收，可引起自体中毒。

慢性胃肠炎，由于结缔组织增生，贲门腺、胃底腺、幽门腺和肠腺萎缩，分泌机能和运动机能减弱，引起消化不良、便秘及肠臌气，动物表现生产缓慢、消瘦、贫血等症状。肠内容物停滞，内容物发酵、腐败产生有毒物质，有毒物质被吸收入血液，可引起自体中毒。

症状

患畜精神沉郁，食欲明显减退或废绝，初期饮欲增强，严重病例后期拒绝饮水。口腔干臭，舌苔厚腻。可视黏膜初期充血发红，后期发绀，部分病例出现黄染现象。反刍动物还会出现反刍减少或停止。犬、猫及猪往往出现呕吐的表现。

腹泻，粪便稀软甚至呈现粥样、水样，腥臭，粪便中混有黏液和血液，有的混有脓液。病至后期，肛门松弛，排粪呈现失禁自痢。当炎症波及直肠时，排粪呈现里急后重的表现。若炎症仅局限于胃和十二指肠，则出现排粪迟缓、粪量减少，粪球干、小，颜色加深，表面覆盖多量的黏液。

患畜出现不同程度的腹痛表现，肌肉震颤，肚腹蜷缩，回头顾腹。

听诊腹部，初期肠音增强，随后逐渐减弱甚至消失；冲击式触诊腹部可呈现振水音。

患畜体温升高，心率增快，呼吸加快，眼结膜暗红或发绀，眼窝凹陷，皮肤弹性减退，血液浓稠，尿量减少。随着病情恶化，患畜体温降至正常温度以下，四肢厥冷，出冷汗，脉搏微弱甚至脉不感于手，体表静脉萎陷，精神高度沉郁甚至昏睡、昏迷。

慢性胃肠炎，患畜精神不振，衰弱，食欲不定，时好时坏，挑食；异嗜，往往喜爱舔食砂土、墙壁和粪尿。便秘，或者便秘与腹泻交替，并有轻微腹痛，肠音不整。体温、脉搏、呼吸常无明显改变。

诊断与预后

典型的胃肠炎，首先应根据全身症状，如食欲紊乱、舌苔变化、重度腹泻、体温升高，以及粪便中含有病理性产物等，多不难做出诊断。但应注意继发性胃肠炎的原发病诊断。

患急性胃肠炎的患畜，通过加强护理和及时治疗，多数可望康复；若治疗不及时，则预后不良。患慢性胃肠炎的患畜，病程数周至数月不等，最终因衰弱或因肠破裂引起穿孔性腹膜炎或发生内毒素休克而死亡。

治疗

治疗原则为制菌消炎，适时缓泻和止泻，纠正脱水与中毒，对症治疗和加强护理。

加强护理、消除病因：搞好畜舍卫生，保证充足饮水，最好在饮水中加入口服补液盐，充分休息；当患畜 4～5d 未吃食物时，可灌炒面糊或小米汤、麸皮大米粥；开始采食时，应给予易消化的饲草、饲料和清洁饮水，然后逐渐转为正常饲养。消除病因则依据原发性因素进行。

抑菌消炎，在选用抗生素时，最好送检患畜粪便，做药物敏感试验，为选用或调整药物作参考。牛、马可灌服 0.1%高锰酸钾溶液 2000～3000mL；或者用磺胺脒（琥珀酰磺胺噻唑、酞磺胺噻唑）30～40g，次硝酸铋 20～30g，常水适量，内服。各种家畜也可内服诺氟沙星 10mg/kg 或呋喃唑酮 8～12mg/kg，或者肌肉注射庆大霉素 1500～3000IU/kg 或小诺霉素 1～2mg/kg、环丙沙星 2～5mg/kg，也可选用其他抗菌药物。

清理胃肠，在肠音较弱，粪便干燥、排粪迟缓、气味腥臭者，为促进胃肠内容物排出，减轻自体中毒，应采取缓泻。常用液体石蜡（或植物油）500～1000mL，20%鱼石脂 100mL，内服。在用泻剂时，要注意泻剂的选用，最好使用油类泻剂，谨慎使用盐类泻剂，以避免对胃肠道的刺激，以免加重炎症。

当患畜粪稀如水，频泻不止，基本无腥臭气味时，应适当进行止泻。可用药用炭，牛、马 200～300g，猪、羊 10～25g，加适量常水内服；或者用鞣酸蛋白，牛、马 20g，猪、羊 2～5g，碳酸氢钠，牛、马 40g，猪、羊 5.0～8.0g，加水适量内服。

补充体液，解除中毒，根据红细胞压积容量（PCV）、血钾、血浆二氧化碳结合力（CO_2CP）等检验结果，按下列公式计算出补液及补钾、补碱的量。

补充等渗 NaCl 溶液估计量（mL）=［（PCV 测定值－PCV 正常值）/PCV 正常值］×体重(kg)×0.25×1000［动物细胞外液以 25%(0.25) 计算］

补充 5%$NaHCO_3$ 溶液估计量（mL）=（CO_2CP 正常值－CO_2CP 测定值）×体重(kg)×0.4［CO_2CP 值的单位为 mmol/L，动物细胞外液以 25%(0.25) 计算，5% $NaHCO_3$=0.6mmol］

补充 KCl 估计量（g）=（血清 K^+ 正常值－血清 K^+ 测定值）×体重（kg)×0.25÷14［动物细胞外液以 25%(0.25) 计算，1g K 约折合 14mmol K^+］

从静脉内补液时，根据心功能状态，应先快速补给 1/2 或 2/3 的失液量，边补充边观察，其余量缓慢补完。$NaHCO_3$ 的补充，可先输 2/3 量，另 1/3 视具体情况续给。补充时最好进行静脉给药，条件不具备时可进行口服，以饮水方式进行。

如有条件可给患畜输入全血、血浆或血清。

维护心脏功能可选用强新药和心肌营养药，强心药如西地兰、毒毛旋花子苷 K、安钠咖等；心肌营养药等如 ATP、细胞色素 c、肌苷、辅酶 A、维生素 C、25%～50%葡萄糖注射液等。

对症治疗：当腹痛严重时可使用安乃近、安痛定等进行镇痛；当肠道出血时可使用维生素K、止血敏、安络血等进行止血。

中兽医治以清热解毒、消黄止痛、活血化淤为主。宜用郁金散（郁金36g，大黄50g，栀子、黄连、白芍、黄柏各18g，黄芩15g）或白头翁汤（白头翁72g，黄连、黄柏、秦艽各36g）。

预防

搞好饲养管理工作，不要饲喂霉败饲料。避免动物采食有毒物质和有刺激性、腐蚀性的化学物质；防止各种应激因素；做好畜禽的定期预防接种和驱虫工作。

急性胃扩张（acute gastric dilatation）

急性胃扩张是由于采食过多易发酵、易膨胀、难消化饲料或（和）排泄机能障碍，导致胃内容物过多，引起胃急剧扩张的一种疾病。急性胃扩张按病因分为原发性胃扩张和继发性胃扩张；按内容物性状分为食滞性胃扩张、气胀性胃扩张和液胀性胃扩张。临床上以突然发病、腹痛剧烈、腹围膨大（马属动物变化不大）和呼吸促迫为特征。本病多发于马、骡，在犬则主要发生于大型品种的犬。本病经过急剧，发现过晚或治疗不当，常可因胃破裂或自体中毒而死亡。

病因

原发性因素，主要见于采食易膨胀、易发酵和难以消化的饲料。例如，难以消化或容易膨胀的饲料，如燕麦、大麦、豆类、豆饼、谷物以及谷物的秸秆、收割较晚的青干草等；易于发酵的饲料，如嫩青草、蔫青草或堆积发热变黄的青草，以及冻坏的块根类和发霉的草料。偷食大量精料或饱食后突然喝大量冰冷的水；饲喂失宜，过度疲劳，饱食后立即重役，饲喂方式和程序突然改变等，使机体同外界条件业已形成的食物性消化动力定型遭到破坏等。患有咽气癖、慢性消化不良、肠道蠕虫病、肠系膜动脉瘤等疾病的动物，由于其胃肠道内感受器对内外刺激的敏感性增高易于发生本病。

继发性因素包括胃扭转、小肠阻塞、小肠变位、小肠炎、小肠蛔虫性阻塞等疾病，肠腔阻塞，胃后送障碍，阻塞部前侧肠段分泌激增，肠内容物经肠逆蠕动而返回胃内，引起以液体为主要内容物的扩张状态；剧痛刺激，引起胃液反射性分泌增多；当大肠阻塞或大肠臌气的肠管压迫小肠使小肠闭塞不通，特别是十二指肠不通时，也可引起继发性胃扩张。

发病机理

生理状态下，由于完善的神经体液调节机制的存在，经过充分咀嚼和混唾的食物，分层排列于胃内，经受胃液的浸泡和消化，胃壁的蠕动和搅拌，最后通过幽门反射而陆续后送，使胃内容物的进入量和后送量保持动态平衡，完全适应胃的生理解剖特点。

在病因的作用下，初期迷走神经的兴奋性升高，表现为腺体分泌活动显著增强，胃液酸度偏高，胃运动增强，胃平滑肌痉挛性收缩，同时幽门开张，因此，急性胃扩张初期，表现为痉挛性腹痛，频繁排粪，而粪不成形。

随着病程的进展，病因的异常刺激，迷走神经由兴奋转为抑制，交感神经-肾上腺系统转为兴奋，结果胃肠蠕动减慢，幽门紧闭，临床上表现为排粪停止。停滞的胃内容物在胃液和微生物的作用下，进一步膨胀，产生大量有毒物质，结果使胃壁的供血不足和发生自体中毒，胃内异常刺激通过压力感受器和化学感受器向中枢发放疼痛性冲动，而使大脑中枢的神经调节机能进一步紊乱，临床上表现剧烈持续性腹痛。由于胃液过度分泌进入胃内，肠道中因乳酸异常增多，渗透压增高，引起大量液体进入肠腔，以及剧烈疼痛引起大量出汗，导致机体脱水和碱中毒。

胃扩张时胃的体积增大，向前压迫膈肌，呼吸运动和循环系统受到抑制，出现高度呼吸困难；加之剧烈腹痛、脱水和自体中毒等综合因素的影响，导致心力衰竭而使病情恶化。

若胃的扩张状态不能及时缓解，而继续发展，胃壁因高度扩展而发生自行破裂（有的资料认为，胃内压力达490～1372Pa时即可破裂），或者在外力作用下发生破裂（如急起急卧、突然摔倒等）。随着胃壁的破裂，食糜大量进入腹腔，胃的膨胀突然消失，腹痛症状立即缓解，而全身症状突然发生恶化，出现中毒性休克，很快死亡。

症状

马属动物，原发性急性胃扩张，常在采食后不久突然发病。患畜精神沉郁，食欲废绝。病初口腔湿润，酸臭，可视黏膜发红，后期发绀，因脱水出现口腔干燥，气味奇臭，舌苔发黄齿龈边缘部分更为明显。脉率不断增快，脉搏由强转弱。胃区听诊可听到沙沙音或流水音，短促而高亢。严重病例出现嗳气（在左侧颈静脉沟部见到食管逆蠕动波）和干呕甚至呕吐现象（鼻流粪水）。重症患畜的皮肤弹性减退，眼窝凹陷；胸前、肘后、股内侧、颈侧、耳根和眼周围等局部出汗，个别病例则全身出汗。

病初期呈间歇性、轻微至中度腹痛，前蹄刨地，卧地小心，很快即发展成剧烈的持续性腹痛，患畜快步急走或向前直冲，急起急卧，卧地滚转，甚至呈现犬坐姿势。

腹围变化不明显，但呈现严重的呼吸困难。

用胃管检查时，食滞性胃扩张可从胃管排出少量酸臭气体和少量的稀糊状食糜甚至排不出食糜，腹痛症状并不减轻。气胀性胃扩张可导出多量气体，患畜随气体排出而转为安静，腹痛症状减轻。

直肠检查，脾脏后移，胃壁紧张，胃内容物充满，在左肾前下方可摸到膨大的胃的后壁，若胃壁紧张而富有弹性，为气胀性胃扩张；若胃壁有黏硬感，压之留痕，则是食滞性胃扩张。

继发性胃扩张时，在原发病的基础上病情很快转重。其特点是大多数患畜经鼻流出少量粪水；插入胃管后，间断或连续地排出大量具有酸臭气味、淡黄色或暗黄绿色的液体，并混有少量食糜和黏液，其量可达5～10L，随着液体的排出，病情转轻。经过一段时间后，又复发，再次经胃管排出大量液体，病情又有所缓解，如此反复发作。两次发作的间隔时间越短，小肠不通的部位与胃的距离越近。胃液胆色素反应呈阳性。

血液学检查，血沉减慢，红细胞压积容量增高，血清氯化物含量减少，血液碱贮增多。

犬猫的胃扩张，主要表现为突然发病，徘徊不安，时起时卧，呻吟。可视黏膜潮红。呼吸困难，脉搏增数。腹部膨胀，腹壁紧张，压迫有疼痛感，冲击触诊有震荡感，叩诊呈鼓音。干呕或呕吐，呕吐物量少。病后期，出现脱水、自体中毒和心力衰竭症状。

诊断与预后

诊断主要根据病史（采食后发病），临床症状（持续剧烈腹痛、呼吸困难），胃管探察和直肠检查。

原发性与继发性胃扩张可通过如下方法进行鉴别。继发性胃扩张，首先表现为原发性病的症状，然后才出现胃扩张的症状。送入胃管后，有大量具有酸臭气味的淡黄色或暗绿色液体流出。液体排除后症状减轻，如此反复发作，是继发性胃扩张的特征之一。再者，直肠检查时，可发现肠道病变如阻塞、变位等，还有导出的液体胆色素反应呈阳性，即胃液 4～6 滴加到试纸上，再滴加 0.5%亚甲蓝一滴，出现淡绿色为阳性反应。

急性胃扩张，原发性的尤其是气胀性的，经过及时治疗，可迅速痊愈。诊治延误，可于数小时内死亡。继发性胃扩张，视原发病治疗情况而定。

治疗

治疗原则为减压制酵，镇痛解痉和对症治疗。

对急性胃扩张进行治疗时应先导胃减压，若为气滞性的可导出大量气体，症状马上减轻，若为食滞性的仅能导出少量的液体和食糜，应进行洗胃，直至胃内容物无酸臭味为止；积液性胃扩张，均为继发，导胃减压只是治标，应查明并治疗原发病。导胃后灌服止酵药物，如鱼石脂 10.0～15.0g、福尔马林 15.0～20.0mL 等，气滞性胃扩张治疗效果良好，食滞性胃扩张治疗效果往往不理想。

镇痛解痉，是调节中枢功能、解除幽门痉挛，消除胃膨胀的根本措施，应用于整个病程，通常在制酵减压后实施。如 5%水合氯醛酒精注射液 300～500mL，静脉注射；0.5%普鲁卡因液 200mL，10%氯化钠注射液 300mL，20%安乃近 20mL，静脉注射。10%戊巴比妥钠液 20mL，肌肉注射；水合氯醛 15～30g，酒精 30～60mL，福尔马林 15～20mL，水 500mL 灌服；普鲁卡因 3～4g，稀盐酸 15～20mL，液体石蜡 500～1000mL，常水 1000mL 混合灌服。

此外，根据病情，进行必要的强心、补液和解毒治疗，继发性胃扩张，应积极治疗原发病。

犬、猫原发性急性胃扩张应迅速导胃、洗胃治疗。在胃管插入有困难时，应及时进行手术治疗。继发性胃扩张，在穿刺放气后，应及时进行手术治疗。

预防

加强饲养管理，特别是在劳役过度、极度饥饿时，应注意饲料调理，少喂勤添，避免采食过急；加强管理，防止偷吃精料。在犬则要注意饲料的品质和可消化性，定时给食，喂后不能饮用大量的水以及避免剧烈的运动。

肠阻塞（intestinal obstruction）

肠阻塞是由于肠管运动机能和分泌机能紊乱，内容物滞留不能后移，致使某段或某几段肠管发生完全或不完全阻塞的一种腹痛性疾病。临床上以食欲减少或废绝，排粪减少或停止，并伴随不同程度的腹痛为主要临床特征。按病因可分为原发性和继发性肠阻塞；按阻塞程度可分为完全性或不完全性阻塞。猪各种年龄都可发生，而以小猪较为多发，阻塞常发部位是结肠。牛多发生于黄牛和水牛，乳牛较少见，病变部位多见于十二指肠、小肠和盲肠。犬、猫的肠阻塞是犬猫的一种常见病，犬、猫对肠阻塞具有较强的耐受性，有的犬、猫肠阻塞虽已发生数天，但临床上并没有明显症状。便秘时间越久，在治疗上也越困难。

病因

饲料因素，饲草单一、质量低劣、粗纤维含量较高，特别是受潮霉败使饲草变得坚韧而难于咀嚼，不易消化，是引起肠阻塞的主要因素。

饲养管理不良：饲喂不定时、饥饱无常、饱后重役、饲养方式的突然改变等，常引起肠管运动功能和分泌功能的紊乱，易于发生肠阻塞。

饮水不足：饮水不足可引起机体脱水，导致肠道与机体间水分的交换障碍，肠道内容物中的水分被过度吸收，内容物逐渐干涸和停滞而发生肠道阻塞。

食盐摄入不足：食盐是维持肠道运动功能和分泌功能的重要因素，食盐摄入不足引起肠道的运动功能和分泌功能降低，引发肠道阻塞。

天气骤变：天气的突然变化可引起应激反应，导致交感神经兴奋，而维持肠道运动和分泌功能的副交感神经抑制，从而导致肠阻塞的发生。

其他因素如长期休闲运动不足、牙齿不良、慢性胃肠道炎症等均可影响到肠道的运动和分泌功能而发生肠阻塞。

犬、猫肠阻塞的发生主要见于食入的骨头、毛发或异物与粪便混在一起，形成大的硬粪便，以致难以通过肠腔而造成肠阻塞；某些引起排便疼痛的各种肛周疾病，如肛裂、直肠狭窄、直肠肿瘤等，因排粪疼痛加剧，致使排粪的反射受到抑制，导致粪便滞留引起肠阻塞；老年动物肠蠕动机能减弱或腰荐椎神经损伤，使直肠壁压力反射减弱或丧失，致使粪便滞留而形成肠阻塞等。

发病机理

致病因素均可直接或间接影响到大脑皮层、皮质下中枢、自主神经（干、节、丛）以至肠壁内神经丛的神经兴奋性及其传导，而使交感神经与副交感神经的协调控制失去平衡。这些变化可导致肠运动、分泌功能紊乱，及肠蠕动减弱，消化液分泌减少，饲料消化不全，粪便停滞而阻塞肠道，同时肠道内的内环境发生改变，如大肠内的酸碱度和含水量的改变使肠内容物干燥、变硬而促进肠阻塞的发生。肠便秘过程中，会由于肠运动异常和肠黏膜受压迫，出现腹痛；饮食欲废绝、出汗和肠内异常分泌引起脱水和循环障碍；肠内容物异常发酵腐败，产生大量有毒物质被机体吸收，引发自体中毒等一系列的病理变化。有的会继发胃扩张、肠臌气及心力衰竭和腹膜炎等病症，从而加重病情，导致死亡。

症状

肠阻塞的临床表现因动物的种类、阻塞的部位、程度以及结粪的硬度而有较大变化。

猪　病初采食减少，口渴增加，腹围逐渐增大，喜躺卧，有时呻吟，经常努责，腹痛不明显，排出少量干燥、颗粒状的粪球，其上覆盖着稠厚的灰色黏液。当直肠黏膜破损时，黏液中混有鲜红的血液。经1～2d后，排粪停止。体小的病猪，用双手从两侧腹壁触诊，可触摸到圆柱状或串珠状的结粪。当便秘肠管压迫膀胱颈时，会导致尿闭，触诊耻骨前缘，可发现膀胱胀满。当十二指肠便秘时，病猪表现呕吐，呕吐出液状酸臭物。后期出现食欲废绝，有的喝脏水，体温升高，全身症状明显。

牛　排粪减少到不排粪是本病的主要特征。鼻镜干燥，结膜呈污秽的灰红色或黄色。口腔干臭，有灰白或淡黄白舌苔。病牛两后肢交替踏地，呈蹲伏姿势；后肢踢腹；弓背，努责，频频呈现排粪姿势，但仅见排出一些胶冻样黏液。伴随腹痛增强，常卧地不起，头颈贴地，体力疲惫。冲击触诊右腹部，呈明显的振水音。叩击时听诊有明显的金属音。直肠检查，直肠内空虚，有时可在直肠壁上附着少量的干燥粪便或蓄积少量的黏液。脱水明显。

犬、猫　沉郁或烦躁不安，可视黏膜潮红或发绀，饮食欲减损或废绝，呕吐，回顾腹部，时走时卧，常常做排粪姿势，仅有少量粪便或黏液排出，有的排少量血便。体重迅速减轻，脱水。腹部触诊可触摸到圆柱状或结块状阻塞物。直肠便秘时，肛门指检敏感，直肠内有干硬的粪便。猫盲肠便秘时，腹围膨大，腹部触诊可摸到膨大的盲肠，呈生面团样感觉，有压痕。有的犬、猫可见腹部增大，肠臌气。通过X射线照片，可清晰见到肠管扩张状态及其中含有致密的粪块阴影。

马属动物由于阻塞程度和部位不同，症状亦不完全相似。完全便秘，则多呈中等程度或剧烈腹痛，初期口腔湿度、色泽正常，随着病情发展，脱水加重，口腔很快变干，舌苔灰黄，口臭难闻；初期排少量干硬小粪球，被覆黏液，数小时后停止，初期肠音不整或减弱，数小时后肠音衰沉，乃至消失。饮食欲废绝，结膜潮红，脉搏增数，严重时达120次/min，呼吸急促，继发肠炎或腹膜炎时体温升高，继发肠臌气时，则肷窝膨满，病程短急，通常1～2d，有的则能拖到3d。不完全阻塞时，腹痛多轻微，个别的呈中等程度的腹痛，口腔稍干或不干，舌苔薄或无舌苔，口臭味不大，排粪迟滞，粪便稀软，色暗而恶臭，有的排粪完全停止，肠音始终减弱或衰沉，也有肠音完全消失的，饮食欲多减退，完全消失的少，全身症状不明显，病程缓长，通常持续1～2周，也有的持续3周以上。一旦出现结膜发绀、肌肉震颤、脉搏细弱、局部出汗和体温升高等症状，则预后不良，可能是出现肠破裂。

病理变化，小肠便秘，剖检可见阻塞部肠管扩张，充满大量的干硬粪块，肠管呈香肠状，阻塞部位肠壁淤血、水肿、出血，严重时肠壁坏死。大肠阻塞时，剖检可见肠道内有大量的内容物积聚，阻塞部位肠黏膜潮红、肿胀、出血、水肿，被覆有厚层黏液，发病时间较长可发生肠壁坏死。严重病例因肠破裂而发生腹膜炎。

诊断与预后

根据排粪迟滞，腹痛，饮食欲减损或废绝，直肠检查或腹部触诊一般即可诊断。

一般情况下，小肠、小结肠阻塞比大肠各部阻塞病情发展快而且重，病程多为1～2d；大肠各部阻塞，尤其是不完全阻塞，病程可达半月之久，治疗及时，一般预后良好。

治疗

治疗原则为疏通肠管、解痉止痛、补液和加强护理。

有饮食欲的病例，可饲喂少量多汁的饲料，同时饮用大量的温水。

疏通肠管是治疗本病的措施，常采用同服泻药的方法，如用胃管投服液体石蜡（或植物油），中小动物 50.0～150.0mL，牛 500.0～1000.0mL；鱼石脂，中小动物 3.0～5.0g，马、牛 20.0g；酒精，中小动物 10.0～30.0mL，马、牛 100.0mL，常水适量胃管投服；也可将油类泻剂换成硫酸钠（或硫酸镁），中小动物 50.0～150.0g，马、牛硫酸镁 500g，用法同前，但小肠阻塞禁用盐类泻剂。直肠便秘时可肥皂水做深部灌肠。

大家畜可用破结法，用适当的手法，通过直肠壁，将秘结部的结粪弄软和弄碎，达到疏通的目的；生物学软化法，内服醋曲、发面等，一次内服 300～500g，加适量水。中药疗法，应用大承气汤，大黄 120g、厚朴 60g、枳实 60g、芒硝 120g，或加味大承气汤、麻仁承气汤等；电针疗法，用电疗机，取关元穴（俞）背最长肌下缘与最后肋骨交点处，进针 7～8cm，时间 10min。牛结肠便秘还可采用温肥皂水 15～30L 做深部灌肠。对顽固性便秘，可试用瓣胃注入石蜡油 1000～1500mL。猪、犬和猫肠便秘常用硫酸镁（硫酸钠）30～100g，或人工盐 40～100g，加水内服，或植物油 50～250mL，或液状石蜡 60～100mL，内服。用大量 1%温盐水或肥皂水灌肠，疗效亦较好。

腹痛剧烈时，可使用解痉止痛药，主要目的是为了阻断疼痛刺激传向中枢，借以恢复大脑皮层对全身机能的调节，并为诊疗工作提供方便。临床上常用的药物有水合氯醛（常于泻剂同用），普鲁卡因，20%硫酸镁溶液或 5%水合氯醛酒精溶液静脉注射，30%安乃近溶液 20.0～40.0mL 静脉或肌肉注射，或应用 2.5%盐酸氯丙嗪 8.0～16.0mL 肌肉注射等。

补液目的在于维护心血管功能，缓解脱水过程，纠正机体酸中毒，提高机体抗病力，提高疗效。根据机体脱水和心功能状况，可采取多次注射，效果良好，常用的处方为复方氯化钠溶液，5%葡萄糖溶液，或 5%葡萄糖氯化钠溶液等；纠正酸中毒可用 5%碳酸氢钠溶液，或应用 11.2%乙酸钠溶液。

出现胃扩张或肠臌气时，应及时进行导胃或穿刺减压，疼痛剧烈时应加强护理，防止剧烈运动。

对单纯性便秘犬、猫，可用温肥皂水反复灌肠，并配合腹外适度地按压肠内便秘粪块，一般效果良好。灌肠时肥皂水用量一次以 50.0～80.0mL 为宜，切忌量过多，防止肠腔过度扩张使肠壁受伤。灌注后不要让其立即流出，应马上将犬、猫放在地上，驱赶运动，必要时 2～3h 可重复灌肠 1 次；也可用开塞露；直肠后段或肛门便秘阻塞时，为保证犬猫安全，防止黏膜损伤，可在动物麻醉后用镊子破碎干粪块取出。

如药物治疗无效时，应迅速进行手术治疗。

预防

给予营养全面、搭配合理的日粮；保证充足的饮水和适当运动；仔猪断奶初期、母猪妊娠后期和分娩初期更要精心照料、饲养。饲料中应添加适量的食盐和矿物质、多维可防止肠便秘的发生。肠便秘解除后，为防止复发，可投服液体石蜡油或蓖麻油，以促使肠内容物排出。平时定时定量饲喂，保持适当运动。老龄犬、猫平时多喂些香蕉等水果，并随时观察排粪情况，只见采食不见排便时，提示有肠阻塞征兆，应及时投服植物油 10～30mL 或经肛门给入甘油 10～20mL，以促进粪便的排出。

肠痉挛（intestinal spasm）

肠痉挛是胃肠平滑肌受到异常刺激发生痉挛性收缩所引起的一种腹痛病，又名痉挛疝，中兽医叫冷痛、冷腹痛等。临床上以间歇性腹痛、肠音高朗和口腔湿润为特征。本病可发生于所有哺乳动物，常见于马，有时也发生于牛和猪。秋、冬、春季较为多见。

病因

本病的主要致病原因是动物受到寒冷的刺激，饲养管理不当、遗传因素、年龄因素亦与肠痉挛的发生有关。本病最主要的发病因素是受到寒冷的刺激，包括气候突变、汗后淋雨、露宿野外、贼风侵袭、暴饮冷水等。长期不定时、定质、定量、定人饲喂导致消化不良，采食霉烂变质的饲料以及霜冻饲料等引起肠道内容物的异常腐败分解，产生有毒物质，对肠道产生异常刺激，引起肠道平滑肌痉挛。肠痉挛的发生在一定程度上与遗传因素有关，往往具有家族史。幼龄动物的神经调节功能不健全常多发。

发病机制

寒冷刺激或有毒化学物质的刺激，直接作用于肠壁，首先兴奋黏膜下神经丛，然后通过肌间神经丛，引起所支配平滑肌的局部运动增强（壁内神经丛局部反射），或者通过支配肠管运动的低级中枢，引起较广泛的肠段运动过强。

由于肠管运动过强，包括肠管运动力量的加强和运动频率的加大，肠道平滑肌紧张度增高，直至肠管平滑肌的痉挛性收缩。

肠道平滑肌痉挛，导致肠壁血管受压迫而闭锁，血液供应障碍，有氧氧化不足，无氧酵解加强，产生酸性代谢产物即乳酸，使肠道平滑肌麻痹松弛，解除痉挛状态。随着痉挛的解除，血管扩展，血液重新供应，酸性代谢产物进入血流，能力供应恢复，肠道平滑肌再次发生痉挛，从而出现痉挛—解除痉挛—痉挛的反复过程，从而在临床上出现腹痛和间歇交替出现的表现，因此间歇性腹痛是肠痉挛最主要的特征。

由于肠管运动的加强，肠道内容物在肠道内滞留的时间缩短，水分吸收不充分，粪便成形不足即被排出，而呈现一定程度的腹泻；肠痉挛有时会使肠腔完全闭合，特别是肠道某些括约肌痉挛性收缩，可引起一时性的动力性肠阻塞，以致肠内容物蓄积，而有时呈现轻度肠臌气；剧烈的肠挛缩以及腹痛的起卧滚转，可能导致肠变位。

症状

发病突然，有受寒病史。口腔湿润，无异味。耳鼻四肢末梢发凉。排粪次数增多，粪便稀软或松散带水，含未充分消化的饲料成分。全身症状轻微，体温、脉搏、呼吸无明显改变。

间歇性的腹痛是肠痉挛的最主要特征，患畜表现前肢刨地，后肢踢腹，回顾腹部，起卧不安，卧地滚转，持续 5～10min 后，便进入间歇期。在间歇期，患畜表现正常，安静站立，采食和饮水正常。但经过 10～30min，腹痛又发作，经 5～10min 后又进入腹痛间歇期。有的患畜，随着时间的推移，腹痛逐渐减轻，间歇期延长，常不治而愈。

肠音增强，两侧大小肠音连绵高朗，远离数步可闻，有时带有金属音调。在剧烈的肠痉挛时，肠音有时消失（大段肠管痉挛性收缩，导致肠道内容物无法后送，因而肠音消失）。

直肠检查可发现肠壁紧张，较厚，粗细不一，呈疙瘩状。

诊断与预后

依据间歇性腹痛、高朗连绵的肠音、松散稀软的粪便以及相对良好的全身状态，不难做出肠痉挛的诊断。但需注意同子宫痉挛、膀胱括约肌痉挛、急性肠卡他进行鉴别。

本病持续时间一般不长，从几十分钟至几个小时，若给予适当治疗，可迅速痊愈。如经治疗，症状不但不见减轻，反而腹痛加剧，全身症状随之恶化，这表明继发肠变位或肠阻塞，预后要慎重。

治疗

本病的治疗原则是加强护理，消除病因，解痉镇痛，清肠止酵和对症治疗。

加强护理，消除病因，将动物放于温暖的厩舍，防治受寒。腹痛时要牵蹓，避免打滚，以防发生肠变位。

解痉镇痛是治疗肠痉挛的基本原则。腹痛较轻时可肌肉注射30%安乃近，马、牛20～40mL;中等程度腹痛时可使用水合氯醛，马、牛20～30g，加水适量，灌服；重度腹痛时可使用10%氯化钠溶液300～500mL，0.25%普鲁卡因100～250mL，10%安钠咖20mL，马、牛缓慢静脉注射。

对于幼龄犬、猫，也可给予654-2、颠茄片等。

清肠止酵的目的是排除肠道内有毒物质，防止肠道内有毒物质的刺激，避免肠痉挛的复发，可以使用20%鱼石脂酒精100mL，硫酸钠300g，加温水5000mL，胃管投服。

中兽医称肠痉挛为冷痛、冷腹痛，治以温中散寒、和血顺气为主，宜用橘皮散：青皮、陈皮、官桂、小茴香、白芷、当归、台乌各15g，细辛6g，儿胡12g，厚朴20g，共为末，加白酒60mL，开水冲调，候温灌服；针治三江、姜牙、耳尖等穴或电针关元俞；生姜200g，煎汤加白酒200g，1次灌服；焙干姜200g，艾叶50g，水煎取汤加白酒，灌服。

预防

加强饲养管理，保证草料的清洁卫生，杜绝使用冰冻或腐烂的饲草；保证定时、定量饲喂，搞好厩舍卫生；注意天气变化，特别要注意气温骤降之时，搞好厩舍的取暖工作。

肠套叠（intestinal invagination）

肠套叠是肠管异常蠕动致使一段肠管套入其临近的肠管内，引起胃肠内容物不能后送的一种急性腹痛病。临床上以顽固性呕吐（杂食兽和肉食兽）、腹痛和排血样粪便为特征。本病多发生于牛、犬、羊、猫等，猪也常见，幼龄动物较成年动物多发。

病因

动物在极度饥饿、突然受凉、饮入冷水等因素影响下，肠管受到异常刺激而发生个别肠段的痉挛性收缩，从而发生肠套叠；饲喂品质低劣或变质的饲料时，能引起胃肠道运动失调而发生肠套叠；由于肠道存在炎症、肿瘤、寄生虫等刺激物，或者由于腹腔手术引起某段肠管与腹膜粘连时，也易发生肠套叠。

发病机理

由于各种不良因素的影响，肠道平滑肌的自动运动性发生改变，即某段肠管蠕动增强或痉挛性收缩，而与其相邻的另一段肠管蠕动正常或迟缓、麻痹，加之肠内容物稀薄或空虚的情况下，从而一段肠管套入另一段肠管中。一旦发生肠套叠，套叠肠管就会出现血液循环障碍，出现充血、淤血和水肿等病理变化，严重时出现肠管的坏死现象，导致起初的功能性障碍转变为以后的器质性改变。因肠套叠导致肠管的闭塞，可继发胃扩张、肠臌气等病症，发病时间较长后导致机体脱水、自体中毒、心力衰竭以及腹膜炎等，从而加重病情而导致死亡。

症状

动物突然发病，开始时表现中度间歇性腹痛，很快（发病 1～2h）转为剧烈腹痛。腹痛的表现以动物种类有一定的差异，在牛表现为后肢踢腹或后肢交替踏地，举尾，有时频频起卧，站立时背腰下沉呈凹腰表现；病羊则表现为前后肢开张呈伸腰姿势，反复出现伸腰动作，有时弓背，回头顾腹，24h 消失后腹痛及伸腰表现逐渐减轻甚至消失；猪则呈现极度不安，背腰拱起，腹壁紧张，腹部收缩，有时前肢跪地、后躯抬高，严重时突然倒地滚转，鸣叫，四肢在空中划动，不断呻吟；犬则表现为高度不安，徘徊呻吟，时起时卧。

食欲废绝，反刍动物还会出现反刍消失。部分动物出现饮水次数增多，但饮水量并不增加反而减少。口腔干燥，随病程延长，口腔出现臭味。在猪、犬，有时可见呕吐现象（小肠套叠时时常出现）。

病初频频出现排粪动作，但排粪量减少，粪便中带有黏液和血液，或排出少量煤焦油样粪便。后期排粪停止。

腹围无明显变化，猪因腹部收缩而腹围缩小。反刍兽可出现腹围增大。右腹部听诊肠音减弱或肠音不整，有时肠音高朗短促而带有金属音调（套叠部位前方肠管积气积液）。中小动物如 15kg 内且膘情中等以下的猪、羊以及犬可触及香肠状圆柱体形的套叠肠管，压迫套叠部位，动物疼痛敏感。在大动物如牛，可行直肠检查，可触及直肠内有少量的黏粪或黏液，隔直肠壁向腹内探查，有时可触及手臂粗而且光滑的富有弹性肉样感的套叠肠段，压迫套叠部位，动物疼痛敏感。

腹腔穿刺液明显增多，初期为淡黄红色，以后逐渐变为红色腹水。

病初全身体况无明显变化，但随病程发展，全身症状逐渐加重而明显，机体脱水，心跳加快，呼吸促迫，结膜发绀，神情呆滞，反应迟钝，皮温降低，耳鼻及四肢发凉。当继发腹膜炎、肠炎时体温升高。

诊断与预后

根据病史和临床特征一般可做出初步诊断，确诊需要进行钡餐透视或超声诊断，剖腹探查即是一种有效确诊方法。但需与肠变位、肠梗阻等疾病进行鉴别。

早期积极治疗，一般预后良好，出现肠坏死，则预后谨慎。

治疗

本病发展急剧，诊治不及时可很快死亡。轻度病猪、病犬经对症治疗后可采取保守疗法即灌肠整复法，其他病例一经确诊应立即采取手术治疗。不论哪种疗法，在治疗前均应根据动物病情进行强心、补液，以维持动物的体况。

灌肠整复法　对于猪、犬轻型病例，可采取温肥皂水进行灌肠，灌入的液体量视动物的体格大小而定，猪可灌入2～8L，犬可灌入0.2～1L，并压迫肛门，使液体滞留在肠道内一定时间，达到整复肠套叠的目的。经灌肠后1h内腹痛减轻或消失，并出现排粪排气现象，全身症状改善，说明套叠部位得到了整复。若症状没有减轻现象，应及时转入手术治疗。

手术疗法　常规切开腹壁，打开腹腔，找出套叠肠管，进行整复。在手术整复中，必须缓缓分离已进入到肠管中的肠浆膜，禁用强力拉出，特别对套叠部分较长和严重淤血、水肿的肠管，要防止造成肠壁撕裂、大出血及因严重肠壁缺损和随后的感染。对肠管已坏死不能整复者，应做肠切除吻合术。

术后应做好术后护理工作，根据病情进行强心、补液、校正电解质紊乱和使用抗生素控制继发感染。

预防

采取科学的饲养和管理，饲喂要定时定量，注意饮食饮水温度，饲料饮水要清洁，要注意卫生，防止误食泥沙和污物。在运动时要防止剧烈奔跑和摔倒。避免过度刺激，禁止粗暴追赶、捕捉、按压，勿使动物剧烈挣扎等。

肠变位（intestinal dislocation）

肠变位又称机械性肠阻塞和变位疝，是由于肠管的自然位置发生改变，致使肠系膜或肠间膜受到挤压或缠绞，肠腔发生机械性闭塞和肠壁局部发生循环障碍的一组重剧性腹痛病。其临床特征是腹痛由剧烈狂暴转为沉重稳静，全身症状渐进增重，腹腔穿刺液量多，红色浑浊，病程短急，直肠检查时变位肠段有特征改变。

肠变位根据病变的性质分为肠扭转、肠缠结、肠嵌闭和肠套叠四种类型。

肠扭转（intestinal volvulus）　肠扭转是肠管沿其纵轴或以肠系膜基部为轴发生程度不同的扭转；肠管也可沿横轴发生折转，称为折叠，如小肠扭转、盲肠扭转或折叠、小结肠扭转等。

肠缠结（intestinal strangulation）　肠缠结又称肠缠络或肠绞窄，是一段肠管与另一段肠管或与肠系膜、腹腔肿瘤的根蒂、韧带（如肝镰状韧带、肾脾韧带）、结缔组织索条、精索为轴心进行缠绕在一起，引起肠腔闭塞不通，如空肠缠结、小结肠缠结。

肠嵌闭（intestinal incarceration）　肠嵌闭又称肠嵌顿，是一段肠管连同其肠系膜坠入与腹腔相通的先天性孔穴或病理性破裂孔内，并卡在其中使肠腔闭塞不通，引起血液循环障碍，如小肠或小结肠坠入腹股沟管、大网膜孔、肠系膜破裂孔和膈肌破裂孔内等。

病因

关于构成肠变位的因素，尚缺乏系统研究。根据有关资料将病因归纳为以下两种。

1. *导致肠管功能改变的因素*　如突然受凉、饮水和饲料冰冷，肠卡他、肠炎，肠内容物形状的改变（如肠内积沙、酸碱度降低等引起肠弛缓，消化不良过程引起的肠分泌、吸收和蠕动功能变化等），肠道寄生虫，全身麻醉，以及肠痉挛、肠臌气、肠便秘、肠系膜动脉血栓和栓塞等腹痛病等，这些因素均可引起肠管运动功能的改变。肠管运动功能紊乱，有的肠段张力和运动性增强乃至痉挛性收缩，有的肠段张力和运动性减弱乃至弛缓性麻痹，致使肠管失去固有的协调性运动。例如，肠绞窄和肠缠结多在肠蠕动功能异常增强的情况下发生。当肠管充盈，肠蠕动功能增强，甚至呈持续性痉挛收缩，使肠管相互挤压，往往成为肠扭转的起因。

2. *机械性因素*　在跳跃、奔跑、难产、交配等腹内压急剧增大的情况下，小肠和小结肠有时被挤入某空穴而发生箝闭。起卧滚转，体位急促变化的情况下（如肠痉挛时的起卧滚转），促使各段肠管的相对位置发生改变，如小肠或小结肠沿其系膜根的纵轴扭转。

发病机理

肠段发生扭转、缠结、箝闭或套叠，造成肠腔的机械闭塞，闭塞部前侧胃肠内容物停滞、腐败发酵、特别是消化液的大量分泌，引起胃和（或）肠的膨胀以及不同程度的脱水。十二指肠和空肠前半段变位造成的所谓高位闭塞，脱水甚重，丢失的主要是氯离子和钾离子，血液 pH 升高，血浆碱贮增多，导致碱中毒；回肠及大肠各段变位造成的所谓低位闭塞，脱水较轻，丢失的主要是碳酸氢根和钠离子，血液 pH 降低，血浆碱贮减少，导致酸中毒。

变位的肠管及肠系膜受到绞压，肠壁发生淤血、水肿、出血乃至坏死，大量血液成分向腹腔和肠腔内渗出，加上消化液的大量分泌，使血液浓缩，循环血量减少，导致低血容量性休克。

肠变位造成的腹痛，早中期较为剧烈，表现狂暴，引起疼痛的因素包括闭塞部肠管痉挛所致的痉挛性疼痛；胃肠积液积气所致的膨胀性疼痛；闭塞部肠系膜受到牵引所致的肠系膜疼痛。后期则因肠管麻痹和机体反应机能减弱，腹痛症状稍有缓解但并不消失，表现沉重而外观稳静。若继发腹膜炎，腹膜性疼痛则占据主导地位。

肠变位发生后，变位部位前方肠管积气积液，内容物腐败发酵以及变位部位肠壁组织坏死分解产生有毒物质，继发腹膜炎引起炎症渗出，有毒物质和炎症产物吸收进入机体，导致自体中毒的发生。

严重的脱水和自体中毒可迅速导致心力衰竭，出现死亡，这是肠变位病程短促、病情严重的主要机制。

症状

肠变位发病突然，一旦发生即刻表现出临床症状。

突然出现腹痛，各种动物的腹痛表现存在较大差异。牛、羊呈现持续性严重腹痛症状，出现许多非自然姿势，如摇尾、踢腹、起卧、犬坐、后肢弯曲或前肢下跪，有时两肢屈曲而横卧。病羊精神极度痛苦，目光凝视，全身不时发抖，磨牙，呻吟。马突然出现腹痛但不剧烈，腹痛由间歇性腹痛迅速转为持续性剧烈腹痛，患畜极度不安，急起急卧，急剧滚转，仰卧抱胸，腹痛时蹴踢腹或反复起卧，经 8～24h 后，有的卧地不愿起立，常躺卧后频频举头回顾腹部，强迫行走时，背下沉且小心谨慎，有时呻吟，即使用大剂量的镇痛药，腹痛症状也常无明显减轻或仅起到短暂的止痛作用。在疾病后期，腹痛变得持续而沉重。犬则表现为喜卧、呻吟或嚎叫、甚至打滚，或伸直四肢僵硬地倒地。

食欲废绝，口腔干燥。反刍动物还会出现反刍停止，犬则出现呕吐现象。病初频频排粪，但排粪量减少，粪便带有黏液和血液，后期停止排粪。听诊肠音减弱或消失。中小动物可行腹部触诊，可触及敏感部位及变位点，仔细触摸，有时可感知变位的性质。

大动物可进行直肠检查。直肠检查时直肠空虚，有多量黏液；可摸到某段肠管的位置、性状和走向发生改变即变位点，施以牵拉或触压疼痛加重；变位部位前方肠管积气积液，变位部位后方肠管细软空虚。

结膜潮红或发绀，呼吸急促，脉搏弱而快。四肢及耳鼻发凉，微血管再充盈时间显著延长。如并发肠炎及肠炎坏死时，体温可升高。

腹腔穿刺可见大量红色腹水。

病理变化，可见扭转、箝闭、缠结和套叠的肠段，病变肠段淤血呈暗红至黑紫色，水肿、出血或坏死。腹腔内均积有多量混血、混浊、含纤维蛋白碎片的渗漏液。肾上腺皮质和胰腺的出血、变性乃至坏死，实系内毒素休克和弥漫性血管内凝血的结果。

诊断与预后

根据临床症状结合腹部检查、直肠检查和腹腔穿刺进行诊断。在经上述检查尚不能确诊者，可及时进行剖腹探查，以便采取适宜措施进行治疗。

依据肠变位的性质和程度不同，病程颇不一致，一般为10～48h；轻型病例则可能拖延更长时间。凡病情发展较快，腹痛剧烈，体温升高，脉搏细弱，眼结膜发绀，呼吸急促，肌肉震颤，应用一般镇痛药物无效者，预后不良。

治疗

本病一经确诊应及时进行手术整复。手术后要使用抗生素防止继发感染，并加强护理和进行手术后的监护工作，防止内毒性休克。

镇痛，大动物可选用30%安乃近注射液20～40mL、肌肉注射；安溴合剂50～100mL，静脉注射；水合氯醛硫酸镁注射液（含水和氯醛8%，硫酸镁10%），1次静脉注射；0.5%普鲁卡因100mL，10%氯化钠200～300mL，20%安钠咖20～40mL，混合1次静脉注射。中小动物酌减。

强心，可静脉滴注毒毛旋花子苷1.5～3.75mg，也可使用安钠咖、樟脑磺酸钠等。

静脉注射生理盐水、5%葡萄糖注射液、复方生理盐水、低分子右旋糖酐等，以补充体液、改善微循环，防止休克。

附一：腹泻综合征鉴别诊断要点

腹泻是指动物出现频繁排粪甚至排粪失禁，粪便可能呈稀粥样甚至水样。腹泻发生的机制在于动物排粪反射的紊乱。排粪是一种复杂的反射活动，排粪的反射弧包括感受器、传入神经、中枢神经系统、传出神经和效应器，涉及肠道的蠕动性能、腹壁的状态、神经功能等方面，任何一个部分发生气质性或功能性的改变，均会导致排粪的异常。当肠道存在炎症、异常刺激、功能异常、食物消化异常、过食等均会导致腹泻现象。

（一）腹泻的病因

导致腹泻的病因可以分为传染性因素包括各种细菌、病毒、寄生虫感染等；中毒性因素包括汞、砷、氟、有机磷、食盐、棉酚中毒等；饲养管理性因素包括过食、饲料霉败变质、长期营养不良、应激等。

（二）腹泻综合征的鉴别诊断

作为侵袭性因素引起的腹泻最为显著的特点是发病由少到多，再逐渐减少的过程，而且可以通过特定血清学检验、病原的分离鉴定和粪便中寄生虫卵的检查进行诊断。

作为中毒性因素引起的腹泻最为显著的特点是往往突然发生，具有群发性，体格健壮的动物发病较为严重，更换可疑饲料和饮水后发病随即停止，并可通过特定毒物的检测进行确诊。

饲养管理因素引起的腹泻多为散发，即内科范畴内的腹泻性疾病，除腹泻表现外缺乏共同性特点，主要包括肠卡他、肠炎、马属动物急性结肠炎、霉菌性肠炎、黏液膜性肠炎、幼畜消化不良、肠痉挛、硒缺乏。

1. 体温升高的腹泻性疾病

肠炎：是指胃肠黏膜及其深层组织的重剧性炎症。其呈现剧烈腹泻，粪便恶臭，带有黏液、血液、脓汁等。与胃肠卡他最明显的区别在于具有严重的全身症状，如体温升高、脱水、可视黏膜发绀、心音快而弱，精神高度沉郁等。

马急性结肠炎：本病缺乏明显的前驱症状，表现为突然发病，重剧腹泻，大小肠音均减弱或消失，腹围逐渐增大，冲击式触诊有明显振水音。体温升高，病情急剧，迅速发生脱水和自体中毒。本病发生于马属动物，且以壮龄马多见。

黏液膜性肠炎：最为显著的特点是有固定的病理过程，粪便中有特异的灰白色、黄白色呈条状、索状、管状的黏液膜。

2. 体温无明显变化的腹泻性疾病

肠卡他：是指肠道黏膜发生的卡他性炎症。主要表现为腹泻，饲料消化不充分，粪便中带有黏液，肠音增强，口腔干、臭，有舌苔，全身变化不明显。

霉菌性肠炎：本病与一般性肠炎最大的区别在于除具有消化系统症状以外还具有神经系统症状即兴奋不安、盲目运动和呼吸系统症状即流浆液性、黏液性鼻液。部分病例还会出现血尿和皮疹。血液学检查血液中细胞成分均减少。

幼畜消化不良：发生于幼畜，全身症状较为明显，体温不高甚至降低，但是心跳加快，呼吸困难。粪便细软，具有酸臭味。

肠痉挛：与其他腹泻性疾病最为显著的区别在于突然发病，有受寒病史，呈现典型的间歇性腹痛，间歇期一切正常。口腔湿润，无臭味。

硒缺乏：硒缺乏也出现腹泻现象，主要是由于肠道平滑肌变性、坏死所致。在硒缺乏时不仅发生肠道平滑肌的损伤，而且骨骼肌、心肌也发生变性、坏死。因此，在发生硒缺乏时，不仅出现腹泻，而且往往具有运动障碍和心功能降低的表现，如四肢僵硬、站立不稳、运步拘强、跛行，心跳加快、心音较弱，甚至出现节律不齐。

附二：疝痛综合证鉴别诊断要点

疝痛即腹痛，是许多疾病过程中的一种临床症状，在临床上表现为回头顾腹、后肢踢腹、前蹄刨地、甚至急起急卧、急剧滚转和仰卧抱胸等，腹痛的具体表现则以发病部位、疾病性质、严重程度、动物种类而不同。

动物腹腔器官、腹膜和盆腔器官发生损伤时，均会出现腹痛的表现。按照腹痛的性质可将腹痛分为以下几种。

痉挛性疼痛：是由于肠道平滑肌强烈的痉挛性收缩引起的，且特点是具有典型的间歇性。

感受性疼痛：是由于腹腔脏器、盆腔脏器发生损伤或炎症以及胃肠道过度充满时引起的感觉性疼痛，其特点是腹痛呈现持续性。

牵张性疼痛：是由于盆腔器官、腹腔器官发生解剖学位置发生改变，组织器官或肠系膜受到强烈牵拉引起的疼痛，其特点为腹痛剧烈且呈持续性。

腹膜性疼痛：是由于腹膜发生炎症而引起的疼痛，其特点是弥漫性持续性腹痛。

具有腹痛表现的疾病包括急性胃扩张、肠痉挛、肠变位、肠臌气、肠阻塞、肠结石、肠系膜动脉栓塞、胆结石、膀胱括约肌痉挛、膀胱炎、输尿管结石、尿道结石、子宫扭转、子宫套叠、急性腹膜炎等。

1. 腹围增大且呼吸困难的疾病 肠痉挛、肠变位、肠臌气、肠阻塞、肠结石、膀胱括约肌痉挛。

肠痉挛：间歇性腹痛，间歇期正常；耳鼻、四肢发凉；口腔湿润，无异味。

肠变位：起病突然，腹痛剧烈；全身症状急剧，腹腔穿刺腹水增多，呈现红色；口腔干燥，肠音减弱或消失；排粪停止。

肠臌气：腹围急剧增大，肷窝消失甚至隆起；腹痛的程度与腹围增大的程度相一致；肠音初期增强，且带有金属音，以后肠音减弱甚至消失；初期多排细软粪便，且带有泡沫。

肠阻塞：肠音沉弱或消失，口腔干燥，有臭味，排粪迟滞或停止，随病程延长腹围逐渐增大，全身症状逐渐加重。

肠结石：具有慢性消化不良的病史，有长期饲喂富含磷酸镁饲料如麸皮等的生活史；动物经常卧地以缓解肠系膜牵张性疼痛；腹痛具有间歇性，间歇期较长，发作期较短；直肠检查可在腹腔中心偏下方可摸到结石。

膀胱括约肌痉挛：起病突然，剧烈腹痛；全身大汗淋漓；频频做排尿姿势但无尿液排出；膀胱高度胀满，触压也不排尿；导尿时导尿管插至膀胱颈口受阻；给予解痉药立即出现排尿，症状立即消失。

2. 腹围不增大但呼吸困难的疾病 急性胃扩张、急性腹膜炎。

急性胃扩展：采食后不久发病，出现腹痛现象，腹围不大但极度呼吸困难；口腔湿润，酸臭；插入胃管进行胃排空试验，不仅有助于本病的诊断，而且可以判断胃扩张的性质。

急性腹膜炎：高热起病，腹围蜷缩；弥漫性腹痛，运动小心，细步轻移；触压腹壁，敏感疼痛；腹腔穿刺则有助于判断腹膜炎的性质。

3. 腹围不增大且无呼吸困难的疾病 肠系膜动脉栓塞、胆结石、膀胱炎、输尿管结石、尿道结石、子宫扭转、子宫套叠。

肠系膜动脉栓塞：有反复发作腹痛的病史，且有逐渐加重的趋势；粪便颜色较深，潜血试验阳性；叩击腰椎疼痛敏感，躲避甚至抗拒检查；体温升高；直肠检查前肠系膜根部有核桃至橘子大的动脉瘤，且有颤动感。

胆结石：发热，黄疸明显；肝区疼痛，胆色素试验为阻塞性黄疸。

膀胱炎：腹痛较轻，疼痛性尿淋漓；膀胱空虚，触压敏感疼痛；尿液浑浊；尿沉渣检查有大量炎性细胞和膀胱上皮细胞。

输尿管结石：有反复发作性的腹痛病史；腹痛剧烈，往往伴有血尿；X射线检查和超声检查可见输尿管内的结石。

尿道结石：发病动物排尿痛苦，尿液呈断续或点滴状流出，严重时无尿排出。用导尿管进行导尿时，导尿管阻塞在结石部位，尿道外触诊有疼痛感，这是诊断尿道结石的主要依据。

子宫扭转：子宫扭转发生于妊娠末期或分娩过程中，阵缩频频而不见胎衣、不留胎水。通过直肠检查和阴道检查可判断发生扭转的部位。

子宫套叠：发生于产后24h消失内，中、轻度腹痛。产道检查可摸到子宫角尖端套入子宫体或阴道内。

（王振勇）

第五节　肝、胆、胰疾病

急性实质性肝炎（acute parenchymatous hepatitis）

急性实质性肝炎是传染性和中毒性因素侵害肝实质所致的一类肝脏疾病。其病理特征为肝细胞变性、坏死和肝组织炎性病变。临床特征为黄疸、消化机能障碍和一定的神经症状。按病理变化，分为急性黄色肝萎缩和急性红色肝萎缩；按病程分为急性与慢性。各种畜禽均可发生，危害性大。

病因

急性实质性肝炎不论是继发性的还是原发性的，原因比较多且比较杂，通常分为中毒、传染、营养缺乏和其他疾病导致的循环障碍等因素。

1. *中毒性因素*　长期饲喂霉变饲料（特别是含黄曲霉菌素），或采食多量有毒植物，如羽扇豆、蕨类植物、野百合、春蓼、千里光、小花棘豆、天芥菜等，是引起急性实质性肝炎的主要原因；化学性毒物中毒如砷、磷、锑、汞、铜、四氯化碳、六氯乙烷、氯仿、鞣酸、甲酚等化学物质，可直接损伤肝细胞，引起急性实质性肝炎或肝坏死；代谢产物因素，由于机体物质代谢障碍，使大量中间代谢产物蓄积，引起自体中毒，如饲喂尿素过多或者尿素循环障碍；霉菌毒素中毒，如镰刀菌、杂色曲霉菌、红青霉、黑团孢霉等。以上因素都可导致肝脏损伤，引发实质性肝炎。

2. *传染性因素*　细菌、病毒、寄生虫等病原体感染进入肝脏，可破坏肝组织并产生毒性物质，同时其自身在代谢过程中也释放大量毒素，并且还以机械损伤作用使肝脏受到损伤，导致肝细胞变性、坏死。细菌感染，如链球菌、葡萄球菌、结核杆菌、沙门氏菌、坏死杆菌、弯曲杆菌、败血性梭状杆菌及钩端螺旋体等都可引起肝炎；病毒感染，如病毒性流行性感冒、流行性脑炎、鸡包涵体肝炎病毒、犬病毒性肝炎病毒、鸭病毒性肝炎病毒、马传染性贫血病毒、猪丹毒、牛恶性卡他热病毒等病毒都可引起肝炎；寄生虫感染，如肝片吸虫病、血吸虫病、弓形虫、球虫、鸡组织滴虫，常伴发实质性肝炎。

3. *营养性因素*　硒、维生素E、胆碱、甲硫氨酸和胱氨酸缺乏可导致动物饮食性肝坏死，常见于猪、绵羊、鸡和大鼠等。

4. *其他因素*　药物因素，如反复投放氯丙嗪、氟烷、氯噻嗪等可引起急性肝炎。此外在大叶性肺炎、坏疽性肺炎、心力衰竭等疾病，由于循环障碍，肝脏长期淤血，窦状隙内压增高，可导致门静脉性肝炎。

发病机理

在致病因素的作用下，肝组织炎性病变，肝细胞变性、坏死和溶解，引起肝脏的代谢和解毒机能严重障碍，胆汁形成和排泄障碍，大量的胆红素滞留，毛细胆管扩张、破裂，从而进入血液和窦状隙，且血液中的胆红素增多，引起黄疸。

由于胆汁排泄障碍，血液中胆酸盐过多，刺激血管感受器，反射性地引起迷走神经中枢兴奋，心率减慢。并因排到肠内的胆汁减少或缺乏，既影响脂肪的消化和吸收，又使肠道弛缓，蠕动缓慢，故在病的初期便秘。继而肠内容物腐败分解过程加剧，脂肪吸收障碍，发生腹泻，粪色灰淡，有强烈臭味。并因肠道中维生素 K 的合成与吸收减少，凝血酶原降低，故形成出血性素质。

肝细胞变性、坏死引起肝脏糖代谢障碍，肝脏既不能充分利用随门静脉运入肝脏的葡萄糖合成糖原，同时糖原的分解也减少，结果使 ATP 生成不足，而且使血液中脂类和乳酸含量增多，血糖降低使脑组织因能量供应不足，且肝细胞变性、坏死，引起氨基酸的脱氨基及尿素合成障碍，使血氨含量增高，氨扩散入脑，并与三羧酸循环中的α-酮戊二酸结合产生谷氨酸，继而生成谷氨酰胺，由于α-酮戊二酸减少，三羧酸循环障碍，影响脑细胞的能量供应，而出现肝性昏迷。由于 ATP 生成不足，难以维持机体生命活动的需要，在神经-体液因素的调节下，大量脂肪组织分解，脂肪运至肝脏。由于缺乏肝糖原，草酰乙酸也减少或缺乏，所以脂肪分解形成的乙酰辅酶 A 也难以进入三羧酸循环而彻底氧化。在脂类含量增高的同时，脂肪分解代谢相应加强，产生多量酮体，使机体中酮体和乳酸含量增加，致使机体发生酸中毒。

症状

病的初期，食欲不振，消化不良，全身乏力。随着病程的发展，患畜精神沉郁，有的先兴奋后昏睡，甚至昏迷，可视黏膜黄染，皮肤瘙痒，脉搏徐缓，常有腹痛表现（特别是马排粪时）。出现先便秘，后下痢，或二者交替发生，粪便恶臭，呈灰绿或淡褐色。尿色发暗，有时似油状。叩诊肝浊音区扩大，触诊有疼痛反应，后躯无力，步态蹒跚。严重者肝脏解毒机能降低，发生自体中毒，往往出现共济失调，抽搐或痉挛，或呈昏睡状态，甚至发生肝昏迷。当急性肝炎转为慢性肝炎时，则表现为长期消化机能紊乱，异嗜，营养不良，消瘦，颌下、腹下与四肢下端浮肿。如果继发肝硬变则出现腹水。

临床病理学

血清黄疸指数升高；直接胆红素和间接胆红素含量增高；尿中胆红素和尿胆原试验呈阳性反应；血清胶体稳定性试验强阳性；乳酸脱氢酶（LDH）、丙氨酸转氨酶（ALT）、天冬氨酸转氨酶（AST）等反映肝损伤的血清酶类活性增高；红细胞脆性增高；凝血酶原降低，血液凝固时间延长。

病理变化

初期表现肝脏肿大，边缘钝圆，质地脆弱，脂肪变性，血管充血，切面呈红褐色、灰褐色或灰红色。中期肝脏体积缩小，被膜皱缩，边缘变薄，肝组织柔软，切面呈黄褐色或灰黄色。晚期肝体积显著缩小，质地柔软，触摸有波动感。组织学检查可见，肝细胞变性和坏死，并伴有不同程度的纤维组织增生。

病程和预后

病程通常较急剧，若及时排除致病因素，加强饲养和护理，采取对因疗法，可以康复。但严重病例，发生自体中毒者，若治疗不及时，则预后不良。有的病例，往往转为慢性肝炎。

诊断

根据患畜消化不良，精神兴奋或昏迷，呕吐，黄疸，粪便颜色和气味，肝区叩诊和触诊变化等临床症状，可做初步诊断。结合血液检查凝血酶原反应，血液凝固时间，尿胆原和胆红素检查，血清胆红素增多，重氮试剂定性试验呈两相反应；麝香草酚浊度与硫酸锌浊度升高；谷丙转氨酶（GPT）、谷草转氨酶（GOT）和乳酸脱氢酶（LDH）、鸟氨酸氨基甲酰转移酶活性增高等综合征，进行分析，不难确诊。

治疗

治疗原则是排除病因，加强护理，保肝利胆，清肠止酵，促进消化机能。

加强饲养管理，停止喂给霉败饲料和有毒的饲草，有寄生虫的进行驱虫。兴奋的家畜使其保持安静，饲喂富含维生素易消化的饲料。

保肝利胆：通常用25%葡萄糖注射液（马、牛500～1000mL，猪、羊50～100mL），静脉注射，2次/d。或者用5%葡萄糖生理盐水注射液（马、牛2000～3000mL，猪、羊100～500mL），5%维生素C注射液（马、牛30mL，猪、羊5mL），5%维生素B_1注射液（马、牛10mL，猪、羊2mL），混合静脉注射，2次/d。必要时，可用2%肝泰乐注射液（马、牛50～100mL，猪、羊10～20mL），静脉注射，2次/d。良种家畜，还可用胰岛素，皮下注射，保护肝脏功能。利胆，可内服适量人工盐，氨甲酰胆碱或毛果芸香碱，皮下注射，促进胆汁分泌与排泄。另外，改善新陈代谢，增进消化机能，可给予复合维生素B和酵母片。服用氯化胆碱（20～40mg/kg·体重）或甲硫氨酸（20～40mg/kg·体重）以利移出肝脏中的脂肪。

用氢化可的松等皮质激素以减轻炎性反应。出现肝昏迷时，可静脉注射甘露醇，降低颅内压，改善脑循环。具有出血性素质的病例，应及时静脉注射10%氯化钙溶液（牛、马100～150mL，猪、羊20～30mL），或肌肉注射适量维生素K_3和安络血。对于黄疸明显的患畜，可用退黄药物，如苯巴比妥（0.6～12mg/kg·体重）或天冬氨酸钾镁（40～100mL，加入5%葡萄糖注射液内，缓慢静脉注射）。

患畜疼痛不安或狂躁兴奋时，可注射水合氯醛或安溴注射液。

清肠止酵，可用硫酸钠（或硫酸镁）300g，鱼石脂20g，酒精50mL，常水适量，内服。

中草药治疗，对黄疸鲜明者，牛、马宜用茵陈汤加味：

茵陈200g，栀子80g，大黄30g，黄芩90g，板蓝根150g，水煎去渣，灌服。

黄疸晦暗者宜用茵陈回逆汤加味：

茵陈200g，制附子30g，干姜20g，茯苓60g，白术60g，陈皮40g，甘草20g，水煎去渣，灌服。

预防

本病的预防关键在于控制病源，防止饲喂霉变饲料和误食有毒植物。加强饲养管理，搞好圈舍环境卫生，定期消毒，并防止化学物质中毒。加强防疫卫生检疫，防止感染。

肝硬化（hepatic cirrhosis）

肝硬化，即肝硬变（ganyingbian），又称慢性间质性肝炎（chronic interstitial hepatitis）或肝纤维化（hepatic fibrosis），是由于各种中毒因素引发的肝细胞变性、坏死、萎缩，间质结缔组织增生和纤维化等广泛性的肝实质损害为基本病理特征的一种进行性慢性肝病。临床上以顽固性消化不良、渐进性消瘦、进行性腹水、黄疸、肝脾肿大以及神经机能紊乱为特征。根据病变的性质可分为肥大性肝硬化和萎缩性肝硬化，根据病因分为原发性肝硬化和继发性肝硬化。本病在各种家畜、家禽及野生动物（如熊猫、虎）均可发生，猪最多见，可呈群发性，有时亦呈地方性流行。

病因

肝硬化的原因有多种。内在或外界的各种有毒物质、自体中毒、传染与侵袭性疾病以及其他不良因素影响全身机能，均可引起本病的发生。按其发病的原因，一般可分为原发性和继发性两种。

原发性肝硬化，主要由各种中毒引起。如长期饲喂霉变饲料（含有黄曲霉素毒素）或含有酒精的酒糟和腐败变质的饲料；饲料中长期缺乏蛋白质与维生素，肝脏营养不良，亦能促进肝硬化的发生和发展；家畜误食有毒植物，如千里光、棉酚、野百合属、天芥菜属以及毛束草属、羽扇豆、马兜铃、一枝黄花等，都含有生物碱之类化学物质，不论是鲜草或干草，都可引起肝营养不良，逐渐导致肝硬变；化学物质中毒也可导致肝硬化，如铜、砷、磷、铅、氯仿、四氯化碳、四氯乙烯、沥青等化学物质中毒。

继发性肝硬化，常见于钩端螺旋体病、马传染性贫血、犊牛副伤寒、犬传染性肝炎、鸭病毒性肝炎、猪肝结核病等传染病；门静脉栓塞、胆管疾病、心脏瓣膜病；慢性胆管炎，充血性心力衰竭等内科病；牛羊肝片吸虫、猪囊虫、猪与犬的后睾吸虫病、犬心丝状虫等寄生虫病；肝脓肿引起的肝营养不良、肝实质变性等都可引起本病的发生。

发病机理

肝硬化的发生和发展，主要由于各种有毒物质，特别是饲草中的有毒植物所含的生物碱等化学物质被消化道吸收后，经门静脉、肝动脉或胆管进入肝脏，引起肝细胞变性、坏死。残留的肝细胞显著再生，坏死部逐渐被增生的结缔组织所代替，因而肝变硬和变形。

营养不良性肝硬化由长期营养缺乏引起，特别是蛋白质、抗脂肪肝因素和B族维生素缺乏，如含胱氨酸的蛋白质、胆碱等，使肝细胞内酶的生成、活性及脂肪代谢等受到影响，肝细胞的抵抗力降低，受各种有害因素的损害而发生变性坏死。寄生虫性肝硬化是虫卵大量沉积引起的，未成熟的虫卵仅引起很轻的反应，而成熟虫卵则被淋巴细胞、巨噬细胞、嗜酸性粒细胞、中性粒细胞及浆细胞包围，逐渐生成上皮样细胞，然后成为成纤维细胞，虫卵内毛蚴死亡后渐成假结核结节，最终被吸收，形成纤维性结节，最终发展为纤维化。其他的继发性肝硬化主要是通过引起肝细胞的变性坏死而引起肝硬化。

肝细胞变性坏死，肝合成的蛋白质（特别是清蛋白）减少，血浆胶体渗透压降低。肝对醛固酮和抗利尿素的灭活作用减少，这两种激素在血中的含量升高，导致钠和水在体内潴留。又因门静脉压升高，胃、肠、脾等器官的静脉血流受阻，毛细血管和淋巴管内液体渗出增多，因而发生腹腔积液。门静脉压升高还可导致胃、肠、脾、胰等器官淤血和水肿，导致胃酸和各种消化酶的分泌减少，导致消化功能障碍。

在肝硬化后期，由于肝细胞遭到严重破坏，肝的解毒功能和调节代谢机能降低，水盐代谢障碍，胆汁的分泌和排泄作用发生紊乱，以致发生自体中毒，引起中枢神经系统的功能障碍；毛细胆管和一些中、小胆管被增生的结缔组织压迫而闭塞，胆汁淤滞，而发生黄疸。

症状

病的初期多呈现消化不良，便秘与腹泻交替发生，顽固性消化障碍，逐渐出现黄疸。反刍兽呈现慢性前胃弛缓或瘤胃臌胀，犬与猪发生呕吐现象，其他家畜往往发生肠气胀。

随着病程的延长，体质衰弱，精神迟钝，呈现渐进性消瘦，最后陷于恶病质体态。当肝脏血管受到压迫，血液循环障碍时，病情显著恶化，两侧腹部下方膨大，有时甚至呈蛙腹状，腹腔穿刺有大量透明的淡黄色漏出液流出，且在腹腔液体排除后，经过数日，又出现腹水。尿中含有尿胆素、胆酸、胆红质。马血液中胆汁蓄积，精神萎靡，步样踉跄，常有疝痛症状。

腹部叩诊，肝脏浊音区显著扩大，牛、羊及猪肝脏，浊音区向后扩大，有时达到脐部；犊牛和羊可达到右侧肷窝的前部。马肥大性肝硬化，右侧第 10～17 肋间，呈现肝脏浊音区，前界抵于肺部叩诊区的后缘，后部抵于下肋骨弓。

腹部触诊，体质瘦弱的犬和猪，于腹部两侧肋骨弓的下面可触到肝脏，其硬度增加，并随呼吸而前后移动，犊牛和羊在右腹部肋骨弓下，也能触诊到肿大的肝脏。但在萎缩性肝硬化时，肝脏浊音区缩小，硬度增加。脾脏则显著肿大，特别是犬和猪，腹壁或直肠内触诊，均可摸到脾脏显著肿大。

X 射线检查会发现“小肝”现象，B 超检查常出现肝边缘不整、结节以及伴随肝实质的纤维化导致的回声增强等情况。开腹或腹腔镜探查及组织学检查可见到纤维化以及结节性再生。

临床病理学

血清胶体稳定性试验，如硫酸浊度（ZTT）和麝香草酚浊度试验（TTT）等多为阳性反应。血清中肝源性酶活性上升，但其上升的程度低于炎症盛期的酶活性。外周血中的胆红素、氨、胆汁酸浓度上升，白蛋白降低、球蛋白上升。

病理变化

在猪和狗的弥散性萎缩型肝硬化，肝脏变硬，如同皮革，体积缩小，表面不平，呈颗粒状或结节状；肥大型肝硬化，肝体积增大，在大家畜，肝脏可肿大至 20kg，质地疏松或坚硬，表面平滑或略呈颗粒状，呈黄色或黄绿色。

病程及预后

肝硬化概取慢性经过，持续数月乃至数年。病状逐渐增重，无根治方法。预后多不良。

诊断

根据病史，慢性消化不良、消瘦、黄疸、肝脾肿大、腹腔积液及神经机能扰乱等病症，结合血液和尿液检查结果，可做出诊断。确诊依据肝活体穿刺和病理组织学检查。

治疗

治疗原则，本病目前尚无理想疗法，主要是除去病因，加强饲养管理，保护肝脏，给予富含碳水化合物、维生素、蛋白质、低脂肪及容易消化的饲料，增强肝细胞功能。

药物疗法，用硫酸钠或人工盐灌服，清理胃肠，促进胆汁分泌。为了增强心脏机能，防止肝实质性变性，可以应用葡萄糖溶液静脉注射，尚可应用酵母片、维生素 A、维生素 B_1、复合维生素 B、维生素 B_{12}、维生素 C、维生素 K 等治疗。

肝硬化初期，用胆碱、甲硫氨酸、胱氨酸等抗脂性药物，有一定疗效。对犬，可每天在食物中加抗脂药乙酰胆碱。

出现腹水时，可用强心利尿药，促进腹腔渗出液的吸收，如利尿酸、乙酸钾、安钠咖、洋地黄叶末。药物治疗无效时，可施行穿腹术放出腹腔积液。除适时穿刺排液外，可适当应用水解蛋白液，静脉注射，以提高血浆胶体渗透压，减轻腹水的发生。

预防

一般预防原则，注意平时饲养，无论舍饲或放牧，都应防止有毒植物和化学物质中毒，避免饲喂霉烂酸败的饲料，防止慢性中毒与消化不良，在受到传染性因素或侵袭性因素侵害时，必须注意及时预防与治疗，以防止本病的发生。

胆囊炎（cholecystitis）

胆囊炎是由胆道细菌感染、结石阻塞、寄生虫等多种原因引发的胆囊炎症过程，以厌食、黄疸、反复呕吐等为主要临床特征，根据病程的长短分为急性胆囊炎和慢性胆囊炎，根据胆囊内有无结石，又可将其分为结石性胆囊炎和非结石性胆囊炎。各种家畜都可发病，大于四岁的猫易发，且波斯猫有明显的患病倾向；马属动物虽无胆囊，但有时发生胆管炎。

病因

1. 细菌感染　是本病的主要诱发因素，大肠杆菌、沙门氏菌、有产气荚膜杆菌、葡萄球菌、链球菌等可通过十二指肠侵入肝脏，引发胆管和胆囊炎性变化。

2. 胆管阻塞　也是本病的主要致病因素，胆结石，胆汁淤滞，牛、羊肝片吸虫、矛形双腔吸虫、前后盘吸虫及猪与马的胆道蛔虫的直接刺激和阻塞，可导致本病的发生。犬、猫易发胆结石，进而导致胆囊炎。

3. 其他因素　十二指肠黏膜炎症的蔓延，钩端螺旋体病、猪瘟、犬传染性肝炎、山羊传染性胸膜肺炎、饲料中毒和误食有毒植物，这些疾病过程中往往伴发本病。

发病机理

在解剖学上，胆囊是个盲袋，有细长而弯曲的胆管，并与肝总管汇合与胆总管相通。正由于这样的解剖形态，寄生虫、胆结石等容易引起梗阻并引发急性胆囊炎。由于胆管阻塞引起的大量淤积胆汁，其理化性质发生改变，出现胆汁酸，胆固醇及卵磷脂比例失调，造成胆汁中胆固醇含量过饱和，总胆汁池缩小，形成“致石性”胆汁，中小胆结石可以阻塞胆囊管或下行进入胆总管，造成胆道狭窄或梗阻，引起胆汁淤积，淤积的胆汁若没有及时排除，则大量聚集，高度浓缩。由于高浓度胆盐刺激，可引发化学性胆囊炎。胆固醇代谢障碍同样引起胆囊炎，肝脏排入胆道的胆固醇增加，胆汁中胆固醇的浓度随之增高，易于析出、沉淀，形成结石，阻塞胆管。

细菌感染可引起家畜胆囊炎。大肠杆菌及沙门氏菌是主要的致病菌，这些细菌通过十二指肠侵入肝脏，引起胆管和胆囊炎性变化，炎性渗出物中的脱落上皮、黏液、细菌集落等作为胆石形成的核心，有利于胆固醇、胆盐等沉积并逐渐垒砌成结石，炎性渗出物中的蛋白产物可使胆固醇和胆红质的溶解度降低，使其沉淀形成结石。且胆汁淤积可直接引起胆管损伤。急性胆囊炎的发病早期并非细菌感染，而是由于胆囊的缺血、损伤、抵抗力降低，继发细菌感染，感染的细菌多为肠道常在菌群。

症状

患畜食欲不振、消化不良，便秘或腹泻、消瘦、贫血、浮肿、腹水等，恶寒战栗，轻微黄疸；肝脏部位触诊，患畜有疼痛表现。猫均出现长期厌食、嗜睡和黄疸；犬肝脏部位触诊，病犬疼痛敏感，心律不齐，神情不安。化脓性胆管炎，可发生恶寒战栗，间歇性高热，白细胞增多，核左移等症状。胆囊穿孔，则出现穿孔性腹膜炎的症状。

特殊诊断技术：B型超声进行检查可见胆囊肿大，胆囊壁增厚，胆囊内壁有低回声带，胆囊内可见浮游物。慢性胆囊炎的后期，胆囊壁全部石灰化，此时能见到陶器样胆囊。

临床病理学

ALT、ALP、血清胆红素值上升，C-反应蛋白（CRP）上升，白蛋白数增加，核左移等炎症反应指标。

病理变化

胆管变粗，胆囊肿胀、肥厚，有的形成溃疡，其黏膜充血有出血点，管壁和囊壁增厚，胆汁浓缩浑浊或污秽，有时胆道内有虫体。

病程和预后

本病病程经过不定，有时持续数周。若伴发化脓性胆管炎、胆结石、腹膜炎、败血症及胆囊穿孔，则预后不良。

诊断

根据病史调查，患畜的临床表现，粪便的虫卵检查，并借助腹部超声检查即可确诊。

治疗

治疗原则为镇静，解痉止痛，抗菌消炎，防止继发感染。

保持动物安静，饲喂有营养、易消化的饲料。急性炎性过程，患畜疼痛不安时，可用水合氯醛内服或阿托品等肌肉注射，解痉止痛。同时，应用青霉素、四环素或磺胺类药物消炎，防止继发感染。

对于胆道阻塞性胆囊炎，手术治疗较好，如果剖腹中未发现阻塞，应立即进行肝脏组织活检，同时对患畜进行对症治疗，使用乌索脱氧胆酸和维生素E对治疗有较好的辅助作用。

预防

加强平时的饲养管理，饲喂优质日粮，防治中毒与感染，定期驱虫，当发生肠道疾病时及时治疗，防止继发此病。

胰腺炎（pancreatitis）

胰腺炎是胰酶在胰腺内被激活后引起腺泡与腺管及其周围组织自身消化的化学性炎症。以胰腺水肿、出血、坏死、广泛纤维化、局灶坏死与钙化为其病理特征。按病程分为急性型和慢性型两种。急性胰腺炎常表现为急性腹痛、呕吐、发热、血与尿淀粉酶增高。主要发生于犬，尤其是中年雌犬；牛、猫也有发病，其他动物少见。

病因

胆道疾病　如胆管炎症、结石、寄生虫、水肿、痉挛等病变，致使胆管梗阻，胆汁反流入胰管，激活胰蛋白酶原为胰蛋白酶，导致胰腺自身消化而引起胰腺炎。

胰管阻塞　如胰管结石或蛔虫、肿瘤、十二指肠炎、肿瘤、胰管狭窄及胰管开口处Oddi括约肌痉挛，或迷走神经兴奋性增强引发胰液分泌旺盛等，致使胰管内压力增高，使胰管及胰泡破裂，胰液流入胰腺间质引起急性胰腺炎。

胰腺损伤　如胃、胆道等腹腔手术，腹部钝伤挤压胰实质，使腺泡组织的包裹内含有消化酶的酶原粒被激活，而引起胰腺的自身消化引起胰腺炎。

内分泌与代谢障碍　主要包括高钙血症、高脂血症、糖尿病昏迷和尿毒症。

营养因素　暴饮暴食或长期饲喂高脂肪食物可刺激胰腺分泌增加、Oddi括约肌痉挛、十二指肠乳头水肿，使胰液排出受阻，引起十二指肠内压增高，胰液和十二指肠液逆流入胰管，引起急性胰腺炎；动物患有高脂血症时，胰脂酶分解血脂产生脂肪酸而使胰腺局部酸中毒和血管收缩，也可引发本病。

感染　急性胰腺炎可并发于某些传染性疾病如犬传染性肝炎、钩端螺旋体病、猫传染性腹膜炎；寄生虫病如犬弓形虫病、猫弓形虫病。中毒病、腹膜炎、胆囊炎、败血症等，病毒、细菌或毒物经血液、淋巴液侵害胰腺组织引起炎症。

其他　除以上几种较明显的病因外，手术创伤、缺血、酒精、药物、遗传、先天性异常、免疫反应等都可引发急性胰腺炎。低蛋白高脂肪的食物可导致胰腺炎，因此胰腺炎在肥胖犬常见。在脂肪肝患猫中，38%发生急性胰腺炎；在急性胰腺炎患猫中，59%的猫存在肝脂变。猫的急性胰腺炎发病原因通常不清楚。

慢性胰腺炎，可由急性胰腺炎未及时治疗转化而来，或急性炎症后又多次复发成慢性炎症，以及邻近器官如胆囊、胆管的感染经淋巴管转移至胰腺，致使胰腺发生慢性炎症。

发病机理

胰腺的分泌分为内分泌和外分泌。胰岛是胰腺的内分泌部分，能分泌多种蛋白质或肽类激素，参与机体代谢的调控。外分泌部分由腺泡和导管系统组成，产生的分泌物就是胰液。胰液进入十二指肠，在肠激酶作用下，首先激活胰蛋白酶原，形成胰蛋白酶，胰蛋白酶启动各种酶原活化的级联，使各种胰消化酶原被激活，对食物进行消化。

各种胰消化酶均以颗粒状态的酶原储存在胰腺腺泡细胞的顶端胞质内。这些颗粒移行至细胞顶端胞膜，通过胞吐方式释放于导管腔中。正常情况下，酶原颗粒与细胞质是隔离的，胰腺腺泡的胰管内含有胰蛋白酶抑制物质，使胰腺分泌的各种酶原在进入十二指肠前不被激活，这是胰腺避免自身性消化的生理性防御机制。

在各种病因作用下，胰腺自身防御机制中的某些环节被破坏，引起胰腺分泌过度旺盛、胰液排泄障碍、胰腺血液循环紊乱与生理性胰蛋白酶抑制物质减少等，发生胰腺自身消化的连锁反应。

参与消化胰腺自身的酶主要有弹性蛋白酶、激肽释放酶、磷脂酶 A 和脂肪酶。这些消化酶共同作用，造成胰腺实质及邻近组织的病变，细胞的损伤和坏死又促使消化酶释出，形成恶性循环。消化酶和坏死组织液又可通过血液循环和淋巴管途径，输送到全身，引起胰腺外多脏器损害，成为急性胰腺炎的多种并发症和致死原因。

如果致病因素较弱而长期反复作用，则使胰腺的炎症、坏死与纤维化呈渐进性发展，最后导致整个胰腺硬化，萎缩及内、外分泌功能减弱或消失，出现糖尿病和严重的消化不良。

症状

急性胰腺炎主要表现为消瘦、厌食、呕吐、腹痛和腹泻等症状，粪便中常混有血液，随着病程的发展，若溢出的活性胰酶累及肝脏和胆囊，则出现黄疸；前腹部触诊可触及硬块，严重病例出现脱水及休克危象。犬、猫多发急性胰腺炎，牛、羊少见。

慢性胰腺炎患畜病程弛缓，无特异性症状，主要表现为逐渐消瘦，厌食，并有呕吐，腹泻，随着病程的延长，粪便恶臭，内存有大量未分解的脂肪，体重急剧下降，犬、猫很少发生慢性胰腺炎。

特殊诊断技术　急性胰腺炎 X 射线检查，腹前部密度增大，右侧结构模糊，十二指肠向右侧移位；B 超检查，发炎的胰腺增强了低回声，胰腺区回声密度低或有斑点状回声；胰腺周围脂肪的炎症，使胰腺周界形成高回声。慢性胰腺炎，X 射线可观察到胰腺钙化或胰腺内结石阴影；B 超检查胰腺胰脏肿大、增厚，内有结石或囊肿团块。

临床病理学

1. 胰酶检查　人的急性胰腺炎，通过判定其血清中的淀粉酶和脂肪酶的活性即能有效地进行诊断。但猫、狗这些酶在胰腺中分布的特异性较低，且不同的健康个体间的差别相对较大，所以不能应用其作为判断的标准。此外，血清中的胰酶或者是酶原主要是通过肾脏排泄，因此对于肾功能不全的动物来说，其血清中胰蛋白酶样免疫反应性（TLI）、淀粉酶以及脂肪酶的含量异常增高有可能是肾脏排泄功能不全引起的，所以要特别注意其酶异常值的评价。

犬急性胰腺炎时，血清淀粉酶升高（超过正常值的 3～4 倍，升高的程度与胰腺炎的严重程度无关，与肾功能及其他产生淀粉酶的组织有关，但含量正常时也不能排除胰腺炎）、脂肪酶升高（超过正常值的 2 倍以上，其升高主要与胰腺炎有关，升高 3 倍以内时应考虑肾衰；非肠道给予地塞米松和泼尼松可导致此酶活性增加）。猫，胰酶检查不可靠，可能都在正常范围内。

2. 胰蛋白酶样免疫反应性检查　检查血浆中胰蛋白酶原和胰蛋白酶的浓度，具有重要的诊断价值，但仅有很少的实验室可做此项测试，且需费时两周。犬，TLI 升高，胰腺炎时浓度大于 35μg/L；猫，急性胰腺炎时平均水平在 100μg /L。在日本已经应用于犬的诊疗中。TLI 是犬胰腺外分泌功能不全确诊的根据，在胰腺炎时其从胰脏中释放出来且显示很高的水平，所以也能应用于胰腺炎的诊断。只是，急性胰腺炎时其血清 TLI 的变化速度较快，在炎症行进结束后，有立刻归回正常的趋势。因此，即便血清中 TLI 的含量正常，也有可能是胰腺炎，不能否定胰腺炎持续并发全身性炎症反应的可能。因此通过血清 TLI 检测犬的胰腺炎检出率大约为 50%左右。

3. 血常规和血液生化检查　血液浓稠、红细胞压积升高、血浆蛋白浓度增大；中性粒细胞增多和核左移，淋巴细胞和嗜酸性粒细胞减少；血清化学检查往往显示尿素氮、肌苷、葡萄糖浓度增加，肝功能酶活性（ALT、ALP）增加，碱性磷酸酶升高。急性坏死性胰炎后期，血钙与腹腔坏死脂肪形成的脂肪酸结合，引起低钙血症；胰腺轻度感染、出血、慢性间质性炎症或胰岛萎缩、变性等使胰岛素分泌减少，而引发高糖血症。

病理变化

急性病例胰腺肿大，质地松软，呈灰黄或橙黄色，切面多汁，小叶结构模糊。病理组织学可见胰腺实质常有大的坏死灶，血管充血，小叶间结缔组织增生。胰周围脂肪组织坏死，心、肺、肝、肾、脑等器官发生肿胀、出血或坏死。

慢性病例胰腺略小，切面干燥。病理组织学检查可见在小叶周围或小叶内出现纤维组织大量增生，小叶缩小，实质内有坏死灶，腺管壁增厚。

预后

很多轻微的单纯性胰腺炎可自然康复，如果避免食入高脂肪性食物则预后良好。严重的急性胰腺炎，特别是出血性的，常有并发症，需要精心护理，预后慎重或不良。出现呼吸困难、心脏异常、出血性紊乱或急性肾衰时，预后不良。同时有肝脂化和急性胰腺炎的猫预后不良。

诊断

1. 急性胰腺炎　目前，在兽医临床，除了对胰腺的直接检查外，没有可以确诊的简单方法。根据病史、临床检查、影像学检查和实验室检查中获得的信息，可以对急性胰腺炎进行假定性诊断，确诊存在困难。

2. 慢性胰腺炎　在影像学上，很难发现急性胰腺炎那样明显的胰脏周围的消化管损伤及腹膜炎等情况。对于犬来说，当血清中 TLI 水平升高时一般能够确定为胰腺炎，但对于猫来说，没有较好的诊断标准。

鉴别诊断

胃肠溃疡性穿孔：有较典型的溃疡病史，腹痛突然加剧，腹肌紧张，X 射线检查见膈下有游离气体等可供鉴别。胆石症和急性胆囊炎：常有胆绞痛史，血及尿淀粉酶轻度升高。B 超及 X 射线胆道造影检查可明确诊断。急性肠梗阻：腹痛为阵发性，腹胀，呕吐，肠鸣音亢进，食欲废绝，血、尿淀粉酶正常。

治疗

治疗原则为加强护理，抑制胰腺分泌，止痛镇静，抗休克，纠正水及电解质紊乱。

1. 急性胰腺炎

(1) 食饵疗法。为了避免刺激胰腺分泌，在出现症状的4日内禁食禁水。待病情有所好转时给予柔软易消化的食物。

(2) 抑制胰腺分泌。抗乙酰胆碱药物即能减少胃酸分泌又减少胰腺分泌，常用硫酸阿托品0.03mg/kg·体重，肌肉注射，3次/日，但应限制在24～36h使用，以防出现肠梗阻。

(3) 镇痛与解痉。剧烈腹痛时，可用度冷丁。犬、猫肌肉注射10～20mg/kg·体重；马静脉注射250～500mg/kg·体重（肌注量加倍）；牛肌肉注射50mg/kg·体重。

(4) 抗休克。可应用氢化可的松注射液，犬5～20mg/次，猫1～5mg/次，猪20～80mg/次，马、牛200～500mg/次，溶于葡萄糖注射液或生理盐水中，静脉注射。

(5) 纠正水与电解质失衡。大量补液，调节肾的排泄机能是治疗急性胰腺炎的中心环节。常用5%～20%葡萄糖液或复方氯化钠液、维生素C、维生素B_1等静脉注射。为增强其作用，可于药液中加入一定量的血管收缩剂。

(6) 抗感染。通常用氯霉素、四环素、链霉素等，也可应用氨苄青霉素、先锋霉素等。

(7) 手术疗法。当胰腺坏死时，应立即手术切除。

2. 慢性胰腺炎

饲喂高蛋白、高碳水化合物、低脂肪饲料。缩聚山梨醇油酸酯与日粮混饲，可增进脂肪吸收，长期用胆碱可预防脂肪肝的发生，牛每次15g，每日2或3次。补充胰酶制剂及维生素K、维生素A、维生素D、维生素B_{12}、叶酸及钙剂。为抑制胰腺分泌，经常给予制酸解痉药。在胰内分泌机能减退时，必须用胰岛素治疗，上述治疗病情仍逐渐恶化或反复发作，出现假性胰腺囊肿或胆总管梗阻引起黄疸等，均可采用外科手术治疗。

预防

在于科学地饲养与管理，饲喂全价日粮，保持营养平衡，避免脂肪过剩，加强卫生防疫，定期驱虫，预防感染。

肝性脑病（hepatic encephalopathy）

肝性脑病是一种肝脑综合征，是继发于严重肝病的以意识障碍为主要表现的神经、精神综合征。临床上又称为肝昏迷（hepatic coma）。患畜往往先出现一系列神经症状，最后才发展为昏迷。而且，慢性肝机能不全动物可出现神经症状，而无昏迷。所以称为肝性脑病更为准确。肝性脑病是各种严重肝病的并发症，其昏迷常常是该病的终末表现。临床上以行为异常、中枢性失明和精神高度沉郁为主要表现，轻者仅有轻微的行为异常，重者意识完全丧失。各种动物均可发生。

病因

本病的根本原因是各种肝脏疾病所致的肝功能异常。主要有三种类型的肝脏疾病可以导致肝性脑病：一是进行性肝脏疾病，二是门脉循环异常，三是尿素循环酶缺乏。

进行性肝脏疾病，包括各种家畜的急性实质性肝炎、肝坏死、肝肿瘤、脂肪肝综合征及霉败饲料、误食有毒植物或化学物质引起的中毒性肝病，还有如慢性肝炎等疾病。

门脉循环异常，主要见于门脉畸形或堵塞，如幼畜先天性门脉分流，使相当一部分门脉血液不经肝脏而由短路直接流入腔静脉，导致胃肠吸收的各种有毒物质得不到肝脏的解毒处理，造成本病的发生；还有家畜的肝片吸虫等寄生虫因素引起的肝门静脉循环异常。

尿素循环酶缺乏，动物体内特别是蛋白质的代谢过程，尿素的生成受阻，出现高氨血症，造成脑组织损害。

发病机理

肝性脑病是肝脏解毒功能不全和衰竭的表现，发病机制尚未完全阐明，一般认为是肝细胞功能衰竭与门静脉侧支分流有关。主要来自肠道的多种毒性代谢产物，未被肝脏解毒，经侧支进入体循环，通过血脑屏障而至脑部，引起大脑功能紊乱。近年对于肝性脑病发病机理提出了一些学说，主要有氨中毒学说、假性神经递质学说、氨基酸代谢失衡学说、短链脂肪酸中毒学说、胶质细胞水肿学说以及脑神经细胞敏感性增高等学说。由于原发病因（各种肝病）不一、肝性脑病型（急性、慢性）不同、病程不同阶段的代谢变化不尽一致，用任何一种学说均难以解释所有肝性脑病的发病机理，因而，目前普遍认为肝性脑病在肝机能不全基础上是多种有毒物质综合作用的结果。其中神经氨中毒学说最为重要，普遍认为氨中毒虽不是肝性脑炎唯一的发病机理，但是肝性脑病发病的经典学说。在此主要介绍氨中毒学说。

目前氨中毒学说已被广泛接受，多数肝性脑病患者和肝性脑病的实验动物模型，其血液及脑脊液中氨的水平升高，经治疗后血氨水平下降，肝性脑病症状也随之好转。肝硬化患者，摄入高蛋白膳食或含有氨的药物后，体内氨的浓度也升高，可诱发肝性脑病。肝硬化合并肝性脑病的患者，脑电图异常程度与血氨浓度呈正相关。血氨来源于肠道细菌分解尿素、血中谷氨酰胺被肾小管上皮细胞中的谷氨酰胺酶水解以及肌肉组织产氨。正常人体内存在着一系列清除氨的生化过程，已知清除体内氨的途径主要有以下 3 个：①肝脏合成尿素；②氨在脑、肾、肝、肌肉和视网膜等组织与谷氨酸结合成毒性很小的谷氨酰胺；③氨和α-酮戊二酸结合成谷氨酸，谷氨酸又可在各种转氨酶催化下，将氨基转移至其他α-酮酸而生成相应的氨基酸，将游离的氨固定在各种酮酸分子上，从而解除氨的毒性。肝性脑病患畜，其血氨常可增至 200μg/dL，甚至高达 1000μg/dL。氨能抑制丙酮酸脱氢酶的活性，从而影响了乙酰胆碱的合成；影响脑线粒体内氧化磷酸化的正常进行，从而妨碍了 ATP 的再生；大量的氨与α-酮戊二酸结合，可使三羧酸循环中α-酮戊二酸耗竭，从而影响供能；氨和谷氨酸合成谷氨酰胺，增加了 ATP 的消耗。上述环节均使得脑细胞不能获得充分的能量供应，从而引起脑功能失常。

症状

大多数动物表现为食欲减退或废绝，体重减轻，生长停滞，黄疸，精神高度沉郁，昏睡乃至昏迷；行为异常，盲目运动，出现视觉障碍，头抵固定物，失明，抽搐；急性肝坏死病例，血清中肝特异酶活性升高。患肝性脑病的动物特别是采食高蛋白饲料，神经症状加剧。实验室检查，溴磺肽钠（BSP）排泄半衰期延长（>5min）。

马的肝性脑病一般表现为精神沉郁，嗜睡；行走蹒跚，肌肉震颤，有的马可见攻击行为，如自咬或咬其他动物，啃咬地面等，有的倒地不起呈昏睡状；肠音稍弱，排粪较少或停止；尿少，一般呈玫瑰红色；可视黏膜轻度苍白，黄疸现象明显。

犬肝性脑病表现为烦躁不安，倒地抽搐，口吐白沫，嚎叫，震颤，转圈，沿墙根走动。兴奋过后则表现精神沉郁，运步缓慢、走路蹒跚、痴呆、昏睡等。

猫的肝性脑病表现为有时会变得较兴奋、躁动，有时神智呆缓，昏睡不起；记忆力减退，严重的病猫随地大小便；并有扑颤现象（腕部及趾指关节不断的弯曲-伸直的不随意运动）。

诊断

对肝性脑病的诊断，主要是以神经症状来确诊。实验室检验包括溴磺肽钠试验，血清谷氨酸氨基转移酶和碱性磷酸酶活性，总蛋白、球蛋白、尿素氮血清含量测定等。此外，还可结合肝活组织穿刺、尿素循环酶分析，以及脑电图检查等。

应注意与传染性肝炎、胆管阻塞、化学物质所致的肝坏死（四氯化碳、煤焦油沥青中毒）等肝脏疾病，狂犬病、脑膜脑炎、脑脓肿、脑肿瘤、脑出血等脑疾病相鉴别。

治疗

肝性脑病的治疗原则主要是加强饲养管理，纠正碱中毒，恢复肝功能。

治疗的根本目的是，减少或切断蛋白质来源，降低含氮物质的生成。治疗效果的好坏，主要取决于肝病的病因和肝功能障碍的程度。相当一部分急性肝病可治愈，慢性肝病则很难恢复。

轻症病例，应限制蛋白质和脂肪的摄入量，以减少氨的产生和减轻肝脏负担。同时为减少胃肠内含氮物质的产生，可口服新霉素等抗生素，抑制分解尿素的菌群。重症病例，出现神经症状的，服用溴化钾 100mg/kg·体重，3～5d，3 次/d，以后可根据症状，酌情减量。并完全切断蛋白质来源，应用灌肠或泻剂清除胃肠道内含氮物质，大家畜可连续静脉注射葡萄糖溶液 500mL，并配合维生素 B，2 次/d，恢复肝功能；纠正脱水、低钾血症和碱中毒，促进氨排出，扩充血量；对深度昏迷的动物，可行氧疗法。

在治疗过程中，严格禁忌应用镇静剂、麻醉剂，以免加重病情，甚至危急动物生命。

对门脉分流患畜，采取门脉矫正术，闭合门脉侧支，对于由寄生虫引起的，进行驱虫治疗。

预防与护理

急性感染常是肝脑病变的重要诱因，应及早有效地处理。如已有肝脑病变的早期表现，应避免腹腔穿刺放液，停用排钾利尿药。肝性脑病大多处于昏迷状态，容易发生合并症，护理很重要。昏迷病例饮食、营养、给药均困难，宜进行胃管灌服，准时给药，准确记载出入量，一般每天入水量不宜超过 40mL/kg·体重。肝硬化时，应适当限制饮水，原则上应保持轻度水负平衡；对昏迷者应勤翻身，严防褥创发生。保持口腔清洁和呼吸道通畅，随时观察脉搏、呼吸变化。

附：黄疸综合征鉴别诊断要点

黄疸（jaundice）是由于胆色素代谢失常，血浆中胆红素含量升高，在皮肤、黏膜、巩膜以及其他组织沉着，以黄染为病理特征的一类综合征。由于肝脏在胆色素代谢过程中具有重要作用，因此肝机能不全时常伴发黄疸，黄疸还见于传染病、侵袭病、遗传病、中毒病、代谢病等疾病过程中。

胆红素的正常代谢过程

胆红素代谢包括胆红素生成、肝细胞摄取、结合和排泌，以及肠肝循环和由粪尿排出几个环节。正常情况下，进入血中的胆红素量和胆红素从血中清除的量处于动态平衡状态。当胆红素代谢的某一个或某几个环节发生障碍时，可因生成过多，清除障碍或反流入血而形成高胆红素血症，以致出现黄疸。

1. 胆红素的生成及其在血液中的运输　胆红素的前身物质是含铁卟啉化合物。后者主要来自循环血液中衰老红细胞的血红蛋白，占胆红素生成总量的80%～90%。其余的10%～20%胆红素则来自：①骨髓中的某些血红蛋白，包括来自不同发育阶段幼稚红细胞破坏（称为无效造血）和晚幼红细胞脱核过程中所漏出的血红蛋白；②肌红蛋白、细胞色素（如细胞色素P450）、过氧化物酶、过氧化氢酶等含铁卟啉辅基的蛋白质。一般这种来自衰老红细胞以外的胆红素，称为旁路性胆红素。

血红蛋白的分解主要是在网状内皮细胞中进行。血管外血红蛋白的分解则在巨噬细胞中进行。首先血红蛋白分子中的珠蛋白与血红素分开，血红素再经水解除去铁质，生成胆红素，后者再由胆绿素还原酶的作用生成游离胆红素，或称非酯型胆红素。游离胆红素进入血循后，与血浆白蛋白结合（白蛋白是运输血红素的重要载体）。游离胆红素定性试验（樊登白试验）时呈间接阳性反应，故又称间接胆红素。

2. 肝脏对胆红素的摄取　与白蛋白结合的胆红素到达肝脏与白蛋白分开后，通过肝细胞表面特异的载体进入肝细胞内，与肝细胞内的Y蛋白、Z蛋白结合，仍保持水溶性。其中Y蛋白是肝细胞内运输游离胆红素的主要载体蛋白质。Y蛋白的结合可限制胆红素重新流出肝细胞，并能使胆红素的溶解度增加，有利于向滑面内质网运输。在滑面内质网处胆红素与Y蛋白分开，后者可反复用于运输胆红素。游离胆红素进入肝细胞的过程就是肝细胞对它的摄取过程，也是肝脏对血中游离胆红素的清除过程。由于肝细胞有较强的摄取游离胆红素的能力，故血中游离胆红素含量很低。

3. 肝脏对胆红素的酯化　游离胆红素在滑面内质网通过多种酶的作用，转化为酯型胆红素，即通常所称的结合胆红素。其中75%～80%是在尿苷二磷酸葡萄糖醛酸转移酶的催化下，与尿苷二磷酸葡萄糖醛酸进行结合完成酯化。另有10%左右的游离胆红素在肝细胞内与硫酸结合，还有10%左右可与甘氨酸、葡萄糖、麦芽糖、木糖等结合。结合胆红素能溶于水和体液，胆红素定性试验时呈直接阳性反应，故又称直接胆红素。

4. 肝脏对胆红素的排泌　胆红素的排泌是指肝细胞将胆红素分泌到毛细胆管内，再由毛细胆管排出的过程。结合胆红素从滑面内质网转移到高尔基体，在溶酶体的参与下再由高尔基体向毛细胆管方向运送，最后经毛细胆管壁上的微绒毛分泌入毛细胆管。毛细胆管壁是细胞膜的一个特化部分，微绒毛是毛细胆管壁向管腔内伸出的微突，其中有胆红素排泌装置或称阴离子泵，能将结合胆红素从低浓度的肝细胞内转运到高浓度的毛细胆管内。因此，正常时肝细胞内的结合胆红素只能分泌入微胆管，而不能逆流入血。胆红素被分泌到毛细胆管后，随其他胆汁成分一起再经各级胆管排泄到肝外总管。

5. 胆红素的肝肠循环和排出　胆红素随胆汁进入肠管，结合胆红素在β-葡萄糖醛酸苷酶（来自小肠上皮细胞、肝脏和肠内细菌）的作用下水解生成游离胆红素，后者进一步在肠内（主要在结肠）细菌的作用下还原为尿胆素原（尿胆素原是几个无色的四吡咯化合物的总称，实际上不是一种单一的物质，其中包括粪胆素原，因它们与艾氏重氮试剂的生色反应相同，故统称尿胆素原或尿胆原）。大部分尿胆原随粪便排出。仅一小部分（10%～20%）以及少量水解生成的游离胆红素可由门静脉重吸收入肝，并由肝再次排出，这就是胆红素的肝肠循环。重吸收的尿胆素原的大部分（约

90%）由肝耗排出，其余一小部分进入体循环经肾随尿排出。随粪和尿排出的尿胆素原被 O_2 氧化后，分别形成粪胆素和尿胆素，呈现橙黄或金黄色，即粪或尿的颜色。

上述胆红素代谢的全过程表明，肝脏在其中具有重要作用，如游离胆红素的运输（血浆蛋白的肝脏合成）、血中胆红素的清除、酯化及排泌、胆红素的肝肠循环等，均与肝脏有关。因此，胆红素代谢障碍不仅与黄疸的发生有关，而且是肝脏机能不全的一个重要表现。

黄疸综合征的原因与发生机理

黄疸是胆色素代谢障碍，血浆中胆红素含量增高所致，引起胆色素代谢障碍的原因很多，但根据致使胆红素含量增高的发生环节来分析，黄疸的发病原因不外乎是胆红素生成过多，肝脏处理胆红素机能障碍和胆红素排泄障碍三大类；以肝脏为中心，可相应地将黄疸分为肝前性、肝性和肝后性三大类。

1. 肝前性黄疸 由于红细胞破坏过多或“旁路性”胆红素生成增多所引起，以前者较为常见。

（1）红细胞破坏过多——溶血性黄疸。主要见于各种原因引起的溶血性贫血时，由于红细胞破坏，释出大量血红蛋白，致使血浆中非酯型胆红素含量增高，当超过肝脏对其处理能力时，则可发生黄疸，这种因溶血引起的黄疸，称溶血性黄疸。溶血性黄疸有六种病因类型，即传染病溶血性黄疸、侵袭病溶血性黄疸、中毒病溶血性黄疸、遗传病溶血性黄疸、代谢病溶血性黄疸、免疫病溶血性黄疸。

（2）“旁路性”胆红素生成过多。主要见于造血机能异常的病理情况，如恶性贫血、再生障碍性贫血时，在骨髓造血过程中，由于未成熟的红细胞中途破坏（无效造血）释放血红蛋白或其前质，致使“旁路性”胆红素在血浆内含量增高，从而导致黄疸。

2. 肝性黄疸 是肝脏受到损伤，肝细胞变性、坏死，制造和排泄胆汁的功能减退所致发的黄疸。

（1）肝脏对胆红素的摄取、酯化障碍。如肝炎或某些药物中毒时，由于肝细胞的损害，一方面可影响肝脏对游离胆红素的摄取能力，使血浆非酯型胆红素增多。另一方面可引起尿苷二磷酸葡萄糖醛酸转移酶活性降低及尿苷二磷酸葡萄糖醛酸含量减少。又如新生动物黄疸，除因载体蛋白（Y、Z）生成不足外，也可因尿苷二磷酸葡萄糖醛酸转移酶活性不高，胆红素酯化障碍而引起血中非酯型胆红素增多。

（2）肝脏对胆红素的排泌障碍。胆红素酯化后向毛细胆管分泌，而后再经各级胆管向肝外排泄。如果这一过程中的任何一处发生障碍（肝细胞的滑面内质网受损、肝细胞内高尔基体受损、毛细胆管的微绒毛受损时），不仅影响胆红素的分泌，而且影响毛细胆管内胆汁的排出，导致酯型胆红素在肝内积聚和血内浓度升高。在发病学上把它归为阻塞性黄疸。

肝性黄疸有四种病因类型，即传染病肝性黄疸、侵袭病肝性黄疸、中毒病肝性黄疸、遗传病肝性黄疸。

3. 肝后性黄疸 任何引起肝外胆道阻塞或胆汁淤滞的原因（如结石、寄生虫、肿瘤、胆管炎等）均能引起胆红素的排泄障碍，使酯型胆红素逆流入血，从而可引起黄疸，临床常见的阻塞性黄疸则属这种类型。

应该指出，各类黄疸之间在一定条件下可能发生转化，致使病情复杂化。例如，肝前性黄疸时可因缺氧等原因，致使肝细胞受损，诱发肝性黄疸；胆后性黄疸可因胆道内压过高压迫肝细胞，致使肝细胞机能异常，亦可诱发肝性黄疸；肝前性黄疸时胆红素排泌增多，容易形成胆红素结石而造成胆道阻塞。因此，在探讨黄疸的病因和发病机理时，必须用变化和发展的观点进行全面分析，才能得出正确的结论。

各类黄疸的特点

1. 肝前性黄疸　这里主要是指溶血性黄疸。

1）血浆中非酯型胆红素含量增高，酯型胆红素含量正常。

2）胆红素定性试验（樊登白试验）时呈间接阳性反应。

3）粪及尿胆素原含量也增多，尿内无胆红素。

4）轻度或中度黄疸。

5）可视黏膜苍白，红细胞参数减少，血红蛋白血症、血红蛋白尿症，红细胞膜稳定性降低等溶血性贫血特征。

2. 肝性黄疸

1）血浆中酯型胆红素、非酯型胆红素增多。

2）胆红素定性试验呈双相反应（直接反应及间接反应均阳性）。

3）粪内尿胆素原含量减少，尿内尿胆素原含量可能增加。

4）中度或高度黄疸。

3. 胆后性黄疸

1）血浆中酯型胆红素含量升高，非酯型胆红素含量正常。

2）粪便及尿内尿胆素原含量减少或无，尿中胆红素含量增多。

3）胆红素定性试验时呈直接阳性反应。

4）轻度或中度黄疸。

5）皮肤瘙痒。

黄疸综合征的鉴别诊断思路

黄疸综合征的鉴别诊断，应首先要根据临床症特点确定是哪一类黄疸，然后弄清黄疸的具体病因，确定病因类型，最后依据患畜的示病症状和特殊检验进行论证诊断，确定原发病。

（李艳飞）

第六节　腹膜疾病

腹膜炎（peritonitis）

腹膜炎是腹膜壁层和脏层炎症的统称，临床上以腹壁疼痛和腹腔积有炎性渗出液为特征。按疾病经过，分为急性和慢性腹膜炎，按炎症的范围，分为弥漫性腹膜炎和局限性腹膜炎，按照病因可分为原发性和继发性腹膜炎，按渗出物的性质分为浆液性、浆液-纤维蛋白性、出血性、化脓性和腐败性腹膜炎。本病家畜和家禽都可发生，但多见于马、牛、犬、猫和禽。

病因

原发性因素主要是动物机体由于受寒、过劳、感冒或某些理化因素的影响，机体防御能力降低，抵抗力减弱，受到大肠杆菌、巴氏杆菌、化脓杆菌、结核杆菌、猪丹毒杆菌、沙门氏菌、链球菌、肝片吸虫、棘球蚴等条件性致病菌侵害而导致腹膜炎的发生。

创伤性因素主要见于腹壁创伤或外科手术创等，如腹壁切开术、腹壁疝手术、瘤胃切开术、去势术、卵巢摘除术、肠管吻合术等，或者机械性损伤等。由于手术创伤或消毒不净，使病原菌通过手术创伤或损伤部位侵入腹腔，引起创伤性腹膜炎的发生和发展。

继发性腹膜炎，多由胃肠及其他脏器破裂或穿孔所致。例如，肝、脾、膀胱、子宫等器官的破裂，特别是急性胃扩张，肠臌气，直肠检查，灌肠以及配种或难产和助产时所引起的胃肠道子宫或直肠穿孔或破裂。

发病机理

腹膜富有血管，腹腔液内有一定数量的吞噬细胞和免疫物质，可吞噬细菌和异物，中和并清除有毒物质，对腹膜具有一定的保护作用。当腹膜发生重剧的损伤，或腹膜的屏障机能减退，或者侵入的病原体毒力很强和数量很多时，则易发生腹膜炎。

腹膜的壁层和脏层中有大量的血管和淋巴管，淋巴管较多的部位发生渗出，血管较多的部位则主要是吸收。

腹膜发炎后，在细菌毒素和炎性产物刺激下，腹膜血管的通透性增大，大量炎性渗出物渗入腹腔，腹腔渗出物的性质，随原因不同而不同，化脓菌感染时，有脓性渗出物，腐败菌感染时，渗出物放腐败臭味；血管严重损伤时，渗出物中有大量的红细胞；胃肠破裂时，渗出物内有饲料颗粒和粪渣，膀胱破裂时，则渗出物放尿臭味。腹膜有丰富的神经末梢和痛觉感受器；腹膜的炎性刺激可引起持续而沉重的腹痛。腹腔积聚大量渗出液，不仅引起机体失水和电解质紊乱，而且大量的纤维蛋白释出沉积，则腹膜易与肠管等腹腔脏器粘连，引起肠管和相应脏器功能的障碍。腹膜富有血管，吸收能力较强，大量毒素及炎性渗出物被吸收，极易发生毒血症乃至中毒性休克，细菌进入血液则引发菌血症，使患畜急速死亡。

症状

因动物的种类、炎症的性质、范围以及疾病的病程而不同。

1. *马急性弥漫性腹膜炎*　时间短，急性经过，病马体温升高，热型不定，呼吸浅表疾速，多为胸式呼吸；心率增快，心音减弱；结膜发绀；腹痛；口色暗红，舌苔黄腻，口干、臭；尿量少，浓稠，色深。胃肠穿孔引起的腹膜炎，渗出液中有食物或粪渣。触诊腹部，患畜躲避或抵抗，有疼痛表现；腹腔大量积液时，叩诊呈水平浊音；直肠检查时，直肠内蓄有恶臭粪便，腹膜敏感；腹腔穿刺液检查，有相应的渗出液及内容物；血液学检查，白细胞增多，核左移。

2. *马急性局限性腹膜炎*　全身症状不明显，体温升高，不愿走动等轻微症状，仅患病局部敏感，触诊或叩诊病变区，表现疼痛感。

3. *马慢性腹膜炎*　发病初期，症状轻微，发展缓慢，体温有时升高，随着病情的发展，出现消化不良，顽固性腹泻，逐渐消瘦；有的出现继发腹水，腹部膨大；直肠检查可触到腹膜与其他器官或器官之间互相粘连，并感到腹膜面粗糙。

4. *牛腹膜炎*　病牛精神沉郁，体温变化不明显，食欲减退或废绝，瘤胃蠕动音消失，并有轻度臌气，便秘，渐进性消瘦；拱背而立，强迫行走，步态小心；叩诊有疼痛表现，呻吟；直肠检查发现在直肠中宿粪较多，可感到腹壁紧张，腹腔积液时肠管呈浮动状。

5. *猪腹膜炎*　精神沉郁，食欲不振或减退，体温升高，呼吸加快，呕吐或呃逆，排粪很少，逐渐消瘦。

6. *猫传染性腹膜炎*　发病多取急性经过，精神沉郁，体温升高，呼吸困难，厌食，急剧消瘦，腹部膨大。有的病猫还出现呕吐、腹泻及贫血。

7. 犬结核性腹膜炎　呕吐，便秘，腹壁紧张。触诊时，有疼痛感，于腹膜上可触摸到小丘状肿瘤样物。

8. 禽类卵黄性腹膜炎　急性病禽表现为冠和肉髯发绀，有的病鸡腹泻，往往很快死亡。慢性病禽精神沉郁，行动弛缓，食欲减退，产蛋停止，排出含蛋黄小块的恶臭稀粪，有的病禽因腹膜增生而呈“垂腹”状态。

病理变化

局限性腹膜炎，局部腹膜潮红、粗糙或肥厚。弥漫性腹膜炎，整个腹膜面呈灰绿色，腹膜肥厚，有多量纤维蛋白沉积，或与腹腔脏器相粘连。腹腔内有数量不等、性质不同的渗出液。急性腹膜炎时，可见腹膜充血、出血和腹腔渗出液。腹膜失去光泽、粗糙、不透明，有新生毛细血管。慢性腹膜炎因结缔组织增生，纤维蛋白机化，在腹膜上形成带状或绒毛状附着物，并常与内脏器官粘连。

病程及预后

该病的病程和预后因畜种和病型而异，马的急性弥漫性腹膜炎，病程持续2～4d，牛一般为7～14d；严重的穿孔性腹膜炎，往往于数小时内死亡；犬的结核性腹膜炎，经过数周至数月，转归死亡；禽类急性卵黄性腹膜炎急性经过；局限性腹膜炎和慢性腹膜炎可形成粘连，病程达数周至数月之久，引起消化不良而陷入恶病质状态，预后不良。

诊断

根据病史和典型临床症状可做出初步诊断，如弓背站立，呼吸浅表疾速，腹痛，病初肠音增强，慢性患畜出现渐进性消瘦；直肠检查可触到腹膜与其他器官或器官之间互相粘连；胃肠穿孔引起的腹膜炎，渗出液中有食物或粪渣。

犬、猫等小动物出现呼吸困难、呕吐、腹泻等症状，犬腹部触诊疼痛触，并能摸到小丘状肿瘤样物，小动物可用X射线检查，可见腹腔器官的结构模糊，并呈毛玻璃图像。

必要时可做腹腔穿刺液检查，健康动物的腹水很少，其颜色为淡黄、澄清，将腹水离心沉淀后，涂片染色，做细胞计数。例如，健康马浆细胞占32%、嗜酸性粒细胞占2%、淋巴细胞占26%。蛋白质含量为2g/mL。若腹水增多，颜色改变，浑浊，甚至恶臭以及细胞比例改变，即为腹膜炎和腹腔器官疾病的标志。

治疗

治疗原则是加强护理，抗菌消炎，防止炎性渗出物渗出，并促进炎性渗出物吸收，增强全身机能，纠正水盐代谢。

首先要加强护理，使动物保持安静，最初2～3d内禁食，经静脉给予营养药物，随病情好转，逐步给予流质食物和青草。

如果是腹壁创伤或手术引起的腹膜炎，应及时进行外科手术处理。

抗菌消炎，用广谱抗生素或多种抗生素联合进行静脉注射、肌肉注射或大剂量腹腔注入，如青霉素、链霉素、先锋等广谱抗生素或磺胺类药物。还可用疗腹泰注射液，直接注射腹腔。

制止渗出，可用10%氯化钙溶液100～150mL，40%乌洛托品20～30mL，生理盐水1500mL，混合，马、牛一次静脉注射。

有大量渗出液时，用套管针进行腹腔穿刺排出积液（如果渗出液浓稠，可行腹壁切开），应用生理盐水，加入无刺激性的抗菌药物进行彻底的洗涤腹腔。用利尿素或乙酸钾利尿。

为减轻疼痛可应用安乃近、盐酸吗啡注射，止痛。

为增强全身机能，可采取强心、补液、补碱、缓泻等综合措施，以改善心、肺机能，防止脱水，矫正电解质和酸碱平衡失调。条件许可时，可少量输给血浆或全血，以矫正血浆胶体渗透压。补液、矫正电解质与酸碱平衡失调，可用5%葡萄糖生理盐水或复方氯化钠液、5%碳酸氢钠液，静脉注射，2次/d。对出现心律失常，全身无力及肠弛缓等缺钾现象的腹膜炎患畜，可在糖盐水每1000mL升内加10%氯化钾液25mL，静脉滴注。氯化钾的总用量，依据血钾恢复程度而定。出现内毒素休克危象的应按中毒性休克实施抢救。

猫的传染性腹膜炎没有有效的治疗方法，只有对症治疗，减轻症状。

犬一般性腹膜炎用抗菌药物，如青霉素、链霉素等；制止渗出可用葡萄糖酸钙溶液静脉注射；为防止败血症，可静脉注射20%葡萄糖溶液、维生素C溶液、40%乌洛托品溶液，每天1或2次。犬结核性腹膜炎一般对症治疗，预后较差。

预防

避免各种不良因素的刺激和影响，特别是注意防止腹腔及骨盆腔脏器的破裂和穿孔；大动物导尿、直肠检查、灌肠、助产时要谨慎，防止引起子宫、肠道破裂或直肠穿孔；去势、腹腔穿刺、腹壁手术、瘤胃手术、母畜分娩、胎盘剥离、子宫整复、难产手术以及子宫内膜炎的治疗均应按照操作规程进行，防止腹腔感染，且要加强管理，防止病毒传播。

附：腹水综合征（hydrops abdominis syndrome）鉴别诊断要点

腹水（ascites），又称腹腔积液（hydrops abdominis），是指腹腔内蓄积大量浆液性漏出液，是一种非炎症作用所致的浆液在腹腔内漏出并潴留。它不是独立的疾病，而是伴随于诸多疾病的一种病征。可发生于各种动物，多见于猪、羊、犬、猫等中小动物，特别是老犬和幼犬易发。多为继发，呈慢性经过。

腹水综合征的病因和发病机理

腹水综合征，按其病因可分为三种类型，即心源性腹水、稀血性腹水和肝源性腹水。

心机能不全时，毛细血管内压增高，血管壁营养障碍及渗透性增加而发生全身水肿，与此同时，腹腔、胸腔、心包腔以及皮下结缔组织叶可能出现积水现象，常见于慢性心力衰竭、间质性肺炎、慢性肺泡气肿、心脏瓣膜病、肉鸡腹水综合征等。

在稀血症时，由于血液的固型成分减少，液体成分增多，血液稀薄，致血浆胶体渗透压增高。见于营养不良性衰竭疾病、慢性贫血、慢性肾病、慢性间质性肾炎、充血性心力衰竭，在这些疾病状态下，往往造成低蛋白血症，使血管内血液胶体渗透压下降或静脉血回流发生障碍，使毛细血管内静水压升高。促使血管内的液体成分通过毛细血管壁漏出，呈现腹水和全身水肿。

肝脏机能不全，水盐和蛋白质代谢障碍以及腹腔静脉或全身静脉长期淤血以致淋巴循环障碍的情况下，浆液渗漏于腹腔而发生腹水。多见于肝硬变、慢性肝炎、肝肿瘤、肝棘球蚴病、血吸虫病等。无全身水肿和其他体腔积液，故又称单纯性腹水。

腹水综合征临床表现

(1) 视诊。腹围徐徐膨大，多量腹腔积液，腹下部明显膨大，腰部凹陷，在犬脐部突出。

(2) 触诊。腹部上侧弛缓，下侧紧张，触诊腹壁有波动感，冲击腹壁有击水音。

(3) 叩诊。腹侧下部呈水平浊音，上部发生鼓音，水平浊音界随动物姿势改变而变化。

(4) 腹腔穿刺。有大量透明或稍浑浊的漏出液，相对密度小于1.016，蛋白含量低于1.0%，李氏（Rivalta's）稀乙酸试验呈阴性反应。重症腹水，在马可达170L，猪可达40L，犬可达20L，若腹水压迫膈肌时，因腹肌收缩不全可引起呼吸紧迫。

(5) 全身症状。患畜精神较差，无热，脉搏细而微弱，食欲逐渐减少，黏膜苍白，被毛粗刚，四肢冷凉，发生浮肿。

腹水综合征的诊断要点

在临床诊断时，首先要根据腹水综合征的临床表现，确定是不是腹水，然后再依据全身性水肿、心力衰竭和血液稀薄等体征，确认腹水综合征的病因类型。

(1) 对伴有全身性水肿和其他体腔积液的，要考虑心源性腹水和稀血性腹水两种病因类型。

显现充血性心力衰竭体征的，常指示心源性腹水，应考虑：心包炎；心丝虫病；间质性肺炎、慢性肺气肿；心脏瓣膜病失代偿期；各种先天性心脏病；还有特发于肉仔鸡的肉鸡腹水综合征。依据这些疾病各自的临床特征、特殊检查和病理变化，逐一鉴别和确认。

显现严重贫血和血液稀薄的，常指示稀血（低渗）性腹水，应考虑：结核、鼻疽、马传染性贫血等慢性消耗性传染病；捻转血矛线虫病、钩虫病、锥虫病等寄生虫病；蛋白质营养缺乏所致的低白蛋白血症；肾病、慢性间质性肾炎。依据这些疾病各自的临床特征、特殊检查、病理变化，逐一鉴别和确认。

(2) 对无全身性水肿和其他体腔积液的，要考虑单纯性腹水即肝源性腹水，应考虑：各类肝毒性中毒病，如有毒植物中毒、化学物质中毒、黄曲霉毒素、杂色曲霉毒素、真菌毒素等中毒；某些传染病，如犬传染性肝炎、鸭病毒性肝炎、肝结核等；某些寄生虫病，如血吸虫病、牛羊肝片吸虫病、肝棘球蚴病等；肝肿瘤；肝门、幽门、胰脏的癌肿以及肝门淋巴结肿大、门静脉血栓等。依据它们各自的临床特征、特殊检查和病理变化，逐一鉴别和确认。

（李艳飞）

第三章　呼吸器官疾病

第一节　概　　论

在兽医内科疾病中，呼吸器官疾病是比较多发的疾病。呼吸器官主要由鼻腔、喉、气管、支气管、肺和胸膜构成，通过其庞大的黏膜表面直接与外界空气相通，以完成呼吸系统的生理功能。外界环境中的生物性、物理性和化学性以及其他各种有害粉尘颗粒和分子不间断地与肺脏接触，使肺脏功能受损，而其他系统的疾病有时也可直接或间接地引起呼吸器官发病。另外还有一些传染病和寄生虫病专门侵害呼吸器官。呼吸器官疾病，不仅影响和危害畜禽健康，而且在治愈之后，或多或少地影响畜禽的使役和生产能力。在役用家畜，可能部分或完全地丧失使役能力；在生产用的畜禽，则可招致肥育度降低和生产量减少，给发展畜牧业造成一定的损失。

呼吸器官的防御机能

呼吸系统所具有的器官构造、组织、细胞和分子共同组成了完整的防御体系，形成了对致病因素强大的抵抗能力。

鼻腔的鼻毛和皱襞是防止尘埃等有害物质的天然屏障，起过滤作用。在黏液的作用下，气流通过鼻甲周围时，阻留较大的粉尘颗粒，将其沉积下来并随后排出。较小的粒子均被黏着在支气管树的管壁黏液上，通过黏液-纤毛输送系统将其大部分排出体外。上呼吸道的管道弯曲，有利于将吸入的空气加温和湿润，使气管和肺免受凉气的直接刺激。

鼻腔和气管黏膜上具有黏液腺，黏液腺和气管及支气管上皮的杯状细胞分泌的黏液可以黏附并沉积异物和尘埃，还可以稀释有毒气体。黏膜上分布的丰富神经末梢和感受器，在其受到刺激后便可引起咳嗽或打喷嚏，从而排出有害物质。支气管黏膜上的纤毛上皮，能够滞留尘埃，并通过纤毛上皮的运动将尘埃和异物排出体外。

肺泡巨噬细胞可清除侵入肺泡的异物。非病原颗粒和微生物被吞噬后，由黏液或淋巴系统清除，如果侵入的病原微生物未能被肺吞噬细胞清除，就会引起炎症，此时血液中的中性粒细胞进入肺泡，发挥吞噬作用。在进入机体的病原未被很快清除，或以往侵入的病原被机体所识别，则吞噬细胞的活性大大加强，从而激活了复杂的免疫反应，包括细胞免疫和体液免疫。细胞免疫是一系列反应效应细胞，包括细胞毒性 T 细胞、自然杀伤细胞、活化的巨噬细胞及介导抗体依赖性细胞毒性的细胞的共同作用。在体液免疫中，免疫球蛋白起重要作用。

另外，在呼吸器官黏膜所分泌的黏液当中，还含有溶菌酶、干扰素、补体和特异性免疫球蛋白等生物活性分子，可以协助清除微生物。其中的免疫球蛋白主要是 SIgA，SIgA 在浆细胞内已由 J 链连接成双聚体，当通过黏膜或浆膜上皮细胞向外分泌时，与上皮细胞产生的分泌片连接成完整的 SIgA，释放到分泌液中，与上皮细胞紧密黏合在一起，分布在黏膜或浆膜表面。由于 SIgA 不易被一般蛋白酶破坏，成为机体抗感染、抗过敏的重要免疫“屏障”。呼吸道 SIgA 主要通过阻抑微生物的黏附、中和局部的病毒和封闭某些抗原物质而发挥作用。

呼吸器官还有许多其他功能构成其防御能力，如肺组织内散在地存在着一种特殊类型的具有神经内分泌功能的细胞，而发挥神经内分泌功能。肺可合成一些化学物质，如缓激肽、组胺、5-羟色胺、前列腺素、肝素等，可在一定情况下释放入血，引起局部或远离器官的反应。肺对肺内的生理活性物质、脂质及蛋白质、活性氧等物质均有代谢作用，如激活一些物质，从体循环静脉血中清除一些物质，避免其进入体循环动脉系统影响其他器官的活动，这些物质包括 5-羟色胺、乙酰胆碱、缓激肽、血清毒素、前列腺素、皮质类固醇及白细胞三烯等。

呼吸器官的防御机能以及其他生理机能又与心血管、血液和造血器官、代谢功能及神经系统的调节作用密切相关，因此，当机体内外环境改变、全身及局部各种调节机能障碍，都与呼吸器官疾病的发生发展有着密切的互为因果的关系。

呼吸器官疾病的一般发病原因

寒冷刺激，引起皮肤血管收缩，反射地使内脏血管扩张，若寒冷的作用迅速被除去，则收缩的皮肤血管发生反应性扩张，内脏血管的充血亦即停止。若寒冷对皮肤的作用为时较久，则寒冷停止后，内脏血管仍然扩张，充血长时间存在，进而为细菌的感染创造了有利条件。寒冷刺激，还可降低呼吸道黏膜的屏障机能。在寒冷的作用下，纤毛上皮细胞的纤毛运动缓慢或完全停止，支气管黏膜溶菌酶的分泌减少，网状内皮系统的活性减弱，白细胞的吞噬能力降低。因此，机体在寒冷作用下，为新进入的或呼吸器官的常在菌的致病作用创造了条件。

机械因素和化学因素的作用，可破坏呼吸道的屏障机能，直接损伤呼吸道黏膜，引起炎症或招致细菌感染。同时，各种外来刺激进入呼吸道后，在一定的条件下能引起黏膜中杯状细胞及黏液腺增生，使黏液分泌增加，积滞的黏液使纤毛倒伏或使其运动能力降低，局部黏液积滞，给细菌的大量繁殖创造条件。研究资料证明，呼吸道屏障机能降低，与纤毛上皮细胞的损害关系很大。例如，大气层被化学物质污染、呼吸道的慢性炎症，都能使纤毛运动麻痹，病毒感染可引起纤毛上皮细胞破坏；由于煤尘等非活性粒子大量吸入，纤毛上皮细胞的滤过机能的负荷过重而引起机能障碍。如此等等，说明机械因素和化学因素均能直接或间接地破坏呼吸道的屏障机能，使机体防御能力减退。

重剧使役使耗氧量增加，增大呼吸器官的负荷量，尤其平时缺乏锻炼的家畜，不仅对缺氧耐受力降低，而且呼吸器官通气量和气体交换能力均有限。因此，重剧使役常常是非炎性肺病的重要原因。同时，由于长期重剧使役，氧气的供给不足，物质代谢无氧分解加强，大量氧化不全酸性产物在体内蓄积，可引起全身各组织器官的机能障碍，降低了机体的抵抗力，也促进呼吸器官疾病的发生。

继发于某些传染病和寄生虫疾病，如猪肺疫、猪瘟、猪弓形体病、犬瘟热、犬腺病毒Ⅱ型感染、犬窝咳、牛肺疫、牛鼻气管炎、肺丝虫病等。

吸器官疾病的共同症状

呼吸器官在解剖上互相连接，机能上互相影响，一旦发病，固然有各自的特点，但也有共同的临床表现，其主要的共同症状有以下几种。

1. 呼吸困难　呼吸困难，是呼吸道受阻和肺脏的各种疾病的主要症状，不仅表现呼吸频率的增加和深度的变化，而且伴有呼吸肌以外的辅助呼吸肌有意识的活动，但气体的交换作用不完全。呼吸困难的主要原因是体内氧缺乏，二氧化碳和各种氧化不全的产物积聚于血液内，并循环于脑而使呼吸中枢受到刺激。高度的呼吸困难称为气喘。呼吸困难是呼吸器官疾病的一个重要症状，在上呼吸道狭窄、喉炎等疾病时，主要表现吸气性呼吸困难，并可听到明显的狭窄音。在细支气管炎、细支气管痉挛及肺气肿等疾病时，由于肺泡内的空气呼出困难，而发生呼气性呼吸困难。另外，呼吸器官疾病（如肺炎、肺萎缩、肺水肿、支气管炎等）、循环器官疾病（如心肌炎、心脏肥大、渗出性心包炎、心瓣膜病等）、消化器官疾病（如急性胃扩张、胃肠臌气等）、血液疾病（如严重贫血）、中毒性疾病（如亚硝酸盐中毒、氢氰酸中毒、有机磷农药中毒、尿毒症等）、严重的发热性疾病及脑部疾病，均可出现呼气和吸气同时发生困难，又称为混合性呼吸困难。

2. 咳嗽　主要是喉、气管及支气管黏膜受刺激的结果。咽、舌根及胸膜等受刺激，有时也可引起咳嗽。咳嗽是一种强烈的呼气运动，能将积聚在呼吸道内的炎性产物和异物排出体外，是一种反射性的保护动作。一般认为，单纯性的咳嗽称为咳痰，若咳嗽次数多，或持续咳嗽，则称为痉挛性咳嗽，见于呼吸道黏膜受到强烈的刺激，如喉炎、支气管炎、慢性肺泡气肿、吸入性肺炎及胸膜炎等。慢性呼吸器官疾病可出现经常性咳嗽，有的达数周或数月，甚至数年之久。犬、猫等小动物，在咳嗽之后，常出现恶心或发生呕吐。咳嗽的强度与呼吸肌的收缩和肺的弹性成正比。喉、气管患病时咳嗽声音强大而有力，表明肺组织弹性良好；细支气管和肺患病时咳嗽弱而无力，声音嘶哑，表明肺组织弹性降低。同时，呼吸道的分泌物少或仅有少量分泌物时，出现干而短的咳嗽，声音清脆；如呼吸道有大量稀薄的分泌物时，咳嗽声音钝浊、湿而长，随着咳嗽将分泌物排出体外。另外，动物患胸膜炎、喉水肿、吸入性肺炎、呼吸道纤维素性和溃疡性炎症时，咳嗽伴有头颈伸直、摇头不安、呻吟等疼痛反应。

3. 鼻液　鼻液，由呼吸道黏膜的分泌物、炎性渗出物及剥脱的上皮细胞或崩解的组织所组成。健康动物一般无鼻液，或仅有少量的浆液性鼻液。临床上所谓的鼻液是动物在病理状态下从鼻腔排出的异常分泌物。鼻液排出量的多少与病变部位、广泛程度和轻重有关。一般炎症的初期、局灶性的病变及慢性呼吸道疾病，鼻液量少。在上呼吸道疾病的急性期和肺部的严重疾病，常出现大量的鼻液，如副鼻窦积脓、肺脓肿破裂、肺坏疽、急性鼻疽、马腺疫等。临床上根据炎症的特性将鼻液分为浆液性、黏液性、黏液脓性和血性四种。根据鼻液的量、性状及混合物等，有助于推断呼吸器官疾病的性质、部位和病程的长短，有时甚至对确诊某些疾病具有决定性的意义。

呼吸器官疾病的诊断要领

呼吸器官疾病比较复杂，因此，对呼吸器官疾病的诊断，必须灵活运用相应的检查手段，即理学检查（视诊、触诊、叩诊、听诊和嗅诊）；实验室检查（血、尿和呼吸道分泌物等），特殊检查（胸腔穿刺、内窥镜，X射线和超声波诊断等）。

呼吸器官疾病的诊断思路是：首先要判断是不是呼吸器官疾病；再判定是哪一段呼吸器官疾病；最后，着眼于各个疾病的特点，排除类症，确定是哪一种呼吸器官疾病。

（一）是不是呼吸器官疾病

判断是不是呼吸器官疾病，要紧紧抓住呼吸器官疾病的基本症状，如临床上出现呼吸困难、咳嗽和流鼻液等，而其他系统又无明显症状的病例，即可认为是呼吸器官疾病。

（二）呼吸器官疾病的定位诊断

在呼吸器官疾病定位诊断上，应着重于呼吸困难的形式和程度，咳嗽的多少，鼻液的性状，全身症状的轻重，喉、气管检查和胸部听、叩诊的变化，大致推断疾病的部位。

如果患畜主症为咳嗽，流鼻液，无呼吸困难或仅呈现吸气性呼吸困难，而胸部听、叩诊变化不大的，表明疾病在上呼吸道。要进一步检查鼻腔、咽、喉及气管。并注意和鼻旁窦炎、流行性感冒、腺疫、鼻疽等病鉴别。

如果患畜主要表现为咳嗽多、流鼻液，胸部听诊有啰音，叩诊无浊音，而全身症状较轻的，表明疾病在支气管。

如果患畜呈混合性或呼气性呼吸困难，胸部听、叩诊均有变化，且全身症状较重的，表明疾病主要在肺。应进一步根据体温、血液学变化，判断有无炎症反应，确定是炎性肺病还是非炎性肺病。

如果患畜呼吸浅表频数，腹式呼吸明显，无鼻液，有短痛咳的，表明疾病可能在胸膜。应根据胸部听、叩诊变化、胸腔穿刺液性状及流行病学特点与胸腔积水及传染性胸膜肺炎等病鉴别。

呼吸器官疾病的治疗原则

呼吸器官疾病的治疗主要包括抗菌消炎、祛痰镇咳及对症治疗。

1. 抗菌消炎　细菌感染引起的呼吸道疾病均可用抗菌药物进行治疗。使用抗生素的原则是选择对某些特异病原体最有效的药物，或选择毒性最低的药物。对呼吸道分泌物培养，然后进行药敏试验，可为合理选用抗生素提供指导。同时，了解抗生素类药物的组织穿透力和药物动力学特征，也非常重要。在治疗过程中，抗菌药物的剂量要适宜，剂量太大不仅造成浪费，而且可引起严重反应，剂量过小起不了治疗作用。同时抗菌药物的疗程应充足，一般应连续用药3～5d，直至症状消失后，再用1～2d，以求彻底治愈，切忌停药过早而导致疾病复发。对慢性呼吸器官疾病（如结核、鼻疽等）则应根据病情需要，延长疗程。对气管炎和支气管炎，除传统的给药途径外，可将青霉素等抗生素直接缓慢注入气管，有较好的效果。另外，对肉用或奶用动物，应注意在动物性食品中的药物残留，严格执行有关肉用动物休药期和牛奶禁用时间的有关规定，以防止出现动物性食品中的药物残留及其对公众健康造成危害。

2. *祛痰镇咳*　　咳嗽是呼吸道受刺激而引起的防御性反射，可将异物与痰液咳出，一般咳嗽不应轻率使用止咳药，轻度咳嗽有助于祛痰，痰排出后，咳嗽自然缓解，但剧烈频繁的干咳对患畜的呼吸器官和循环系统产生不良影响，应考虑应用镇咳药。有些呼吸道炎症可引起气管分泌物增多，因水分的重吸收或气流蒸发而使痰液变稠，同时黏膜上皮变性使纤毛活动减弱，痰液不易排出。祛痰药通过迷走神经反射兴奋呼吸道腺体，促使分泌增加，从而稀释稠痰，易于咳出。镇咳药主要用于缓解或抑制咳嗽，目的在于减轻剧烈咳嗽的程度和频繁度，而不影响支气管和肺分泌物的排出。另外，在痉挛性咳嗽、肺气肿或动物气喘严重时，可用平喘药。

3. *对症治疗*　　主要包括氧气疗法和兴奋呼吸。当呼吸器官疾病由于呼吸困难引起机体缺氧时，应及时用氧气疗法，特别是对于通气不足所致的血液氧分压降低和二氧化碳蓄积有显著疗效。临床上大动物吸入氧气不常使用，主要用于犬、猫等宠物及某些种畜。当呼吸中枢抑制时，应及时选用呼吸兴奋剂，临床上最有效的方法是将二氧化碳和氧气混合使用，其中二氧化碳占5%～10%，可使呼吸加深，增加氧的摄入，同时可改善肺循环，减少躺卧动物发生肺充血的机会。另外，兴奋呼吸中枢的药物，对延脑生命中枢有较高的选择性，常作为呼吸及循环衰竭的急救药，能兴奋呼吸中枢和血管运动中枢。

（杨正涛）

第二节　上呼吸道疾病

感冒（coryza）

感冒是由于寒冷作用所引起的以上呼吸道黏膜炎症为主症的急性全身性疾病。临床特征是体温突然升高，咳嗽和流鼻液。

本病无传染性，是呼吸器官疾病的最多发病，各种畜禽均可发生，犬、猫以及猪为多见，早春晚秋气候多变季节多发，其他幼弱畜禽，也常发生。

病因

本病最常见的原因是寒冷的作用。多发生于寒夜露宿、久卧凉地、贼风侵袭或由温暖地带突然转至寒冷地区；大出汗后遭受雨淋或涉水渡河时冷水侵袭；草原或高寒地区突然遭受暴风雪袭击等。这些均可使机体抵抗力降低，特别是使上呼吸道黏膜的防御机能减退，致使呼吸道内的常在菌得以大量繁殖，而引起本病。

此外，长途运输、过劳及营养不良等，可促进本病的发生。

症状

本病常在动物遭受寒冷作用后突然发病。患畜精神沉郁，头低耳耷，眼半闭，食欲减退或废绝。皮温不整，多数患畜耳尖、鼻端发凉，也有皮温普遍增高的。结膜潮红，如伴发结膜炎时则有轻度肿胀或流泪。脉搏增数，体温常升高到39.5～40℃，或40℃以上。

患畜往往有咳嗽，呼吸加快，流水样鼻液。胸部听诊，肺泡呼吸音增强，有的可听到水泡音。心音增强，心跳加快。

诊断与预后

本病的诊断依据是受寒冷作用后突然发病，体温升高，咳嗽及流鼻液等上呼吸道轻度炎症症状。必要时进行治疗性诊断，即应用解热剂迅速治愈的即可诊断为感冒。本病应与流行性感冒相鉴别。流行性感冒，由流感病毒所引起，流行猛烈，高热稽留，结膜炎症明显，多有畏光流泪。

本病病程较短，一般为2～6d，多取良性经过，若及时治疗，容易治愈；治疗失时或护理不周，易继发支气管肺炎或其他疾病。

治疗

应用解热剂，可内服阿司匹林，犬0.2～2.0g，马、牛10～25g，猪、羊2～5g。或30%安乃近液，或安痛定液，或百尔定液，马、牛20～40mL，猪、羊及犊牛5～10mL，肌肉注射，每日1次。

在应用解热镇痛剂后，体温仍不下降或症状仍未减轻时，可适当配合应用抗生素或磺胺类药物，以防止继发感染。排粪迟滞时，可应用缓泻剂。

中药疗法，当外感风寒时，宜辛温解表，疏散风寒，方用荆防败毒散加减；当外感风热时，宜辛凉解表，祛风清热，方用桑菊银翘散加减。

预防

本病的预防，主要是对动物加强耐寒锻炼，增强机体抵抗力；防止家畜突然受凉，建立合理的饲养管理和使役制度；气温骤变时，要设置防寒措施。

鼻炎（rhinitis）

鼻炎是鼻腔黏膜的炎症。按病程可分为急性鼻炎和慢性鼻炎；根据病因可分为原发性和继发性鼻炎，按炎症的性质可分为黏液性、纤维素性和滤泡性鼻炎。临床上以原发性黏液性鼻炎为多见。临床以鼻腔黏膜充血、肿胀，流鼻液，打鼻喷为特征。各种家畜均可发生，犬、猫较为多见。

病因

原发性鼻炎，主要是由于寒冷、化学因素和机械因素等的刺激所致。

寒冷刺激，在原发性鼻炎的病因中有着重要的意义。缺乏锻炼或突然改变生活条件的家畜，在气温剧变或寒夜露宿，风雪侵袭时，机体的抵抗力降低，鼻黏膜在寒冷的刺激下，充血、渗出，鼻腔内的常在菌乘机发育繁殖，从而引起黏膜发炎。

化学因素，如厩舍通风不良，吸入过多的氨、硫化氢等有害气体，以及烟熏等。

机械因素，如粗暴地经鼻投药，损伤鼻黏膜，或吸入尘埃、饲料中的霉菌孢子和花粉以及麦芒和昆虫等，直接刺激鼻腔黏膜而引起鼻炎。

继发性鼻炎，常继发于某些传染病的经过中，如流感、犬瘟热、犬副流感、猫病毒性鼻气管炎、猫嵌杯样病毒感染、慢性猪肺疫、猪萎缩性鼻炎、猪包涵体鼻炎、绵羊鼻蝇蛆、牛恶性卡他热等。在咽炎、喉炎、副鼻窦炎、支气管炎和肺炎等疾病过程中常伴有鼻炎症状。犬齿根脓肿扩展到上颌骨隐窝时，也可发生鼻炎或鼻窦炎。

症状

急性鼻炎，病初鼻黏膜潮红、肿胀，在大家畜常常打鼻喷和发鼾声，在犬、猫等小家畜因痒感而引起喷嚏，间或发生摇头和蹭鼻子等现象。以后，随着炎症的发展，由一侧或两侧鼻孔流出鼻液，鼻液初呈透明的浆液性，后变浆液黏液性或黏液脓性。有的病例下颌淋巴结肿胀。伴发结膜炎时，畏光流泪。有的患畜，炎症可沿呼吸道蔓延，引起咽、喉炎等。一般饮、食欲和体温无明显变化。

慢性鼻炎，病情发展缓慢，临床表现时轻时重，长期流鼻液，鼻液多为黏液脓性，其量时多时少。如伴发鼻旁窦炎时，引起骨质坏死和组织崩解，则鼻液内可能混有血丝，并有腐败臭味。有的鼻黏膜肿胀、肥厚、凹凸不平，严重者有糜烂、溃疡或瘢痕。犬的慢性鼻炎可引起窒息或脑病。猫的慢性化脓性鼻炎可导致鼻骨肿大，鼻梁皮肤增厚及淋巴结肿大，很难痊愈。

诊断与预后

鼻炎的诊断依据是鼻腔黏膜充血、肿胀，流鼻液，鼻喷及蹭鼻子，而体温、脉搏、食欲等，一般无变化。但应与下列疾病鉴别。

1. *鼻疽*　鼻腔鼻疽，通常为一侧性黏液脓性鼻液，其中常混有血丝；在鼻黏膜上可见鼻疽的特征性结节、溃疡或瘢痕；下颌淋巴结硬固肿胀，鼻疽菌素试验阳性。

2. *马腺疫*　典型马腺疫，下颌淋巴结呈化脓性炎症，体温升高；一般多发生于幼驹，有传染性；细菌学检查，脓汁内可发现腺疫链球菌。

3. *流行性感冒*　流行猛烈，结膜炎、高热等全身症状明显。

4. *鼻旁窦炎*　多为一侧性鼻液，特别是在低头时大量流出，病程较长。

急性鼻炎病程通常为6～10d，经过良好；如延误治疗，可转为慢性鼻炎，病程可达数月乃至数年，一般除去病因并适当治疗，也可恢复健康；但如鼻黏膜顽固肿胀，引起鼻腔狭窄而障碍呼吸的，则必然降低使役能力。

治疗

对鼻炎的治疗，首先必须除去病因，将患畜置于温暖的厩舍内，减轻或停止使役，改善饲养管理，对急性轻症鼻炎，常不需用药而自愈。

对重症的鼻炎，可根据鼻液性状和量的多少，酌情选用下列药液冲洗鼻腔：当有大量黏稠鼻液时，可用1%食盐水或1%碳酸氢钠液；如有大量稀薄鼻液时，可用1%明矾液，或2%～3%硼酸液，或0.1%高锰酸钾液，或1%氨苯磺胺液等收敛、消炎剂。

应用2%松节油或2%克辽林液行蒸气吸入，通常每次吸入时间为10～20min，2或3次/d，对急性鼻炎有良好的效果。

向鼻腔内注入青霉素溶液有较好的效果。鼻黏膜严重充血肿胀时，为促进局部血管收缩并减轻鼻黏膜的敏感性，可用可卡因0.1g，1 ∶ 1000的肾上腺素溶液1mL，加蒸馏水20mL混合后滴鼻，每日2或3次，但这类血管收缩药只能暂时解除鼻黏膜的充血状况。

对体温升高、全身症状明显的患畜，应及时用抗生素或磺胺类药物进行治疗。

对慢性鼻炎，除冲洗鼻腔外，可涂擦1%氯化锌液或硝酸银溶液。如发生鼻甲骨坏死时，可实行圆锯术，由圆锯孔冲洗鼻腔，必要时取出坏死的鼻甲骨。

对慢性细菌性鼻炎可根据微生物培养及药敏试验，用有效的抗生素治疗 3～6 周。对霉菌性鼻炎应根据真菌病原体的鉴定结果，用抗真菌药物进行治疗。对小动物的鼻腔肿瘤，应通过手术将大块鼻甲骨切除，然后进行放射治疗。

中药疗法 常用发表解热药，如桑叶、薄荷等。

喉炎（laryngitis）

喉炎，是喉黏膜的炎症。喉炎根据经过可分为急性和慢性两种；依炎症的性质有黏液性和纤维素性之分，按病因可分为原发性和继发性喉炎。临床上以剧烈的咳嗽、喉部肿胀和敏感为特征。急性黏液性喉炎为多见，且常与咽炎并发。本病在春秋气候多变季节常发生，常见于犬、猪、牛、马、羊等。

病因

原发性喉炎的病因，与鼻炎基本相同，主要是受寒冷、机械性或化学性因素的刺激所引起。

继发性喉炎，常见于邻近器官炎症的蔓延，如鼻炎、咽炎、上颌窦炎和气管炎等，或继发于犬瘟热、猫传染性鼻气管炎、猪流感、牛传染性鼻气管炎、马腺疫、羊痘、羊坏死杆菌病等。

另外一些医源性因素也可造成喉炎，如插入胃管时因技术不熟练而损伤黏膜可引起喉炎。喉部手术也可引起喉水肿发炎。

对于某些短头而且肥胖的犬，在兴奋或高温环境下，可因严重喘气或用力呼吸可导致喉头水肿和喉炎。

症状

咳嗽是本病的主要症状，病初渗出物少时，发短、干、带痛的咳嗽，随着渗出物的增加，则变为湿咳、长咳。当早晚吸入冷空气，或饮冷水，采食混有尘埃的草料，以及在剧烈使役时，咳嗽加剧，甚至发痉挛性咳嗽。犬在咳嗽后常发生呕吐。

患畜喉部肿胀，头颈伸展，呈吸气性呼吸困难。

喉部触诊，感觉过敏，表现疼痛不安，摇头伸颈，躲避检查，并发连续的痛咳。

喉部听诊，由于喉黏膜肿胀，可听到喉狭窄音，尤其是喉黏膜剧烈肿胀，喉腔高度狭窄时，往往在数步之外即可听到，有稀薄渗出物时，能听到大水泡音。

轻度喉炎，全身症状多无明显变化，重症喉炎，则精神沉郁，体温升高 1～1.5℃，脉搏增数，结膜蓝紫，呼吸困难，甚至引起窒息。

慢性喉炎，患畜长期发弱咳、钝咳，尤其早晚吸入冷空气时更明显，喉部触诊稍敏感，可发弱咳。当喉部结缔组织增生，黏膜显著肥厚，喉腔狭窄时，呈持久性呼吸困难。全身症状一般无变化。

诊断与预后

本病的诊断依据是剧烈的咳嗽、喉部肿胀和敏感性增高，并发咽炎时，还有大量混有食物和唾液的鼻液，以及咽下障碍。本病应与下列疾病相鉴别。

1. 咽炎　以吞咽障碍为主，咽下时饮食物常从两鼻孔逆出，触压咽部敏感。

2. 喉水肿　发病急，可听到喉头狭窄音，呼吸高度困难，往往有窒息倾向。

急性喉炎，精心护理，恰当治疗，经过 8～10d，多可痊愈，预后良好。如延误治疗，转为慢性，病程可达数周、数月，甚至数年。如能及时除去原因，无顽固性病变，持续而恰当治疗，可以痊愈；如黏膜结缔组织增生，喉头狭窄，治疗效果不显著，预后应慎重。

治疗

本病的治疗原则，主要是消除炎症，祛痰止咳。

除去发病原因，将患畜放入通风而温暖的厩舍中，晴天可拴在室外或适当牵遛运动。喂给柔软、清洁易消化的饲料，勤饮清水等。

为了促进局部血液循环，加速渗出物的吸收，可用 10%食盐水温敷喉部（方法见外科学），每日 2 次，也可局部涂擦 10%樟脑酒精等。对重症的喉炎，可静脉注射 10%磺胺二甲基嘧啶液 100～150mL，每日 1 次，或肌肉注射青霉素 80～120 万单位，或 0.5%～1%普鲁卡因液 30～40mL，青霉素 80 万 IU，进行喉囊封闭，每日 1 次，两侧喉囊交替进行。必要时，可行蒸气吸入。

当患畜频发咳嗽而鼻液黏稠时，可内服溶解性祛痰剂，常用人工盐 20～30g，茴香末 50～100g，制成舔剂，一次内服，或碳酸氢钠 15～30g，远志酊 30～40mL，温水 500mL，一次内服，或氯化铵 15g，杏仁水 35mL，远志酊 30mL，温水 500mL，一次内服。

小动物可内服复方甘草片、止咳糖浆等，也可内服羧甲基半胱氨酸片（化痰片），犬 0.1～0.2g，猫 0.05～0.1g，每日 3 次。

有窒息危险时，须行气管切开术。

第三节　支气管炎（bronchitis）

支气管炎是支气管黏膜表层或深层的炎症。一般根据疾病的性质和病程可分为急性和慢性两种。急性支气管炎是支气管黏膜表层或深层的急性炎症。临床上以咳嗽、流鼻液、胸部听诊有啰音和呼吸困难为特征。慢性支气管炎是气管、支气管黏膜、支气管黏膜下基膜及周围结缔组织的慢性非特异性炎症。临床上以持续性咳嗽、伴有喘息及反复发作的慢性过程为特征。各种动物均可发生，但幼龄和老龄动物比较常见。寒冷季节或气候突变时容易发病。

病因

原发性支气管炎，主要是由于寒冷、天气骤变、长途运输应激等，造成机体抵抗力减弱，存在于呼吸道内常在细菌大量繁殖而致病。机械性或化学性的刺激，如吸入粉尘状饲料、烟气、灰尘等，吸入刺激性气体如氯气、氨气、二氧化硫、热气流、污染的空气、各种毒气，或投药、误咽等，均可引起本病。某些过敏原如植物花粉、异种蛋白、霉菌孢子等，可引起变态反应性支气管炎。

继发性支气管炎，多继发于某些传染病和寄生虫病的经过中，如流行性感冒，马的腺疫、地方性支气管炎、病毒性肺炎等，牛的睡眠嗜血杆菌感染、恶性卡他热、传染性鼻气管炎，禽的慢性呼吸道病、传染性支气管炎、结核等，羊的痘病、传染性胸膜肺炎、化脓棒状杆菌感染等，猪的传染性胸膜肺炎、肺疫、蛔虫病、肺丝虫病等，犬的瘟热、副流感、传染性肝炎、传染性气管支气管炎等，猫的病毒性鼻气管炎、猫肺炎菌等。还有邻近器官的炎症蔓延，如喉炎、气管炎、肺炎以及胸膜炎等。

幼小动物，体质衰弱，营养不良，畜舍卫生条件不好，通风不良，闷热潮湿以及营养价值不全的饲养和维生素A缺乏等因素，易促发本病的发生。

原发性慢性支气管炎，通常由于急性支气管炎的致病因素未能及时消除，病程迁延；或致病因素长期反复作用，重复感染，炎症迁延，呈慢性经过，致使动物发生本病。

继发性慢性支气管炎，当心脏或肺脏疾病如肺气肿、心脏瓣膜病等存在时，影响到肺循环，或某些传染病或寄生虫病如鼻疽、结核病、肺线虫病、犬心丝虫病等，均可继发本病。

发病机理

在病因的作用下，动物机体抵抗力降低，尤其在黏膜损伤后，支气管的一系列保护作用和防御机能（咳嗽、分泌黏液、支气管壁中的淋巴滤泡）减弱，肺巨噬细胞和白细胞的吞噬作用降低，呼吸道内的常在菌或外来的病原微生物，如肺炎球菌、巴氏杆菌、链球菌、葡萄球菌、化脓杆菌等乘虚大量繁殖而呈现致病作用，引起黏膜发生充血、肿胀，上皮细胞脱落，黏液分泌增加，炎性细胞浸润，刺激黏膜中的感觉神经末梢，出现反射性的咳嗽。同时，炎症可导致管腔狭窄，甚至堵塞支气管，炎症向下蔓延可造成细支气管狭窄、阻塞和肺泡气肿，出现高度的呼吸困难和啰音。炎性产物和细菌毒素被吸收入血后，引起不同程度的全身反应。病因作用持续或反复存在，使支气管壁及其周围组织增生，发生慢性支气管炎和支气管周围炎，甚至因支气管阻塞而发生肺膨胀不全或慢性肺泡气肿。如继发感染腐败菌，发生腐败性支气管炎，使病情加重。

症状

当发生急性大支气管炎时，动物主要症状是咳嗽，初期呈干性短的、痛咳，而后转为湿的、长咳。咳出痰液为黏液或黏液脓性，呈灰白色或黄色。流出的鼻汁，病初为浆液性，以后变为黏液性或黏液脓性。呼吸困难不明显。体温正常或升高0.5～1℃。胸部听诊，初期可听到干性啰音，而后可听到湿性啰音。

当发生细支气管炎时，动物全身症状明显，体温升高1～2℃，脉搏数增加，多呈呼气性呼吸困难，有时混合性呼吸困难，可视黏膜发绀，鼻汁量少，弱痛咳。胸部听诊闻干性啰音或小水泡音，有的部位呈过清音，叩诊界后移。

当发生腐败性支气管炎时，除具急性支气管炎症状外，还有呼出气恶臭，流出污秽、腐败气味的鼻汁等症状。胸部听诊可听到空瓮性呼吸音。全身症状重剧，病情恶化，常导致死亡。

血液学检查，白细胞数增加，中性粒细胞比例升高。

X射线检查，一般不见异常，仅肺纹理增强，或支气管和细支气管纹理增粗。

剖检可见支气管黏膜充血、发红，呈斑点状或条纹状，局部性或弥漫性的布满支气管的部分或大部分，有些部位淤血，或可见筋血。病初，黏膜肿胀，渗出物少，主要为浆液性渗出物，中后期则有大量黏液性或黏液脓性渗出物。黏膜下层水肿，有淋巴细胞和分叶核细胞浸润。

慢性支气管炎主要表现持续性的咳嗽，无论是白昼还是黑夜，运动或安静时均出现明显的咳嗽，尤其是在饮冷水或早晚受冷空气的刺激更为明显，多为干、痛咳嗽，小动物常呈阵发性。触诊气管，咳嗽加剧。全身症状一般不明显，体温正常，痰液、鼻汁较少，但在并发支气管扩张时，咳嗽后有大量腐臭鼻液流出，或在支气管狭窄和肺泡气肿时，出现呼吸困难，病势弛张。逐渐消瘦、贫血。

胸部叩诊，一般无明显变化，但在并发肺气肿时，出现过清音和叩诊界后移。胸部听诊，病初可听到湿啰音，以后可听到干啰音，早期肺泡呼吸音增强，后期因肺泡气肿而使肺泡呼吸音减弱或消失。犬常有明显的窦性心律不齐，明显而短暂的心音。X射线检查，肺部的支气管阴影增粗而延长。

诊断与预后

根据咳嗽，鼻腔分泌物，热型，肺部出现的干、湿啰音以及X射线检查所见，确诊支气管炎不难。应注意大支气管炎与细支气管炎的鉴别，还要结合流行病学特点，尽可能地将散发性支气管炎与具有支气管炎的某些传染病区别开来。

急性大支气管炎，经过1～2周，预后良好。细支气管炎，病情重剧，常有窒息倾向，或变为慢性而继发慢性肺泡气肿，预后慎重。腐败性支气管炎，病情严重，发展急剧，多死于败血症。

病程较长，可持续数周、数月乃至数年，常导致肺膨胀不全、肺泡气肿、支气管狭窄、支气管扩张等，预后不良。

治疗

治疗原则为消除病因，祛痰镇咳，抑菌消炎，制止渗出，促进吸收，解痉，抗过敏。

保持畜舍内清洁、通风良好、温暖、湿润，喂以易消化饲料、青草和充足的清洁饮水，适当地牵遛运动。

当痰液浓稠而排除不畅时，应用祛痰剂，如氯化铵，大动物8～15g，小动物0.2～1g；吐酒石，大动物2～4g，小动物0.2～1g；碳酸氢钠，大动物50～100g，小动物2～5g。还可行蒸气吸入疗法，如1%～2%碳酸氢钠溶液或1%薄荷脑溶液蒸气吸入。

当咳嗽剧烈而频繁时，应用止咳剂，如复方樟脑酊，大动物50～100mL，猪、羊10～30mL,犬1～5mL；复方甘草合剂，大动物15～60mL，猪、羊15mL，犬1～5mL；远志酊，大动物10～30mL，猪、羊5～10mL；杏仁水，大动物20～40mL，小动物0.5～2mL;小动物，还可应用急支糖浆、盐酸吗啡、喷托维林等药物治疗。

抑菌消炎可选用抗生素、喹诺酮类或磺胺类药物。如青霉素，大动物4000～8000U/kg，小动物10 000～15 000U/kg，肌肉注射；氨苄青霉素15～20mg/kg，肌肉或静脉滴注，1或2次/d；阿奇霉素10～20mg/kg，肌肉注射或静滴，1次/d；双黄连注射液，1～2mL/kg，加入5%糖盐水30～50mL中静脉滴注，1次/d。病情严重的，可用四环素，剂量为5～10mg/kg，溶于5%葡萄糖溶液或生理盐水中静脉注射。另外，应用磺胺类药物，常见磺胺二甲嘧啶，首次剂量220mg/kg；磺胺甲氧嗪，首次剂量50～70mg/kg，2次/d，内服；磺胺复方制剂，如增效磺胺嘧啶，增效磺胺甲基异恶唑、增效磺胺甲氧嗪、增效磺胺-5-甲氧嘧啶、增效磺胺-6-甲氧嘧啶、增效周效磺胺等，其剂量按 20～25mg/kg 内服。此外，大环内酯类，如红霉素；喹诺酮类，如氧氟沙星、环丙沙星等及头孢菌素类。

必要时，向气管内注入抗生素，即以青霉素 100 万 IU，或链霉素 100 万 IU，溶于 0.25%普鲁卡因液 15～20mL 内，1 次/d，连用 5～6d；或注入 5%薄荷脑石蜡油（先将液状石蜡煮沸，放凉至 40℃左右，按石蜡的 5%加入薄荷脑，融化后密封，备用），马、牛 10～15mL，猪、羊 2～3mL，头两天，1 次/d，以后隔日 1 次，4 次为一疗程。

抑制渗出，促进吸收，可选用钙制剂静脉注射，如 10%葡萄糖酸钙 200～500mL，大动物一次静脉滴注，小动物酌减。

对于因变态反应引起支气管痉挛或炎症，可给予解痉平喘和抗过敏药，如氨茶碱、麻黄素、盐酸异丙嗪、地塞米松、曲吡那敏、异丙嗪、止咳糖浆、盐酸苯海拉明等。

对症治疗，当呼吸困难时，严重地影响了气体交换，小动物常采用氧气吸入；当发生肺水肿、肺炎的危险时，可用樟脑、乙醚、咖啡因、酒精等兴奋药或给予呕吐药。

本病常继发于某些传染病或寄生虫病，在大群畜禽中，如发现有咳嗽应及时确诊，进行特异性的治疗，小动物常采用抗血清、单抗，配合利巴韦林、病毒灵或双黄连或清开灵等。

预防

首先要防寒保暖，防止感冒，免受寒冷、风、雨、潮湿等的袭击。平时注意饲养管理，注意通风，保持空气新鲜清洁，提高抵抗力。本病常继发于某些传染病或寄生虫病，应做好兽医卫生、防疫等工作，定时驱虫，避免疫病流行。

（夏　成）

第四节　肺脏疾病

肺充血和肺水肿（pulmonary hyperemia and pulmonary edema）

肺充血是肺毛细血管中血量过度充满引起的，通常分为主动性充血（activeness pulmonary congestion）和被动性肺充血（passivism pneumohemia）。主动性肺充血是指流入肺的血液增多，而流出量正常；被动性肺充血指流入肺的血量正常或稍增多，而流出血量减少。临床上肺充血有原发和继发两种，当肺脏受损时就是原发性，如果是由其他脏器，多是心脏病导致的，就是继发性。

肺水肿是指肺充血的时间过长，血液中的浆液性成分进入肺泡、细支气管及肺泡间质内。肺充血和肺水肿是同一病理过程的两个阶段，临床上以呼吸困难、黏膜发绀和泡沫状的鼻液为特征。

主动性肺充血主要发生于马，尤其服重役、长途运输或剧烈运动之后，也见于赛犬或猎犬。被动性肺充血和肺水肿各种家畜均可发生，牛易发肺水肿。

病因

主动性肺充血，主要是由于天气炎热，长途运输、过度使役或剧烈运动，吸入烟雾或刺激性气体及发生过敏反应时，血管扩张，血液流入量增多，从而发生主动性充血。在肺炎的初期或热射病的过程中也可发生。长期躺卧，容易发生沉积性肺充血。

被动性充血，主要发生于代偿机能减退的心脏疾病，如心肌炎、心包炎、左房室孔狭窄、二尖瓣闭锁不全、心脏扩张及传染病和各种中毒性疾病引起的心力衰竭。当胃肠臌气时，胸腔内负压减低和大静脉管受压迫，肺静脉阻塞和输血、输液过量，低蛋白血症等，均能引起被动性肺充血。

肺水肿，最常继发于急性过敏性反应、再生草热或充血性心力衰竭，也发生于过量输液、败血症、内毒素血症、出血性休克、微血栓、烟气或粪气吸入、电休克、中暑和中毒（如有机磷中毒、安妥中毒）等经过中。

发病机理

在病因作用下，大量血液进入并淤滞于肺脏，肺脏微血管过度充满，肺毛细血管充血而失去有效的肺泡腔。肺活量减少，血液氧合作用降低，后期流经肺脏的血流缓慢，使血液氧合作用进一步降低，机体缺氧而出现呼吸困难，甚至黏膜发绀。

由于缺氧或毒素损伤了肺脏毛细血管，或心力衰竭引起肺静脉压升高，均可导致血液中大量的液体漏出而进入肺泡和肺间质，而发生肺水肿。严重的病例，支气管也充满了漏出液，阻止了肺脏的气体交换，肺活量更加降低，导致高度的呼吸困难。

症状

肺充血和肺水肿，外表症状类似，一般突然发作，呈迅速极度的呼吸困难，眼球突出，静脉怒张，黏膜发绀，头颈伸展，鼻孔开张如喇叭状。当吸气和呼气时，腹部和胸部有明显的运动，呼吸用力，甚至张口呼吸，呼吸次数显著增多，可超过正常的2～4倍。表现出典型的姿态，前肢岔开，肘部外展，头部下垂。重者出汗，窒息死亡。

主动性肺充血，心音强盛。急性过敏性反应和剧烈运动引起的，体温可高达40℃左右。被动性肺充血，多表现慢性经过。心音多减弱，体温正常，脉搏常弱小。充血早期，流出少量的浆液性鼻汁。

当肺充血时，听诊肺泡呼吸音增强，无啰音，叩诊音多呈过清音。当肺水肿时，听诊肺泡音微弱至消失，并常有小水泡音和捻发音及喘鸣音，叩诊病变部呈浊音。鼻汁增加，流白色、淡红色的细小泡沫状鼻汁。

X射线检查，肺充血时，肺视野的阴影一致性加深，肺门血管纹理明显。呼吸道轮廓清晰，支气管周围增厚。肺水肿时，肺泡阴影呈弥漫性增加，大部分血管几乎难以发现。

实验室检查，鼻拭子的细菌学检查，完整的血液学检查，尤其是嗜酸性粒细胞的变化，都有助于区别肺充血或肺水肿。

病理变化，当主动性肺充血时，肺组织稍肿大，呈暗红色，较正常稍坚硬。肺微血管充满血液，切面流出较多的血液，血色暗红，极少有泡沫混杂。当被动性肺充血时，肺容积亦增大或变硬，并布满无数出血点，个别肺小叶膨胀不全，并有褐色斑点沉着，肺外观似脾脏。组织学上，肺毛细血管典型充血，肺泡有渗出液和出血。

当肺水肿时，肺体积增大，弹性降低，压之呈凹陷，颜色苍白。从肺切面流出大量富含泡沫的血样液体，支气管腔内含大量白色或淡粉红色泡沫样液体。组织学上，肺泡和肺实质聚积大量液体。

诊断与预后

根据病史材料，临床上突然发生呼吸困难，两侧鼻孔流出粉红色、淡黄色泡沫状鼻液，肺部听叩诊以及X射线检查结果，可以做出诊断。

肺充血，在心脏和肺脏状况良好时，经过及时治疗，可恢复正常，除非发生肺泡上皮的损伤或心衰。严重的肺水肿，表明已进入到不可恢复的阶段，通常因窒息或心衰而死。

治疗

治疗原则为消除病因，保持安静，减轻心脏负荷，制止渗出，促进渗出吸收和排出以及对症治疗。

首先将患畜安置在清洁、干燥和凉爽的环境中，避免运动和外界因素的刺激，保持安静。

减轻心脏负荷，降低肺中血压，使肺毛细血管充血减轻。主动性肺充血或极度呼吸困难的患畜，应静脉大量放血，有急救功效。一般放血量为马、牛2000～3000mL，猪250～500mL，犬6～10mL。被动性充血，以强心为主。静脉注射20%安钠咖10～20mL，或毒毛旋花素K 2mg，加入糖盐水中缓慢静脉注射。

制止渗出，促进渗出吸收和排出。静脉注射10%氯化钙溶液，牛100～200mL，猪、羊20～50mL，1次/d；或静脉注射20%葡萄糖酸钙溶液，马、牛500mL，1次/d。因低蛋白血症引起的肺水肿，要限制输注晶体溶液，应用血浆或全血提高胶体渗透压。因血管渗透性增强引起的肺水肿，可适当应用大剂量皮质激素，如泼尼松龙5～10mg/kg，静脉滴注。因弥漫性血管内凝血引起的肺水肿，可应用肝素或低分子右旋糖酐液。有机磷中毒引起的肺水肿，应立即使用阿托品减少液体漏出。因过敏反应引起的肺水肿时，最好使用肾上腺素，与皮质醇一起使用，会立刻发挥药效，维持血管的完整性和降低肺脏血管的渗透性。大量的非固醇类抗炎药物如阿司匹林，也可降低毛细血管壁的通透性。

适时强心利尿。选用强心剂，强尔心注射液，马、牛10～20mL，猪、羊5～10mL，静脉或肌肉注射。或洋地黄疗法，地高辛，首次量为0.044mg/kg，维持量为0.0055～0.011mg/kg，间隔12h给药1次，静脉注射。也可应用利尿剂，如呋塞米，1～2mg/kg，1次/5h，静脉注射或肌肉注射；呋塞米，2～4mg/kg，1次/10h，口服；双氢氯噻嗪，2～4mg/kg，2次/d，口服。

对症治疗，当呼吸困难，支气管树内存留泡沫时，可采取插管抽吸，或可用20%～30%酒精溶液100mL左右，雾化吸入5～10min，缓和症状。或应用二甲基硅油消泡沫气雾剂抢救肺水肿，有较高疗效。

当缺氧时，立即供氧，马、牛，吸入15～20L/min，共吸入100～120L，仅限于利用鼻导管来进行。配合缓慢注射氨茶碱，有利于给氧治疗。或皮下注射8～20L。犬，应用氧气面罩或氧气笼，由100%浓度降至40%～50%浓度。

当支气管痉挛时，应用支气管扩张剂，如静脉注射氨茶碱6～10mg/kg，或选用6%盐酸麻黄素、0.1%肾上腺素。

当患畜不安时，适当选用镇静剂，安溴注射液，马、牛 100mL，静脉注射，或肌肉注射氯丙嗪；马、牛 150～200mg；猪、羊用量可酌减。犬，吗啡，0.1mg/kg，静脉注射；或口服或肌肉注射硫酸吗啡 0.5～1mg/kg、戊巴比妥钠 2～4mg/kg 或苯巴比妥钠 5～15mg/kg。

预防

主要是加强饲养管理，保持环境清洁卫生，避免刺激性气体和其他不良因素的影响，在炎热的季节应减轻运动或使役强度。长途运输的动物，应避免过度拥挤，并注意通风，供给充足的清洁饮水，患心脏病的动物，应及时治疗，以免心力衰竭而发生肺充血。

肺气肿（pulmonary emphysema）

肺气肿是指肺脏由于肺泡过度扩张，肺泡壁弹力丧失，充满大量气体，肺泡充气发展至肺泡壁破裂，致气体窜入叶间组织，并导致间质充气，统称为肺气肿。按病因可分为原发性和继发性；根据病程和性质，而分急性、慢性和间质性。临床上以呼吸困难、呼吸深快、呼吸用力和易疲劳为特征。肺气肿对马、牛的损害最大，猪偶尔也会发病。

（一）急性肺泡气肿（acute alveolar emphysema）

急性肺泡气肿是肺组织弹力一时性减退，肺泡内充满气体，肺泡极度扩张，肺体积增大，而不伴有肺组织构造上的变化。通常有弥漫性肺泡气肿和局限性或代偿性肺泡气肿之分。临床上以发生呼吸困难为特征，但肺泡结构无明显病理变化。

本病多发生于马，长期重役和老龄的马更易发生。

病因

原发性急性肺气肿，主要原因是重度劳役、过度奔跑、长期挣扎和鸣叫、吸入有害化学气体等引起紧张性呼吸，特别是老龄或体弱的动物，由于肺泡壁弹性降低，更易发生。

继发性肺气肿，常因慢性支气管炎、弥漫性细支气管炎、犬支气管软骨发育不全、各种肺炎、肺脓肿、急性过敏反应、异物损伤、植物或煤气中毒、真菌或病毒感染以及一侧性气胸、支气管狭窄或肺萎缩时，可引发肺泡气肿。

发病机理

急性肺泡气肿的发生，因病因的不同而有一定差异。当上呼吸道内腔狭窄时，吸气时气体容易进入肺泡，呼气时由于胸膜腔内压增加使支气管闭塞，空气由肺泡向外呼出发生困难。残留在肺泡中的气体过多，使肺泡充气过度，从而引起肺泡壁扩张，肺体积增大。肺泡壁弹力暂时丧失，机体必须借助呼吸肌的参与完成呼气过程。由于呼吸肌在呼气时主动收缩，压迫肺脏及小支气管，使小支气管内腔更加狭窄，肺泡内气体排出更加困难，肺泡扩张加剧，病状的发展愈趋于急剧和严重，临床上出现明显的呼吸困难。另外，剧烈运动，过度劳役及持续性咳嗽，均可使肺泡长时间处于过度膨胀状态，导致肺泡壁弹性减退而发生代偿性肺泡气肿。此外，在肺炎，一侧气胸和任何一支气管完全阻塞时，病部呼吸机能丧失，其他部分肺组织呼吸机能则相应增强，从而引起局限性或代偿性肺泡气肿。

症状

发病突然，主要表现呼吸困难，特别在运动和卧下时更为明显，用力呼吸、甚至张口伸颈，呼吸频率增加，可视黏膜发绀，脉搏增快，体温一般正常，有的出现低而弱的咳嗽、呻吟、磨牙等。肺部叩诊呈广泛性过清音，叩诊界向后扩大，心浊音区缩小。肺部听诊肺泡音减弱，可听到碎裂性啰音及捻发音，心跳加快，第二心音增强。X射线检查，整个肺区异常透明，支气管影像模糊及膈肌后移，肺的透明度不随呼吸而发生明显改变。血液学检查，CO_2 结合力增加，碱贮量增加，红细胞代偿性增多。如果继发支气管肺炎，白细胞增多，核左移。过敏性因素引起的，可见嗜酸性粒细胞增多。

病理变化，病变部肺体积增大、膨胀，边缘钝圆、表面突起大小不等的膨胀物，颜色发白，呈透明状，触之柔软；切开肺脏，减缩缓慢，切面可压出泡沫状的气体；右心室扩张。

诊断与预后

本病根据病史资料，气喘以及肺部叩诊和听诊的结果，结合X射线检查，即可确诊。

急性肺泡气肿，消除病因后可立即康复，否则转为慢性或继发间质性肺气肿，预后不良。

治疗

治疗原则为加强护理，去除病因，缓解呼吸困难，控制心衰，治疗原发病，防止感染。

首先患畜置于清洁、通风、无灰尘、安静的舍内，给予丰富的食物，少喂多添，供给优质饲料和清洁饮水。

缓解呼吸困难，常用1%硫酸阿托品、2%氨茶碱或0.5%异丙肾上腺素雾化吸入，2～4mL/次。或1%硫酸阿托品注射液，大动物1～3mL（0.03～0.05g），小动物0.2～0.3mL（2～10mg），皮下注射。或皮下注射0.1%肾上腺素、盐酸麻黄素。必要时给予输氧，用鼻导管给氧的办法每天多次低浓度吸氧，以增加血氧饱和度。

控制心衰，小动物，用生脉针2～10mL，10%安钠加0.2～1mL，呋塞米1～2mg/kg，分别肌肉注射，1或2次/d。大动物可选用20%安钠咖10～15mL，维生素C 80～100mL，10%葡萄糖1000mL静脉注射，1次/d，连用1周。醋酸可的松10～15mL，肌肉注射，1次/d，连用5d。25%葡萄糖500mL，10%维生素C 25mL，0.025%毒毛旋花苷K 7mL，3%过氧化氢100mL，混合静脉注射。

控制继发感染可选用抗菌药，如氨苄青霉素20～30mg/kg，肌肉或静脉注射，阿米卡星10mg/kg，肌肉注射，2次/d。

预防

加强饲养管理，避免过度劳役或运动，注意通风换气和冬季保暖，及时治疗原发病。

（二）慢性肺泡气肿（chronic alveolar emphysema）

慢性肺泡气肿是肺泡持续性扩张，肺泡壁弹性丧失，导致肺泡壁、肺间质及弹力纤维萎缩甚至崩解的一种慢性肺脏疾病，又称气喘病（asthma disease）、慢性肺实质性气肿（chronic lung parenchyma emphysema）。临床上以高度呼吸困难、肺泡呼吸音减弱及肺脏叩诊界后移为特征。本病主要发生于马、骡，役牛、猎犬也可发生，而老龄动物和营养不良者易发本病。

病因

迄今尚未完全弄清。

原发性慢性肺泡气肿，急性肺泡气肿病因如繁重劳役和迅速奔跑等持续作用，由经常不断强烈吸气所引起。尤其老龄马、犬较多。继发性慢性肺泡气肿，多发生于慢性支气管炎、毛细支气管炎，因呼气性呼吸困难和痉挛性咳嗽导致发病。或胸膜粘连、肺扩张不全、慢性肺炎、支气管狭窄等长期持续作用，可引起代偿性慢性肺泡气肿。另外，牧草的花粉，一些致敏物质如胺以及动物个体差异等均与本病的发生有关。

发病机理

当运动或使役过度时，耗氧量增加，呼吸运动加剧，肺泡长期处于扩张状态，引起肺泡壁毛细血管内腔狭窄，减少血液循环，破坏肺泡壁的营养，引起弹性纤维断裂，肺泡上皮细胞的脂肪分解，肺泡壁萎缩，进而结缔组织增生，肺泡壁弹性减弱，失去了正常肺组织的回缩能力，从而发生本病。

当患慢性支气管炎或细支气管炎时，一方面支气管黏膜增厚和炎性渗出物的蓄积，可造成不全阻塞，出现呼气性呼吸困难，残留于肺泡的气体过多，使肺泡充气过度；另一方面炎症过程可损伤和破坏细支气管壁的弹性纤维，导致细支气管在吸气时过度扩张，呼气时发生塌陷，阻碍气体排出，肺泡内积聚多量的气体，使扩张的肺泡继续膨胀和压力升高；同时动物常出现持续性咳嗽，使肺泡内压升高，肺泡壁遭受来自内外两侧的压迫，内径狭窄，血管网却反而扩大，时间长则使肺泡中隔血管萎缩，肺泡壁营养不良，弹性丧失，肺泡壁变薄并膨大，加上慢性炎症使白细胞和巨噬细胞释放的蛋白分解酶增加，损害肺组织和肺泡壁，严重时多数肺泡相互融合而形成大小不等的囊腔，而肺的呼吸面积则不断减少，气体代谢障碍则日趋严重，而发生气喘。由于通气和换气功能障碍，引起 CO_2 潴留，发生不同程度的低氧血症和高碳酸血症，初为右心室肥大和第二心音加强，继则引起右心室扩张和静脉淤血，最终导致呼吸衰竭。

症状

主要表现为呼气性呼吸困难，特征是呈现二重式呼气，即在正常呼气运动之后，腹肌又强烈地收缩，出现两次呼吸运动，同时可沿肋骨弓出现较深的凹陷沟，又称“喘沟”。呼气用力，脊背拱曲，肷窝变平，腹围缩小，肛门突出。结膜发绀，静脉怒张，容易疲劳，出汗，体温正常。肺部叩诊呈过清音，正常叩诊界后移，可达最后 1～2 肋间，心脏绝对浊音区缩小。肺部听诊肺呼吸音减弱甚至消失，常听到干、湿啰音，第二心音高朗，心跳频速。X 射线检查，整个肺区异常透明，支气管影像模糊，膈肌后移。

病理变化

肺脏呈苍白色，体积增大，膨胀，有肋骨压痕，边缘钝圆，重量减轻。触压柔软，留有痕迹。切开肺时，发出爆裂声，不萎缩。右心室肥大或扩张。组织学变化为肺泡腔扩大，多数破裂融合成大小不等的大囊腔，弹性纤维染色见肺泡壁弹性纤维断裂、变细或消失，有些肺泡壁胶原纤维增多。

诊断与预后

根据病史，结合二重式呼气为特征的临床症状、听叩诊变化及X射线检查，可确诊。

本病发展缓慢，常可拖延数月、数年，甚至终生。因肺组织不可逆的形态学变化，难以恢复正常，丧失劳役或运动能力，顽固难治，预后不良，一经确诊常被淘汰。

治疗

本病无根治疗法，主要是加强护理，控制病情及对症治疗。

改善饲养管理。患畜应置于清洁、安静、通风良好、无灰尘和烟雾的畜舍，让其休息，饲喂优质青草或潮湿的干草。

改善营养和全身状况，恢复肺组织的机能。应用亚砷酸钾溶液，马、牛10～15mL，2次/d，口服。或砷制剂和碘制剂（碘化钾3g，碘化钠2g，混合分为12包，2次/d，1包/次）相结合进行治疗，先10～20d用砷制剂治疗，以后10d用碘制剂治疗，直至病情好转。

对症治疗。急性发作期的患畜，应选用抗菌药，如青霉素、庆大霉素、环丙沙星等。

当心力衰竭时，可用洋地黄或樟脑制剂等强心剂，但是应禁用九一四、氯化钙等，会加重病情。当过敏引起时，可用糖皮质激素，有条件的应每天输氧，改善呼吸状态。当有剧烈的气喘时，可用阿托品、肾上腺素、氨茶碱、麻黄素等。

预防

建立合理的饲养管理制度，避免过于剧烈运动，不采食混有大量尘埃的草料，及时治疗原发病。

（三）间质性肺气肿（pulmonary interstitial emphysema）

间质性肺气肿是由于肺泡、漏斗和细支气管壁的破裂，空气进入肺小叶间结缔组织的一种肺病。临床上以突然呼吸困难、皮下气肿及迅速窒息为特征。本病可发生于各种家畜，但以牛为最常见。

病因

本病的病因多种多样。牛可起因于吸入刺激性气体、肺脏被异物刺伤以及肺线虫损伤。马多因过度使役、奔驰、赛跑、冲撞、呛水、长途运输及剧烈咳嗽等引起本病。某些中毒，如黑斑病甘薯、白苏、农药1605及灭鼠药安妥等中毒疾病可继发本病。

变态反应主要见于牛急性间质性肺气肿，具有第一型（速发型）变态反应的特征。至今已被提出致病的变应原，大致有干草灰尘、某些花粉、霉菌孢子如粪土小多孢子、胎生网尾线虫的幼虫（导致犊牛寄生虫性支气管炎）以及某些青草中的异性蛋白导致动物过敏反应，即所谓“再生草热”。牛再生草热的临床特征主要是急性肺水肿和肺气肿。

本病可继发于牛的流行热、腺瘤病和产气荚膜杆菌病等疾病经过中。

发病机理

肺脏在上述因素的作用下，导致机体发生痉挛性咳嗽或深长而用力的深呼吸，使肺内压力突然剧烈升高，使细支气管壁和肺泡壁破裂，空气进入肺间质。进入间质中的小气泡散布于整个肺脏中，部分还汇合成大的气泡。大部分气体随着肺脏的运动移动至纵隔，沿前胸口而到达颈部、肩部以及背部皮下，可引起全身皮下气肿。

症状

本病常突然发生，迅速呈现呼吸困难，甚至窒息危象。患畜张口伸舌，惊恐不安。随着进行性的气喘，脉搏快而弱，但体温一般不高。多数病例颈和肩部出现皮下气肿，迅速散布于全身皮下组织，触诊可感有捻发音。

胸部叩诊，叩诊音高朗，呈过清音，严重时呈鼓音。肺叩诊界一般正常，若伴发急性肺泡气肿，叩诊界后移。胸部听诊，肺泡呼吸音减弱，但在呼气与吸气过程中均可听到破裂性啰音及捻发音。在肺组织被压缩的部位，可听到支气管呼吸音。若伴发支气管炎，则可听到各种啰音。

病理变化，肺小叶间质增宽，间隙充气而变为浅灰白色明亮的条纹外，肺的横断面可发现由小叶间隙高度扩张所呈现的气腔，这些气腔的大小不等，有的如核桃大、拳头大、小儿头大。间质中气泡的压力使邻近肺组织发生萎陷。某些部分的肺组织呈现高度水肿，或呈现坚实橡皮样的暗红色。有时在气管、支气管腔有大量泡沫水肿液。组织学变化为肺水肿、间质气肿、肺泡上皮增生、透明膜形成、嗜酸性粒细胞浸润等。

诊断与预后

根据病史调查，突然出现呼吸困难，叩诊呈鼓音及皮下气肿等症状，可以诊断。

病程缓急取决于病因和原发病。轻型病例，经过几天的安静疗法可获痊愈；重症病例，经过急剧而迅速，经数小时或1～2d因窒息而死亡；慢性病例，经过一段时间（约4周左右），可痊愈。

治疗

治疗原则为除去病因，加强护理，消除过敏反应，制止空气进入间质组织，治疗原发病和对症治疗。尚无根治办法。

使动物安静，少量而多次地给予饲料和饮水。轻症的病例，破裂肺泡愈合，皮下气体吸收，可不药而自愈。

在极度不安和有咳嗽时，可用镇静剂，如皮下注射吗啡、阿托品。或内服镇咳合剂，水合氯醛8g，麻黄素0.1g，颠茄浸膏1g，糖浆100g，将前三种药先溶于20mL水中，再加糖浆，1次胃管投服，犊牛、羊，10～20mL/次，1次/d，连用3次。或水合氯醛10～20g，加水适量灌肠。也可静脉注射安溴100mL，或2%静松灵2～3mL。

制止过敏可用抗组胺药物，牛，阿托品15～30mL，0.1%麻黄素溶液10mL，皮下注射。或曲吡那敏100mg或异丙嗪500mg，肌肉注射，2或3次/d，连续3～4d。同时肌肉注射氨茶碱5mg，肌肉注射青霉素100万～200万单位，2次/d，有明显效果。

对症治疗。当心力衰竭时，可用洋地黄类制剂（如毒毛旋花子苷K）、咖啡因类、樟脑类。当极度的呼吸困难时，氧气吸入。当出现广泛的气肿时，为了加速气体的消散，可用小套管针或皮下注射针头，进行穿刺放气。或切开皮肤，排出气体。

预防

要注意饲养管理，防止饲喂发霉饲料饲草。预防中毒，放牧时要特别注意，尤其在雨后生长茂盛的草地放牧之际。

小叶性肺炎（lobular pneumonia）

小叶性肺炎又称支气管肺炎（bronchopneumonia），是病原微生物感染引起的以细支气管为中心的个别肺小叶或几个肺小叶的炎症。病理学特征为肺泡内充满了由上皮细胞、血浆和白细胞组成的卡他性炎性渗出物，故又称为卡他性肺炎（catarrhal pneumonia）。临床上以弛张热型、呼吸次数增多、叩诊有散在的局灶性浊音区、听诊有啰音和捻发音为特征。

各种动物均常发生，幼畜及老龄动物尤为多发。马极少发生，而犬多发。本病秋、冬季发病较多。

病因

原发性原因，凡能引起支气管炎的各种致病因素，都是支气管肺炎的病因。首先受寒感冒，特别是突然受到寒冷的刺激最易引起发病；物理、化学及机械性刺激或有毒的气体、热空气的作用等；过劳、使役不当、幼弱、老龄、维生素缺乏及慢性消耗性疾病等，使机体的抵抗力降低，易受各种病原微生物如肺炎球菌、绿脓杆菌、化脓棒状杆菌、沙门氏杆菌、大肠杆菌、链球菌、葡萄球菌、衣原体属、腺病毒、鼻病毒等侵入而发病。

继发性原因，常继发或并发于许多传染病和寄生虫病，发生在犊牛、羔羊、山羊和仔猪时，常带有传染性。如流感，犬的瘟热、传染性气管支气管炎，猫呼吸道综合征，牛的结核病、放线菌病、恶性卡他热、口蹄疫，马的传染性支气管炎、腺疫，羊的衣原体肺炎，猪的肺疫、副伤寒、弓形虫病、线虫、蛔虫病、肺丝虫病等疾病的经过中。细菌感染是犬、猫常见的病因。另外，一些化脓性疾病，如牛子宫炎、乳房炎以及阉割后阴囊化脓等，其病原菌可以通过血源途径进入肺脏而致病。卡他性肺炎、慢性心脏病、血液疾病以及破伤风的经过中屡有本病发生。在咽炎及神经系统发生紊乱时，常因吞咽障碍，将饲料、饮水或唾液等吸入肺内或经口投药失误，将药液投入气管内引起异物性肺炎。此外，某些过敏原（植物花粉、异种蛋白等）可引起变态反应气管支气管炎（表现为支气管喘息）。注射犬瘟热、传染性肝炎疫苗也可引起该病。

发病机理

机体在致病因素的作用下，呼吸道的防御机能受损，呼吸道内的常住寄生菌大量繁殖，引起感染，发生支气管炎，然后炎症沿支气管黏膜向下蔓延至细支气管、肺泡管和肺泡，引起肺组织的炎症；或支气管炎向支气管周围发展，先引起支气管周围炎，然后再经邻近的肺泡间隔向外扩散，波及肺泡，引起细支气管和肺泡充血、肿胀、浆液性渗出、上皮细胞脱落和白细胞游出，因毛细血管未受到严重损害，其渗出物中极少会含有纤维蛋白，因此就不易凝固。这些炎性渗出物和脱落上皮细胞等聚积在细支气管和肺泡内，引起肺小叶或小叶群的炎症，并相互融合形成较大的病灶，使得肺有效呼吸面积缩小，临床呈现呼吸困难，叩诊呈小片浊音区。由于支气管和肺泡脱落上皮的积聚和细胞浸润，感染的细菌就不容易受到体液的溶解作用，而被存在的渗出物所掩护，限制了那些能促使渗出物迅速被降解的特异性抗体的产生。肺小叶炎症的发展是不平衡的，呈跳跃式发展，当炎症蔓延到新的小叶时，体温升高；当旧的病灶开始恢复时，体温开始下降，但不降至常温，因此呈现较典型的弛张热型。由于一些个别肺小叶诱发的炎症过程并非同时进行，使整个病程延长下去。

症状

病初，呈急性支气管炎的症状，全身症状较重剧。表现精神沉郁，食欲减退或废绝，可视黏膜潮红或发绀。干而短的疼痛咳嗽，逐渐变为湿而长的咳嗽，疼痛减轻或消失，并有分泌物被咳出，犬呈阵发性咳嗽。体温升高，呈弛张热型，有时为间歇热。脉搏频率增加，呼吸频率增加，严重者出现呼吸困难，流少量浆液性、黏液性或脓性鼻液。

肺部叩诊，当病灶位于肺的表面时，可发现一个或多个局灶性的小浊音区，融合性肺炎则出现大片浊音区；病灶较深，则浊音不明显。肺部听诊，病灶部肺泡呼吸音减弱或消失，出现捻发音和支气管呼吸音，并可听到干啰音或湿啰音；病灶周围的健康肺组织，肺泡呼吸音增强。

血液学检查，白细胞总数和中性粒细胞数增多，出现核左移现象，单核细胞增多，嗜酸性粒细胞缺乏。经几天后，白细胞增多转变为白细胞减少与单核细胞减少症和嗜酸性粒细胞缺乏。变态反应所致的支气管炎，嗜酸性粒细胞增多。而并发其他疾病且转归不良的病例，血液白细胞总数急剧减少。

X射线检查，表现斑片状或斑点状的渗出性阴影，大小和形状不规则，密度不均匀，边缘模糊不清，可沿肺纹理分布。当病灶发生融合时，则形成较大片的云絮状阴影，但密度多不均匀。

病理变化，肺脏有小叶炎的特性，病灶呈岛屿状。在肺实质内，特别在肺脏的前下部，散在一个或数个孤立的大小不一的肺炎病灶，每个病灶是一个或一群肺小叶，这些肺小叶局限于受累支气管的分支区域；患病部分的肺组织坚实而不含空气，初呈暗红色，而后则呈灰红色，剪取病变肺组织小块投入水中即下沉。肺切面因病变程度不同而表现各种颜色，新发病变区，因充血呈红色或灰红色；病变区因脱落的上皮细胞及渗出性细胞的增多而呈灰黄或灰白色。当挤压时流浆液性或出血性的液体，肺的间质组织扩张，被浆液性渗出物所浸润，呈胶冻状。在病灶中，可见到扩张并充满渗出物的支气管腔，病灶周围肺组织常伴有不同程度的代偿性肺气肿。

在多发性肺炎时，发生散播样的许多病灶，这些病灶如粟粒大，化脓而带白色，或者大部分肺发生脓性浸润。转归的以肺扩张不全（无气肺）为主。在炎症病灶周围，几乎总可发现代偿性肺气肿，支气管扩张。此外，还有肺组织化脓、脓肿以及干酪样变性等变化。

诊断与预后

根据咳嗽、弛张热型、叩诊浊音及听诊捻发音和啰音等典型症状，结合X射线检查和血液学变化，即可诊断。确定病原需要进行渗出液和黏液的涂片检查或培养试验。

本病预后主要视发病原因，机体抵抗力和患畜营养状况而定。通常经过良好，一般持续2周，大多康复。幼小、老龄、衰弱和消瘦的，多预后不良。少数转为化脓性肺炎或坏疽性肺炎，继发于某些传染病，转归死亡。

治疗

治疗原则为加强护理，抗菌消炎，祛痰止咳，制止渗出，促进炎性渗出物的吸收和排出及对症治疗。

患畜应置于温暖、湿润的环境，通风良好，配合食饵疗法，给予柔软优质青干草及清洁饮水，在寒冷冬季最好饮用温水。

抗菌消炎是根本措施，要贯穿整个治疗过程的始终。当特殊性细菌感染时，首先进行细菌分离，药物要根据药敏试验来选择。如果在发病早期能够选择适当的药物并给予足够的量，在24h内可控制炎症。严重的肺炎，需数周的药物治疗直至恢复为止。常用的抗生素有青霉素、链霉素、卡那霉素、氨苄青霉素、庆大霉素和先锋霉素；磺胺类有磺胺二甲氧嘧啶、磺胺-5-甲氧嘧啶、磺胺甲基异恶唑。可选用肌肉、静脉或气管内给药。

祛痰止咳，大动物可参考支气管炎。犬、猫，氯化铵0.2～1g，甘草片0.6～0.9g。或氨茶碱0.01～0.05g，曲吡那敏2～4mg，地塞米松0.75mg，1次口服，3次/d。

制止渗出，促进炎性渗出物的吸收和排出。马、牛，10%氯化钙溶液100～150mL，静脉注射，1次/d。或10%安钠咖溶液10～20mL，10%水杨酸钠溶液100～150mL和40%乌洛托品溶液60～100mL混合，静脉注射。犬、猫，10%葡萄糖20～50mL，10%葡萄糖酸钙5～10mL，混合静脉滴注。或10%苯甲酸钠咖啡因溶液、10%水杨酸钠注射液和40%乌洛托品溶液，以1∶10∶6比例混合后，适量静脉注射。

对症疗法。针对心力衰竭及呼吸困难。强心剂常用咖啡因类、樟脑类，必要时可用洋地黄类；当动物缺氧明显时，宜采用输氧疗法，可皮下注射或用氧气袋鼻腔输给，也可用过氧化氢（3%）以生理盐水10倍稀释后，静脉注射。

预防

加强饲养管理，避免淋雨受寒、过度劳役等诱发因素。供给全价日粮，健全完善的免疫接种制度，减少应激因素的刺激，增强机体的抗病能力。及时防治原发病，当肺炎爆发时，许多动物都会被感染，应该考虑在饲料或水中添加药物。

大叶性肺炎（lobar pneumonia）

大叶性肺炎又称纤维素性肺炎（fibrinous pneumonia）、格鲁布性肺炎（croupous pneumonia），是以支气管和肺泡内充满大量纤维蛋白渗出物为特征的一种急性炎症，常侵及肺的一个或几个大叶。临床上以稽留热型、铁锈色鼻液和肺部出现广泛性浊音区为特征。主要见于马属动物，牛、犬、猫、猪也有发生。老年及幼年犬、猫冬春季易发生。

病因

该病的真正病因尚未完全清楚。目前认为有两类原因，一是传染性因素引起的；二是非传染性因素引起的。

传染性因素，常见于一些传染病过程中，如马和牛的传染性胸膜肺炎和巴氏杆菌引起的牛、羊和猪的肺炎等。还有其他细菌，如金黄色葡萄球菌、肺炎链球菌、克雷伯氏杆菌、绿脓杆菌、大肠杆菌、坏死杆菌、沙门氏杆菌、霉形体属、溶血性链球菌、放线菌、诺卡氏菌等也可引起本病。另外，某些病毒，如犬瘟热病毒、猫传染性鼻气管炎病毒、疱疹病毒等；真菌，如白色念珠菌、烟曲霉菌、组织胞浆菌等；寄生虫，如弓形虫、嗜气毛细线虫、圆线虫、蛔虫及钩虫的幼虫和支原体等，均可引起本病。此外，一些化脓性疾病，如子宫炎、乳房炎、子宫蓄脓等，其病原可经血液途径进入肺而致病。

非传染性因素，诱发大叶性肺炎的因素甚多，变态反应是其中的重要因素。还有受寒感冒、过劳、长途运输、吸入刺激性气体、通风不良、胸部外伤、饲养管理不当、卫生环境恶劣等，因其能使机体的抵抗力减弱，成为本病的诱发因素。

发病机理

病原主要通过气源、血源或淋巴途径，侵害到肺组织。通常侵入肺脏的微生物，开始于深部组织，一般在肺的前下部尖叶和心叶。侵入该部的微生物迅速繁殖并沿着淋巴径路支气管周围及肺泡间隙的结缔组织扩散，同时引起肺间质发炎，由此进入肺泡并扩散进入胸膜，微生物借此与肺组织发生相互影响。部分被溶解了的细菌放出内毒素，并在其作用下，即开始了组织的炎症过程。细菌毒素和炎症组织的分解产物被吸收后，又引起动物机体的全身性反应，如高热、心脏血管系统紊乱以及特异性免疫体的产生。

典型的大叶性肺炎，其发展过程有明显的阶段性，一般分为 4 期。

充血期。病程短促，持续 12～36h。肺毛细血管扩张和充满血液与浆液。肺泡上皮肿胀脱落。肺泡和细支气管内渗出含有大量白细胞与红细胞的渗出物。病变部肺体积增大和膨胀，呈深红色，弹性降低，常有大小不等的出血灶，用指按压时可留有压痕。切开肺时可听到捻发音，切面光泽而湿润，其中仍存有少量空气，割取小块放入水中，并不下沉。

红色肝变期。持续约 48h。肺泡和细支气管内充满纤维蛋白渗出物，其中含有大量红细胞、脱落的上皮和少量白细胞。渗出物很快凝固，病变的肺组织不含空气，质地坚实如肝脏样呈红色。切面干燥呈颗粒状似红色花岗石样，剪取一块放入水中，立即下沉。

灰色肝变期。持续时间约 48h 或者更长，充满肺泡的纤维蛋白渗出物开始发生脂肪变性和白细胞渗入。以后脂肪变性达最高度，外观先呈灰色后变灰黄色。切面似灰色花岗石样，坚固性比红色肝变期为小。由于肝变期肺病变不同步，致使病肺的切面呈斑纹状大理石外观。

溶解吸收期。渗出的蛋白质经溶蛋白酶作用变为可溶性的分解产物，而被吸收或排出。肺组织变柔软，切面有黏液性或浆液性液体。此期终了时，肺组织即可恢复常态。

有些病例，纤维素在灰色肝变期不能全部溶解和吸收，致使肺泡壁结缔组织增生，形成纤维组织，称为肉变。未被吸收的肝变部还可能发生坏死、软化，继发化脓性肺炎或坏疽性肺炎。慢性的可继发肺硬化，以及肺的扩张不全（无气肺）。

症状

患畜起病突然，开始症状较重。患畜精神沉郁，食欲减退或废绝，体温升高达 40～41℃，呈稽留热型。脉搏加快，一般初期体温升高，脉搏增加，后期脉搏逐渐变小而弱，呼吸急促，频率增加，严重时呈混合性呼吸困难，鼻孔张开，小动物以腹式呼吸为主，并表现出“唇型呼吸”特征。结膜潮红或发绀，初期出现短而干的痛咳，溶解期则变为湿咳。病初，有浆液性、黏液性或黏液脓性鼻液，肝变期流出铁锈色或黄红色的鼻液。

肺部叩诊，由于病理过程的时期不同而异。充血和渗出期，呈过清音。随着渗出物增多，肝变期，呈半浊音或浊音，可持续 3～5d。溶解期，重新出现相应的叩诊音。

肺部听诊，也因病理过程的时期不同而异。在充血和渗出期，先出现肺泡呼吸音增强和干啰音，随着肺泡中渗出物增多，出现湿啰音或捻发音和肺泡呼吸音减弱。当渗出物充满肺泡时，肺泡呼吸音消失。肝变期出现支气管呼吸音，至溶解期，支气管呼吸音逐渐消失，出现湿啰音，随后湿啰音逐渐减弱、消失，出现捻发音。最后捻发音又消失而转为正常呼吸音。

血液学检查，通常白细胞增多，中性粒细胞增多，核型左移，淋巴细胞减少，嗜酸性粒细胞和单核细胞减少。严重病例，白细胞减少。值得注意，白细胞总数升高，中性粒细胞增多且核左移，多见于细菌性肺炎；嗜酸性粒细胞增多，提示变态反应或寄生虫性肺炎；白细胞总数减少，多见于病毒性肺炎。

X 射线检查，充血期仅见肺纹理增粗，肝变期见肺脏有大片均匀的浓密阴影，溶解期为不均匀的散在片状阴影。

非典型病例，有的病程缩短，于第二、三天即自行退热，再经 1～2d，局部变化也消失。有的病例可能只发生一天的肺炎，伴以持续一天的发热和短时轻微局部变化。

病理变化，大叶性肺炎一般只侵害单侧肺，有时可能是两侧性的，多见于左肺尖叶、心叶和膈叶，病变自然发病过程，一般分为四个时期。

充血期，肺毛细血管充盈，肺泡上皮脱落，渗出液为浆液性，并有红细胞、白细胞的积聚。剖检，可见肺组织容积略大，富有一定弹性，病变部呈蓝红色，切面光泽而湿润，流出暗色血样液体，气管内有多量的泡沫。

红色肝变期，肺泡内渗出物凝固，主要由纤维蛋白构成，其间混有红细胞、白细胞，肺泡内不含空气。剖检，病变肺组织肝变，切面呈颗粒状，像红色花岗石样。

灰色肝变期，白细胞大量出现，渗出物开始变性，病变部呈灰色或黄色。剖检，病变部如黄灰色花岗石样，坚硬程度不如红色肝变期。

溶解期，白细胞及细菌死后释放出的蛋白溶解酶，使纤维蛋白溶解，肺组织变柔软，切面有黏液性或浆液性液体。

在个别情况下，溶解作用不佳，结缔组织增生、机化，最终导致肉样变。极少数情况下，局部有坏死，形成脓肿，或因腐败菌继发感染而形成肺坏疽。

诊断与预后

根据本病的典型经过，高热稽留、铁锈色鼻汁、肺部听叩诊时的特点变化，白细胞增多，X 射线检查呈大片阴影，可做出诊断。

典型的大叶性肺炎，第 5～7 天为极期，第 8 天以后体温即行下降，各种病征均可减轻，全病程为 2 周左右。典型经过而无并发病的病例，一般可以治愈。但溶解期或其以后继续保持高温，或下降后又重新上升者，均为预后不良之征。

非典型大叶性肺炎，病程有长有短。轻症常止于充血期，并很快康复。重症可出现各种并发病，如肺脓肿、肺坏疽、胸膜炎等，或由于败血、炎症的蔓延、心力衰竭以及肺水肿等可导致患畜死亡。

治疗

治疗原则为加强饲养管理，抗菌消炎，止咳化痰，制止渗出和促进炎性产物吸收以及对症治疗。

首先应将患畜置于通风良好，清洁卫生的环境中，供给优质易消化的饲草料。

抗菌消炎，初期应用青霉素或磺胺类药。青霉素 2 万～4 万单位/kg，2～4 次/d，肌肉注射，体温恢复正常，再用 3～4d。也可选用红霉素、庆大霉素、卡那霉素、四环素等。磺胺甲基异恶唑和甲氧苄氨嘧啶合用，对本病有良效。还可应用土霉素或四环素，马、牛每日 10～30mg/kg，溶于 5%葡萄糖溶液 500～1000mL，分 2 次静脉注射，配合静脉注射氢化可的松或地塞米松。犬、猫，青霉素、链霉素每次各 80 万～160 万 IU，2 次/d，肌肉注射。或头孢拉啶，0.5～1g/次，2 次/d。同时配合口服复方新诺明，以及甲氧苄氨嘧啶等。

并发脓毒血症时，马、牛，可应用 10%磺胺嘧啶钠溶液 100～150mL，40%乌洛托品溶液 60mL，5%葡萄糖溶液 500mL，静脉注射，1 次/d。

止咳化痰，可参见支气管炎。

制止渗出和促进吸收，可静脉注射 10%氯化钙或葡萄糖酸钙溶液，或利尿剂。当渗出物消散太慢，为防止机化，可用碘制剂，如碘化钾，马、牛 5～10g，或碘酊，马、牛 10～20mL，加在流体饲料中或灌服，2 次/d。配合静脉滴注 5%葡萄糖氯化钠溶液适量，1 或 2 次/d。或静脉滴注复方氨基酸适量，1 次/d。

对症治疗，体温过高可用解热镇痛药，如复方氨基比林、安痛定注射液等。剧烈咳嗽时，可选用祛痰止咳药。严重的呼吸困难可输入氧气。心力衰竭时用强心剂。其他疗法均同支气管肺炎。

预防

基本同支气管炎、小叶性肺炎。尤应注意防止条件病因的作用，当怀疑到是特殊病原引起的，要采取相应的防治措施。

（夏　成）

第五节　胸膜疾病

胸膜炎（pleuritis）

胸膜炎是胸膜发生以纤维蛋白沉着和（或）胸腔积聚大量炎性渗出物为特征的一种炎症性疾病。临床上以胸部疼痛、腹式呼吸、体温升高和胸膜摩擦音或叩诊水平浊音为特征。根据病程可分为急性和慢性；按病因分为原发性和继发性；按炎症范围分为局限性和弥漫性；按渗出物量分为干性和湿性；按渗出物性质分为浆液性、浆液-纤维蛋白性、出血性、化脓性、化脓-腐败性等。

本病各种家畜都能发生，常见于马属动物，牛、羊、猪、犬和猫也可发生。

病因

原发性胸膜炎，较少见。胸壁各种外伤、肋骨骨折、创伤性网胃-心包炎、食道破裂、胸腔肿瘤等均可引起本病。受寒侵袭、过劳、长途运输、体弱等诱因，使动物机体防御机能降低，病原微生物如链球菌、巴氏杆菌、克雷伯氏菌等乘虚侵入繁殖而致病。

继发性胸膜炎，较为常见。常起因于邻近器官炎症的蔓延，如卡他性肺炎、大叶性肺炎、吸入性肺炎、肺脓肿、腹膜炎等疾病。还常继发于传染病，如所有动物的出血性败血症，猪的传染性胸膜肺炎，牛的传染性胸膜肺炎、溶血性巴氏杆菌病、肺结核、散发性牛脑脊髓炎、嗜血杆菌感染，羊的传染性胸膜肺炎，马的腺疫、鼻疽、传染性胸膜肺炎、传染性贫血等疾病的经过中。

发病机理

各种致病因子损害胸膜的间皮组织和毛细血管，引起毛细血管的充血和间皮组织的疏松，产生大量渗出液。渗出的液体成分又被胸膜未损害部位所吸收，而渗出的纤维蛋白则沉积于胸膜上。如果渗出液的量很大，液体将积聚于胸膜腔中。如果微生物和渗出液中的固体成分不能及时被正常的和新形成的特异抗体所完全溶解，将产生新生的结缔组织。

炎症早期急性阶段，细菌产生的内毒素及渗出液中蛋白分解产物被机体吸收，可引起发热。炎症产物对刺激脑膜以及沉于胸膜壁层、脏层的纤维蛋白随呼吸运动相互摩擦，会刺激神经末梢引起疼痛，呼吸运动受到限制，呼吸浅表而快或呈断续性呼吸。炎症第二阶段，随着渗出液增多，胸膜摩擦状态可被缓解，疼痛会有所减轻，但由于渗出液压迫肺脏，引起肺腹侧萎缩，肺活量减少，妨碍气体交换，引起呼吸困难。渗出物继续蓄积就会挤压心房造成静脉回流受阻。炎症第三阶段，渗出物被吸收并出现粘连，使肺与胸壁的运动受到限制，但对呼吸的影响逐渐减小。在细菌内毒素的作用下，胸膜刺激的反射作用以及大量渗出液和纤维蛋白的聚积与粘连，可使心脏功能发生障碍。

症状

轻度和重度胸膜炎的临床症状不同，取决于患畜的种类、自然条件和感染程度。病初精神沉郁，食欲降低或废绝，体温升高，脉搏加快，心悸亢进，呼吸急促而浅表，出现腹式呼吸，鼻孔开张，有的弱咳，有的腹部浮肿。胸膜疼痛症状，表现静止不动，表情痛苦，前行费力，前肢僵硬，肘头外展，不愿运动或卧下，触诊胸壁或肋间，发生战栗或呻吟，肋间肌痉挛或躲避。胸部叩诊，发现单侧性或双侧性的水平浊音，并随体位而变动。胸部听诊，随呼吸运动出现胸膜摩擦音，咳嗽不能减轻，随着渗出液增多，摩擦音消失，出现拍水音。拍水音部位肺泡呼吸音减弱或消失，而健康部位肺泡呼吸音则增强，心音遥远，减弱，呈一种短脆的“滴答”声。

慢性病例，表现食欲减退，消瘦，间歇性发热，呼吸困难，运动乏力，反复发作咳嗽，胸部听诊常出现肺泡呼吸音减弱，全身症状不明显。

胸腔穿刺，当胸腔内积聚大量渗出液时，穿刺可流出多量黄色或红黄色液体，马可达 20～50L，犬为 1/2～3L，猪为 2～10L，渗出液含大量纤维蛋白，放置易于凝固，相对密度大于 1.018，蛋白质含量在 4%以上，利瓦他氏反应阳性。显微镜检查发现大量炎性细胞和细菌。应同时做厌氧和需氧培养和支原体培养。

血液学检查，白细胞总数升高，中性粒细胞比例增加，呈现核左移现象，淋巴细胞比例减少。

X射线检查，少量积液时，心膈三角区变钝或消失，相对密度增高；大量积液时，心脏、后腔静脉被积液阴影淹没，下部呈广泛性浓密阴影；严重病例，上界液平面可达肩端纹以上，如体位变化、液平面也随之改变，腹壁冲击触诊时液平面呈波动状。

超声检查，有助于判断胸腔的积液量及分布，积液中有气泡表明是厌氧菌感染。

病理变化，急性胸膜炎，胸膜明显充血、水肿和增厚，粗糙而干燥；胸膜面上附着一层黄白色的纤维蛋白性渗出物，容易剥离，主要由纤维蛋白、内皮细胞和白细胞组成；在渗出期，胸膜腔有大量混浊液体，其中有纤维蛋白碎片和凝块，污秽并有恶臭。肺脏下部萎缩，体积减小呈暗红色。

慢性胸膜炎，因渗出物中的水分被吸收，胸膜表面的纤维蛋白因结缔组织增生而机化，使胸膜肥厚，壁层和脏层与肺脏表面发生粘连。局限性胸膜炎可发生有小白斑（腰斑），胸膜变为肥厚，经久后变成厚的结缔组织，接着发生钙盐沉着。易伴发肺炎和心包炎。在愈合期分泌物把胸膜和内脏粘连在一起。

诊断与预后

根据呼吸浅表而困难，明显的腹式呼吸，胸壁触诊疼痛，听诊有胸膜摩擦音，胸部叩诊呈水平浊音，特别是利用X射线检查或超声检查出现液平段，胸腔穿刺有大量渗出液流出，即可确诊。

急性轻度渗出性胸膜炎，全身症状较轻时，及时治疗，恢复慢，需要几天甚至几周，一般预后良好。渗出性胸膜炎伴发出血、化脓、腐败时，多死于窒息和心力衰竭，预后不良。胸膜炎一般多易复发而取间歇性经过，并转为慢性，因胸膜发生粘连，预后慎重。

治疗

治疗原则为抗菌消炎，制止渗出及促进渗出物的吸收和排除以及防止自体中毒。

患畜应置在通风良好、温暖、安静的环境，给予易消化的富营养的草料，适当限制饮水。

消除炎症，通常应以胸膜液致病菌的细菌培养和药敏试验为基础，选择有效的抗菌药物来控制感染，在确定有效抗菌药前应使用广谱抗菌药物，如氨苄西林钠、先锋霉素类抗菌药，氨基糖苷类和磺胺类药物。厌氧菌感染，应用甲硝唑。支原体感染，应用四环素。常用氨苄青霉素20～25mg/kg、头孢曲松钠10～15mg/kg、卡那霉素4～5mg/kg、阿米卡星10mg/kg、头孢拉啶10～30mg/kg或阿奇霉素10～20mg/kg，肌肉或静脉注射，2次/d。必要时做胸腔内注射，可收到良好效果。

制止渗出。病初可在胸壁上施行冷敷或灌注冷水，或者贴敷冰袋。配合静脉滴注10%葡萄糖酸钙，大动物200～300mL，小动物5～20mL，1次/d，连用2～3d。还可应用乌洛托品、水杨酸制剂等。

促进炎性产物吸收。胸部涂擦刺激剂如10%樟脑酒精、芥子精、氯仿、氨擦合剂，或用特定电磁波TDP治疗仪或红外线治疗仪照射两侧胸壁，同时配合速尿1～2mg/kg，肌肉注射。急性炎性消散后，可实行温敷法。

加速炎性渗出物排出。应用利尿药、强心剂、泻药、呕吐药以及发汗药等。洋地黄，大动物1次剂量2～5g，小动物1次剂量0.1～0.2g；乙酸钠或乙酸钾溶液，大动物 100～180mL，小动物 5～10mL，内服。

胸腔冲洗，胸腔渗出液积聚过多，呼吸高度困难时，可进行胸腔穿刺，进行引流和灌注，结合纤维蛋白溶解疗法，反复冲洗，排除积液。在施行胸腔穿刺排出积液后，应用 0.1%雷佛奴尔，2%～4%硼酸溶液，0.1%麝香草酚溶液，1%～2%乙酸铅溶液，或碘酊 60mL，2%碘化钾溶液，反复冲洗胸腔，然后注射青霉素 100 万～200 万单位或氨苄青霉素 0.5～1g，地塞米松 2.5～5mg。

对症治疗，当胸壁疼痛时，小动物肌肉注射哌替啶 11mg/kg，间隔 6～12h 重复一次，或肌肉注射盐酸曲马多 50～200mg，2 次/d，连续注射 2～3d。高热病例，可用醋酚苯胺、安替匹林、非那西丁、洋地黄制剂。

预防

加强饲养管理，给予全价日粮，增强机体抵抗力，防止胸部创伤，及时防治原发病。

胸腔积液（hydrothorax）

胸腔积液又称胸水，是指胸膜腔内积聚有大量的液体，而胸膜无炎症变化的一种异常状态。通常以呼吸困难、胸腔内贮留有血清样漏出液为特征。

它不是独立疾病，而是其他脏器或其他全身性疾病的一种症状。可发生于各种家畜，以马和犬较多发生，常与心包积水、皮下水肿等并存。

病因

本病常因心脏、肺脏或静脉受压迫的疾病如心内膜炎、心脏瓣膜病、心力衰竭、肺水肿、肾功能不全、肝硬化、胸腔内肿瘤等引起血液循环障碍而发病；慢性贫血、稀血症、低蛋白血症以及任何长期的消耗性疾病如鼻疽、癌症、棘球蚴病等使血液胶体渗透压降低等均可引起发病；也见于某些毒物中毒、非洲马病、牛病毒性白血病、机体缺氧等过程中。

发病机理

动物在健康状况下，组织液的生成和回流处于动态平衡状态。健康动物胸腔内有少量的液体，在呼吸运动时起润滑作用。当动物发生心力衰竭时，静脉回流障碍，使体循环静脉系统有大量血液淤积，充盈过度，压力上升，均可使组织液生成与回流失去平衡，胸膜腔内的液体形成过快，而发生胸腔积液；中毒、缺氧、组织代谢紊乱等，使酸性代谢产物及生物活性物质积聚，破坏毛细血管内皮细胞间的黏合物质，引起血管壁通透性升高而发生大量液体渗出；机体蛋白质生成不足、丧失过多及摄入减少等均可引起低蛋白血症，导致血浆胶体渗透压下降，可使液体漏入胸腔和其他器官，不仅发生胸水，还可并发腹水及全身水肿；肿瘤造成淋巴管阻塞，可发生乳糜性胸水，其中含大量的乳糜颗粒，蛋白质含量高，具有一般漏出液的化学性质；胸腔积聚大量漏出液，压迫膈肌后移，胸腔负压降低，使肺脏扩张受到限制，导致肺通气功能障碍，肺泡通气不足而发生呼吸急促或呼吸困难。

症状

病初胸腔有少量漏出液积聚，常看不出明显的临床症状。当液体积聚过多时，呼吸浅表而困难，以腹式呼吸为主，体温正常或偏低，舌色青白或青黄；胸部叩诊时，呈水平浊音，马通常是双侧性的，其他动物多为单侧性的，感染侧的肋骨活度减少或缺失，浊音界的位置随着患畜姿势的改变而变更；胸部听诊，有漏出液部位，肺泡呼吸音消失，但漏出液上部肺泡呼吸音代偿性增强，心音减弱、遥远，呈短脆的“滴答”声，有时心音消失；随病程延长，逐渐消瘦、贫血，胸下或腹下常有水肿；探查穿刺，有大量淡黄色、清澈的液体流出；X射线检查，显示一片均匀浓密的水平阴影；胸水、腹水、心包积水有时常同时出现；还有心脏病、肺部疾病或肾脏疾病等原发病的固有症状。

病理变化，漏出液的化学成分与引起漏出的原因有关。一般而言，漏出液无色或呈淡黄色，稀薄水样，透明清亮或微混浊，无气味，不混有纤维蛋白性凝块，相对密度1.018以下，蛋白质含量3%以下，利瓦他氏反应阴性，胸膜面较光滑，细菌学检查为阴性。非炎性漏出液中的有中性粒细胞、少量淋巴细胞，一般无嗜酸性粒细胞。当漏出液接近于渗出液的特征时，则出现大量变性的中性粒细胞，甚至脓细胞。在淋巴管破裂或慢性肉芽肿性炎症时，淋巴细胞数量增加，如主要是淋巴细胞，表明淋巴管破裂或其他淋巴组织损伤。恶性淋巴瘤引起的胸腔积液，出现肿瘤细胞。

诊断与预后

根据呼吸困难及叩诊胸壁呈水平浊音等特征症状，即可初步诊断。胸腔穿刺及抽出液体的物理、化学和细胞学检查，可为确诊提供依据。

应与胸膜炎、腹膜炎、子宫和胎膜积水、卵巢囊肿、膀胱尿潴留和黏液瘤等相鉴别。

通常情况下，胸腔积液是不致命的。它常伴随着其他疾病发生，当胸腔、腹腔、心包腔同时积水，或继发感染时，多预后不良。

治疗

治疗的关键是消除病因，治疗原发病，对症治疗。

首先应加强饲养管理，限制饮水，供给蛋白质丰富的优质饲料，积极治疗原发病。

当胸腔积液不多时，强心利尿。应用10%氯化钙100～300mL，50%葡萄糖250mL，20%安钠咖20mL，混合静脉注射，1次/d，连用3d。或氢氯噻嗪，2～4mg/kg，2次/d，口服；或呋塞米，2～4mg/kg，2或3次/d，注射或口服。

当胸腔积液过多引起严重呼吸困难时，应穿刺排液，但通常液体会迅速的重新累积，应注入适量抗生素和醋酸可的松等。

当血液稀薄时，可应用低分子和中分子右旋糖酐500mL，10%氯化钙150mL，混合静脉注射。也可用洋地黄浸膏同乙酸钾溶液、杜松子浓煎剂各20mL配伍应用，2或3次/d，内服。

可试用咖啡因、水杨酸钠、柯柯碱、洋地黄制剂、盐酸毛果芸香碱（5～20mg）皮下注射（犬）。

预防

本病主要是由循环系统疾病、低蛋白血症等因素引起的全身疾病的局部表现，应及时诊断和治疗原发病是预防本病的关键。

附：呼吸困难综合征鉴别诊断要点

呼吸困难（dyspnea），又称呼吸窘迫综合征（RDS，respiratory distress syndrome）、气喘（asthma），是一种以呼吸用力和窘迫为基本临床特征的综合征。它不是一个独立的疾病，而是由许多原因引起或许多疾病伴发的一种临床常见综合征。

呼吸困难，表现为呼吸强度、频度、节律和方式的改变。按呼吸频度的改变，分为吸气性、呼气性和混合性的呼吸困难；按呼吸节律的改变分为断续性呼吸、潮式呼吸、间歇呼吸、深长大呼吸；按呼吸方式的改变分为胸式呼吸和腹式呼吸；按病因学分为乏氧源性、气道狭窄源性、肺源性、胸腹源性、血源性、心源性、细胞源性和中枢源性的呼吸困难。

病因与发病机理

(1) 上呼吸道疾病（狭窄或阻塞），常见于鼻炎、鼻孔狭窄、喉炎、喉水肿、咽水肿、气管或支气管炎、气管或支气管内有异物、纵隔肿瘤、支气管弛缓、肺门淋巴结肿大及肿瘤、呼吸道外伤性破裂等，因空气进入受阻，肺换气不足，导致缺氧和二氧化碳潴留而引起呼吸困难。

(2) 下呼吸道及肺疾病，常见于肺炎、肺充血、肺水肿、肺气肿（心脏性、非心脏性）、过敏或免疫性肺疾病、肺肿瘤、肺血栓（血丝虫病）、吸入性肺炎等，由于肺部病变使肺换气面积减少，肺部迷走神经反射作用增强而引起呼吸困难。

(3) 胸膜腔疾病，常见于气胸（呼吸道破裂、肺破裂、胸壁外伤）、胸水（心力衰竭、肿瘤、淋巴瘤）、血胸（外伤、凝血异常）、脓胸及非化脓性渗出液（肿瘤）、乳糜胸、胸膜炎、胸膜粘连、膈肌疝、胸壁及胸椎外伤等，因胸腔活动受限制而引起呼吸困难。

(4) 血液疾病，各类贫血、高铁血红蛋白血症、某些中毒等，使得红细胞数量和血红蛋白量减少，血液携氧能力降低，氧含量减少，导致呼吸加速、心率加快。

(5) 心血管疾病，各种原因引起的心力衰竭导致的肺充血、肺淤血、肺水肿等，使肺换气受限制，见于心肌炎、心肌肥大、心脏扩张、心脏瓣膜病等。

(6) 其他疾病，如头部外伤、中枢神经障碍、神经肌肉传导障碍、腹腔肿瘤、高热、休克、酸中毒、热射病、腹水、肝肿大等。

临床表现

临床上一般将呼吸困难分为吸气性呼吸困难、呼气性呼吸困难和混合性呼吸困难三种。

(1) 吸气性呼吸困难，就是呼吸时吸气动作费力，特点为吸气时间延长。患畜在吸气时鼻孔高度张开，头颈伸展，四肢广踏或取犬坐姿势，胸廓扩张，呼吸深度大，甚至张口呼吸，可听到明显的呼吸狭窄音，此时呼气并不困难，呼吸次数不但不增加，反而减少。见于上呼吸道狭窄或阻塞性疾病。

(2) 呼气性呼吸困难，指肺泡内的气体呼出困难，特点为呼气时间延长。辅助呼吸肌参与呼吸运动，呼气动作费力，腹部有明显的起伏现象，有时出现两次连续性的呼气动作，即双重呼气。高度呼气困难时，可沿肋骨弓出现深而明显的凹陷，即喘沟或喘线，此时动物腹肋部肌肉明显收缩，肷窝变平，背拱起，出现肛门抽缩运动，即呼气时肛门突出，吸气时肛门陷入。在呼吸困难时，吸气仍正常，呼吸频率可能增加或减少。这是肺组织弹性减弱、细支气管狭窄、肺泡腔内空气排出受阻的特征，多见于细支气管炎、细支气管痉挛、肺气肿、肺水肿等。

(3) 混合性呼吸困难，指吸气和呼气同时发生困难，呼吸频率增加，浅表呼吸。常见于肺脏疾病、贫血、心力衰竭、急性瘤胃臌气、中毒、中枢神经系统疾病和感染性疾病等。

实验室及其他辅助检查，除血常规检查外，根据需要可进行胸部X射线透视、摄片。必要时，可做胸腔积液及鼻液的实验室检查。

诊断

1. 确定发病部位 临床检查，应考虑呼吸节律、频率、类型、呼吸音和是否咳嗽。吸气性呼吸困难表明气体通过上呼吸道发生障碍，应检查鼻、咽、喉及气管，找出狭窄或阻塞部位。呼气性呼吸困难表明肺内气体排出障碍，病变部位可能在细支气管或肺，应根据胸部听诊、叩诊和胸部X射线检查结果，综合判定病变部位。最常见的是混合性呼吸困难，病因复杂，可见于各种类型的肺脏疾病，胸壁、腹壁和膈肌运动障碍的疾病，红细胞减少或血红蛋白变性等血源性疾病，心力衰竭所致的肺循环淤滞，中枢神经系统损伤或机能障碍等疾病。

2. 确定发病原因 即呼吸系统疾病引起，还是由其他系统的疾病引起。伴有鼻液、咳嗽和肺部病理变化，表明病在呼吸系统；如有心功能不全，表明病在心血管系统；如有明显神经症状，提示病在神经系统或由中毒所致；如有腹部膨大，表明病在腹腔脏器；如有结膜苍白，提示各种贫血；如有采食毒物或接触毒物史，提示中毒性疾病。

3. 注意呼吸频率、节律、深度和对称性的变化 吸气性呼吸困难时呼吸频率减少；呼气性呼吸困难时频率增加或减少，呼吸加深；混合性呼吸困难时呼吸频率加快，后期节律发生改变；单侧性胸膜炎、胸膜肺炎、胸腔积液、气胸和肋骨骨折等疾病过程中呼吸对称性发生变化。

4. 实验室检查和特殊检查 血液学检查可确定贫血性疾病的程度、类型和原因；血清学检查对伴有呼吸困难的传染病在诊断上有重要价值；怀疑肺线虫病，可进行粪便虫卵检查等。X射线检查对呼吸系统疾病具有重要的价值，一般可确定疾病的部位和性质。

类症鉴别诊断

遇到表现气喘的患畜，首先要确定其症状学类型是吸气性呼吸困难、呼气性呼吸困难还是混合性呼吸困难，这是喘症鉴别诊断的第一步。然后，依据吸气困难、呼气困难和混合性呼吸困难，分别进行第二层鉴别。

1. 吸气性呼吸困难 以吸气延长而用力，并伴有狭窄音（哨音或喘鸣）为临床特征。

它表明病在呼吸器官，在上呼吸道通气障碍，如鼻腔、喉腔、气管或主支气管的狭窄。可造成上呼吸道狭窄而表现吸气困难的疾病较多，主要依据鼻液，包括鼻液之有无和数量，鼻液的性质和单双侧性，进行定位。

(1) 单侧鼻孔，流污秽不洁腐败性鼻液，且头颈低下时鼻液涌出的。应注意鼻副窦疾病，如鼻窦炎、额窦炎和喉囊炎。然后依据鼻窦、额窦和喉囊检查的结果确定。

(2) 双侧鼻孔，流黏液-脓性鼻液，并表现鼻塞、打喷嚏等鼻腔刺激症状。应注意各种鼻炎以及以鼻炎为主要症状的其他疾病。呈散发的，有感冒、腺疫、鼻腔鼻疽、犬特应性鼻炎、牛恶性卡他热等。呈大批流行的，有流感、牛羊变应性鼻炎、传染性上呼吸道卡他、牛恶性卡他热等。

(3) 不流鼻液或只流少量浆液性鼻液。应注意造成鼻腔、喉气管等上呼吸道狭窄的其他疾病。可轮流堵上单侧鼻孔，观察气喘的变化，以了解上呼吸道狭窄的部位。

堵住单侧鼻孔后气喘加剧，指示鼻腔狭窄。可通过鼻道探诊和相关检查，确定是鼻腔肿瘤、息肉、羊鼻蝇严重寄生、鼻腔异物，还是马纤维素性骨营养不良等。

堵住单侧鼻孔后气喘有所增重，指示喉气管狭窄。然后依据病程急慢和相关检查，确定是哪种疾病造成的喉狭窄或气管狭窄。急性的，有喉炎、喉水肿、气管水肿、甲状腺肿、食管憩室、纵隔肿瘤等造成的喉气管受压；慢性的，有喉偏瘫、喉肿瘤和气管塌陷等。

2. 呼气性呼吸困难 以呼气延长而用力，伴随胸、腹两段呼气而在肋弓部出现“喘线”（喘沟、息痨沟）为临床特征。它表明病在呼吸器官，在于肺泡弹力减退和下呼吸道狭窄。可造成下呼吸道狭窄和肺泡弹力减退而表现呼气性困难的疾病甚少，可按病程，结合发病情况以及临床检查，确定病变部位。慢性病程的，呈散发的，有慢性肺泡气肿；呈群发的，有慢性阻塞性肺病。急性病程，表现气喘轻、咳嗽重、鼻汁多、听诊有大中小水泡音的，指示弥漫性支气管炎；表现气喘重、咳嗽轻、鼻汁少、听诊有捻发音和小水泡音的，指示毛细支气管炎。

3. 混合性呼吸困难　以呼气、吸气均用力，吸气、呼气的时间均缩短或延长，绝大多数为呼吸浅表而疾速，极个别为呼吸深长而缓慢，但吸气时听不到哨音，呼气时看不到喘线为临床特征。它涉及众多系统、器官和疾病，囊括病因分类的七类（气道狭窄性除外）包括乏氧源性气喘、胸腹源性气喘、肺源性气喘、心源性气喘、血源性气喘、细胞源性气喘和中枢性气喘。

（1）胸腹源性。表现混合性呼吸困难，伴有呼吸式明显改变的。伴有胸式呼吸的，表明病在腹和膈。再看肚腹是否膨大，肚腹膨大的，应考虑胃肠膨胀、腹腔积液、腹膜炎后期等；肚腹不膨大的，应考虑腹膜炎的初期，膈疝、膈麻痹以及遗传性膈肌病等；伴有腹式呼吸的，表明病在胸和肋。再看两胸廓运动有无对称性，左右呼吸不对称的，要考虑肋骨骨折和气胸；其断续呼吸的，要考虑胸膜炎初期（干性胸膜炎）；其单纯呼吸浅表、快速而用力的，应考虑胸腔积液或胸膜炎中后期。

（2）中枢性。表现混合性呼吸困难，伴有呼吸节律的明显改变，呼吸深长而缓慢，并出现潮式呼吸、间歇式呼吸或深长大呼吸。伴有明显神经症状，应考虑各种脑病，如脑炎、脑水肿、脑出血、脑坏死、脑肿瘤和脑膜炎；伴有重剧的全身症状，应考虑全身性疾病，如高热病、酸中毒、尿毒症、药物中毒等的危重期以至濒死期；呼吸式、呼吸节律、呼吸运动对称性无明显改变，应考虑心源性、肺源性、血源性、细胞源性、乏氧源性五种病因类型，尤其着重前两种病因类型。

（3）心源性。混合性呼吸困难而伴有明显心衰体征，如脉搏细弱或不感，微血管再充盈时间延迟，黏膜发绀，静脉怒张，皮下浮肿等，表明存在心力衰竭，尤其左心衰竭引起肺循环淤滞如肺淤血、肺水肿，应着重检查心脏。心区病征典型的，提示心源性原发性心力衰竭，应考虑心内膜疾病、心肌疾病和心包疾病；心区检查，除心衰的一般症状外，无明显心区体征的，提示症状性继发性心力衰竭，应考虑全身性疾病或其他系统器官疾病的危重濒死期。

（4）血源性、细胞源性和乏氧源性。表现混合性呼吸困难，伴有黏膜和血液颜色改变。可视黏膜潮红，静脉血色鲜红，极度呼吸困难（窒息危象），取闪电式病程的，应考虑氢氰酸中毒和一氧化碳中毒；同样的病征，但呼吸困难静息时不显，运动后才显现，且取慢性病程的，常提示继发性红细胞增多症，应考虑高山病或异常血红蛋白血症；可视黏膜发绀，而血色发暗或褐变的，应采静脉血（抗凝）在试管中振荡，查明是还原性血红蛋白血症，还是变性血红蛋白血症，前者是各种气喘的必然结果，后者见于某些中毒病和遗传病。呈急性的，应考虑亚硝酸盐中毒；呈慢性的、家族性发生的，应考虑谷胱甘肽、谷胱甘肽还原酶、高铁血红蛋白还原酶等先天缺陷所致的家族性高铁血红蛋白血症。

（5）肺源性。表现混合性呼吸困难，肺部症状突出，它是最常见的。如呼吸特快，马、牛多达80～160 次/min，常提示非炎性肺病，应考虑肺充血、肺水肿、肺出血、肺气肿以及肺不扩张，可依据肺部听、叩诊结果和鼻液性状改变，逐个鉴别并查明病因；如呼吸快，马、牛通常不超过 40～60 次/min，常提示炎性肺病，应考虑卡他性肺炎、纤维素性肺炎、化脓性肺炎、坏疽性肺炎及结节性肺炎。可依据鼻液性状、咳嗽、尤其是肺部听、叩诊变化、全身状态以及影像学所见，逐个进行鉴别诊断。

（夏　成）

第四章　心血管器官疾病

第一节　概　　论

心血管系统（血液循环系统）是由两个主要部分，即心脏和血管所共同组成的密闭管道系统。心脏是推动血液循环的动力器官。血管是血液运动的管道。

心脏被纵隔分为左右两半部，即左心和右心。每一半部又被房室瓣（左边房室瓣为二尖瓣，右边房室瓣为三尖瓣）分为上下两部，称为心房和心室。血液循环以心脏为中心，按其血液所走的路径不同，可分为体循环（大循环）和肺循环（小循环）两部分。血液由右心室出发，经肺动脉、肺部毛细血管网、肺静脉到达左心房，称肺循环；左心室将血液输送到主动脉，经全身的毛细血管网、静脉，流入上、下腔静脉，最后到达右心房，称为体循环。血管是指动脉管、静脉管和毛细血管网，属于循环系统基本职能最基层结构，它们连通成血液运行的管道网络。

心血管系统的主要机能在于保持机体与外界环境之间，以及各器官与组织之间的密切联系。即通过心脏的节律性活动，血液不断地在循环系统内流动着，使其中的氧气、水、氨基酸、脂肪、糖类等营养物质和生物活性物质等运送到机体各组织细胞，又将组织细胞新陈代谢产物、分解产物及其他废物，主要是二氧化碳和蛋白分解产物运至排泄器官排出体外。因此，血液循环是维持机体新陈代谢正常进行，以及维持生命活动不可缺少的重要条件。因此，循环系统的机能状态与全身各组织器官的生命活动有着极其密切的关系。循环系统的疾病必将会影响各系统的机能，而各系统的疾病也一定会影响循环系统尤其心脏的机能。在生产实际中，循环系统尤其心脏的机能状况，通常是评价动物健康状况、使役能力和生产性能的重要标志，也是临床实际中判定动物疾病病程和预后的主要依据。

心脏具有强大的储备力量和代偿能力。在劳役或运动期间，心脏的血液排出量可以比安静状态下增加许多倍，以适应机体的需要。例如，心脏在心舒期高度扩张，收缩期加强收缩。能增加血液输入量和排出量；又可通过增加心搏动的速度，来提高血液排出量。但心脏血管系统的代偿能力有限，在超出一定时间和限度时，可导致心脏和血管发生结构或机能的改变；也可由其他神经系统、内分泌调节障碍及其他脏器的机能紊乱或品质性病变引起适应能力降低或丧失，临床上呈现血液循环障碍。同时，循环障碍也会影响其他系统的机能，以至整个机体的生命活动。

心血管系统疾病特别是心脏的疾病，大多数继发或并发于炭疽、口蹄疫、马腺疫、出血性败血病、马传染性贫血和幼驹副伤寒等传染病，肺炎、胸膜炎、肝炎、胃肠炎、肾炎、新陈代谢紊乱等内科病，创伤、化脓性感染等外科病以及化学性、矿物性与生物性毒素引起的中毒性疾病或微量元素缺乏（如铜缺乏、铁缺乏等）的过程中，饲养管理不当或使役不合理，也可发生心力衰竭和循环虚脱等疾病。现已证实，遗传因素在循环系统疾病尤其心肌病发生上具有重要意义。

心血管系统疾病，通常发生于各种家畜，其中以马属动物为多见，常常由于无法救治而死亡，即使免于死亡，也可导致患畜过早地降低使役能力，在经济上造成一定的经济损失。循环系统疾病，轻者影响家畜的生产性能，重者常常以死亡转归，造成严重的经济损失。基于上述情况，在对临床健康或任何系统疾病的患畜进行检查时，必须重视心脏和血管状态的检查，及早发现异常，采取适宜的预防和治疗措施，以减少或消除由循环系统机能不全而引起的其他器官系统的机能紊乱，避免造成经济损失。

（胡国良）

第二节　心脏血管功能不全

心力衰竭（cardiac failure）

心力衰竭又称心脏衰弱、心功能不全，简称心衰，是因心肌收缩力减弱或衰竭，引起外周静脉过度充盈，使心脏排血量减少，动脉压降低，静脉回流受阻等引起的一种全身血液循环障碍综合征。心力衰竭根据病程长短，可分为急性心力衰竭和慢性心力衰竭；根据发病起因，可分为原发性心力衰竭和继发性心力衰竭，按发生部位分为左心衰竭、右心衰竭和全心衰竭。临床上以呼吸困难，皮下水肿、发绀，甚至心搏骤停和突然死亡为特征。此病各种动物都可发生，但马、猫和犬发病居多。

病因

急性原发性心力衰竭主要发生于过重使役的家畜，尤其是长期饱食逸居的家畜突然使重役，长期舍饲的肥育牛或猪长途驱赶；赛马或未成年警犬开始调教和训练时，训练量过大或惩戒过严；在治疗过程中，静脉输液量过多，注射钙制剂、砷制剂、隆朋、浓氯化钾溶液等药物时速度过快；麻醉意外；雷击、电击；心肌脓肿、心房或心室破裂、主动脉或肺动脉破裂、急性心包积血等。急性心力衰竭还常继发于马传染性贫血、马腺疫、口蹄疫、猪瘟等急性传染病；弓形虫病、猪肉孢子虫等寄生虫病；胃肠炎、肠阻塞、日射病等内科病以及中毒性疾病的经过中，多由病原菌及其毒素直接侵害心肌引起。

慢性心力衰竭常继发于心包疾病（心包炎、心包填塞）、心肌疾病（心肌炎、心肌变性、遗传性心肌病）、心脏瓣膜疾病（慢性心内膜炎、瓣膜破裂、腱索断裂）、先天性心脏缺陷、高血压（肺动脉高血压、高山病、心肺病）等心血管疾病；棉籽饼中毒、棘豆中毒、霉败饲料中毒、慢性呋喃唑酮中毒等中毒病；肉牛采食大量曾饲喂过马杜拉菌素或盐霉素作抗球虫药的肉鸡粪以及甲状腺机能亢进、慢性肾炎、慢性肺泡气肿、幼畜白肌病的经过中。

瑞士的红色荷斯坦和西门塔尔及其杂种牛中曾发生一种遗传因素起主导作用，外源性因素起触发作用的慢性心力衰竭。

发病机理

健康动物的心脏具有强大的储备力，能胜任超过正常 6～8 倍的工作。在正常情况下，通过增加心率和增强心肌收缩力使心脏排血量增加，以满足运动、妊娠、泌乳、消化等生理需求。在病理情况下，心脏的主要代偿机制是加快心率，增加每搏排血量，增强组织对血中氧气的摄取力和血液向生命器官的再分布。

急性心力衰竭时，心肌的收缩力明显降低，心排血量减少，动脉压降低，组织高度缺氧，反射地引起交感神经兴奋，发生代偿性心率加快，增加排血量，可短暂地改善血液循环。然而，当心率超过一定限度时，心室舒张不全，充盈不足反而使心排血量降低。心动过速时心肌耗氧量增加，冠状血管血流量减少使心肌的氧供给量不足，使心肌收缩力减弱加剧，心排血量更加减少。交感神经兴奋还能引起外周血管收缩，心室的压力负荷加重，同时肾素-血管紧张素-醛固酮系统被激活，肾小管对钠的重吸收增加，引起钠和水潴留，心室的容量负荷加重，影响排血量，最终导致代偿失调。在超急性病例，对缺氧最敏感的脑组织首先受侵害而出现神经症状。病程较长的病例，因肺水肿而出现呼吸困难。

充血性心力衰竭是逐渐发生的。心跳加快及心脏负荷长期过重，心室肌张力过度，刺激心肌代谢，增加蛋白质合成，心肌纤维变粗，发生代偿性心肥大，心肌收缩力增强，排血量增加。然而，肥大的心肌，其结构发展不均衡，心肌纤维容积增大，所需营养物质与氧增多，但心肌中的毛细血管数量没有相应增多，心肌得不到充分的营养物质和氧的供应。另外，心肌纤维肥大，细胞核的数量并未增加，核与细胞质的比例失常，核内 DNA 减少，使心肌蛋白更新障碍。凡此种种都影响心肌的能量利用，使储备力和工作效率明显降低，心肌收缩力减退，收缩时不能将心室排空，遂发生心室扩张，导致充血性心力衰竭的发生。

右心衰竭时，体循环淤血，引起皮下水肿和体腔积水。肾脏血流减少引起代偿性流体静压升高，尿量减少。肾小球缺血引起渗透性增高，血浆蛋白质漏出到尿中，形成蛋白尿。门脉循环系统充血会伴发消化、吸收障碍及腹泻。

左心衰竭时，肺静脉压增加引起肺静脉淤血，使呼吸加深，频率加快，运动耐力下降。支气管毛细血管充血和水肿引起呼吸通道变狭窄而影响肺通气。肺静脉流体静压异常增高，漏出液增加，引起肺水肿。然而，临床上是否发生肺水肿取决于心力衰竭发生的速度。心力衰竭发生较慢的病例因具有容量较大的淋巴导管系统可以阻止临床型肺水肿的发生。

症状

急性心力衰竭的初期，精神沉郁，食欲不振甚至废绝，易疲劳、出汗，呼吸加快，肺泡呼吸音增强，体表静脉怒张；心搏动亢进，第一心音增强，脉搏细数，有时出现心内杂音和节律不齐。进一步发展，各症状全部严重，且发生肺水肿，胸部听诊有广泛的湿啰音；两侧鼻孔流出多量无色细小泡沫状鼻液。有的步态不稳，易摔倒，常在症状出现后数秒钟到数分钟内死亡。

慢性心力衰竭（充血性心力衰竭），病情发展缓慢，病程长。除精神沉郁和食欲减退外，多不愿走动，易疲劳、出汗。黏膜发绀，体表静脉怒张。垂皮、腹下和四肢下端水肿，触诊有捏粉样感觉。呼吸比正常深，次数略增多。排尿常短少，尿液浓缩并含有少量白蛋白。初期粪正常，后期腹泻。随着病程的发展，患畜体重减轻，心率加快，第一心音增强，第二心音减弱，有时出现相对闭锁不全性缩期杂音，心律失常。心区叩诊心浊音区增大。由于组织器官淤血缺氧，还可出现咳嗽，知觉障碍。

X射线检查常可见心肥大、肺淤血或胸腔积液的变化。心电图检查可见QRS复波时限延长和（或）波峰分裂、房性或室性早搏、阵发性心动过速、心房纤颤及房室阻滞。

病理变化，左心衰竭时，首先呈现肺循环淤血，迅速发生肺水肿。剖检左心腔扩张，充积血液或血液凝块，心壁柔软、脆弱。肺切面湿润，富含血液，从支气管和细支气管断端流出许多泡沫状液体，支气管内亦充积多量泡沫状液体。镜检，肺泡壁毛细血管充血，肺泡充满淡红色水肿液。其中混杂少量脱落的肺泡上皮或巨噬细胞。

右心衰竭时，呈现体循环淤血和心脏性水肿。右心扩张，心腔充积血液和血凝块，心壁变薄，心肌实质变性，大循环静脉系统明显淤血。肝、脾、肾、胃肠及脑等器官都见淤血和水肿。肝脏肿大，实质变性，进而发展为肝硬变。胃肠壁和肠系膜明显淤血，严重时可导致淤血性卡他。肾脏淤血，间质水肿，肾小球毛细血管的通透性增高，肾小管和尿中可出现蛋白质和管型；脑神经细胞呈不同程度的变性，严重时，可见脑膜和脑实质小点状出血。

诊断与预后

根据病史和临床特征如静脉怒张，脉搏增数，呼吸困难，垂皮和腹下水肿以及心率加快，第一心音增强，第二心音减弱等症状可做出诊断。心电图检查、X射线检查和超声心动图检查资料有助于判定心肌扩张或肥大，对本病的诊断有辅助意义。应注意与其他伴有水肿（寄生虫病、肾炎、贫血、妊娠等）、呼吸困难（有机磷中毒、急性肺气肿、牛再生草热、过敏性疾病等）和腹水（腹膜炎、肝硬化等炎症）的疾病进行鉴别诊断。

突发性心力衰竭，大多来不及治疗而死亡。多数原发性心力衰竭，经过及时得当的治疗，预后良好。继发性心力衰竭，预后视原发病治疗情况而定。

治疗

治疗原则是消除病因，增强心肌收缩力，改善心肌营养，恢复心脏泵功能。

为增强心肌收缩力，增加心输出量，恢复心脏泵功能，可选用洋地黄类药物。临床应用时，一般先在短期内给予足够剂量（洋地黄化剂量），以后给予维持剂量。对牛可先用洋地黄毒苷0.03mg/kg·体重肌肉注射，或地高辛0.022mg/kg·体重静脉注射，以后的维持剂量为上述剂量的1/5～1/8。对马可先用地高辛0.010～0.015mg/kg静脉注射，经2.5～4h后再按0.005～0.010mg/kg剂量注射第二次，当表现心脏情况改善，心率较原来缓慢，利尿等时为达到洋地黄化的指征，以后每天用维持剂量0.005～0.010mg/kg·体重静脉注射。首次口服剂量为0.07mg/kg，以后每天的维持剂量为0.035mg/kg·体重。对犬可用洋地黄毒苷0.06～0.12mg/kg·体重静脉注射，维持量为上述剂量的1/4～1/8；或地高辛0.02～0.06mg/kg·体重分两次口服，连用2d，然后改用维持剂量0.008～0.01mg/kg·体重，2次/d，口服。甲基地高辛的强心作用强于地高辛，具有增加心肌收缩力，降低心率，增加心排血量，改善体循环的作用，可用于各种动物急性和慢性心力衰竭。应该指出的是，洋地黄类药物长期应用易蓄积中毒；成年反刍动物不宜内服；由心肌炎等心肌损害引起的心力衰竭禁用；发热与感染时慎用。

为消除钠、水潴留，促进水肿消退，应限制钠盐摄入，给予利尿剂，常用双氢噻嗪，牛、马 0.5～1.0g，猪、羊 0.05～0.1g，犬 2～4mg/kg · 体重（或 25～50mg）口服，2 或 3 次/d；呋塞米，牛 2.5～5.0mg/kg，马 0.25～1.0mg/kg，犬 2～3mg/kg · 体重口服或 0.5～1.0mg/kg · 体重肌肉注射，2 或 3 次/d，连用 3～4d，停药数天后再使用 3～4d。

对于心率过快的患畜，牛、马等大家畜用复方奎宁注射液 10～20mL 肌肉注射，2 或 3 次/d；犬和猫用普萘洛尔 0.5～2.0mg/kg · 体重口服，3 次/d，或 0.04～0.06mg/kg，静脉滴注，直到心率恢复正常为止。对于伴发室性心动过速或心脏纤颤的患畜，可应用利多卡因，犊牛和山羊 4mg/kg · 体重，犬 2～4mg/kg · 体重，猫 0.15～0.75mg/kg · 体重，按 25～80μg/min 的速度静脉滴注，直到心律失常消失。如发生室性早搏和阵发性心动过速，可应用硫酸奎尼丁，马开始用 20mg/kg · 体重（赛马用20～40g），以后每隔 8h 以 10mg/kg · 体重剂量口服；犬开始用 6～20mg/kg · 体重，以后每隔 6～8h 用 6～10mg/kg · 体重口服。

对于顽固性心力衰竭，在犬和猫中可使用小动脉扩张剂，如肼苯哒嗪 0.5～2.0mg/kg · 体重口服，2 次/d；哌唑嗪 0.02～0.05mg/kg · 体重口服，2～3 次/d。也可使用血管紧张素转移酶抑制剂，如甲硫丙脯酸 0.5～1.0mg/kg 体重，口服，2 或 3 次/d。

为改善心肌营养和促进心肌代谢，可使用 ATP、辅酶 A、细胞色素 c 等。还可试用辅酶 Q_{10}（泛葵利酮，ubidecarenone），它能改善心肌对氧的利用率，增加心肌线粒体 ATP 的合成，改善心功能，保护心肌，增加心输出量，对轻度和中度心力衰竭有较好效果。

此外，应针对出现的症状，采用健胃、缓泻、镇静等对症治疗。同时要加强护理，限制运动，保持安静，以减轻心脏负担。

预防

对役畜应坚持经常锻炼与使役，提高适应能力，同时也应合理使役，防止过劳。在输液或静脉注射刺激性较强的药液时，应掌握注射速度和剂量。对于其他疾病而引起的继发性心力衰竭，应及时根治其原发病。

循环虚脱（circulatory collapse）

循环虚脱又称外周循环衰竭（peripheral circulatory failure），是血管舒缩功能紊乱或血容量不足引起心排血量减少、组织灌注不良的一系列全身性病理综合征。由血管舒缩功能引起的外周循环衰竭，称为血管性衰竭（vasogenic failure）。由血容量不足引起的，称为血液性衰竭（haematogenic failure）。临床特征为心动过速、血压下降、低体温、末梢部厥冷、浅表静脉塌陷、肌肉无力乃至昏迷和痉挛。各种动物都能发生。

病因

循环虚脱的病因较为复杂，大致可分为以下几种。

血容量突然减少，如外伤性失血、手术失血过多，剧烈呕吐和腹泻、重剧胃肠道疾病引起的严重脱水，以及各种心脏病，均可引起心输出血量减少，血压急剧下降，导致循环虚脱。

剧痛和神经损伤，如剧烈疼痛性疾病、脑脊髓损伤和麻醉意外等使交感神经兴奋或血管运动中枢麻痹，周围血管扩张，血容量相对降低。

严重中毒和感染，常见的疾病如出血性败血症、脓毒血症、大叶性肺炎、流行性脑炎以及感染创等。其感染菌如大肠埃希氏菌、金黄色葡萄球菌、绿脓杆菌等，产生大量毒素，引起内中毒，先是因交感神经兴奋，内脏与皮肤等的毛细血管和小动脉收缩，血液灌注量不足，引起缺血、缺氧，产生组胺与5-羟色胺，继而毛细血管扩张或麻痹，形成淤血、渗透性增强、血浆外渗，发生虚脱。

过敏反应，如注射血清和其他生物制剂、抗生素、磺胺类药物产生的过敏反应，血斑病和其他过敏性疾病的过程中，产生大量血清素、组胺、缓激肽等物质，引起周围血管扩张和毛细血管床扩大，血容量相对减少。

发病机理

不论何种原因引起的循环虚脱，其基本病理演变过程是大致相同的。

初期（代偿期），血容量急剧下降，有效循环血量减少，静脉回心血量和心排血量均不足，引起血压下降，交感-肾上腺素系统兴奋，大量分泌儿茶酚胺，心率加快，内脏与皮肤的毛细血管痉挛收缩，血压升高，血液重新分配，保证脑和心脏得到相对充足的供应，维持生命活动。此外，肾灌注不足引起肾素分泌增加，通过肾素-血管紧张素-醛固酮系统，引起钠和水潴留，血容量增加，在一定程度上起代偿作用。

中期（失代偿期），由于毛细血管网缺血，组织细胞发生缺血性缺氧，局部组织发生酸中毒，血管对儿茶酚胺的敏感性降低，使儿茶酚胺的释放量增加，以维持血管收缩。由于组织缺氧，释放出大量组胺、5-羟色胺，加上缓激肽和细菌毒素的直接作用，使小动脉和微动脉紧张度降低，促使大部分或全部毛细血管扩张，有效循环血量更加不足，血压急剧下降，组织细胞的缺血缺氧状态更加严重，促进外周循环衰竭的发展。由于心脑缺血缺氧，动物陷于高度抑制状态。

后期，随着病情的发展和恶化，组织酸中毒加剧，外周局部血液 pH 降低，酸性血液在细菌等的作用下，发生弥漫性血管内凝血，形成血栓，造成微循环衰竭。患畜脉微欲绝，有出血倾向，发生水肿，陷于昏迷状态。

症状

随着病程的发展表现出不同的症状。

初期，精神轻度兴奋，烦躁不安，汗出如油，耳尖、鼻端和四肢下端发凉，黏膜苍白，口干舌红，心率加快，脉搏快弱，气促喘粗，四肢与下腹部轻度发绀，显示花斑纹状，呈玫瑰紫色，少尿或无尿。

中期，随着病情的发展，精神沉郁，反应迟钝，甚至昏睡，血压下降，脉搏微弱，心音浑浊，呼吸疾速，节律不齐，站立不稳，步态踉跄，体温下降，肌肉震颤，黏膜发绀，眼球下陷，全身冷汗黏手，反射机能减退或消失，呈昏迷，病势垂危。

后期，血液停滞，血浆外渗，血压急剧下降，微循环衰竭，第一心音增强，第二心音微弱，甚至消失。脉搏短缺。呼吸浅表疾速，后期出现陈施二氏呼吸或间断性呼吸，呈现窒息状态。

因发病的原因不同，所以临床上会出现其各自病因的特殊症状。因出血引起的，尚有结膜高度苍白、红细胞压积容量降低等急性出血性贫血的表现；因脱水引起的，尚有皮肤弹性降低、眼球凹陷、红细胞压积容量增加等表现；因过敏反应引起的，往往突然发生抽搐和肌肉痉挛，粪尿失禁、呼吸微弱等表现；因感染引起的，多伴有体温升高及原发病的相应症状。

病理变化，患畜剖检时，发现全身各个器官都有明显的病理学变化。心肌扩张，心脏内充盈血液，毛细血管充血，肠壁淤血、出血，全身静脉淤血，特别是肝、脾、肾的静脉淤血，肺水肿和淤血，胃肠黏膜坏死。

诊断与预后

根据病史，再结合黏膜发绀或苍白，四肢厥冷，血压下降，尿量减少，心动过速，烦躁不安，反应迟钝，昏迷或痉挛等临床表现可以做出诊断。应与心力衰竭进行鉴别诊断。同时应区分外周循环衰竭是由失血引起的，还是由脱水或休克引起的。

循环虚脱病程危急，可在短期内死亡，但经积极治疗，一般预后良好。

治疗

一般原则是补充血容量，纠正酸中毒，调整血管舒缩机能，保护重要脏器的功能，及时采用抗凝血治疗。

补充血容量常用乳酸林格氏液（0.167mol/L 乳酸钠溶液与林格氏液按 1∶2 混合）静脉注射，如同时给予 10%低分子（相对分子质量为 2 万～4 万）右旋糖酐注射液（牛、马 2000～4000mL），对维持有效循环血量、保护肾功能、降低血液黏滞度、疏通微循环、防止弥漫性血管内凝血，均有良好的作用。也可使用 5%葡萄糖生理盐水、生理盐水、复方生理盐水及 5%～10%葡萄糖注射液。可根据皮肤皱褶试验、眼球凹陷程度、红细胞压积容量及中心静脉压等判断脱水程度，并估算补液量。

纠正酸中毒可用 5%碳酸氢钠注射液，牛、马 1000～1500mL，猪、羊 100～200mL；或 11.2%乳酸钠溶液，牛、马 300～500mL，与 5%葡萄糖生理盐水 500～1000mL，一起静脉注射；或在乳酸钠林格氏液中按 0.75g/L 加入碳酸氢钠，与补充血容量同时进行，纠正酸中毒。

当采取补充血容量和纠正酸中毒的措施以后，如血压仍不稳定，则应使用调节血管舒缩功能的药物，如山莨菪碱，牛、马 100～200mg 静脉滴注或直接静脉注射，每隔 1～2h 重复用药一次，连用 3～5 次。对其他家畜或病情严重的牛和马，可按 1～2mg/kg 一次静脉注射，待患畜可视黏膜变红，皮肤变温，血压回升时，即可停止用药；硫酸阿托品，牛、马 50mg，猪、羊 8mg，皮下注射；多巴胺，牛 60～100mg，马 100～200mg，静脉滴注。

当患畜处于昏迷状态伴发脑水肿时，为了降低颅内压，改善脑循环，常用 20%甘露醇或 25%山梨醇静脉注射，也可用 25%葡萄糖注射液，牛、马 500～1000mL，猪、羊 40～120mL 静脉注射。

对于存在弥漫性血管内凝血的患畜，为减少微血栓的形成，可以使用肝素 100～150U/kg，溶于 5%葡萄糖溶液或生理盐水 500mL 中，以每分钟 30 滴的速度静脉滴注。

进行外周循环衰竭治疗的同时，必须积极治疗原发病，加强护理，改善饲养管理。

（胡国良）

第三节　心包疾病

心包炎（pericarditis）

心包炎是指心包壁层和脏层的炎症。按病因分为创伤性和非创伤性两类；按病程分为急性和慢性两种；按渗出物性质可分为浆液性、纤维素性、浆液-纤维素性、出血性、化脓性和腐败性等多种类型。本病最常见于牛和猪，马、羊、犬、鸡等多种动物均可发生。一般临床上以创伤性心包炎多见，故本节主要介绍创伤性心包炎。

创伤性心包炎是指尖锐异物刺入心包或其他原因造成心包乃至心肌损伤，致发心包化脓腐败性炎症的疾病。本病最常见于舍饲的奶牛和农区放牧的耕牛，偶见于羊，其他动物如鹿、骆驼、猪、马、犬，甚至孔雀都有过发病的记载。牛的创伤性心包炎通常由尖锐异物穿透网胃壁、膈肌和心包引起，特称为创伤性网胃-心包炎，常造成严重的经济损失。

病因

牛创伤性心包炎的病因与创伤性网胃炎相同，主要是因饲草饲料内，牛舍内外地面上以及房前屋后、田埂路边、工厂或作坊周围等地方的草丛中散在着各种各样的金属异物。牛的舌面角质化程度高，采食快，咀嚼粗糙，易将异物误食而落入网胃内。存在于网胃里的尖锐异物未能及时清除，当瘤胃臌气、妊娠、分娩等使腹内压增高的情况下刺透网胃前壁、膈肌而伤及心包壁，甚至刺入心肌而发病。

山羊、绵羊、鹿、骆驼的创伤性心包炎也由摄入尖锐异物，刺透网胃前壁、膈肌和心包引起，但较少见。马、犬的创伤性心包炎多由外伤引起，如火器弹片直接穿透心区胸壁，损伤心包，或由胸骨或肋骨骨折，骨断端损伤心包，或由牛角顶撞胸壁创伤等致发本病。

发病机理

异物刺入心包后，网胃中的及穿透物带进的细菌也随之侵入心包。异物的刺激作用及细菌感染，使心包局部发生充血、出血、肿胀、渗出等炎症反应。炎性渗出物初期为浆液性、纤维素性或浆液-纤维素性，继而发展为化脓性、腐败性，纤维素性渗出物附着于心包的壁层和脏层表面，使其变得粗糙不平。心脏收缩与舒张时，心包壁层与脏层之间相互摩擦而产生心包摩擦音。随着渗出液的增加，将心包壁层与脏层隔开，心包摩擦音消失。侵入的细菌大量繁殖，产生气体，使心包腔内同时存在渗出液和气体，心脏收缩与舒张时撞击渗出液而产生心包击水音，心音减弱。大量化脓腐败性渗出物积聚在心包腔内，引起心包扩张，体积增大，内压增高。当心包腔内压增高到 2.13kPa (11mmHg) 时，心脏的舒张受到限制，致使流入心脏的血量减少，心房充盈不足。腔静脉血回流受阻，使颈静脉如索状，出现明显的颈静脉阴性搏动，浅表静脉怒张；肺静脉血回流受阻，引起肺淤血，影响肺换气功能，血液中氧合血红蛋白含量减少，还原血红蛋白含量增加，当超过 50g/L 时，就会出现黏膜发绀。静脉淤血的发展，淋巴回流受阻，毛细血管壁通透性增高，引起下颌间隙、颈垂、前胸部水肿。

动脉血含氧量下降，刺激主动脉和颈动脉的化学感受器，引起反射性心动过速。异物刺伤心肌或心包炎症蔓延到心肌，常会引起期前收缩等心率失常。持续的心动过速，心肌耗氧量增加而血液供给减少，心脏贮备力降低，代偿失调，最终使心排血量明显减少而发生充血性心力衰竭。炎症过程中的病理产物和细菌毒素的作用引起体温升高。

症状

牛创伤性心包炎多发生在创伤性网胃炎之后。在出现心包炎症状前通常有创伤性网胃炎的临床表现，运步小心谨慎、保持前高后低姿势，卧下及起立时的姿势反常，慢性前胃弛缓，反复发生轻度瘤胃臌气。在呼吸、努责、排粪及起卧过程中，常出现磨牙或呻吟等。

当异物刺入心包后出现心包炎的症状，患牛全身状况恶化，精神沉郁，眼半闭，肩胛部、肘头后方及肘肌常发生震颤。病初体温升至40℃以上，个别可超过41℃，病至后期，体温降至常温。心率明显加快，每分钟达100次以上，运动后可增至140～150次。后期体温降至常温时，心率仍然明显增加，是本病的重要特征症状之一。呼吸浅快，呈腹式呼吸，轻微运动即可出现呼吸急促，甚至呼吸困难。病初脉搏充实，后期变为细弱。心区触诊有疼痛反应，心搏动增强。听诊可闻心包摩擦音，其音如抓搔声、软橡皮手套相互摩擦的声音，在整个心动周期均可听到，以心缩期明显。随着心包内渗出液的增多，心搏动减弱，心音遥远，心包摩擦音消失，出现心包击水声，其音性如含漱声或振摇盛有半量液体的玻璃瓶时产生的声音。叩诊心浊音区扩大，心浊音区上方常因存在气体而呈鼓音或浊鼓音。有的病牛出现期前收缩等心律失常。病程经过1～2周后，病牛的颈静脉充盈呈索状，出现明显的颈静脉阴性搏动。下颌间隙、颈垂及胸腹下水肿。病牛常因心力衰竭或脓毒败血症而死亡。

心电图的特征变化为窦性心动过速，QRS综合波低电压，T波低平或倒置和S-T段移位。当伴有心肌损伤时，常有室性期前收缩。

X射线检查，病初肺纹理正常，心膈间隙模糊不清，常可发现刺入异物的致密阴影；中期肺纹理增粗，心界不清晰，心包较大，心膈角模糊不清，心膈间隙消失；病的后期肺纹理增粗模糊，心界消失，心包扩大，心膈角消失或变钝，心膈间隙消失。

病初白细胞总数增多，有的达2.5×10^{10}个/L，中性粒细胞比例增高，伴有核左移。病程延长转为慢性时，白细胞总数及分类计数的变化不明显。血清谷草转氨酶活性增高，血清乳酸脱氢酶活性较健康牛增加1倍以上，血清肌酸磷酸激酶活性较健康牛增加3～4倍。

病理变化：心包壁层和心外膜上沉积大量纤维素。心包腔内积聚大量污黄色、污绿色或污红褐色的化脓腐败性渗出液，带剧烈的腐败臭味。心包腔内常可发现刺入的异物。病程较久者，网胃前壁、膈肌与心包粘连，心包与胸膜粘连，或心包壁层与心外膜粘连。由外伤引起的心包炎，还可见胸壁创伤、胸骨或肋骨骨折。

诊断与预后

根据顽固性前胃弛缓的病史，心区敏感，出现心包摩擦音或心包击水音，心浊音区扩大，心动急速，颈静脉呈索状和颌下、胸前部水肿等临床表现，不难做出本病的诊断。X射线检查对本病有重要的诊断价值，尤其是对临床表现不明显的早、中期病例能做出正确的诊断。

多数病例预后不良。

治疗

对于牛的创伤性心包炎，目前尚无有效的治疗方法。在病的早期，出现毒血症和充血性心力衰竭以前，试用手术治疗，部分病牛可望痊愈。目前采用的心包手术有两种术式，一种是“I”形胸壁切开术，沿左胸壁第五肋骨纵向切口 25cm；另一种为“U”形胸壁切开术，底边横切口在第 6 和第 7 肋骨与肋软骨接合部之间，其前后切口分别在第 5 和第 8 肋骨上，上起肩端水平线，下距横切口 2～3cm，然后以斜切方向与横切口两端连接，进一步去除部分第 6 肋骨，逐层切开，打开心包腔。还可施行瘤胃切开术，手通过瘤胃切口进入网胃，清除网胃内的异物，拔除刺入网胃壁和心包的异物。此外，还可试用心包穿刺治疗，在 X 射线的指示下，用穿刺针刺入心包腔，放出积聚的渗出液，用灭菌生理盐水反复冲洗心包腔，直到抽出液变清，向心包腔内注入抗生素溶液，隔 2～3 天冲洗一次。在进行手术治疗的同时，必须使用大剂量抗生素，并给予促进前胃运动和促进反刍的药物，加强饲养管理和护理。

预防

加强饲养管理，防止饲料中混杂金属异物。对已确诊为创伤性网胃炎的患畜，宜尽早施行瘤胃切开术，取出异物，避免病程延长使病情恶化，刺伤心包。

（胡国良）

第四节　心 肌 疾 病

心肌炎（myocarditis）

心肌炎是心肌炎症性疾病的总称。心肌兴奋性增高和收缩机能减退是其病理生理学特征。临床上以急性非化脓性心肌炎比较常见。各种动物均可发生。

病因

本病通常继发或并发于某些传染病、寄生虫病、脓毒败血症和中毒病的经过中，多数是病原体直接侵害心肌的结果，或者是病原体的毒素和其他毒物对心肌的毒性作用。免疫反应在风湿病、药物过敏及感染引起的心肌炎的发生上起重要作用。

症状

由急性感染引起的心肌炎，绝大多数有发热症状。突出的临床表现是心率增快且与体温升高的程度不相适应。病初第一心音增强、分裂或浑浊，第二心音减弱。心腔扩大发生房室瓣相对闭锁不全时，可听到缩期杂音。重症病例出现奔马律，或有频发性期前收缩。濒死期心音微弱。病初脉搏增数而充实，以后变得细弱，严重者出现脉搏短绌、交替脉和脉律不齐。病至后期，动脉血压下降，多数发生心力衰竭而出现相应的临床表现。心电图特征，病初呈窦性心动过速，继之出现程度不同的单源性或多源性期前收缩以及各种心律失常。

病理变化：心肌炎时，炎症反应集中于间质和血管周围的结缔组织，伴发水肿并有淋巴细胞、浆细胞、巨噬细胞和不同数量的嗜酸性粒细胞浸润，中性粒细胞一般很少见。心肌纤维的变化和变性的严重性颇不一致，但有时病变的组织学特征却很明显。非化脓性心肌炎初期为局灶性充血、浆液和白细胞浸润。心肌脆弱，松弛，无光泽，心腔扩大。后期，心肌纤维变性，混浊肿胀，颗粒变性，心肌坏死，硬化，呈苍白色，灰红色或灰白色等。局灶性心肌炎，心肌患病部分与健康部分相互交织，当沿着心冠横切心脏时，其切面为灰黄色斑纹，形成特异的虎斑心。

诊断与预后

根据病史（是否同时伴有急性感染或中毒病）和临床表现进行诊断。临床表现应注意心率增速与体温升高不相适应，心动过速，心律异常、心脏增大、心力衰竭等。

心功能试验也是诊断本病的一项指标。首先测定患畜安静状态下的脉搏次数，后令其步行5min，再测其脉搏数。患畜突然停止运动后，甚至2～3min以后，其脉搏仍会增加，经过较长时间才能恢复原来的脉搏次数。应注意急性心肌炎与下列疾病区别：心包炎、心内膜炎、缺血性心脏病、心肌病、硒缺乏病、心肌营养不良等。

治疗

治疗原则是减少心脏负担，增加心脏营养，提高心脏收缩机能和防治其原发病等。

首先应使用抗生素、磺胺类药或特效解毒剂、高免血清等治疗原发病。病初不宜使用强心剂，以防心肌过度兴奋而迅速发生心力衰竭，此时宜在心区冷敷。对具有高度发绀和呼吸困难的患畜可给予氧气吸入。心肌炎后期可使用安钠咖或樟脑油，以增强心肌收缩机能，但禁用洋地黄及其制剂，以免患畜过早发生心力衰竭，甚至死亡。为了增加心肌营养，改善心脏传导系统功能，可静脉注射25%葡萄糖溶液，也可使用ATP、辅酶A、肌苷、细胞色素c等促进心肌代谢的药物。治疗的同时应加强护理，改善饲养管理，限制运动，避免外界的刺激。

预防

在于平时对家畜的饲养管理和使役等方面，给予足够的关心和注意，使家畜增强抵抗力，防止发病和根治其原发病。当患畜基本痊愈后，仍需加强护理，慎重地逐渐用于使役，以防复发，甚至突然死亡。

心肌扩张（cardiac dilatation）

心肌扩张是指心肌收缩力减弱，心内腔增大，心壁变薄，心律失常和心力衰竭的一种心脏病。按病因可分为原发性和继发性；按病程可分为急性和慢性两种。临床上以心功能障碍、心脏变大和心壁变薄为特征。本病多发于犬、马，其他动物也可发生。

病因

急性原发性心肌扩张，见于疲劳过度而引起的血压激增，即心脏疲劳。急性继发性心肌扩张，常继发于某些急性传染病，如马传染性胸膜肺炎、牛口蹄疫、犬瘟热、犬细小病毒病等；心肺疾病，如急性肺炎、心肌炎、心内膜炎等；以及中毒病等。

慢性原发性心肌扩张，见于马喘息时。慢性继发性心肌扩张，多继发于心肌疾病、心瓣膜病、贫血、慢性肾炎等疾病经过中。

另外，营养不良，甲状腺机能减退，低钾血症、高钾血症等电解质紊乱（如吐、泻、摄入钾过多等）使心肌纤维变性而易诱发本病。

症状

急性心肌扩张多突然呈现全身性症状，虚弱，嗜睡，食欲大减或废绝，精神沉郁，大出汗，心搏动强盛（如暴跳状），严重的可使全身震颤；心脏浊音界扩大，第一心音高朗带金属音响，第二心音微弱，甚至听不见，往往出现缩期性杂音，脉搏细微、频数、脉律不整。轻微运动便出现呼吸促迫、困难、频发咳嗽，听诊有各种啰音。有的病犬发生左心和右心不同程度的衰竭并常伴发心房纤维颤动等。常常由于心脏麻痹而突然死亡。

当转为慢性经过时，除可视黏膜高度发绀外，出现眩晕、浮肿、昏迷、支气管卡他、慢性胃肠卡他、肝脏和肾脏机能障碍等症状。并多呈现蛋白尿，体腔积液（如胸水、腹水等），腹下水肿以及消瘦等。

心电图显示心室过早收缩和心室阵发性心搏过速，波形异常。X射线和超声检查可见心脏各房室都不同程度增大，胸骨与右心室的接触明显增多；肺静脉体积增大，肺实质密度增高，液体密度增高；心脏廓影模糊，心血管造影显示右心室扩张。超声心动图检查：左心室缩短率减少，心室收缩力下降；左心室后壁和室中隔薄，收缩降低。

实验室检查，血液尿素氮和肌酐中等程度升高；低蛋白血症，在伴有腹水时，可见到血清白蛋白减少；随着肝淤血和灌注不足，碱性磷酸酶和丙氨酸氨基转移酶等肝酶的释放中等增高。

剖检时，见扩张的心脏多发生于右心室，呈卵圆形，心尖钝圆，心脏的横径大于纵径，心脏内常积有多量血液或血凝块，心壁变薄而柔软。以刀切开，室壁自行塌陷。心肌往往贫血、变性、呈淡黄色，弛缓脆弱，乳头肌和腱索延伸而平展。如心肌扩张仅限于心腔的某部，则可形成心脏动脉瘤。

治疗

给予患畜低盐高营养性食物，并注意补充维生素和矿物质。

急性病例，对牛、马等可静脉注射狄卡林等制剂，慢性病例，可口服洋地黄叶末，在一个疗程（一周）过后，停药几天，再行一个疗程治疗。对继发性传染病的病例，除治疗原发病所应用的药物外，宜用咖啡因、硫酸阿托品等进行治疗。对于犬、猫可口服地高辛0.01～0.02mg/kg，每日两次；改善心肌收缩力，纠正心律失常，可肌注呋塞米10～20mg/次，每日一次；为减轻心脏负荷，缓解肺淤血，减轻胸腹腔及皮下水肿，如有大量吐、泻及长时间不能进食的，应静脉补钾且缓慢滴注；为促进血液循环，可静脉注射葡萄糖酸钙溶液，必要时可实行氧气吸入疗法。减少动物运动，使其得到充分休息。

心肌肥大（cardiac hypertrophia）

心肌肥大是指各种病因引起的心肌纤维变粗，体积增大，导致心壁增厚，心脏重量增加的一种心脏病。按其病因可分为原发性心肌肥大和继发性心肌肥大。此病常见于德国牧羊犬、马和猪等。

病因

原发性心肌肥大，一般由过劳而引起，因为劳动时，动物全身骨骼肌必须加强收缩，并促使肌间动脉的收缩，因而血压升高，使心力亢进，以保证身体需要的循环血量，心肌做功因而加强，终于导致心肌肥大。故重挽马、赛马和猎犬常见。

继发性心肌肥大，主要继发于使心脏负荷增大的主动脉瘤，主动脉先天性狭窄、血栓形成、肿瘤压迫、动脉硬化等动脉疾病；主动脉瓣口狭窄、二尖瓣闭锁不全等心脏瓣膜病；慢性肺气肿、肺与胸膜粘连、慢性进行性肺炎以及鼻疽性和结核性肺炎等肺脏疾患；心包脏层、壁层粘连等心包粘连，慢性肾炎等疾病。

发病机理

目前对此病的发病机理存在着两种不同而又互相关联的见解。

一种认为各种心脏瓣膜病、高血压心脏病以及先天性心脏病所致的较长时间心脏超负荷，必伴发心功能增强，使能量消耗增多，引起心肌内 ATP 消耗增加，ADP 蓄积，这就刺激心肌细胞线粒体的生物合成，以补偿 ATP，同时也使心肌核酸和蛋白质合成增加，从而导致肌丝数量增多，肌纤维的直径增大，心肌肥大。

另一种认为心肌负荷加重，心肌纤维牵伸本身就是一种生长的基本刺激。这种刺激能改变肌浆网膜的特性，进而加快氨基酸的运转及 RNA 合成，导致心肌肥大。

症状

原发性心肌肥大，心浊音界扩大，心搏动和脉性增强，第二心音高朗。

继发性心肌肥大，初期，多不表现全身性血液循环障碍。后期，呼吸困难，咳嗽，心绞痛，晕厥，脉搏变细弱，静脉怒张，消瘦，水肿；胃肠、肾脏等器官出现淤血症状，颈动脉上行疾速而具双峰特征。

心电图显示，左心室肥厚，Q 波、非特异性 S-T 波改变，室性心律紊乱等。X 射线检查，左心房扩张，左心室突出，气管隆起，肺静脉增大，肺淤血或水肿。血管造影证明，左心室收缩终容积减少，左心室收缩过度，舒张期二尖瓣处有血液回流。超声心动图可见左心室肥大，中膈与左心室厚度之比大于中膈与左心室游离壁的厚度；二尖瓣收缩期前运动，主动脉瓣收缩中期关闭；左心室收缩过度。

病理变化，心肌肥大可发生于心脏的一侧或两侧，但通常以左心肥大较多，而且心室肥大多于心房。右心肥大时，心尖部的横径增加，左心肥大则心脏的纵径增长。左右心肥大时，心脏的外形比正常心脏圆。此外，心肌肥大时的重量显著增加，有时可达正常的 2 倍以上，心腔壁增厚，乳头肌和肉柱变粗；右心肥大时，还可见右心室内的节制带变厚。心肌纤维的长度增加，直径变大，肌原纤维的数量增多。心肌纤维的体积虽增大，但常不一致。胞核变大，两极多呈方形。电镜下，线粒体变大，但其数量和膜的宽度则相对比肌原纤维的体积减小。

诊断与预后

根据病史和特殊检查，一般即可确诊。本病预后谨慎。

治疗

应减轻患畜的使役和避免急剧性运动，在保持安静休养的同时，注意营养疗法。

对于患心肌肥大的猫，可用β-肾上腺素能阻断剂。狗可应用普萘洛尔 5～40mg，口服，3 次/d；美托洛尔 5～50mg，口服，3 次/d；阿替洛尔 20～100mg，口服，3 次/d 等药物。伴发心力衰竭的患畜，可酌情应用强心剂、利尿剂等。

（胡国良）

第五节 心 内 膜 病

心内膜炎（endocarditis）

心内膜炎指心内膜及其瓣膜的炎症，临床上以血液循环障碍，发热和心内器质性杂音为特征。犬、猪发生较多，牛和马次之。牛最常受侵害的部位是三尖瓣，而猪、马和犬为二尖瓣或主动脉瓣。

病因

原发性心内膜炎多数是由细菌感染引起的。牛主要是由化脓性放线菌、链球菌、葡萄球菌和革兰氏阴性菌引起；马是由马腺疫链球菌和其他化脓性细菌；猪是由猪丹毒杆菌和链球菌，羔羊是由大肠埃希氏杆菌和链球菌引起。

继发性心内膜炎多数继发于牛的创伤性网胃炎、慢性肺炎、乳房炎、子宫炎和血栓性静脉炎。也可由心肌炎、心包炎等蔓延而发病。

此外，新陈代谢异常、维生素缺乏、感冒、过劳等，也易诱发。

症状

一般都有发热，心动过速，心内器质性杂音。病至后期发生充血性心力衰竭，出现水肿，腹水，浅表静脉怒张，心浊音区扩大和呼吸困难。病猪的临床症状不明显。母猪常在产后头 2～3 周出现无乳，继而体重下降，不愿运动，休息时呼吸困难。多数育肥猪和生长猪缺乏明显的临床表现。

病理变化，急性心内膜炎可分为疣状心内膜炎和溃疡性心内膜炎。疣状心内膜炎时，疣状物呈黄红色或黄灰色，通常覆以薄层血液凝块，易于剥离，疣状物的表面易碎。溃疡性心内膜炎时，溃疡常见于瓣膜闭合线处和瓣膜的游离缘，呈锯齿状外观；瓣膜病变往往扩延到邻近的壁性心内膜，成为心肌梗死的诱因，也可引起肝、脾、肾、脑等脏器的转移性病灶。

诊断与预后

根据病史和血液循环障碍、心动过速、发热和心内器质性杂音等可以做出诊断。血液培养阳性和心回声检查可确诊，心脏超声显像和超声心动图检查能确定病变的部位，判定病变的严重性，对本病的诊断有极重要的价值。必须注意本病与急性心肌炎、心包炎、败血症、脑膜脑炎、血斑病等鉴别。

预后谨慎。

治疗

控制细菌感染是治疗本病的关键，须长期应用抗生素治疗。青霉素和氨苄青霉素是抑制化脓性放线菌和链球菌的首选药物，无革兰氏阴性菌或抗青霉素的革兰氏阳性菌感染时，可直接应用青霉素 2 万～3 万 IU/kg 或氨苄青霉素 10～20mg/kg，肌肉注射，2

次/d，或头孢菌素类抗生素，如头孢噻啶、头孢噻吩钠、头孢氨苄（20～35mg/kg）口服或肌肉注射，每天2次，至少连用7d。待体温下降后，为防止复发，还应继续用药一周。

对慢性化脓性放线菌感染，用青霉素配合利福平（每次5mg/kg，口服），一日2次。当出现静脉怒张，腹下水肿时，除用抗生素外，还可应用呋塞米，0.5mg/kg，一日2或3次。当患畜出现疼痛或强直及游走性跛行时，马、牛口服阿司匹林15.6～31.0g，一日2次。当出现充血性心力衰竭时，应限制食盐的摄入量。为维持心脏机能，可应用洋地黄、毒毛旋花子苷K等强心剂；对于继发性心内膜炎，应治疗原发病。

心脏瓣膜病（valvular disease）

心脏瓣膜病是心脏瓣膜、瓣孔（包括内膜壁层）发生各种形态或结构上器质性变化，导致血液循环障碍的一种慢性心内膜疾病。按病因分为先天性和后天性心脏瓣膜病。按发病部位可分为二尖瓣闭锁不全、二尖瓣狭窄、三尖瓣闭锁不全、三尖瓣狭窄、主动脉瓣闭锁不全、主动脉瓣狭窄、肺动脉瓣闭锁不全、肺动脉瓣狭窄和法乐式四联症等。临床以心内器质性杂音和血液循环紊乱为特征。多发生于马和犬。其他家畜也有发病的记载。

病因

先天性心脏瓣膜病主要有心房和心室间隔缺损，先天性瓣膜病，心脏或心内膜发育异常等。后天性心脏瓣膜病多继发于急性心内膜炎，慢性心肌炎，心力衰竭，心肌扩张等疾病，导致心脏瓣膜及瓣孔发生形态学变化。

发病机理

无论是先天性因素导致本病还是其他因素使本病继发，最终都会使心脏瓣膜或瓣孔性心脏闭锁不全或狭窄现象，或两者同时发生，出现心内器质性杂音。瓣膜闭锁不全时，可引起血液逆流，心容量负荷加重；瓣孔狭窄时，血液流通时受阻，心脏的压力负荷加重。两种病变都会使后方（按血流方向而言）心腔发生代偿性肥大或扩张；又因血液的停滞也引起代偿性心肌扩张，这时使心房、心室和血管中的血液正常分配发生紊乱，如适当调节，患畜将会维持健康状态。代偿作用使耗氧量增加，供血减少，最终由于心肌变性和结缔组织增生，使代偿机能减退，动脉血量减少，静脉淤血，随之发生脑、肝、脾、肾等脏器淤血，体腔积液，水肿等现象。

症状

由于患畜的品种和侵害部位不同，病情有一定差异，其临床症状也较为复杂。

1. 二尖瓣闭锁不全　心搏动增强，心区缩期震颤。左侧心区可听到响亮刺耳的全缩期心内杂音，在左房室孔区最明显。肺动脉第二心音增强，伴有心肥大时心浊音区扩大。在代偿期内，脉搏无明显变化；代偿机能减弱时，脉搏细弱；代偿失调时出现右心衰竭的临床表现。

2. 二尖瓣狭窄（左房室孔狭窄）　心搏动增强，心区震颤，脉搏弱小。第一心音正常或稍增强，第二心音多被杂音掩盖。常发生右心肥大和扩张，致使右侧心浊音区扩大。运动后出现呼吸困难和结膜发绀。

3. 三尖瓣闭锁不全　颈静脉阳性搏动，右侧心区震颤，可听到响亮的全缩期心内杂音，脉搏微弱。当发生心力衰竭时，出现水肿、发绀、浅表静脉怒张等。

4. 三尖瓣狭窄（右房室孔狭窄）　心搏动减弱，脉搏细弱。右侧心区可听到舒张期后（缩期前）心内杂音。颈静脉怒张，有阴性搏动，全身水肿，呼吸急促，常因心力衰竭而死亡。

5. 主动脉瓣闭锁不全　心搏动增强，左侧心区震颤，可听到响亮的全舒期心内杂音。常因左心室肥大而心浊音区扩大。特征症状为出现骤来急去的跳脉。当左心衰竭时，出现相应的临床表现，跳脉消失。

6. 主动脉瓣狭窄（主动脉孔狭窄）　左侧心区震颤，可听到刺耳的缩期心内杂音。特征症状为出现徐来缓去的徐脉，常并发左心肥大而使心搏动增强和心浊音区扩大。

7. 肺动脉瓣闭锁不全　在左侧肺动脉孔区出现明显的舒期心内杂音，常将第二心音掩盖。易继发右心室肥大而使右侧心浊音区扩大。并发右心衰竭时，出现发绀、水肿、腹水、浅表静脉怒张等临床体征。

8. 肺动脉瓣狭窄（肺动脉孔狭窄）　心区震颤，脉搏细弱。左侧心区可听到缩期心内杂音，常有呼吸困难和结膜发绀。右心肥大时右侧心浊音区扩大。

9. 法乐氏四联症（tetralogy of Fallot）　系伴有肺动脉狭窄、室间膈缺损、主动脉右位和右心室肥大四种心血管畸形的先天性心脏瓣膜病，常见于牛和犬。主要症状为易于疲劳、心动过速、发绀和呼吸困难。右心室的收缩压与左心室的相似，犬分别为13.36kPa和12.84kPa。

临床上单纯的瓣膜闭锁不全和瓣孔狭窄比较少见，常常是几个瓣膜和瓣孔同时被侵害，或者瓣膜闭锁不全与瓣孔狭窄合并发生，使临床表现错综复杂。

病理变化，心脏瓣膜病往往使心脏瓣膜装置出现各种形态或结构病理变化，主要为瓣膜及其邻近结缔组织增生，瓣膜游离缘肥厚、萎缩、硬化、部分愈合；瓣孔呈现息肉状或菜花样新生物；腱索缩短以及心肌扩张等，临床上多合并发生瓣膜闭锁不全和瓣孔狭窄。

诊断与预后

心脏瓣膜疾病，单纯某一种类型很少存在，大都是联合发生，尤其是瓣膜闭锁不全和瓣孔狭窄常常并发。这时见不到单纯某一种瓣膜病时所固有的症状，往往是一种症状被另一种症状所掩盖。如一种瓣膜病的杂音发生于收缩期，另一种发生于舒张期。当二者并发时，收缩期与舒张期同时均能听到。这就需要根据其产生时间、性质、强度及其最强听诊点进行诊断。要确诊时最好借助于心脏超声显像或M型超声心动图检查，必要时还需进行心导管检查、X射线检查、心血管造影、心电图描记等特殊检查。心脏瓣膜病的临床症状表现多样化，应平时多注意，不断积累经验，以很好地掌握。

预后谨慎。

治疗

当患畜的心脏瓣膜病处于代偿期间时，不可使用强心剂，否则会缩短代偿作用的期限，为使其发挥较长时期的心脏代偿作用，应限制使役，避免兴奋，注意营养。当代偿作用丧失后，还需应用适当的药物来维持心脏活动机能，在血液循环障碍和血压降低的情况下，酌情使用洋地黄、毒毛旋花子苷 K、咖啡因、硝酸士的宁、硫酸阿托品及水杨酸钠等各种强心药。但药物治疗不能使心脏形态学的病理变化痊愈，应从动物的经济价值，使用价值等方面考虑是否需要进行手术治疗。

此外，对一些心脏瓣膜病应采取对症治疗，给予抗生素或利尿药等，有一定的效果。

手术疗法：在犬的治疗中，Fingland 等（1980），Orton 等（1990），Buchanan（1990）先后采用手术成功地治愈肺动脉狭窄的病犬。Kanemoto（1990）采用二尖瓣成形术成功地治愈由二尖瓣脱垂引起的犬瓣膜闭锁不全。

（胡国良）

第五章　血液与造血器官疾病

第一节　概　　论

血液是一种流体组织，是动物机体的重要组成成分，是动物体细胞间运输的介体，是体内免疫过程的媒介和参与者，它沿着血管不停地在全身循环，输送体内各种营养物质和代谢产物，也是激素和酶的输送者，是维持内环境相对稳定和生命活动正常进行的基本条件。

正常血液为红色黏稠液体，由血浆和其中悬浮的有形成分血细胞组成（包括红细胞、白细胞和血小板）。血液的颜色由其所含色素（血红蛋白）的氧合程度而定，动脉血呈鲜红色，静脉血呈暗红色。

正常动物的血液总量由于家畜种类不同而不同，一般占体重的5%～10%。其中血浆约占55%，细胞占45%。血液成分包括血浆蛋白、水、无机盐、营养物质和激素等。血浆蛋白有白蛋白、球蛋白和纤维蛋白原三种。血液中的无机盐大部分以离子形式存在，主要有 Na^+、K^+、Ca^{2+}、Mg^{2+} 等阳离子，Cl^-、HCO_3^-、SO_4^{2-} 等阴离子。血液中有许多的酶，如磷酸酶、胆碱酯酶、转氨酶、淀粉酶及乳酸脱氢酶等。血液中还含有 O_2、CO_2、N_2 等气体。

血液中细胞部分和液体部分发生质和量的任何改变都会产生相应的病理过程，直接影响造血器官以及全身各器官系统的机能。反之，造血器官的病理过程也会影响血液细胞部分的质与量，其他器官系统的疾病必然会引起血液细胞成分和理化性质的变化。

因此，在临床诊断疾病时，常进行血液形态学的检查及血液理化学状态的测定；在治疗时常应用止血、泻血、输血等方法。

（胡国良）

第二节　贫　　血

贫血（anemia）是指单位体积外周血液中的血红蛋白浓度、红细胞数和（或）红细胞压积低于正常值的综合征。在临床上是一种最常见的病理状态，主要表现是皮肤和可视黏膜苍白，心率加快，心搏增强，肌肉无力及各器官由于组织缺氧而产生的各种症状。贫血不是一种独立的疾病，而是一种临床综合征。

引起贫血的原因主要有：①血液过度丧失；②红细胞过度被破坏；③产生无效的红细胞。同时还必须考虑到造血、神经和网状内皮系统的变化，物质代谢的破坏及其他器官的影响和动物的饲养管理条件等。

贫血的分类方法繁多，按其原因可分为：

（1）出血性贫血。急性出血见于血管受到损伤，内脏出血，肝脾破裂，某些中毒病如敌鼠钠中毒、蕨类植物中毒、草木犀中毒等。慢性出血见于猪的胃溃疡，体腔及组织有出血性肿瘤及胃肠寄生虫（球虫病及钩虫病等）。

（2）溶血性贫血。凡是以溶血为主要症状的疾病，如传染性疾病（马传染性贫血、溶血性梭菌病等），寄生虫病（锥虫病、焦虫病、钩端螺旋体病等），中毒病（铜、铅、蛇毒中毒等）及抗原抗体反应（新生幼畜溶血病、不相合血型输血）。

（3）营养性贫血。由于造血原料供应不足所引起的贫血，其中包括微量元素（如铁、铜及钴）缺乏、维生素（维生素 B_{12} 及 B_6、叶酸、烟酸、硫胺素）及蛋白质缺乏。

（4）再生障碍性贫血。造血器官即骨髓受到放射性损伤，羊齿类植物中毒、磺胺酰胺及氯霉素过敏而发生的贫血。

出血性贫血（haemorrhagic anemia）

（一）急性出血性贫血（acute haemorrhagic anemia）

急性出血性贫血是由于血管，特别是动脉管被破坏，使机体发生严重出血之后，而血库及造血器官又不能代偿时所发生的贫血。

病因

见于创伤、手术、肝脾破裂等急性出血之后，或由胃肠道寄生虫病、胃溃疡、肾与膀胱结石或赘生物引起的血尿等慢性失血所致，也见于草木犀中毒、蕨中毒、敌鼠钠中毒等中毒性疾病，凝血因子缺陷性疾病，以及体腔与组织的出血性肿瘤等。

发病机理

在短时间内失去全身血液量的50%～60%时，可引起休克或虚脱甚至死亡。

机体因失血，首先引起血压下降，机体通过反射作用，动员机体所有的代偿机能。大失血时，一方面流入心脏的血液减少，动脉及肺动脉充盈不足，静脉窦的血压下降，交感神经兴奋性增高，促进肾上腺质分泌肾上腺素及去甲肾上腺素。另一方面由于出血可激活肾小球旁细胞产生肾素。因此，在发生心搏动加快、血管收缩的同时，动员血库所储备的血液进入血管，以补偿血液量。根据出血量多少不同，从红细胞生成到减轻贫血之间需要长短不同的时间。

急性出血时，由于血浆蛋白质流失和血液中有形成分的减少，特别是红细胞急剧减少，血氧下降，增加了血管壁的通透性，促进组织液进入血管，血液黏稠度降低，血流加快，出现心搏动疾速，瞳孔散大，汗腺分泌增加。由于红细胞减少，氧化过程降低，出现酸中毒，兴奋了呼吸中枢，导致呼吸加深加快。

大量出血刺激骨髓增殖，加强造血机能，骨髓中有核红细胞增多，母髓细胞增多。同时，在末梢血液中中性粒细胞占优势。

症状

据机体状态，出血量的多少及出血时间的长短，临床表现不尽相同。

轻症时，患畜表现贫血的一般症状，严重时则出现呼吸、循环及消化系统症状。同时发生明显的生物化学过程的变化，组织呼吸受到破坏，血液中的酸性产物增加，乳酸增加尤为明显，加重了酸中毒、低蛋白血症，残余氮增加。

血液学变化：首先是动员血库排出血液；其次是毛细血管网收缩，相应部分的动脉收缩，最后液体从组织中回流到血管，此时血液稀薄，红细胞数及血红蛋白量降低，血沉加快。

出血后，骨髓开始再生活动，到第四、五天时达到最高峰。因此，在出血后血液中出现网织红细胞、多染性红细胞、嗜碱性颗粒红细胞增多，同时出现成红细胞。在红细胞中，血红蛋白的饱和度不足，血色素指数低于1.0。

诊断与预后

根据临床症状及发病情况可做出诊断。对内出血所造成的贫血必须进行细致全面的检查才能做出诊断，最有价值的是进行腹腔穿刺，看是否有血液。当脾脏和肝脏破裂时，穿刺可见有血液。

治疗

原则是止血，补充血容量，控制休克和补充造血物质等。

对于外出血，常用结扎血管、填充及绷带压迫等外科方法止血，也可在出血部位贴上明胶海绵、止血棉止血，或在出血部位喷洒0.01%～0.1%肾上腺素溶液，使血管收缩而达到止血的目的。如效果不佳，可进行电热烧烙止血。对于内出血，可选用以下全身性止血药。安络血，适用于毛细血管损伤或血管通透性增加所致的出血性疾病，牛、马5～20mL，猪、羊2～4mL，犬、猫1～2mL，肌肉注射，2或3次/d。止血敏，适用于手术前后预防出血和止血、内脏出血及因血管脆弱引起的出血的防治，牛、马10～20mL，猪、羊2～4mL，犬2～3mL，猫1～2mL，肌肉或静脉注射，2或3次/d，必要时可每隔2h注射一次。6-氨基己糖，牛、马30～50g，猪、羊4～10g，静脉注射。维生素K，牛、马10～20mL，猪（60kg）5mL，绵羊1～2mL，犬1～3mL，兔和仔猪1mL，2次/d，病情严重时可将药液加入5%葡萄糖溶液中静脉滴注。内出血时，可静脉注射10%氯化钙溶液100～200mL。

为补充血容量，可立即静脉注射5%葡萄糖生理盐水，或使用血液代用品右旋糖酐，常用6%中分子右旋糖酐注射液（含0.9%氯化钠），牛、马500～1000mL，猪、羊250～500mL，犬、猫15～20mL，静脉注射。有条件时可输注新鲜全血或血浆，输血前必须进行交叉试验，以免产生输血危象。

补充造血物质，可给予铁制剂，常用硫酸亚铁，牛、马2～10g，猪、羊0.5～2g，犬0.05～0.5g，口服，3次/d，或给予枸橼酸铁铵，牛、马5～10g，猪、羊1～2g，口服，2或3次/d，连用7d，还可使用右旋糖酐铁、血多素等铁制剂。为补充钴元素，可给予硫酸钴，牛30～70mg，羊7～10mg，口服，每周一次，4～6次为一疗程；氯化钴，牛30mg，犊牛20mg，绵羊3mg，羔羊2mg，1次/d，连用7～10d。还可给予维生素B_{12}，绵羊100～300μg，犬100～200μg，猫50～100μg，肌肉注射，每天或隔天注射一次，4～6次为一个疗程。当叶酸缺乏时，应给予叶酸，犬每天5mg，猫每天2.5mg，口服。

（二）慢性出血性贫血（chronic haemorrhagic anemia）

慢性出血性贫血是由少量反复的出血及突然大量出血后长时间不能恢复所引起的低血红蛋白性及正成红细胞性贫血。

病因

由于组织或器官长期反复地失血引起；由于胃肠器官机能减弱，影响对铁的吸收，使肝脏和骨髓得不到足够的铁，造血原料缺乏引起；有毒植物中毒（草木犀中毒、蕨中毒等）也可发生慢性出血性贫血。

寄生虫病，特别是反刍动物的血矛线虫病、肝片吸虫病和血吸虫病，犊牛的球虫病及蜱、刺蝇的重度侵袭下引起慢性出血性贫血。此外中毒病、牛的血尿症等都能引起慢性贫血。

发病机理

由于长期失血，机体内蛋白质和铁质的储备减少，进入造血器官的数量减少，此时造血器官反应性再生能力增强，末梢血液中出现幼稚型红细胞。很快骨髓造血机能衰竭，网织红细胞及多染性红细胞几乎绝迹，出现低色素性红细胞及异型红细胞，血色指数降低（低色素性贫血）。初期粒细胞增多，以后逐渐减少，说明骨髓再生机能衰退。

长期而持久的贫血，能使心肌、肝脏及其他器官发生变性。血管内皮和毛细血管细胞发生脂肪变性，出现稀血症，血管渗透压增高，导致水肿及体腔积液。

症状

症状发展缓慢，初期症状不明显，但患畜呈渐进性消瘦及衰弱。严重时可视黏膜苍白，机体衰弱无力，精神不振，嗜眠。血压降低，脉搏快而弱，轻微运动后脉搏显著加快，呼吸快而浅表。听诊时，心音低沉而弱，心浊音区扩大。由于脑贫血及氧化不全的代谢产物中毒，引起各种症状。贫血严重时，胸腹部、下颌间隙及四肢末端水肿。体腔积液，胃肠吸收和分泌机能降低，腹泻，最终因体力衰竭而死亡。

血液学检查，血液稀薄，并形成少量易碎的凝胶状凝块，所有实质器官具有脂肪变性。成年动物骨髓扩大，呈灰红色。血液中幼稚型红细胞及网织红细胞增多，血红蛋白减少，血液相对密度降低，干物质减少，血沉加快。显微镜检查有很多有核红细胞呈有丝分裂，白细胞及巨核胚细胞大量增多。骨髓中由于铁含量不足，常见到大而淡染的、血红蛋白贫乏的红细胞，发现淡染的红细胞是慢性出血性贫血的重要特征之一。

诊断与预后

找出原发病及出血原因和部位，必要时进行全面检查，发现白细胞及血小板增多的低血素性贫血时说明有出血存在。胃肠出血时还有便血，泌尿器官出血时有血尿。

积极治疗，一般预后良好。

治疗

原则是去除病因，止血，补充造血物质和对症治疗。

止血及补充造血物质可参照急性出血性贫血。补铁时，配合盐酸及抗坏血酸促进铁的吸收，或配合铜、砷制剂刺激骨髓造血机能。加强饲养管理：应给予高蛋白、多种维生素和含铁的饲料，给予良好的青草或干草，以及豆类和麦麸等。

溶血性贫血（haemolytic anemia）

溶血性贫血是由于某种原因使红细胞平均寿命缩短，破坏增加，并超过骨髓造血代偿能力所引起的一组贫血。临床上以黄疸、肝脏及脾脏增大为特征。根据病程可分为急性和慢性溶血。血液学检查是血红蛋白过多的巨细胞性贫血。本病可发生于幼驹、犊牛、仔猪、狗崽或小猫。

病因

主要有内在缺陷和红细胞外因所致的两大类溶血性贫血。

红细胞内在缺陷是红细胞膜结构异常，磷酸戊糖旁路和谷胱甘肽代谢中酶的缺乏，红细胞糖酵解酶缺乏及球蛋白构造和合成的缺陷所致的溶血性贫血。

红细胞外因是由免疫性反应（不合血型的输血、新生幼畜溶血性贫血）及感染（细菌、病毒、血液原虫等）、物理、化学（重金属中毒）及生物性因素所致的溶血性贫血和脾功能亢进等。

新生幼畜溶血性贫血（haemolytic anemia of newborn），属同族免疫溶血性疾病（cisoimmunohaemolytic disease）。这是由于母畜与仔畜血型不同，仔畜在胚胎期间产生一种抗原，刺激母畜产生免疫性抗体。在胚胎期，抗体不能通过胎盘屏障进入胎儿体内，只存在于血液及初乳中。当初生幼畜吃了含有免疫性抗体的初乳后，抗体即通过肠黏膜进入血液，与带有抗原的仔畜红细胞凝集而发生溶血。

发病机理

各种原因引起溶血时，释放出大量血红蛋白，血红蛋白被网状内皮细胞转变为胆红质，胆红质游离在血浆中，不溶于水而溶于有机溶剂中，所以它是脂溶性的，则血清范登白试验呈间接反应强阳性。当游离胆红质随血液循环到达肝脏后，经葡萄糖醛酶转换酶的作用，大部分形成葡萄糖醛酸胆红质，其余的与硫酸结合形成胆红质硫酸酯和极少部分的结合胆红质，血清范登白试验呈直接反应阳性。

游离胆红质进入肝脏后，经肝细胞的摄取、结合、排泄，随胆汁经总胆管排入肠道，在结肠被细菌还原为无色的粪（尿）胆原，在大肠下段与氧结合为粪胆素随粪排出体外。粪胆素增加时，粪色深暗。小部分尿胆素原进入血液循环，然后经肾脏随尿排出，尿胆素增加则尿色加深；大部分尿胆素原在肝脏经肝细胞氧化为结合胆红素，经胆汁排出，形成所谓胆红素的肠肝循环。通过血液将胆红质带到各组织器官，因而临床上出现黄疸，严重时贫血、黄疸并发，可视黏膜黄染或苍白，这是溶血性贫血的又一特征。

症状

1. 急性溶血或慢性溶血急性发作（溶血危象）　为骤然起病，严重的背部疼痛，四肢酸痛，寒战，高热，患畜并发狂躁、恶心、呕吐、腹痛、腹泻等胃肠道症状。由于溶血迅速，血红蛋白大幅下降（升高）；血管内溶血出现血红蛋白尿，发病12h后，出现黄疸。

2. 慢性溶血性贫血　起病缓慢，可有贫血、黄疸及脾肿大三大类型，主要表现为皮肤苍白，气短。长期持续溶血，可并发胆石症和肝功能损害，血液中出现大量的胆固醇、类脂质和脂肪。

诊断与预后

查明原发病，结合临床三大特征：贫血、黄疸、肝脾肿大，血清胆红质间接反应明显，尿胆素增加等进行综合分析，并通过血液学检查：红细胞减少，大小不等，尤其是网织红细胞增多，可以确诊。

鉴别诊断：①急性黄疸性肝炎：有黄疸或肝脾肿大，但无明显贫血，血液学指标正常。②先天性胆红素代谢功能缺陷：因先天性肝细胞酶的缺陷或肝细胞对胆红素的转运及排泄障碍所引起，具有先天性非溶血性黄疸，无明显贫血，网织红细胞不增高，脾不增大。

预后取决于原发病的治疗。

治疗

原则是消除原发病，给予易消化的营养丰富的饲料，输血并补充造血物质。

肾上腺皮质激素疗法如泼尼松注射液，肌肉注射或静脉注射，牛、马 0.05～0.15g，猪、羊 0.01～0.02g，其他治疗方法参照急性出血性贫血。

营养性贫血（nutritional anemia）

引起营养性贫血的原因除了铁缺乏外，还有低蛋白血症，微量元素铜、钴等缺乏症及维生素 B_{12}、叶酸、烟酸、硫胺素、核黄素等的缺乏症及慢性消耗性疾病和饥饿，此题主要叙述缺铁性贫血。

在北方秋冬及早春季节和南方圈养的仔猪，由于得不到土壤中的造血元素，尤其是铁缺乏，在出生后 5～28d 内经常发生营养性贫血，又称为缺铁性贫血。广义上缺铁性贫血是指由于动物体内对铁的需要增加，但摄取不足、丢失过多或铁的吸收不良等造成体内铁缺乏，影响血红蛋白的合成而发生的贫血，故又称为小细胞低色素性贫血。

病因

本病在一定地区具有群发性。其根本原因是仔猪体内铁缺乏。圈养猪，若猪舍建筑的地面用水泥或石板，使仔猪出生后就不能与土壤接触，从而减少了铁的摄取来源；母乳中铁不足。

仔猪出生后 8～10d，由肝脏造血变为骨髓造血，使血液中血红蛋白含量降低，这种过渡可引起生理性贫血。同时仔猪生长速度较快，由于出生后体内储存的铁逐渐消耗，当得不到足量的外源性铁时，影响血红蛋白的生成，发生病理性贫血。

发病机理

缺铁性贫血是一个渐进的发展过程。初期，机体动用骨髓、肝、脾及其他组织储存的铁蛋白及含铁血黄素，而使红细胞数量、血红蛋白含量及血清铁均维持在正常范围。随着机体储存铁的消耗，血清铁降低，骨髓幼红细胞可利用铁逐渐或完全缺乏，骨髓中红细胞呈代偿性增生，出现小细胞低色素性贫血。

缺铁时，血红素生成减少，含铁酶类活力降低导致红细胞内脂类、蛋白质及糖类合成障碍以及成熟红细胞内部缺陷，使红细胞寿命缩短，容易在脾内破坏，从而引起血红蛋白减少，机体氧化还原过程遭到破坏，消化吸收功能减弱，更加重了贫血的发生。患畜抵抗力降低，容易继发感染性疾病。

症状

本病发展缓慢，当缺铁到一定程度时出现贫血，有缺氧和含铁酶及铁依赖酶活性降低的表现。仔猪出生 8～9d 时出现贫血症状，皮肤及可视黏膜苍白，心搏增快，活力显著下降，吮乳能力下降。仔猪发生营养不良，机体衰弱，精神不振，被毛粗乱，影响生长发育。仔猪极度消瘦，消化系统发生障碍，出现周期性下痢及便秘，腹壁卷缩呈橄榄猪。

另一类型仔猪不消瘦，外观上很肥胖，生长发育较快，经 3～4 周后在奔跑中突然死亡。

诊断与预后

根据仔猪生活的环境条件及日龄、临床表现及血红蛋白量显著减少、红细胞数量下降等特征不难诊断。剖检可见：肝脏有脂肪变性且肿大，呈淡灰色，有时有出血症；肌肉呈淡红色，特别是臀肌和心肌；心脏及脾脏肿大，肾实质变性，肺水肿，血液稀薄呈水样。组织学检查：骨髓中红细胞生成加强，在肝脏、脾脏及淋巴结有髓外造血功能。

积极治疗一般预后良好。

治疗

原则是去除病因，补充铁剂，加强母畜饲管并尽早给幼畜补铁。

去除病因较治疗贫血更为重要，仔猪出生后要在舍饲栏内放入红土（含铁质）或泥炭土，以利于仔猪采食，对哺乳母猪应给予富含铁、铜、钴及各种维生素的饲料，以提高母乳抗贫血的能力。

补充铁剂，如硫酸亚铁 75～100mg，内服；焦磷醇铁，每天 300mg，内服，连用 7d；0.05%硫酸亚铁溶液及等量的 0.1%硫酸铜溶液，每天 5mL，内服或涂于母猪乳头上。含糖氧化铁注射液，1mL 含铁 20mg，仔猪 1～2mL，肌肉注射。葡聚糖铁钴注射液，4～10 日龄仔猪，在后肢深部肌肉注射 2mL，重症隔 2d 同剂量重复一次。或葡聚糖铁注射液（150～200mg Fe /mL），每仔猪每次 1mL，肌肉注射。

过量摄入铁对猪有一定毒性，应严格控制用量。母猪饲料中硫酸亚铁应在 0.5%以下，用于注射的铁注射液中铁元素含量应在 0.05%以下。

再生障碍性贫血（aplastic anemia）

再生障碍性贫血（简称再障），是由多种原因引起的以骨髓造血功能衰竭为特征的造血干细胞数量减少和（或）功能异常所致的红细胞、中性粒细胞、血小板减少的综合征。临床表现为贫血、感染和出血。

再障是较常见的血液病，国外分为轻型和重型两型，国内分为急性和慢性两种。

病因

损伤骨髓造血的因素中，药物、化学、物理因素和感染较为常见。

细胞毒类药物，特别是烷化剂，是强烈的骨髓抑制性药物，达到足够剂量即可损害骨髓造血功能。此外，某些抗癌药和头孢类药物、氯霉素、磺胺药、保泰松、苯巴比妥、青霉胺、苯妥英等也能抑制造血，其中氯霉素危险性最高，其次为保泰松。

物理因素，见于各种电离辐射，如X射线、放射性核素等超过一定剂量，可直接损害多能干细胞或造血微环境，从而抑制骨髓造血。

感染及其他因素，急慢性感染，包括细菌、病毒（如肝炎病毒）、寄生虫（如严重晚期血吸虫）等，引起红细胞总数减少。此外，某些慢性贫血未及时发现或治疗，如慢性肾炎；某些恶性肿瘤等有时也可引起再障；亦有部分为先天性再障，伴有多种畸形及染色体异常。

发病机理

由于病因的刺激作用，骨髓发生变性，破坏了神经体液的营养作用，红骨髓迅速而持续性减少，并被脂肪组织取代，造成骨髓萎缩，造血机能衰退，导致血液中各种血细胞减少，血小板减少甚至完全消失，破坏了凝血作用。同时血管壁通透性和血细胞脆性增加，使机体各组织器官发生出血性素质。当骨髓萎缩及造血机能衰退时，白细胞减少，淋巴组织萎缩，导致机体免疫性反应降低，易于发生感染。

症状

可视黏膜及无色素皮肤逐渐苍白，周期性出血，机体衰弱，易于疲劳，气喘，心动过速。

局部感染常反复发生，亦有周身感染和败血症，体温升高，皮肤发生局部坏死等症状。

血液学检查，末梢血液中出现红细胞减少症的同时，血红蛋白量降低，再生型红细胞几乎完全消失。红细胞大小不均，白细胞数降低，血小板减少，血沉加快。

骨髓细胞检查，骨髓机能抑制，细胞缺乏，仅可见淋巴细胞、网状内皮细胞及浆细胞。

诊断与预后

根据临床资料，结合外周血液学检查结果可初步诊断，最好进行骨髓穿刺。骨髓象观察可见，急性型骨髓穿刺液稀薄，油滴增多，涂片中有核细胞显著减少；慢性型骨髓增生减低，油滴较多。活检可见红髓脂肪变性，急性再障时几乎全变成脂肪髓；慢性型脂肪组织中可见造血灶。

预后谨慎。

治疗

原则是加强饲养，消除病因，提高造血机能，补充血液量。

首先去除可疑致病因素，如停用能够引发本病的药物、脱离有毒环境等，给予足够的营养和适当的休息，如白细胞数低于正常值较大，应予以短期隔离，以防感染。

提高造血机能，可选用丙酸睾酮、氟羟甲睾酮等，辅以中药治疗，效果明显。必要时可行脾切除术。

有条件可进行输血治疗。

预防

对原发病应及早进行治疗，避免慢性化过程、感染及进行性出血。慎重选用药物，禁止滥用药物，必须使用时应定期检查血液学变化，以便及时减量或停药。

附：贫血综合证鉴别诊断要点

诊断贫血的指标，临床是最常用的有红细胞、红细胞压积、血红蛋白、红细胞象及骨细胞象。前三项是辨别贫血与否的不可缺少的基础指标，任何一项或三项都低于正常值，即可认为是贫血。后两者是用以进一步探讨贫血的性质和判定贫血程度的佐证指标，视需要和条件，酌情选用。

鉴别贫血性质的指标，经常应用的是由红细胞数、红细胞压积和血红蛋白计算出来的红细胞指数即平均红细胞容积（MCV）、平均红细胞血红蛋白（MCH）和平均红细胞血红蛋白浓度（MCHC）三项指标。健康动物的红细胞指数参考值见表 5-1。

表 5-1　健康动物的红细胞指数参考值

动　物	MCH/pg	MCV/fL	MCHC/%
马	10.0～20.0	26.0～58.0	280～400
骡	12.0～16.0	28.0～50.2	310～390
驴	16.8	52.1	322
黄牛	14.4	59.1	223
乳牛	12.0～22.0	44.0～59.0	250～380
水牛	19.9～22.9	53.8～88.7	331～419
瘤牛	19.8～20.6	58.0～61.0	322～356
骆驼	14.9	33.4	446
山羊	5.0～8.0	15.0～22.0	280～450
绵羊	8.2～12.3	28.0～34.9	300～380
猪	16.0～19.0	50.0～62.0	250～360
犬	15.0～29.0	50.0～88.0	230～420
猫	13.0～17.0	49.0～59.0	240～300
兔	16.0～31.0	57.0～90.0	220～387
鸡	25.0～48.0	100.0～139.0	200～340
鸭	32.0～71.0	115.0～170.0	201～525

MCV 增大，见于再生障碍性贫血，减少见于缺铁性贫血。

MCHC 增高，是溶血的指征，降低而伴有小细胞增多症，为缺铁性贫血；降低而伴有大细胞增多症，为再生障碍性贫血。

综合 MCV、MCH、MCHC 三者的变化，可将贫血鉴别为色素小细胞性贫血（MCHC、MCV 均低于正常值）、正色素正细胞性贫血（MCHC、MCV 均在正常范围内）及高色素大细胞性贫血（MCHC、MCV 均高于正常值）三种。

（胡国良）

第六章　泌尿器官疾病

第一节　概　　论

泌尿器官是动物机体的重要排泄系统，是代谢产物、多余水分和某些毒性物质的主要排泄场所，也是机体的重要内分泌器官，对维持机体内环境的稳定起着重要的作用。由尿液生成器官（肾脏）和尿液贮留、排出的通道（尿路）组成。肾脏主要由肾小球、肾小管、集合管和血管构成。膀胱是尿液贮留的器官。

据临床统计，家畜的泌尿器官疾病多发于春秋两季，其发病率，特别是原发性泌尿器官疾病的发病率要低于其他器官疾病。尽管如此，但由于泌尿器官是机体最主要的排泄器官，当肾脏机能障碍时，不仅使尿液和体内的有害代谢产物不能排出，同时，还会引起水盐代谢紊乱和酸碱平衡失调，因而严重影响家畜机体的生命活动，甚至导致死亡。因此，对泌尿器官疾病的预防和治疗不应有所忽视。

在兽医临床上较为常见的泌尿器官疾病，主要有肾功能衰竭、肾炎、肾病、肾盂炎、膀胱炎、膀胱麻痹、尿道炎、尿结石等。

引起泌尿器官疾病的病因

1. *病原微生物感染*　分血源性和尿源性两种。血源性感染是病原微生物由血液流至肾、肾盂而致病。尿原性感染指由细菌、病毒等经尿道或损伤的直肠（直肠膀胱穿刺）进入膀胱，进而引起肾、肾盂损伤。

2. *有毒物质的作用*　外源性有毒物质及代谢性毒物到达肾脏时，引起局部组织损伤，如肾毒性药物、栎树丹宁、重金属元素、细菌毒素等。

3. *变态反应性损伤*　抗原-抗体反应及其复合物对肾小球基膜及尿路的损伤，即引起细胞的变性、坏死、脱落以至炎症反应。常见的变应原物质如菌体蛋白、某些药物（庆大霉素、青霉素等）和血清及生物制品等。

4. *代谢性影响*　因维生素 A 缺乏、钙过多而磷不足，或钙磷比例失调，致使肾细胞在其他因子的作用下，产生坏死、脱落。也影响维生素 D 在肾脏内的转化，影响钙结合蛋白质的合成，使钙、磷代谢进一步紊乱，最终产生钙的异位沉着，形成结石。由此对周围组织产生机械性压迫与刺激，并引起局部的炎症。

此外，肿瘤、插入导尿管等机械性压迫与损伤，肾线虫，泌尿器官附近组织炎症扩散如前列腺炎、子宫内膜炎、盆腔炎等也会波及泌尿器官，引起炎症、坏死等。

泌尿器官疾病的临床症状

泌尿器官疾病的临床症状是错综复杂的，主要表现下述综合征。

1. 排尿障碍　表现为尿痛、尿频、尿失禁和无尿等排尿障碍。

2. 尿液变化　表现为尿液数量、性质和颜色的改变。

(1) 尿量改变　当泌尿器官患病时，有规律的排尿次数与尿量受到破坏，临床上表现为少尿、无尿或多尿。

(2) 尿液成分改变　泌尿器官疾病时由于肾及尿路的机能障碍，尤其是肾病变时，肾小球滤过膜的通透性增大，肾小管的重吸收机能障碍，导致尿液成分改变，临床上出现蛋白尿、血尿和管型（尿圆柱）尿等。

(3) 尿颜色的改变　由于尿液组成改变，可表现出尿液颜色的变化。黄色尿，提示尿中胆色素或黄色素等含量升高；红色尿，表明尿中可能含有红细胞、血红蛋白、肌红蛋白、卟啉类物质或某些红色的代谢产物；白色尿则可能是含有乳糜，或者尿中某种矿物质含量升高等。

3. 肾性水肿　水肿是肾脏疾病的重要症状之一，但动物并非必然出现，一般发生在有疏松结缔组织的部位，如眼睑、颌下、胸腹下、四肢末端及阴囊处，严重时出现体腔积液。急性肾炎时，由于肾小球滤过率降低，而肾小管重吸收机能基本正常，可引起水、钠潴留，发生不同程度的水肿。而慢性肾炎或肾病时，由于肾小球基底膜变性、坏死，使其结构疏松，或因肾小管上皮细胞变性导致重吸收机能障碍，大量蛋白质随尿排出，导致低蛋白血症而产生水肿。

4. 肾性高血压　由于肾脏小动脉的反射性收缩，血流量减少，肾素-血管紧张素增多，导致小动脉平滑肌收缩，血压升高。当心脏舒张时，主动脉瓣紧张关闭，振动加强，第二心音增强。

5. 尿毒症　是肾机能不全的最严重表现。主要是因肾机能不全，致使代谢产物和毒性物质在体内蓄积及内环境紊乱，而引起自体中毒性尿毒症。

泌尿器官疾病的诊断与治疗

根据病史和特征性临床症状，结合尿液化验和肾功能测定，还可采用肾脏和膀胱的超声检查和膀胱镜检查。肾活组织检查可以诊断特殊的泌尿道疾病。

泌尿器官疾病的治疗原则是除去特异性病因，控制感染，消除水肿，实施非特异性和支持性治疗。治疗泌尿器官疾病时，除中西医结合应用中草药外，还采用了肾上腺皮质激素、免疫抑制药物等治疗方法。

（王生奎）

第二节　肾脏疾病

肾功能衰竭（renal failure）

肾功能衰竭是指肾组织发生的急性肾功能不全或肾衰竭或肾单位绝对数减少所致的临床综合征，简称肾衰。按病程分为急性和慢性两种；按发病部位可分为肾前性、肾性和肾后性。各种动物均可发生。

（一）急性肾衰竭（acute renal failure）

急性肾衰竭又称急性肾功能不全，是指由多种原因造成的急性肾实质性损害而导致的肾功能抑制。临床上以发病急骤，少尿或无尿，代谢紊乱和尿毒症等为主要特征。

病因

常见的病因有大失血、严重脱水、急性中毒、变态反应和感染等。由于外伤或手术造成的大出血，急性左心衰竭，严重的呕吐、腹泻失去大量水分等因素引起的肾脏严重缺血。由于某些化学药物（如氯仿、磺胺类药物等）、生物毒素（如蛇毒、生鱼胆）和细菌和病毒感染（有多种血清型的钩端螺旋体、大肠埃希氏菌、链球菌、葡萄球菌、变形杆菌和犬瘟热病毒等）等，可直接侵害肾组织或通过免疫途径造成肾组织的损伤。

发病机理

1. 肾前性急性肾衰　由于血液入肾前发生流通障碍而造成急性缺血而引起肾衰。例如，心力衰竭时心输出量减少；大失血脱水或败血症所致的有效循环血量不足，血容量减少；药物、麻醉或脊髓损伤等诱发的低血压；某些过敏性休克时，入肾小球动脉端的血压低于 8kPa，肾小球滤过作用濒临停止，尿量极少并含少量蛋白质，继而发生肾衰。

2. 肾性急性肾衰　由肾脏本身急性病变引起，多见于急性间质性肾炎和急性肾小管坏死，以及肾脏病变所致的急性局部缺血，偶见于严重的腹部创伤性双侧肾脏破裂。由于大部分肾小管基底膜损伤、溶解以至坏死，所产生的管型与细胞碎片阻塞肾小管，尿液被重新吸收而使血氮增多，引起肾衰。

3. 肾后性急性肾衰　因尿液排出肾脏受阻所致。多见于双侧输尿管或尿道阻塞。由于尿液排出受阻，而肾脏仍正常泌尿，使尿液积聚，导致肾小管、肾小球内压力过高，不仅使肾小球滤过受阻，尿中积聚代谢产物，也可造成肾小球管破裂或坏死，因而发生急性肾衰。若一侧输尿管阻塞，尚可见肾盂积水。

在促进急性肾衰中起作用的两个重要因素是进行性、自身长期化的肾缺血和急性肾小管的坏死。不论促发的原因是哪一种，肾小管管腔被蛋白管型和细胞碎屑阻塞，以及滤液经损伤的肾小管上皮漏回，都有助于一系列变化的连续发生。

症状

急性肾功能衰竭的临床表现可分三期。

少（无）尿期，多数病例此期可持续 15d 左右。患畜在原发病症状的基础上，排尿明显减少或无尿。由于水、盐及代谢产物排泄障碍，而出现水肿、心力衰竭、高钾血症、低钠血症、代谢性酸中毒、氮血症，且易发生感染等。多尿期，若能度过少尿期，则尿量开始增加。但水及氮质代谢产物潴留依然显著，由于钾排出过快而发生低钾血症，有些动物出现心力衰竭、后肢瘫痪等症状。患畜多死于该期。耐过者，水肿开始消退，症状逐渐好转。恢复期，经过多尿期后，尿量逐渐恢复正常。但由于患畜体力消耗严重，表现为肌肉无力、萎缩等。恢复期的长短，取决于肾实质病变的程度。重症者，肾小球滤过功能长期不能恢复，可转变为慢性肾衰。

少尿期的尿量少，尿相对密度初期高于 1.025，尿钠浓度高，尿中可见红细胞、白细胞、各种管型及蛋白质。多尿期的尿相对密度降低，尿中可见白细胞。血液白细胞总数及中性粒细胞比例增高，血中肌酐、尿素氮、磷酸盐、钾含量升高，血清钠、氯及 CO_2 结合力降低。

肾造影检查，急性肾衰时，造影剂排泄缓慢，根据肾显影情况可判断肾衰程度。肾显影慢，逐渐加深，表明肾小球滤过率低；显影快而不易消退，表明造影剂在间质及肾小管内积聚；显影极淡，表明肾小球滤过几乎停止。

诊断与预后

根据发病史、临床症状结合实验室检验结果可做出诊断。必要时做超声和液体补给试验。

液体补充试验，给少尿的动物静脉补液，如犬一般为 200～1000mL，补液后，注射速尿，若仍无尿或尿相对密度低，可认为急性肾衰。

预后谨慎。

治疗

本病宜以积极抢救，防止休克和脱水，及时补液，纠正酸中毒和减缓氮血症为治疗原则。

少尿期治疗，应给予高能量、低蛋白、富含维生素且易消化的食物。积极治疗原发病并纠正高血钾和钠、水潴留。

补液纠正脱水可用生理盐水、5%葡萄糖注射液等。若高血钾症严重，常用乳酸林格氏液，每千克体重 10～20mL 静脉注射，或者用 10%葡萄糖溶液 30mL 加 1U 胰岛素，按 1mL/kg 静脉注射或按 0.5mL/kg 口服 10%葡萄糖硼酸钙溶液以纠正高血钾。若伴酸中毒，可静脉注射 5%碳酸氢钠。对肾小管坏死的危险病例，纠正脱水后可用渗透性利尿剂，如 20%甘露醇或 20%葡萄糖溶液静脉注射，1～2mL/kg，4mL/min 的速度输入，以减轻氮血症。

为防止发生败血症，可给予抗生素，如氨苄西林钠、头孢菌素等。为防止休克，可给予地塞米松 0.4～0.8mg/kg，每天 1 次或 2 次。解除痉挛，可选用 654-2、氯丙嗪等。当重金属中毒时，应尽早投予二巯丙醇 4.4～6.6mg/kg，肌肉注射，间隔 4～6h 1 次。当尿路阻塞时，应设法排除阻塞的原因。

多尿期，多尿期开始时，常为尿毒症高峰，仍需按少尿期治疗，随尿量渐多，水肿消退，转入多尿期治疗，主要应注意补钾，可给予口服钾盐，或静脉注射氯化钾注射液，并根据尿量，适当进行口服或静脉补液。

恢复期，在犬猫血尿素氮为 20mg/dL，可作为恢复期开始的指标，此期应注意营养，加强护理并适当锻炼使之早日康复。

（二）慢性肾衰竭（chronic renal failure）

慢性肾衰竭是由功能性肾组织长期或严重丧失，承担肾功能的肾单位绝对数减少，不能维持机体环境的相对平衡所致。临床上以出现各种代谢紊乱为主要特征。

病因

慢性肾衰竭多由急性肾衰竭转化而来。

发病机理

各种疾病引起的肾小球滤过率下降，约有75%肾单位进行性破坏是慢性肾衰产生的原因。由于肾脏排泄和调节机能失常，蛋白质分解产物积聚血中导致氮血症，若无其他症状，称肾功能不全期，随着血浆非蛋白氮的积聚，高达100mg/dL，并出现酸碱平衡紊乱，即为尿毒症期，继而发生全身性疾病。

慢性肾衰竭的动物，各器官系统发生多种变化。这些变化可能是由于生成、排泄或负反馈径路破坏，代谢废产物蓄积，或各种激素或其他化合物水平异常的结果。

症状

通常根据临床发展过程，可分为4期，Ⅰ期尿量正常，肾小球滤过率大于50%，可出现血中肌酐及尿素氮轻度升高；Ⅱ期多尿，肾小球滤过率为30%～50%，可出现轻度脱水、贫血、心力衰竭；Ⅲ期尿量减少，出现酸中毒，肾小球滤过率为5%～30%，中度至重度贫血；Ⅳ期出现少尿症状，酸中毒，呈现尿毒症多种临床症状，尤以神经症状和尿素氮升高为主。

随肾机能不全的程度、在某种程度上也随持续时间不同，可出现烦渴和多尿，嗜眠，食欲缺乏，体重下降；呕吐，腹泻，口腔溃疡；贫血，出血倾向；虚弱；骨痛，骨软，易弯曲；心律失常，呼吸急促，低温，低蛋白血症等。

诊断与预后

对患畜应密切注意肾功能变化，监测每天饮水量、排尿量和尿液与血浆中尿素氮与肌酐化，低于30∶1时应引起警惕。有烦渴和多尿史。X射线摄片见骨营养不良。原发性肾小球病患畜见蛋白尿。

预后不良。

治疗

如原因明确，消除病因，并给予针对性治疗。当肾机能不全时，应用支持疗法。

加强护理，减少食物中的蛋白质，必要时给予高生物价蛋白质，勿喂奶类及肉骨头等。避免应激、补充水溶性维生素。

纠正水与电解质平衡紊乱，按照脱水程度给予补液，多给饮水，失钠多者可用3%高渗盐水静脉滴注。有水肿及血压高者限制饮水和摄盐量。少尿限制钾的摄入，而尿多者适当补钾。对慢性尿毒症并伴缺钙和肾性骨病者，给予维生素D_3和大剂量的钙。

纠正酸中毒，给予重磷酸钠、氢氧化铝凝胶，补液可用乳酸林格氏液、5%碳酸氢钠注射液等。

对症治疗，有感染者给予抗生素，出现抽搐、昏迷等神经症状者，可直接向腹腔内注射苯巴比妥溶液（常规减半），但禁用镁盐。

肾炎（nephritis）

肾炎通常是指肾小球、肾小管或肾间质组织发生炎症的病理过程。临床上以水肿，肾区敏感与疼痛，尿量改变及尿液中含多量肾上皮细胞和各种管型为主要特征。按其病程分为急性和慢性两种，按炎症发生的部位可分为肾小球性和间质性肾炎，按炎症发生的范围可分为弥漫性和局灶性肾炎；按引起的病因又可分为原发性肾炎和继发性肾炎。

肾炎在各种家畜均可发生，主要以马、猪较为多见，且在临床上以急性和慢性及间质性肾炎为多发。

病因

肾炎的发病原因尚不十分清楚，但目前认为本病的发生与感染、毒物刺激、外伤及变态反应等因素有关。

1. *感染因素* 多继发于某些传染病的经过之中，如炭疽、牛出血性败血病、口蹄疫、结核、传染性胸膜肺炎、败血症、布氏杆菌病、钩端螺旋体，猪和羊的败血性链球菌、猪瘟、猪丹毒及牛病毒性腹泻等常常引发或并发肾炎。这是由于病毒和细菌及其毒素作用于肾脏引起，或是由于变态反应所致。

2. *中毒性因素* 主要是有毒植物、霉败变质的饲料、被农药和重金属（如砷、汞、铅、镉、钼等）污染的饲料及饮水或误食有强烈刺激性的药物（如斑蝥，松节油等）；内源性毒物主要是重剧性胃肠炎症、代谢障碍性疾病、大面积烧伤等疾病中所产生的毒素与组织分解产物，经肾脏排出时产生强烈刺激而致病。

3. *诱发因素* 过劳、创伤、营养不良和受寒感冒均为肾炎的诱发因素。此外，本病也可由肾盂炎、膀胱炎、子宫内膜炎、尿道炎等邻近器官炎症的蔓延和致病菌通过血液循环进入肾组织而引起。

据报道，肾间质对某些药物呈现一种超敏反应，可引起药源性间质性肾炎，已知能反应的药物有：二甲氧青霉素、氨基苄青霉素、先锋霉素、噻嗪类及磺胺类药物。犬的急性间质性肾炎多数发生在钩端螺旋体感染之后。

慢性肾炎的原发性病因，基本上与急性肾炎相同，只是作用时间较长，性质较为缓和。

发病机理

免疫生物学的发展，动物模型的改进，荧光抗体法，电镜技术和肾脏活体组织检查的应用，使肾炎的发病机理研究取得较大的进展。经过大量的试验研究表明，大约有70%的临床肾炎病例属免疫复合物性肾炎，约5%的病例属抗肾小球基底膜性肾炎，其余为非免疫性所致。

1. *免疫复合物性肾炎* 机体在外源性（链球菌的膜抗原、病毒颗粒和异种蛋白质等）或内源性抗原（如因感染或自身组织被破坏而产生的变性物质）刺激下产生的相应的抗体，当抗原与抗体在循环血液中形成可溶性抗原抗体复合物后，抗原抗体复合物随血循到达肾小球，且沉积在肾小球血管内皮下、血管间质内，或肾小球囊脏层的上皮细胞下。由于激活了补体（C_3b、C_3a、C_4a、C_5a），促使肥大细胞释放组胺，使血管的通透性升高，同时吸引中性粒细胞在肾小球内聚集，并促使毛细血管内形成血栓，毛细血管内皮细胞、上皮细胞与系膜细胞增生，引起肾小球肾炎。20世纪90年代以来，进一步的研究表明，这种由免疫介导引起的肾炎与淋巴因子、溶酶体的释放有关，氧自由基起到重要作用。研究发现，免疫复合物可刺激肾小球系膜释放超氧阴离子自由基和过氧化物，导致肾小球结构改变、内皮细胞肿胀、上皮细胞足突融合、肾小球基底膜降解等一系列组织细胞损伤。

2. *抗肾小球基底膜性肾炎* 此为抗体直接与肾小球基底膜结合所致。其产生的过程是，在感染或其他因素作用下细菌或病毒的某种成分与肾小球基底膜结合，形成自身抗原，刺激机体产生抗自身肾小球基底膜抗原的抗体，或某些细菌及其他物质与肾小球毛细血管基底膜有共同抗原性，刺激机体产生的抗体，既可与该抗原物质反应，也可与肾小球基底膜起反应（交叉免疫反应），并激活补体等炎症介质引起肾小球的炎症反应。

自20世纪70年代以来的研究证实，肾炎的发病过程中，除体液免疫以外，细胞免疫亦起到一定作用。研究表明，T淋巴细胞、单核细胞等均在肾小球肾炎的发病中起重要作用。例如，在抗基底膜性肾小球肾炎的动物模型和病人的肾活检材料的肾小球内均明显地见到单核细胞浸润，表明单核细胞在肾小球性肾炎的发病机制中起一定作用。

3. *非免疫性肾炎*　此为病原微生物或其毒素，以及有毒物质或有害的代谢产物，经血液循环进入肾脏时直接刺激或阻塞、损伤肾小球或肾小管的毛细血管而导致肾炎。

肾炎初期，因变态反应引起肾小球毛细血管痉挛性收缩，肾小球缺血，导致毛细血管滤过率下降，或因炎症致使肾毛细血管壁肿胀，导致肾小球滤过面积减少，滤过率下降，因而尿量减少，或无尿。进一步发展，水、钠在体内大量蓄积而发生不同程度的水肿。

肾炎的中后期，由于肾小球毛细血管的基底膜变性、坏死、结构疏松或出现裂隙，使血浆蛋白和红细胞漏出，形成蛋白尿和血尿。由于肾小球缺血，引起肾小管也缺血，结果肾小管上皮细胞发生变性、坏死，甚至脱落。渗出、漏出物及脱落的上皮细胞在肾小管内凝集形成各种管型（透明管型、颗粒管型、细胞管型）。

肾小球滤过机能降低，水、钠潴留，血容量增加；肾素分泌增多，血浆内血管紧张素增加，小动脉平滑肌收缩，致使血压升高，主动脉第二心音增强。由于肾脏的滤过机能障碍，使机体内代谢产物（非蛋白氮）不能及时从尿中排除而蓄积，引起尿毒症（氮质血症）。

慢性肾炎，由于炎症反复发作，肾脏结缔组织增生以及体积缩小导致临床症状时好时坏，终因肾小球滤过机能障碍，尿量改变，残余氮不能完全排除，滞留在血液中，引起慢性氮质血症性尿毒症。

症状

1. *急性肾炎*　患畜食欲减退或废绝，精神沉郁，结膜苍白，消化不良，体温微升。由于肾区敏感、疼痛，患畜不愿行动。站立时腰背拱起，后肢叉开或齐收腹下。强迫行走时腰背弯曲，发硬，后肢僵硬，步样强拘，小步前进，尤其向侧转弯困难。

患畜频频排尿，但每次尿量较少，严重者无尿。尿色浓暗，相对密度增高，甚至出现血尿。

肾区触诊，患畜有痛感，直肠触摸，手感肾脏肿大，压之感觉过敏，患畜站立不安，甚至躺下或抗拒检查。由于血管痉挛，眼结膜显淡白色，动脉血压可升高达29.26kPa（正常时为15.96～18.62kPa）。主动脉第二心音增高，脉搏强硬。

重症病例，见有眼睑、颌下、胸腹下、阴囊部及牛的垂皮处发生水肿。病的后期，患畜出现尿毒症，呼吸困难，嗜睡，昏迷。

尿液检查，蛋白质呈阳性。镜检尿沉渣，可见管型、白细胞、红细胞及多量的肾上皮细胞。血液学检查，血液稀薄，血浆蛋白含量下降，血液非蛋白氮含量明显增高。有资料报道，马患肾炎，血液蛋白含量下降，血液非蛋白氮可达 1.785mmol/L 以上（正常值为 1.428～1.785mmol/L）。

2. 慢性肾炎　患畜逐渐消瘦，血压升高，脉搏增数，硬脉，主动脉第二心音增强。疾病后期，眼睑、颌下、胸前、腹下或四肢末端出现水肿，重症者出现体腔积水。尿量不定，尿中有少量蛋白质，尿沉渣中有大量肾上皮细胞和各种管型。血中非蛋白氮含量增高，尿蓝母增多，最终导致慢性氮质血症性尿毒症，患畜倦怠、消瘦、贫血、抽搐及出血倾向，直至死亡。典型病例主要是水肿、血压升高和尿液异常。

病理变化，急性肾炎的眼观病变为肾脏体积轻度肿大、充血、质地柔软、被膜紧张、容易剥离、表面和切面皮质部见到散在的针尖状小红点。慢性病例，肉眼可见肾脏体积增大、色苍白，晚期，肾脏缩小和纤维化。

诊断

根据病史（多发生于某些传染病或链球菌感染之后，或有中毒的病史），临床特征（少尿或无尿，肾区敏感、疼痛，主动脉第二心音增强，水肿）和尿液化验（尿蛋白、血尿、尿沉渣中有多量肾上皮细胞和各种管型）进行综合诊断。

本病应与肾病鉴别。肾病，临床上有明显水肿和低蛋白血症，尿中有大量蛋白质，但无血尿及肾性高血压现象。

急性肾炎一般可持续 1～2 周，经适当治疗和良好的护理，预后良好。慢性病例，病程可达数月或数年，若周期性出现时好时坏现象，多数难以治愈。重症者，多因肾功能不全或伴发尿毒症死亡。间质性肾炎，经过缓慢，预后多不良。

治疗

肾炎的治疗原则是消除病因，加强护理，消炎利尿，抑制免疫反应及对症治疗。

消除炎症、控制感染，一般选用青霉素，按每千克体重，肌肉注射一次量为：牛、马 1 万～2 万 IU，猪、羊、马驹、犊牛 2 万～3 万 IU，每日 3 或 4 次，连用一周。其次链霉素、诺氟沙星、环丙沙星合并使用可提高疗效。

免疫抑制疗法：鉴于免疫反应在肾炎的发病学上起重要作用，而肾上腺皮质激素在药理剂量时具有很强的抗炎和抗过敏作用。所以，对于肾炎病例多采用激素治疗，一般选用氢化可的松注射液，肌肉注射或静脉注射，一次量：牛、马 200～500mg，猪、羊 20～80mg，犬 5～10mg，猫 1～5mg，每日 1 次；亦可选用地塞米松，肌肉注射或静脉注射，一次量：牛、马 10～20mg，猪、羊 5～10mg，犬 0.25～1mg，猫 0.125～0.5mg，每日 1 次。有条件时可配合使用超氧化物歧化酶（SOD）、别嘌呤醇（allopurinol）及去铁敏（deferoxamine）等抗氧化剂，在清除氧自由基，防止肾小球组织损伤中起重要作用。

为促进排尿，减轻或消除水肿，可选用利尿剂，氢氯噻嗪，牛、马 0.5～2g，猪、羊 0.05～0.2g，加水适量内服，每日 1 次，连用 3～5d。

肾病（nephrosis）

肾病又称肾变病，是一种以肾小管上皮细胞弥漫性变性、坏死为病理特征的非炎症性肾脏疾病。其病理变化特征是肾小管上皮混浊肿胀、脂肪变性与淀粉样变性及坏死。临床上以大量蛋白尿、明显水肿和低蛋白血症为特征。各种动物均可发生，但临床上以马、犬较为多见。

病因

肾病的病因有多种，其中以中毒与缺氧为较主要因素。

1. *中毒性肾病病因* 常见的有家畜蛋白性与脂肪性肾病。蛋白性肾病通常发生在传染性胸膜肺炎、口蹄疫、结核病和猪丹毒等急、慢性传染病，以及重金属元素、霉菌毒素等中毒病的过程中。而脂肪性肾病则常见于严重的妊娠中毒，原发性酮病及某些传染病。

2. *低氧性肾病*（hypoxic nephrosis） 发生于大的撞击伤、马的氮尿症（azoturia）、输血性贫血、大面积烧伤和其他引起大量游离血红蛋白与肌红蛋白的疾病。

3. *其他肾病病因* 空泡性肾病（vacuolar nephrosis）或称为渗透性肾病（osmotic nephrosis）与低血钾有关。犬和猫的糖尿病，常因糖沉着于肾小管上皮细胞，尤其是沉积于髓质外带与皮质的最内带时而导致糖原性肾病（glycogen nephrosis）。在禽痛风时因尿酸盐沉着于肾小管而导致尿酸盐肾病。

发病机理

肾病的发生机制迄今尚无。目前较普遍的观点认为，肾病是全身疾病的一种局部反应，肾病实质上是组织胶体理化性状发生了高度的改变，它主要表现为蛋白质、类脂质的代谢紊乱以及电解质的代谢障碍。

研究表明，中毒性肾病主要是病原微生物和机体的代谢产物等内源性毒素与外源性毒物经肾脏排出时，肾小管比肾小球对毒素更为敏感；加之，肾小管对尿液有浓缩作用，致使毒害性物质含量增高，肾小管受到强烈的刺激而产生变性，严重时发生坏死。低氧性肾病则是因肾小管对缺氧甚为敏感，一些缺氧性疾病和能诱发红细胞破裂的疾病可致使肾缺血或因红细胞破裂后的基质对肾小管的损伤，引起肾小管髓袢和远曲小管上皮细胞发生变性和坏死。当肾病出现之后产生以下几个特征性的变化。

1. *蛋白尿和管型尿* 肾病时，尽管肾小球的损害不严重，但由于肾小管的变性和坏死，重吸收功能障碍，使尿液中出现大量的蛋白质。当尿呈酸性时，进入尿中的部分蛋白质发生凝结形成管型，随尿排出而发生管型尿。

2. *低蛋白血症* 由于大量的蛋白由尿中漏失，造成血浆蛋白明显降低而出现低蛋白血症。

用放射性核素示踪法测定肾病时蛋白质代谢表明：①白蛋白池（albumin pool）明显减少；②净白蛋白分解率（g/d）轻度降低，但白蛋白分解比例（g/白蛋白池）明显增加；③肝脏蛋白合成正常或偏高。因此，说明低蛋白血症是尿中丢失蛋白质所致。

3. *水肿* 主要是由于大量蛋白质从尿中排出，血浆蛋白含量显著降低，致使血浆胶体渗透压下降，液体成分进入并蓄积于组织间隙而发生水肿。

4. *高脂血症* 原因尚不明，患畜血中胆固醇及三酰甘油均明显增高，其程度与血浆白蛋白下降呈负相关。

症状

一般症状与肾炎相似，与肾炎的根本区别是肾病不出现血尿，尿沉渣中无红细胞及红细胞管型。

轻症病例，仅呈现原发病固有的症状。尿中有少量的蛋白质和肾上皮细胞。当尿呈酸性反应时可见少量管型。严重病例，则出现不同程度的消化障碍，如食欲减退、周期性腹泻等，患畜逐渐消瘦，衰弱和贫血，并出现水肿和体腔积水。尿量减少，相对密度增高，尿中含有大量蛋白质，尿沉渣中见有大量肾小管上皮细胞及颗粒管型和透明管型。

慢性肾病，尿量无显著改变，当肾小管上皮细胞严重变性、坏死时，重吸收功能降低，尿量增加，相对密度降低。

血液学检查，轻症无明显异常，重症者红细胞数减少，白细胞数正常或轻度增加，血小板计数偏高。血红蛋白降低，血沉加快，血浆总蛋白降低至 20～40g/L（低蛋白血症），血液中总脂、胆固醇和三酰甘油含量均明显增高。

病理变化，肾肿大、被膜易剥离、质地软、皮质增厚、切面有散在灰白色条纹、皮质与髓质分界模糊、肾小球一般不易辨认。

诊断与预后

肾病的诊断，主要根据尿液化验，尿液中含有大量蛋白质、肾上皮细胞、透明管型和颗粒管型，但无红细胞和红细胞管型，然后结合病史（中毒或缺氧等病史）及临床症状（水肿、血尿等）建立诊断。

轻症病例，通过消除病因，合理治疗，预后良好。慢性者则预后慎重。重症者，一旦出现全身水肿或血浆总蛋白含量明显降低，或由于尿闭而发生尿毒症时，预后不良。

治疗

治疗原则是消除病因，利尿消肿，对症治疗。

病因治疗：针对中毒性肾病、低氧性肾病及其他原因引起的原发性肾病，采取消除病因和控制治疗。注射抑菌消炎药以控制病原微生物的感染，采用清理体内毒物与毒素的方法来处理由毒性物质所致的原发病等。

对症治疗：给患畜饲喂富含蛋白质的饲料，以补充机体漏失的蛋白质，纠正低蛋白血症，对肉食动物饲喂牛奶，草食家畜应饲喂优质豆科植物，配合少量块根饲料。

利尿消肿：适当使用利尿剂，可以控制和消除水肿，改善患畜一般情况。胃肠道水肿消退后，患畜食欲增加，对防治感染也有利。常用的利尿剂有以下几种。

1. *髓袢利尿剂*　可用呋塞米静脉注射或口服。本药很适宜于肾功能减退者，其用量可根据水肿程度及肾功能情况而定，一般用量，犬、猫 5～10mg/kg，牛、马 0.25～0.5g/kg，每日 1 或 2 次，连用 3～5d。

2. *噻嗪类*　一般病例可用双氢克尿噻，口服，牛、马 0.5～2g，猪、羊 0.05～0.1g，每日 1 或 2 次，连用 3～4d，同时应补充钾盐。

也可选用乙酰唑胺，成犬 100～150mg，内服，每日 3 次，还可选用氯噻嗪、利尿素等利尿药。促进蛋白质的生成，可应用丙酸诺龙，牛、马 0.2～0.4g，猪、羊 0.05～0.1g，肌肉注射。或丙酸睾丸素，牛、马 0.1～0.3g，猪、羊 0.05～0.1g，肌肉注射，2～3d 一次。

免疫抑制治疗：在治疗效果不满意时应用，可提高疗效。常用环磷酰胺，可作用于细胞内脱氧核糖核酸或信息核糖核酸，影响B淋巴细胞的抗体生成，减弱免疫反应。使用剂量可参考人的用量（200mg/d环磷酰胺置于生理盐水中）做静脉注射，5～7d为一疗程。

（王生奎）

第三节 尿路疾病

肾盂炎（pyelitis）

肾盂炎是肾盂黏膜的炎症，临床上单纯的肾盂炎极少见，常与肾实质同时感染细菌而发生肾盂肾炎（pyelonephritis），多为化脓性，慢性经过。临床上以肾区敏感、高热、尿频、尿痛和脓尿为特征。

本病可发生于各种动物，但临床上多见于母畜，以牛、猪、犬为多发，马较为少见。

病因

肾盂炎的主要病因是感染，多发生在全身和局部化脓性疾病的经过中。病程中可因病原菌沿血液循环到达肾盂而致病，也可因尿道、膀胱、子宫的炎症上行蔓延而发生，产后的胎衣滞留亦可造成肾盂的感染。

致病菌中，除大肠杆菌、化脓杆菌、变形杆菌、链球菌、葡萄球菌、绿脓杆菌之外，肾盂炎棒状杆菌（*Corynebacterium renale*）也是本病常见的病原菌。这种细菌既可单独感染，也可与其他病菌混合感染。由于母畜的尿道短而宽，常常发生创伤，病原微生物易通过尿道口进入膀胱，因而母畜易发生上行感染而致肾盂炎。据日本学者研究发现，肾盂炎棒状杆菌分为Ⅰ、Ⅱ和Ⅲ型。由Ⅲ型菌引起的肾盂炎更为严重，它对泌尿道有特异的亲和力，极易引起尿路的炎症，对其他组织则很少引起病变。

此外，有毒物质（松节油、棉酚、斑蝥等）经过肾脏排出，以及肾结石的刺激，也能引起肾盂炎。

发病机理

病原微生物一般可经血源、尿源、淋巴源三种感染途径侵入肾盂。侵入的病原微生物并不一定都能引起炎症，只有当机体的抵抗力下降时，尤其是尿道流通不畅，尿路有梗阻或肾盂发生淤血、黏膜损伤、尿液蓄积时，病原微生物才大量繁殖引起感染，导致肾盂炎的发生。

肾盂炎初期，由于炎症刺激肾盂黏膜和邻近的输尿管，黏膜发生肿胀、增厚，因而输尿管管腔变窄导致排尿困难，结果引起肾内压升高，压迫感觉神经，引起疼痛；当尿液和炎性产物蓄积，炎症进一步发展，肾盂黏膜下组织因此发生脓性浸润；积滞的尿液发酵，产生游离的氨，三价磷酸盐，于是尿液中出现大量的黏液、肾盂上皮细胞、病原微生物、磷酸铵镁及尿酸盐等，使尿液浓稠浑浊。

肾盂炎后期，因尿液长期不能排出，肾盂发生肌层肥厚，进而弛缓，造成尿液排出更加困难，致使混有炎性产物的尿液大量蓄积于肾盂内，肾盂组织受到压迫而遭受破坏，久之，肾盂内可形成一个充满脓液的大脓腔，出现化脓性肾盂炎。

若病原微生物及其毒素和炎性产物不断被吸收而进入血液，则可引起机体全身性反应，出现体温升高、精神沉郁、食欲减退和消化紊乱等症状。

症状

全身症状较为明显，患畜精神沉郁，食欲减退，消化不良，呈进行性消瘦，经常发生腹痛。急性病例，体温升高，可达 41℃，多呈弛张热或间歇热型。

肾区疼痛，患畜多拱背站立，行走时背腰僵硬。中小动物，腹部触诊，肾脏体积增大，敏感性升高。牛、马等大动物，直肠检查可触摸到肿大的肾脏，按压时患畜疼痛不安。当肾盂内有尿液、脓液蓄积时，输尿管膨胀，扩张，有波动感。

多数患畜频频排尿，拱背，努责。病初，尿量减少，排尿次数增多，后期，尿量增多，尿中有病理性产物，尿液浑浊，可见多量黏液和脓汁并有大量蛋白质。镜检，尿沉渣中有大量白细胞和脓细胞，肾盂上皮细胞及肾上皮细胞，少量的透明管型，以及磷酸铵镁和尿酸盐结晶。做尿沉渣直接涂片或做尿细菌培养，可发现肾盂炎棒状杆菌。除上述基本症状外，肾盂炎还表现出动物的种间差异。

病理变化，肾盂炎大多数侵害两肾，特征性眼观病变是肾盂和乳头的坏死和溃疡，肾盂通常显著扩张并蓄积脓性渗出物和脓液，并布满呈放射状的灰白色条纹。晚期，髓质常严重破坏，在皮质和髓质外出现斑块状分布的纤维化与疤痕。肾盂肾炎也可能是单侧性，偶见炎症蔓延至肾脏表面，引起被膜下严重炎症和腹膜炎。

诊断与预后

肾盂炎可根据病史调查、临床特征、直肠检查或肾区触诊及尿液化验做出诊断。有条件的，可采用放射和超声检查，急性肾盂炎时肾肿大，慢性者可见肾变小和不规则。尿路造影可将肾盂炎与输尿管炎进行鉴别。肾盂炎易与肾炎相混淆，必须进行鉴别。肾炎病例，尿中含有大量红细胞和红细胞管型，尿液培养多呈阴性，有大量肾上皮细胞，一般有全身性水肿的特征。而肾盂炎，尿中多以白细胞及脓细胞为主，常有感染与尿路刺激症状，无水肿，尿液培养可见肾盂炎棒状杆菌。

急性肾盂炎可能与膀胱炎相互影响，因此，有必要与膀胱炎区别，后者有脓尿和大量膀胱上皮细胞，尿中无尿管型和蛋白质，也无肾功能衰退表现。临床上如果患畜有脓尿，尿频和排尿有痛感，排尿终末可能出现血尿，可作为膀胱炎的诊断依据。

肾盂肾炎的预后，一般不良，多因排尿障碍或并发其他疾病而死亡。

重症患畜多于短期内死亡，一般患畜可延续数月乃至数年，不易痊愈；少数患畜经适当治疗后，亦有恢复健康者。

治疗

治疗原则是加强护理，抑菌消炎和尿路消毒。

抑菌消炎可使用大剂量的青霉素和链霉素。青霉素按 6000～12 000IU/kg，链霉素按 6～12mg/kg，每天 2 次，肌肉注射。较顽固的病例可选用氨苄青霉素、诺氟沙星或先锋霉素肌肉注射或静脉注射。

尿路消毒可用呋喃坦啶，各种动物内服，每日 12～15mg/kg，2 或 3 次分服。还可使用40%乌洛托品溶液10～50mL做静脉注射，或萨罗10～15g，内服。

由于肾盂炎的复发率较高，因此，治疗必须彻底，应注意观察疗效，当用药后肾盂炎症状完全消失，尿检查转阴性，可以认为已临床治愈；若仍能发现细菌或脓细胞，应再用药，切忌过早停药或停药不追踪观察，导致感染复发或迁延不愈转入慢性。

另外，诱导多尿已被证明有助于排除肾髓质部的微生物。给高盐食物、利尿剂，促进多喝液体。调整尿液pH，为所选的抗生素提供最适作用环境。

膀胱炎（cystitis）

膀胱炎是膀胱黏膜或黏膜下层的炎症。临床上以疼痛性尿频和尿中出现较多的膀胱上皮细胞、炎性细胞、血液和磷酸铵镁结晶为特征。按膀胱炎的性质，可分为卡他性、纤维蛋白性、化脓性、出血性四种。临床上一般以卡他性膀胱炎多见。犬则以化脓性、坏死性膀胱炎多见。本病各种动物均可发生，临床上多见于牛、马、犬和猫，其他家畜少见。

病因

膀胱炎的发生与创伤、尿潴留、难产、导尿、膀胱结石等有关。常见病因有以下几种。

1. *细菌感染*　除某些传染病的特异性细菌继发感染之外，主要是化脓杆菌和大肠杆菌，其次是葡萄球菌、链球菌、绿脓杆菌、变形杆菌等经过血液循环或尿路感染而致病。有人认为膀胱炎是牛肾盂肾炎最常见的先兆，因此，肾棒状杆菌也是膀胱炎的病原菌。

2. *机械性刺激或损伤*　导尿管过于粗硬，插入粗暴，膀胱镜使用不当以致损伤膀胱黏膜。膀胱结石、膀胱内赘生物、尿潴留时的分解产物以及带刺激性药物，如松节油、酒精、斑蝥等的强烈刺激。

3. *邻近器官炎症的蔓延*　肾炎、输尿管炎、尿道炎、尤其是母畜的阴道炎、子宫内膜炎等，极易蔓延至膀胱而引起本病。

4. *毒物影响或某种矿物质元素缺乏*　缺碘可引起动物的膀胱炎；牛蕨中毒时因毛细血管的通透性升高，也发生出血性膀胱炎。

5. *脊柱损伤*　由脊椎骨折、椎间盘突出及脊髓炎所致的神经损伤或膀胱憩室等引起的尿潴留。

6. *其他因素*　由尿毒症、肾上腺皮质机能亢进以及使用肾上腺皮质激素或其他免疫抑制剂等引起的免疫功能降低。

发病机理

病原微生物经尿道上行到膀胱直接作用于膀胱黏膜，或经尿液到达膀胱的有毒物质以及尿潴留时产生的氨和其他有害产物对膀胱黏膜产生强烈的刺激，都可引起膀胱黏膜的炎症，严重者膀胱黏膜组织坏死。

膀胱黏膜炎症发生后，其炎性产物，脱落的膀胱上皮细胞和坏死组织等混入尿中，引起尿液成分改变，即尿中出现脓液、血液、上皮细胞和坏死组织碎片。此种质变的尿液成分又成为病原微生物繁殖的良好条件，可加剧炎症的发展。

发炎的膀胱黏膜受到炎性产物刺激后，其兴奋性、紧张性升高，膀胱频频收缩，故患畜出现疼痛性排尿，甚至出现尿淋漓。若膀胱黏膜受到过强刺激，引起膀胱括约肌反射性痉挛，从而导致排尿困难或尿闭。当炎性产物被吸收后则呈现全身症状。

症状

急性膀胱炎，典型的临床表现是频频排尿，或屡做排尿姿势，但无尿液排出，患畜尾巴翘起，阴户区不断抽动，有时出现持续性尿淋漓，痛苦不安等症状。直肠检查，患畜抗拒，表现疼痛不安，触诊膀胱，手感空虚。若膀胱括约肌受炎性产物刺激，长时间痉挛性收缩时可引起尿闭，严重者可导致膀胱自发性穿孔破裂。

尿液检查，终末尿为血尿。尿液混浊，尿中混有黏液、脓汁、坏死组织碎片和血凝块并有强烈的氨臭味。尿沉渣镜检，可见到多量膀胱上皮细胞、白细胞、红细胞、脓细胞和磷酸铵镁结晶等。

慢性膀胱炎，由于病程长，患畜营养不良，消瘦，被毛粗乱，无光泽，其排尿姿势和尿液成分与急性者略同。若伴有尿路梗塞，则出现排尿困难，但排尿疼痛不明显。

病理变化，急性膀胱炎可见膀胱黏膜充血、出血、肿胀和水肿。尿液混浊并含黏液。在犬有弥散性充血、多灶性黏膜下出血、浅层黏膜水肿、黏膜有脓性白细胞浸润，通常不涉及肌层。慢性病例，膀胱壁明显增厚，黏膜表面粗糙且有颗粒。血管丰富的乳头突起可能受到侵蚀。使尿中混有血液和含有大的血凝块。

诊断与预后

急性膀胱炎可根据疼痛性尿频，排尿姿势变化等临床特征以及尿液检查有大量的膀胱上皮细胞和磷酸铵镁结晶，进行综合判断。在临床上，膀胱炎与肾盂炎，尿道炎有相似之处，但只要仔细检查分析和全面化验是可区分的。肾盂炎，表现为肾区疼痛，肾脏肿大，尿液中有大量肾盂上皮细胞。尿道炎，镜检尿液无膀胱上皮细胞。

实验室检验

1. *尿液的常规检查*　尿液的检查在诊断上最为重要。尿中若混有大量白细胞，特别是有中性粒细胞时尿浑浊（脓尿），呈红褐色（血尿），同时伴有腐败臭味。尿沉渣中出现白细胞、红细胞、膀胱上皮细胞及细菌的，可怀疑为泌尿系统感染，蛋白尿是血细胞成分和膀胱黏膜渗出液产生。

2. *血液学检查*　一般无白细胞增加和中性粒细胞核左移现象。有时会出现血红蛋白降低及低蛋白血症。

急性卡他性膀胱炎，若能及时治疗可迅速痊愈，预后良好。重剧病例，可继发败血症而死亡，也可出现尿阻塞，预后不良。

治疗

本病的治疗原则是加强护理，抑菌消炎，防腐消毒及对症治疗。

1. *抑菌消炎*　与肾炎的治疗基本相同。对重症病例，可先用0.1%高锰酸钾或1%～3%硼酸，或0.1%的雷佛奴尔液，或0.01%新洁尔灭液，或1%亚甲蓝做膀胱冲洗，在反复冲洗后，膀胱内注射青霉素80万～120万IU，每日1或2次，效果较好。同时，肌肉注射抗生素配合治疗。犬、猫一般注射氨苄青霉素，每次0.5g，每次2次；肌肉注射庆大霉素，每次8万IU，每天2次。

2. *尿路消毒*　口服呋喃坦啶，或40%乌洛托品，马、牛50～100mL，静脉注射；犬、猫口服每次每千克体重4.4mg，每天3次。

3. 膀胱冲洗　用2%硼酸溶液经膀胱插管进行冲洗，冲洗后向膀胱内注入庆大霉素或氯霉素。

4. 净化尿液　口服氯化铵，每千克体重20～80mg，每天1次，能使尿液酸化，起到净化作用并增加抗菌药物的效果。

膀胱麻痹（paralysis of bladder）

膀胱麻痹是膀胱平滑肌的收缩力减弱或丧失，致使尿液不能随意排出而潴留在膀胱内所引起的一种非炎症性膀胱疾病。临床上以不随意排尿，膀胱充满且无明显疼痛反应为主要特征。本病多数是暂时性的不完全麻痹，常发生于牛、马和犬。

病因及发病机理

膀胱麻痹多属继发性，主要原因有以下两种。

1. 神经源性　由于脑膜炎、脑部挫伤、中暑、电击、生产瘫痪或因脊髓震荡、挫伤、肿瘤等引起中枢神经系统的损伤，支配膀胱的神经功能发生障碍或调节排尿中枢功能障碍，对膀胱的控制及支配作用丧失，因而膀胱平滑肌或括约肌失去收缩力而发生麻痹。

2. 肌源性　因膀胱或邻近器官组织炎症波及膀胱深层组织，使之发炎而导致膀胱肌层的紧张度降低，或因役用动物长时间使役而得不到排尿的机会，或因尿路阻塞、大量尿液积滞在膀胱内，以致膀胱肌过度伸张而弛缓，降低了收缩力，导致一时性膀胱麻痹。

膀胱麻痹后，一方面大量尿液积滞于膀胱内，膀胱尿液充满，患畜屡做排尿姿势，但无尿液排出，或呈现尿淋漓。另一方面，由于尿的潴留造成细菌大量发育繁殖，尿液发酵产氨，导致膀胱炎。

症状

临床症状可因病因不同而有差异。

脑性麻痹时，丧失对排尿的调节作用，只有膀胱内压超过括约肌紧张度时，才排出少量尿液。直肠触诊膀胱，尿液高度充满，按压膀胱，尿液呈细流状喷射而出。

脊髓性麻痹，排尿反射减弱或消失，膀胱充满时才被动地排出少量尿液，直肠内触压膀胱，尿液充满。当膀胱括约肌发生麻痹时，则尿失禁，尿液不自主的呈滴状或线状排出，触摸膀胱空虚，导尿管易于插入。

肌源性麻痹时，一时性排尿障碍，膀胱内尿液充盈，频频做排尿姿势，但每次却排尿量不大。按压膀胱时有尿液排出。各种原因所引起的膀胱麻痹，尿液中均无尿管型。

诊断与预后

根据病史，结合特征性临床症状，如不随意排尿，膀胱尿液充满等；直肠内触压膀胱及导尿管探诊之结果，不难做出诊断。膀胱不完全麻痹或一时性麻痹，通过适当治疗，一般预后良好。若膀胱完全麻痹或脑、脊髓损伤性膀胱麻痹，预后慎重。

治疗

膀胱麻痹的治疗原则是消除病因和对症治疗。

首先针对原发病病因采取相应的治疗措施。对症治疗可先实施导尿，防止膀胱破裂。大家畜可通过直肠内刺穿肠壁，再刺入膀胱内；小动物可通过腹下壁骨盆底的耻骨前缘部位施行穿刺以排出尿液。膀胱穿刺排尿不宜多次实施，否则易引起膀胱出血、膀胱炎、腹膜炎或直肠膀胱粘连等继发症。

膀胱积尿不是特别严重的病例，可实施膀胱按摩，以排出积尿。对大家畜可采用直肠内按摩，每天 2 或 3 次，每次 5～10min。

选用神经兴奋剂和提高膀胱肌肉收缩力的药物，有助于膀胱排尿。可皮下注射硝酸士的宁，剂量：牛、马 15～30mg，猪、羊 2～4mg，犬 0.5～0.8mg。每日或隔日 1 次。亦可采用电针治疗，两电极分别插入百会穴和后海穴，调整到合适频率，每日 1 或 2 次，每次 20min。

临床治疗表明，应用氯化钡治疗牛的膀胱麻痹，效果良好。剂量为 0.1g/kg，配成 1%灭菌水溶液，静脉注射。据报道，犬患膀胱麻痹时，可口服氯化氨基甲酰甲基胆碱 5～15mg，每日 3 次，对提高膀胱肌肉的收缩力有一定的作用。

为防止感染，可使用抗生素和尿路消毒药。

尿道炎（urethritis）

尿道炎是指尿道黏膜的炎症，其临床特征为尿频、尿痛、局部肿胀。各种家畜均可发生，多见于牛、犬和猫，有的地区多见于公牛。

病因

主要是尿道的细菌感染，如导尿时手指及导尿管消毒不严，或操作粗暴，造成尿道感染及损伤。或尿结石的机械刺激及刺激性药物与化学刺激，损伤尿道黏膜，再继发细菌感染。此外，公畜的包皮炎，母畜的子宫内膜炎症的蔓延，也可导致尿道炎。犬猫尿道炎多由泌尿道及邻近器官感染所致，如膀胱炎、阴道炎或子宫内膜炎等；交配时过度舔舐或其他异物（如草刺等）刺入尿道等。

症状

患畜频频排尿，尿呈断续状流出，并表现疼痛不安，公畜阴茎勃起，母畜阴唇不断开张，黏液性或脓性分泌物不时自尿道口流出。做导尿管探诊时，手感紧张，甚至导尿管难以插入。患畜表现疼痛不安，并抗拒或躲避检查。尿液浑浊，混有黏液，血液或脓液，甚至混有坏死和脱落的尿道黏膜。局部尿道损伤为明显的一过性，或仅在每次排尿开始时滴出血液，也可见不排尿。病犬猫常在导尿时极度痛苦、惨叫或呻吟。患病犬猫频频舔舐外阴部，视诊可见尿道口潮红、水肿或流出脓性分泌物。

尿道炎通常预后良好，如果发生尿路阻塞，尿潴留或膀胱破裂，则预后不良。

诊断

根据临床特征和尿道逆行性造影可确诊，如疼痛性排尿，尿道肿胀、敏感，以及导尿管探诊和外部触诊即可确诊。尿道炎的排尿姿势很像膀胱炎，但采集尿液检查，尿液中无膀胱上皮细胞。应做尿液细菌培养以确定病原，单纯性尿道炎尿中无管型和膀胱以上的上皮细胞。

治疗

治疗原则是消除病因，控制感染，结合对症治疗。

当尿潴留而膀胱高度充盈时，可施行手术治疗或膀胱穿刺。猪发生尿道炎时可用夏枯草 90～180g，煎水、候温内服，早晚各一剂，连用 5～7d。其他疗法可参考膀胱炎。犬、猫抗菌消炎可肌肉注射庆大霉素，每次 8 万 IU，每天 2 次；口服头孢羟氨苄，每次 50～100mg，每天 2 次。用 0.1%高锰酸钾溶液清洗尿道及外阴部，然后向尿道内推注适量抗生素溶液。

尿结石（urolithiasis）

尿结石又称尿石病，是指尿路中盐类结晶凝结成大小不一、数量不等的凝结物，刺激尿路黏膜而引起的出血性炎症和尿路阻塞性疾病。临床上根据阻塞部位分为肾结石、输尿管结石、膀胱结石和尿道结石。临床上以腹痛、排尿障碍和血尿为特征。

本病各种动物均可发生，主要发生于公畜，以牛、猪、羊、犬、鸡等常见。林海祥（1996）报道，新疆奎屯地区牛、羊群尿石症的发病率可达 33.4%。犬的发病率也很高，达 28%，住院猫为 10%。据临床观察，本病多呈地方性发生。

病因

尿结石的成因不十分清楚，但普遍认为是伴有泌尿器官病理状态下的全身性矿物质代谢紊乱的结果，并与下列因素有关。

1. *高钙、低磷和富硅、富磷的饲料*　长期饲喂高钙低磷的饲料和饮水，可促进尿结石形成。调查研究表明，尿结石的形成也与饲料、品种关系密切。例如，产棉地区棉饼是牛羊的主要饲喂饲料，而长期饲喂棉饼的牛羊，极易形成磷酸盐尿结石。有些地区，习惯用甜菜根、萝卜、马铃薯为主要饲料喂猪，结果易产生硅酸盐尿石症。安徽皖北及其他小麦和玉米产区的家畜易患尿结石，其原因是麸皮和玉米等饲料中富含磷。另外，如饲喂高蛋白、高镁离子的日粮时，易促进磷酸氨镁结石的形成。

2. *饮水缺乏*　人工致病试验已证实，尿结石的形成与机体脱水有关。因此，饮水不足是尿结石形成的重要因素，如天气炎热，农忙季节或过度使役，饮水不足，机体出现不同程度的脱水，使尿中盐类浓度增高，促使尿结石的形成。

3. *维生素 A 缺乏*　维生素 A 缺乏可导致尿路上皮组织角化，促进尿结石形成。但实验性牛羊维生素 A 缺乏病，未发生尿结石。

4. *尿液酶活性的改变*　由于尿液中尿素酶的活性升高及柠檬酸浓度降低引起尿液 pH 的变化而促进尿结石的形成。

5. *感染因素*　肾和尿路感染发炎时，炎性产物、脱落的上皮细胞及细菌积聚，可成为尿结石形成的核心物质。

6. *遗传性因素*　由于某些代谢的遗传缺陷，如英国斗牛犬、约克夏梗犬等的尿酸遗传代谢缺陷易形成尿酸铵结石，或机体代谢紊乱利于胱氨酸结石的形成。

7. *其他因素*　甲状旁腺机能亢进，维生素 D 过多，周期性尿液潴留，大量应用磺胺类药物等均可促进尿结石的形成。近十多年来，相继报道了鸡的肾结石和尿路结石的病例，分析其病因主要是饲养环境卫生条件差，维生素缺乏和高钙饲料引起。

发病机理

经有关资料归纳显示，尿结石不但受饲料品种的影响，而且尿结石的化学成分因家畜种类不同，也不一致。狗和猫的尿结石是钙、镁和磷酸铵及尿酸铵；猪的尿结石是磷酸铵镁、钙和碳酸镁或草酸镁；马的结石是碳酸钙、磷酸镁和碳酸镁；而牛羊的结石多属碳酸钙和磷酸铵镁。24 份牛羊尿结石样的化学组成分析表明，50％为方解石（calcite，主要是碳酸钙），29.2％为鸟粪石（strurite，主要是磷酸铵镁）。

目前，形成尿结石的真正机制还不很清楚，一般认为与以下 3 个因素有关。

1. *尿结石的核心物质*　这是形成尿结石的基质，多为黏液、凝血块、脱落的上皮细胞、坏死组织碎片、红细胞、微生物、纤维蛋白和砂石颗粒等，均可作为尿结石的核心物质，促使尿结石的形成。

2. *尿中溶质的沉淀*　当预防尿中溶质沉淀的保护性胶体被破坏时，尿中大量矿物质盐类结晶发生沉淀，成为尿结石的实体，一般盐类结晶有碳酸盐、磷酸盐、硅酸盐、草酸盐和尿酸盐。它们以核心物质为基础，环绕、逐渐沉积形成结石。

3. *导致尿石的因素*　尿液中的理化性质发生改变，可成为尿结石形成的诱因。如尿液的 pH 改变，可影响一些盐类的溶解度。尿液潴留或浓稠，因其中尿素分解产生氨，致使尿变为碱性，形成碳酸钙、磷酸铵和磷酸铵镁等沉淀。酸性尿也容易促使尿酸盐尿石的形成。尿中的柠檬酸盐的含量下降，易发生钙盐的沉淀，形成尿结石。

总之，尿结石形成的条件是有结石核心物质的存在，尿中保护性胶体环境的破坏，尿中盐类结晶不断析出并沉积。目前一般认为，尿结石形成于肾脏，随尿液转移至膀胱，并在膀胱增大体积，常在输尿管和尿道形成阻塞。尿结石形成后，于阻塞部位刺激尿路黏膜，引起黏膜损伤、炎症、出血，并使局部的敏感性增高，由于刺激，尿路平滑肌出现痉挛性收缩，因而患畜发生腹痛，尿频和尿痛现象。当结石阻塞尿路时，则出现尿闭，腹痛尤为明显，甚至可发生尿毒症和膀胱破裂。

症状

1. *刺激症状*　患畜排尿困难，频频做排尿姿势，叉腿、拱背、缩腹、举尾、阴户抽动、努责、嘶鸣，线状或点滴状排出混有脓汁和血凝块的红色尿液。

2. *阻塞症状*　当结石阻塞尿路时，患畜排出的尿流变细或无尿排出而发生尿潴留。因阻塞部位和阻塞程度不同，其临床症状也有一定差异。

结石位于肾盂时，多呈肾盂炎症状，有血尿。阻塞严重时，有肾盂积水，患畜肾区疼痛，运步强拘，步态紧张。当结石移行至输尿管并发生阻塞时，患畜腹痛剧烈。直肠内触诊，可触摸到其阻塞部的近肾端的输尿管显著紧张而且膨胀。

膀胱结石时，可出现疼痛性尿频，排尿时患畜呻吟，腹壁抽缩。

尿道结石，公牛多发生于乙状弯曲或会阴部，公马多阻塞于尿道的骨盆中部。当尿道不完全阻塞时，患畜排尿痛苦且排尿时间延长，尿液呈滴状或线状流出，有时有血尿。当尿道完全被阻塞时，则出现尿闭或肾性腹痛现象，患畜频频举尾，屡做排尿动作但无尿排出。尿路探诊可触及尿结石所在部位，尿道外部触诊，患畜有疼痛感。直肠内触诊时，膀胱内尿液充满，体积增大。若长期尿闭，可引起尿毒症或发生膀胱破裂。

在结石未引起刺激和阻塞作用时，常不显现任何临床症状。

病理变化，可在肾盂、输尿管、膀胱或尿道内发现结石，其大小不一，数量不等，有时附着黏膜上。阻塞部黏膜见有损伤，炎症，出血乃至溃疡。当尿道破裂时，其周围组织出血和坏死，并且皮下组织被尿液浸润。在膀胱破裂的病例中，腹腔充满尿液。

诊断与预后

非完全阻塞性尿结石可能与肾盂炎或膀胱炎相混淆，只有通过直肠触诊进行鉴别。犬、猫等小动物可借助X射线影像显示相区别，对大于3mm的肾结石。输尿管结石，应用X射线摄片检查。若注入造影剂则更易确诊。膀胱结石可进行膀胱充气造影，或采用2.5%～5%泛影酸钠阳性造影剂进行造影诊断。尿道探诊不仅可以确定是否有结石，还可判明尿石部位。在犬可用金属探针插入雌犬的膀胱内，探针接触结石时，可听见“咯咯”声，用导尿管插入公犬的尿道探诊均有利于诊断。超声检查有利于该病的诊断，运用物理（X射线衍射、能谱分析）、化学的方法对尿结石的成分进行分析，有利于该病的治疗和预防。还应注重饲料构成成分的调查，综合判断做出确诊。

严重的肾结石或继发尿毒症或膀胱破裂，预后不良；尿路结石，消除积石，适宜治疗，预后良好。

治疗

本病的治疗原则是消除结石，控制感染，对症治疗。常用方法如下。

不完全阻塞时，可选用利尿剂如利尿素、乙酸钾、氨茶碱等；尿道消毒剂如乌洛托品等；防止和控制细菌感染可用抗生素如青霉素类、头孢菌素类药物等；如出血不止可肌肉注射安络血；大量饮水，以增加尿量，降低尿液内盐类浓度，减少沉淀机会。

完全阻塞时，可选用保守疗法，如水冲洗法。导尿管插入尿道或膀胱，注入消毒液体，反复冲洗，适用于粉末状或沙粒状尿石。尿道肌肉注射2.5%的氯丙嗪溶液，牛、马10～20mL，猪、羊2～4mL，猫、犬1～2mL。保守治疗无效时，可实施手术切开，将尿石取出。

中医药治疗　中医称尿路结石为“砂石淋”。根据清热利湿、通淋排石、病久者肾虚并兼顾扶正的原则，一般多用排石汤（石苇汤）加减：海金沙、鸡内金、石苇、海浮石、滑石、瞿麦、扁蓄、车前子、泽泻、生白术等。

预防

1. *地区性尿结石*　应查清动物的饲料、饮水和尿结石成分，找出尿结石形成的原因，合理调配饲料，使饲料中的钙磷比例保持在1.2∶1或者1.5∶1的水平。并注意饲喂维生素A丰富的饲料。

2. *及时治疗泌尿器官疾病*　对家畜泌尿器官炎症性疾病应及时治疗，以免出现尿潴留。

3. *加强饲养管理*　平时应适当增喂多汁饲料或在食物中添加一定量食盐增加饮水，以稀释尿液，减少对泌尿器官的刺激，并保持尿中胶体与晶体的平衡。

4. *补充氯化盐*　在肥育犊牛和羔羊的日粮中加入4%的氯化钠对尿结石的发病有一定的预防作用，同样，在饲料中补充氯化铵，对预防磷酸盐结石有令人满意的效果。

（王生奎）

第四节 其他泌尿器官疾病

猫泌尿系统综合征（feline urologic syndrome）

猫泌尿系统综合征，简称 FUS，或猫下泌尿道疾病（feline lower urinary tract disease），是猫尿路存在结石、微结石或结晶以及塞子，刺激尿路黏膜发炎，造成尿路阻塞所引起的一种泌尿系统综合征。临床上以尿频、排尿困难、疼痛、少尿、血尿乃至无尿为特征。多发于 2～6 岁的猫。

病因

FUS 致病因素较多。感染性因素如特定病原体病毒、细菌、支原体、真菌、寄生虫等的感染，或医源性感染，如导尿、膀胱冲洗、手术后留置在尿道和膀胱中的导尿管或尿道造口手术等引起下泌尿道炎症，脱落的上皮细胞、血凝块等炎性产物促进结石的形成，阻塞尿道。日粮品质因素如日粮营养不均衡，尤其是日粮中镁含量过高，其尿内浓度亦高，则尿结石形成的危险性大，阻塞尿道。与饮水量有关，在猫泌尿系统综合征的发生上，饮水量也起着重要作用。饮水量小，尿液就浓，排尿次数就少，结晶和结石成分在泌尿道内停留的时间就长，有助于结石和结晶形成，易于发生 FUS。此外，也与膀胱、尿道和前列腺的一些疾病有关，如膀胱的鳞状上皮癌、血管瘤、纤维瘤等，尿道狭窄、包茎等，前列腺肿大、前列腺癌等造成尿道狭窄、出血，甚至阻塞等。长期采食干燥食物，过于肥胖，缺乏运动，尿液的酸化或碱化，以及应激状态等均可成为引发 FUS 的病因。

发病机理

猫的尿结石、微结石和结晶几乎均由磷酸铵镁即鸟粪石组成。328 份自然发生的猫尿结石成分分析表明，88％的尿结石含磷酸铵镁 7.0％以上，68％的尿结石含磷酸铵镁 100％。此外还有磷酸钙、尿酸铵、尿酸、草酸钙等。偶有胱氨酸尿结石的报道。

主要发病环节是尿结石、微结石和结晶的形成及其所致的尿路炎症和阻塞。结石的形成需要 3 个基本条件：尿液内结石组分有足够浓度，尿液酸碱度适宜，尿液有足够长的滞留时间。此外，“核”的存在，也有助于结石形成。因此，凡助长上述条件的因素均能促进尿结石或结晶的形成，而致发 FUS；相反，凡能遏止上述条件的因素，则具有预防该病的作用。

最近 Rhodes 等提出有一种尿液糖蛋白，即猫 tamm-horsfall 蛋白（cat tamm-horsfall protein，cTHP），在猫尿结石的形成中起着重要作用。在体外，该蛋白可被氯化物（钙、镁、钠）聚集。当 pH 降低时，cTHP 聚集所需氯化物的浓度增高；当尿素浓度增高时，cTHP 聚集所需氯化钙和氯化镁浓度增高；当 cTHP 在生理范围内增高时，沉淀 50％的 cTHP 只需较低浓度的氯化钙和氯化镁即可。通过 ELISA 试验检测患尿结石的公猫，其尿液中的 cTHP 浓度［(95.4±34.1)μg/mL］显著高于正常公猫［(49.2±35.5) μg/mL］。cTHP 在体内诱发尿结石形成的机理还不清楚。

症状

依尿结石存在的部位、大小以及是否造成阻塞而不同，结石通常呈砂粒样或为显微结晶，有的出现单个或几个大的结石，直径可达几厘米。结石可造成3种结果：无明显的临床症状；引起膀胱炎或尿道炎；尿道或输尿管不全或完全阻塞。

肾结石的发病频率较低，一般不表现明显的临床症状。重症病猫，常发生肾衰。偶尔可因肾结石导致肾盂肾炎，而发生血尿、腰痛和发热。当肾结石阻塞两侧输尿管而致发肾积水时，才表现明显的临床症状。

膀胱结石，表现点滴排尿或在不常排尿的地方排尿。排出的尿液常混有血液，带有强烈的氨味。如发生感染和组织坏死，则尿液混有脓、血，有腐败气味。下段泌尿道感染，一般不表现发热，但排尿带痛，排尿后持续蹲伏或伸展背腰。结石滞留于尿道，即发生尿道阻塞。尿道完全阻塞可突然发生或于几周内渐进形成，多见于公猫。最初，试图排尿，但仅见尿滴或呈细流。以后完全阻塞，则无尿液排出，但频频呈现排尿姿势。病猫可能过分蹲伏、伸展或舔阴茎，腹围膨大，触诊摸到膨满的膀胱。伴发尿毒症时，则食欲缺乏或废绝、脱水，昏睡，偶尔呕吐或腹泻，通常于72h内死亡。尿道完全阻塞时，膀胱积尿，极度膨胀，偶尔可发生膀胱破裂。

诊断

根据临床症状和病史可做出初步诊断，导尿管探诊、X射线检查、尿液分析和血液学检查等有助于诊断的建立。

一般情况下，猫排尿时间延长，尿液浓稠，即应怀疑本病。腹部触诊发现膀胱膨满、有痛感，按压时不能排出尿液的，要考虑下段泌尿道阻塞。如触摸不到膀胱，腹腔内积有大量液体，应考虑膀胱破裂，可通过腹腔穿刺确诊。尿结石可通过腹壁触诊，配合肛门或阴道指诊确认，必要时可通过导尿管插入，以确定尿道结石的位置。

放射学检查，直径大于3mm的结石，放射造影即可显示。猫尿结石多呈细砂粒样，应仔细观察，以免漏诊。必要时可辅以超声诊断。

治疗

本病的治疗原则是疏通尿道，抗菌消炎和对症治疗。

关键在于疏通尿道，排除结石、积尿。如果尿道已经完全阻塞，首选的方法是进行尿道冲洗，先将患猫麻醉，用导尿管冲洗尿道，排出膀胱内潴留的尿液，导尿管应留置1～3d，以保持尿道畅通，避免复发。若无法进行尿道冲洗，则应立即进行外科手术治疗。也可先进行膀胱穿刺，排出尿液后再根据病情进行适当的处置。

若尿道未完全阻塞，可采用药物或处方食品进行治疗。如果阻塞物为结晶物，应首先确定结晶的类型，再选择适当的治疗方案进行治疗。对猫来说，常见的结晶类型有磷酸铵镁和草酸钙，磷酸铵镁易在碱性尿液中形成，多发于青年猫，草酸钙易在酸性尿液中形成，多发于老年猫。临床上常用的酸性溶石剂有二盐酸乙二胺、消旋甲硫氨酸、抗坏血酸、氯化铵和酸性磷酸钠等。消旋甲硫氨酸的用量为每日0.5～0.8g，氯化铵每日0.8～1.0g,混入饲料中饲喂。

抗菌消炎，防止感染，常选用青霉素、氨苄青霉素、头孢菌素等进行肌肉或静脉注射。如是由于尿道口狭窄、前列腺肥大或肿瘤引起，可进行适当手术或其他疗法。

对症治疗，主要是及时补液、供给能量、调节机体酸碱平衡和电解质平衡，纠正尿毒症和肾衰等。

此外，应让患猫尽量多饮水，以冲洗尿道，如果患猫不愿饮水，可给予罐头等含水丰富的饮食。

预防

合理调制猫粮，减少镁盐的摄入，使尿中镁浓度降低，增加食物中甲硫氨酸的摄入，甲硫氨酸代谢产物 SO_4^{2-} 取代尿结石中的 HPO_4^{2-}，使尿液酸化，添加适量的氯化铵，或同时应用碳酸钠，可抑制食后化潮，使尿液 pH 降低，既能防止结石的形成，又能溶解已形成的结石。

供给清洁饮水，尽量使猫饮水增多，增加排尿频率，可预防尿结石的形成。业已证明，在猫日粮中每天添加 0.25～1.0g 食盐，使饮水增多，而促进排尿，可降低尿结石的发生率。

此外，在管理上，应让猫多活动，防止肥胖，保持理想的体重，减少应激，或定期去医院检查，并根据医生的建议饲喂。

附一：红尿的鉴别诊断

红尿（red urine）兽医临床上比较常见的一类症状，是尿液变红色、红棕色甚至黑棕色的泛称，主要包括血尿（hematuria）、血红蛋白尿（hemoglobinuria）、肌红蛋白尿（myoglobulinuria）、卟啉尿（porphyrinuria）和药红尿。

红尿特性

1. **血尿**　即尿液中混有多量红细胞。尿液的颜色，因尿液的酸碱度和所含有的血量多少而不同。碱性血尿显红色；酸性红尿呈棕色或暗黑色。其尿液外观呈洗肉水样或血样，放置或离心后红细胞沉积于管底而上清红色消失的，称为眼观血尿；其尿液眼观不红的，尿沉渣镜检有多量红细胞，则称为显微镜血尿或镜下血尿。尿液中混有多量脂肪、蛋白质和血液的，呈红色乳样外观，称为乳糜血尿（hematochyluria）。血尿联苯胺试验呈阳性反应。

2. **血红蛋白尿**　即尿液中含有多量的游离血红蛋白。血红蛋白尿的颜色，主要取决于所含血红蛋白的数量和性质。新鲜的血红蛋白尿，含氧合血红蛋白和还原性血红蛋白，呈红色、浅棕色或葡萄酒色；陈旧的血红蛋白尿，含高铁血红蛋白和酸性血红蛋白，呈深棕褐色或黑褐色。血红蛋白尿外观清亮而不浑浊，放置后管底不出现红细胞沉淀，镜检无红细胞或极少红细胞，联苯胺试验呈阳性反应。血红蛋白尿常是血管内急性溶血的外在表现，临床上多伴有可视黏膜程度不等的黄疸和苍白，血红蛋白血症（hemoglobinemia），血浆（清）因含有大量游离血红蛋白而明显红染。

3. **肌红蛋白尿**　即尿液中含有多量肌红蛋白。肌红蛋白尿显暗红色、深褐色乃至黑色，外观与血红蛋白尿颇相似，联苯胺试验亦呈阳性反应。

4. **卟啉尿**　即尿液中含多量卟啉衍生物，主要是尿卟啉（uroporphyrin）和粪卟啉（coproporphyrin）。卟啉尿呈深琥珀色或葡萄酒色，镜检无红细胞，联苯胺试验呈阴性反应。尿液原样或经乙醚提取后，在紫外线照射下，发出红色荧光。确证应通过化学检验，测定卟啉衍生物的组分和含量。

5. **药红尿**　即因药物颜色而染红的尿液。见于肌肉注射红色素（百浪多息）或内服硫化二苯胺、山道年、氨苯磺胺、酚红、大黄之后的碱性尿液。药物红尿，镜检无红细胞，联苯胺试验呈阴性反应，紫外线照射不发红色荧光，但尿样经酸化后红色即行消退。

红尿的定性诊断思路

临床上出现红尿，可按下列步骤进行定性。

首先进行显微镜学检查，如果尿沉渣中含有大量红细胞，则为血尿，如无红细胞存在，考虑其他四种红尿。然后进行联苯胺试验，阳性反应考虑血红蛋白尿和肌红蛋白尿，阴性反应则考虑卟啉尿和药红尿。

肌红蛋白尿和血红蛋白尿的简易区别在于，肌红蛋白尿症不伴有血红蛋白血症，即血浆中虽含有多量的肌红蛋白，但外观并不红染。精确区分必须通过尿液的分光镜检查，依据不同的吸收光谱加以区别。临床检查鉴别常用盐析法，即取尿样5mL，加硫酸铵2.5g，充分混合后过滤，滤液呈淡玫瑰色的为肌红蛋白尿，滤液红色消退的为血红蛋白尿。

药红尿和卟啉尿可通过酸化尿液试验进行鉴别，即尿液酸化后红色消失的为药红尿，或者将尿液原样或经乙醚提取后，在紫外线照射下，发出红色荧光的即为卟啉尿。

附二：血尿的鉴别诊断

正常尿液中无红细胞，或偶有微量红细胞。经肾单位或尿路进入尿内的红细胞异常增多称为血尿。

分类

（一）按出血部位分类

1. **肾性血尿**　指的是肾疾病引起的血尿，见于出血性肾炎、中毒性肾炎、急性肾小球性肾炎、肾梗塞、肾虫病、肾结石、肾损伤等。

2. **肾后性血尿**　指的是肾以外的泌尿系统疾病所引起的血尿，又称为尿路性血尿，包括肾盂血尿、输尿管血尿、膀胱血尿和尿道血尿，见于肾盂炎、输尿管结石、膀胱炎、膀胱结石、膀胱肿瘤、膀胱损伤、尿道炎、尿道结石和尿道损伤等。

（二）按血尿起因的性质分类

1. **出血素质疾病性血尿**　是全身出血性疾病表现于泌尿系统出血的一个分症，也可勉强地列为所谓的肾前性血尿，见于维生素C缺乏症、血斑病、血管性假血友病、血小板减少性紫癜以及甲、乙、丙3型血友病等各种凝血因子缺乏症。

2. **中毒性血尿**　是各类毒物尤其肾毒所引起的血尿，见于汞、铅、镉等重金属中毒或类金属中毒，蕨类、毛茛等植物中毒，四氯化碳、三氯乙烯、五氯苯酚等有机化合物中毒以及华法令等双香豆素类抗凝血杀鼠药中毒。

3. **炎症性血尿**　即肾、输尿管、膀胱、尿道等泌尿器官本身炎症、溃疡所引起的血尿。

4. **结石性血尿**　即因肾和尿路结石造成泌尿炎症和损伤而出现的血尿，见于肾结石、输尿管结石、膀胱结石、尿道结石等。

5. **肿瘤性结石**　见于肾的腺瘤、膀胱的血管瘤、血管内皮瘤等。

6. **外伤性血尿**　见于肾、膀胱、尿道损伤。

7. **寄生虫性血尿**　见于猪、马和牛的有齿冠状线虫（肾虫）病和绵羊的细粒棘球蚴病等。

（三）其他分类

1. **泌尿外科疾病**　泌尿道结石、肿瘤、损伤、血管异常、泌尿系息肉、憩室、异物、膀胱内子宫内膜异位症等。

2. 肾内科疾病 各种原发性肾炎、肾梗塞、肾皮质坏死、肾乳头坏死、肾动脉硬化、肾结核、急慢性泌尿系统感染、肾静脉血栓形成、溶血性尿毒症综合征。

3. 全身性疾病 出血性疾病、感染性疾病、自身免疫性疾病及小血管炎、心血管疾病、内分泌-代谢性疾病以及药物、毒物、放射线等引起的肾损害。

4. 生理性疾病 剧烈活动、高热、严寒、重役等。

5. 其他 微小尿路结石、高钙尿症等。

诊断与鉴别诊断

血尿的诊断主要是：血尿的确定、定位诊断、病因诊断。

（一）血尿的确定

首先要排除假性血尿。某些食物如辣椒、甜菜、含人造色素的饲料、利福平和苯妥英钠等药物以及血红蛋白、肌红蛋白等可使尿液呈红色。其与血尿的鉴别在于尿沉渣镜检时没有红细胞。另外，还要注意尿样本收集的可靠性，以排除阴道或直肠出血所致的污染性血尿以及人为将血液混入尿中。

（二）定位诊断

血尿可为多种原因引起，但血尿来源不外乎两大类：肾性血尿、非肾性血尿。弄清血尿是否来源于肾小球有利于更有目的地查明血尿的病因。

1. 尿常规分析

尿蛋白 血尿样本中有明显的尿蛋白，尤其是肾形蛋白尿则提示尿中红细胞也来源于肾。肾小球性蛋白尿以清蛋白及大分子蛋白为主，肾小管性蛋白尿以溶菌酶、微球蛋白等小分子蛋白为主，而尿红细胞破裂释放血红蛋白所致的蛋白尿在蛋白电泳是以球蛋白为主。

管型 非肾形血尿标本中一般不会出现管型。一旦尿沉渣镜检发现管型，尤其红细胞管型则高度提示血尿为肾小球性。由于普通光镜容易漏检管型，用位相位差显微镜（PCM）检查红细胞形态时要格外留意尿中有无管型。

2. 血尿定位诊断

血尿定位诊断常用三杯法，见表 6-1。

表 6-1 血尿的三杯法鉴别诊断

尿流观察	三杯试验	膀胱冲洗	尿渣检查	泌尿系统症状	提示部位
全程血尿	三杯均红	红—淡—红	肾上皮细胞	肾区疼痛	肾性血尿
终末血尿	末杯深红	红—红—红	膀胱上皮细胞 硫酸铵镁结晶	膀胱触痛 排尿异常	膀胱血尿
初始血尿	首杯深红	不红	浓细胞	尿频尿痛 刺激症状	尿道血尿

病因诊断

遇到血尿患畜，应综合临床症状和病史资料等，首先考虑血尿是单纯性泌尿系统出血，还是出血性素质病的一个分症。对伴有皮下血肿、可视黏膜有出血斑点、便血、自发性出血不止的患畜，不应局限在一个泌尿系统做出出血部位的判断，应直接按出血性素质疾病进行鉴别诊断，尽快确定出病因和病性。

单纯性泌尿系统出血，在出血部位确定后，可依据群发、散发等的流行情况，有无发热等全身症状，急性、亚急性、慢性等病程经过，以及特殊检查（X射线检查、B超检查和泌尿道造影等）和实验室检查（如肾功能检查、尿常规检查等）结果，进行综合分析，最后确定病性是炎症性的还是肿瘤性的，病因是感染性的、结石性的、中毒性的还是外伤性的。

附三：少尿或无尿的鉴别诊断

动物24h内排尿总量减少甚至接近没有尿液排出，称为少尿或无尿。临床上表现为排尿次数减少和每次排尿量减少或甚至久不排尿。同时，尿液颜色变深，尿相对密度增高，有大量沉淀物。

从病因上来讲，少尿或无尿的病因包括肾前性、肾源性、肾后性三种。

少尿或无尿的分类

1. **肾前性少尿或无尿**　常见的病因有血容量不足，如大出血、休克、脱水、烧伤等；有效血容量不足，如肾动脉或静脉血栓形成或栓塞。

2. **肾原性少尿或无尿**　常见的病因有急性肾小管坏死，挤压综合征引起的肾缺血，磺胺、汞剂等中毒等。肾小球性少尿，如各种急性、慢性原发性肾小球肾炎，继发性肾小球肾炎（钩端螺旋体、败血症等）。急性间质性肾炎。肾内梗阻，如肾结石等。

3. **肾后性少尿或无尿**　常见的病因有尿道梗阻，尿道狭窄，尿道结石，前列腺肥大或癌肿，膀胱颈阻塞（如结石、血块、瘢痕及附近肿块压迫或腹膜后纤维化），神经性膀胱（如神经病变、神经节阻滞剂的应用）。

少尿或无尿的鉴别诊断

少尿或无尿的鉴别主要依据是尿液的理化性质，具体鉴别依据如表6-2。

表6-2　少尿或无尿的鉴别诊断

类　别	渗透压/相对密度	尿钠浓度/(mmol/L)	蛋白尿、镜检
肾前性	高渗性	<20	蛋白（一）
肾性			
急性肾衰	高渗性	<20	蛋白、红细胞、管型
急性肾炎	等渗性	30～60	蛋白、红细胞、管型
肾后性	有时低渗		蛋白（＋）或（±）、红细胞常常合并尿路感染

（王生奎）

第七章　神经系统疾病

第一节　概　　论

神经系统疾病，是指脑、脊髓和外周神经由于感染、中毒、外伤、代谢障碍、寄生虫、肿瘤、血管病损及遗传因素等引起的器质性和功能性疾病。

神经系统与机体其他系统和器官密切相关。通过神经系统的活动，调节和协调机体内部各系统的功能，使之适应外界环境多变的需要，同时神经系统也受其他系统的影响。

引起神经系统疾病的一般原因

按照疾病的起源，神经系统疾病可分为原发性和继发性两种。神经系统的原发性疾病，是指伴发有神经系统解剖学变化的疾病；神经系统的继发性疾病，是指不伴有形态学改变而只发生功能障碍的疾病。区别这两种发病原因，对指导神经系统疾病的治疗和预后判定很有意义。神经系统的原发性疾病，如脑炎、脑出血和脊髓炎等，后果都较严重，病程较长，即使基本治愈，亦往往留有后遗症；神经系统的继发性疾病，如脑充血、脑淤血、脑贫血、外周神经的不全麻痹等。如果原发病得到纠正和治愈，大多预后良好。具体来讲，神经系统疾病的基本病因可归纳为以下几方面。

（一）传染病

病原微生物感染是神经系统疾病最常见的病因。例如，各种嗜神经性病毒、衣原体与弓形体引起的非化脓性脑脊髓炎；若干致病性微生物及其毒素引起的中枢与外周神经系统的损害；各种化脓性细菌引起的化脓性脑炎。

（二）寄生虫病

如多头绦虫的脑多头蚴、有钩绦虫与无钩绦虫的囊尾蚴寄生于脑可造成机械性压迫和损伤，使神经系统结构和完整性遭到破坏，从而导致严重的病理现象。

（三）中毒或毒素的作用

污染性饲料毒物或有毒植物能引发严重的神经疾病，如食盐中毒、有机农药中毒、霉菌毒素中毒、重金属元素中毒等。此外，一些有机溶剂，一氧化碳，某些过量的药物，以及各种细菌毒素和异常的代谢产物，均能对神经系统产生毒性损害作用。

（四）血液循环障碍

中枢神经系统，尤其是大脑皮层对氧十分敏感，因此各种原因导致的大脑缺血、脑血栓、脑充血和水肿以及脑出血等，都可引起脑部血液循环障碍而出现严重的神经症状，甚至引起死亡。

（五）理化因素或机械因素的影响

日射病、挫伤和震荡可能对神经组织造成直接损伤，还能伴发循环障碍，严重的挫伤和震荡可导致休克。

（六）肿瘤的侵占与压迫

许多原发性或继发性肿瘤可生长于神经组织而造成压迫或损害，如生长于软脑膜的各种肉瘤、内皮瘤，生长于脑实质内的成神经细胞瘤、神经胶质细胞瘤、各种肉瘤，生长于外周神经的神经节细胞瘤等。鸡的马立克氏病，瘤细胞常在坐骨神经丛和臂神经丛形成肿瘤性病灶而引起运动障碍。

（七）营养因素

如硫胺素缺乏引起的多发性神经炎，维生素 A、维生素 E、泛酸、吡哆醇缺乏时可分别出现神经细胞变性、神经细胞染色质溶解和坏死、脑软化、髓鞘脱失、视神经萎缩及失明等多种病理变化。

此外，变态反应能引起神经系统的病理变化。遗传、品种、性别和年龄等诸方面，在神经系统的某些疾病的发展过程中也有一定的联系。

神经系统疾病的主要临床表现

家畜神经系统疾病的病因复杂多变，所引起的病理学变化和临床表现更是多种多样，总括起来有一般脑症状、局部脑症状、脊髓机能障碍症状和外周神经症状。

一般脑症状，是由于大脑皮质的弥漫性疾病，如充血、炎症、毒物或毒素的中毒及肿瘤等，致使脑内压增高所引起。主要表现是精神状态异常，患畜兴奋、沉郁或昏迷，意识紊乱，不顾障碍物，或做无目的地徘徊，或行强迫回圈运动，采食饮水状态异常，呕吐，呼吸、脉搏次数和节律改变，视神经乳头充血和反射改变等。

局部脑症状，是由于局部脑实质或个别脑神经核受损伤所引起的症状。常见的表现是眼球震颤、斜视、瞳孔大小不等，鼻唇部肌肉挛缩、牙关紧闭及舌的纤维性震颤、口唇歪斜、耳下垂、舌脱出、吞咽障碍、听觉减弱、视觉障碍、嗅觉和味觉错乱等。

脊髓机能障碍的症状主要表现为截瘫，运动和感觉异常，排粪排尿障碍和腱反射消失或亢进等。

外周神经症状，主要表现为个别外周神经所支配的肌肉张力减退，肌肉迅速萎缩，腱反射减弱或消失，皮肤反射减弱或消失。

神经系统疾病的诊断

神经系统疾病的基本诊断思路，首先抓住神经系统的基本症状，判断是不是神经系统疾病；其次根据临床表现，分析判断是脑、脊髓疾病，还是脑神经、外周神经疾病；

最后结合实验室及特殊检查的结果，进一步判断疾病的性质和病变范围。

家畜神经系统疾病的临床症状，主要表现在精神、意识、感觉、运动、反射以及植物神经功能紊乱等方面，因此对神经系统疾病的诊断主要应在这几个方面进行认真的分析，并参照病史及流行病学材料、实验室及病理解剖学变化，才能做出正确的诊断。

凡有明显的精神、意识紊乱，如过度兴奋，昏迷，暴进暴退，圆圈运动，平衡失调，痉挛，严重的呼吸、心跳节律不齐，视神经乳头充血、水肿等一般脑症状，并兼有偏瘫、斜视、眼球震颤、瞳孔对光反应消失以及视、听、嗅、味觉消失等灶症状的，应怀疑为脑及脑膜的疾病。只有一般脑症状而缺乏灶症状的，可能为全身性感染，中毒或某些代谢病引起的脑机能障碍，而不能简单地诊断为器质性脑病。至于是脑的哪一个部位的疾病，则需结合脑的解剖及生理机能来判断。如果体位平衡严重失调，并在运动开始时有震颤，则系小脑的疾病，如果呈现严重的共济失调，一侧或两侧肢体僵直，并有意识丧失、瞳孔反射及眼球运动异常和视觉障碍的，则系脑干受到侵害；如果出现明显的心血管机能紊乱或出现陈施氏呼吸，且后八对脑神经的功能严重紊乱的，则表示延髓受到侵害。如果出现静止性震颤，或四肢做游泳样运动的，则系纹状体苍白球系统受到侵害。

凡具有节段性的感觉机能紊乱、截瘫或单瘫，反射亢进或消失，以及肛门和膀胱括约肌的功能障碍的，应怀疑为脊髓及脊髓膜的疾病。脊髓实质的疾病，常见有脊髓传导径的损害症状，如一侧或两侧的痛觉消失或深感觉障碍；脊髓膜的疾病，常见有脊神经根的刺激症状，如一定区域的痛觉过敏。但脊髓实质与脊髓膜的疾病常同时发生，故其临床症状常是混合出现。至于是脊髓哪一节段的损伤，是全横径性或半横径性损伤，也可以由所呈现的症状加以判断。如果排尿、排粪机能高度障碍，致使粪尿失禁或潴留，并后肢瘫痪的，则系腰荐部脊髓的损伤。如果不但有排尿、排粪机能障碍，而且整个后躯感觉消失及瘫痪，甚至腱反射增强，或只见膈而见不到胸廓肌肉参加呼吸运动，则系前段胸髓的横贯性损伤。如果仅是两前肢的感觉消失和瘫痪，反射消失，甚至有窒息死亡危象的，则系颈髓中段的横贯性损伤。

神经系统疾病的防治

一般治疗原则可概括为控制感染，降低脑内压，镇静解痉和解除昏迷，恢复神经系统的调节机能，以及对症治疗。

神经系统疾病的预防，应着重加强饲养管理，如全价饲养，禁喂发霉草料；注意使役卫生，防止过劳或摔伤；贯彻预防注射、隔离消毒等防疫措施，避免病原微生物侵袭；早期发现和治疗外伤和普通内科病，防止疾病蔓延或转移到神经系统。在对家畜进行诊疗检查或去势过程中，保定要确实，防止发生腰椎骨折，以致造成脊髓损伤。

（杨正涛）

第二节 脑及脑膜疾病

脑膜脑炎（meningo encephalitis）

脑膜脑炎，是软脑膜及脑实质的急性炎症和变性的过程。以伴发高热、脑膜刺激症状、一般脑症状和局部脑症状为特征。

本病主要发生于马，间或发生于犬、猪、牛和羊。其他动物也有发生，但较为少见。

病因

原发性脑膜脑炎，一般认为是传染或中毒所引起。

传染性因素，病毒病包括引起脑膜脑炎的传染性疾病，如狂犬病、犬瘟热、马腺疫、流行性感冒、新城疫、乙型脑炎、疱疹病毒感染等。细菌病包括炭疽、结核链球菌感染、葡萄球菌感染、沙门氏菌病、变形杆菌病等。

中毒性因素，包括重金属毒物如铅中毒，类重金属毒物如砷中毒，化学物质如食盐中毒，生物毒素如黄曲霉毒素中毒等。

继发性脑膜脑炎多见于寄生虫病或继发于体内其他部位的感染。

寄生虫因素，如普通圆线虫病、脑脊髓丝虫病、脑包虫病等，均可继发脑膜脑炎。

其他部位的感染，如颅骨外伤、角坏死，龋齿、鼻窦、中耳、眼球及其他远隔部位的感染，经常蔓延或转移至脑部而发生本病。

此外动物由于过度使役、长途运输、感冒、过热、受寒、卫生条件不良、饲料霉败时，动物机体抵抗力降低，是发生本病的诱发因素。

发病机理

细菌感染或毒素，经由外伤或邻接病变组织炎症的蔓延，或经由血液及淋巴途径侵入脑膜及脑实质，当脑膜或脑组织受到细菌及毒素的毒害时，首先软脑膜及大脑皮层表在的血管充血，如果血脑屏障遭受破坏，就可以有浆液性、纤维素性、出血性、化脓性或混合性的炎性渗出物渗出，如果炎症蔓延到深部脑实质，则可在脑实质内产生出血和水肿，当炎症侵入脑室而引起脑室膜炎时，脑室腔内可有纤维素性渗出物积聚。由于室间孔变狭窄或被阻塞，致使脑室液流出受阻，可产生脑室积水。

蛛网膜下腔渗出物的积聚、脑水肿及脑室积水，都可以使颅内压增高。由于颅内压增高及脑内血液循环障碍，导致脑组织缺血、缺氧和葡萄糖供应不足，故脑细胞的机能发生紊乱。细菌毒素的刺激和颅内压增高，是发生脑膜刺激症状和一般脑症状的基础，局部脑组织的损伤或脑神经核被侵害，是产生局部脑症状或灶症状的原因。颅内压增高，引起患畜的头痛，在兽医临床上这种头痛症状不易判明，只可见患畜头抵在墙壁或饲槽上，呆立不动，并有苦痛的表现。此外，在脑膜脑炎，还可发生眼底的变化，即在行眼底检查时，可发现乳状突肿胀，视盘的边缘模糊不清，而以鼻侧的一方首先出现，这种眼底的变化据称是脑膜脑炎的典型症状。严重的脑膜脑炎，除常伴发脊髓及脊髓膜炎外，还能引起毒血症或全身性败血症。

病理变化，在急性浆液性软脑膜炎时，蛛网膜下腔充满浑浊的渗出液，如同时伴发脑室膜炎，则脑室中也充满浑浊的脑脊髓液。如渗出物中混有脓块或纤维素凝块，则表明为化脓性软脑膜炎。在慢性脑膜炎，可见软脑膜增厚，呈乳白色，与脑组织粘连，不易分离。脑实质中的病理解剖学变化，则视发病原因、炎症性质和病程长短而不一致。

一般除见有充血、水肿和小的出血点外，多可见有神经胶质细胞增生灶，以及静脉周围的单核细胞、多形核白细胞和淋巴细胞的聚集，有的还发现有小的化脓灶，尤其由坏死杆菌、腺疫链球菌及其他化脓菌引起的脑膜脑炎，更多见有小的化脓灶，其中由转移途径发生的化脓灶多存在于大脑半球各部分，数目较多，由其他途径发生的化脓灶多位于小脑附近，数目较少，但容积常较大。

症状

脑膜脑炎的临床症状，由于炎症的部位、性质、程度的不同，以及颅内压增高的情况等，表现得极为错综复杂，大体上可分为脑膜刺激症状、一般脑症状及局部脑症状。

脑膜刺激症状。脑膜脑炎常伴发前数段颈髓的脊膜同时发炎，脊神经根受刺激，故常见颈部及背部的感觉过敏，对该部皮肤的轻微刺激或抚摸，即可引出强烈的疼痛反应，同时反射地引起颈部背侧肌肉强直性痉挛，因而可见动物头向后仰。对于膝腱反射检查，可见腱反射亢进。以上刺激症状，随着病程的发展而逐渐减弱或消失。

一般脑症状。又称全脑症状，通常是指精神状态、运动及感觉机能、内脏器官的活动状况以及采食饮水和性行为的改变等。初期，动物精神轻度沉郁，不听呼唤，目光凝视，不注意周围事物。有的呆立不动，经数小时或一日后，突然呈现兴奋状态，骚动不安，不顾障碍物地前冲，或者做圆圈运动。在数十分钟的兴奋发作后，又陷入沉郁或昏睡状态，意识蒙胧，针刺反应极为迟钝。有的动物兴奋与沉郁交替出现，或做无目的地走动，或者倒地不起，但兴奋期逐渐变短，昏睡时间逐渐加长。末期，倒地不起，意识完全丧失，反射大部消失，陷入昏迷状态，有的四肢做游泳样划动，并在身体的凸起部位，如眼眶及髋结节等处，造成擦伤。

除上述精神兴奋及沉郁外，在体温、脉搏、呼吸、消化、泌尿等方面亦发生明显改变。体温在病初升高，可达 39～40.3℃。头部增温，在沉郁期体温下降，少数重症病例，体温有低于常温的。脉搏变化不定，且与体温变化不相一致，病初由于迷走神经兴奋，脉搏缓慢，以后由于迷走神经麻痹，脉搏加快。后期脉搏显著加快，节律不齐。呼吸在兴奋期加快，在沉郁期则变慢变深，重症时可出现陈施氏呼吸。食欲减损，或完全废绝，采食和饮水的方式亦发生异常。

局部脑症状。又叫灶性症状，是由于脑实质细胞或脑神经核受刺激或损伤所引起的症状。其属于神经机能亢进的症状，有眼球震颤、眼斜视、瞳孔大小不等、鼻唇部肌肉挛缩、牙关紧闭以及舌的纤维性震颤等；其属于神经机能减退的症状，有口唇歪斜、耳下垂、舌脱出、吞咽障碍、听觉减弱、视觉消失、嗅觉及味觉的错乱等，嗅觉及味觉错乱的病马，给臭药水也能喝下。以上局部脑症状，虽可单独出现，但经常合并出现，有的在疾病基本治愈后，还会长期残留后遗症，如半侧身躯瘫痪或某一外周神经麻痹等。

实验室检查，常可在尿中证明有蛋白质及糖。血沉减慢，白细胞总数增多，中性粒细胞百分比增高。当行脑脊髓液压力测定时，可见压力增高，脑脊髓液外观浑浊，蛋白质和细胞含量增高，在化脓性脑膜脑炎时，脑脊髓液中除有多数中性粒细胞外，还有大量细菌，而由病毒或毒素、毒物引起的脑膜脑炎，脑脊髓液中的细胞主要为淋巴细胞。

诊断与预后

根据意识障碍迅速发展，兴奋沉郁交替发生，明显的运动和感觉机能障碍，如圆圈运动、肌肉痉挛、偏瘫、视觉或听觉障碍等，一般不难诊断。但应注意与下列疾病鉴别。

1. *病毒性脑炎*　马的一些病毒性脑炎，通常都有一定的发病季节性，如马流行性乙型脑炎多在夏秋季8～9月发生，并呈流行性，缺少明显的诱发因素，且病理剖检变化典型，故通过流行病学调查、血清学诊断等，可与本病区别。其他如狂犬病时，感觉机能障碍不明显，但有一定的病程经过；牛的恶性卡他热有角膜混浊、口鼻黏膜有纤维素坏死性附着物。

2. *脑挫伤及脑震荡*　主要是由于头颅部遭受暴力作用所引起，并立即呈现不同程度的昏迷状态，很少见到兴奋症状，常伴发一定的局部脑症状，故根据发病原因及临床表现可与脑膜脑炎相区分。

3. *慢性脑室积水*　病程缓慢，逐渐出现独特的意识障碍和沉郁症状，不发热，脑脊髓液中缺乏白细胞反应。

4. *热射病和日射病*　多在炎热季节及剧烈使役中发病，仅呈一般脑症状，缺乏局部脑症状，体温显著升高、脉搏快速、呼吸促迫、体表静脉怒张，如治疗得当，能迅速恢复。

5. *发霉饲料及有毒植物中毒*　一般经过急剧，多有严重的胃肠炎症状，往往在同一饲养条件下有多数动物同时发病，并呈现类似的临床症状，而且多以精神兴奋和沉郁为主要临床表现，只是在某些中毒时才会出现局部脑症状。

6. *肝病*　重症肝脏病，除呈现昏迷等神经症状外，多伴有消化紊乱及明显黄疸症状，缺乏局部脑症状，依据肝功能检查等，可确定诊断。

马骡的散发性脑膜脑炎，通常自发病后经2～3d症状即消失，病程为3～14d，在此期间病情时好时坏，如治疗及时，死亡率不高，为10%～30%。

如全身持续性抽搐，长时间狂躁兴奋，间歇期甚短，前肢或后肢瘫痪，卧地不起，病情逐渐加重，为预后不良之兆。有的病例可转为慢性脑室积水。

治疗

治疗原则为加强护理，降低颅内压，消炎解毒，调整大脑皮层机能，以及对症治疗等。

应将患畜置于宽敞处，多铺垫草，防止撞伤，避免一切刺激，保持安静，注意保温，防止感冒，给清洁饮水（内加少许食盐），喂良干草及易消化的饲料。患畜不能自行采食时，可灌服豆浆或牛奶等，以行人工营养。

为降低颅内压，消除脑水肿，马牛可先由颈静脉放血1000～3000mL，随即输注同量5%葡萄糖生理盐水溶液，并加入40%乌洛托品溶液50～100mL。如同时静脉注射25%山梨醇或20%甘露醇溶液（剂量见脑震荡治疗），效果更佳。

为消炎解毒，常用10%磺胺嘧啶钠注射液100～150mL，静脉注射，或用增效磺胺嘧啶注射液100～150mL，静脉注射；也可用磺胺嘧啶内服，初次量每千克体重0.2g，维持量每千克体重0.1g，还可加入1/5量的三甲氧苄氨嘧啶（TMP），以增强效果。由于磺胺嘧啶与血清蛋白质结合率低，较易进入脑脊液中，故为治疗脑部细菌性感染的首选药。此外，也可用青霉素或链霉素，肌肉注射，或用盐酸四环素3g，加于5%糖盐水

500～1000mL 中，缓慢静脉注射。

为调节大脑皮层兴奋抑制过程，可用安溴注射液 100mL，静脉注射。

当患畜过度兴奋，狂躁不安时，可肌肉注射 2.5%盐酸氯丙嗪注射液 10～20mL。当有心力衰竭时，可用安钠咖等强心剂。患畜肠弛缓，排粪迟滞的，可内服硫酸钠、硫酸镁等缓泻剂，必要时，须行人工取粪。排尿困难的，应实施导尿。有神经肌肉麻痹时，可用盐酸士的宁 0.015～0.030g，与藜芦素 0.01～0.04g，交互肌肉注射。也可用 5%盐酸硫胺液 10～20mL，肌肉注射。

疾病转为慢性时，可内服水杨酸钠 10～30g，或碘化钾 5～10g，以促进炎性产物的吸收。发生褥创时，于患部涂擦 1%龙胆紫液等防腐消毒液。

痊愈后，仍应注意饲养管理，不应急于使役，不要过劳，以防疾病复发。

对有传染病可疑的病例，必须立即隔离，并采取相应的防治措施，以防蔓延。

预防

对于有可能蔓延至脑部的外伤感染，要注意彻底治愈。使役动物，要防止过热、过劳，炎热季节要充分饮水，按时喂盐。对有可能诱发脑膜脑炎的一些传染病和中毒病等，要采取隔离消毒措施，杜绝疾病蔓延传播。

日射病及热射病（heat stroke）

日射病或热射病，又称中暑，是因暑日曝晒、潮湿闷热、体热放散困难所引起的一种急性病。临床上以体温显著升高，循环衰竭和一定的神经症状为特征。我国长江以南地区多在 4～9 月发生，长江以北地区多在 7～8 月发生，发病时间以每日的中午到下午 3～4 时多见。

本病最常见于犬、猪、马、耕牛和家禽，其次是奶牛和绵羊，病情发展急剧，甚至迅速死亡，故应特别注意。

病因

酷暑盛夏，日光直射头部，或气温高、湿度大、风速小、散热困难，是中暑发生的外因；驮载过重、骑乘过快、肌肉活动剧烈、代谢旺盛、产热增多，是中暑发生的内因；缺乏耐热锻炼、饮水不足、体质肥胖、皮肤卫生不良，是中暑发生的诱因。

一般来说，夏季炎热天气，在山岳丛林地带行军或作业，由于群山连绵、谷深风小、林密草长、湿度过大，再加上道路崎岖不平，军马不习惯于这种道路行军，最易发生中暑。在执行任务中缺乏休息和饮水、快步急行、狼奔豕突、不能很好地控制步伐，由于呼吸疾速，发汗能力衰减，如果再加上饲喂过饱，则很容易发生中暑。在强烈日光下作业或笼栏饲养的动物和庭院中的鸭群，缺乏遮阴设施，或厩舍潮湿闷热、通风不良、长途车船运输、过于拥挤，都易发生中暑。尤其在暑热季节运送肥猪时，由于猪体表脂肪层厚，汗腺又不发达，散热困难，更易发生中暑。特别是当相对湿度增高时影响更大，在同一气温下，相对湿度愈高，肥猪中暑损失率愈大。平时喂盐不足，心、肺机能锻炼不够，刷拭不经常，水浴不充分，尤其由北方调往热带、亚热带地区的马骡，如果风土驯化的工作做得不适当，一旦具备上述内、外在病因时，即有发生中暑的可能。

发病机理

健康动物在下丘脑体温调节中枢的控制下，产热和散热处于动态平衡，维持正常体温。劳役时，体内代谢过程加速，产热增加，则皮肤血管扩张、加速血流，增加汗腺分泌和加强呼吸等将体内产生的热量送达体表，通过辐射、传导、对流和蒸发等方式散热，以保持体温在正常范围内。当气温超过皮肤温度时，则使辐射、传导和对流散热困难，此时只能通过汗液蒸发进行散热。但如空气中湿度过高，通风不良，汗液蒸发散热减少，特别是饮水和喂盐不足、心功能不全、皮肤卫生不良，更易使热在体内蓄积而引起中暑。

汗腺比较发达的马骡等动物，通过排汗散热是炎热条件下维持热平衡实施蒸发散热的主要途径。但排汗过多不仅丢失大量水分，而且丧失钠盐（汗中含氯化钠最高可达0.3%～0.4%），这种水和钠的丢失如果得不到及时的补充，可使机体脱水失盐，既直接影响体液渗透压的平衡，促进细胞变性，使血液浓稠，血容量减少，可导致外周循环衰竭。

从呼出气中排出水分进行散热，也是机体调节热平衡的另一有效途径。当体热蓄积时，呼吸中枢的兴奋性增高和呼吸运动加强加速，以保证呼出气流中散发热量。但持续的呼吸运动加强加快，会导致肺循环内的血液量增多，肺毛细血管过度充盈；以致引起肺充血和肺水肿，进而加重心脏负担，甚至引起心力衰竭。

由于体热蓄积，酶活性增强，因而蛋白质和糖类的分解代谢增强（据观察中暑时代谢率可增高40%～50%），酸性产物增多，故常引起代谢性酸中毒。又由于血钠降低，有的血钙也降低，而钠和钙有拮抗钾离子的作用，故中暑动物可能发生高钾血症。

由于受强烈日光辐射，尤其头盖部受红外线的过度照射，常引起脑及脑膜充血，甚至引起脑组织内部的广泛出血。这主要是由于体温显著升高，小血管内皮细胞受到损伤，使血小板发生凝聚，释放出血小板因子，在钙离子的参与下，形成凝血酶原激活剂，产生血管内凝血，继而发生纤维蛋白溶解；以致引起脑组织内的出血。由于脑及脑膜充血及广泛性的细小出血点，随着脑组织缺血、缺氧和代谢活动的改变，而产生一系列中枢神经系统机能紊乱的症状，包括痉挛、昏迷、意识丧失，直到血管运动中枢和呼吸中枢的麻痹等。

症状

在马，病初倦怠、四肢无力、运步缓慢、步样不稳、呼吸加快、全身大出汗，喜往树荫下走，停步不前，甚至鞭策不动；以后病情迅速发展，体温升高可达42℃或以上，汗液分泌减少或停止，皮温增高，触摸体表感觉烫手。眼结膜高度潮红，心搏动增强，脉搏急速，每分钟多达100次以上，呼吸高度困难，呼吸数每分钟亦在百次以上，鼻翼开闭频繁，两肋扇动，腹肌也参与呼吸运动，肺泡呼吸音异常粗厉。口腔干燥，食欲废绝，但想饮水。由于脑及脑膜充血和急性脑水肿，都具有明显的一般脑症状，多数病例精神沉郁，站立不稳，但有少数病例初期可呈现短时间的兴奋、狂暴不安、乱冲乱撞、难于控制，迅速转为沉郁。后期，高热昏迷，卧地不起，肌肉痉挛，意识丧失，呼吸浅表急速，节律不齐，脉搏微弱，甚至不感于手，由口、鼻喷出粉红色泡沫，结膜变蓝紫色，血液黏稠，呈暗赤色。濒死前，由于热调节中枢衰竭，体温可下降，多死于窒息或心脏麻痹。

在牛，患牛张口伸舌呼吸，由鼻孔流出泡沫样浆液性分泌物。运步躯体摇晃，步样蹒跚，突然停步于树荫道旁，鞭挞不走，后期卧地不起，体温升高达 41.7～42℃，心跳快而弱，早期垂皮有湿而腻的汗液，以后皮肤干燥，灼热。精神多沉郁，偶有兴奋的，眼结膜潮红，后转蓝紫色，早期瞳孔散大，后期则缩小。

在猪，肥猪发病比瘦猪多，脂肪型猪比肉用型猪多，大猪比小猪多。病初精神沉郁，运步不稳，食欲废绝，找荫凉处栖息多喝水。如果病情继续发展，则出现呼吸困难，张口呼吸，口吐白沫，有的呕吐，兴奋不安，体温升高有时可达 43℃，结膜和皮肤呈蓝紫色，皮肤干燥烫手，心搏动强盛，震动全身，节律不整。后期卧地不起，昏迷，痉挛，四肢划动，做游泳样动作。瞳孔初散大，后缩小。

中暑发展迅速，短者数小时，长者 1～2d，或彻底治愈，或转归不良。轻症中暑，如治疗得当，可很快好转。有严重脑症状的，或高温持久不降者，预后多不良，并发严重脑出血的，可能突然死亡。

诊断与预后

根据在炎热天气重役中或在闷热畜舍及拥挤的车船中发病，以及体温过高、心肺机能障碍和倒地昏迷等症状，不难诊断，但应与炭疽、猪丹毒相鉴别。

治疗

本病的治疗原则是加强护理，促进降温，缓解心肺机能障碍，纠正酸中毒和治疗脑水肿。

在护理上，对役畜应立即停止使役，并将患畜移在荫凉树下或宽敞、阴凉、通风处，对在室外或野外已倒地的大家畜，可临时搭荫棚，避免日光直射，多给清凉饮水。

降温疗法，对中暑动物效果确实，为此可采用物理降温或药物降温。物理降温，可用冷水泼身，头颈部放置冰袋，或用冰盐水灌肠。药物降温，可应用氯丙嗪，马牛每千克体重 1～2mg，猪 3mg，肌肉注射，也可混在生理盐水中行点滴静脉注射。氯丙嗪可抑制丘脑下部体温调节中枢，解除保温作用；扩张外周血管，加强散热作用；降低代谢和耗氧率，减轻乏氧性损害。但氯丙嗪会引起血压下降，使心率加快，对昏迷患畜用之应慎重。降温疗法，一般在体温降 39～40℃时（指马、牛），即可停止降温，以防体温过低，发生虚脱。

为维护心肺机能，对伴发肺充血及肺水肿的患畜，先用适量强心剂（如安钠咖、毒毛旋花子苷 K 等）后，立即静脉泻血，马、牛 1000～2000mL，猪可剪耳尖、尾尖放血。泻血后即用复方氯化钠液或生理盐水，马、牛 2000～3000mL，羊、猪 500mL，静脉注射。

为纠正酸中毒，可应用 5%碳酸氢钠液，马、牛 500～1000mL，静脉注射。或用洛克氏液（氯化钠 8.5g，氯化钙 0.2g，氯化钾 0.2g，碳酸氢钠 0.2g，葡萄糖 1g，蒸馏水 1000mL），马、牛 1000～2000mL，羊、猪 300～500mL，静脉注射。

为治疗脑水肿（有呼吸不规则，两侧瞳孔大小不等和颅内压增高的症状），可用 20%甘露醇液，马、牛 500～1500mL，羊、猪 100～250mL，静脉注射。也可用 25～50%葡萄糖液 300～500mL，静脉注射，每隔 4～6h 注射一次。

对狂暴不安的患畜，可用水合氯醛灌肠，亦可用安溴注射液、氯丙嗪等。

对发生高钾血症的患畜，为补充钙离子以及对抗钾离子对心肌的不良作用，可用10％葡萄糖酸钙或乳酸钙液200～300mL，静脉注射。

对于中暑恢复的马骡，只能逐渐恢复使役，一般来说，在当年度炎热季节不宜再服役。

预防

役用家畜夏季应在早、晚干活，中午休息，使役时亦应多休息勤饮水，在烈日作业，应有遮蔽设施。行军需要通过不通风的山谷时，应适当拉开距离增加散热机会。车船运输牲畜，不可过于拥挤，并注意通风良好。北马调往南方的，应做好风土驯化，增强耐热能力。要加强暑热季节对牲畜的饲养管理，增加食盐喂量，经常刷拭水浴，猪体要经常用冷水喷洒，保持皮肤清洁卫生和畜舍通风良好，畜舍周围应植树遮蔽，运动场内搭遮蔽棚。

脑震荡及脑挫伤（commotio or contusion cerebrain）

脑震荡及脑挫伤，是由于粗暴的钝力作用于颅脑所引起的一种急性病，一般把脑组织具有肉眼及显微镜变化的称为脑挫伤，缺乏形态学改变的称为脑震荡。以暴力作用后，立即引起昏迷、反射机能减退或消失等脑机能障碍为临床特征。各种家畜均可发生。

病因

主要是颅脑部受到钝力作用，常见于犬猫相互撕咬攻击、牛羊互相角斗、放牧动物陷落陡坡深谷等意外情况。

发病机理

颅脑部的外伤，无论产生骨折或不产生骨折，都有可能引起脑挫伤或脑震荡。颅骨尽管具有保护脑髓的良好作用，但在暴力作用下，即使距离颅骨较远的脑组织，也可因为受到振动而产生形态学的和机能上的病理变化。脑挫伤除可引起硬膜下血肿及蛛网膜下与脑实质内出血外，还经常引起脑组织缺血、缺氧及水肿。脑组织水肿是脑组织缺血、缺氧的后果，而脑水肿又可压迫脑干，使脑干的血液灌注不足，引起再度的缺血、缺氧和水肿。由于脑组织缺血、缺氧和水肿，乃使全脑的机能发生紊乱，而呈现昏睡、昏迷、瞳孔对光反应消失及体温变化不定等症状。脑水肿严重时，可引起脑疝，致使小脑或延脑被挤压至枕骨大孔，动物可能立即死亡。脑震荡发生发展的过程基本与上述情况相似，不过程度较轻，仅由于脑组织缺血、缺氧，而呈现昏睡、昏迷等症状。

症状

颅脑部受到过强的暴力作用时，动物可能立即死亡。如暴力作用不大，在踉跄倒地后，可在十多分钟后自行起立，恢复常态。如果暴力为中等强度，可在受伤害后立即倒地，倒地的一侧通常是在受伤害的同侧。患畜长时间倒在地上，昏睡不醒，陷入浅昏迷或深昏迷状态，意识丧失，肌肉松弛无力，反射减退或消失，脉搏细数，节律不齐，呼吸减弱或不均，间有鼾声。粪尿失禁自痢，在肉食兽及猪常发呕吐。如昏迷逐渐加深，可见瞳孔大小不等，体温高低不定，或出现角弓反张现象，凡此均表示脑干及丘脑下部受到伤害，病情严重。检查颅脑部，常能发现有受暴力作用的痕迹，如触诊有疼痛反应，或见有颅骨变化，局部肿胀等。如系颅底骨受伤，可见有耳或鼻出血。

诊断与预后

根据曾受暴力作用的病史，体温不高和以昏迷为主的神经症状，不难诊断。细小的颅骨骨折，单用触诊法不易发现，必须实行 X 射线检查才能确定。脑震荡与脑挫伤的区别，不能单凭有无外伤来判断，尚须结合整个病程经过，甚至死后剖检才能做出最后诊断。临床上是把意识障碍时间短者，神经系统检查无明显改变的，诊断为脑震荡，把昏迷时间较长程度较重，神经系统检查有定位症状，如感觉障碍和运动瘫痪的，诊断为脑挫伤。

本病经过及预后依损伤部位及损伤程度而不同。大多数脑挫伤及严重脑震荡的病例，或者立即死亡，或者虽经治愈，但仍会留有严重的后遗症，如运动失调，偏瘫或两侧瘫痪，视力丧失，口唇歪斜，吞咽障碍及舌麻痹等，一般若在五、六天的治疗过程中，患畜的状态有进行性的改善，是转归良好的预兆。但由于颅骨骨折而发生的脑挫伤或严重脑震荡，可能在迅速好转之后又突然恶化，故对这类病例的预后判定要慎重。

治疗

让病马安静躺卧，多铺垫草，避免刺激。为防止因舌根部麻痹闭塞后鼻孔而引起窒息，宜将舌稍向外牵出，但要注意舌被咬伤。

脑挫伤初期，可行头部冷敷，同时应用止血剂，如维生素 K_3、卡巴克络或酚磺乙胺等。为预防和消除脑水肿，可用 20％甘露醇或 25％山梨醇，牛、马 500～1500mL，猪、羊 100～250mL，静脉注射。

为预防和治疗感染，须应用抗生素或磺胺制剂。对肌肉痉挛，抽搐不安的，可用 2.5％盐酸氯丙嗪液，马、牛 10～20mL，猪、羊 2～4mL，肌肉注射，但不宜过频使用，防止过度抑制中枢神经系统。为解除昏迷，可用咖啡因等中枢神经兴奋药。

（杨正涛）

第三节　脊 髓 疾 病

脊髓及脊髓膜炎（myelitis et meningitis spinalis）

脊髓及脊髓膜炎，为脊髓实质、脊髓软膜及蛛网膜的炎症和变性过程，临床上以呈现感觉、运动机能障碍和组织营养障碍为特征，虽有单独发生的可能，但多伴发于某些病毒性和寄生虫性神经系统疾病，犬时有发生，其他家畜也有发生。

病因

该病病因与脑膜炎的大致相似。除由椎骨骨折、椎骨化脓过程、脊髓震荡、脊髓挫伤及出血等引起外，大多伴发于马脑炎、马感冒、马胸疫、马媾疫、脑脊髓丝虫病及霉变饲料中毒等。受寒、感冒、过劳是发病的诱因。

发病机理

脊髓炎按其炎性渗出物的性质，可分为浆液性、浆液纤维素性及化脓性脊髓炎。按炎症发生的部位，可分为局灶性（只在脊髓的某个局部呈灶状发生）、弥漫性（炎症扩及较长的脊髓节段）、横贯性（炎症侵及脊髓的全横径）与分散性的（炎症分散发生在脊髓的各个不同部位）脊髓炎。

当病毒、细菌或其毒素经血液或淋巴途径侵入脊髓膜或脊髓实质后，先是引起充血和渗出，出现刺激症状，进而产生神经细胞变性及坏死，出现麻痹或瘫痪症状。化脓菌侵入时，可形成大小不一的脓肿。由于渗出物和增多的脊髓液的压迫，更由于神经细胞变性及死亡，致使脊髓的感觉传导径与运动传导径发生中断。随损伤的部位不同，可引起上运动神经元或下运动神经元性瘫痪，同时引起反射减退与神经营养障碍。

症状

本病症状，依据受损害的部位及病程经过而有不同。以脊髓膜炎为主的，可见患畜食欲减损，体躯的某一部位感觉过敏，用手接触被毛，即表现剧烈的疼痛反应，如闹动不安、拱背、呻吟等。除由于脊髓背根受刺激而出现上述感觉过敏现象外，尚可由于腹根受刺激而出现背、腰和四肢姿势的改变，甚至步伐亦发生改变，如头向后仰、曲背、四肢挺伸、行走时紧张小心、步样短缩，或出现跛行。沿脊柱叩诊，或触摸四肢时，可出现肌肉痉挛性收缩，如纤维性震颤、肌肉战栗等，此种痉挛性收缩多属持续性的。当引起呼吸肌痉挛性收缩时，可见呼吸浅表增数，或呼吸困难。当引起肛门或膀胱括约肌痉挛性收缩时，可发生排粪停滞或尿潴留。随病程经过的变化，上述症状逐渐减退，尤其当病变蔓延至脊髓时，由于感觉和运动神经的传导发生障碍，可出现感觉减退、感觉消失或运动麻痹（瘫痪），因此，患畜行走不稳，或完全不能行走，倒地不起。

以脊髓炎为主的，视炎症侵害部位的不同，症状亦因而不同。在起病短时间内，患畜多表现精神不安、肌肉震颤、脊柱僵硬、运步强拘、容易疲劳和出汗。

局灶性脊髓炎，一般只呈现该局部脊髓所支配区域的皮肤感觉减退，局部肌肉发生营养性萎缩，对感觉刺激的反应消失。

弥漫性脊髓炎，由于炎症波及脊髓的较长节段，且多发生在脊髓的后段，故除呈现所支配区域的皮肤感觉过敏或减弱，以及由于肌肉麻痹而致运动失调外，经常出现尾及直肠括约肌麻痹，以致呈现排粪和排尿失常，如直肠蓄粪和膀胱积尿等现象。

横贯性脊髓炎，相应脊髓节段支配区域的皮肤感觉减弱或消失，肌肉的紧张度降低，弛缓无力，对机械性刺激的反应减弱（下运动神经元性瘫痪），而发炎部位后方脊髓节段所支配的区域，则呈现肌肉紧张度增高和腱反射亢进（上运动神经元性瘫痪），因而患畜多呈现运动障碍，或出现脊髓性共济失调，以致步态不稳，甚至容易跌倒。严重的横贯性脊髓炎，常致后躯截瘫，卧地不起，而后肢肌肉麻痹，感觉消失，常发褥创。横贯性脊髓炎如果发生在颈髓，可因膈肌麻痹而突然死亡。

分散性脊髓炎，由于炎症可能发生在脊髓灰质或脊髓白质的不同，症状又有所不同，经常见到的是个别脊髓传导径受侵害，因而只呈现相应局部的皮肤感觉消失，相应肌群的运动麻痹。几处这样的局部感觉消失和相应肌群麻痹的综合，便构成一幅分散性脊髓炎的症状图像。

另外，由于传染因素引起的，通常以高热开始。病程长的，由于神经营养障碍，多呈现肌肉萎缩。

诊断与预后

根据病史，一定脊髓节段支配区域的感觉过敏，感觉减弱和运动麻痹，肌肉萎缩，以及经常伴发排粪和排尿障碍，以建立诊断。

在鉴别诊断上，应注意与脑膜脑炎、地方性脊髓麻痹、脑脊髓丝虫病等相区别。

脑膜脑炎有较明显的一般脑症状，如兴奋、沉郁、意识障碍等，有局部脑症状如瞳孔大小不等、眼球震颤或斜视等。排尿及排粪障碍不明显，并多在病的后期方出现四肢瘫痪现象。

地方性脊髓麻痹，是由产生黑色素的链球菌引起的，除呈现脊髓炎症状外，常见体温增高，黄疸，外生殖器官水肿，母马阴道黏膜潮红肿胀，有时还发生胶样浸润，尿中有胆红质及红细胞，血中可检出产生黑色素的链球菌。

脑脊髓丝虫病，在临床上亦多呈现一定脊髓节段支配区域的感觉过敏和肌群麻痹，如经常磨蹭尾根部及呈蟹行步样，但排粪排尿障碍不明显，病理解剖上可在脑或脊髓发现虫伤性病灶，硬脑膜及软脑膜面上可见有充血、出血及纤维素性炎症的变化等。

重症脊髓炎，常可于 2～3d 内死亡，或因呼吸肌麻痹而迅速死亡。轻症脊髓炎往往转为慢性，并多由于伴发较大范围的褥创而引起败血症，或继发膀胱炎及肠炎。痊愈的病例极为少见，预后多为不良。

治疗

本病的治疗原则为加强护理，杀菌消炎，营养神经，兴奋中枢，促进吸收和对症治疗。

加强护理，应保持动物安静，患畜兴奋不安时，可应用溴化钠、巴比妥钠等镇静剂，多铺垫草，经常翻转马体，避免发生褥创，定期导尿、掏粪，清洁皮肤，预防感染。

杀菌消炎可用磺胺嘧啶钠 0.07～0.1g/kg·体重静脉或深部肌肉注射，2 次/d。阿莫西林 20～40mg/kg·体重，2 或 3 次/d，口服或肌肉注射。头孢唑林钠 10～25mg/kg·体重，肌肉或静脉注射，2 次/d。同时配合使用肾上腺糖皮质激素如地塞米松。发病初期可于脊柱部行冷敷，急性炎症消退后改用温敷，以促进炎症的消退。

为恢复神经细胞的机能，改善神经营养，可应用维生素 B_1、B_2、辅酶 A 及三磷酸腺苷等。

对于转为慢性的脊髓炎，为促进炎性产物的吸收，可用碘化钾或碘化钠 10～15g，一天一次内服，5～6d 为一疗程。

为防止肌肉萎缩，须经常进行肌肉按摩，或行感应电治疗，必要时可交互肌肉注射士的宁及藜芦碱。

预防

对脊柱部外伤、脊髓挫伤和骨折等，应及时治疗，防止感染波及脊髓膜及脊髓实质。对有传染病可疑的，应速行隔离消毒，杜绝传染和蔓延。

脊髓挫伤（contusion medullae spinalis）

脊髓挫伤，是由于脊椎骨折、外伤等原因引起的脊髓损伤，临床上以呈现脊髓节段性的运动及感觉障碍或排粪排尿障碍为特征，常发生于腰髓及颈髓，较少发生在胸髓。

牛和马多见，其他家畜少见。

病因

该病通常是由于打扑、冲撞、摔倒、跌落、车轮碾压或奔驰跳跃时肌肉的强烈收缩，致使脊椎骨骨折、脱位或捻挫而损伤脊髓所致。在诊疗过程中，如果动物挣扎，保定不当，往往发生脊椎骨折而引起脊髓挫伤，患有纤维性骨营养不良的马骡，最易出现这种情况。

发病机理

由于脊髓损伤，或因出血受压迫，使神经纤维或神经细胞遭受破坏，而导致向中枢或向外周的传导发生障碍或中断，并按损伤范围大小和程度的不同，引起脊髓半横径损伤、全横径损伤或个别部位的损伤。脊髓半横径损伤时，出现病侧的深感觉（关节肌腱感觉）障碍和运动麻痹，以及对侧的浅感觉（痛觉、触觉）障碍。全横径损伤时，出现损伤部后方的中枢性瘫痪、双侧深浅感觉障碍及植物神经功能障碍，如排粪排尿障碍、发汗停闭、皮肤干燥和脱屑等。如仅系脊髓灰质的腹角受损伤，可只出现该部支配区域的反射消失、运动麻痹和肌肉萎缩。

症状

由于外伤引起的脊髓挫伤，脊柱可呈现局限性隆起，感觉过敏，检手压迫时能听到噼啪音。对小动物，X射线透视和照相，其病变部位更为明显。大动物由于脊椎周围有较厚的肌肉，脊椎的变化往往不易发现，直肠检查间或能够感知腰椎的骨折部。脊髓损伤后的短时间内，损伤部后方脊髓支配区域的肌肉可出现痉挛性收缩，有时出现局部的反射性出汗，并且经常是间隔一定时间后，才出现脊髓损伤的固有症状，如不注意，往往误诊。

颈髓全横径损伤时，由于支配呼吸肌的神经核与延脑呼吸中枢联系中断，动物可迅速死亡。在膈神经起点（马在第5、6、7节段颈髓）后方的脊髓发生全横径损伤时，动物的呼吸不致中断，但可出现躯干、尾及四肢的感觉障碍和运动麻痹，并且呈现以膈肌运动为主的呼吸动作（膈呼吸），头部的反射及运动机能一般无改变，有的由于颈部交感神经受刺激，可发现瞳孔散大。由于后躯仍保有完整的反射弧，且来自脑的抑制影响的消失，可能出现反射亢进。患畜常呈现不随意的排粪和排尿动作，或者相反，出现排粪迟滞及尿潴留。

胸髓全横径损伤时，呈现躯干、尾及四肢的感觉消失及运动麻痹（瘫痪），前肢的反射机能消失，后肢的反射机能亢进，损伤部前方的神经机能一般保持不变。

腰髓前1/3损伤时，臀部、尾及后肢的感觉消失和运动麻痹，反射机能增强。腰髓中1/3损伤时，除后肢的感觉消失及瘫痪外，由于股神经核损伤，膝腱反射消失，至于会阴反射和肛门反射或保持不变，或者增强。腰髓后1/3损伤时，后肢的坐骨神经支配区域的感觉消失和运动麻痹，尾和直肠括约肌亦麻痹，肛门开张，肛门反射消失。由于膀胱括约肌麻痹，动物不能控制定时的排尿，以致发生尿淋漓。

脊髓半横径损伤，临床少见，如果发生，则出现损伤侧的运动麻痹和深感觉障碍，而对侧出现浅感觉（痛觉）消失。

诊断与预后

根据病史材料，感觉和运动障碍以及排粪排尿异常等，以建立诊断，但须与麻痹性肌红蛋白尿病和肌肉风湿病相区别。

在麻痹性肌红蛋白尿病时，除局部肌肉极硬和肿胀外，尿常呈红褐色，内含肌红蛋白，参照病史，可与脊髓挫伤鉴别。

肌肉风湿病，多因感受风寒及曾患溶血性链球菌感染而引起，表现为肌肉、筋膜或关节的疼痛和机能障碍，疼痛的部位有转移游走的倾向并有时轻时重的现象，有的病马在运动后，肌肉疼痛和运步异常可见减轻，多无排粪排尿异常，故与脊髓挫伤不同。

轻度脊髓挫伤，有治愈的可能。较重的脊髓挫伤，常因继发褥创、败血症、膀胱炎，肾盂肾炎或沉积性肺炎而导致死亡，预后不良。

治疗

在护理上，应使患畜保持安静，避免活动，减少刺激，喂给易消化及富于营养的饲料，多铺垫草，防止褥创，初期可于损伤部位施行冷敷，以后为促进渗出物吸收，宜行热敷，或涂擦樟脑酒精等皮肤刺激剂，由外伤或弹片引起的脊髓挫伤，须行外科手术治疗。

患畜疼痛不安时，可用水合氯醛、溴制剂或盐酸吗啡、哌替啶等镇静止疼药。为防止感染，可用青霉素、链霉素或磺胺制剂。心力衰竭时，可应用安钠咖等强心剂。排粪迟滞的，可内服缓泻剂，或定期由直肠内取出宿粪，排尿困难时，应行人工导尿。对于肌肉麻痹的，应勤加按摩，或行感应电疗法，也可用士的宁与藜芦素，交替肌肉注射。

对于病情好转，能勉强站立的患畜，可用吊系装置帮助站立，或适当运动，以促进四肢运动机能的恢复。

预防

对舍饲或放牧家畜，均应加强管理，经常锻炼，防止打扑、摔伤；诊疗时对动物保定要确实，避免发生椎骨骨折或椎骨脱位，以致造成脊髓损伤。

（杨正涛）

第四节　癫痫及膈肌痉挛

癫痫（epuepsia）

癫痫，是一种慢性的神经系统疾病，临床上以定期发生意识丧失、阵挛性与强直性肌肉痉挛为特征。按其原因可分为真性癫痫与症状性癫痫，真性癫痫在动物少见，症状性癫痫可见于猪、马和牛。

病因

真性癫痫的原因尚未充分了解，已知与遗传和代谢障碍有密切关系。有些种属的动物个体，其大脑发育有着一定的缺陷，大脑皮质和皮质下中枢对于刺激有过敏的感觉性，容易感受外界极轻微的刺激。癫痫的发作，可以由无任何可见的原因而引起，也可以因为偶然的音响、光线照射或受到恐吓而发生。

症状性癫痫的原因是多方面的，有由颅内疾病引起的，如脑炎、脑膜脑炎、颅脑损伤，脑囊虫、脑包虫及脑肿瘤等；有由全身性疾病引起的，如血液循环障碍、血液成分的改变、低血糖、尿毒症、妊娠中毒症，以及能引起抽搐的某些外源性毒物中毒等，一些脑外器官的疾病，如外耳道炎、鼻腔寄生虫、角折、鬐甲部化脓及其他创伤等，也常引起症状性癫痫发作。

发病机理

癫痫发作的实质，是脑部神经细胞的兴奋性增高，引起异常放电所致。由于放电的部位、传布方式和范围的不同，而有不同的临床表现。癫痫发作的具体因素，或是由于局部病理过程的刺激所激发，或是由于一时性脑内血液循环障碍所引起。比较公认的是血管运动说，这一学说是根据在癫痫发作时对脑内血液循环状态的观察提出来的，即在癫痫发作时，先是有发作性的脑血管收缩，脑部贫血，脑脊液的压力降低，这种状态标志着癫痫即将发作，癫痫一经发作，则迅速呈现静脉性血液郁滞，脑脊液压力回升，而渐复常态。按照血管运动学说，脑血管收缩使大脑皮质的感觉机能兴奋，而成为癫痫发作的先兆，癫痫发作后的软弱无力状态，则是由于静脉性血液郁滞而致脑机能暂时低下之故。

症状

癫痫发作有三个特点：突然性、暂时性和反复性，即反复出现特征性的突然发作，按症状表现形式，有大发作和小发作之分。

大发作，在发作之前常可见到一些先兆，如皮肤感觉过敏，不断点头或摇头，用后肢搔扒头部等，但此种先兆期极为短暂，仅为数秒钟，一般不被人所注意。大发作时，患畜突然倒地、意识丧失、全身肌肉立即呈现强直性痉挛、头颈屈曲、四肢挺伸、结膜苍白（后变蓝紫色）、瞳孔散大、对光反应消失、眼睑闪动、瞬膜露出、口吐白沫，以上强直性肌肉痉挛持续 30s 后，即代之以阵挛性痉挛，先是个别肌群发生痉挛性收缩，然后是躯干和四肢肌肉的剧烈痉挛，此时肌肉收缩强度大，但持续时间则较短。当咬肌发生剧烈痉挛时，患畜的舌部往往被咬伤出血。此外，常见患畜不自主地排尿排粪。由于呼吸肌的强直性收缩，呼吸可能一时中断，随着阵挛性痉挛的到来，呼吸动作又恢复，结膜发绀逐渐消失。心脏活动常较快，但脉搏硬而小。以上大发作通常持续约 5min 左右，发作之后，有些患畜自动站起，有些则须经过一段时间方能站起，并表现软弱无力，神情淡漠。

小发作，抽搐一般不剧烈，患畜还能保持平衡，意识也不丧失，或只有短暂的意识丧失，只见头颈伸长、呆立不动、两眼凝视。持续时间很短，十余秒钟即消逝。

由脑病引起的症状性癫痫，由于多系大脑皮质局部神经细胞受到病理性刺激所引起，因而常表现为局限性肌肉痉挛，并常按皮质运动区分布形式的顺序而扩散，先是远心端肌群开始痉挛，逐渐扩散到近心端肌群，以至整个半侧躯体的肌肉都发生抽搐，但不伴有意识丧失。除这种局限性肌肉痉挛症状外，可能同时出现皮肤感觉异常。此种局限性癫痫，常指示对侧大脑皮质有局灶病变。

诊断与预后

真性癫痫的诊断，主要是根据有反复发作的病史和固定形式的临床表现。症状性癫痫，则是根据曾患过脑病，颅骨外伤或有关的寄生虫病等；但要做出明确的原因诊断，仍需进行全面系统的临床检查，包括对整个神经系统、血、尿、粪和毒物检验等。

本病为慢性经过，起初发作间隔时间长，以后则发作较频。患真性癫痫的患畜，在不发作时仍可保有使役能力，但发作频繁的则不能供使役。症状性癫痫的病程和预后，依原发病而不同，如原发病能彻底治愈，癫痫可以停止，否则预后不良。

治疗

对真性癫痫，由于病因尚不明确，只有行对症治疗，首先要防止能够激起癫痫发作的各种不良因素，如重剧使役、过度紧张及惊吓等，平时应给予易消化饲料，减少日粮中蛋白质和食盐的含量。为减少和抑制癫痫的发作，可长期服用溴剂，如溴化钠，或溴化钠、溴化钾、溴化铵等量混合的三溴合剂，用量为每日 20～40g，一日一次内服，两周为一疗程，如出现溴中毒（皮疹、上呼吸道黏膜炎症），应暂停用药，并服缓泻剂，以加速溴剂的排除。

除溴制剂外，也可用巴比妥或苯妥英钠等抗癫痫药，但要防止突然调换药物或突然停药，否则会导致癫痫的持续发作。反复的癫痫大发作，能够引起脑水肿，脑水肿又能促使癫痫的发作。遇此情况，应当静脉注射 20%甘露醇或高渗葡萄糖溶液，以消除脑水肿。

对症状性癫痫，除应用镇静剂以期减少和抑制发作外，更要针对原发病进行治疗。

预防

对症状性癫痫，应积极治疗原发病。对真性癫痫，发作频繁的，应停止使役，置于清静厩舍内，专人看护，防止摔伤或碰伤。对不堪役用或种用的患畜，宜及早处理。

膈痉挛（diaphragmatic flutter）

膈痉挛，又称跳肷，是由于膈神经受到异常刺激兴奋性增高，致使膈肌发生痉挛性收缩的一种疾病，马骡较多发，有时见于犬。

病因

膈痉挛可由多种原因所引起。在一些急性胃肠病（如胃肠过度膨满或胃肠的炎症）、急性呼吸器病（如纤维素性肺炎、胸膜炎）、脑和脊髓（特别是膈神经起源的颈髓）的疾病、过度紧张使役、电解质紊乱和某些中毒性疾病（如蓖麻子中毒）等，均可发生膈痉挛。膈神经与心脏位置关系存在先天性的异常，也是发生膈痉挛的一个原因。

发病机理

膈痉挛的收缩频率，有的与心脏活动一致，称同步性膈痉挛；有的与心脏活动不相一致，称非同步性膈痉挛。膈痉挛的收缩频率为什么往往和心脏跳动一致，这需要从膈神经与心脏的解剖位置关系来阐明。左侧膈神经是在肺动脉的下方经过动脉圆锥和左心耳，右侧膈神经是在腔静脉的下方经过右心房，两侧膈神经都是靠近心房通过，而不与心室相接触。这是因为当心房肌去极化时，电冲动刺激了靠近心房的膈神经，尤其当膈神经受到内外毒素或其他因素的影响而兴奋性增高时，容易发生同步性膈痉挛。另外，马交感干与膈神经的交通支，多数与交感神经的血管支并行（占 9.2%），少数交通支无并行支（占 30.8%）。如果说膈痉挛的发生，可能与交感神经兴奋有关系，除体液因素外，这种膈神经与交感干通过交通支的联系，可能也有一定关系。

膈痉挛的发生机理，还可以由于电解质紊乱及肾上腺皮质机能亢进所引起。呼吸性或代谢性碱中毒，由于能导致血清游离钙减少，同时血清钾也减少，降低了膈神经的兴奋阈，致使膈神经容易受到心脏活动电冲动的影响，而致发生痉挛性收缩。

另外，因为持续的紧张能促使肾上腺机能亢进，而肾上腺皮质机能亢进本是调节代谢变化的一种应激措施，但由于血中类固醇含量增高，不但降低血清钙含量，产生低钙血症，而且还促使钾从尿和汗液中排除增多，从而产生低钾血症，所以紧张往往引发膈痉挛。紧张时心动过速、过强，容易刺激膈神经，可能也有一定的关系。

症状

膈痉挛时，腹部呈现有节奏的振动，沿两侧肋骨弓处最为明显。虽然大多数病例是两侧腹部做均等的振动，但也有左侧较明显或右侧较明显的。明显的膈痉挛，远处可见腹部振动，轻微的膈痉挛，须将手放在肋骨弓部才能感觉出来。在每次膈的痉挛性收缩时，除可见到肋骨弓处出现陷凹和肷部隆凸外，由于动物发生短促的吸气，还可在鼻孔附近听到一种呃逆音。在膈痉挛发作时，常见患畜显示兴奋不安状态，并拒绝采食和饮水。由胃肠病引起的膈痉挛，可同时呈现结膜黄染，伴发于其他疾病的，尚见有原发病的症状。

该病持续时间长短，因病因不同而异。如病因单纯，膈痉挛可在数小时或一、两天内终止。据观察，蓖麻子中毒的病马，膈痉挛可持续 3～10d。本病预后良好，如治疗得当及原发病不复杂时，可在 30min 内迅速消失。长期的顽固性膈痉挛，可因膈肌麻痹而死亡。

诊断与预后

根据腹部有节奏的振动，同时伴发有短促的吸气呃逆音，膈痉挛不难诊断。同步性膈痉挛，腹部振动次数与心脏跳动相一致，非同步性膈痉挛，腹部振动次数常较心跳次数为少。在阵发性心悸亢进时，往往也出现较明显的腹部振动，但振动部位不是沿肋骨弓处最明显，而是以心脏部及邻近的躯干部更明显，此时要判明是否同时存在膈痉挛，最好于直肠内触诊膈的附着部（第 16，17 肋骨的上端），如能感到有节奏的膈肌的痉挛性收缩，不论其是否与心搏动相一致，均证明有膈痉挛存在。

治疗

在护理上，应将患畜放在宽广的厩舍内，保持安静，勿使兴奋或惊恐，或脱去缰绳，任其自由活动，轻症的多可自然痊愈。

对膈痉挛的治疗，主要在于查明原发病，实施针对性的治疗，在原发病治愈后，膈痉挛即消失。就马来说，膈痉挛往往是因为酸碱平衡紊乱，导致低钙或低钾血症而引起。对低血钙的，可以应用 10%葡萄糖酸钙 200～400mL，静脉注射；对低血钾的，可将 10%氯化钾溶液 30～50mL，混于 5%糖盐水 1000～2000mL 中，缓慢滴注。对有碱中毒的，不宜使用碳酸氢钠，只可注射生理盐水，因氯化物可以帮助钾平衡失调恢复正常。据临床经验，用 5%葡萄糖氯化钙溶液，静脉注射，效果较好。

对于持续时间较长的顽固性膈痉挛，可用水合氯醛 20～30g，淀粉 50g，水 500～1000mL，混合内服，或灌肠。也可用溴化钠 30g，水 300mL，一次内服。有时也可用

25％硫酸镁溶液 50～100mL，缓慢静脉注射，或肌肉注射。

预防

防止过度劳役，适当补盐给水。平时不宜过多喂给钙质，以免过分依靠肠管吸收钙质，应使家畜自动靠甲状旁腺的功能来调节钙的平衡，只有在强度使役时，才适当补充钙质或其他电解质，方为有益。

（杨正涛）

第八章　被皮系统疾病

第一节　概　　论

皮肤包括表皮、真皮和皮下组织等三层结构。皮肤是家畜直接地与外界环境各种物理的、化学的和生物学的刺激接触，引起机体发生复杂的反射性反应，并且对机体内在各种组织和器官也起着重要的保护作用。被皮或皮肤具有保护（或防护）、分泌与排泄、体温调节、新陈代谢和感觉等各种生理机能。皮肤受损后，轻则影响美观、影响休息和生产性能降低，皮张质量下降，重则由于皮肤的屏障机能降低或丧失，将会导致各种致病因素的机体内的组织器官造成损害，严重的还会危及生命。

动物皮肤病是兽医临床经常遇到的一大类疾病，据调查，在宠物门诊病例中占30%以上，大动物皮肤病也比较多见。因此研究皮肤病病因，疾病发生发展和防治的规律，对皮肤病的认症和制订防治措施，具有极为重要地指导意义。

皮肤病的主要症状与诊断要点

（一）皮肤病的主要症状

1．一般临床症状　　皮肤病的症状，可分为假定的自觉症状和他觉的症状两大类。

（1）自觉症状。主要是浅在感觉异常（包括过敏或消失等），如患畜由于痒、痛和灼热等不良刺激，表现出舔咬、啃擦等反常活动反应。其活动反应程度、期间长短，一方面取决于所患皮肤病的病性、严重程度、饲养管理以及处理等条件，另一方面也与患畜种类、品种、性别、年龄、体质和神经类型等有关，其中主要以痒、痛等感觉异常为主。

（2）他觉的症状。主要是皮肤表面所呈现的皮肤损害（皮疹）。他觉的症状对皮肤病性的认症，具有极为重要的意义。因此，临床兽医必须熟悉动物所患的各种皮肤损害（皮疹）的形态、气味、色调、软硬度、湿润与干燥、温度及其分布，以及生理机能的各种变化等，结合临床病例的观察，掌握每个患畜全面而系统的客观资料，来进一步认识皮肤病的本质，做出正确诊断，从而制订合理有效的治疗措施。

2．皮肤损害　　是指皮肤由于某种致病因子刺激而发生的病理变化。根据其发生发展的情况，大体可分为原发性皮肤损害和继发性皮肤损害。前者是指皮肤最初出现的皮肤损害，发病之初直到病的结局，基本上取定型变化，即原发性皮肤损害是由于皮肤病理变化直接产生的原始表现。后者为原发性皮肤损害或由于治疗，或由于继发性感染（包括机械性伤害如咬、擦等），使之恶化而导致间接的病理变化。

（1）原发性皮肤损害。其急性病症多属这一类型。较为常见的有以下几种。

斑疹　是既不凸起或稍显现扁平突起，又无质地的改变，仅有颜色变化的限界性皮肤损害，称为斑疹。它是皮肤受到刺激的一种反应。

斑疹的初期，呈红色，纯属血管充血所致。指压则退色，去压仍复原色，大多伴发痒感症状。见于动物的荨麻疹。由于痒感的发作，使患畜咬啃、摩擦等机械性刺激，则多不易见到红斑现象。当呈现暗紫色斑或褐色斑的患畜，往往不出现痒感症状，如猪丹毒的皮肤斑疹。

除斑疹中的红斑以外，还有斑点、蔷薇疹和红晕等。比斑疹小的为斑点；比斑点更小的为蔷薇疹，形似环状的称为红晕。至于皮下血管出血所引起色斑称为出血斑。分为淤点和淤斑两种，前者为皮下点状出血，特征为指压不退色，而又不高出皮肤表面；后者为淤血斑，性质同淤点。由于皮下出血的血管范围较广，而出血量较多，形成紫红色的略高出皮肤表面的大小片块。但由于毛细血管长期扩张，致使血管充血引起的红斑，则属于毛细血管扩张症，应与斑疹加以区分。

丘疹　于真皮发生细胞性浸润而使质地变硬，并高出皮肤表面的局限性小突起称为丘疹。丘疹顶尖部含有浆液的称为浆液性丘疹。其大小多为粟粒大至小豆大不等。

结节　于皮内或皮下组织发生局限性隆起，外观呈半球状或乳头状，其颜色和质度多不固定。大小比丘疹稍大，如豌豆或核桃大。若比结节再大的隆起，则称为大结节。

水泡　高出皮肤表面，含有水样液体的腔隙称为水泡。多发生在表皮内或表皮与真皮之间。外观呈限界性而质度柔软并透明的小隆起。可见于丘疹发展过程中，也见于皮肤表层潴留液体状态的湿润性湿疹。分炎性和非炎性两种，前者见于口蹄疫、烫伤等，后者在家畜多不易出现。

脓疱　为含乳白色或黄色的混浊脓汁的疱疹。除可由丘疹或水泡演变的结果以外，有的脓疱是细菌感染的结果。多有痂的形成，见于痘疮。

荨麻疹　是皮肤暂时性水肿性扁平突起，为真皮上部血管性变化反应。其形状不整，大小也不一致，小如豆大，相集则增大如手掌大不等。常伴发皮肤潮红、痒感、灼热感，突发突消。

脓肿　真皮和皮下组织内局限性化脓性炎症。多由化脓性细菌感染，导致病灶处形成充满脓汁的空洞。

水肿　是皮下组织间潴留大量组织液和淋巴液，使皮肤表面呈现肿胀状态。分炎症性和非炎症性两种。而后者又分过敏性、淤血性、恶病质性、肾性、血管神经性以及中毒性等。

气肿　是皮下组织间蓄积空气或气体，导致局限性皮肤肿胀，按压可发出捻发音。由于起因不同，又分为窜入性和腐败性两种。前者是由含气脏器使气体或空气侵入皮下组织内的，后者为产气性细菌感染皮肤的结果。

肿瘤　皮肤上生长的良性和恶性赘生物。良性的有脂肪瘤、纤维瘤和乳头状瘤等，恶性的有癌、肉样瘤和黑色素瘤等。

(2) 继发性皮肤损害。慢性病症多属于这一类型。较多见的有以下几种。

皮垢　是从皮肤表层相继脱落的角质层细胞成分。若因皮肤病变而发生过多的脱落，则属病态。其性状或小而细碎的（如麸皮类），或似薄纸片样的和厚膜状各异。多数是继发于红斑、丘疹、结节和水泡等过程之后。

痂　是从皮疹渗出于皮肤表面的稠厚的溢液，再经蒸发凝集干燥而呈膜状或板状异物。其中含有纤维蛋白、脓细胞、红细胞、上皮细胞和细菌等，含脓细胞较多的干燥异物呈黄绿色脓痂，红细胞含量较多的干燥异物呈血痂。

胼胝　是角质层的局限性异常增厚，而呈现扁平隆起，称为角化过度。棘层未经过透明角化阶段而转变为角质层细胞，使后者角化不全，不但含有细胞核，而且有棘突，堆集较厚，称为角化不全。单纯棘层细胞的增生变厚则称为棘层肥厚或称为棘皮症。

抓痕或表皮擦脱　由于搔抓等机械性作用而使皮肤组织出现缺损，多呈线状，深浅程度不定，深度缺损的，痊愈后可形成疤痕。

糜烂　或由于丘疹、结节表皮的破损（由于咬啃、摩擦等原因），或由于水泡、脓疱的破溃的结果。这时皮肤的表皮组织缺损，暴露潮湿面称为糜烂。

溃疡　是真皮部分的组织缺损称为溃疡。由于炎症、化学性刺激和机械性压迫等原因，致使真皮，甚至更深的组织发生坏死或溶解的结果。其大小、形状、深浅等随其病性发展而异。创缘较清楚，表面多覆被不洁的渗出物。由于病损或损伤累及真皮或更深，故愈后多留有疤痕。

皲裂、龟裂隙　是皮肤上发生或浅或深的线状裂痕，多由于皮肤失去弹性和伸展性能的结果，少数也可能由于外伤或皮炎所引起。

疤痕　是由新生的结缔组织，用以修补或替代因皮肤溃疡或外伤等，而导致皮肤各种病损或缺损。见于溃疡或外伤愈后所形成的瘢痕。结缔组织中纤维成分多，有收缩性，缺乏弹性而变硬。其上无正常的表皮组织，同时皮肤附属器，毛囊和皮脂腺多数被破坏不复存在，因而这部分被修补或替代的皮肤失去固有的各种机能。其表面光平，色素沉着，多呈秃毛或有再生的异毛——刺毛。

萎缩　可发生于表皮或真皮，或两者同时累及。

坏死及坏疽　部分细胞或组织发生局限性坏死；坏疽是坏死组织的继发病变，分干性和湿性两种。

苔藓样变　苔藓样变是不同于苔藓的。皮肤增厚并略高出皮肤表面，界限清楚，沟嵴明显，干燥，粗糙，触之感硬，视之如苔藓样的称为苔藓样变，见于牛微丝蚴病和神经性皮炎等。

色素沉着或消失　皮肤的色泽，取决于色素颗粒的多少、血液供给的丰富性和角质层的厚薄等。色素性代谢异常（色素性皮肤病）是由于黑色素的缺乏或增多所致。前者如色素细胞被物理或化学方法破坏，则产生永久性色素消失；后者多见于皮肤损伤愈后出现的色素沉着。

脱毛　根据毛囊是否毁坏，可分为疤痕性脱毛和非疤痕性脱毛两种类型。前者是毛囊被毁坏或皮肤发生萎缩或烫伤后形成疤痕等，被毛多不可能再生，后者由于毛囊尚有活性，还有可能再生新毛。

一般认为原发性皮损，大多数是属于急性病症；而继发性皮损，大多数又属于慢性病症。急性病症的多次反复发作，其结局往往变为慢性病症。

（二）皮肤病的诊断要点

对家畜所患皮肤病病性认识和建立诊断，同兽医临床所有各科疾病的诊断一样，必须着重通过畜主询问病史，进行周密的现症检查和必要的实验室检验。根据检查所取得的症状资料进行综合性分析，建立正确诊断。

1. *询问病史*　通过畜主询问家畜病史，并了解就诊目的是非常必要的。病史包括远期病史和近期病史两大部分。

（1）远期病史。即家畜皮肤发病前健康状态和基本情况。

患畜的来源。来自本地区还是外地区引进的，如引进的要注意引进时间、地点和引进时健康状态等。

患畜饲养管理情况。了解饲料来源、质量、饲料配制、饲喂方法以及饮水方面情况；管理方面如厩舍环境卫生、通风、光线和温湿度等。

患畜使役和生产性能。注意使役强度与时间、母畜泌乳、分娩与公畜配种性能等。

患畜的预防注射和检疫。何时何地做过哪种预防注射和检疫，结果又如何？

（2）近期病史。近期病史的了解，这对确诊皮肤病性、病因的探讨以及治疗计划制订等，都有着较大帮助。近期病史其内容有以下几方面。

皮肤发病时间与病势。发病时间及其经过，原因，了解同一时间内个体发病还是群发。

发病后表现。了解某些皮肤病症状特征及其发展情况。

发病后的处理情况。在何时用何种治疗方法，即用过哪些外用药物与内用药物，效果如何，是好转还是恶化，有无某些副作用等。

2. *现症的检查*　在做现症的检查过程中，往往忽视整体观念，忽略皮肤病常是整个机体性疾病的一部分，是整个机体性疾病在皮肤上的局部反映。所以，要特别注意在做皮肤病现症检查时，尤其对较复杂又属疑难的皮肤病患畜，更需要对整体做全面系统的检查。

（1）被皮状态的检查意义。不仅对皮肤病的诊断有其重要意义，而且在内科病、外科病、寄生虫病和某些传染病过程中，也往往影响到被皮系统。例如，心性水肿、肝性黄染与奇痒、代谢障碍的脱毛等被皮状态的异常，应予足够重视，加以鉴别。

（2）皮肤的检查方法。通常多用视诊、触诊和叩诊，必要时应用穿刺法和实验室检验。

3. *被皮（皮肤）检查的主要内容*　在掌握被皮生理状态基础上，结合病史的了解，对其体表病理变化情况，即现症表现特点，进行细致的检查。其检查的内容主要包括以下几方面。

（1）发病部位。不同的皮肤病，具有不同的常发部位。

（2）皮损的大小。其大小，长短差别较大，多用实物比喻，如针尖、黄豆、胡桃、手掌等；或用几毫米、几厘米来表示长、宽或高等。

（3）形状。呈圆形、椭圆形、纺锤形，线状、点状、带状或环状等。

（4）色调。由于家畜被皮有颜色的影响，多不易看清；颜色的判断，在少数白色皮肤动物容易进行。

(5) 边界。分清楚、模糊不清、整齐，隆起、下陷等。

(6) 表面及基底情况。呈现干燥、湿润、光滑、粗糙，有无鳞片或痂，中央有无脐窝等。基底宽阔、狭窄或成蒂状等。

(7) 坚实性。多以石头、软骨、橡皮等来形容其坚实或柔软程度；有弹性、波动、松弛或紧张等。

(8) 皮疹的分布。对称性或非对称性、局限性或广泛性（全身性)、散发或密集、散在或融合等。

(9) 感觉障碍。指痛觉、灼热和痒觉等，或减轻或过敏或消失。

(10) 皮肤病理变化。皮损类型及其特点，疤痕，皮肤完整性破坏，色素沉着或消失等。

(11) 附近淋巴结的状态。肿胀、大小、质地、温度，痛性反应和移动性等。

4. 实验室检验　对某些皮肤病性，只通过病史问诊和现症检查所得到的资料，往往不易做出确切诊断或最后诊断。还需辅以实验室检验。例如，对变态反应性皮肤病的几种皮肤试验：如划痕、皮内注射、结核菌素试验等，取皮肤活组织的组织病理学检查，对霉菌与细菌等直接涂片镜检和培养鉴定等。必要时还可做动物接种试验等。

5. 再暴露试验　有如湿疹、荨麻疹和药疹等这类皮肤病，为了确定病因，往往进行这种试验观察。如怀疑所患药疹是由涂擦碘酊引起的，可用碘酊涂擦同一患畜，如果再接触再发，其病因就可以肯定无疑。

此外，还有治疗试验、追踪观察等，都是确诊某些皮肤病的必要的方法。

皮肤病的防治

防治皮肤病必须要有全面观点，防止只重治疗，忽视预防，忽视护理，忽视畜主和兽医主观能动作用的倾向。

对于皮肤病，应当强调预防为主，防治结合的原则。例如，在尚未发病之前，对家畜进行精心饲养管理；经常刷拭畜体，保持清洁，使其不断增强抗病能力。对已发病的，更应对患部加强保护和认真处置，当发生奇痒时，就要装配口笼、颈圈或包敷患处，加以保护。对患处的治疗上禁忌使用刺激性和腐蚀性药物。这些不仅有利于防止病情发展或恶化，还可大大缩短疗程。

（一）外用药物疗法

外用药物疗法，是治疗皮肤病的最主要的方法。从许多皮肤病的治疗效果看，如合理地应用外用药物疗法，并与内用药物疗法配合得当，结果就比较理想。其前提必须根据确诊的皮损类型及其特点，选择药物，并注意其化学和物理性能、剂型、浓度和应用方法等，只有这样，才可能使外用药物疗法，发挥更好的效果。

为此，掌握外用药物疗法，首先要了解药物的作用、剂型的分类；其次是作用药物选择以及用药时应当注意事项等。

1. 药物的作用　系指外用药物对皮肤疾病的直接治疗作用。

2. 剂型的分类　根据药物的作用机理和剂型，局部药物可分为两大类。

（1）按药物作用机理进行分类。

清洁剂　用来清洁皮损表面病理性产物，以利于诊断和治疗。常用生理盐水、硼酸水和高锰酸钾溶液等。

保护剂　目的在于避免再刺激，使其发挥皮肤的自行痊愈。多用温和的保护性药物，如滑石粉、氧化锌和硼酸等。必要时还可添加其他药物，如止痒剂、防腐剂等。

止痒剂　是减轻痒感来防止患畜自行咬啃、摩擦性再刺激的制剂。除常用冷水或热感来代替痒感外，还可用感觉神经麻醉剂，如石炭酸、樟脑等。

杀菌杀虫制剂　抑制或杀灭导致皮肤病的生物原性因子——细菌、霉菌和寄生虫等。常用碘酊、冰醋酸、硫黄、水杨酸、石炭酸、甲醛、抗菌素和磺胺类药物等。

收敛剂　用于消退水肿，炎性反应，致使渗出液减少。多用乙酸铅、硝酸银和鞣酸蛋白等。

抗炎剂　目的在于对炎性皮肤损害的局部治疗。除常用皮质类固醇激素制剂之外，还可与其他药物配合应用。例如，煤焦油、新霉素等合并应用，收效更为显著。

腐蚀剂　用以破坏新生物或过于增厚的皮损病理性组织。宜用纯石炭酸、硝酸银和水杨酸等。

角化促成剂　经常应用具有轻度刺激作用的药物过后，以使角质层正常化为目的。常用水杨酸、焦油制剂以及硫黄等药物。

角层剥离剂　以除去角层或使角层变薄。常用药物为硫黄、水杨酸和雷锁辛等。

（2）按药物的形态和特性进行分类。

粉剂　又称散剂。系药物制成外用干燥均匀的粉状剂型。有保护、吸收水分与散热之功效。常用的药物为滑石粉、氧化锌、炉甘石、白陶土等。如以抑菌为目的，可加入硼酸，以止痒为目的还可加入樟脑或薄荷等药物。

水粉剂　实际上属于另一种剂型类型的粉剂。在水为溶媒的液体中放入不溶性或微溶性药物，如滑石、氧化锌和炉甘石等。溶媒除水外，还可用酒精、甘油等。其作用基本上同于粉剂。

水剂　溶媒以水为主，少数也用酒精或油类，加入水溶性药物的剂型。作用为散热、消炎和清洁。作湿敷用的水剂种类较多，它包括生理盐水、硼酸水、高锰酸钾溶液、乙酸铅溶液等。

酊剂　系溶媒为酒精的液态剂型。作用为消炎、杀菌和止痒。药物多为煤焦油、薄荷和升汞等。

油剂　是以植物油或液体石蜡油为溶媒的剂型。作用为清洁、保护、消炎和软化痂皮等，如水杨酸油剂、氧化锌油等。

乳剂　借乳媒剂的作用，使一种液体成为细小的液滴，并使其均匀分布在另一种液体中，成为一种较永久而浓稠的乳状物剂型。作为外用的乳剂，又称为搽剂。兽医临床常用的为油包水乳剂，其所用乳媒剂为羊毛脂、树脂和蜂蜡等。

软膏　多以油脂为基质与主药调制成的软膏。即将主药溶入或使混入呈乳状的赋形剂内所制成半固态的膏剂。赋形剂可分为以碳氢化合物类（如凡士林）和动物脂肪类

（猪油、羊毛脂）的两大类。前者皮肤不易吸收，仅起到保护作用；后者皮肤易于吸收，其吸收力大，达50%，使主药发挥药效快。可根据主药作用的要求可掺入各种主药，但浓度不宜过大。

糊剂　是基质与主药各半配成一种剂型。它的作用在于隔离空气，保护皮损不受刺激，防止干燥，尚能吸收少许溢液和起到较轻度消炎作用等。糊剂不同于软膏有二；其一是所用主药浓度大大超过软膏中的主药剂量，其二是糊剂的赋形剂多不用油脂而常用淀粉、明胶等，其特点是从患处易于洗掉。但有时也用羊毛脂、凡士林等作为基质的。

3. 作用药物选择及应注意事项　在临床实践上对皮肤病的治疗，基本上是采取对症疗法，即发生瘙痒则给予止痒剂；鳞屑过多的则进行洗拭或注射相应药液加以抑制，皮肤干燥的则涂以乳剂使其软化，等等。这样可以防止继发为继发性或慢性皮损的同时，也可控制现症的发展。

（1）作用药物选择的重要意义。在皮肤病的治疗时，作用药物的选择固然重要，但对用药的剂型和基质的选择，亦有极为重要意义。以作为调制各种不同药物形态的基质选择为例，当应用止痒剂时，考虑用粉剂、水粉剂；或用软膏作为基质，混加止痒药物，这就必然视其皮肤病病性和现状而灵活地选择，原因在于基质起到的对作用药物搬运作用。

药物的药效作用于皮肤表面，还是深达真皮或以下，使其迅速吸收发挥药效作用，还是缓慢吸收发挥药效作用。同样也应注意到基质的选择。

确有这种情况，由于剂型和基质的选择不当，则往往导致病情恶化，比如在急性湿疹而渗液较多情况下，使用既无吸收渗出液，且又阻碍热量散发的软膏这类剂型，由于产生新的刺激作用，而使皮损更为加重。作用药物主要根据病变性质来选择；剂型则依照皮损表现来确定。现以湿疹类皮肤病的局部处理为例，说明剂型选择。

急性阶段　主要症状为红斑、丘疹、水泡，治疗原则为除去病因、止痒等，宜用水粉剂或粉剂。对有渗出液的急性湿疹的治疗，则多用湿敷以消炎、制止渗出为主，宜用水剂。随着病势的发展，渗出液很少，创面有些糜烂的情况，治疗原则为消炎、消肿和制止渗出等，可用糊剂。当皮损无渗液时，又可用乳剂或水粉剂。

慢性阶段　只要能避免再刺激，剂型关系不大。当主要症状为皮损浸润或苔藓样变时，可用软膏或酊剂，如痂皮较多还宜用糊剂。

（2）用药时应当注意事项。在皮肤病的药物治疗上，除防止药物滥用以外，还要注意以下问题。

刺激性药物　实践证明，大多数皮肤病，只要不再遭受任何不良性刺激，有倾向自愈的能力。因而宜选用不具有刺激性药物为原则。

磺胺类药物和抗生素制剂　在外用药物治疗皮肤病过程中，在一般情况下，不宜过多的采用磺胺类药物和抗生素制剂。应当知道，家畜皮肤病，尤其化脓性皮肤病，其发生发展过程中，主要不取决于细菌的存在，而取决于机体抵抗力的强弱。况且这类药物和制剂经常外用，往往引起机体不良反应，并可能带来一定副作用。

药物的浓度　用于外用的所有药物，其浓度宜低，药性宜弱。并宜划分患区进行治疗，每区采用药物的不同浓度制剂进行疗效对比。这一点对皮损面积过大，避免患畜发

生药物中毒，其意义更为重大。

药效的发挥（药物的吸收途径）　皮肤对外用药物的吸收途径，主要是毛囊-脂腺的吸收途径。

有人认为，以水作为溶媒的任何药物，都是经过上述吸收途径进入真皮而扩散。诸如其他表皮、汗腺的吸收作用，主要由于角质层的屏障，则多予否定，当然有外伤例外。即便主药本身具有渗透性能，但主要还是通过毛囊-脂腺这一吸收途径而渗到真皮。

皮肤对外用药物的吸收，还受许多因素影响，比如皮肤温度升高、湿度增大，则易于吸收，闭合包扎和薄层涂擦方式有利于吸收，软膏中添加粉剂量比例过大，则能起到抑制吸收作用，如常用的锌油、硼酸锌软膏等。

在皮肤病变过程中，如皮损面上鳞屑过多，填满病灶区的毛囊，就会阻碍药物的吸收和药效的发挥。其原因就在于毛囊-脂腺是唯一吸收途径的关系。所以当治疗皮肤病时，必须注意皮损面上鳞屑问题，如鳞屑过多则必加以洗净，才有利于药物的吸收和发挥。

各系统脏器机能紊乱，维生素和微量元素缺乏和激素失调等均可作为皮损病因，因此，必须结合全身性疗法，只有这样，治疗期限可能明显地缩短。同时，使患畜更换环境、饲料等也都是很有必要的。

（二）内用药物疗法

应用较为广泛，但有特效的疗法很少。

1. *抗过敏疗法*　由于多数皮肤病病因与变态反应有关，抗过敏疗法的应用较为广泛，但一般都无显效。它只对抗原抗体反应后释放组胺的皮肤病是有特效的。而对迟缓反应物质和激肽等，抗组胺制剂是不能起特异抗过敏作用的。通常将组胺制剂疗法，包括自家血液疗法在内，统称为非特异性抗过敏疗法。

盐酸苯海拉明、盐酸氯丙嗪等抗组胺制剂，除能够对抗组胺所产生的平滑肌收缩、毛细血管扩张和渗透作用的症状外，尚有镇痛、止痒作用等。目前广泛应用于许多变应性皮肤病、瘙痒性皮肤病的治疗，如湿疹、药疹、荨麻疹和瘙痒病等。

其他对过敏性皮肤病的辅助疗法，多应用钙制剂、维生素C和硫代硫酸钠等药物。这一类药物虽无抗过敏作用，但钙制剂却有消炎、止痒、提高血管壁的致密度，维生素C能减低血管渗透性，而硫代硫酸钠则有解毒作用。这类药物主要用于湿疹、荨麻疹、药疹和瘙痒病的治疗。

2. *封闭疗法*　用不同剂量与不同浓度的普鲁卡因溶液，注射于静脉内或神经干或神经节所在周围组织内的一种疗法。其主要作用是使大脑皮层兴奋与抑制过程处于均衡状态，即阻断病变部位传向大脑皮质的不正常的刺激，同时也产生微弱的良性刺激，减轻痛感、痒感和水肿，改善组织的营养，从而促进病变部位的代谢和加速病理变化过程和皮损治愈趋于正常。多用于湿疹、荨麻疹和瘙痒病等。

3. *皮质类固醇激素疗法*　它是对变态反应性皮肤病的有效疗法之一。其作用在于抗过敏、抗炎性反应。使渗出液减少，红肿减退，还有减轻机体对各种刺激性皮损引起的病理学反应，抑制结缔组织增生等作用。

常用的药物制剂为氢化可的松、泼尼松和地塞米松等。一般多用于严重的皮肤病，如药疹和各种皮炎等。

但要注意：首次剂量就应以足够剂量控制症状，对长期用药的患畜，减量宜慢，如有“反跳”现象，则需用比原来所用剂量还要大很多倍才能控制发展。同时对继发性感染、骨质疏松症、电解质紊乱的不良反应，要及时给予相应处置。

4. *磺胺、抗生素类制剂疗法*　这类制剂在皮肤病中，尤其继发细菌感染性皮肤病方面，应用比较广泛。在预防继发性感染，亦常用这类制剂。应引起注意的是，在临床实践中，有的动物皮肤病的发生，不是细菌性感染问题，即便是由于细菌性感染，病势有所发展或恶化，实践证明单纯使用此类疗法效果多不太理想。况且由于病因不明或由于病毒感染的，更不宜应用。

5. *抗霉菌制剂疗法*　动物真菌性皮肤病主要为浅部霉菌病，首选灰黄霉素能起到抑制作用。为了提高疗效，防止复发，则需结合外用药物疗法进行治疗。克霉唑为广谱抗霉菌的抗生素，也可应用。

（杨宗泽）

第二节　常见的动物皮肤病

皮炎（dermatitis）

病因

机械性刺激，如啃咬、摩擦、马具压迫、尖锐异物刺扎及钝性外力撞击等；烫伤、冻伤、强烈日光照射及X射线照射等。还继发或伴发于某些传染病、寄生虫病的经过中。

症状

轻症外伤性皮肤炎，皮肤潮红，轻微肿胀。随着病势发展，可见薄痂和细碎鳞屑形成。重症时，皮肤显著肿胀，伴有疼痛和脓性分泌物，发生糜烂和皮肤组织缺损。

慢性经过时，患部皮肤水肿、肥厚，弹性及活动性减小，常发生皲裂。有时继发疣状皮肤炎，疣状增生物互相融合，形成类似花椰菜状的大结节面，呈淡红色，坚实，皲裂的深沟内积有大量污秽不洁的渗出物，但患畜通常并无跛行。

皮肤炎并发感染时，形成大量干燥痂皮，痂皮下有脓汁，触诊坚硬有疼痛。坏疽性皮肤炎，病初局部呈现明显的炎性反应，逐渐发绀，出现微黄色、黏稠渗出物。经3d左右，患部皮肤坏死分解，丧失感觉，逐渐变得菲薄，最后自行破溃，流出灰色带有腐败臭味的脓汁，形成溃疡面。以后，脓汁减少，逐渐长出肉芽组织，经30～45d愈合。

颗粒性皮肤炎，患部形成颗粒状小结节，有痒感，无明显疼痛。磨蹭或啃咬常引起结节出血，以后变为溃疡，并向周围蔓延。由于肉芽组织增生，皮肤及皮下组织肥厚，在肉芽组织的隆起内含有黄色或灰白色的干酪样小颗粒，并由溃疡面分泌出恶臭的黏稠渗出物。病程6～8个月。

治疗

急性型皮肤炎，要充分洗涤患部，然后涂布氧化锌水杨酸软膏、甲紫硝酸银溶液或3%煌绿溶液等。慢性皮肤炎，患部可涂布碘酊甘油、可的松类软膏等。配合自家血液疗法、普鲁卡因封闭疗法和维生素疗法，可缩短病程，加速愈合。疣状皮肤炎，用肥皂水冲洗，再用过氧化氢溶液清拭，除去沟内及表面被覆的脓性分泌物，然后应用腐蚀剂，如10%铬酸溶液、高锰酸钾粉等。患部可撒布磺胺高锰酸钾（9：1）或包扎松馏油绷带。定期（隔5～7d）于患部涂擦5%甲醛酒精溶液，疗效较好。必要时进行手术疗法。

坏死性皮肤炎，病初可应用0.5%升汞酒精溶液的湿性绷带。出现脓汁后，改用20%硫酸镁或氯化钠高渗溶液绷带（最好在溶液中加入0.5%～2.0%的高锰酸钾），脓汁减少后，立即停止使用。坏疽性溃疡时，除去坏死组织，溃疡面撒布高锰酸钾氨苯磺胺（5：95）或磺胺硼酸（9：1）或碘仿磺胺（1：9）等混合粉剂。

颗粒性皮肤炎，先除去创内干酪样物质，然后进行烧烙或用CO_2激光烧灼。溃疡面涂擦10%苦味酸酒精溶液，或用1：300升汞水溶液洗涤。2%～3%台盼蓝溶液涂擦溃疡面或做患部周围注射，效果良好。

湿疹（eczema）

湿疹是皮肤表皮和真皮乳头层的轻型过敏性炎症，属于迟发性过敏反应。各种家畜均可发生。

病因

多数人认为，湿疹的发生取决于两方面的因素：一是过敏性素质，二是致敏因子。一般认为，过敏性素质在本病的发生上起主导作用。过敏性素质有先天性和后天性之分。

致敏因子包括各种刺激因子，如化学物质（强酸、强碱性药品局部涂擦，对皮肤过度用碱性强的肥皂或洗衣粉清洗等）；皮肤污染分泌物和渗出物；温热、寒冷、潮湿等；机械性作用；吸血昆虫刺螫，体外寄生虫的叮咬以及微生物的作用等。

症状

一般是瘙痒明显，部位对称。急性湿疹典型经过分红斑期、丘疹期、水泡期、脓疱期、糜烂期或湿润期、结痂期、鳞屑期。病初，患部皮肤充血、潮红，指压退色，轻度肿胀，多呈对称性分布，称为红斑性湿疹。随病情发展，在潮红或周围健康皮肤上出现界限明显的粟粒大到豌豆大、数目多少不定的、质地较硬的丘疹，称为丘疹性湿疹。随后，丘疹内充满透明浆液，变成水泡，称为水泡性湿疹。水泡发生感染后，形成有蔓延趋势的脓疱，附近淋巴结肿大，称为脓疱性湿疹。脓疱破溃后，露出鲜红的糜烂面，创面湿润，放腥臭气味，伴发奇痒和疼痛，称为糜烂性或湿润性湿疹。渗出液凝固干燥后，形成淡黄色、黄褐色或暗红色痂皮，称为结痂性湿疹。急性湿疹末期，炎症减轻，痂皮脱落，新生上皮增殖和角质化，局部覆以细小的、白色糠秕样脱屑，称为鳞屑性湿疹。

在临床上，湿疹的发展未必典型，如马属动物多呈现糜烂性湿疹，其他动物多从红斑期直接进入鳞屑期。

慢性湿疹　由急性湿疹持续或反复发作而转成，亦有始终取慢性经过的。其特点是皮肤肥厚，被毛粗刚，同时伴发色素沉着和瘙痒。

马的湿疹多发生于头、肩、背、腰、股内侧和四肢部。在系凹部发生的湿疹多呈慢性，经久不愈，常有奇痒，致使病马经常摩擦患部，继发皮肤炎。牛的湿疹多由于杀虫剂使用不当引起。常发生趾间湿疹，特称趾间糜烂。犬的急性湿疹往往弥漫于被毛稠密部位，如耳下、颈部、尾根、大腿外侧。

治疗

除去病因，防止啃咬、摩擦患部，并采取对症和脱敏疗法。

1. *局部处置*　首先用3%硼酸溶液、1%～2%鞣酸溶液或5%乙酸铅溶液（加入10%的明矾）等清洗患部，然后涂布含糖皮质激素（氢化可的松、醋酸氢化可的松、泼尼松龙等）的软膏剂。在急性湿疹的水泡期、脓疱期及糜烂期，应使用具收敛作用的防腐剂，如3%～5%苦味酸溶液或亚甲蓝硼砂溶液（亚甲蓝3g、硼砂5g、蒸馏水120mL）等。随着渗出减轻，可涂布汞锌软膏、锌水杨酸软膏或鱼肝油软膏等。慢性湿疹可应用魏氏流膏、米赛尔氏软膏（硼酸1.0，松馏油3.0，氧化锌软膏60.0）、15%锌软膏等。急性或亚急性湿疹，可试用自家血疗法、紫外线照射疗法。剧烈瘙痒时，可采用普鲁卡因封闭疗法。

2. *脱敏疗法*　对大家畜可应用乳酸钙20～30g，一次内服；10%氯化钙100～150mL，静脉注射，每日1次。小动物常用葡萄糖酸钙或硫代硫酸钠溶液，静脉注射。苯海拉明内服：马、牛0.5～1.0g，犬0.04～0.08g。也可应用曲吡那敏内服或肌肉注射。

皮肤肿瘤（tumor of the skin）

皮肤肿瘤是兽医临床上的常见肿瘤性疾病，特别是猫的皮肤肿瘤，是仅次于淋巴系统肿瘤的第二大类肿瘤性疾病，约占肿瘤疾病的1/4，占临床总病例的1/1000以上。犬的皮肤肿瘤20%～30%是恶性的，而猫皮肤肿瘤则有50%～65%属于恶性肿瘤。皮肤肿瘤最常见的应为基底细胞瘤、肥大细胞瘤、鳞状上皮癌和纤维肉瘤。

一般来讲，皮肤肿瘤多发于老龄动物，无明显性别差异，不同种属、不同品种常发的肿瘤有所不同。

病因

引起皮肤肿瘤的原因主要有病毒、免疫反应、遗传因素、激素影响、阳光照射和离子辐射等。长期阳光照射可导致皮肤血管瘤、血管肉瘤和鳞状上皮癌的发生，猫的白血病病毒可导致皮肤淋巴瘤，研究证实氢氧化铝佐剂疫苗可导致肉瘤的发生。

病史及临床症状

皮肤肿瘤的病史差别很大，常在主人对动物进行刷拭时发现有皮肤肿瘤。良性肿瘤增长缓慢，病史常达数月乃至数年，一般不易自残导致溃疡或继发感染，肿瘤常呈局限性、无痛、可移动性。恶性肿瘤增长迅速，位置固定，边缘不清楚，容易形成溃疡，常侵害血管和淋巴管。

常见皮肤肿瘤类型

1. *基底细胞瘤*（basal cell tumor）　包括基底细胞上皮瘤、基底细胞癌和 basiloid tumor。因为本病大多数情况下属于良性，故一般称为基底细胞瘤。本病占皮肤肿瘤的 15%～26%。本病犬发病率较低（4%～12%）。本病多见于 6～9 岁的犬和 10～11 岁的猫。犬多见于贵妇犬和英国小型猎犬，猫多见于暹罗猫。本病常单发，局限性发生，呈坚实的半球形，直径 0.5～16cm，有移动性。以犬猫头、颈、肩部为多见。个别病例有溃疡、色素沉着或增长过快。大多数是良性的，增长缓慢，本病的治疗主要是外科切除，预后良好，一般不再转移和复发。如转移到邻近淋巴组织可有 10%左右的复发率。小的基底细胞瘤（直径小于 1cm）也可采用冷冻外科手术。溃疡面可涂 5-氟尿嘧啶软膏，每日涂 2 次。

2. *肥大细胞瘤*（mast cell tumor）　本病在犬是最常见的皮肤肿瘤，在美国，本病发病率列猫皮肤肿瘤的第二位，约占皮肤肿瘤的 20%。20 世纪 50 年代以后，本病发病率增长尤为迅速。多发于 8～9 岁的猫，特别是暹罗猫更为多见。全身性的肥大细胞瘤又称为肥大细胞增多症。对于犬和猫，本病应分别考虑，因为二者的组织学特点、生物学特性、治疗和预后都有所不同。

（1）犬的肥大细胞瘤（mastocytomas in dog）　皮肤肥大细胞瘤对于犬来说意义最大，因为它占了皮肤肿瘤发病率的首位。其发生率有明显的品种差异性。肥大细胞瘤可发生于任何部位的皮肤且不局限于生长在某一特定部位。肥大细胞瘤可单个或成群分布，从生长缓慢、柔软、松弛的肿瘤至生长迅速、坚硬、多结节的团块状，有的可侵入皮肤引起溃疡。其切面通常呈黄褐色或绿色，也可由于出血而呈斑驳状。肥大细胞瘤无包膜，但是生长缓慢的肿瘤比生长迅速的肿瘤界限更清晰。

肥大细胞瘤无包膜，当真皮结缔组织被大量的肥大细胞所侵袭，在这些肥大细胞之间，散着数量不等的嗜酸性多形核粒细胞。肥大细胞的分化程度差别很大，肿瘤被分 3 个级别，有丝分裂相很少见。分化不好的肿瘤含有紧密排列的细胞，这些细胞有大而不规则的核，胞浆稀少，有丝分裂相多。

本病病因不详。

治疗及预后

在犬，生长缓慢、分化良好的肥大细胞瘤很容易进行手术切除，且切除后 80%以上的患畜可获痊愈。分化较差的肿瘤有明显的局部复发和转移至局部淋巴结的倾向，预后应谨慎。手术切除后，可结合放疗和化疗治疗。

（2）猫的肥大细胞瘤（mastocytomas in cat）。肥大细胞瘤的病因仍不十分明确。虽然在组织样品中发现有病毒颗粒，但是组织培养不能生长且不具有传染性。可能与品种有关。

病史及临床症状：典型的猫皮肤型肥大细胞瘤呈散在、隆起、坚实、界线明显、无毛的皮肤结节，直径 0.5～3cm。颜色为白色，偶呈粉红色。约 1/4 病例会出现溃疡。头颈部是本病的多发部位，其次是躯干、四肢。头部的肿瘤有时可达到耳的基部，口腔很少发生。局部发红、瘙痒，自残可导致溃疡。机械摩擦可形成红斑或划痕。自发退行型肥大细胞瘤通常多发、不瘙痒、坚实、无毛、粉红色，有时会形成溃疡性皮下结节。

弥散性的肥大细胞瘤有时会导致全身性反应。精神沉郁，食欲减退，消瘦，周期性呕吐，大多数病例触诊腹部可感知脾脏肿大，偶有腹腔积液。肠型的肥大细胞瘤常有带血或不带血的腹泻，发热，病程可长达几个月。肠腔有时有溃疡和出血，低血容量性休克，呼吸困难。

结合病史、临床症状可做出初步诊断。针吸活检包括脾脏穿刺、胸腹腔穿刺进行细胞学检查是最好的诊断方法。血细胞计数、血图片检查、骨髓穿刺和血清生化检查也有助于诊断。

治疗本病可采用外科摘除、放射治疗和化学疗法。

1）外科摘除。肿瘤比较局限、无转移或在血液中看不到肥大细胞时有效。特别建议与冷冻手术联合治疗。

2）放射治疗。肥大细胞瘤对放射线非常敏感，3500～5000rad 即为有效剂量，其治愈率为 50%左右。照射后行外科切除效果会更好。

3）化学疗法。对转移性和全身性的情况有效。以下各药合用为好，但单用③也有一定的效果。①长春碱，2mg/m^2，静脉注射，1 周 1 次。②环磷酰胺 50mg/m^2，内服，1 日 1 次，1 周 4 次。③泼尼松龙 20mg/m^2，内服，1 日 2 次，隔日服用。

4）防止胃肠溃疡形成，可用新斯的明拮抗药 2～4mg/kg，每日 3 次，内服。

3. *鳞状细胞癌*（squamous cell carcinoma） 皮肤鳞状细胞癌起源于表皮棘细胞，穿过生发层并侵入下面的结缔组织。多出现于无色素或色素较少的皮肤，如外鼻孔、眼睑、耳部、唇部、四肢、胁腹和背部皮肤。猫的平均发病年龄为 12 岁，犬的发病年龄为 9 岁。

猫皮肤鳞状细胞癌发病率占皮肤肿瘤的 15%，通常是一个很小的，侵蚀性很强的病灶，有一个隆起而坚硬的边缘。其切面颜色苍白，质地坚硬。

犬鳞状细胞癌呈增生性变化，表现为溃疡，其界限不明显。

组织学形态鳞状细胞癌有浓密的纤维性基质，其中常有大量的炎性细胞浸润，并且散在不规则聚集的恶性瘤细胞。

该肿瘤的病因学尚不清楚，但白猫易于在耳尖和其他暴露的部位发生肿瘤，说明可能是日光照射所致。被称为光过敏性皮炎的癌前病变在猫多见，它在真正的肿瘤发生之前可持续存在几年。

治疗采用手术切除和冷冻手术，早期治疗效果更好。对猫，为避免局部复发，必须在尽可能大的范围内彻底切除，包括切除局部淋巴结。大多数发生在耳郭和眼睑部位的病例通过彻底切除和冷冻疗法可治愈，但是分化不好的肿瘤可能出现局部复发和转移，这些病例在第一次手术后的存活时间一般不超过 6 个月。犬皮肤鳞状细胞癌通常分化良好，小的肿瘤通过手术切除可治愈。分化不好的肿瘤与猫的相似，其治疗方法同猫。

对切除不完全的病例可选用放射辅助治疗。也有人用多柔比星等药物化疗，效果不理想，且存活时间短。

4. *皮肤纤维瘤和纤维肉瘤*（fibromas and fibrosarcomas in skin） 在犬和猫都常发生，可发生于皮肤的任何部位。纤维瘤界限清楚，紧连于被覆表皮，其上的毛发通常脱落。纤维瘤不易形成溃疡，可在深部组织上移动。质地可能坚硬或柔软，其切面呈白色或黄色，为纤维性表面。良性肿瘤生长十分迅速，瘤体下通常可达到比纤维瘤大的体积。纤维肉瘤具有在生长的早期即穿透皮肤形成溃疡的特征，呈弥散性侵袭，质地坚硬，紧连于周围组织，不易移动。

组织学形态纤维瘤由呈螺环和大波浪状的成熟的胶原纤维束组成，纤维肉瘤在组织学形态上呈渐变的过程，因而与纤维瘤十分相似，但出现周围组织侵袭的肿瘤到含有随意排列在一起的紧密堆积的均匀一致的大的梭形细胞的肿瘤。随着肿瘤的分化程度变低，细胞变得更大，核淡染，有丝分裂相增多。

犬的病因尚不清楚，但是已有资料表明猫纤维肉瘤可由致肿瘤 RNA 病毒引起。

纤维瘤较易手术切除，且预后良好。偶尔也会出现局部复发，尤其是切除大的肿瘤后。皮肤纤维肉瘤很少转移，但是预后必须谨慎，因为可能出现局部复发。

5. *顶泌汗腺瘤*（apocrine sweat gland neoplasm） 本病在猫比较常见，约占皮肤肿瘤的23%。犬的肛门腺瘤则比较多见。大多数汗腺瘤发生于头颈部，多数属于恶性肿瘤，但一般不侵害或转移到局部淋巴组织中去。

本病的治疗要靠外科切除，如侵害到耳道，则需切除整个耳。如果切除彻底，组织学观察边缘不存在肿瘤细胞则不需进行任何继续治疗，否则还需进行放射治疗，一般放疗后可存活两年左右。如肿瘤细胞转移可使用多柔比星 20～30mg/m^2，一次静脉注射，28d 为一疗程。

6. *皮脂腺瘤*（sebaceous gland tumor） 皮脂腺瘤常见于老龄犬，占犬皮肤肿瘤的6.8%～7.9%，猫也可发生，占皮肤肿瘤的2.3%～4.4%多为坚硬、光滑、有蒂的小结节，常侵害眼睑，也可侵害其他部位的皮肤。这些病灶，其直径很少超过0.5cm，被称为“疣”，数量可能会很多。有时，会出现较大的皮脂腺瘤，见于任何部位的皮肤。它们紧连于表皮，容易发生溃疡和感染，但在下层组织中可移动。

组织学形态皮脂腺瘤的组织形态差别很大。它们可能由呈小叶状排列、散在、分化良好、充满脂肪的细胞构成，或由紧密排列成串的、更小的、浓染的细胞构成。它们中只有很少一部分显示出分泌脂质的分化，有时可见明显的鳞状化生。这些肿瘤无包膜，皮脂腺癌很少出现分泌脂质的分化，但含有较多的有丝分裂相。

即使是恶性肿瘤，也可手术切除治愈。切除后很少复发，少数会出现局部复发，有时可转移至局部淋巴结或肺。

附：脱毛综合征鉴别诊断要点

犬脱毛是指局部或全身被毛发生脱落，往往伴有其他的症状，本病的皮肤病变较轻，以脱毛为主要特征。脱毛不仅会影响犬的美观，而且还可能会传播疾病给人类。

归类诊断

对于脱毛的病犬，首先应判断是生理性脱毛还是病理性脱毛；其次通过问诊判断其是否为遗传性疾病，如判断为病理性脱毛，则应先从以下四方面归类。

发病年龄。5～6月龄幼犬多发疥螨病，老年犬多发甲状腺机能减退、卵巢和睾丸机能失调、糖尿病所引起的皮肤病。其他皮肤病的发病情况无年龄差异。

性别差异。从性别看，卵巢机能失调和卵巢囊肿引起的皮肤病仅母犬发病，成年母犬多发自身免疫性疾病引起的皮肤病；睾丸机能失调仅公犬发病。其他皮肤病的发病率并无性别差异。

瘙痒情况。是犬常见皮肤病的主要临床症状。除激素紊乱性皮肤病外，其他类型的皮肤病患部都有痒感，有的甚至是奇痒或剧痒，动物烦躁不安，因搔抓而导致患部出血，继而发生感染。

被毛变化。被毛改变是皮肤病的又一重要临床特征。患部会出现严重脱毛（疥螨病）、脱毛（真菌性皮肤病）、对称性脱毛（甲状腺机能减退、卵巢机能失调）、耳部脱毛（耳痒螨）、腹侧脱毛（糖尿病）、躯干脱毛（肾上腺皮质机能亢进）、尾部脱毛（卵巢囊肿）、较少脱毛（急性湿疹）。

根据其特征症状做鉴别诊断

患虱、瘙病的犬很容易从患处的毛根处发现活虱、瘙和卵或蚤排泄的煤焦油样颗粒；若是疥螨病可用显微镜从患处与健康皮肤交界处的皮屑中发现疥螨；钩虫、蛔虫感染除了脱毛外，还会伴有明显的消化道症状；真菌性皮肤病的脱毛斑大多数呈圆形或不规则，且表面覆以灰色鳞屑，显微镜下可以发现它的菌丝；雌激素失调往往伴有明显的发情症状，但拒绝交配；而犬的黑色棘皮症则无以上疾病所特有的症状，患处的皮屑检查不到病原体。

实验室诊断

按照以上的诊断思路，可以做出初步诊断，对有些病例，如虱病、蚤病、蛔虫病等可根据寄生虫直接确诊，另外一些病例，经验丰富的临床兽医可根据经验做出确诊；但多数情况下还需借助实验室检查，如螨虫检查常用皮肤刮取物，用锐匙从患部刮取黄豆粒大小的痂皮屑，置载玻片上，滴加 2 或 3 滴透明液，加盖玻片在显微镜下检查。真菌检查可用伍氏灯观察皮肤刮取物，以及真菌培养等。皮肤过敏试验可分点注射过敏试剂，局部出现黄色丘疹为过敏。另外免疫荧光检查法和内分泌检查等也用于脱毛皮肤病诊断。通过综合判断，最终确诊。

（杨宗泽）

第九章　内分泌系统疾病

第一节　概　　论

内分泌系统的生理解剖与主要功能

大动物较少有内分泌疾病的发生，但犬、猫等小动物内分泌疾病在小动物临床上占有相当重要的地位。据调查，犬内分泌疾病占犬病的10%～20%；猫内分泌疾病所占比例亦不容忽视。随着我国犬、猫等小动物饲养量的增加，小动物内分泌疾病的发生也势必增多，对此应予以重视。

内分泌疾病的发生　首先，在犬，甲状腺机能减退是最重要的内分泌疾病之一，约占40%。其次，糖尿病、肾上腺皮质机能亢进、肾上腺皮质机能减退及甲状腺肿。在猫，糖尿病发病率最高，约占56%。最后，甲状腺机能减退和继发性甲状旁腺机能亢进。内分泌疾病的发生与动物的品种、性别、年龄及营养等诸因素有一定的关系。

(1) 与品种的关系。有些品种的动物易患某些内分泌疾病，如德国牧羊犬和卡累利阿熊犬易患垂体侏儒症；荷兰卷毛犬易患糖尿病；小猎兔犬多发甲状腺机能减退和甲状腺炎；硬毛狸常发甲状腺肿。这种品种倾向与遗传缺陷有关。

(2) 与性别的关系。母犬患糖尿病、肾上腺皮质机能亢进或减退、肾上腺肿瘤及甲状旁腺机能减退多于公犬，而公犬则易发甲状腺机能亢进、尿崩症和嗜铬细胞瘤。老龄去势母犬比其他犬更易患糖尿病。

(3) 与年龄的关系。各年龄组内分泌疾病的发生亦有所不同，犬、猫在4岁以前易患家族性糖尿病、垂体性侏儒和继发性甲状旁腺机能亢进；1～5岁易发生肾上腺皮质机能减退、甲状旁腺机能亢进、甲状旁腺机能减退；5～10岁多发甲状腺机能减退、糖尿病、肾上腺皮质机能亢进；10岁以上多发尿崩症、原发性甲状旁腺机能亢进。

(4) 与营养的关系。例如，动物在饥饿状态下，可引起多种内分泌器官的机能异常；饲料中钙、磷含量不足或比例失调，可引发继发性甲状旁腺机能亢进和高降钙素血症；无论是碘缺乏还是碘过多均可导致甲状腺肿。

疾病常见病因

内分泌疾病的病因可归纳为以下6个方面：

(1) 内分泌器官的病变。如肿瘤和增生性病变，往往是内分泌器官原发性机能亢进的主要原因；发育不全或破坏性病变，常是引发内分泌器官的原发性机能减退的直接原因。

(2) 促激素分泌异常。促激素分泌过多可引起继发性内分泌器官机能亢进；促激素分泌的减少或缺乏，则可产生继发性内分泌器官的机能减退。

(3) 激素或激素样物质的异位性分泌增加。某些非内分泌肿瘤具有合成激素的能力，尤其是肽类激素。这种异常的激素分泌可产生于内分泌器官原发性机能亢进类似的综合征。

(4) 靶细胞应答不能。激素是通过与细胞受体结合和改变细胞内的活动来实现对靶器官的调节。靶细胞受体缺乏或存在缺陷，或靶细胞内应答不能时，激素则丧失正常机能。

(5) 激素降解异常。已知某些药物能加速激素的降解，而有的则可减缓激素的降解。激素降解和排泄的器官机能发生障碍时，也可导致激素在体内的蓄积。

(6) 医源性激素过多。激素的用量过大是导致医源性激素过多的根本原因。长期使用外源性激素或突然停用外源激素，对内分泌器官都是有害的。

内分泌疾病的基本症状

由于内分泌疾病的病因、病性、病情及病理生理学基础的不同，其临床表现亦多种多样，即便是同一种疾病，也有轻重之别。基本症状有体重减轻、虚弱、食欲减退或亢进、肥胖、乳溢、病理性骨折、青春期延迟、多发性尿结石、多尿、烦渴、精神紊乱、抽搐、肌肉痉挛、侏儒、脱毛、雄性乳房雌性化、持续性发情间期、阳痿、性欲减退等。

内分泌疾病的诊断

包括临床诊断、实验室诊断及内分泌器官机能试验三个方面。

1. 临床诊断　有些内分泌疾病常表现特征性临床症状，据此可以建立诊断，如糖尿病的三多一少症状，甲状腺机能亢进的高基础代谢率综合征和高儿茶酚胺敏感性综合征。但有些内分泌疾病或无特征性的临床症状，或呈现非典型的临床表现，或症状不明显，如肾上腺皮质机能减退，仅依据临床表现很难做出诊断，此时应结合实验室检查结果进行判定。

2. 实验室诊断　应依据临床表现，有目的地进行实验室检查。包括测定相应的生化指标，获取内分泌器官机能紊乱的间接证据，如肾上腺皮质机能减退的氮血症、低钠血症、高钾血症等；测定血浆中相关的激素含量，查找内分泌机能紊乱的直接证据。

3. 内分泌器官机能试验　其目的在于判定内分泌器官机能状态。对实验室检查结果改变不明显的或亚临床的患畜，可进行内分泌器官机能试验，其结果可作为确诊依据。内分泌器官机能试验，分为刺激（兴奋）试验和抑制试验。促肾上腺皮质激素试验和促甲状腺激素试验属刺激试验；地塞米松试验和甲状腺原氨酸试验属抑制试验。

此外，X 射线检查有助于内分泌器官疾病的诊断。

内分泌疾病的治疗原则

对内分泌器官机能亢进的治疗主要采用手术切除导致机能亢进的肿瘤或部分腺体，应用放射性物质或药物抑制激素的分泌，并辅以对症治疗纠正代谢紊乱。对内分泌器官机能减退的治疗，通常采取激素替代疗法，以弥补激素的不足或缺乏。

（杨宗泽）

第二节　常见的内分泌系统疾病

应激综合征（stress syndrome）

应激综合征是动物遭受各种不良因素或应激原（stressor）的刺激时，表现出生长发育缓慢，生产性能和产品质量降低，免疫力下降，严重者引起死亡的一种非特异性反应。各种动物（包括野生动物）均可发生，常见于家禽、猪和牛。

应激或应激反应学说是1936年由加拿大病理学家塞里（Selye）首先提出来的。这个学说的主要内容是外界环境和内在环境中一些具有损伤性的生物、物理、化学刺激以及精神或心理上的刺激作用于机体，使机体产生特异性和非特异性的反应。

生命机体通过极复杂的神经体液机制保持体内生理生化反应的协调和平衡或内环境的稳定，而动物生存的环境无时不对机体产生影响。精神上或心理上，生物和理化方面的应激原有时干扰机体内环境的平衡，此时通过神经体液调节机制来重建体内的稳态，这些反应即称之为应激或应激反应。

病因

生产中引起应激的原因很多，主要指环境中导致动物处于危难状态的那些因子。在集约化养殖业中，影响动物正常生理活动的应激原有很多，如温度变化、电离辐射、精神刺激、过度疲劳、畜舍通风不良及有害气体的蓄积、日粮成分和饲养制度的改变、动物分群、断奶、驱赶、捕捉、运输、剪毛、采血、去势、修蹄、检疫、预防接种等。

在我国大部分地区，夏季出现持续性的高温天气，动物的热应激反应比较普遍。一般认为，动物最适的环境温度为18～24℃，超过32℃即可发病。

猪在保定、运输、配种、兴奋或运动等应激因素的作用下可发生猪肉变性，表现苍白、松软、渗出性猪肉（pale soft exudative，PSE），干燥、坚硬、色暗的猪肉（dry firm dark，DFD）和成年猪背肌坏死（back muscle necrobiosis，BMN）为特征的综合征，与野生动物捕捉性肌病极为相似，瘦肉型、肌肉发达、生长快的品种最为易感。

吸入麻醉剂和使用去极化肌松药也可诱发本病。该病还与遗传有关，主要是常染色体隐性遗传。

发病机理

应激反应的机理十分复杂，目前仍不完全清楚。

动物在应激原的作用下，通过神经-内分泌途径动员所有的器官和组织来对付应激原的刺激。首先交感神经兴奋，肾上腺髓质分泌的肾上腺素和去甲肾上腺素增多，参与物质代谢和循环系统的调节，引起心率加快、心搏增强、血管收缩、血流加快、血糖升高。同时，下丘脑受到刺激，分泌促肾上腺皮质激素释放激素（CRH），刺激垂体前叶促肾上腺皮质激素（ACTH）分泌，进入血液循环，促进肾上腺皮质合成糖皮质激素，加强肝脏糖原的异生作用，增加肝糖原储备。

机体在应激原的作用下，下丘脑分泌促甲状腺素释放激素（TRH）增多，最终使甲状腺素的合成和分泌增加，导致体内基础代谢率增高，糖原分解加强，加速脂肪的分解和氧化，影响机体的物质代谢和能量代谢。另外，下丘脑促性腺激素释放激素（Gn-RH）和垂体前叶促性腺激素分泌减少，引起睾丸、卵巢、乳腺发育受阻，功能减退，临床表现繁殖机能下降甚至不育。

应激综合征的发生与机体内自由基反应有直接关系。抗自由基功能不足的动物，对应激刺激更敏感，容易发生应激性疾病。临床上根据应激原的作用，将机体发生反应的过程分为三个阶段：①惊恐反应或动员阶段，指机体受到应激原刺激后，尚未获得适应，对应激原做出的最早反应。初期体温、血压下降，血液浓缩，神经系统抑制，肌肉紧张度降低，进而发生组织降解，低氯血，高钾血，胃肠急性溃疡，机体抵抗力降低，此阶段称休克期。经过几分钟至 24h 后，机体防卫反应加强，血压升高，血液中钠和氯含量增加，血钾减少，血糖升高，分解代谢加强，胸腺、脾脏和淋巴系统萎缩，嗜酸性粒细胞和淋巴细胞减少，肾上腺皮质肥大，机体总抵抗力提高，此阶段称为反休克期。②适应或抵抗阶段，在此阶段机体逐渐适应了应激原的作用，新陈代谢趋于正常，同化作用占优势，血液中白细胞和肾上腺皮质激素含量趋于正常，机体的全身性非特异性抵抗力提高到正常水平以上。③衰竭阶段，表现与惊恐反应相似，但反应程度急剧增加，出现各种营养不良，肾上腺皮质激素含量降低，异化作用重新占主导地位，体重急剧下降，机体各种储备耗竭，新陈代谢出现不可逆的变化，适应能力显著降低，甚至死亡。

应激反应涉及神经系统、内分泌系统及免疫系统的一系列活动，并主要通过神经-内分泌途径几乎动员机体所有器官和组织来对付应激原的刺激，其中中枢神经系统特别是大脑皮质起整合调节作用。

症状

动物受到应激原作用后，免疫力下降，对某些传染病和寄生虫病的易感性增加，降低预防接种的效果。同时，机体动员大量的能量来对付应激原的刺激，使机体分解代谢增强，合成代谢降低，糖皮质激素分泌增加，导致畜禽生长停滞，泌乳量减少，饲料转化率降低，运输过程中及屠宰期间严重掉膘，幼畜病死率增加。临床表现因动物品种不同有一定差异。

1. 猪　初期表现尾、四肢及背部肌肉轻微震颤，很快发展为强直性痉挛，运步困难。由于外周血管收缩，白猪皮肤出现苍白、红斑及发绀。心动过速（约 200 次/min），心律不齐，呼吸困难，甚至张口呼吸，口吐白沫，体温升高（5～7min 升高 1℃，死前可达 45℃）。若不及时治疗，即可出现昏迷、休克、死亡。死后几分钟内发生尸僵，肌肉温度升高，高浓度的乳酸降低了肌肉的 pH（≤5）。当尸体冷却后，肌内 pH 迅速上升，背部、股部、腰部和肩部肌肉最常受害，Ⅱ型纤维比例高的肌肉如半腱肌和腰肌受害最严重。急性死亡的病猪，受害肌肉在死后 15～30min 呈现苍白、柔软、湿润，甚至流出渗出液，即所谓 PSE。反复发作而死亡的病猪，可能在腿肌和背肌出现深色而干硬的猪肉（DFD）。肌肉的组织学变化无特异性，主要表现肌肉纤维横断面直径的变化和玻璃样变性。

2. 家禽　在生产中常发生热应激，主要由环境温度和湿度过高共同作用而产生的非特异性应答反应。热应激可导致行为异常，出现翅膀下垂，张口呼吸，饮水量增加，活动量减少，常寻找阴凉、通风或潮湿的地方伏卧。同时引起食欲下降和多种代谢异常（如体温升高，电解质、酸碱和激素平衡失调，组织损伤），鸡在高温环境中1h即可出现代谢性碱中毒。肉鸡生长缓慢，饲料报酬降低。母鸡产蛋量和蛋壳质量下降，蛋壳表面粗糙变薄、变脆、破蛋率上升。热应激不仅发生于高温和潮湿的热带地区，而且也发生于温带地区，夏季在隔热良好的禽舍中也可发生热应激。另外，鸡热应激时抑制免疫机能，对疾病的抵抗力降低，容易继发呼吸道疾病和溃疡性肠炎，并易遭受葡萄球菌、大肠杆菌、绿脓杆菌的侵袭，对新城疫、传染性喉气管炎及禽出败的易感性增加。

病理变化，应激使内分泌激素发生变化：猪和母羊运输应激后30min，血浆皮质醇浓度即达峰值，运输结束后迅速下降到基值。另外，应激使畜禽血浆肾上腺素浓度迅速升高，而血浆去甲肾上腺素浓度变化不大。应激还可引起血浆中甲状腺素（T_4）和三碘甲腺原氨酸（T_3）水平增高；而生长调节素（SM）水平下降。

应激使免疫功能发生改变。应激原的作用经下丘脑-垂体-肾上腺皮质轴，促使糖皮质激素分泌，从而抑制机体的体液免疫和细胞免疫，降低对某些疾病的抵抗力。另外，应激还可使体内自由基产量增加，从而消耗抗氧化剂——生育酚，进一步影响机体内维生素E的含量，使机体的抗病能力降低。可见，应激时神经-内分泌-免疫系统发生了一系列变化，神经-内分泌-免疫系统是体内十分复杂的综合体系，是机体应激反应的整合体。

应激使血液其他主要生化指标发生改变：动物患应激综合征时，血清中肌酸磷酸激酶（CPK）、天冬氨酸转氨酶（AST）、乳酸脱氢酶（LDH）等活性均有不同程度的升高，而β-羟丁酸脱氢酶活性降低，其中CPK是肌细胞特异酶，CPK活性显著升高是肌细胞膜系统受损的一个重要指标。

诊断

根据遭受应激的病史，结合遗传易感性和休克样临床症状，如肌肉震颤、体温快速升高、呼吸急促、强直性痉挛等即可初步诊断。血液有关指标测定可提供辅助诊断手段。该病应与高热环境中强迫运动所致的中暑或剧烈运动后引起的肌红蛋白尿相鉴别。

治疗

应消除应激原，注射镇静剂，大剂量静脉补液，配合5%碳酸氢钠溶液纠正酸中毒；应用多种维生素制剂有较好的疗效；同时，可采取体表降温等措施，有条件的可输氧。

中药治疗　天然抗应激中草药具有安全无害、无抗药性、无残留、无毒副作用等特点，其中补虚类药能增强抵抗力，提高免疫力，补肾类药调节能量代谢和内分泌功能，可显著提高机体抗应激的能力。

西药治疗　日粮中添加抗应激药物是消除或缓解应激对畜禽危害的有效途径。国内外研制的抗应激添加剂主要有缓解酸中毒和维持酸碱平衡的物质如$NaHCO_3$、NH_4Cl、KCl等；维生素如维生素C、维生素E；微量元素如锌、硒、铬；药物如安定止痛剂（氯丙嗪、氟哌啶醇）、安定剂（氯二氢甲基苯并二氮杂卓酮、溴氯苯基二氢苯并二氮杂卓酮）和镇静剂（溴化钠、盐酸地巴唑）等；参与糖类代谢的物质如琥珀酸、苹果酸、延胡索酸、柠檬酸等。

由于应激对动物的影响是多方面的，不同的应激对动物的影响是不同的，单一抗应激添加剂不可能完全或最大限度地消除或缓解应激，因此针对不同应激原，抗应激剂的配伍组合，发挥综合抗应激效果比较可靠。一些特异性受体阻断剂或激动剂，如糖皮质激素受体阻断剂、中枢受体激动剂及多巴胺受体阻断剂等的发现将为抗应激剂研究开辟新的方向。

预防

改善动物的环境和营养，减少各种应激的影响。如增加空气流动以促进热散失，在封闭式畜舍增加通风或使用蒸发式冷却系统和降低饲养密度。营养改善包括优化日粮以满足应激动物对能量和蛋白质的不同需要，以及额外提供某些经证实具有特定有益作用的养分。维生素 C 是在热应激条件下常常被添加到日粮中的维生素之一，额外添加维生素 E 也有助于减轻热应激引起的生产性能降低。

注意选种育种工作，动物对应激的敏感性因遗传基因不同而有一定差异，利用育种的方法选育抗应激动物，淘汰应激敏感动物，可以逐步建立抗应激动物种群，以从根本上解决畜禽的应激问题。测试应激敏感猪通常采用氟烷试验结合测定血清 CPK 活性。

加强饲养管理，改善卫生条件，尽量减少运输中各种应激原的刺激，主要是选择适当的运输季节（春秋季），最好不要在炎热夏季运输。装卸动物时尽量避免追赶、捕捉；编组时尽量把来自同一畜舍或养殖场的畜禽编到一起，避免任意混群，以减少畜间争斗；运输途中要创造条件保证畜禽的饮水供应；炎热夏季运输时，应改善运输工具的通风换气条件，加强防暑降温措施，妥善安排起运时间，避开高温时分对运输司机和押运人员加强管理，提高业务素质，尽量减少对畜禽的不良刺激等。

糖尿病（diabetes mellitus）

糖尿病是由于胰岛素相对或绝对缺乏，糖代谢发生紊乱的一种内分泌疾病。以多尿、多饮、体重减轻、高血糖及糖尿为其特征。各种动物均可发生。犬高发年龄为 8～9 岁，母犬发病率是公犬的 2～4 倍；在猫，雄性多于雌性，以 9 岁以上多发。

病因

1. 自发性糖尿病　分为Ⅰ型（胰岛素依赖型）和Ⅱ型（胰岛素非依赖型）。与糖尿病发生有关的原因有，胰腺外伤、肿瘤、感染、自身抗体、炎症等胰腺损伤；生长激素、甲状腺激素、糖皮质激素、儿茶酚胺、雌激素、孕激素等引起的 β-细胞衰竭；受体数目减少、机能或结构缺陷、受体后效应（post-receptor）缺陷等导致的胰岛素生成障碍。自发性糖尿病已见于犬、猫。伴侣动物的糖尿病以Ⅰ型居多，且常见于 8～10 岁的犬、猫。据调查，70%以上的糖尿病病犬存在抗胰岛素或抗胰岛细胞质抗原的自体抗体，说明犬糖尿病的发生与自体免疫也有一定的关系。

2. 继发性糖尿病　见于急性和复发性腺泡坏死性胰腺炎所致的胰岛细胞破坏和胰岛淀粉样变。胰岛素拮抗激素过多也可导致 β-细胞衰竭。如医源性或自发性肾上腺皮质机能亢进引起的糖皮质激素过多；机能性嗜铬细胞瘤引起的儿茶酚胺过多；生长激素治疗或自发性肢端肥大症引起的生长激素过多；医源性或自发性甲状腺毒症引起的甲状腺激素过多；自发性或肿瘤性分泌引起的雌激素或孕酮过多；高血糖素瘤（glucagonomas）或细菌感染引起的高血糖素过多等。镇静药、麻醉剂、噻嗪类及苯妥英钠等药物亦可损害胰岛素的释放，而引起本病。

症状

临床上分为非酮酸酸中毒性、酮酸酸中毒性及非酮病性高渗性3种类型。

非酮酸酸中毒性糖尿病　体温多半不高，精神状态正常，常表现夜尿、多尿、烦渴、轻度脱水、食欲亢进但体重减轻。10%～20%的患畜，可触及肿大的肝脏；25%～50%的患病母犬因伴发细菌性膀胱炎，而呈现排尿困难和尿频；1/2的病犬有白内障，多半为星状白内障，典型经过为数天至2周。即便在空腹状态下，亦呈明显的高脂血症。

1. *酮酸酸中毒性糖尿病*　患畜食欲减退或废绝，精神沉郁，体温可能升高，脱水明显，呕吐，腹泻，少尿或无尿。持续性空腹高血糖，血糖含量可达11.2mmol/L（200mg/dL）以上，并同时存在酮血症、代谢性酸中毒。

2. *非酮病性高渗性糖尿病昏迷*　是指血糖超过33.6mmol/L（600mg/dL），血清钠低于145mmol/L，血液渗透压高于340mOsm/kg的一种少见的糖尿病病理状态。血糖每增加5.6mmol/L（100mg/dL），血浆渗透压即升高5.6mOsm/kg。血浆渗透压过高，可使动物突然发生昏睡乃至昏迷。

诊断

根据典型的“三多一少”症候群，即多尿、多饮、多食和体重减少，可初步建立诊断。确定诊断应依据血糖、尿糖检测结果，并参考糖耐量试验。重复检测空腹血糖含量超过7.84mmol/L（140mg/dL），空腹或食后血糖含量超过11.2mmol/L（200mg/dL），可诊断为糖尿病。

治疗

治疗原则是降低血糖，纠正水盐代谢及酸碱平衡紊乱。

1. *口服降低血糖药物*　如乙酰苯磺酰环己脲、氯磺丙脲、甲苯磺丁脲、格列本脲等磺酰脲类，具有促进内源性胰岛素分泌和增加胰岛素受体数量的作用。

2. *胰岛素疗法*　非酮酸酸中毒性糖尿病可于早饲前30min皮下注射中效胰岛素0.5U/kg·体重，每日1次。为使夜间血糖含量也保持在5.6～8.4mmol/L，应在原剂量的基础上增加1～2U（犬、猫）。对酮酸酸中毒和高渗性糖尿病，可选用结晶胰岛素或半慢胰岛素锌悬液，或连续小剂量静脉注射，或小剂量肌肉注射。静脉注射剂量为0.1U/kg·体重，其后为每小时0.1U/kg·体重，用林格氏溶液稀释，缓慢滴注。肌肉注射剂量是，体重在10kg以上的0.25U/kg·体重，体重10kg以下的总量为2U，3kg以下的总量为1U，其后每小时注射1次；血糖降至14～8.4mmol/L时，每6～8h注射1次，剂量为0.5U/kg·体重；夜间血糖稳定在5.6～8.4mmol/L和清晨不超过11.4mmol/L时，每日注射1次。

3. *液体疗法*　对酮酸酸中毒或高渗性糖尿病，应及时实施液体疗法。静脉注射液体量一般不超过90mL/kg·体重，可先注射20～30mL/kg·体重，然后缓慢滴注。

常选用乳酸林格氏液、0.45%氯化钠液和5%葡萄糖液。补充磷酸钾可同时纠正低血钾和低血磷。

甲状腺功能亢进（hyperthyroidism）

甲状腺机能亢进是甲状腺腺泡分泌甲状腺素（T_4）和（或）三碘甲腺原氨酸（T_3）过多引起的一种疾病。临床上以高基础代谢率综合征和高儿茶酚胺敏感性综合征为特征。本病是猫首位内分泌病，多见于6～20岁的老龄猫，马、犬也有发生。

病因

甲状腺肿瘤是甲状腺机能亢进的主要原因，犬多为甲状腺腺癌，猫常为单发性腺瘤（又称Plummer's病）或多结节性腺瘤样增生（又称Marine-Lenhart综合征），约70%的病例是两侧性的，30%为一侧性。此外还有促甲状腺激素（TSH）的异位性分泌，促甲状腺激素分泌性腺垂体腺瘤，机能亢进性异位性甲状腺组织，以及因用药剂量过大等医源性因素。近年发现一种由B淋巴细胞产生的甲状腺刺激免疫球蛋白（thyroid stimulating immunoglobin，TSI），其作用较促甲状腺激素缓慢而持久，又称长效甲状腺刺激素（long-acting thyroid stimulator，LATS），可能是致发甲状腺机能亢进的重要因素。

症状

犬，半数甲状腺腺癌病例对侧甲状腺萎缩。高基础代谢率综合征，包括多尿，饮欲亢进乃至烦渴，食欲亢进，体重减轻，肌肉无力，消瘦，易疲劳，体温升高。高儿茶酚胺敏感性综合征，是由于各组织器官的β-肾上腺素能受体敏感性增加及游离儿茶酚胺分泌增多所致。主要特征是易惊恐，肌肉震颤，心动过速，各导联心电图电压增大。

甲状腺毒症（thyrotoxicosis），主要表现肠音增强，排粪次数增加，粪便松软，骨质疏松。过多的甲状腺素还作用于心血管系统，使心率加速，心输出量增加，外周循环阻力降低，引起高输出性心力衰竭（high-output heartfailure）。

猫，除表现高基础代谢率综合征、高儿茶酚胺敏感性综合征及甲状腺毒症外，90%的病猫在靠近喉的部位能触摸到肿大的甲状腺。不常见的症状有食欲减退，精神萎靡，体温轻度升高，呼吸促迫，肌肉无力、震颤，充血性心力衰竭，被毛脱落，爪生长过快。10%的病例，精神高度沉郁，食欲废绝及虚弱无力。心电图检查，半数病例心脏扩大，主要是左心室、主动脉根和左心房增大；有的伴发肺水肿和胸膜渗出；2/3病例窦性心动过速（>240次/min）和心动过速性节律不齐；1/3病例Ⅱ导联QRS波电压超过0.9mV；少数病例存在Ⅱ级房室阻滞和左前束阻滞。

实验室检查，犬红细胞增多，低胆固醇血症、高钙血症及尿钙增加。猫呈现应激白细胞象，血清无机磷和胆红素升高，粪便中脂肪增加，血清中肝脏特异性酶活性增高。血清T_4（>40μg/L）或T_3（>2000μg/L）含量增加。

诊断

依据甲状腺肿大、高基础代谢率综合征和高儿茶酚胺敏感性综合征，可做出初步诊断。对临床上表现甲状腺机能亢进症状，但甲状腺未见肿大的病例，如果T_4>40μg/L或T_3>2000ng/L，即可确诊。纵隔等部位存在异位性甲状腺组织时，也可呈现甲状腺机能亢进的症状，血清 T_4 或 T_3 含量亦增加，但其甲状腺不肿大。对 T_4 和 T_3 含量升高不明显的甲状腺机能亢进病例，可应用促甲状腺激素刺激试验做进一步诊断。

治疗

抗甲状腺药物疗法，常用硫脲类药物。如丙硫氧嘧啶日口服剂量，犬 4mg/kg·体重，猫 4mg/kg·体重，每 8h 服药 1 次。临床症状明显改善，体重增加，心率减慢时，逐渐减少用药剂量，直至病情稳定，全疗程需经数月。该药有一定副作用，用药头 2 周有 5%～10%的病例，表现食欲减退、呕吐、嗜眠；2 周后可发生皮肤发疹、面部肿胀、瘙痒和肝病等药物过敏症状。

放射碘疗法，安全有效。甲状腺不全切除的病例，亦可应用放射碘疗法。猫静脉注射 137～185MBq，甲状腺癌应受辐射约为 200Gy（20 000rad）。接受放射碘疗法的动物，需要隔离 3～4 周。通常 1 个月内症状明显改善，3 个月内恢复正常。

手术疗法，多采用甲状腺不全切除。手术前 2 周开始服用抗甲状腺药物，控制甲状腺机能亢进，减少甲状腺充血，降低血清 T_4 或 T_3 浓度，以便实施手术。心动过速时，术前 2 天应服用普萘洛尔 2.5～5mg，每日 3 次。术后应监测血清 T_4 水平。一侧性甲状腺切除，血清 T_4 降低可持续 2～3 个月，如不表现嗜眠症状，一般不宜实施甲状腺素替代疗法，以免残留的甲状腺发生萎缩。两侧性切除病例，每天应服用左旋甲状腺素钠 0.05～0.1mg，恢复后逐渐减少用量。

甲状腺功能减退（hypothyroidism）

甲状腺机能减退是甲状腺腺泡分泌甲状腺素（T_4）和（或）三碘甲腺原氨酸（T_3）过少引起的一种疾病。临床特征是全身发“胖”（黏液性水肿），躯干部被毛稀少，嗜眠及不育。本病是犬最常见的内分泌疾病，多发于 4～6 岁中型或大型雌犬，马、猫及笼养鸟亦有发生。

病因

成年犬甲状腺机能减退大多起因于自发性甲状腺萎缩和淋巴细胞性甲状腺炎等甲状腺疾病。

不常见的原因有甲状腺先天性缺陷，肿瘤引起的甲状腺破坏，促甲状腺激素（TSH）或促甲状腺激素释放激素（TRH）不足或缺乏。此外，还有放射性碘及放射线治疗、致甲状腺肿性药物、甲状腺手术等医源性因素。

症状

成年犬早期症状是脱毛，尾近端和远端背侧尤为明显。90%的病例皮肤干燥、落屑、被毛无光泽、脆弱，剪去的被毛不能再生，毛色发白。20%病例，伴有油腻样皮脂溢，继发感染时发生瘙痒。此外，还表现精神沉郁，嗜眠，耐力下降，怕冷；流产，不育，性欲减退，发情间期延长或发情期缩短。重症病例，皮肤色素过度沉着，因黏液水肿而皮肤增厚，眼上方、颈和肩背侧尤为明显。体重增加，四肢感觉异常，面神经或前庭神经麻痹，精神兴奋，有攻击行为。运动强拘，体温低下，伤口经久不愈，排粪迟滞，窦性心动过缓，心电图低电压。继发高脂血症时，则表现高血压性视网膜病、高血压性视网膜炎、角膜和周缘巩膜环状脂浸润、癫痫、定向力障碍、圆圈运动等眼病和脑血管粥状硬化的症状。青春期前的幼龄犬甲状腺机能减退，临床上少见，其突出的症状是不对称性侏儒和智力低下。

马表现为使役力下降，颈部皮肤增厚呈山嵴样，面部、腿部皮肤增厚、多屑，被毛无光泽、脆弱，有的发生脱毛。

除普通类型的甲状腺机能低下外，临床上还可见到以下特殊类型的甲状腺机能减退。

继发性甲状腺机能减退：除表现甲状腺机能减退外，还伴发促肾上腺激素过多或不足、继发性性腺机能减退、尿崩症及癫痫等中枢神经系统机能障碍。确定诊断的依据是甲状腺活体组织检查缺乏胶体空泡，颅窦静脉造影或颅体层摄像（CT）腺垂体肿大。

异常乳溢和不孕症：系促甲状腺激素释放激素（TRH）过多和下丘脑多巴胺不足，引起高催乳素血症而致发的异常泌乳，多见于青年母犬。高催乳素血症还可干扰促性腺激素释放激素（GnRH）或直接影响性腺类固醇的产生，而导致成年犬不孕。

甲状腺机能减退性肌病：临床上表现明显的肌无力，运步缓慢，步态僵硬，血清肌酸磷酸激酶活性升高，高胆固醇血症，肌肉Ⅱ型纤维萎缩。

黏液水肿性昏迷（myxedema coma)：黏液水肿是重症甲状腺机能减退的险恶后果，病死率极高。动物体温低下但无战栗，木呆乃至昏迷，换气不足，血压降低，心动过缓。血钠、血糖、皮质醇含量降低，低血氧，高碳酸血症。

先天性甲状腺机能减退：多半在断乳前死亡，存活的动物在断乳后表现骨骼和神经系统损伤的症状。突出表现为不相称性（短腿）侏儒和智力低下。其他体征有：头短宽，下颌短缩，舌伸出，侧方斜视，突眼，脱毛，体温低下，心动过缓，肌肉无力，出牙延迟及甲状腺肿。实验室检查，高胆固醇血症，非再生性贫血，肌酸磷酸激酶活性升高，生长激素减少，低血糖症。X射线检查，骺发育不全，骺闭合延迟，开放的颅缝，关节变形，关节炎。幼驹出牙和骺闭合延迟，中央跗骨和第三跗骨骨化缺陷，以致发生萎陷。

诊断

依据全身发胖、躯干被毛稀少、嗜眠及不育等基本症状可建立初步诊断。确诊应依据实验室检查和诊断性试验。

实验室检查，约60%的病犬有高胆固醇血症；25%～30%的病例呈现轻度正细胞正色素非再生性贫血；10%的病例血清肌酸磷酸激酶活性升高。皮肤活检，表皮厚度减少1或2个细胞层，滤泡角化过度，皮脂腺萎缩，非炎性细胞浸润。采用甲苯胺蓝或Mowry's胶体铁染色能确认黏液水肿。雄性动物精子减少。

诊断性试验，T_4 含量正常为10～40μg/L，低于10μg/L即可诊断为甲状腺机能减退。对 T_4 含量处在正常范围下限（<20μg/L）的病犬，应行促甲状腺激素试验。体重5kg以下和5kg以上的犬、猫分别肌肉或静脉注射5和10U促甲状腺激素（TSH），8h后血清 T_4 含量≤40μg/L，即可诊断为甲状腺机能减退；对 T_4 含量为40～50μg/L的病例，应重复试验。继发性甲状腺机能减退，血清 T_4 基线水平低，注射TSH 3～8d后，其值达到或接近正常。

治疗

主要采用甲状腺素替代疗法。左旋甲状腺素钠 0.02mg/kg，内服，每日 1 次。或三碘甲状腺原氨酸 5μg/kg，内服。每日 3 次。如患畜伴发充血性心力衰竭、心律不齐及糖尿病，应逐渐增加用药剂量。对伴有肾上腺皮质机能减退的，须先实施类固醇激素替代疗法，后行甲状腺素疗法。一般治疗后 6 周内显效。判定疗效无需测定血清 T_4 含量，可根据临床症状确定。疗效佳良的标志是精神敏活，被毛再生，脂溢停止，血红蛋白、PCV、血清胆固醇和肌酸磷酸激酶恢复正常。

甲状旁腺功能亢进（hyperparathyroidism）

甲状旁腺机能亢进，分为原发性和继发性两种类型。

病因

原发性甲状旁腺机能亢进，是由于甲状旁腺肿瘤或自发性增生所引起的甲状旁腺激素自主性分泌过多。发生于马和犬。

人甲状旁腺增生多数是家族性的。其伴有肾上腺髓质和甲状腺旁滤泡细胞（parafollicular cell）肿瘤的，称为Ⅱ型多发性内分泌肿瘤。犬已有Ⅱ型多发性内分泌肿瘤即德国牧羊犬家族性甲状旁腺增生的报道，可能系常染色体隐性遗传类型。

继发性甲状旁腺机能亢进，是营养性或低钙血症或高磷血症所引起的甲状旁腺增生和甲状旁腺激素分泌过多。多发生于青年马，也见于牛、猪、犬、猫、实验动物和灵长类动物。其中营养性继发性甲状旁腺机能亢进，主要起因于饲料中钙、磷比例失调和维生素 D 缺乏。肾源性继发性甲状旁腺机能亢进，通常见于与肾脏功能衰竭有关的肾脏疾病，如慢性间质性肾炎、肾小球肾炎、肾硬化、肾淀粉样变、先天性肾皮质发育不全、多囊肾及双侧肾盂积水等。

症状

原发性甲状旁腺机能亢进主要表现为甲状旁腺激素分泌过多性高钙血症、骨吸收和钙性肾病（calcium nephropathy）。

高钙血症体征　食欲减退（胃弛缓），呕吐（胃弛缓），便秘（肠弛缓），肌肉无力，心动过缓和节律不齐。精神沉郁乃至昏迷或癫痫发作，多尿，多饮，脱水，尿毒症（肾性钙质沉着和肾石）及胃溃疡（高促胃液素血症）。异常心电图，心动过缓，QR 间期缩短，PR 间期延长，ST 段升高及室性节律障碍。

甲状旁腺激素过多体征　骨质疏松，自发性骨折，颜面骨肥厚，牙齿松动或脱落，咀嚼疼痛，跛行，颈部疼痛，急性胰腺炎，体重减轻。

钙性肾病所致的尿毒症体征　精神沉郁，呕吐，腹泻，口腔溃疡，呼出气有尿臭味，贫血，脱水，代谢性酸中毒。X 射线检查的突出改变是骨软化症。

实验室检查，持续性高钙血症，血清钙含量升高至 3.0～3.5mmol/L（12～14mg/dL）。

继发性甲状旁腺机能亢进的临床特征是：骨骼肿胀变形，血清钙含量正常或低下。初期，患畜不愿走动，喜卧，步样强拘，一肢或数肢不明原因的跛行。四肢关节广泛性触痛，牙齿松动，咀嚼困难或疼痛。研究表明，其跛行的病理学基础在于外环板（outer circumferential lamellae）破坏性吸收增加，腱附着部断裂，支持关节软骨的骨小梁断裂，进而导致负重关节软骨碎裂。

后期，骨骼肿胀变形明显。尤以上、下颌骨为甚。两侧面嵴的直上方和前方肿胀，颜面变宽，下颌骨边缘增厚，下颌间隙变窄。长骨变形，腰椎下凹，犬和猫的肋骨肋软骨结合部肿大，爪向内侧偏斜。

X 射线检查，骨质疏松、软化，局部骨膜撕脱，韧带和腱撕裂或分离，腕、跗、球关节肿大，常见有骨折。骨病性质，草食兽为纤维性骨营养不良，杂食兽为纤维性骨肥厚性骨炎（hyperostotic osteitis fibrous），肉食兽为骨软化症，或称纸骨病（paper bone disease）。

治疗

原发性甲状旁腺机能亢进的根本性治疗措施是手术切除甲状旁腺肿瘤。如果 4 个甲状旁腺均肿大，应保留 1 个前甲状旁腺的一半。术后 12～96h 可发生一时性的重度低钙血症。残留甲状旁腺恢复正常分泌机能需 1～3 周。为使血清钙维持在 1.9～2.3mmol/L（7.5～9.0mg/dL），应口服葡萄糖酸钙和维生素 D。对血清钙低于 1.9mmol/L 而无临床症状的，每日口服葡萄糖酸钙，剂量为 50～70mg/kg·体重。对伴有肌肉强直和癫痫发作的，应静脉注射 10%葡萄糖酸钙，剂量为 1 mL/kg·体重。

继发性甲状旁腺机能亢进，如为营养性的，治疗原则和措施同纤维性骨营养不良。一般治疗后 5d 左右，症状即可改善，但骨骼的恢复常需 2～3 个月。

肾源性的，关键在于治疗原发病，改善机能；同时适当降低日粮中磷的含量而增加钙的含量。

甲状旁腺机能减退（hypoparathyroid）

甲状旁腺机能减退，又称甲状旁腺激素缺乏性甲状旁腺机能减退（hypoparathyroid associated with deficiency of parathyroid hormone），特征是肌肉痉挛、抽搐，低钙血症和高磷血症。常发于小型犬，2～8 岁母犬居多。

病因

常见原因有，甲状旁腺放疗、手术切除、长期应用钙剂或维生素 D 等引起的甲状旁腺破坏或萎缩；甲状旁腺发育不全、淋巴细胞性甲状旁腺炎、非机能性甲状旁腺肿瘤等甲状旁腺器质性病变；以及犬瘟热、镁缺乏症等。犬特发性甲状旁腺机能减退（idiopathic hypoparathyroid）可能是一种自体免疫性疾病。在猫，唯一的原因是颈部手术损伤了甲状旁腺。

症状

主要表现为低钙血症。血清钙低于 1.75mmol/L（7mg/dL）即显症状。患畜局部或全身肌肉自发性收缩（fasciculation），体温升高，虚弱无力，肌肉疼痛；兴奋不安，呈神经质状，或精神沉郁；食欲减退，呕吐，腹痛，便秘；心动过速，QT 间期延长，同步性膈痉挛，喉喘鸣。血钙进一步降低，则呈强直性痉挛，最终多死于喉痉挛性窒息。

实验室检查，血钙降低（$<$2.1mmol/L），血磷升高（$>$1.6mmol/L），尿钙、磷含量减少。

诊断

营养性或肾性甲状旁腺机能亢进、急性胰腺炎、低镁血症、犬和猫青春前期搐搦、母马泌乳搐搦、降钙素分泌过多等疾病，也可发生低钙血症，应注意鉴别。

治疗

急性低钙血症，可静脉注射10%葡萄糖酸钙0.5～1mL/kg·体重，每天2次，重复用药应注意调整注射速度，并监测血清或尿液钙含量。症状缓解后采用口服钙剂和维生素D。慢性低钙血症，口服碳酸钙或葡萄糖酸钙及维生素D，钙剂量为50～75mg/kg·体重，每日3或4次；维生素D_2，犬、猫为25 000～50 000U（0.625～1.25mg），重复用量减半，每周服药2或3次。

肾上腺皮质功能亢进（hyperadrenocorticism）

肾上腺皮质机能亢进是一种或数种肾上腺皮质激素分泌过多。但通常是指糖皮质激素皮质醇增多症。伴有肾上腺皮质机能亢进的垂体肿瘤，医学上称为柯兴氏病或综合征（Cushing's disease or syndrome），在动物，则称为柯兴氏样病或综合征（Cushing's-like disease or syndrome）。柯兴氏样病或柯兴氏样综合征是犬最常见的内分泌疾病之一，发病率高于人类，7～9岁的母犬居多。马和猫也有本病的发生。

病因

1. 垂体依赖性因素　主要见于垂体肿瘤性肾上腺皮质增生，约占自发性柯兴氏样综合征的80%。垂体肿瘤可分泌过量的促肾上腺皮质激素，致使肾上腺皮质增生和皮质醇分泌亢进。

2. 促肾上腺皮质激素异位性分泌　非内分泌腺肿瘤或肾上腺以外的内分泌腺腺瘤可产生促肾上腺皮质激素或促肾上腺皮质激素样肽（ACTH-like peptide）。在犬可见于淋巴肉瘤和支气管癌。

3. 肾上腺皮质依赖性因素　一侧或两侧性肾上腺腺瘤或癌肿常可分泌多量的糖皮质激素，而不依赖促肾上腺皮质激素的分泌。占自发性柯兴氏样综合征的10%～20%。

症状

常表现肾上腺糖皮质激素过多的症状，亦可兼有盐皮质激素和（或）性腺激素过多的症状。按发生频率递减顺序依次是：多尿，多饮，垂腹，两侧性脱毛，肝大，食欲亢进，肌肉无力、萎缩，嗜睡，持续性发情间期或睾丸萎缩，皮肤色素过度沉着，皮肤钙质沉着，耐热力降低，阴蒂肥大，神经缺陷或抽搐。

犬、猫表现为多尿、多饮、垂腹和两侧性脱毛。日饮水量超过100mL/kg·体重，日排尿量超过50mL/kg·体重。由于皮肤增厚，弹性减退，而形成皱襞。皮肤色素过度沉着多为斑块状，钙质沉着为奶油色斑块状，其周围为淡红色的红斑环。

据报道，柯兴氏样综合征病犬可发生肌肉强直或伪肌肉强直，叩诊患病肌群可产生肌强直性陷凹。由于伸肌强直，站立姿势酷似破伤风。肌肉强直通常先发生于一侧后肢，然后是另一后肢，最后扩展到两前肢。休息或在寒冷条件下，步态僵硬尤为明显。还表现精神抑郁或躁狂等神经症状。

马的症状与犬相似，但不发生脱毛。被毛粗长无光，犹如冬季被毛，故称多毛症（hirsutism）。食欲和饮欲亢进，日饮水量超过 30L，多者可达 100L。体重减轻，肌肉萎缩，蹄叶炎，多汗，慢性感染，眶上脂肪垫增厚，血糖升高。偶见因视神经受压而致失明。

实验室检查，恒定的改变是相对性或绝对性外周血液淋巴细胞减少，犬＜1.0×10^9/L，猫＜1.5×10^9/L；血清碱性磷酸酶活性升高。还见有中性粒细胞增多，嗜酸性粒细胞减少（＜1.0×10^8/L）和单核细胞增多。10%～20%的犬有明显的尿崩症。

诊断

根据多尿、多饮、垂腹及两侧性脱毛等综合征，可初步诊断为肾上腺皮质机能亢进。确定诊断应依据肾上腺皮质机能试验。肾上腺皮质机能试验分筛选试验和特殊试验，筛选试验包括血浆皮质醇含量测定、小剂量地塞米松抑制试验、促肾上腺皮质激素试验及高血糖素耐量试验。

1. *血浆皮质醇含量测定*　正常犬、猫血浆皮质醇含量为 10～40μg/L，马为 25～65μg/L。半数以上的柯兴氏样综合征病犬血浆皮质醇含量处于正常范围，故其诊断价值有限。

2. *小剂量地塞米松抑制试验*　静脉注射地塞米松 0.01mg/kg·体重，于注射前及注射后 3h，采血测定血浆皮质醇含量。肾上腺皮质机能正常时，其值低于 15μg/L；若值大于 15μg/L，则可诊断为肾上腺皮质机能亢进。

3. *促肾上腺皮质激素刺激试验*　肌肉注射促肾上腺皮质激素 2.2U/kg·体重，于注射后 2h 采血测定血浆皮质醇，其含量在 80～200μg/L 为正常；在两侧性肾上腺皮质增生、肿瘤及某些非肾上腺皮质疾病时，其值超过 200μg/L。肾上腺皮质癌肿时，血浆皮质醇含量升高幅度大于肾上腺皮质腺瘤。

4. *高血糖素耐量试验*　静脉注射高血糖素 0.14mg/kg·体重，于 15～30min 后采血测定血糖，正常犬仅达 11.2mmol/L（200mg/dL），90min 后血糖恢复至正常水平。肾上腺皮质机能亢进时，注射后 30min 血糖含量超过 16.8mmol/L（300mg/dL），高血糖持续时间亦延长。

特殊试验主要用来鉴别肾上腺皮质机能亢进的起因，常用大剂量地塞米松试验。静脉注射地塞米松 0.1mg/kg·体重，3h 后采血测定血浆皮质醇，其值小于注射前含量 50%的，指示垂体远端肿瘤或非垂体远端肿瘤引起的垂体依赖性肾上腺皮质机能亢进；其值大于注射前水平 50%的，表明为肾上腺依赖性肾上腺皮质机能亢进（肾上腺皮质肿瘤）、垂体中间部肿瘤或促肾上腺皮质激素异位性分泌性疾病。

治疗

首选药物为双氯苯二氯乙烷（米托坦），是杀虫药 DDD 的异构体，其作用机理可能在于阻断促肾上腺皮质激素刺激类固醇的合成，促进类固醇的分解，抑制外源性皮质醇的作用。犬日口服量 50mg/kg·体重，显效后每周服药 1 次。用药后约有 25%的病犬呈现暂时性食欲减退、虚弱等副作用，分次给药或采食的同时服药可缓解上述不良反应。

猫对该药的毒副作用尤为敏感，不宜使用。此外，还可选用甲吡酮和氨基苯乙哌啶酮或手术切除肿瘤。

肾上腺皮质功能减退（hypoadrenocorticism）

肾上腺皮质机能减退是指一种、多种或全部肾上腺皮质激素的不足或缺乏。其中，全肾上腺皮质激素缺乏最为多见。肾上腺皮质机能减退有原发性和继发性之分，原发性又可分为急性、慢性和非典型3种类型。原发性肾上腺皮质机能减退常为全肾上腺皮质激素缺乏，在人称为阿狄森氏病（Addison's disease），在动物则称为阿狄森氏样病（Addison's-like disease），以2～5岁母犬为多发，母犬的发病率是公犬的3～4倍，猫也有发生。非典型原发性肾上腺皮质机能减退有两种类型，即醛固酮过少和糖皮质激素缺乏。继发性肾上腺皮质机能减退是由于促肾上腺皮质激素（ACTH）分泌减少所致，多不表现临床异常。

病因

各种原因的双侧性肾上腺皮质严重破坏（90%以上），均可引起原发性肾上腺皮质机能减退。常见于钩端螺旋体病、子宫蓄脓、犬传染性肝炎、犬瘟热等传染性疾病和化脓性疾病，以及肉芽肿扩散、肿瘤转移、淀粉样变、出血、梗死、坏死等肾上腺皮质病变。近年来发现，约有75%的患病犬血中存在抗肾上腺皮质抗体，肾上腺皮质出现淋巴细胞浸润，表明本病的发生与自体免疫有关。

选择性醛固酮过少，见于慢性肾小管间质性肾炎、18-羟皮质酮脱氧酶缺乏、持续性肝素治疗及铅中毒。糖皮质激素缺乏，见于各种类型的先天性肾上腺皮质增生所致的11-β-或17-α-羟酶和21-羟酶缺乏。

症状

急性型的突出临床表现是低血容量性休克综合征，患畜大多陷于虚脱状态。慢性病程急性发作的，兼有体重减轻，食欲减退，虚弱无力等慢性病容。

慢性型，主要表现肌肉无力，精神沉郁，食欲减退，胃肠机能紊乱。外胚层体型（ectomorph），即瘦削、细长、虚弱、无力。临床症状发生频率的递减顺序是：精神沉郁，虚弱，食欲减退，周期性呕吐，周期性腹泻或便秘，体重减轻，多尿-多饮，脱水，晕厥，兴奋不安，皮肤色素过度沉着，性欲减退，阳痿或持续性发情间期。

心电图检查，T波升高、尖锐，P波振幅缩小或缺如，PR间期延长，QT延长，R波振幅降低，QRS间期增宽，房室阻滞或异位起搏点。

实验室检查，肾前性氮质血症（14.3～71.4mmol/L）、低钠血症（<137mmol/L）和高钾血症（>5.5mmol/L），血清钠、钾比由正常的（27∶1）～（32∶1）降至23∶1以下，尿钠升高，尿钾降低。可存在代谢性酸中毒、代偿性呼吸性碱中毒、低氯血症、高磷血症和高钙血症。

X射线检查，可见心脏微小（microcardia）、肺血管系统缩小、后腔静脉缩小及食管扩张。

非典型性原发性肾上腺皮质机能减退，其醛固酮过少的，表现肌肉无力，心脏传导异常，精神沉郁，脱水，肾前性氮质血症、低钠血症、高钾血症，尿钠升高，尿钾降低。其糖皮质激素缺乏的，与典型原发性病例相似。

诊断

常选用促肾上腺皮质激素试验。犬静脉注射促肾上腺皮质激素 0.25mg 后 1h，血清或血浆皮质醇含量小于 138mmol/L（5μg/dL），即可诊断为糖皮质激素缺乏；注射后 4h，中性粒细胞与淋巴细胞比值增加未超过基线水平 30%或嗜酸性粒细胞绝对值减少未超过基线水平 50%的，指示糖皮质激素缺乏。

选择性醛固酮过少症的诊断依据是：血浆皮质醇含量正常而醛固酮含量降低，血清钠含量亦降低，二者对促肾上腺皮质激素、低钠饮食或速尿无应答反应。

治疗

要点在于纠正水盐代谢紊乱，补充皮质类固醇激素。

急性型病情危笃，应及时抢救。静脉注射生理盐水，补充有效循环血量；补充糖皮质激素，剂量为：琥珀酸钠皮质醇 10mg/kg·体重，或琥珀酸钠强的松龙 5mg/kg·体重，或磷酸钠地塞米松 0.5mg/kg·体重；首次剂量的 1/3 静脉注射，1/3 肌肉注射，1/3 以 5%葡萄糖生理盐水稀释后静脉滴注；肌肉注射醋酸脱氧皮质酮（油剂）0.1mg/kg·体重；静脉注射 5%碳酸氢钠，纠正代谢性酸中毒；30min 后，患畜仍不见好转，可将 2mL（2mg）去甲肾上腺素稀释在 5%葡萄糖液中静脉滴注，并观察注射后脉搏及尿量的变化；肌肉注射琥珀酸钠皮质醇 11mg/kg·体重，每日 3 次，肌肉注射醋酸脱氧皮质酮 0.1mg/kg·体重，每日 1 次，直至患畜呕吐停止，自由采食，精神机敏；按慢性型实施维持疗法。

慢性型，肌肉注射琥珀酸钠皮质醇 11mg/kg·体重，每日 3 次；肌肉注射醋酸脱氧皮质酮 0.1mg/kg·体重，每日 1 次，至血清钠、钾恢复正常，呕吐停止，食欲恢复；口服氯化钠 1～3g（犬、猫），连服 1 周。口服氢化可的松 0.5mg/kg·体重，每日 2 次，连服 1 周，其后每日 1 次。每 3～4 周肌肉注射新戊酸盐脱氧皮质酮 2.5mg/kg·体重，或每日服用氟氢考的松 0.1mg/kg·体重。

（杨宗泽）

第十章 免疫性疾病

第一节 概 论

兽医临床免疫学是研究动物免疫性疾病的一门内容崭新、发展飞快的新兴学科。动物免疫性疾病分为四大类，即超敏反应病（hypersensitivity disease）、自身免疫病（autoimmune disease）、免疫缺陷病（immunodeficiency disease）和免疫增生病（immunoproliferative disease）。

1. *超敏反应病* 是指抗原物质（过敏原或变应原）刺激机体产生的异常免疫应答。过敏原主要有完全抗原（异种动物血清、异种组织细胞、各种微生物和寄生虫及其代谢产物、植物花粉、动物皮毛等），半抗原（药物如青霉素、磺胺类等，染料，多糖），自身组织抗原（受微生物、电离辐射、烧伤、外伤等产生），一般根据其发生机制和临床特点，将其分为4型：①Ⅰ型，即速发型，包括过敏性休克、过敏性鼻炎、变应性肺炎、荨麻疹、变应性皮炎、犬特应性皮炎、血管神经水肿、乳汁变态反应等；②Ⅱ型，即细胞溶解型或细胞毒型，如不同血型输血、新生畜同种免疫性溶血性贫血（IIHA）、自免性溶血性贫血（AIHA）、同种免疫性白细胞减少症（IILP）、同种免疫性血小板减少性紫癜（IITP）、自免性血小板减少性紫癜（AITP）、链球菌感染致肾小球肾炎、天疱疮等；③Ⅲ型，即免疫复合物型，如血斑病、变应性肺炎、肾小球肾炎、血清病综合征、系统性红斑狼疮（SLE）、类风湿性关节炎（RA）等；④Ⅳ型，即迟发型，如变应性接触性皮炎、变应性脑脊髓炎、蚤咬性皮炎、蠕形螨病、壁虱麻痹等。

2. *自身免疫病* 是指宿主免疫系统对自身成分的免疫反应性增高而造成自身组织损害的一类免疫病。包括系统性红斑狼疮（SLE）、类风湿性关节炎（RA）、重症肌无力（MG）、自免性溶血性贫血（AIHA）、自免性血小板减少性紫癜（AITP）、自免性甲状腺病、自免性脑炎、晶体诱导性葡萄膜炎、视网膜变性、天疱疮、大泡性类天疱疮、乳汁变态反应等。

3. *免疫缺陷病* 是指以机体免疫系统发育缺陷或免疫应答障碍为基本病理过程的一类免疫病。包括联合性免疫缺陷病（CID），免疫缺陷性侏儒，遗传性胸腺发育不全，腔上囊成熟缺陷，原发性无丙球血症，暂时性低丙球血症，选择性IgA缺乏症，选择性IgM缺乏症，选择性IgG缺乏症，选择性IgG_2缺乏症，遗传性C_3缺乏症，遗传性C_2、C_4、C_5、C_6缺乏症，周期性血细胞生成症，粒细胞病综合征，色素缺乏易感性增高综合征（CHS），纤毛无活动性综合征以及获得性免疫缺乏综合征（艾滋病）等。

4. *免疫增生病* 是指以浆细胞或淋巴细胞等免疫细胞异常增生为特征的一类免疫病。包括多株系丙球病、淋巴细胞-浆细胞形胃肠炎、多发性骨髓瘤病、巨球蛋白血症、淋巴增生性单株丙球病以及非骨髓瘤性单株丙球病等。

（邓俊良）

第二节　常见免疫性疾病

过敏性休克（anaphylacticshock）

过敏性休克，包括大量异种血清注射所致的血清性休克（serum shock），是致敏机体与特异变应原接触后短时间内发生的一种急性全身性过敏反应，属Ⅰ型超敏反应性免疫病。各种动物均可发生，犬和猫比较多见。新近报道，鳕鱼（codfish）可引发接触性荨麻疹和过敏性休克。

病因

根据引起动物过敏性休克的原因，可分为药物过敏性休克、血清（疫苗）过敏性休克、生物毒性过敏性休克、其他过敏性休克。

引起过敏性休克的药物主要包括：非蛋白药物，如青霉素、链霉素、四环素、磺胺、普鲁卡因、硫苯妥钠、葡聚糖、维生素 B_1 等；生物抽提物，如用动物腺体制备的促肾上腺皮质激素、甲状旁腺素、胰岛素、垂体后叶素等激素以及各种酶类。

引起过敏性休克的血清（疫苗）主要包括：异种血清，如用马制备的破伤风抗毒素，豚鼠注射卵白蛋白；疫苗，如布氏杆菌菌苗、口蹄疫和狂犬病疫苗、破伤风类毒素。

生物毒性过敏性休克主要见于昆虫（毒蜂等）叮咬、海葵毒素接种犬。

此外，某些病毒，如猪瘟和猪流感病毒，可通过胎盘进入并附着于胎儿组织内，仔猪生后吸吮初乳（含相应抗体）即发病；某些寄生虫，如腹内寄生的棘球蚴破裂，含强抗原性蛋白的液体经腹膜吸收，或皮下寄生的牛皮蝇蛹被捏碎，蛹内液体被吸收，引起过敏反应以至过敏性休克。

发病机理

动物第一次接触抗原后，约需 10d 才被致敏。致敏状态可持续数月或数年之久。

急性过敏反应乃是抗原与循环抗体或细胞结合抗体发生的反应，基本病理过程是平滑肌收缩和毛细血管通透性增高。各种动物急性全身性过敏反应的主要免疫递质、休克器官和病理变化有所不同。马的免疫递质是组胺、5-羟色胺和缓激肽；休克器官是呼吸道和肠管；病理变化是肺气肿和肠出血。牛和绵羊的免疫递质是 5-羟色胺、慢反应物质、组胺和缓激肽；休克器官是呼吸道；病理变化是肺水肿、气肿和出血。猪的免疫递质是组胺；休克器官是呼吸道和肠管；病理变化是全身性血管扩张和低血压。犬的免疫递质是组胺；休克器官是肝脏，休克组织是肝静脉；特征性病理变化是肝静脉系统收缩所致的肝充血（可达全血量的 6%）和肠出血。猫的免疫递质也是组胺；休克器官是呼吸道和肠管；病理变化是肺水肿和肠水肿。兔的主要病理变化是肺毛细血管被白细胞-血小板栓子所栓塞，以致肺动脉高压、右心衰竭、肝和肠淤血。豚鼠的急性过敏性反应病理类似于人，主要靶组织是支气管平滑肌，支气管痉挛和肺气肿可迅速造成窒息死亡。

临床表现

过敏性休克的基本临床表现是，在再次接触（大多为注射）过敏原的数分钟至数十分钟内顿然起病，显现不安、肌颤、出汗、流涎、呼吸急促、心搏过速、血压下降、昏迷、抽搐，经数小时后康复，或于短时间内死亡。但不同动物的过敏反应综合征各具特点。

1. 马　表现呼吸困难，心动过速，结膜发绀，全身出汗，倒地惊厥，常于 1h 内死亡。病程拖延的，则肠音高朗连绵，频频水样腹泻。

2. 牛羊　表现严重的呼吸困难，目光惊惧，全身肌颤，听诊肺泡音粗厉（肺充血）和两侧肺区有大中小水泡音，由鼻孔流奶油状带细泡沫的鼻液（肺水肺）。如短时间内不虚脱死亡，则通常于 2h 内康复。继发肺气肿的，呼吸困难持续存在。

3. 猪　表现虚脱，步态蹒跚，倒地抽搐，多于数分钟内死亡。

4. 犬　表现兴奋不安，随即呕吐，频频排血性粪便，继而肌肉松弛，呼吸抑制，陷入昏迷惊厥状态，大多于数小时内死亡。

5. 猫　表现呼吸困难，流涎，呕吐，全身瘫软，以至昏迷，于数小时内死亡或康复。

治疗

治疗原则为立即去除致敏原因，进行对症急救，关键是迅速纠正循环衰竭。

作用于肾上腺素能β受体的各种拟肾上腺素药，能稳定肥大细胞，制止脱离作用，还能兴奋心肌，收缩血管，升高血压，松弛支气管平滑肌，降低血管通透性，是控制急性过敏反应，抢救过敏性休克的最有效药物。

最有效药物是 0.1%肾上腺素注射液，皮下或肌肉注射，马、牛 2～5mL；猪、羊 0.2～1.0mL；犬 0.1～0.5mL；猫 0.1～0.2mL。

如配合抗组胺类药物（苯海拉明或异丙嗪），则疗效尤佳。盐酸苯海拉明（可他敏）注射液，肌肉注射，马、牛 0.5～1.1mg/kg·体重；猪、羊 0.04～0.06g。盐酸异丙嗪（非那根）注射液，肌肉注射，马、牛 0.25～0.5g；猪、羊 50～100mg；犬 25～100mg。

荨麻疹（urticaria）

荨麻疹，俗称风团或风疹块，是皮肤乳头层和棘状层浆液性浸润所表现的一种扁平疹，属Ⅰ型超敏反应性免疫病。各种动物均可发生，常见于马和牛，猪和犬次之，其他动物少见。

病因及发病机理

致发荨麻疹的变应原相当复杂，依据其常见的病因，可作如下归类。

1. 外源性荨麻疹（urticaria externa）　其变应原包括某些动植物毒，如蚊、蚋、虻、蝇、蚁等昆虫的刺蜇，荨麻毒毛的刺激（因此得名）；某些药剂，如青霉素、头孢菌素、磺胺类；生物制品，如血清注射和疫苗接种；石炭酸、松节油、芥子泥等刺激剂的涂擦；劳役后感受寒冷或凉风（故名风疹块），或经受抓搔及磨蹭等物理刺激。

2. *内源性荨麻疹*（urticaria interna） 采食变质或霉败饲料，其中某些异常成分被吸收；胃肠消化紊乱，微生态异常（肠内菌群失调），某些消化不全产物或菌体成分被吸收；饲料质地虽完好，而畜体对其有特异敏感性，如马采食野燕麦、白三叶草和紫苜蓿，牛突然更换高蛋白饲料，猪饲喂鱼粉和紫苜蓿，犬吃入鱼、肉、蛋、奶等，胃蝇蛆、蛔虫、绦虫寄生，其虫体成分及代谢产物被吸收；乳腺内滞留乳汁的再吸收或牛皮蝇蛆因囊壁破裂而吸收等。

3. *感染性荨麻疹*（urticaria infectiosa） 在腺疫、流感、胸疫、猪丹毒、犬瘟热等传染病和侵袭病的经过中或痊愈后，由于病毒、细菌、原虫等病原体对动物体的持续作用而致敏，再次接触该病原体时即感作而发病。

致发荨麻疹的变应原，相对分子质量常较小，多为半抗原，与体组织蛋白结合后才具有免疫原作用，皮肤和黏膜为其主要靶器官，肥大细胞释放的组胺等活性递质，可使毛细血管和淋巴管扩张，渗出血浆和淋巴液，发生皮肤扁平丘疹和（或）黏膜水肿，血管和淋巴管周围见有嗜酸性粒细胞浸润。严重的常波及全身，伴有或继发过敏性休克。

临床表现

除马牛有时表现消化紊乱、倦怠和发热（荨麻疹热）外，通常无前驱症状而在再次接触变应原的数分钟至数小时内突然起病，发生丘疹，可迅速消失，并有再发的可能。马多见于颈侧、躯干和臀股部；牛多见于颈、肩、躯干、眼周、鼻镜、外阴和乳房；犬、猪多见于颈、背、腹部和股内。丘疹扁平状或呈半球状，豌豆至核桃大，数量迅速增多，有时遍布全身，甚至互相融合而形成大面积肿胀。白色皮肤处的丘疹，周围显现红晕。偶见丘疹的顶端变成浆液性水泡，并逐渐破溃，形成痂皮。丘疹的痒觉取决于病因，外源性荨麻疹，剧烈发痒，患畜站立不安，常使劲磨蹭，以致皮肤破溃，浆液渗出，被毛纠集，状似湿疹（湿性荨麻疹）；内源性和感染性荨麻疹，痒觉轻微或几乎没有痒觉。

有的病例，眼结膜、口黏膜、鼻黏膜及膣黏膜亦发疹块或水泡，伴有口炎、鼻炎和结膜炎。个别重剧病例，伴有胸下浮肿。通常取急性经过，病程数小时至数日，预后良好。有的取慢性经过（慢性荨麻疹），迁延数周乃至数月，反复发作，常遗留湿疹，顽固难治。

治疗

急性荨麻疹多于短期内自愈，无需治疗。慢性荨麻疹的治疗原则是消除致敏因素，缓解过敏反应和防止皮肤感染。

1. *消除致敏因素* 通常只能做到停止饲喂霉败饲料，驱除胃肠道寄生虫，灌服缓泻制酵剂，以清理胃肠，排除异常内容物等。

2. *缓解致敏反应* 常伍用抗组胺类药和拟交感神经药。盐酸苯海拉明，肌肉注射，马、牛0.1～0.5g，猪、羊0.04～0.06g。盐酸异丙嗪，肌肉注射，马、牛0.25～0.5g，猪、羊0.05～0.1g。可配伍用拟交感神经药（肾上腺素或异丙肾上腺素或氨茶碱等），0.1%盐酸肾上腺素液皮下注射，马、牛2～5mL，猪、羊0.2～0.5mL；硫酸异丙肾上腺素，马、牛1～4mg，猪、羊0.2～0.4mg混入500mL 5%葡萄糖注射液中缓慢静脉注射；氨茶碱，马、牛1～2g，猪、羊0.25～0.5g，静脉或肌肉注射。

3. 防止皮肤感染 对湿性荨麻疹或后遗的湿疹，要经常彻底清洗皮肤，涂抹防腐消炎的各种擦剂。剧痒不安的，可用普鲁卡因溶液或安溴溶液静脉注射。必要时，用石炭酸 2mL、水合氯醛 5g、酒精 200mL，混合后涂擦患部。

血清病综合征（serum disease syndrome）

血清病综合征包括急性和慢性两种病型。急性血清病或血清性休克，属Ⅰ型超敏反应病；慢性血清病，属Ⅲ型超敏反应病。各种动物均可发生，但近年逐步减少。

病因及发病机理

常见的原因是疾病防治上注射破伤风抗毒素、梭状芽孢杆菌抗毒素、抗狂犬病血清、抗蛇毒血清、钩端螺旋体血清等免疫血清或促肾上腺皮质激素等含异种蛋白的其他生物制品。异种血清或蛋白一次大量注射，常产生 IgE 抗体，激起Ⅰ型超敏反应，发生急性血清病以至血清过敏性休克；多次小量注射常产生 IgG 抗体，形成免疫复合物，激起Ⅲ型超敏反应，发生慢性血清病。

动物和人血清病免疫学机理的研究，都开始于家兔血清病模型（一种典型的慢性血清病）。用注射异种蛋白如牛血清白蛋白（BSA）的方法免疫家兔，进入体内的循环抗原逐渐减少，至第 14 天完全消失，而相应的循环抗体在注射 7d 后开始出现，并在 7～14d 期间与循环抗原复合，形成各种免疫复合物。免疫复合物并非全是致病的。最初形成的极小而可溶的免疫复合物，大多仍停留在血循环中，即使进入组织亦无损害。陆续形成的大小中等且可溶解的免疫复合物最具有“毒性”，通常沉积于基底膜，激活介质，造成肾脏、心脏和关节等各有关组织器官的病理损伤。最后形成的大而不溶的免疫复合物，则可迅速被单核细胞吞噬并清除。14d 之后，循环免疫复合物完全消失，血清中只存留游离抗体。这一经典的免疫动力学试验资料表明，血清病是一种反应强烈、时间短暂、且有一定自限性的免疫病。

临床表现

先前曾接受过同一抗原或高度敏感的所谓特应性个体，常在异种血清或蛋白注射后数分钟至数小时内突然显现急性血清病反应。因咽喉水肿和肺水肿而表现呼吸困难、发绀、咳嗽、流鼻液等呼吸道症状，或因过敏性休克（血清性休克）而表现循环衰竭、昏迷、抽搐，迅速致死。慢性血清病，通常在异种血清或蛋白注射后 1～3 周发病，精神沉郁，食欲减退，体温升高，并伴有心律失常、脉搏细弱、皮肤水肿、关节肿痛、淋巴结肿大以及蛋白尿、管型尿等免疫复合物沉积器官组织损害的相应临床症状。轻症的，3～5d 内症状消退；重症的，病程拖延数周。一般预后良好。

治疗

急性血清病和血清性休克，按急性过敏症和过敏性休克用肾上腺素和抗组胺类药实施抢救。慢性血清病为自限性疾病，大多不药而自愈。必要时可实施对症治疗，如伴有严重关节肿痛和发热的，应用皮质类固醇、水杨酸盐等退热、消炎、镇痛。

自身免疫性溶血性贫血（autoimmune hemolytic anemia）

自身免疫性溶血性贫血，简称自免溶贫（AIHA），是体内产生自身红细胞抗体而造成的慢性网状内皮系统溶血和（或）急性血管内溶血，属Ⅱ型超敏反应性自身免疫病。自免溶贫是发现得最早、研究得最多的一种动物自身免疫病。依据病因，分为原发性 AIHA 和继发性 AIHA。依据自身抗体致敏红细胞的最适温度，分为温凝集抗体型和冷凝集抗体型（冷凝集素病）。本病在犬最早被确认且较常见，其次为猫和马，猪、牛、浣熊和阿富汗鼠兔亦有发生。

病因及发病机理

原发性自免溶贫，病因尚不清楚，故称特发性自免溶贫。据报道，骨髓移植后停用免疫抑制剂即可致发。

继发性自免溶贫，见于多种疾病：包括链球菌、产气荚膜杆菌、病毒等各种微生物感染；淋巴瘤、淋巴肉瘤、白血病等恶性肿瘤以及系统性红斑狼疮、自身免疫性血小板减少性紫癜等其他自身免疫病。某些药物（青霉素、头孢菌素、磺胺类等）和毒物（和铅中毒等）偶尔也可引起本病。

不论特发性或继发性自免溶贫，自身红细胞变为具有抗原性，机体产生抗自身红细胞抗体，无非出自两种情况：一是某些病原体或药物等外来因素使红细胞膜的性质发生改变，从而改变了红细胞表面的抗原性；一是自身免疫稳定功能失调，特别是免疫耐受性发生改变，免疫活性细胞失去识别自身红细胞的能力。抗红细胞自身抗体分为两类：温抗体（温凝集素，主要是 IgG）和冷抗体（冷凝集素，主要是 IgM，少数是 IgG）。

自免溶贫以血管外溶血即慢性网状内皮系统溶血为主要病理过程，不同于以急性血管内溶血为主要病理过程的同种免疫性溶贫。自免溶贫的两种病型其溶血过程亦不尽相同。温抗体型致敏红细胞大多以慢性网状内皮系统溶血为其归宿，只有少数发生急性血管内溶血。冷抗体型致敏红细胞，则除慢性网状内皮系统溶血外，还常于低温暴露下的表浅血管内自行凝集，造成血栓，引起局部缺血和坏死，或者在低温下发生急性血管内溶血，显现血红蛋白血症和血红蛋白尿症。

临床表现

1. 温抗体溶血病　由温凝集型抗体（主要为 IgG）所致，原发性或特发性居多，分急性和慢性两种过程。通常取慢性经过，即以慢性网状内皮系统溶血为主要病理过程。患畜长期反复发热、倦怠、厌食、烦渴、可视黏膜苍白黄染，呈渐进增重的进行性贫血和黄疸，腹部透视和腹壁或直肠触诊可见脾脏和肝脏明显肿大。也有少数取急性经过或在慢性经过中有急性血管内溶血发作，患畜可视黏膜急剧苍白，采血分离血浆或血清均显著红染（血红蛋白血症），排咖啡色或酱油色尿液（血红蛋白尿症），并显现呼吸困难，心动过速，脉搏细弱以至昏睡和虚脱等急性溶血危象，于数日内死亡。

临床检验，除红细胞数减少、血红蛋白浓度和红细胞压积容量降低以及黄疸指数升高等溶血性贫血和黄疸的指征外，还可证实红细胞渗透脆性增加和半衰期缩短。末梢血片上出现大量球形红细胞（球红细胞症）和吞噬红细胞的中性粒细胞（噬红细胞现象），并有多量网织红细胞、多染红细胞、有核红细胞等各种不成熟的红细胞，显示强烈的红细胞再生反应。骨髓细胞分类亦显示造血细胞特别是红系细胞增生活跃或极度活跃（再生性贫血）。

2\. *冷抗体溶血病* 即冷凝集素病，由冷凝集型抗体（多数是 IgM，少数是 IgG）所致，继发性的居多，亦有急性和慢性两种病程。但通常取急性经过，或在慢性迁延性经过中出现急性发作，主要表现为浅表血管内凝血和（或）急性血管内溶血。突出的体征是躯体末梢部皮肤发绀和坏死。患畜在冬季或寒夜暴露于低温环境时，致敏红细胞可在浅表毛细血管内发生自凝，表现为耳尖、鼻端、唇边、眼睑、阴门、尾稍和趾垫等体躯末梢部位的皮肤发绀。短时间内加以温敷，红细胞自凝现象尚可消除，皮肤青紫随即消失。但持续性低温暴露，则毛细血管内形成血栓、局部皮肤因缺血而发生坏疽。发热、厌食等全身症状以及可视黏膜苍白黄染、肝脾肿大等溶血体征不如温抗体溶血病明显，但有时可因寒冷暴露或其他诱因而突发血管内溶血，表现急性溶血危象，排血红蛋白尿。

临床检验，可发现溶血性贫血和黄疸有关各指征的改变，只是一般在程度上比温抗体溶血病轻得多，血片红细胞象和骨髓细胞象的再生反应也不如温抗体溶血病那样明显。比较突出的检验所见是嗜酸性粒细胞增多和血片上红细胞集聚成缗钱状，新鲜血液用等量生理盐水稀释后仍能自行凝集，这一现象在浣熊自身免疫性溶血性贫血表现得最为突出。

诊断

自免溶贫的诊断分为三个步骤。第一步是确定贫血的溶血性质。依据临床症状和临床检验确定是否溶血性贫血，并依据肝脾肿大和黄疸的程度，血红蛋白血症和血红蛋白尿症的有无，推断是血管内溶血还是血管外溶血。第二步是确定溶贫的自免性质。依据直接和间接抗球蛋白（Coombs）试验、红细胞凝集和溶血试验以及特异性 IgG 和 IgM 红细胞自身抗体的检测，确定是否自免溶贫，进而确定是温抗体型还是冷抗体型。第三步是确定自免溶贫的病因类型。依据病史、临床表现、病程进展和有关的特异性检验，确定是原发性（特发性）自免溶贫还是继发性自免溶贫，进而确定是继发于哪种疾病还是接触某种药物或毒物所诱导。

治疗

皮质类固醇疗法是自免溶贫的基本疗法。糖皮质激素如泼尼松和泼尼松龙，每日 2mg/kg·体重，分次口服，或每日 1mg/kg·体重，混入葡萄糖盐水内缓慢静注，对特发性自免溶贫，尤其是犬和猫的特发性自免溶贫有良好的效果。配合应用环磷酰胺等其他免疫抑制剂则效果更佳，大多数患畜的临床症状得以缓解，但必需减量持续用药相当长（数周至数月）的时间，否则容易复发。对少数经糖皮质激素治疗无效的特发性自免溶贫，可施行脾切除术。对贫血重剧或出现溶血危象的患畜，可边泻血浆（红细胞回输）边输注葡萄糖盐水（血浆泻除法），然后再输注相合血，因红细胞自身抗体常是全凝集素，交叉配合极其困难，单纯输血往往会激起溶血危象。

继发性自免溶贫，应着重查明并治疗原发病，可适当配合上述糖皮质激素疗法。冷凝集素病，继发性的居多，主要在于根治原发病，并应注意避免持续受寒。

类风湿性关节炎（rheumatoid arthritis）

类风湿性关节炎，简称类风关（RA），是由于体内形成抗丙种球蛋白自身抗体所致发的一种全身性结缔组织（胶原-血管）疾病。以慢性进行性糜烂性多关节炎为主要病变，通常对称地侵害肢体远端小关节。眼观病理特征为关节滑膜及其软骨的糜烂和关节及其周围组织的变形，实际上是一种免疫破坏性多关节炎。免疫性炎性关节病，包括类风湿性关节炎（RA）、系统性红斑狼疮性关节炎（SLEA）、多发性关节炎-肌炎综合征以及特发性关节炎等。

本病主要发生于犬，也报道见于猪、牛、猴、大鼠以及猫。

病因及发病机理

类风湿性关节炎的病因迄今不明。其发病机理涉及细胞免疫和体液免疫等多种因素。致发本病的自身抗体类风湿因子（RF，rheumatoid factor）是一组抗变异 IgG 的抗体（包括 IgM、IgG 和 IgA 三种免疫球蛋白）。RF 这种抗体不仅具有针对变异 IgG 的特异性，而且具有针对 IgG 中 Fc 片段的亚型特异性，即它只能与 IgG 分子 Fc 片段上的一个抗原决定簇起反应，而不能与具有不同 Fc 成分的 IgM 和 IgA 等其他免疫球蛋白起反应，更不能与经胃蛋白酶消化过的（Fc 片段已被破坏）IgG 起反应。RF 是本病的主要发病因素，但看来并非唯一的发病因素，因为类风关患畜不一定都有 RF，能检出 RF 者仅占病犬的 72.2%，相反地有 RF 的也不一定都发生类风关，约 5.9%的正常犬可检出 RF。因而历来有人认为，类风关是一种“双相性”疾病。第一相的特点是由于感染因子或可能由于结缔组织内在的代谢异常，在滑膜中产生抗原性变化；第二相是对外源性或内源性抗原产生一种持久性自身免疫反应。

类风关的病理学改变，除类风湿皮下结节和血管炎外，最主要的就是滑膜炎。首先滑膜和滑液中形成免疫复合物，包括由 RF 与自身 IgG 所构成的免疫复合物；接着激活补体系统，产生白细胞趋化因子等生物活性炎性因子，吸引多形核粒细胞；后者伙同滑膜内层细胞和巨噬细胞一起与免疫复合物发生反应，释放出蛋白酶、胶原酶、弹性蛋白酶等溶酶体成分，而造成组织损伤。细胞免疫机制也可通过形成淋巴激活素而参与这一组织损伤过程。开始表现为滑膜渗出和水肿，表面有纤维蛋白沉积和多形核粒细胞集聚，接着滑膜细胞增殖，并有淋巴细胞和浆细胞深层浸润，形成结节状集聚体，乃至真正的淋巴样滤泡。随着病程的进展，滑膜的绒毛肥大，并由增生的血管、滑膜成纤维细胞以及浸润的各种细胞形成血管翳，即血管化肉芽组织块状物，使滑膜糜烂、软骨水解、关节周围软组织肿胀，造成关节松弛、变形，晚期可变成纤维组织甚至骨质，造成关节强硬。除上述特征性关节病变外，类风湿免疫复合物损伤还见于全身各器官组织，如累及心肌和瓣膜的心脏肉芽肿病变、纤维蛋白性心包炎、胸膜炎、弥散性间质性肺纤维化、类似于皮下结节的肺肉芽肿性病变以及淋巴结增生形成生发中心的淋巴结病。在犬和猴，还常继发全身性淀粉样变。

临床表现

类风关是全身性结缔组织疾病之一，在临床症状和病程方面的多变性与系统性红斑狼疮（SLE）相似，可显示广泛的系统损害。关节症状最为突出，但未必首先出现。患畜无显著性别差异。病犬年龄多为 4 岁左右。起病突然或隐袭，常表现发热、沉郁、食欲减退和体重减轻等全身症状，同时或稍后出现一肢或数肢的不同程度跛行。髋、膝、跗、肩、腕、跖、趾等肢体大小关节均可受累，但远端小关节最常发生。典型的关节症状是温热、肿胀、疼痛和运动障碍。关节强直，在休息后，即早晨开始活动时最为明显。伴有关节韧带和半月状板损伤的，关节即变得松弛而失去稳固性。病程延续数周后，关节外形常发生明显改变，如腕关节和跗关节呈直角形或关节脱位，以致患畜不得不匍匐行进。最终导致纤维性或骨性关节强直。有的患畜可于关节隆突处或腱鞘部位皮下出现独特的类风湿结节。后者实质上是一种类风湿血管炎病变，活检病理组织学所见共分 3 层：内层为坏死区，中层为栅状排列的组织细胞，外层为有淋巴细胞和浆细胞浸润的肉芽组织，与病变关节腔内的血管翳的性质相似。

X 射线检查，在腕、跗、跖、趾等肢体远端小关节内外，放射学改变最为明显。初期显示关节周围软组织肿胀，关节腔积液增宽，滑膜增厚以至滑膜绒毛增殖呈折叠状，关节周围的骨质疏松，软骨下骨质可见透明囊状区。后期显示滑膜附着区的软骨缘和软骨下骨质受侵蚀，关节面上形成蘑菇状血管翳，关节腔狭窄，软骨消失，骨质萎陷，以至关节脱位或畸形。

检验所见：主要包括血清白蛋白降低，丙种球蛋白增高，血浆纤维蛋白原在 4g/L 以上；病变关节的滑膜液一般为黄色至淡绿色，黏度降低，不易形成黏蛋白凝块，所含白细胞总数增加，中性粒细胞居多，约 70%，也有相当数量的单核细胞。多数患畜（72%～75%）能检出自身抗体类风湿因子。

诊断

RA 类症众多，自身抗体 RF 只有相对特异性，确定诊断相当困难。Bennett（1984，1987）制订了适合兽医临床的类风关综合诊断标准，包括 11 项：休息后关节强直；至少有 1 个关节在他动运动检查时表现紧张和疼痛；至少有 1 个关节显示肿胀；3 个月内有 1 个关节肿胀；对称性关节肿胀；有皮下小结节；提示类风关的放射学改变；RF 阳性结果；关节滑膜液异常；关节滑膜的特征性病理组织学改变和类风湿皮下结节的特征性病理组织学改变。符合其中 7 项，可诊断为典型类风关；符合 5 项，可诊断为确定类风关；符合 3 或 4 项，可诊断为疑似类风关。

治疗

经临床验证，许多药物对治疗犬类风关肯定有效。其中应用最广的是水杨酸钠、乙酰水杨酸（阿斯匹林）等水杨酸盐。每日 1～3g，分次口服，持续数周至数月，配合吲哚美辛、保泰松等非类固醇抗炎药，常可治愈轻度和中等度类风关患畜。其药理作用在于干扰前列腺素的合成，稳定溶酶体，降低激肽释放所致的血管通透性增加，抑制淋巴细胞合成免疫球蛋白。在急性发作期，可适量应用泼尼松、泼尼松龙等糖皮质激素和硫唑嘌呤、环磷酰胺等免疫抑制剂。

（邓俊良）

第十一章　遗传性疾病

第一节　概　　论

遗传性疾病（genetic disease）是指由于亲代生殖细胞或受精卵遗传物质在结构或功能上发生改变，从而使发育的个体出现遗传性缺陷或功能障碍的疾病，即由基因突变或染色体畸变所致发的一大类群体病。

动物遗传性疾病在临床上具有以下五种特征：①群体发病，具有一定的遗传因素；②垂直传播，呈家族式发病，即只在一定的有血统关系的动物群体内出现，无传染性（不能水平传播）；③具一定的遗传类型，常染色体遗传或性染色体遗传，隐性遗传或显性遗传，符合孟德尔定律；④先天性，多数在幼龄发病，患病动物很大比例在胚胎或胎儿期死亡；⑤具有终生性。

遗传性疾病的发生必定具有一定的遗传因素，但并非所有遗传性疾病的发生都与外界环境因素无关，只是二者在发病过程中的作用有所不同。遗传性疾病是一种先天性疾病，但并非所有先天性疾病都属于遗传性疾病。所谓先天性疾病是指在出生时机体就存在结构或功能上的异常，这种异常既可由遗传因素决定，也可由环境因素所致。动物遗传病的发病率较低，但先天性缺陷的发病率较高。

遗传性疾病的种类

动物遗传性疾病是基因突变或染色体畸变所致发的一大类群体病，因此可分为基因病（单基因病和多基因病）和染色体病（常染色体病和性染色体病）两大类。世界报道的动物遗传病已超过150种，几乎覆盖人类所有的遗传病。

1. 遗传性代谢病　　包括糖原累积病Ⅰ、Ⅱ、Ⅲ型，黏多糖累积病Ⅰ、Ⅱ、Ⅲ型，α-甘露糖累积病，β-甘露糖累积病，岩藻糖累积病，糖蛋白累积病，GM1神经节苷脂累积病，GM2神经节苷脂累积病，神经鞘髓磷脂累积病，葡萄糖脑苷脂累积病，球状细胞白质营养不良症，异染性白质营养不良症，嗜苏丹性白质营养不良症，蜡样质-脂褐素病，枫糖尿病，遗传性酪氨酸血症Ⅱ型，抗维生素D佝偻病，尿黑酸尿症，白化病，新生畜瓜氨酸血症，先天性高氨血症Ⅱ型，遗传型胱氨酸尿症，特发性范可尼综合征，尿酸盐尿结石症，遗传性痛风、乳清酸尿症，先天性高胆红素血症，家族性高脂蛋白血症，原发性乳糖不耐受症，遗传性维生素D代谢病（遗传性假性维生素D缺乏症）等。

2. 遗传性血液病　　包括家族性红细胞增多症，特发性红细胞生成不良症，贫血-角化不良-脱毛综合征（ADAS），周期性血细胞生成症，α-海洋性贫血，β-海洋性贫血，异常血红蛋白症，遗传性球形细胞增多症，遗传性口形细胞增多症，家族性口形细胞增多症-增殖性胃炎，遗传性椭圆形细胞增多症，遗传性缺铁性贫血，贝尔格莱德大鼠贫血，遗传性铜累积病，先天性铜吸收障碍（曼克病），选择性钴胺素吸收不良（遗传性维生素 B_{12} 缺乏症），葡萄糖-6-磷酸脱氢酶缺乏症，磷酸果糖激酶缺乏症，丙酮酸激酶缺乏症，家族性非球形细胞性溶血性贫血，谷胱甘肽缺乏症，谷胱甘肽还原酶缺乏症，家族性高铁血红蛋白症，先天性卟啉病，孤松鼠天然卟啉病，血管性假血友病（VWD），遗传性坏血病（遗传性维生素 C 缺乏症），原发性血小板增多症，血小板无力症，血小板病，贮藏池病，血小板无力性血小板病，先天性前激肽释放酶缺乏症，先天性纤维蛋白原缺乏症，先天性凝血酶原缺乏症，先天性第Ⅴ因子缺乏症，先天性第Ⅶ因子缺乏症，先天性第Ⅷ因子缺乏症（甲型血友病），先天性第Ⅸ因子缺乏症（乙型血友症），先天性第Ⅹ因子缺乏症，先天性第Ⅺ因子缺乏症（丙型血友病），先天性第Ⅻ因子缺乏症，先天性维生素 K 依赖性凝血因子缺乏症等。

3. 遗传性免疫病　包括：①遗传性自身免疫病，如遗传性狼疮素质，先天性重症肌无力，家族性干燥综合征，遗传性剥脱天疱疮，遗传性自免甲状腺病，家族性皮肌炎，遗传性视网膜营养不良，原发性自免睾丸炎等。②遗传性免疫缺陷病，如遗传性联合性免疫缺陷病，免疫缺陷性侏儒，遗传性胸腺发育不全，原发性腔上囊成熟缺陷，原发性无丙球蛋白血症，暂时性低丙球蛋白血症，选择性 IgM 缺乏症，选择性 IgG 缺乏症，牛选择性 IgG_2 缺乏症，选择性 IgA 缺乏症，粒细胞体病综合征，周期性白细胞生成症，遗传性补体第三成分缺乏症，纤毛无活动性综合征，色素缺乏易感性增高综合征等。③遗传性免疫增生病，如淋巴细胞-浆细胞性胃肠炎，多发性骨髓瘤等。

4. 遗传性神经-肌肉疾病　包括遗传性先天性脑水肿，遗传性脑膜脑突出，寡突神经胶质细胞发育不良，多灶性中枢神经元生活力缺乏，A-C 畸形并小脑发育不全，遗传性脊髓发育不良，脊髓白质变性，遗传性痉挛性轻瘫，家族性周期性痉挛，先天性肠无神经节症，特发性喉麻痹，进行性肥大性神经病，先天性肌阵挛，遗传性感觉性神经病，遗传性脊肌萎缩症，Ⅱ型肌纤维缺乏症，Ⅱ型肌纤维肥大症，进行性肌营养不良症，先天性肌强直，强直性肌营养不良症，家族性线粒体肌病，鸭特发性斜颈，膈肌病，火鸡胸肌病等。

5. 遗传性心脏血管病　包括牛遗传性心肌病，火鸡自发性圆心病，仓鼠遗传性心肌病，小鼠和大鼠遗传性心肌病，遗传性心钙化，犬、猫特发性肥厚性心肌病，猫、犬、牛、猪家族性心内膜弹力纤维增生症（限制性或缩窄性心肌病）以及动脉导管未闭、主动脉狭窄、肺动脉狭窄、室间隔缺损、房间膈缺损、法乐氏四联症、右主动脉弓续存、动脉-静脉瘘管等先天性心脏血管病。

6. 遗传性内分泌腺病　包括家族性甲状腺肿，家族性糖尿病，妊娠糖尿病，遗传性尿崩症等。

7. 其他遗传病　如蹄叶炎样综合征，胶原组织发育异常，成骨不全，蜘蛛肢综合征，先天性多囊肾病，原发性淋巴水肿等。

动物遗传性疾病的流行病学特点

1. 单一隐性基因决定的遗传性疾病　①在数年间病例数逐渐增加（如保留了同一个父本和母本）；②随着引进一个新的父本，突然出现一种新的疾病；③若母畜在遗传学上都属于同源群，则流行期间呈平静的传播（因环境因素引起的疾病通常呈不平静的突然爆发）；④对一个畜群重复交配，发生的数量与基因频率是相符的，如一头公牛同其女儿配种（这些女儿是由一群隐性基因的母牛所生），就该产生12.5%的病犊；⑤纯种动物最常患遗传性疾病（因它们的遗传学基础很一致），杂交种患病机会很少，近亲繁殖易出现奇怪品种甚至家族；⑥缺陷的相同性是遗传性疾病的一个特征，尽管病变程度可能不同，但所有病例出现的病变却是同一种性质的。然而，由于环境因素所致的疾病，病变的性质则有各种各样。

2. *单一常染色体显性基因的遗传* 按孟德尔式遗传法则从系谱上分析，比较容易识别，其遗传方式的特征是：①常染色体显性基因控制的性状直接从前代传到下一代，一代接一代的传下去，没有跳跃或连续性中断；②一个有此性状的动物，必定有一个具有此性状的父本或母本；③有此性状的动物所生的子女，约一半是具有此性状的，而另一半则没有；④没有此性状的子女如果和正常的动物交配，后裔中都没有此性状；⑤这个性状的传递与性别无关，雌雄都可遗传，且雌雄数目相等。

3. *单一常染色体隐性基因的遗传* 比较难以识别，其遗传性状的特征是：①具有隐性遗传性状的动物，其父本、母本和其子女及其远祖和旁系家族可以都没有这种性状；②具有这种性状的动物是比较少的，在一个畜群中的总头数与畜群总头数之比约为1∶4；③公母都可表现这种性状，而且机会相等；④其亲代中有近亲繁殖的事例。因此，流行病学上不容易找出其规律性。

4. *多基因遗传病则无显性或隐性关系* 发生与许多对基因有关，虽然每对作用轻微，但其作用积累相加达到一定限度即发病，环境因素对发病也起一定的作用。

动物遗传性疾病的诊断依据

具有动物遗传性疾病的基本特征；有相应的临床表现（临床表型）、对应的病理变化（病理表型）和对应的检验所见（生化表型：相应酶类缺陷，相应底物累积，相应产物匮乏）；所确定的遗传类型，能够解释家族垂直传播的分布规律，或为测交试验（test-breeding）所证实；唯有运用分子生物学技术（细胞遗传学检查、DNA分析、携带者检测等），确认缺陷基因的所在位点、突变形式及表型特征，才能清除缺陷基因的“携带者”（carrier），净化基因库，平息这种群体病。

动物遗传性疾病的防治

从遗传性疾病的发展过程来看，可分为四种水平，即基因水平、酶水平、代谢水平、临床水平。在基因水平识别致病的突变基因，并人为改变这种异常的基因以防治遗传性疾病称为基因工程防治；在酶和代谢水平上做出诊断，并通过调节环境因素及应用特殊药物进行防治，叫做环境工程防治。当遗传性疾病发展到临床水平，机体器官已经呈现损害，已无法预防，治疗也为时已晚。

目前，大部分的动物遗传性疾病尚无法根治，主要在于对疾病预防。预防工作主要从三个方面进行。

1. *防止环境中存在的诱变剂对动物机体所产生的有害影响* 环境中诱发机体产

生基因突变的因素叫作诱变剂（mutagen），诱发机体染色体产生畸变的因素叫作染色体致断裂体（clastogen），诱发机体产生畸形的因素叫作致畸形剂（teratogen）。现在已知的诱发因素很多，包括电离辐射、某些霉菌毒素（如黄曲霉毒素）、蕨类毒素、芥子油、农药（如某些有机磷和有机氯化合物）、医药（如四环素、灰黄霉素、庆大霉素、睾丸酮、雌酮等）、工业毒物（如苯、甲苯、二硫化碳、砷、汞、铝、镉等）以及环境高温等。这些因素都要在饲养和管理上采取有效措施加以防止和消除。环境中还有更多尚未被认识的有害因素，需要继续进行研究。

2. 检出杂合子个体　对于某一种遗传性疾病，为了减少其基因频率，就必须设法检出有致病基因的杂合子。这些杂合子虽然外表正常，但是它们正是隐性致病基因的携带者，故往往也在一定程度上表现出来。表现型的个体介于患者（基因型）与正常动物（遗传阴性个体）之间，因此，利用这一点可以检出一些遗传性疾病的携带者。例如，牛的甘露糖苷过多症的杂合子，其血浆中 α-甘露糖苷酶的活性只有正常牛的一半。然而，家畜还有许多遗传性疾病的杂合子的检出方法都有待于研究和解决。

3. 避免近亲繁殖　在一般群体中，虽然发生遗传性疾病的动物并不多，但是致病基因的携带者相当多。近亲之间往往有些基因是相同的，只要有一个是某种基因的携带者，另一个就有很大可能性也是某种致病基因的携带者，所以交配后生下患畜的可能就很大。为了防止这种情况的出现，避免近亲交配是一种易行和有效的方法。

近年来，随着医学遗传学和分子生物学的发展，人类已开始进入了使用遗传工程的时代，基因校正的方法也正在试验研究之中，这将为防治遗传性疾病开创一个崭新的途径。

（邓俊良）

第二节　常见遗传性疾病

牛遗传性心肌病（bovine hereditary cardiomyopathy）

牛遗传性心肌病（BHC）是一种以心肌变性、坏死和纤维化为病理特征的遗传性疾病。又称特发性心肌病、充血性心肌病、扩张性心肌病、先天性致死性心肌病，属常染色体隐性遗传。主要临床表现是猝死于充血性心力衰竭。目前报道该病发生于日本黑牛、Poll 海福特和有角海福特牛、瑞士的红色荷斯坦-西门塔尔（Hostein-Simmental）杂种牛和黑斑点牛（Friesian）、日本和英国的黑白花乳牛（Hostein-Friesian）、加拿大、澳大利亚、荷兰的黑白花乳牛（Hostein）以及日本的 ABCRS 系牛。

病因及发病机理

牛遗传性心肌病的根本原因是常染色隐性遗传类型的先天性缺陷。遗传缺陷的原因相当复杂，迄今尚未定论，其主要发病环节和基本病理过程尚未阐明。

临床表现

各品系牛的遗传性心肌病，可能分属不同病型，在起病时间、疾病经过、病理变化和临床表现等方面不尽一致。

1. 日本黑牛的BHC　发生于初生犊牛（1～4月龄犊牛），病犊雌雄兼有，为疾病基因纯合子个体。通常1月龄之内起病显症，病程急剧而短促，大多在持续数分钟至数小时的呼吸困难发作之后突然死亡。尸检可见心脏巨大、左心室明显扩张、体腔积液、肺水肿、肝淤血等充血性心力衰竭的各种眼观病变。病理组织学变化包括多灶性心肌变性、坏死和心肌纤维化（左心室乳头肌尤为明显），但不伴有炎性细胞浸润。

2. ABCRS系牛的BHC　病牛雌雄兼有，为疾病基因纯合子个体。成年期起病，病程数月至数年。主要表现为胸腹下浮肿，颈静脉粗大膨隆，心律失常，可出现心杂音，第二心音减弱，出现第三、四心音。大多在分娩前后突发呼吸困难，数小时内猝死于充血性心力衰竭。尸检见典型的充血性心力衰竭的症状。病理组织学所见包括心肌纤维大小不等，含有空泡，颗粒变性，透明变性，左心室肌间纤维化极其明显，但无炎性细胞浸润。

3. 海福特牛的BHC　被毛卷曲和心肌损害是其两大表型特点。病犊雌雄兼有，为疾病基因纯合子个体。胎内起病，初生期显症（3日龄以上），3～6个月龄之内死于充血性心力衰竭，病程短急。生长速度快，毛短而卷曲，突眼，平时不耐运动，呼吸增数，心律失常，一旦出现心动过速、呼吸窘迫等心衰症状，经1～7d即死。尸检心肌内有长1～20mm的纤维样组织构成的黄白色线条（类似白肌病），肺淤血水肿，肝充血肿大。病理组织学所见，心肌纤维不同程度凝固性坏死，血管增生，巨噬细胞浸润，肌纤维增生性变性，纤维化以至钙化。

4. 荷斯坦-西门塔尔牛的BHC　遗传类型未定。青年-成年期起病显症，病程数月至数年不等。主要表现虚弱无力，脉搏增数，奔马调，静脉怒张，皮下水肿，最终死于充血性心力衰竭发作。尸检可见心脏增大扩张，胸腹腔积液，肺水肿，肝淤血等。病理组织学变化有心肌变性、纤维化，肺动脉硬化以及慢性间质性肾炎等。

5. 黑白花荷兰乳牛的BHC　遗传类型未定，很可能是常染色体隐性类型。青年期至中年期（1～7岁，平均3.3岁）起病显症，病程数月至数年不等。除充血性心力衰竭的一般体征外，整个心区可出现缩期杂音，右肋弓部后下方可触及肿大的肝脏后缘，叩诊肝浊音区扩大。通常在某些应激因素作用下，突发呼吸窘迫、心动过速、肺水肿，在短时间猝死于急性心衰。肝组织活体穿刺检查显示慢性被动性充血和纤维化。尸检见充血性心力衰竭的眼观病变。光镜下，心肌细胞内显现空泡，增生性变性，遍及左右心室的间质性纤维化。

遗传性肾病（hereditary kidney disease）

动物遗传性肾病大都是先天性肾病，常见的有以下几种。

（一）肾发育不全（renal hypoplasia）

肾发育不全是由于遗传因素导致肾脏未能生长发育到正常大小的病理现象。单侧或双侧性，在动物中以双侧肾发育不全较为多见。目前有犬、羊、猪、鸡发病的报道。

患畜在幼年期即出现肾功能低下的各种症状，病的严重程度取决于肾发育不全的程度，严重者可于出生后不久即死亡。

一般表现厌食、发育不良、烦渴、多饮、呕吐、嗜睡等症状；血液尿素氮和肌酐含量增加。其症状、血液、尿液的异常变化类似于慢性肾衰竭。如果在生后不久即发生慢性肾衰竭，则生长发育迟滞，成为侏儒。尸体剖检时可见肾脏皱缩，甚至呈小结状，色淡，质硬，间质中有大量纤维组织，肾单位减少或结构不完整。

（二）先天性多囊肾病（congenital polycystic kidney disease）

先天性多囊肾病（PKD）是指在肾脏内形成许多大小不等的囊泡（称为肾囊泡），可发生于一侧或两侧肾脏，含有许多囊泡的肾脏称为囊肾。囊肾见于各种动物，以猪最为多发，马和牛次之，羊和犬少见。囊肾的发生与多种因素有关，其中遗传因素是一个比较重要的原因。

先天性多囊肾病恒在动物的一定品系内呈家族性发生，其起病时间、疾病经过、临床症状及遗传类型因畜种和病型而不同。

1. 猫 PKD　发生于波斯品系，分幼年和成年两种病型。①幼仔猫 PKD 属常染色体隐性遗传，常并发胆管囊肿，特称猫肾肝囊肿综合征。出生后即起病显症，为疾病基因纯合子个体。6 周龄之前死于急性肾衰竭。主要表现腹部异常增大和后期的尿毒症症状。尸检，两侧肾极度肿大，切面髓质和皮质密布无数小囊肿，外观和触觉呈海绵状，肝脏不肿大，见有多量扩张的胆管囊肿。②成年猫 PKD 属常染色体显性遗传，3～7 岁起病，为疾病基因杂合子个体。主要表现腹部逐渐增大，慢性血尿，触诊腹部可见两侧肾脏肿大 1～3 倍，外形不规则，显现沉郁、呕吐、烦渴、多尿、抽搐等尿毒症症状，通常在数周内死于肾衰竭。

2. 犬 PKD　发生于 Cairn Terrier 品系，属常染色体隐性遗传，为疾病基因纯合子个体。一般在 6～7 周龄起病，大多在 1 岁之内死于肾衰竭。临床表现主要是腹部膨大、慢性血尿和后期的尿毒症。

3. 水貂 PKD　发生于丹麦品系，属常染色体隐性遗传，为疾病基因纯合子个体。多合并肝囊肿，特称水貂先天性肾肝囊肿综合征。一般在 6～7 周龄起病，主要表现生长停滞、食欲减退、呕吐、委顿、嗜眠、昏睡、抽搐等尿毒症症状。捕捉可促发全身间歇性-强直性痉挛，持续 2～3min。通常在 4 月龄前后死于肾衰竭。

4. 小鼠 PKD　发生于 C57BL/6j “CPK” 突变品系，常染色体隐性遗传类型，为疾病基因纯合子个体。发病鼠基因型为 CPK/CPK。2～3 周龄起病，5 周龄之前死于肾衰竭和尿毒症，病程短急。主要表现腹围增大，腹部膨隆，并很快出现嗜眠、昏睡、全身颤抖等神经症状。尸检肾脏极度肿大，占据大部腹腔，重量高达体重的 25%。

5. 猪、牛、羊 PKD　遗传类型尚未确定。常并发胰、肝的多囊肿，特称肾-胰-肝囊肿综合征。多数发现于屠宰检验（成年动物），亦有少数发生于仔猪、羔羊和犊牛。主要表现腹部膨大、腹水、血尿和末期的尿毒症。

动物 PKD 的论证诊断依据，主要在于符合常染色体遗传的家族发生史；腹部增大、触诊肾脏显著或极度肿大、慢性血尿、尿毒症等肾衰竭的体征和血液生化检验所见。必要时，可进行肾脏 B 型超声、CT 摄影、排泄性尿路造影等辅助诊断，以证实肾肿大和多囊肾的存在。该病无根治办法。

（三）肾小管功能不全（tubular dysfunction）

肾小管功能不全目前报道在犬有发生，在几个品种的公犬中，本病均属于性连锁遗传。例如，Besenji犬可发生非糖尿病性糖尿，以氨基酸尿、糖尿、烦渴和多尿为特征。

（四）遗传性肾炎（hereditary nephritis）

发生在Bull Terriers犬的遗传性肾炎是一种慢性肾病，发病率较高，有各种各样的临床经过。Hood等（1990）曾分析了属于一个家系的病犬的遗传类型，系谱分析表明本病代代相传，病犬中两种性别大致相等，提示属于常染色体显性遗传。本病的早期症状是蛋白尿（但不易被发觉），当病情严重时发生肾衰竭，体况很快恶化，出现氮质血症、血清肌酐增高（超过132μmol/L）、血液尿素氮增高（超过10μmol/L）、蛋白尿。

遗传性皮肤缺陷（inherited defect of skin）

动物的遗传性皮肤缺陷主要有以下类型。

（一）遗传性对称性秃毛症（inherited symmetrical alopecia）

遗传性对称性秃毛症是发生在牛的一种由单一染色体隐性遗传所致的遗传性皮肤缺陷。较罕见，但在英国曾见于荷兰牛。

病牛出生时被毛正常，但到6周龄至6月龄时就开始呈进行性的秃毛。秃毛呈对称性，先是从头、颈、背、和后驱开始，再发展到尾根，向下到腿部及整个前肢。不管皮肤有无色素的地方，患区全部光秃，但无发痒等刺激症状，其他方面正常。皮肤活体检查，毛囊正常但不生长毛纤维。

（二）遗传性先天性少毛症（inherited congenital hypotrichosis）

这种先天性疾病发生在猪、无角陶赛特（Dorset）羊和牛。动物部分皮肤或全部皮肤缺乏被毛，有的没有其他缺陷，有的还伴有其他缺陷。

病猪出生时体重低，衰弱，病死率高。牛有多种类型的先天性少毛症。①第一类型曾发生于北美的更赛牛，属单一隐性性状遗传。大多数在出生时全身大部分皮肤上无毛，但在脚上和头上还有毛和眼睫毛，即使出生时多少有一些毛，不久即会掉光，角和蹄的生长无异常。皮肤呈正常，但显得发亮，外观像鞣质过的皮革。如果患病犊牛有遮阴，通常还能存活，但不能耐受寒冷气候和晒太阳。切片检查，皮肤无毛囊。在泽西牛也曾见过类似的少毛症。②第二类型是不能存活的完全少毛症。曾发生于英国的荷兰牛，表现甲状腺异常小，功能减退，病牛在出生后很快死亡。③第三类型是伴有无齿症的少毛症，即犊牛生下来就没有毛和牙齿。这种缺陷是由于一种性连锁隐性基因而引起的一种少毛症，在荷兰牛（仅见于母牛）有报道。④澳大利亚曾有过报道海福特牛发生过一种部分少毛症，犊牛生下来被毛细短而卷曲，后来又长出一些非常粗硬的被毛。犊牛虽然存活，但生长不良，这种性状是由一种单一隐性基因遗传的。⑤在更赛牛和泽西牛脑垂体腺发育不全时，也会出现少毛症。

（三）犊牛脱毛症（baldy calve）

此病仅见于荷兰牛，是发生在犊牛的由常染色体隐性遗传所致的一种遗传性缺陷病，特征有秃毛、皮肤损害、体况下降和不能长角。

犊牛出生时正常，到1～2月龄时，尽管食欲良好，但开始消瘦，关节僵硬，皮肤异常。皮肤有鳞，在颈部、肩部、腋下、腹胁部、膝部、飞节部和肘部皮肤常出现鳞片状斑块增厚、皱褶和粗糙的无毛区，耳根和眼周围也常秃毛，耳尖向内侧卷曲，角不生长，虽口腔无病损，但一直流涎；由于蹄过度生长和关节僵硬，致使病牛运步缓慢而不敢跨大步。大约至6月龄时极度消瘦。此病与遗传性角化不全症和实验性的锌缺乏颇类似。

（四）犊牛遗传性角化不全症（inherited parakeratosis of calve）

该病发生于一种乳肉兼用的丹麦黑白花牛、数种欧洲品种的牛（其中包括荷兰黑白花牛），属常染色体隐性性状遗传。犊牛出生时正常，症状在4～8周龄时出现。主要表现皮肤（特别是腿部）皮疹，脱毛，口和眼周围、颌下、颈部和腿部皮肤出现鳞片状或厚痂皮状的角化不全症，生长非常缓慢。剖检可见其特征性损害是胸腺发育不全。不治疗的病犊，大约在4周龄时死亡。用锌（氧化锌0.5g/d）口服治疗，连续几周内就可彻底康复，如果停止治疗又可复发。用药的剂量须随体重增加而增加，因此该病被认为是一种需要高锌的遗传病。

（五）遗传性感光过敏（inherited photosensitization）

此病曾见于新西兰和美国的绵羊，是由单一隐性基因所决定的。羔羊在出生时正常，但至5～7周龄时（这时羔羊刚刚开始采食含叶绿素的饲料）就发生了严重而持久的感光过敏。羔羊表现目盲，如果无遮阴，可在随后2～3周内死亡。虽然肝肾功能不全，但组织学检查正常。主要是由于肝脏排除叶红素和胆红素的作用受阻，叶红素积蓄于血液中引起感光过敏。采取对症治疗和把病羊关禁在室内，能维持羔羊肥育到出售的体重。美国夏洛来牛亦发生过类似的感光过敏，也认为是遗传性的。

（六）遗传性先天性鳞癣（inherited cengenital ichthyosis）

先天性鳞癣又称鱼鳞癣（fish scale disease），是一种以秃毛症和整个皮肤表面覆盖角化表皮为特征的疾病，属单一隐性基因遗传缺陷所致。据记载它只发生于荷兰牛和挪威无角红牛，也可能发生于瑞士棕牛。

新生犊牛部分无毛或全部无毛，皮表覆盖厚的角化鳞片，伴有皲裂，皮肤形成皱褶，继而变成溃疡。皮肤活体切片检查可显示一层紧紧黏附着的角质化细胞。此病无法治疗。

（七）猪遗传性增生性皮炎（inherited dermatitis vegetans of pig）

此病是由一种隐性半致死因子遗传所决定的。据英国报道，此病来源于丹麦兰德斯种的猪。有的猪在出生时就显示症状，但大多数病例的皮肤损害是在出生以后和到3周龄时才出现的。病变发生于蹄冠和皮肤，蹄冠出现红斑和水肿，蹄壁厚，易碎和蹄壁不平。腹部和大腿内侧皮肤开始出现红斑，以后变成疣状，覆盖着灰褐色的痂皮。很多病猪因巨细胞性肺炎而死亡，但有些病猪也可能完全康复。据该病病理学的研究（Jericho，1974）表明，它属于遗传性缺陷，而这种缺陷则是选择性地影响到中胚层的组织。

牛小脑发育不全（cerebellar hypoplasia of cattle）

牛小脑发育不全又称遗传性小脑共济失调，是一组以小脑变性和萎缩为病理特征、小脑性共济失调为主要临床表现的遗传性小脑病。先后报道于美国海福特牛群、黑白花牛、更赛牛、荷兰牛、短角牛、爱尔兰牛，我国王英明等（1987）报道发生在西门塔尔的杂种后代。绵羊、猪、马、犬亦有发生。

绝大多数已证实为常染色体隐性类型，但安格斯品种牛的运动失调为显性遗传。其病因及发病环节均未得到分子病理学水平的阐明。基本临床表现是各式各样的进行性小脑性共济失调和一定品系内的家族发生史，均转归于死亡，无治疗办法。

大多数犊牛出生时，即已明显患病。重症犊牛表现目盲，瞳孔散大，对光无反应。由于四肢肌肉软弱无力，即使加以扶助也不能站立。在不严重的犊牛试图站立时，头过分向后甩，发生向后旋转性眼球震颤，四肢移动时用力和跨幅过大，严重不协调。站立时取骑跨姿势，颈过度伸展。当试图走动时，四肢不协调而跌倒，由于前肢过度伸展，有时向后跌倒。病犊很难接近乳头或乳桶，无法吃奶。神志清醒，但不发生惊厥。

尸体剖检最严重的缺陷是小脑完全缺失，橄榄核、脑桥和视神经发育不全，枕叶皮质部分或完全缺失。不太严重的缺陷是小脑小而变硬或小脑大小正常但缺失某些神经成分，表面光滑，脑回平坦，皮层叶小而窄，大脑半球及脑干正常。

病理组织学变化为小脑皮质分子层、蒲肯野氏细胞层及颗粒层结构松散，有不同程度变性，尤其是蒲肯野氏层有坏死、溶解和消失等明显变性。在髓鞘和灰质细胞中有空泡和水肿。

此病治疗意义不大。应从选种方面采取措施，检出其杂合子，加以淘汰，杜绝此病的发生。

遗传性甲状腺肿（inherited goitre）

遗传性甲状腺肿又称先天性或家族性甲状腺肿，简称遗甲肿（IHG），是甲状腺激素合成有关的蛋白或酶先天缺陷，导致垂体腺中促甲状腺因子生成增多，引起甲状腺增生所致的一种遗传性甲状腺病。属常染色体隐性遗传类型。已报道发生于小鼠、猪、牛、螺角山羊、美利奴绵羊、Romney绵羊，荷兰山羊以及中国的二郎山白山羊。

根本病因是决定甲状腺球蛋白（Tg）生成的结构基因即Tg基因发生突变和Tg合成先天缺陷。分子病理学研究表明，遗甲肿病牛的Tg基因DNA发生无意突变，转录的TgmRNA存在碱基转换（C→T），在9号外显子终末部出现终止密码子，Tg肽链的转译过程提前终止，所合成的Tg，肽链短、相对分子质量低、沉降系数小。遗甲肿荷兰山羊Tg基因的突变位点在8号外显子附近，突变性质是碱基缺失或插入造成的移码突变。TgmRNA 分子中仅有 10%的碱基序列能得到转译，转译产物系一种相对分子质量为 35 000 的 N 端片段，容易被氧化而聚合成大的 S-S 复合体。二郎山白山羊遗甲肿纯合子，甲状腺组织的 Tg 含量不及正常山羊的 10%，Tg 生产缺陷的实质是出现无功能活性的 Tg 片段（110kDa）和 Tg 亚单位（331kDa），具功能活性的特定构型 Tg（669kDa）生成不足，Tg 多聚体完全缺失。遗甲肿的基本病理过程是，*Tg* 基因突变，Tg 生成先天缺陷，甲状腺和血清内的甲状腺激素（T_3 和 T_4）显著减少，反馈刺激垂体促甲状腺激素（TSH）释放增多，引起甲状腺过度增生肿大。T_3 和 T_4 不足，还可使肺泡表面活性物质（肺Ⅱ型细胞分泌的磷脂类物质）合成减少，而导致肺不张和呼吸窘迫综合征。

临床特点包括家族性发生，显症患畜为疾病基因纯合子个体，胎内起病，足月死胎居多，或弱产而不能站立，通常于生后数日、数周或数月龄显症，经过数日、数月或数年死亡。主要症状是双侧甲状腺肿大（在正常的 2.8g 以上，最大可增至 222g），被毛稀疏，皮下水肿，皮肤粗厚，前腿的腕关节肿大、向外或向内弯曲，鼻部上下扁平，生长停滞，呼吸窘迫综合征等甲状腺功能低下的表现。

主要检验所见是血清内甲状腺球蛋白（Tg）和甲状腺激素（T_3 和 T_4）明显降低。遗甲肿病羊血清中的 Tg 为 3.8mg/L（不及正常量的 10%）；T_3 含量为 0.9～3.6μg/L，不及正常的 10%；T_4 含量为 0～0.04μg/L（不及正常的 5%）。

特征性病理形态学改变，包括眼观两侧甲状腺肿大，皮下水肿，被毛稀疏和肺不张。光镜下甲状腺上皮细胞高度增生，滤泡腔多为形态不整而缺乏胶质的窄小空隙，缺少正常甲状腺固有的滤泡腔。

检出遗甲肿杂合子携带畜的实用简易方法尚未找到。一出生即开始服用甲状腺片或甲状腺素片，并终生维持，疗效确实。甲状腺肿特大且伴有呼吸窘迫综合征的，可考虑施行甲状腺切除术。

（邓俊良）

第十二章　营养代谢性疾病

第一节　概　　论

营养代谢性疾病是新陈代谢障碍病和营养缺乏病的总称。代谢疾病分为先天性和后天性两种，在畜牧业生产实践中，后者对动物的影响更严重。先天性代谢病见于犬和猫的某些罕见遗传性疾病，这类疾病影响中枢神经系统，由于神经元溶酶体内蓄积大量的异常酶底物，阻碍了它们的功能而发病。后天性代谢疾病又称获得性代谢病或与生产有关的疾病，这类疾病的绝大多数与生产或管理有关，使体内一个或多个代谢过程异常改变，导致内环境紊乱而引起疾病。特别是对高产性能的动物危害较大，可引起巨大的经济损失。如为了提高生产性能，增加特殊营养需要量，其高产超过了动物维持生理浓度的特殊营养的代谢储备量，加之管理不当而发生代谢疾病，常见的有低血钙症、低血镁症、低血糖症等。另外，动物处于较高的代谢需要时，一旦饲料营养摄入减少就会发生代谢紊乱，如羊妊娠毒血症、肥胖母牛综合征等。营养缺乏病主要指日粮中碳水化合物、蛋白质、脂肪、维生素、矿物质等营养物质不足、缺乏或比例失调引起的疾病。生产中的代谢病和营养缺乏病关系密切，它们之间没有明显的差异。一般认为，营养缺乏是长期的，只有通过补充日粮才能改善，代谢病往往是急性状态，动物对补充所需要的营养物质反应明显。因此，不难看出营养代谢病从病因上讲主要是日粮中营养物质不全、数量及其比例不当的问题，从发病机理上讲主要是代谢问题。

随着畜牧业发展和结构的调整，群发性动物营养代谢病日趋严重，特别是亚临床型所致的生长发育缓慢和生产性能降低是造成经济损失的主要原因。因此，了解动物营养代谢病发生的基本规律和诊断方法，对这类疾病的监测预报、早期诊断、预防和治疗均具有重要意义。

营养代谢病的病因

机体对各种营养物质均有一定的需要量、允许量和耐受量，因此营养代谢病可因一种或多种营养物质不足、过多、比例不当或代谢中某一环节出现障碍而引起。

1. *营养物质摄入不足*　主要见于日粮不足、品种单一、品质不良、营养不平衡及饲养不当等使机体缺乏某种营养物质。例如，我国大面积的土壤低硒、低铜、低锌导致的当地牧草及饲料中硒、铜或锌含量不足而发生的动物硒缺乏症、铜缺乏症及锌缺乏症等。另外，放牧动物在冬、春枯草季节或自然灾害（如干旱、草原鼠害、大雪覆盖草场等）引起牧草短缺、长期处于饥饿或半饥饿状态时，不能满足最低的营养需求，可使大批动物出现营养不良，甚至死亡，造成巨大的经济损失。

2. *营养物质摄入过剩*　主要是以提高动物生产性能为目的，供给高营养的饲料，导致营养过剩而发生代谢性疾病。例如，奶牛干乳期日粮中蛋白质含量过多，碳水化合物不足是酮病发生的主要原因；集约化养鸡场饲喂动物性饲料过多以及日粮高钙，容易发生鸡痛风病。

3. *营养物质消化吸收障碍* 主要见于动物患某些影响消化吸收的慢性疾病，如慢性胃肠炎、肝脏疾病及胰腺疾病等，影响机体对一些营养物质的消化吸收。另外，日粮中某些物质过多或比例不当影响机体对另一些营养物质的吸收，如日粮中植酸过多与许多金属元素形成植酸盐，降低机体对这些元素的吸收；日粮中钙磷比例不当可发生骨营养不良。

4. *营养物质需要量增加* 动物在妊娠、泌乳、产蛋和生长发育阶段对各种营养物质的需要量明显增加，此时若不补充，即不能满足机体的需要而发生代谢紊乱。我国北方的多数放牧动物（如羊、牦牛、骆驼等），怀孕后期及泌乳早期主要在枯草期和青草初期，牧草青黄不接，经常处于营养不良状态，容易发生流产或导致仔畜成活率低，幼畜生长发育缓慢。

5. *饲料中存在抗营养物质* 饲料中存在一些能使其营养价值降低的物质称为抗营养物质或抗营养因子。例如，豆科植物中的胰蛋白酶抑制因子，与小肠中的胰蛋白酶结合，生成无活性的复合物，导致肠道对蛋白质的消化、吸收及利用能力下降，同时可使胰腺肥大和增生，影响消化和吸收功能；游离棉酚与蛋白质结合成复合物，降低蛋白质的消化率；植物中的单宁与蛋白质、碳水化合物和消化酶类形成复合物，干扰消化过程，影响能量、蛋白质和其他营养物质的消化利用率，降低单胃动物的生产性能；植酸能与多种金属离子螯合，形成稳定的、不易分解的螯合物，降低这些矿物元素的生物利用率；草酸在消化道与钙结合形成不溶性草酸钙，影响机体对钙的吸收利用；硫甙能干扰甲状腺利用碘；硝酸盐和亚硝酸盐可氧化、破坏胡萝卜素；某些鱼、虾、蛤类体内含有硫胺素酶能分解维生素 B_1。

营养代谢病的发病特点

营养代谢病种类繁多，发病机理复杂，一般缺乏特征性的临床症状，但与其他疾病相比，具有以下显著的特点。

1. *群发性和地方流行性* 许多营养代谢病在一个养殖场或某一地区大群发生，不同动物品种均有发病，症状基本相同或相似。在养殖场常见于日粮配合不当，过量使用饲料添加剂，饲养管理粗放，导致机体吸收的营养物质不能满足动物生长发育和生产性能的需要，或引发体内某些代谢紊乱而发病，严重者造成大批死亡。对放牧动物主要见于牧草中某些营养物质不足或比例不当，如我国约有 70%的县为低硒地区，动物硒缺乏在这些地区呈地方性流行，同时人的克山病也时有发生；我国高山草原牧草钙磷比例严重失调，同时锌、硒和铜含量也不能满足放牧动物营养的需要。放牧动物在牧草短缺时，可造成大批发病，甚至死亡。

2. *发病与生理阶段和生产性能有关* 某些营养代谢病发生在不同的生理阶段，如缺铁性贫血主要发生于仔猪，白肌病主要发生在犊牛和羔羊，地方性共济失调仅侵害 1～2 月龄的羔羊，高产奶牛在产后容易发生低血钙性瘫痪、酮病等。

3. *病程较长*　发病缓慢，营养代谢病的发生从病因作用到表现临床症状，往往需要数周、数月甚至更长的时间。一般要经过体内组织器官机能和结构的改变，才出现临床症状。

4. *缺乏特征症状*　许多营养代谢病缺乏特征性的临床症状，主要表现精神沉郁、食欲不振、消化障碍、生长发育停滞、贫血、异嗜、生产性能下降、生殖机能紊乱等，容易与一般的营养不良、寄生虫病或一般中毒病相混淆。因此，营养代谢病的诊断必须通过详细的流行病学调查、饲草料分析、体内相关指标的测定及预防和治疗的效果综合判断。

5. *无传染性*　虽然营养代谢病在养殖场或一定区域大批发病，但没有传染性。患畜除继发感染外，体温一般在正常范围内或偏低，这是营养代谢病早期群发时与传染性疾病的一个显著区别。供给缺乏的营养或改善机体的代谢状况后，疾病可在短期内恢复。

6. *某些代谢疾病与遗传因素有关*　动物代谢疾病的易感性在品种、个体之间有一定的差异，如犬和猫可发生先天性代谢病，更赛牛容易发生酮病，而娟姗牛生产瘫痪的发病率明显高于其他品种。

营养代谢病的诊断

营养代谢病缺乏特征性的临床症状，病因复杂，多数仅表现生长发育缓慢、生产性能降低等亚临床症状，同时由于机体免疫功能降低，容易继发一些传染病和寄生虫病，给临床早期确诊带来许多困难。因此，营养代谢病的诊断不能停留在临床症状和病理变化上，必须依靠详细的流行病学调查、饲草料分析、临床检查、病理学变化、实验室相关指标的测定及预防和治疗试验等进行综合诊断。

1. *流行病学调查*　主要调查与疾病有关的一些情况，为进一步检查提供依据，如发病季节，发病率，病死率，发病的年龄，生产性能，疫苗免疫，主要的临床表现，日粮来源、组成、加工和储藏，饲养管理状况，环境卫生，发病后采取的措施及效果等。

2. *临床检查*　通过详细的临床检查，了解疾病的主要损害部位和程度，确定疾病的性质。有些营养代谢病有比较典型的临床症状，可初步诊断。例如，钙磷代谢障碍主要表现跛行和骨骼变形，锌缺乏常发生皮肤角化不全和鳞屑，维生素 A 缺乏的早期表现是夜盲，新生仔猪铁缺乏产生贫血等。

3. *病理学检查*　有些营养代谢病表现特征的病理变化，根据尸体剖检和组织学检查可初步确诊。例如，犊牛和羔羊硒缺乏主要表现为骨骼肌颜色变淡；鸡痛风关节腔内有尿酸盐结晶沉积，内脏器官、输尿管等尿酸盐沉积；皮肤角化不全和母畜所产幼畜脑室积水、先天性失明可能因维生素 A 缺乏所致；骨骼变软、骨质疏松主要是钙磷代谢障碍。

4. *饲草料分析*　对于怀疑与某些矿物质、维生素缺乏有关的疾病，分析日粮中相关的营养成分，并与动物营养标准比较，可为诊断提供依据。分析测定结果时要注意与该物质有拮抗作用的其他物质的含量，以便做出准确的判断。例如，日粮中 Mo 含量过多，影响机体对 Cu 营养的吸收；日粮中钙磷比例直接影响机体对钙磷的吸收和利用。

5. 实验室检查　根据病因分析和病理变化，选择采集有关样品（如血液、尿液、乳汁、被毛、组织等）进行某些营养物质和相关生理生化指标及代谢产物的测定，为诊断提供辅助手段。例如，维生素、矿物质缺乏可测定体内生物样品中这些营养物质的含量，硒缺乏时血液和组织中谷胱甘肽过氧化物酶的活性明显降低，铜缺乏可测定血浆铜蓝蛋白含量和超氧化物歧化酶活性。

6. 防治试验　对某些营养缺乏性疾病，在疾病高发区选择一定数量的患畜和临床健康动物，通过补充缺乏的营养物质，观察治疗和预防效果，进一步验证病因。

7. 动物试验　许多营养代谢病病因复杂，为了确定疾病的病因和发病机理，根据实验室分析结果人工复制动物模型，需要严格控制日粮中的可疑营养物质，通过实验动物以证明其是否能够产生与自然病例相同的临床症状和病理变化，从而为建立诊断提供可靠的依据。有些动物试验需要经过较长的时间才能复制成功，有的在整个实验过程中会受到一些意想不到的因素影响。因此，必须严格控制试验条件，才能确保试验成功。

营养代谢病的防治

解决生产中有关营养代谢病的关键是迅速确诊，在疾病发生之前或高发季节做出预测，可以避免巨大的经济损失。生产中的代谢性疾病往往发病急促，通过补充所需要的营养可迅速恢复，而营养缺乏在较长时间方能出现临床症状，只有通过补充缺乏的营养物质才可改善。因此，营养代谢病预防的关键是加强饲养管理，保证供给全价日粮，特别是高产动物在不同的生产阶段根据机体的生理需要，及时、准确、合理的调整日粮结构。同时，应定期对畜群进行营养代谢病的监测，做到早期预测、预报，为进一步采取措施提供依据。

对区域性矿物质代谢障碍性疾病，可采取综合防治措施，如改良土壤、植物喷洒、饲料调换、日粮添加等方式提高饲草料中有关元素的含量。反刍兽微量元素缺乏性疾病可通过投服含有微量元素的缓释丸剂，在瘤胃和网胃中缓慢释放机体必需的微量元素而达到预防疾病发生的目的。

放牧动物季节性营养不良的预防，可采取人工种草、补饲精料、圈养、季节性驱虫和发展季节性畜牧业的措施。

（刘宗平）

第二节　糖、脂肪及蛋白质代谢障碍疾病

奶牛酮病（ketosis in dairy cow）

奶牛酮病是由于奶牛体内碳水化合物及挥发性脂肪酸代谢紊乱所引起的一种全身性功能失调的代谢性疾病。其特征是血液、尿、乳中的酮体含量增高，血糖浓度下降，消化机能紊乱，体重减轻，产奶量下降，间有神经症状。奶牛酮病根据发生原因，可分为原发性酮病和继发性酮病。前者是因能量代谢紊乱，体内酮体生成增多；后者是因其他

疾病，如真胃变位、创伤性网胃炎，子宫炎，乳房炎等引起食欲下降、血糖浓度降低，导致脂代谢紊乱，酮体产生增多。根据有无明显的临床症状可将奶牛酮病分为临床酮病和亚临床酮病。

本病最早于 1849 年由 Lander 所描述，曾用名有乳牛的醋酮血症（acetonemia）、母牛热（cow fever）、慢热（slow fever）、产后消化不良和低糖血性酮病等。一百多年来，奶牛酮病已在世界许多国家流行，造成相当大的经济损失。在我国，随着奶牛业的发展，尤其是奶产量的提高，奶牛酮病尤其是亚临床酮病的发病率有上升的趋势，已引起国内兽医学者的普遍关注。在高产牛群中，临床酮病的发病率一般占产后母牛的 2%～20%，亚临床酮病的发病率一般占产后母牛的 10%～30%。亚临床酮病虽无明显的临床症状，但由于会引起母牛泌乳量下降、乳质量降低、体重减轻、生殖系统疾病和其他疾病发病率增高，而造成严重的经济损失。

病因

本病多发生于产犊后的第一个泌乳月内，尤其在产后 3 周内。各胎龄母牛均可发病，但以 3～6 胎母牛发病最多，第一次产犊的青年母牛也常见发生。产乳量高的母牛、产乳量高的品种发病较多。无明显的季节性，一年四季都可发生，冬春发病较多。有些母牛有反复发生酮病的病史，这可能与遗传易感性有关，也可能与牛的消化能力和代谢能力较差有关。酮病病因涉及的因素很广，且较为复杂，主要与下列因素有关。

1. *乳牛高产*　在母牛产犊后的 4～6 周已出现泌乳高峰，但其食欲恢复和采食量的高峰约在产犊后 8～10 周。因此在产犊后 10 周内食欲较差，能量和葡萄糖的来源本来就不能满足泌乳消耗的需要，假如母牛产乳量高，势必加剧这种不平衡。研究表明，根据母牛摄食碳水化合物及从泌乳中排出乳糖的情况，每天适合的产奶量为 22kg。假如每天产奶 34kg，则全部血液中葡萄糖都将被乳腺所摄取。一头泌乳母牛，每天可排出乳糖 1225g，而两个单糖（葡萄糖加半乳糖）分子通过氧桥相连才缩合成一个双糖（乳糖）。所以高产乳牛群酮病的发病率高。

2. *日粮中营养不平衡和供给不足*　饲料供应过少，品质低劣，饲料单一，日粮不平衡，或者精料过多，粗饲料不足，而且精料属于高蛋白、高脂肪和低碳水化合物饲料，使机体的生糖物质缺乏，引起能量负平衡，产生大量酮体而发病。由这种原因引起的酮病称自发性或营养性酮病。单纯饲喂含生酮物质丁酸较多的青贮和甜菜丝（粕）饲料或在饲料中的比例过大，均可发病。

3. *产前过度肥胖*　干奶期供应能量水平过高，母牛产前过度肥胖，严重影响产后采食量的恢复，同样会使机体的生糖物质缺乏，引起能量负平衡，产生大量酮体而发病。由这种原因引起的酮病称消耗性酮病。根据调查，有相当一部分奶牛场习惯于将干乳牛和泌乳牛混群饲养，使干乳牛采食较多的精料，引起母牛产前过度肥胖，这是引起奶牛酮病的主要原因之一。

另外，饲料中缺乏钴、碘、磷等矿物质，可使牛群酮病发病率增加。寒冷、饥饿、过度挤奶等应激因素均可促进本病的发生。

发病机理

为了对本病的发病机制有较清楚的了解，有必要先讨论一下反刍动物的血糖来源。

反刍动物与非反刍动物不同，通过消化道直接吸收的单糖（葡萄糖、半乳糖）远不能满足能量代谢的需要，葡萄糖主要由丙酸通过糖异生途径转化而来。丙酸是在瘤胃消化的过程中产生的，同时还产生乙酸和丁酸，三者统称为挥发性脂肪酸（VFA），一般认为，乙酸、丙酸、丁酸三者比例为 70∶20∶10。凡是造成瘤胃生成丙酸减少的因素，都可能使血糖浓度下降，如由于某些原因（产前过度肥胖）致产前、产后采食量减少，前胃消化功能下降时，挥发性脂肪酸产生减少，饲料中碳水化合物供给不足，或精料太多，粗纤维不足，都可造成丙酸生成不足。有试验表明，母牛分娩后需 70d 左右，采食量和消化功能才能达到峰值。精料在瘤胃内产生三酸（乙酸∶丙酸∶丁酸）的比例为 59.6∶16.6∶23.8；多汁饲料为 58.9∶24.9∶16.2；干草为 66.6∶28.0∶5.4。可见，青草或青干草饲料产生丙酸最多，生糖效果最好。草场放牧牛酮病发生率远低于舍饲牛，可能与此有关。丙酸需先转化为丙酰辅酶 A，在维生素 B_{12} 的参与下，转化为琥珀酰辅酶 A，然后经糖异生合成所需要的葡萄糖。

母牛产乳量过高，引起体内糖消耗过多、过快，造成糖供给与消耗间的不平衡，也可使血糖浓度下降。母牛产后 40d 内即可达到泌乳高峰期，泌乳高峰出现越快，产乳越多的牛，越易患酮病。一般认为，奶牛在围产期内分泌状态发生明显改变，从怀孕末期进入泌乳早期时，血浆胰岛素水平下降，生长激素水平升高，而分娩时两种激素水平都会发生急剧的波动。另外，甲状腺激素、雌激素及糖皮质激素等也发生不同程度的变化。妊娠末期内分泌状态的改变和干物质采食量的减少均会影响奶牛的代谢，导致脂肪从脂肪组织和糖原从肝脏的动员，在分娩前 2～3 周至 2～3d，血浆非酯化脂肪酸（游离脂肪酸）浓度增加 2 倍以上，产犊时又急剧增加，通常超过 1.0mEq/L。产犊后游离脂肪酸浓度下降较快，但仍高于产前的水平。产后泌乳的能量需要量远远超过了能量采食量，因此奶牛分娩时极易发生酮病。可认为该病是干物质采食量下降和游离脂肪酸浓度升高引起的代谢紊乱。

肝脏是糖异生的主要场所，原发性或继发性肝脏疾病，都可能影响糖的异生作用，使血糖浓度下降。尤其是肝脂肪变性，肥胖母牛脂肪肝生成时，常可引起肝糖原储备减少，糖异生作用减弱，最终导致酮病发生。

当动物缺乏钴时，不仅因维生素 B_{12} 合成减少，影响丙酸代谢和糖生成，而且缺钴时瘤胃微生物生长发育不良，影响了前胃的消化功能，丙酸产生更少，糖生成作用呈恶性循环。

血糖浓度下降是发生酮病的中心环节。当血糖浓度下降时，脂肪组织中脂肪的分解作用大于合成作用。脂肪分解后生成甘油和脂肪酸，甘油可作为生糖先质转化为葡萄糖以弥补血糖的不足，而脂肪酸则因脂肪组织中缺乏 α-磷酸甘油，不能重新合成脂肪。游离脂肪酸进入血液引起血液中游离脂肪酸浓度升高。长时间血糖浓度低下，引起脂肪组织中脂肪大量分解，不仅血液中游离脂肪酸浓度增加，亦引起肝内脂肪酸的 β-氧化作用加快，所生成大量的乙酰辅酶 A 因得不到足够的草酰乙酸，不能进入三羧酸循环，沿着合成乙酰乙酰辅酶 A 的途径，最终形成大量酮体（由 β-羟丁酸、乙酰乙酸和丙酮组成）。此外，脂肪酸在肝内生成三酰甘油，因缺乏足够的极低密度脂蛋白（VLDL）将它运出肝脏，蓄积在肝内引起脂肪肝生成，使糖异生障碍，脂肪分解随之加剧，酮体生成过多现象呈恶性循环。

在动用体脂的同时，体蛋白也加速分解。其中生糖氨基酸可参加三羧酸循环而供能，或经糖异生合成葡萄糖入血；生酮氨基酸因没有足够的草酰乙酸，不能经三羧酸循环供给能量，而经丙酮酸的氧化脱羧作用，生成大量的乙酰辅酶A和乙酰乙酰辅酶A，最后生成β-羟丁酸、丙酮和乙酰乙酸，使酮体增多。在脂肪水解、体蛋白分解过程中，因体内草酰乙酸的浓度不足或其可利用性下降而使脂肪酸及生酮氨基酸增加，这点已被肝脏活组织穿刺后的草酰乙酸浓度测定所证实。

当肝内草酰乙酸充足时，瘤胃中所生成的乙酸和丁酸可转变成乙酰辅酶A后进入三羧酸循环，并释放能量。当血糖浓度下降到草酰乙酸缺乏时，乙酸和丁酸可转变成乙酰乙酸及β-羟丁酸，成为体内的酮体。正常情况下，体内酮体数量较少，可被肝外组织如骨骼肌、心肌所利用，亦可在皮下合成脂肪或由乳腺合成乳脂。如果体内酮体生成太多，超过上述组织对酮体利用的能力，可造成酮体在体内蓄积。

激素调节在这一过程中起重要作用。当血糖浓度下降时，胰高血糖素分泌增多，胰岛素分泌减少，垂体内葡萄糖受体（glucose receptor）兴奋，并促使肾上腺髓质分泌肾上腺素，在三种激素的共同作用下，糖异生作用增加，促使糖原分解、脂肪水解、肌蛋白分解，最终亦可使酮体生成增多。

甲状腺功能低下，肾上腺皮质激素分泌不足等，与疾病发生也有密切关系。疾病初期在催乳素的作用下，乳腺泌乳量仍可维持正常，因而把外源性和内源性产生的糖源源不断地转化为乳糖。随着疾病的发生和发展，母牛食欲减退，机体消瘦，消化功能减弱，产奶量也随之下降。

酮体本身的毒性作用较小，但高浓度的酮体对中枢神经系统有抑制作用，加上脑组织缺糖而使病牛呈现嗜睡，甚至昏迷。当丙酮还原或β-羟丁酸脱羧后，可生成异丙醇，使病牛兴奋不安。酮体还有一定的利尿作用，引起病牛机体脱水，粪便干燥，迅速消瘦，因消化不良以至拒食，病情迅速恶化。

在大多数病例中，血液中酮体浓度与临床症状的严重程度成正比。病程较长者，还伴有肝脏脂肪变性。若母牛仍能采食，随着产乳量减少，糖耗损缓和，体内能量代谢渐趋平衡，酮病可自然康复。长期厌食的牛，由于瘤胃微生物区系改变，可引起持久性消化不良。原发性酮病除了因病程长和发生脂肪肝恢复较慢外，一般预后良好。如使用高糖治疗，饲料中补给丙二醇等生糖物质后，血糖浓度仍很低，而酮体水平较高，则意味着有原发性疾病存在。在原发病治愈后，酮症可随之消失。

临床症状

酮病主要发生在产犊后几天至几周内，临床上表现两种类型，即消耗型和神经型。消耗型酮病占85%左右，但有些病牛，消耗症状和神经症状同时存在。

消耗型表现食欲降低和精料采食减少，甚至拒绝采食青贮饲料，一般可采食少量干草。体重迅速下降，很快消瘦，腹围缩小。产奶量明显下降，乳汁容易形成泡沫，但一般不发展为无乳。因皮下脂肪大量消耗使皮肤弹性降低。粪便干燥，量少，有时表面附有一层油膜或黏液。瘤胃蠕动减弱甚至消失。呼出气体、尿液和乳汁中有酮气味，加热时更明显。

神经型突然发病，初期表现兴奋，精神高度紧张，不安，大量流涎，磨牙空嚼，顽固性舔吮饲槽或其他物品；视力下降，走路不辨方向，横冲直撞。有的患畜全身肌肉紧张，步态踉跄，站立不稳，四肢叉开或相互交叉；有的震颤，吼叫，感觉过敏。这些神经症状间断地多次发生，每次持续1h，然后间隔8～12h重又出现。这种兴奋过程一般持续1～2d后转入抑制期，患畜表情淡漠，反应迟钝，不愿走动和采食，精神高度沉郁；严重者不能站立，头屈向颈侧，处昏睡状态。少数轻症患畜仅表现精神沉郁，头低耳耷，对外界刺激的反应性下降。

有些牛发生隐性酮病，临床症状不明显，一般在产后1月内发病，病初血糖含量下降不显著，尿酮浓度升高，后期血液酮体浓度才升高，产奶量稍有下降。

酮病牛不仅乳产量急剧减少，造成明显经济损失，而且常常伴发子宫内膜炎，引起繁殖功能障碍，间情期延长，人工授精率下降。

临床病理学特征为低糖血症、高酮血症、高酮尿症和高酮乳症，血浆游离脂肪酸浓度升高，肝糖原水平下降。血糖浓度从正常时的2.8mmol/L降至1.12～2.24mmol/L。因其他疾病造成的继发性酮病，血糖浓度通常在2.24mmol/L以上，甚至高于正常。正常牛血液酮体浓度低于1.0mmol/L，病牛可升高到1.5mmol/L，甚至超过2.5mmol/L。尿液酮体定量分析不能令人满意，因尿液浓度变动范围大，结果变化也大。正常母牛尿酮有时可高达12.04mmol/L，大多数牛仅有1.72mmol/L。病牛（不论是原发性还是继发性）尿液酮体可高达13.76～22.36mmol/L。乳中酮体变化幅度不大，可从正常时的0.516mmol/L，升高到平均为6.88mmol/L。肝糖原浓度下降，葡萄糖耐量曲线正常。病牛血液和瘤胃液中挥发性脂肪酸浓度明显升高，与乙酸、丙酸浓度相比较，丁酸浓度升高最为明显。

血钙水平稍降低（降到2.25mmol/L或90mg/L）。白细胞分类计数，嗜酸性粒细胞增多（可高至15%～40%），淋巴细胞增多（可高至60%～80%）及中性粒细胞减少（可低至10%）。严重病例，血清转氨酶活性升高。

诊断

原发性酮病发生在产犊后几天至几周内，血液酮体含量在1.5mmol/L以上，血糖降低，并伴有消化机能紊乱，体重减轻，产奶量下降，间有神经症状，一般不难诊断。在临床实践中，常用快速简易定性法检测血液（血清、血浆）、尿液和乳汁中有无酮体存在。所用试剂为亚硝基铁氰化钠1份，硫酸铵20份，无水碳酸钠20份，混合研细，方法是取其粉末0.2g放在载玻片上，加待检样品2滴或3滴，若含酮体则立即出现紫红色。也可用人医临床检测尿酮的酮体试纸进行测定。但需要指出的是，所有这些测定结果必须结合病史和临床症状进行综合分析。

亚临床酮病必须根据实验室检验结果进行诊断，其血液酮体含量为1.72～3.44mmol/L。继发性酮病（如子宫炎、乳房炎、创伤性网胃炎、真胃变位等因食欲下降而引起发病者）可根据血清酮体水平增高，原发病本身的特点以及对葡萄糖或激素治疗无明显疗效而诊断。

治疗

首先根据病因调整饲料，增加碳水化合物饲料及优质牧草。在临床上采用药物治疗和减少挤奶次数相结合的方法可取得良好的效果。大多数病例，通过合理的治疗可以痊愈。有些病例，治愈后可能复发。还有一些病例属于继发性酮病，则应着重治疗原发病。治疗方法包括替代疗法、激素疗法和其他疗法，但对严重病例（如低糖血症性脑病）效果较差。

1. *替代疗法*　静脉注射50%葡萄糖溶液500mL，对大多数母牛有明显效果，但须重复注射，否则可能复发。葡萄糖溶液皮下注射虽可延长作用时间，但通常不主张采用，因为皮下注射能引起病牛产生不适之感，同时大剂量进入到皮下时，又能引起皮下肿胀，造成局部不良反应，所以有时可以选用腹腔内注射（20%葡萄糖溶液）。果糖溶液（每千克体重0.5g，配成50%溶液，静脉注射）可延长作用时间，但有些果糖制剂会引起特异反应，呈现呼吸急促，肌肉震颤，衰弱和虚脱，而这种反应更常于注射过程中发生。重复给予丙二醇或甘油（每天2次，每次500g，连用2d；随后每天250g，连用2～10d），灌服或饲喂，效果很好。这些给药方法，最好在静脉注射葡萄糖溶液之前进行。需要注意的是，直接口服葡萄糖或其他糖类无效，因瘤胃中微生物使糖发酵而生成挥发性脂肪酸，其中主要是乙酸，丙酸很少，会增加生酮先质。

从理论上说，丙酸钠也有较好的治疗效果，每天口服120～240g，但作用较慢。另外乳酸钙、乳酸钠和乳酸铵都有一定疗效。

2. *激素疗法*　对于体质较好的病牛，用促肾上腺皮质激素（ACTH）200～600IU肌肉注射，疗效确切，而且方便易行。因为ACTH兴奋肾上腺皮质，促进糖皮质类固醇的分泌，既能动员组织蛋白的糖原异生作用，又可维持高血糖浓度的作用时间。然而ACTH也有一些缺点，它是在消耗身体其他组织的同时刺激产生糖原异生作用，还可能在移除过剩酮体的同时消耗草酰乙酸。应用糖皮质激素（剂量相当于1g可的松，肌肉注射或静脉注射）治疗酮病也有较好疗效，注射后8～10h内血糖即可恢复正常，食欲和一般行为在24h内明显改善，血液酮体水平在3～5d恢复正常。但用类固醇治疗初期产奶量下降，治疗2～3d后迅速升高，尽管泌乳量下降是缺点，但却有助于疾病的迅速恢复。

3. *其他疗法*　水合氯醛早就在奶牛酮病和绵羊的妊娠毒血症中得到应用，首次剂量在牛为30g，加水口服，继之再给予7g，2次/d，连续几天。水合氯醛的作用是对大脑产生抑制作用，降低兴奋性，同时破坏瘤胃中的淀粉及刺激葡萄糖的产生和吸收，并通过瘤胃的发酵作用而提高丙酸的产生。氯酸钾（30g于250mL水中，2次/d，口服）用之已广，虽被看成具有特效的抗酮作用，但没有做出合理的解释，而且常常引起严重的腹泻。补充钴（每天100mg硫酸钴）有时用于辅助治疗酮病。由于在牛的酮病中怀疑辅酶A缺乏，因此有人提出可试用辅酶A的一种先质半胱氨酸（用盐酸半胱氨酸0.75g配成500mL溶液，静脉注射，1次/3d）治疗酮病，认为效果尚好。为了防止酸中毒，可用5%碳酸氢钠溶液500～1000mL静脉注射，也可作为牛酮病的辅助治疗。此外还可用健胃剂、氯丙嗪等进行对症治疗。

预防

本病的发生比较复杂，在生产中应采取综合预防措施才能收到良好的效果。对高度集约化饲养的牛群，要严格防止在泌乳结束前牛体过肥，全泌乳期应科学地控制牛的营养投入。在为催乳而补料之前这一阶段，能量供给以能满足其需要即可。在产前4～5周应逐步增加能量供给，直至产犊和泌乳高峰期，都应逐渐增加。在增加饲料摄入过程中，不要轻易更换配方，即使微小的变化也会影响其适口性和食欲。随着乳产量增加，用于促使产乳的日粮也应增加。浓缩饲料应保持粗料和精料的合理比例。其中精料中粗蛋白含量不超过16%～18%为宜，碳水化合物应以磨碎玉米为好，因它可避开瘤胃发酵作用而被消化，并可直接提供葡萄糖。在达产乳高峰期时，要避免一切干扰其采食量的因素，要定时饲喂精料，同时应适当增加乳牛运动。不要轻易改变日粮品种，尽管粗略分析如粗蛋白、能量含量一样，但因配方组成或饲料来源不一样，可促进酮病发生。在泌乳高峰期后，饲料中碳水化合物可用大麦等替代玉米。应供给质量优良的干草或青贮饲料。质量差的青贮饲料因丁酸含量高，不仅口味差，而且缺乏生糖先质，还可直接导致酮体生成，应予以避免。

此外，在酮病的高发期喂服丙酸钠（每次120g，2次/d，连用10d)，也有较好的预防效果。

肥胖母牛综合征（fat cow syndrome)

肥胖母牛综合征又称为牛的妊娠毒血症（pregnancy toxemia in cattle）或牛的脂肪肝病（fatty liver of cattle)，是因母牛怀孕期间过度肥胖，常于分娩前或分娩后发生的一种以厌食、精神沉郁、虚弱为临床特征的代谢病。本病与母羊妊娠毒血症类似，主要发生于围产期奶牛。

病因

脂肪肝是以大量脂质和三酰甘油（TG）沉积在肝脏为特征，本病的确切发病原因还不十分清楚。一般认为，任何造成能量负平衡的因素均可引起脂肪肝。可能与以下因素有关。

1. 饲养管理不当　奶牛产前停奶时间过早，或在干乳期，甚至从上一个泌乳后期开始，饲喂高能日粮，如大量饲喂谷物或青贮玉米，使能量摄入过多，造成妊娠母牛过度肥胖，在分娩、产犊、泌乳、气候突变等应激作用下易发生本病。其他管理方面的错误，如未能把干乳期牛和正在泌乳的牛分群饲养；妊娠前期饲料供应过多，临分娩前饲料突然短缺，甚至采食含羽扇豆类饲草，可加速本病发生。有试验表明，如使饲料摄入逐渐减少，让动物发挥自身调节功能后，耐过产犊应激过程，可减少或避免疾病发生。

2. 遗传因素　本病的发生可能与牛的品种有关。例如，娟姗牛分娩后脂肪肝高达60%～66%，其中87.5%呈中度或重度脂肪肝；中国黑白花牛发病率为45%～50%，其中40%呈中度或重度脂肪肝；更赛牛发病率达33%；役用黄牛发病率仅6.6%。母牛怀双胎，同时伴有缺钙，或受大量内寄生虫感染时，可使发病率增高。乳牛常在分娩后的泌乳高峰期发病，有些牛群发病率可达25%，死亡率达80%。肉用母牛常在怀孕后期，尤其是初产肉用母牛，于怀孕至7～9月，多数在妊娠最后5周内发病，发病率通常为1%，有的可高达3%～10%，病死率达100%。

3. 继发于其他疾病　在前胃弛缓、创伤性网胃炎、真胃变位、骨软病、生产瘫痪及某些慢性传染病等疾病发生过程中，可继发脂肪肝。

发病机理

脂肪肝的发生主要是肝脏合成的三酰甘油超过输出的三酰甘油。怀双胎的肉用母牛于妊娠后期，特别是奶牛分娩以后，随着产乳量增加，机体对能量的需要剧增，再加上泌乳、分娩等应激刺激，或因饲料供应短缺，或者所供给的饲料不能适应这一生理需要时，机体动用体脂储备以满足泌乳早期能量负平衡过程中的能量需求。体脂分解后以非酯化脂肪酸（NEFA）的形式进入血液，进入肝脏的 NEFA 通过三条路径进行代谢：①完全氧化提供能量，②部分氧化生成酮体，③再酯化形成三酰甘油。当大量的 NEFA 进入肝脏时，就会提高酯化为三酰甘油的速率，由于反刍兽肝脏缺乏足够的脂蛋白酯酶和肝酯酶，使肝脏对三酰甘油的转运速度较慢，导致三酰甘油在肝脏蓄积，而引发脂肪肝。

临床症状

病牛表现异常肥胖，脊背展平，毛色光亮。产后几天内呈现食欲下降，甚至废绝，产奶量下降。母牛虚弱，躺卧，体内酮体增加，严重酮尿。经用治疗酮病的措施常无效。肥胖牛群还经常出现真胃变位、前胃弛缓、胎衣滞留、难产等疾病。部分牛呈现神经症状，如举头，头颈部肌肉震颤，最后昏迷，心动过速。幸免于死的牛常表现间情期延长，牛群中不孕及少孕的现象较普遍。

肥胖肉用母牛常于产犊前表现不安，易激动，行走时运步不协调，黏着步，排粪少而干，心动过速。如在产犊前两个月发生脂肪肝者，病牛常有较长时间（10～14d）停食，精神沉郁，躺卧、匍匐在地，呼吸加快，鼻腔分泌物增多。后期排黄色稀粪、恶臭。病死率很高，病程为 10～14d，最后呈现昏迷，并在安静中死亡。

病牛常有低钙血症，血清钙含量降低至 15～20mmol/L（6～8mg/dL），血清无机磷浓度升高达 64.6mmol/L（20mg/dL）。病初呈低糖血症，但后期呈高糖血症。血液酮体和游离脂肪酸含量升高，天门冬氨酸氨基转移酶（AST）、鸟氨酰基转移酶（OCT）和山梨醇脱氢酶（SDH）活性升高。尿液出现明显的酮体和蛋白。血常规检查白细胞总数减少。

病理变化，剖检可见肝脏轻度肿大，呈黄白色，脆而油润，肝细胞呈严重的脂肪变性。肾小管上皮脂肪沉着，肾上腺肿大，色黄。

诊断

根据本病均发生于肥胖母牛的特点，以及肉牛于产犊前，奶牛于产犊后突然停食、躺卧等症状，可做出初步诊断。肝脏活检是判断肝脂含量的可靠方法。正常牛肝脏三酰甘油含量为 10%～15%（湿重），产犊后 1 周超过 20%为脂肪肝，达到 35%～45%或以上即可表现临床症状。

防治

本病病死率高，经济损失大，主要采取预防措施。较好的办法是防止妊娠期，特别是怀孕后三分之一时期内，摄入过多的能量饲料，只要摄入的饲料能满足胎儿生长及其自身需要即可。但是，很难做到既满足需要、又不引起过胖。因此，建议对妊娠后期母牛分群饲养，密切观察牛体重的变化，防止过度肥胖，避免日粮急剧的变化，不饲喂适口性差的饲料，预防围产期疾病，控制环境应激等，使妊娠母牛干物质采食量达到最大，可有效预防本病的发生。另外，经常监测血液中葡萄糖及酮体浓度，有重要参考意义。对血液酮体浓度增加、葡萄糖浓度下降的病牛，除应做酮病治疗外，还应注意使动物有一定食欲，防止体脂过多动用。产后某些疾病，如真胃变位、子宫内膜炎、酮病等，应及时而又适当治疗。当血糖浓度下降时，除静脉滴注葡萄糖外，还应使用丙二醇促进其生糖作用，对减少体脂动员有一定意义。

对本病治疗常不能令人满意，应持慎重态度，如果完全丧失食欲者，常常死亡。对尚能维持一定食欲者，应采取综合治疗措施，即反复静脉滴注葡萄糖、钙制剂、镁制剂。用促肾上腺皮质激素（ACTH）、糖皮质激素、维生素 B_{12} 并配合钴盐，后期体况好转后注射丙酸睾丸酮以促进同化作用，这些措施对病况虽有改善，但效果很不理想。

家禽脂肪肝综合征（fatty liver syndrome of poultry）

家禽脂肪肝综合征，又称脂肪肝出血综合征，是由于高能低蛋白日粮引起的以肝脏发生脂肪变性为特征的家禽营养代谢性疾病。临床上以病禽个体肥胖，产蛋减少，个别病禽因肝功能障碍或肝破裂、出血而死亡为特征。该病主要发生于蛋鸡，特别是笼养蛋鸡的产蛋高峰期，但平养的肉用型种鸡也有发生。

该病于 1953 年前后在美国发生，1956 年得克萨斯农工大学的 Couch 首次报道为脂肪肝综合征（fatty liver syndrome，FLS）。由于该病经常伴有肝出血，在 1972 年由 Wolford 等改名为脂肪肝出血综合征（fatty liver-hemorrhagic syndrome，FLHS）。随着养禽业的发展，在我国浙江、甘肃、安徽、河南、福建、青海、陕西、江苏等省陆续有鸡鸭发病的报道。据不完全统计，发病鸡群产蛋率比正常低 20%～30%，病死率仅为 2%左右。

病因

家禽 FLS 的发生与许多因素有关，主要包括遗传、饲养管理、环境因素以及有毒物质损害等。

1. 遗传因素　实验证明，不同品种的家禽对 FLS 的敏感性不同，蛋鸡比肉用鸡具有更高的发病率，因为高产常常伴随着高水平雌激素代谢，可刺激肝脏脂肪的合成。所以通过育种（基因选择）所得的高产品质的蛋鸡比一般品质的蛋鸡更易发生 FLS。有学者认为，遗传因素对 FLS 的发生有重要作用，某些品系的鸡较易发生 FLS，Carlich 对随机取样的试验鸡群进行肝脂肪含量的分析发现，在同一饲料和同一饲养管理条件下，由于鸡的品种、品系不同，肝脂肪含量也有很大的差异。

2. 饲料因素　多数人认为饲料因素是导致发病的主要因素之一。①高能低蛋白日粮及其采食量过大是发生本病的主要饲料因素。高能低蛋白日粮引起脂肪肝有两种可能，一方面，高能的碳水化合物会加速乙酰辅酶 A 向脂肪转化；另一方面也可能由于低蛋白引起产蛋减少，使运往卵巢的脂肪减少，但合成脂肪的速度却不变，从而导致脂肪堆积引起脂肪肝。同样采食量过大，过剩的能量转化为脂肪从而导致脂肪肝的发生。有研究表明，过度采食的母鸡有 33%会发生 FLS。②高蛋白低能饲料造成脂肪的蓄积。其原因可能是饲粮中蛋白质能量比值大，相应的能量就偏小，一部分蛋白质及氨基酸脱酰胺生成葡萄糖作为能源，从而脱氨后大量氮在肝内合成尿酸，而增加了肝的代谢负担，以致诱发 FLS 的发生。③胆碱、含硫氨基酸、维生素 B 和维生素 E 缺乏。磷脂酰胆碱是合成脂蛋白的必需原料之一，而合成磷脂需要脂肪酸和胆碱。胆碱可来自饲料或由甲硫氨基酸、丝氨酸等体内合成，而维生素 B_{12}、叶酸、生物素、维生素 C 和维生素 E 都可参加这个过程。因而当这些物质缺乏时，肝内脂蛋白的合成和运输就发生障碍，大量的脂肪就会在肝脏沉积。④饲料保存不当发霉变质。各种霉菌及其毒素，特别是黄曲霉毒素最易使肝受损而致肝功能障碍和脂蛋白的合成减少，从而导致肝代谢障碍和脂肪的沉积，甚至引起肝出血。此外，镰刀菌的 T_2 毒素，也是 FLS 的病因之一。

3. *药物和毒物的损伤*　某些药物和化学毒物均可引起脂肪肝，其发病机理大多是抑制肝内蛋白的合成，或降低肝内脂肪的氧化率，使肝内脂蛋白合成减少，三酰甘油增加，形成脂肪肝，如四环素、环己烷、蓖麻碱、砷、铅、银和汞等，均可通过抑制蛋白质的合成而导致脂肪肝。

4. *管理因素*　运动不足可促进脂肪的沉积而发生 FLS。例如，母鸡笼养要比平养易发生 FLS，这是由于笼养母鸡活动受到限制，使能量消耗减少，造成自由采食过多的能量转化为脂肪而在肝脏沉积。

5. *环境因素与激素的影响*　各种应激刺激如高温、突然停电、惊吓等可促进本病的发生。雌激素、皮质醇、生长素、胰高血糖素、胰岛素、甲状腺素等，可能通过改变能量代谢的来源，促使碳水化合物转变成脂肪，增加游离脂肪酸产生，抑制脂肪酸氧化，减少膜磷脂组成，增加对致病因素敏感性等来诱发脂肪肝的发生。已发现病鸡血清钙和胆固醇含量明显升高，提示该病的发生与激素平衡失调有关。

6. *脂质过氧化损伤*　最近研究表明，脂肪肝的发生与肝细胞脂质过度氧化有关，机体通过酶系统和非酶系统产生氧自由基，后者能引起生物膜磷脂中所含的不饱和脂肪酸发生脂质过氧化反应，并由此形成了脂质过氧化物，而脂质过氧化物可使膜蛋白和酶分子聚合和交联，造成细胞代谢功能改变，使肝组织细胞受到损害。

发病机理

众所周知，肝脏在脂类的消化、吸收、分解、合成以及运输等代谢过程中都有重要的作用。肝细胞的特异性和非特异性损伤以及缺乏某些营养物质，可以影响内质网的蛋白质合成，因而脂肪不能结合成脂蛋白从肝细胞运输出去，使肝脏合成脂肪的速度超过肝脏排出脂肪的速度，造成脂肪在肝细胞内蓄积。脂肪在肝细胞大量沉积的结果，引起肝细胞变性、坏死，肝血管壁破裂而发生出血。过量的脂肪可破坏肝脏的结构，使肝脏血管和网状构架组织变弱。有报道认为，网状组织溶解和肝脏出血程度之间有密切联系，同时肝脏内门静脉破裂与静脉变性有关。另外，局灶性肝细胞坏死引起血管损伤是引起出血的另一种机理。

临床症状

病初无特征性症状，只表现过度肥胖，其体重比正常高出 20%，尤其是体况良好的鸡、鸭更易发病，常突然暴发死亡。发病鸡、鸭全群产蛋率减少（产蛋率常由 80% 以上降低至 50%左右），有的停止产蛋。喜卧、腹下软绵下垂，冠和肉髯褪色、甚至苍白。严重者嗜睡，瘫痪，体温 41.5～42.8℃，进而肉髯和冠及脚变冷，可在数小时内死亡。一般从发病到死亡 1～2d。

病禽血液化学检查，血清胆固醇含量增高达 15.73～29.85mmol/L 以上（正常为 2.91～8.22mmol/L），血清钙含量高达 7.0～18.5mmol/L（正常为 3.75～6.50mmol/L），血浆雌激素水平增高，平均含量为 1019mg/L（正常含量为 305mg/L）。血浆蛋白、葡萄糖含量及转氨酶、乳酸脱氢酶等活性无明显改变。

该病可在数小时内死亡，一般病程 1～2d，严重脂肪肝综合征治愈率低，预后不良，也无治疗价值，多数被淘汰。

病理变化，剖检病禽，肝脏变化最为明显，可见肝脏肿大，达正常的 2～4 倍，边缘钝圆、油腻，呈黄色，表面有出血点和白色坏死灶，质地变脆，易破碎如泥样。用刀切时，在切面有脂肪滴附着。腹腔有大量脂肪沉积，肠系膜等处有大量脂肪。肝破裂时，腹腔内有多量凝血块或在肝包膜下可见到小的出血区，亦可见有较大的血肿。有的病禽心肌变性呈黄白色，有些则肾脏略变黄，脾、心、肠有程度不同的小出血点。

组织学变化为肝细胞充满脂肪空泡，大小不等的出血，机化中的血肿和较小不规则的、伊红均染的物质团块，这些团块可能是血浆蛋白的衍生物。肝脏的脂肪含量一般超过干重的 40%，甚至可达 70%。

诊断

根据病因、发病特点及特征性病理变化，一般可做出诊断。但应与脂肪肝和肾综合征相鉴别，后者主要发生于肉仔鸡，肝和肾均有肿胀，多死于突然嗜睡和麻痹。

治疗

本病无特效疗法，一般在饲料中加入胆碱，剂量为 22～110mg/kg，治疗一周，有一定效果。也可在每吨日粮中补加氯化胆碱 1000g，维生素 E 10 000IU，维生素 B_{12} 12mg，肌醇 900g，连续喂 10～15d。

预防

1. *合理调配日粮* 调整饲料结构，降低日粮中的能量，增加蛋白质含量，特别是含硫氨基酸，或通过限制饲养来控制家禽对能量的摄入量，以减少脂肪肝综合征的发生。国外有资料报道，通过额外添加富含亚麻酸的花生油来减轻脂肪肝综合征。

2. *在饲料中添加某些营养物质* 有资料介绍，在饲料中添加胆碱、肌醇、甜菜碱、蛋氨酸、维生素 E、维生素 B_{12}、锰和亚硒酸钠等对预防和控制脂肪肝综合征都有一定的作用。

3. *控制蛋鸡育成期的日增重* 在 8 周龄时应严格控制体重，不可过肥。

4. *加强饲养管理防止应激刺激* 注意饲料保管，不喂发霉变质的饲料；适当控制光照时间，保持舍内环境安静，温度适宜，尽量减少噪声、捕捉等应激因素，对防止脂肪肝综合征亦有较好的效果。

马麻痹性肌红蛋白尿症（paralytic myoglobinuria of horse）

马的肌红蛋白尿症有地方性和麻痹性之分，以马的麻痹性多见，又叫氮尿症，该病主要是糖代谢障碍，在体内产生乳酸的大量堆积，最后引起骨骼肌，尤其是后肢肌肉发生麻痹，后躯运动障碍和排褐色的肌红蛋白尿。本病主要发生于营养良好的马，尤其是重型马，在长期饲喂含碳水化合物丰富的日粮并休息一定时期而日粮不减少时，突然强迫运动或重役后发生。

马的地方性肌红蛋白尿症在临床和病性上与麻痹性非常相似，也是以运动障碍和排肌红蛋白尿为特征，但在病程上具有潜行性，且在一定的地区流行，故称为地方性肌红蛋白尿症。

近年来，由于我国马属动物养殖数量的减少，该病的发生已经大大减少，仅在北方的某些边远山区农忙时节有一些发病。

病因

马休闲期饲喂过多的富含碳水化合物饲料，且较单纯，缺乏蛋白质、矿物质、维生素、微量元素等，使肌肉中的肌糖原大量增加。常见休闲时喂给大量高粱、玉米等含糖量高的饲料，肌糖原含量会比正常的高 1～3 倍，而在短期休闲约 2 周左右后突然重役或运动时，由于氧气供给相对不足，肌糖原主要靠无氧酵解供能，从而产生大量乳酸，导致组织酸中毒而发病。有人在马休闲时，日粮中每天添加 3kg 的糖渣或添加蔗糖、糖浆等，然后突然重役，可以人工复制出马的麻痹性肌红蛋白尿症。

饲料单一，青绿饲料缺乏，蛋白质、矿物质、维生素和微量元素不足，特别是硒和维生素 E 缺乏可促进本病的发生。据刘毅等（1997）报道，吉林东丰县因气候干旱，玉米成熟不好，秋季农民用青玉米和成熟不好的玉米大量饲喂马属动物，在运动和劳役后（有时并非剧烈运动）出现肌红蛋白尿症。

寒冷刺激也是发生本病的诱因，因寒冷可加速肌糖原的分解，提高能量代谢水平，故在寒冷季节发病较多。

发病机理

该病发生主要是肌肉运动时糖酵解过多所致。动物机体肌肉活动的能量，主要靠肌糖原分解供能。体内的糖原是由许多葡萄糖分子在 ATP 参与下，变成 6-磷酸葡萄糖，再变成 1-磷酸葡萄糖而缩合成的多糖，是体内糖储存的主要形式。糖原也可通过异生作用而变成 6-磷酸葡萄糖，被机体利用。6-磷酸葡萄糖在肝脏内变成磷酸丙糖，磷酸丙糖又变成丙酮酸。此时通过两条途径代谢，一是在氧气充足的情况下，与乙酰辅酶 A 结合进入三羧酸循环，氧化成二氧化碳和水，并释放出大量能量；二是如果氧气供给不足，只能使葡萄糖分解变成乳酸，释放少量能量。在正常情况下，肌糖原的有氧氧化是主要的，肥胖的马肌糖原较多，如果突然重役，需要大量的能量，有氧氧化不能满足，肌糖原就会通过糖原的异生途径，变成 6-磷酸葡萄糖，借酵解作用增强来供能，这就在肌肉内产生大量乳酸，造成乳酸的聚积。产生的乳酸一部分吸收入血，在肝脏转变成葡萄糖继续氧化供能。当乳酸进入肝脏的速度超过肝脏利用的速度时，使血液酸度升高，碱贮下降，发生酸中毒。大部分乳酸在肌肉中聚积，使肌肉酸度升高，造成肌纤维肿胀、变性、坏死，特别是后肢的肌肉肿胀，首先会发生运动障碍，同时肌肉纤维肿胀、变性使肌红蛋白析出，通过血液循环到达肾脏，在肾小球滤过而排出红褐色的肌红蛋白尿。另外，肌红蛋白通过肾脏时会对肾脏产生损伤，引起肾炎。

马肌糖原蓄积的特点是于休闲后第三天起，肌糖原蓄积猛增，一周后逐渐减少，约

14d时，迅速剧减。肌糖原的蓄积部位，以活动剧烈和发达的肌肉最多，如臀部、股部的肌肉。故有人认为本病多发生在完全休闲后3～14d，而休闲不到1d和超过14d的则发病较少。

但在青海省，马属动物肌红蛋白尿症的发生多在春季（3～4月），马经过冬季的长期休闲后，春季是农田耕作、播种的农忙时节，容易重役，可发生本病。

临床症状

通常是在休闲两日至数日，突然重役或剧烈运动后发病，在15～60min内出现运动障碍的临床症状。轻度者，病马战栗，全身出汗，两后肢运动不灵活，有的仅侵害一侧后肢或侵害腹部肌肉，此种现象多见于骑乘的马或肌肉不太丰满的马。中等程度的病马负重困难，常用蹄尖着地，呈半蹲姿势。严重的病例，病马不能站立，有的病马反复挣扎，试图站立，可能在短时间内呈犬坐姿势，以后又倒下，臀部和股部肌肉肿胀，触压或用针刺时反应迟钝或无反应，但前肢及头颈部的肌肉无明显变化。触诊臀部肌肉发硬、肿胀，严重的呈木板样。

尿液变化，轻症的不出现肌红蛋白尿，严重的在病初的2～4d内出现肌红蛋白（Mb）尿，尿液为红褐色，当尿中的肌红蛋白超过40%时，尿液呈褐色，尿中的肌红蛋白多在病后5～7d内消失，尿色恢复正常颜色，但尿呈酸性。由于肌红蛋白对肾脏损伤，尿沉渣中有白细胞、红细胞及肾小管上皮细胞，甚至会出现管型。

初期病马精神沉郁，食欲、体温、呼吸、脉搏无明显变化，结膜潮红或暗红。发生酸中毒或长期躺卧，会发生褥创而继发感染，导致败血症，此时精神高度沉郁，饮食欲下降或废绝，全身状况恶化，体温升高，呼吸急促，脉搏加快，结膜发绀等。

血清肌酸磷酸激酶（CPK）于发病后达到峰值，由1000IU/L增至400 000IU/L以上，2～3d内即恢复正常；天冬氨酸转氨酶（AST）活性于24h内达峰值，常大于1000IU/L，7～14d恢复正常；乳酸脱氢酶（LDH）活性于12h内达峰值，为正常值的38（5～88）倍，7～10d或更长时间恢复常态。病初，血清LDH_5和LDH_4活性增加，血清LDH同工酶谱呈典型的骨骼肌LDH同工酶谱，中后期则类似于心肌的LDH同工酶谱或混合型酶谱。血清乳酸含量显著升高，血浆CO_2结合力下降，肌红蛋白定性试验（肌红蛋白溶解度试验、肌红蛋白电泳、肌红蛋白分光光度法）均呈阳性反应，定量检测，尿中肌红蛋白含量大于400mg/L。

病理变化

本病主要是损伤肌肉，特别是臀大肌和股四头肌群的病变最严重，出现广泛的白色坏死灶，肌肉湿润、发暗，切面呈蜡状，有时心肌也出现白色坏死灶。肾脏肿胀，皮质呈棕色，髓质呈红棕色条纹。组织学检查发现肌纤维初期颗粒变性，随即出现玻璃样变，严重时结构完全消失，仅剩内膜和基质部分。肾小管上皮细胞变性、坏死、脱落。肾小管和部分肾小球内有棕色的肌红蛋白。全身许多器官有含铁血黄色沉着。中枢神经系统特别是脊髓的神经细胞染色质溶解，部分神经髓鞘变性。

诊断和预后

麻痹性肌红蛋白尿症根据饲喂糖类饲料过多的病史，而且在休闲后的重役或剧烈运动后突然发病，以及呈现运动障碍、肌肉肿胀、肌红蛋白尿等特征性症状，即可诊断。

血清 CPK、AST、LDH 等活性测定有助于本病的诊断。

应注意与风湿症、地方性肌红蛋白尿症、马地方性脊髓麻痹、腰扭伤等疾病进行鉴别诊断。风湿症有受风、寒、湿侵袭的病史，关节呈游走性疼痛，针刺局部反应强烈，尿液无变化。地方性肌红蛋白尿症的发生与饲喂高糖饲料、休闲后重剧使役或剧烈运动的关系不大，主要是日粮中硒和维生素 E 缺乏所致，多呈地方性流行，运动障碍和肌肉肿胀程度较轻，用碳酸氢钠治疗无效等。马地方性脊髓麻痹也呈后躯运动障碍，但腹壁、胸壁敏感，血液中可分离出链球菌。腰扭伤往往有外伤病史，以运动及知觉机能障碍为特征。

轻症的病例都可治愈，中等程度的病死率约在 15%左右，严重的病例病死率为 70%，一般病程较长，多在数周后康复，严重的后肢不完全麻痹往往需要在数月至数年后才可恢复，有的丧失劳动能力，预后不良。临床上如果病马躺倒超过两天而不能站立的，一般无治疗价值，应尽快淘汰。

治疗

治疗原则为加强护理、除去病因，促进乳酸代谢，防止酸中毒和败血症，对症治疗。

加强护理，除去病因。病马首先应安静休息，少走动，最好住院或用车接送，严禁继续使役和剧烈运动，多饮水，给予柔软容易消化的草料，减少含糖高的精料，能站立的应尽量使其站立，趟卧的应多更换垫草，或用吊马装置将病马吊起。

促进乳酸代谢。为了促进乳酸转变成丙酮酸，再被氧化，可用 5%的维生素 B_1 和 5%的维生素 C 20～40mL 皮下或静脉注射，1 次/d，连用数日。为了促进乳酸在肝脏内生成葡萄糖和糖原，可用 25%的葡萄糖 500mL，加胰岛素 100IU，静脉注射效果良好。葡萄糖可保护肝脏功能，防止胰岛素引起的血糖过低，而胰岛素则可激活肝脏的葡萄糖激酶、磷酸果糖激酶和丙酮酸激酶，从而加速肝脏对葡萄糖的摄取，减少肝脏糖的释放，促进肝糖原的合成。

防止酸中毒和败血症。本病常发生重剧的酸中毒，血乳酸明显增多，碱贮下降，因此可用 5%的碳酸氢钠 500～3000mL 静脉注射，第一次的剂量可大一些，可给三次，总量可达 5000～7000mL，以后逐渐递减。同时可口服碳酸氢钠 150～300g，一日分两次服用，以后可减少为 50～200g/d。也可以通过检查尿液的 pH 来确定补碱的量，保持尿液弱碱性，防止肾小管内肌红蛋白的沉淀。此外，口服或静脉输入大量的电解质溶液，对维持体液平衡，纠正酸中毒，帮助利尿，防止肾小管堵塞具有重要的意义。静脉注射钙制剂，可增强肌肉的兴奋性，促进代谢。防止败血症的发生，可适当选用抗生素或磺胺类药物，也可用 40%的乌洛托品 50mL，1 次/d，连用数日。

对症治疗。对有屡屡挣扎，企图站立的重病马，为防止损伤，可应用镇静的药物和肌肉松弛的药物，如水合氯醛、氯丙嗪、静松灵等。应用维生素 E 和硒制剂可促进病情好转。出现肌肉萎缩时，可局部皮下或肌肉注射士的宁 15～50mg 或藜芦素 30～50mg，1 次/d，连用一周，间隔一周。或局部肌肉注射维生素 B_{12}，有条件的可用红外线照射治疗。

中兽医认为此病是煨腿风所致，可用清热凉血、理气活血等原则治疗，主要用清热凉血散：生地50g、连翘50g、柴胡35g、大黄75g、当归50g、白芍40g、桃仁50g、红花50g、乳香30g、没药30g、土虫40g等加减。也有人报道在百会、股中、仰瓦、会阳、大胯、小胯等穴位注射氧气有一定的疗效。

低血糖症（hypoglycemia）

低血糖症，又称血糖过少，是血液中葡萄糖含量低于正常的一种营养代谢病。临床上以虚弱、体温下降、肌肉无力、昏睡、甚至惊厥为特征。常见于新生仔猪和犬，其他动物在某些疾病过程中，也可出现低血糖症。仔猪的低血糖症主要发生在1周龄以内，病死率高达50%～100%。

病因

1. *仔猪* 仔猪低血糖的病因比较复杂，尚未完全弄清。从发病经过和饲料的分析可见，妊娠母猪营养不全和仔猪饥饿时间过长为主要原因，其次为寒冷的影响。

(1) 妊娠母猪营养不全。本病多发生在冬春季节，此时妊娠母猪正是缺乏青绿饲料，且饲料比较单纯，特别是蛋白质、矿物质和维生素缺乏。从而导致胚胎发育不良，新生仔猪比较虚弱，生活力低下。同时由于母猪营养状态差，产后奶少、稀或无奶，使哺乳期仔猪营养供应减少。

(2) 饥饿因素。新生仔猪吃不饱和饥饿时间过长，是仔猪低血糖症的直接原因。常见于同窝仔猪过多，乳头和乳量不能满足其需要；或因同窝个体相差较大，弱者吃不上奶或本身吃奶有困难；有的为两次喂奶时间间隔过长，从而造成不同程度的饥饿。

(3) 猪舍潮湿阴冷。冬春天冷，消耗热能多，造成体内糖原储备降低，如果此时乳汁摄入不足，即可发生低血糖，并能降低机体的防御力和适应性。

2. *犬* 3月龄前的幼犬多发生一过性低血糖症，因受凉、饥饿或胃肠机能紊乱而引起。母犬低血糖症多因产仔过多，以致营养需求增加及分娩后大量泌乳所致。

3. *其他动物* 各种原因引起的肝脏疾病（如肝硬化、肝炎、中毒性肝营养不良），使肝糖原合成和糖异生减少，致使血糖降低；肾脏疾病使肾小管上皮对葡萄糖的再吸收机能障碍，导致血糖大量流失（糖尿），以及糖的消耗增多（过度劳役或高热）和摄取量不足（饥饿）等情况，都可引起低血糖症。某些营养代谢病（如乳牛生产瘫痪、酮病和绵羊妊娠毒血症）也可产生低血糖症。此外，本病尚见于中枢神经系统病变，可能与肾上腺皮质和垂体机能降低等神经-内分泌机能紊乱而不能调节血糖，或胰岛素分泌过多或抗胰岛素的激素分泌不足，致使糖的氧化加速等有关。

发病机制

仅以仔猪为例加以叙述。新生仔猪，特别是1～5日龄的仔猪，糖的异生作用不健全，不耐饥饿，如给其注射促肾上腺皮质激素或糖皮质激素，其血糖不会升高。因为新生仔猪体内糖的来源主要靠母乳中的乳糖。当母体缺乳、无乳或乳的品质不良时，使仔猪吃不饱，或出生后饥饿时间过长，都会使糖的供给不足而使其发病。但随着日龄的增长，则糖的异生作用逐渐完善，10日龄时就可耐受相当长时间的饥饿而不致出现低血糖。

仔猪饥饿所致血糖来源不足，以及糖异生作用不全，不能由体内的蛋白质、脂肪的分解来进行糖的异生，从而导致低血糖难以得到补救和缓解，甚至可低到 0.166～0.333mmol/L（同日龄健康仔猪平均为 6.272mmol/L）。低血糖可导致全身组织能量缺乏，特别是血糖低到 1.1mmol/L 时，可使中枢神经系统功能发生障碍而导致昏迷，全身衰弱，低到 0.377mmol/L 时，很快引起死亡。低血糖和能量缺乏可引起蛋白质分解供能，使组织器官的结构和功能障碍，血清非蛋白氮含量升高。高血氮可促进中枢神经系统功能的紊乱，加速死亡。

临床症状

1. *仔猪*　多在出生后 2d 内发病，也有的在 3～4d，甚至个别的在一周后发病。病猪出生后有的较弱小，但多数发育正常。病初多有不安，发抖，被毛逆立，尖叫，不吮乳；怕冷，喜钻在母猪腹下或互相挤钻。继则卧地（有的一开始就突然卧地）不起，四肢软弱无力，大多数卧地后呈现阵发性神经症状，头向后仰，四肢做游泳样划动，有的四肢伸直，出现微弱的怪叫声，也有四肢向外叉开俯卧在地或如蛤蟆状，完全瘫软。瞳孔散大，眼球不易活动，发呆，但仍有角膜反射。口微张，从口角流出少量泡沫，有时有吸乳动作。当发生痉挛性收缩时，体表感觉迟钝或消失，针刺时除耳、蹄部稍有反射外，其他部位则无痛感。体温多在正常的低限或降低，有的可降到 36℃左右，个别病例也可升高。发病后若不及时抢救，大多数在几小时内死亡，也有拖延 1～2d 昏睡而死。本病的病死率很高，甚至高达 100%。一窝里有一只发病，其余仔猪则相继发病，可于半天内全部发病死亡。血清钙、磷和酮体含量正常，血糖含量显著降低，血清非蛋白氮含量升高。

2. *犬*　幼犬病初精神沉郁，步态不稳，颜面肌肉抽搐，全身阵发性痉挛，很快陷入昏迷状态。血糖可降至 1.67mmol/L。母狗发生低血糖时表现肌肉痉挛，步态强拘，全身强直性或间歇性痉挛，体温升高达 41～42℃，呼吸急促，心跳加快。尿酮体呈阳性反应。

3. *其他动物*　表现为初期心动过速，兴奋不安或软弱无力，继则出现肌肉震颤和痉挛，感觉丧失，最后可昏迷和死亡。

病理变化，仔猪剖检可见，腭凹，颈下和胸、腹下有不同程度的水肿（有的病猪生前即出现），严重时可连成一片，厚度可达 1～2cm，水肿液透明无色。血液凝固不良。肝脏呈橘黄色，边缘锐；若肝内血量多时，则呈黄红色，切开肝脏血液流出后呈淡黄色；质地极柔软似嫩豆腐一样，稍碰即破；肝小叶分界不明。胆囊常膨大，内充满半透明胆汁。肾脏呈土黄色，常有小出血点，髓质暗红，与皮质分界清楚。膀胱也有出血点。脾呈樱桃红色，边锐，有的脾干瘪，切面平整，切开不见有血液流出。胃常有积气。

诊断

主要根据新生仔猪有饥饿的病史，各种动物突然发生衰弱、昏迷、血糖降低的临床症状及注射葡萄糖疗效显著等即可确诊。

治疗

1. *仔猪*　由于本病具有发病快、病程短、病死率高的特点，故应尽快及时补糖治疗。有资料报道，仔猪实验性低血糖症所致昏睡延续约 4h 时，可使脑功能的损害成为不可逆的病理反应而死亡。因此，治疗宜早不宜晚。一般用10%～20%葡萄糖液20mL腹腔注射，3或4次/d，连用2～3d，效果很好。对轻症的可灌服（饮）葡萄糖水，10～25g/d。同时，还应注意进行保温，特别是冬春气温低时更应如此，否则疗效不佳。消化不良时，可内服胃蛋白酶、胰酶、淀粉酶各等份，剂量为1.5g/d。

2. *犬*　幼犬静脉注射10%葡萄糖溶液，剂量为每千克体重2～5mL，亦可配合注射醋酸泼尼松，每千克体重0.2mL。母犬静脉滴注20%葡萄糖溶液，每千克体重1.5mL，或10%葡萄糖溶液，每千克体重2.4mL，加等量林格氏液静脉注射，2或3次/d，连用2～3d。

3. *其他动物*　采取治疗原发病、补糖及综合治疗等措施。

预防

首先应加强对妊娠母猪的饲养管理，要特别注意供给全价饲料，以保证母体在妊娠期供给胎儿足够的营养，且生后能分泌量多、质优的乳汁。新生仔猪喂奶要早，间隔时间不能过长，这对预防本病的发生关系重大，对出生后体弱及母乳少的仔猪应及时进行人工哺乳。已发现有低血糖症表现的同窝或同群仔猪，应给予内服葡萄糖水或白糖水。冬天要注意保温，有条件者可用红外线灯照射，使圈舍温度维持在35℃左右。

（刘宗平）

第三节　维生素缺乏

维生素A缺乏症（vitamin A deficiency）

维生素A缺乏症是动物维生素A或维生素A原长期摄入不足或消化吸收障碍所引起的一种营养代谢性疾病，临床上以夜盲症、眼干燥、角膜软化、生长缓慢、生产性能下降和机体免疫力降低为特征，各种动物均可发生，以犊牛、羔羊、仔猪及幼禽多发，且主要发生于青绿饲料缺乏的冬春季。

病因

依据发生原因临床上常把维生素A缺乏分为原发性病因和继发性病因。

1. *原发性病因*　妊娠母畜维生素A原不足，胎儿体内含量亦不足，造成幼龄动物母源性维生素A缺乏，尤其容易使新生犊牛或仔猪出现瞎眼病和惊厥症状；由于母乳维生素含量不足，或幼龄动物出生后未吃到初乳以及使用代乳品饲喂，或是断奶过早，都易引起维生素A缺乏。

舍饲成年家畜由于饲料单一，长期饲喂槁秆、劣质干草、米糠、棉籽饼、亚麻籽饼等维生素A原缺乏的饲料而致病。放牧家畜一般不易发生本病，但在长期干旱的年份，牧草中胡萝卜素缺乏，也可发生。

饲料加工、贮存不当，其中的胡萝卜素可被氧化破坏，如自然干燥或雨天收割的青草，或经阳光长时间暴晒的饲草，在酶的作用下，所含胡萝卜素可损失50%以上；配合饲料如存放时间过长，其中不饱和脂肪酸氧化酸败后，可破坏维生素A及其他维生素的活性。

2. 继发性病因　饲料中存在干扰维生素 A 代谢的因素很多。磷酸盐含量过多可影响维生素 A 的体内储存；硝酸盐或亚硝酸盐含量过多，可促进维生素 A 及维生素 A 原的分解；饲料中缺乏脂肪，会影响维生素 A 及 A 原的溶解和吸收；蛋白质缺乏，会影响运输维生素 A 的载体蛋白形成。此外，微量元素及矿物质含量的不足或过剩，也能影响维生素 A 的转化、吸收和储存。

胆汁中的胆酸盐有利于脂溶性维生素的溶解和吸收，胆酸盐还可增强胡萝卜素转化为维生素 A。慢性消化不良和肝胆疾病时，胆汁生成减少或排泄障碍，可影响维生素 A 的吸收，肝功能紊乱也不利于维生素 A 原的转化。长期腹泻、患热性疾病的动物，维生素 A 的排出和消耗增多，也可致机体维生素 A 相对不足。此外，矿物质（无机磷）、维生素（维生素 C、维生素 E）、微量元素（钴、锰）缺乏或不足，都能影响体内胡萝卜素的转化和维生素 A 的储存。

此外，饲养管理条件不良、天气寒冷、热应激、过度拥挤、缺乏运动及阳光照射不足等因素，均可诱发维生素 A 缺乏。

发生机理

正常情况下，动物维生素 A 完全依靠外源供给，即从饲料中摄取。维生素 A 仅存在于动物源性饲料中，鱼肝和鱼油是其丰富来源。维生素 A 原（胡萝卜素）存在于植物性饲料中，在各种青绿饲料中较丰富。维生素 A 是保持动物生长发育、维持正常视力和上皮组织正常功能的一种必需营养物质，体内维生素 A 和胡萝卜素 90%储存于肝脏，并不断释放入血，当血浆中维生素 A 降至一定程度后，即可造成组织病理性损伤或表现临床症状。

1. 暗视觉障碍　视网膜细胞内存在的视紫红质素由维生素 A 衍生物视黄醛和视蛋白构成，可感受弱光并产生暗视觉，当维生素 A 缺乏或不足时，视黄醛不足，视紫红质（视紫蓝质）合成作用受阻，暗视觉障碍，而发生夜盲。

2. 上皮角化异常　维生素 A 参与黏多糖的合成，从而促进黏蛋白的合成。黏蛋白是细胞间质的主要成分，有保护和维持细胞完整性的作用，当维生素 A 缺乏时，可导致所有上皮细胞萎缩，尤其是具有分泌和覆盖功能的上皮细胞组织，如皮肤、上呼吸道、消化道、泌尿生殖道上皮组织等。上皮组织结构损伤，黏膜屏障功能减退，易继发感染其他疾病。

3. 骨骼发育不良　维生素 A 参与骨骼改建，并有促进骨骼生长的作用，动物在生长发育阶段，当维生素 A 缺乏时，成骨细胞活性增高，成骨细胞和破骨细胞正常位置发生改变，软骨的生长和成骨的精细造型发生异常。由于颅骨变形而致颅腔变狭小，颅脑内脑组织受压、脑脊液压力增高，出现视乳头水肿，临床表现共济失调等特征性的神经症状。

维生素 A 缺乏还可引起蛋白质合成减少，矿物质利用受阻，影响体内其他物质代谢而致动物生长发育受阻，生产性能下降。

症状

各种动物的维生素 A 缺乏症的临床表现基本相同，但也有种的差异。

1. 共同症状

(1) 视力障碍　夜盲症是除猪以外所有动物的早期症状，表现在黄昏或微光下看物不清，运步慎重，或冲撞障碍物，或失足跌倒，或盲目前进。眼干燥，角膜增厚及角膜浑浊，表现“干眼病”，仅见于犬和犊牛。其他动物则见到流浆液性或脓性分泌物，甚至上下眼睑粘在一起，继而角膜软化、浑浊、溃疡，严重者角膜穿孔或失明。

（2）生长发育缓慢　幼龄动物生长缓慢，发育不良，消瘦，贫血等。成年动物食欲不振，生产性能降低。由于黏膜上皮角化，腺体萎缩，极易继发鼻炎、支气管炎、肺炎、胃肠炎等疾病，或因抵抗力下降而继发感染某些传染病。

（3）生殖机能障碍　母畜发情紊乱，受胎率下降。妊娠母畜易流产、早产、死胎、畸形胎、弱胎及胎衣停滞。公畜精子数目减少，活力降低，受精率低等。

（4）皮肤病变　患畜的皮脂腺和汗腺萎缩，皮肤干燥；被毛蓬乱乏光，掉毛、秃毛，体表干燥。牛的皮肤有麸皮样痂块，小鸡喙和小腿皮肤的黄色消失。

（5）神经症状　由于颅内压升高而致脑病症状，主要表现阵发性惊厥或感觉过敏，由外周神经根损伤引起骨骼肌麻痹，而表现运动失调，多数先发生于前肢，以后四肢均可出现。在猪，开始出现腿僵硬，步伐不稳，共济失调，后陷于麻痹而不能站立。有时还见外周神经损伤，如面神经麻痹、头颈扭转和脊柱弯曲等。

2. 各种家畜的症状特点

（1）牛　夜盲症、干眼病、瞎眼和惊厥发作是牛的突出表现，夜盲是最早出现的症状之一，但由于牛一般有固定熟悉的饲养环境，能找到饲槽采食，故易被忽视。真正的干眼病除犬外，只见于犊牛，表现角膜干燥和浑浊，也见有流泪、结膜炎现象。瞎眼多见于新生犊牛，两眼球突出，失明，对光无反应。

（2）猪　主要发生于育成猪、仔猪，少见于成年猪。眼的变化不如其他动物明显，但其神经症状比其他动物出现得早而且明显。仔猪和育成猪多突然发病，肌肉震颤，共济失调，倒地尖叫等。继而出现角弓反张，口吐白沫，四肢做游泳状动作。少数病猪后躯麻痹。母猪多流产，产死胎或畸形胎等。

（3）羊　常见到结膜角膜炎、夜盲和尿道结石，羔羊易发生肺炎。

（4）禽　病初精神不振，羽毛蓬乱，生长停止，眼流泪，第三眼睑角化，结膜炎，结膜附白色干酪样分泌物，产蛋率和孵化率大幅度下降。

3. 实验室检查　血浆肝脏维生素 A 含量降低，血浆维生素 A 正常值为 0.88μmol/L，临界值为 0.25～0.28μmol/L，低于 0.18μmol/L，可表现临床异常。肝脏中维生素 A 和胡萝卜素适当的水平为 60μg/g 和 4μg/g。如果低于 2μg/g 及 0.5μg/g 时将出现临床症状。

病理变化为：眼、消化道、呼吸道、泌尿生殖器官等上皮组织角化，脱落，以呼吸道黏膜角化最明显。肝肿大，胆汁变稠。雏鸡鼻窦、喉头、气管上端有多量黏液性分泌物和少量干酪样物。在腹腔内、肝表面、心外膜、肾盂、输尿管等均有明显的白色尿酸盐沉积。

诊断

依据长期缺乏青绿饲料的生活史，夜盲症、干眼病、共济失调、麻痹等症状，结合维生素 A 治疗有效等，可建立诊断。应注意与狂犬病、伪狂犬病、李氏杆菌病、脑炎、硒缺乏、食盐中毒等疾病相区别。

治疗

本病的治疗首先应查明病因，积极治疗原发病，同时改善饲养管理条件，加强护理。补充维生素A制剂及补加富含维生素A原和胡萝卜素的青绿饲料。

内服鱼肝油，牛 50～100mL，猪、羊、犊牛 20～50mL，仔猪、羔羊 5～10mL，犬、猫、狐狸等动物依体重大小 2～10mL，连服数日。

肌肉注射或内服浓缩维生素 A 油剂，马、牛 15 万～30 万 IU；猪、羊、犊牛 5 万～10万 IU；仔猪、羔羊 2 万～3 万 IU，肌肉注射，每日一次，连用 7～10d。

也可以将鱼肝油混于饲料中，雏鸡按每千克饲料添加 1200IU，蛋鸡按 2000IU 计算。

对症治疗，腹泻可以应用消炎、抑菌、收敛剂，严重结膜炎时，可用2%的硼酸液冲洗，应用氧氟杀星眼药水、利福平眼药水等。

预防

主要在于保证饲料中有足够的维生素A或维生素A原，在青干草、胡萝卜、南瓜、黄玉米中，都含有丰富的维生素A原，维生素A原在体内能转变成维生素A。也可在饲料中定期添加维生素A制剂。

此外，青饲料要及时收割，迅速干燥。谷物饲料储藏时间不宜过长，以免胡萝卜素破坏而降低维生素A效应，同时注意饲料的成分配比，控制动物其他疾病等。

维生素K缺乏症（vitamin K deficency）

维生素K缺乏症是由于动物摄入的维生素K缺乏或不足而引起的一种营养代谢性疾病。以血液中凝血酶原等凝血因子减少，血液凝固过程发生障碍，血凝时间显著延长以及全身性出血性素质为特征。

维生素K广泛存在于各种绿色植物中，尤其是苜蓿和青草中含量最丰富，即为维生素 K_1，维生素 K_2 则是由动物消化道中微生物来合成，因此动物在正常情况下极少发病，鸡的肠道维生素合成量不足，易发病。维生素 K_3（亚硫酸氢钠甲奈醌）和 K_4（乙酰甲奈醌）是人工合成品，它们具有 K_1、K_2 的功能。

病因

单纯性维生素K缺乏比较少见，只有长期缺乏青绿饲料或缺乏维生素K的饲料，才可能发病。常见的维生素K缺乏主要见于合成，吸收或利用障碍。

动物患有肝脏病和胃肠疾病时，脂类物质的消化吸收障碍，肠道使脂溶性维生素K的吸收减少而缺乏。大量长期服用抗生素或磺胺类药物，动物胃肠道微生物数量减少，维生素K合成减少而致缺乏。

饲料中含有拮抗维生素K的物质，如家畜草木犀中毒和灭鼠药华法令中毒时，其中含有的一种双香豆素成分，其结构与维生素K十分相似，在动物体内与维生素K竞争性地抑制，阻滞血液中凝血酶原的形成，而致出血不止。此外，水杨酸、毒素也是维生素K的拮抗剂。

发生机理

维生素K具有促进肝脏合成凝血酶原的作用，参与机体的凝血过程。维生素K作为凝血因子之一，同时还调节另外 3 种凝血因子（Ⅶ、Ⅸ、Ⅹ）的合成。因此，维生素 K 缺乏时，维生素 K 依赖因子前体中的谷氨酸不能进行羧化，因而不能正常地与钙离子结合，影响其凝血活性，临床上出现出血倾向。动物一旦有血管损伤性出血，则凝血时间显著延长，或出现流血不止的现象。

症状

维生素 K 缺乏时，主要表现为凝血时间延长和有出血性素质。在小鸡饲料中缺乏维生素 K 2～3 周后方可出现出血症状，主要在各部皮下组织、胸脯、腿和翅、腹腔、胃肠道等发生出血，致使病鸡发生严重贫血及全身代谢紊乱，鸡冠、肉髯、皮肤苍白且干燥，肠道出血发生腹泻。严重者可致死亡。成年蛋鸡可见产蛋率下降、孵化率降低，鸡胚有死胎且有出血。

实验性仔猪维生素 K 缺乏，表现为敏感性增高，贫血、厌食、衰弱和凝血时间延长，严重者几日内死亡。

牛和其他动物维生素 K 缺乏时，症状较轻，常作为草木犀和华法令中毒的一个主要症状。

诊断

主要依据临床症状和病理剖检变化，结合饲养管理情况，可做出初步诊断。

防治

首要的是给予充足的青绿饲料，保证胰液和胆汁的分泌通畅，消除肠道微生物群体活动的干扰因素。可用维生素 K_3 实施替代疗法。维生素 K_3 是人工合成的水溶性维生素 K，可以肌肉注射，猪每天 10～30mg，鸡每天 0.5～2.0mg，连用 3～5d，也可按每千克饲料添加 3～8mg 或直接口服。

维生素 B_1 缺乏症（vitamin B_1 deficiency）

维生素 B_1 缺乏症是由于饲料中硫胺素含量不足或饲料中含有干扰硫胺素作用的物质所引起的一种营养缺乏病，临床上以神经症状为特征。本病多发于雏鸡和猪，也见于牛、羊、兔、犬及狐狸等动物。

硫胺素广泛存在于饲料中，酵母中含量最丰富，在谷物饲料中，以种子外皮及胚芽中含量较高。新鲜的牧草，蔬菜中也富含硫胺素。瘦肉、蛋黄、肝脏等动物性饲料中含量较多。反刍兽的瘤胃和马的盲肠内都有生物合成维生素 B_1 的功能。

病因

饲料中硫胺素缺乏。主要由于长期饲喂缺乏维生素 B_1 的饲料，日粮成分中发酵饲料、蛋白饲料、谷物类饲料及青绿饲料相对不足，而糖过剩时，最易发生本病；反刍兽长期饲喂低纤维素高碳水化合物饲料，或大量应用能抑制体内细菌合成维生素 B_1 的药物（如抗生素）时，瘤胃内微生物群受抑制，B 族维生素合成受阻。牛犊在初生数周内，瘤胃尚未充分发育，不能合成维生素 B_1，如果得不到含丰富维生素 B_1 的饲料和乳汁供应，很容易引起原发性缺乏。

肠道吸收不良。急、慢性肠炎均可影响小肠吸收硫胺素，肝脏疾病及慢性消耗性疾病也影响硫胺素的吸收。

机体需要量增加。泌乳、妊娠和动物快速生长发育过程中，硫胺素的需求量增多；在剧烈运动、生理性或病理性发热过程中，机体对硫胺素需求量增大而表现相对不足。饲料碳水化合物含量越高，硫胺素需要量越多。

饲料中存在干扰硫胺素作用的物质。硫胺酶可分解硫胺素，业已证实，芽孢杆菌属的细菌可产生硫胺酶，可分解硫胺素而失去其生理作用。用过量生鱼饲喂猫、犬及貂等动物，因其中含有大量硫胺酶，可使硫胺素受到破坏。抗球虫药氨丙嘧吡啶的化学结构与硫胺素相似，能竞争性抑制硫胺素的吸收。反刍兽钴缺乏、肠毒血症、有机汞化合物中毒时，也可发生条件性硫胺素缺乏症。咖啡酸和棉籽饼也有拮抗硫胺素的作用。

发病机理

硫胺素的生理功能主要是参与体内糖代谢，硫胺素在肝、肾组织中被磷酸化为焦磷酸硫胺素（thiamine pyrophosphate，TPP），其作为α-酮酸氧化脱羧酶系中的辅酶，参与糖代谢中的α-酮酸的氧化脱羧反应。硫胺素缺乏时，体内TPP不足，糖代谢的中间产物，如丙酮酸和乳酸不能进一步氧化而积聚，能量供应障碍，损害全身组织，以神经组织最为敏感。丙酮酸和乳酸堆积还可刺激外周神经末梢，引起多发性神经炎。

维生素B_1还能抑制胆碱酯酶的活性，使乙酰胆碱分解减少，合成增加，当维生素B_1缺乏时，胆碱酯酶活性增高，使胆碱能神经兴奋传导障碍，引起胃肠蠕动缓慢，消化液分泌减少而出现消化不良。

维生素B_1缺乏会导致细胞呼吸障碍，ATP合成减少，能量供应不足，进而引发心悸、呼吸困难，甚至引起心功能不全或心力衰竭，骨骼肌紧张性减退，甚至萎缩。

症状

因畜种而不尽相同。

1. 禽　幼雏维生素B_1缺乏发病较快，可在2周龄内发病。表现食欲减退、体重降低，发育缓慢，羽毛松乱无光泽，步态不稳，行走困难。初期以飞节着地行走，两翅展开以维持平衡，进而两腿发生痉挛，向后伸直，倒地不起，逐渐向上发展至头颈部，头向背侧极度痉挛，而呈所谓“观星姿势”，有些发生进行性麻痹。成鸡发病较慢，出现多发性神经炎（主要显现进行性肌麻痹症状），鸡冠发绀，产蛋率下降，孵化率降低等。病至后期出现强直性痉挛，一般经1～2周后衰竭死亡。

2. 猪　猪体内有足够的储存硫胺素，一般不易发病，病猪表现食欲减退，消瘦，呕吐或腹泻。初期步态不稳，继而发展到爬行或四肢麻痹、卧地不起，兴奋性增高，间或出现阵挛性或强直性痉挛发作。后期体温降低，心搏亢进，呼吸困难，最终死亡。

3. 牛、羊　成年牛羊自然发病的现象少见，犊牛主要表现有神经症状，易兴奋，共济失调，惊厥及头回缩；倒地后，眼球震颤，角弓反张。有些食欲减退，剧烈腹泻，脱水。羔羊先呈嗜睡、食欲减退、体重减轻等症状，后发生脑神经损伤症状，盲目运动，共济失调，站立不稳，严重时呈强直性痉挛，多因衰竭、昏迷而死。

4. 犬、猫　常因喂熟食而发病，表现为食欲减退，便秘或腹泻，消化不良，呕吐等，有后躯麻痹、阵发性抽搐或其他神经症状。心力衰竭，惊厥，共济失调，麻痹，虚脱乃至死亡。

5. 野生动物　狐狸、水貂等野生动物仔兽也有发生。

维生素 B_1 缺乏时，血液中硫胺素含量明显降低，丙酮酸（从正常的 20～30μg/L 升高至 60～80μg/L）和乳酸含量明显增加。

病理变化，鸡胃肠有炎症，十二指肠发生溃疡并萎缩，后期黏膜上皮消失。右侧心脏常扩张，生殖器官发生萎缩。小鸡皮肤发生水肿。猪心房肌有多发性灶壮坏死和肉眼可见的心脏扩张。

诊断

依据缺乏谷物饲料或青饲料，临床症状表现麻痹，运动障碍等神经症状，应用硫胺素治疗效果明显，结合剖检变化，可以建立诊断。测定血浆中丙酮酸、乳酸和硫胺素含量，有助于确定诊断。测定红细胞中的转酮酶活性的变化目前被认为是评价硫胺素营养状况的最佳指标。

治疗

重点是查明并清除病因，一般多应用口服、肌肉注射和静脉注射维生素 B_1 制剂治疗，剂量 0.25～0.5mg/kg，鸡可在饲料中补充硫胺素或酵母，每次 0.1mg，2 次/d，连用3～5d。猪按每 20kg 体重皮下或肌肉注射硫胺素 50mg，每日 1 或 2 次，连用 2～4d。

预防

加强饲养管理，增喂富含硫胺素的饲料，补充优质青草、发芽谷物、麸皮、米糠、饲用酵母等。饲喂生鱼的动物，饲料中应补充硫胺素，一般每千克生鱼补加 20～30mg 硫胺素，具有很好的预防作用。

维生素 B_2 缺乏症（vitamin B_2 deficiency）

维生素 B_2（又称核黄素）缺乏症，是由于体内核黄素缺乏或不足所引起的一种营养代谢病，临床上以生长缓慢、皮炎、消化障碍、肢麻痹（禽）为特征。本病多发于猪和禽类。

病因

核黄素广泛分布于酵母、干草、麦类、大豆和青饲料中，动物消化道内的细菌可以合成维生素 B_2。自然条件下，维生素 B_2 缺乏症并不多见。动物长期饲喂维生素 B_2 缺乏的日粮，或动物患有胃肠、肝、胰疾病时，维生素的吸收、转化、利用发生障碍，或长期使用抗生素或其他抑菌药物，阻碍维生素 B_2 的生物合成等因素，可导致维生素 B_2 缺乏。

发病机理

核黄素是生物体内黄酶的辅酶，黄酶在生物氧化中起递氢作用。黄素蛋白在细胞内参与一系列重要的生化反应，催化蛋白、脂肪、糖的代谢，并对中枢神经系统和毛细血管的机能活动具有重要影响。核黄素缺乏或不足，导致组织中黄素蛋白含量降低，体内生物氧化的酶系统受抑制，引起蛋白质、脂肪、糖代谢紊乱，使神经系统、消化系统、心血管系统、生殖系统机能紊乱而表现各种临床症状。

症状

患畜初期一般呈现精神不振，食欲减退，生长发育缓慢，皮肤脱屑、粗糙，局部脱毛，有结膜炎、角膜炎症状。继而出现神经症状，如共济失调、痉挛、麻痹、瘫痪等。小动物还表现消化不良、呕吐、腹泻等。

动物种属不同其临床表现稍有区别。

1. 禽　小鸡维生素 B_2 缺乏的特征症状是"趾卷曲"性瘫痪。病鸡始终保持食欲，后因行走困难，吃不到饲料而消瘦，生长缓慢，衰弱。趾爪向内弯曲，强制驱赶时以跗关节着地而爬行，展开翅膀以维持平衡，腿部肌肉萎缩并松弛，皮肤干而粗糙，少数病例可发生腹泻，严重缺乏的雏鸡，坐骨神经和臂神经表现明显的肿胀与松软。成年鸡较轻，可表现产蛋率下降、孵化率降低等。小火鸡约在 8 日龄时发生皮炎，肛门有干痂附着、发炎和擦伤，在 17～21 日龄，发生生长停滞或死亡。小鸭常有腹泻和生长停滞；小鹅常有足趾内卷和瘫痪。

2. 猪　主要为食欲障碍、繁殖障碍和皮肤发疹。妊娠母猪常发生早产、流产、死胎，所产胎儿被毛稀少，常有部分被吸收。皮肤发疹主要在下腹部和大腿内侧，遍布黄豆大至指头大的红色丘疹，表面有渗出，或表面覆有黑褐色脂样污痂。生长迟缓，皮肤粗糙呈鳞屑状或脂溢性皮炎，眼睑肿胀，结膜充血，角膜混浊或晶状体混浊。

3. 牛　犊牛可见有口角、唇、颊、舌黏膜发炎，流涎，流泪，脱毛，腹泻，偶有神经表现。成年牛少发。

病理变化，幼禽核黄素缺乏，在主要的外周神经干有特异性病变。急性病例，坐骨神经和臂神经显著肥大而柔软，比正常粗大 4～5 倍。

诊断

主要依据病史、临床症状、结合病理学变化进行诊断，临床不易确诊。红细胞谷胱甘肽还原酶系数测定是目前评价维生素 B_2 营养状况的良好指标。测定尿及红细胞中核黄素的含量具有一定的诊断价值。治疗性试验可验证诊断。

防治

预防本病在于保持日粮组成的全价性，每千克饲料含核黄素 3.6～4mg 的配合日粮能有效地预防禽的核黄素缺乏；仔猪每千克饲料需含核黄素 3mg。平时注意补给青绿饲料、谷类籽实、酵母以及奶制品等，饲料宜生喂，避免碱处理及过度曝晒。

临床主要应用维生素 B_2 制剂治疗，口服或肌注核黄素，雏禽 1～2mg、仔猪 5～6mg、犊牛 30～50mg，1 次/d 口服，连用 8～15d。猪 10～30mg，1 次/d 肌注，也可用复合维生素口服或肌注。治疗的同时，补充富含维生素 B_2 的饲料并治疗继发疾病。

生物素缺乏症（biotin deficiency）

生物素缺乏症又称维生素 H 缺乏症，是由于动物体内生物素不足或缺乏引起的一种营养代谢性疾病，临床上以皮炎、脱毛和骨骼异常为特征。多发生于鸡、仔猪、犊牛、羔羊等，少见于成年牛、羊。

病因

生物素广泛存在于动物性蛋白饲料和青绿饲料中，其中动物性饲料以肾、肝、心等组织中含量最高。瘤胃、盲肠乃至大肠内细菌可以合成生物素。原发性单纯生物素缺乏症比较少见。主要见于动物长期饲喂生物素缺乏的日粮（如小麦和大麦所含生物素利用率低，肉粉、鱼粉的生物素含量低）；或动物患有胃肠、肝、胰疾病时，生物素的吸收、转化、利用发生障碍；或长期使用抗生素或其他抑菌药物，阻碍生物素的生物合成等因素，可导致生物素缺乏。生鸡蛋清内的卵白素可与生物素结合而抑制其活性，影响生物素的利用。

发病机理

生物素的主要作用是参与物质代谢中羧化反应，是羧化酶系的辅酶，该酶系含有羧化酶、羧基转移酶、羧基载体蛋白和生物素，参与糖、脂肪和氨基酸的代谢。当生物素缺乏时，会引起动物皮炎、湿疹、脱毛等皮肤疾病和骨骼异常。

生物素对各种免疫细胞正常功能的发挥是必需的。例如，抗体产生免疫反应性、免受侵袭的保护、巨噬细胞功能，T和B淋巴细胞的分化、免疫应答的传导和细胞毒性的T-细胞响应。生物素的不足或缺乏，导致动物免疫功能下降，易继发感染其他疾病。

症状

鸡与火鸡缺乏生物素，主要表现为皮炎，骨骼异常，脚、嘴和眼周围皮肤炎症最明显，脱毛，皮肤发红。长骨变短增粗，尤其是仔代雏鸡，呈先天性骨短粗症，运动障碍，共济失调和特征性骨骼变形，如胫骨短而且后屈，头颅短，翅膀短，肢小畸形或并趾。种鸡产蛋率下降，孵化率降低，且胚胎显现“鹦鹉嘴”。

病猪表现为耳、颈、肩、尾部皮肤炎症、脱毛，蹄底、蹄壳出现裂缝，口腔黏膜炎症、溃疡，皮肤粗糙干裂、皮肤有溃疡或有褐色分泌物。试验表明，由于饲料中生物素不足的动物，补充生物素以后，可使胎产仔数增加2%～14%，断乳后成活率可增加3%～17%。补充的生物素越多，效果越明显。

毛皮动物缺乏生物素主要表现为明显的皮肤病变，皮肤角化过度而表现脱毛症；皮肤角化不全而表现皮炎，皮肤瘙痒，产生鳞屑并脱落，毛皮质量下降，眼、鼻周围有发炎和渗出。眼睛周围的毛和皮肤色素变淡，因而产生“眼镜眼”的情况，有时身上还产生一种令人讨厌的臭味。雄性动物可能表现为“湿腹”的症状。水貂生物素缺乏可产生换毛障碍或发生自咬症。

诊断

依据临床症状，结合饲养管理情况调查可进行初步诊断，应用生物素治疗有特效，方可确诊。

临床上注意与皮炎、钙磷代谢障碍、锰缺乏、硫缺乏、锌缺乏、泛酸缺乏症及皮肤寄生虫病相区别。

防治

预防本病应注意日粮组成的全价性，保证日粮有足量的与可利用性较高的生物素，补充米粉、黄豆粉、酵母粉等均有很好的预防作用。治疗可口服或肌注生物素，鸡3～5mg，犬0.1～0.5mg/kg·体重。

维生素B_{12}缺乏症（vitamin B_{12} deficiency）

维生素B_{12}缺乏症，又称钴胺素缺乏症，主要是由于动物体内维生素B_{12}（微量元素钴 Co）缺乏引起的营养代谢紊乱性疾病。临床上以生长发育受阻、严重贫血及物质代谢紊乱为特征。

本病多呈地区性发生，缺钴地区发病率较高。以猪、禽、犊牛及羔羊多发。自然条件下其他动物少发。

病因

维生素 B_{12}主要来源于动物性饲料、肝脏、海产品饲料中，植物性饲料中不含或少含维生素 B_{12}（豆科植物的根含有维生素 B_{12}），反刍兽瘤胃及其他草食兽肠道内的细菌可以利用钴合成维生素 B_{12}，只要日粮中含有足量的钴，一般不易发生缺乏。猪和鸡不能吸收利用肠道内细菌合成的维生素 B_{12}，日粮中补钴作用不大。当动物长期饲喂钴、甲硫氨酸或可消化蛋白缺乏的饲料；或长期使用广谱抗生素，使胃肠道内微生物区系破坏，维生素 B_{12}合成受阻；或患慢性胃肠炎影响维生素 B_{12}的吸收利用时，动物体可出现临床表现。

发病机理

维生素 B_{12}是以钴胺形式与蛋白质结合而存在，参与一碳基团的代谢，通过增加叶酸的利用，影响核酸和蛋白质的生物合成，从而增进红细胞的发育和成熟。当维生素 B_{12}缺乏时，影响了糖、蛋白质、脂肪的代谢，阻碍脱氧核糖核酸的合成，引起红细胞成熟受阻而表现贫血。

此外，维生素 B_{12}是甲基丙二酰辅酶 A 异构酶的辅酶，在糖和丙酸代谢中起重要作用，由于丙酮酸分解代谢障碍，脂质代谢失调，阻碍髓鞘形成而导致神经系统损害。

症状

动物维生素 B_{12}缺乏时，一般表现有生长发育受阻、贫血、生产性能降低及神经兴奋性增高等基本症状。

1. *猪*　常伴发或继发于影响维生素 B_{12}吸收的其他疾病，病猪生长停滞，皮肤粗糙，有皮炎表现，食欲不定，消化不良，有慢性胃肠炎症状，腹泻或有异嗜癖。随着病程发展，贫血症状明显，如皮肤及可视黏膜苍白；成年母猪表现繁殖力下降，怀孕母猪易发生流产、死胎、胎儿发育不全或畸形等；后躯麻痹，运动障碍。血液实验室检查，红细胞数量减少，体积增大，颜色变浅。

2. *鸡*　生长发育受阻，羽毛生长缓慢，不愿运动，鸡冠苍白贫血。成年蛋鸡产蛋率下降，孵化率降低，鸡胚发育不良，多致发畸形。

3. *其他动物*　其他动物少发，偶见犊牛或羔羊，表现为食欲不振，消化不良，可视黏膜和皮肤苍白，被毛粗糙，肌肉弛缓乏力和共济失调。成年牛则有异嗜、营养不良，或生产性能下降。犬科动物妊娠期缺乏，可引起致死性、积水性脑突出。猫科动物主要表现为贫血。

诊断

依据流行病学和临床上恶性贫血的特征，结合饲料及动物体内维生素 B_{12}和钴的含量测定，可以确诊。注意与生物素缺乏、铁缺乏、铜缺乏及铅、钼中毒相区别。

治疗

动物发病时，重点是查明并清除病因，改善饲养管理，并调整日粮组成，给予富含

维生素 B_{12}和钴的饲料。可用维生素 B_{12}肌肉注射，牛 1～2mg，猪、羊 0.3～0.4mg，仔猪 20～30μg，鸡 2～4μg，犬、狐狸 5～10μg。每日一次或隔日一次。也可配合用葡聚糖铁钴针注射液，维生素 C、生血素等治疗原发病。

防治

预防本病主要在于均衡饲料中的营养物质，补充富含钴和维生素 B_{12}的饲料。适当增加动物源性饲料或补给含有维生素 B 族以及钴、铁的饲料添加剂。对缺钴地区的牧地，应施用矿物性肥料。

（杨自军）

第四节　矿物质代谢疾病

纤维性骨营养不良（fibrous osteodystrophia）

纤维性骨营养不良是成年动物由于日粮中钙的绝对性缺乏或因磷过剩而继发钙的相对性缺乏引起的一种慢性骨骼营养代谢性疾病。特征性病变是骨组织呈现进行性脱钙、骨基质被破坏及软骨组织纤维性增生，进而骨体积增大而重量减轻，尤以面骨和长骨骨端显著。临床特征以消化紊乱、异嗜癖、骨骼肿胀变形和跛行为特征。以马属动物发生为主，亦见于山羊、猪、狐狸、水貂等小动物。马属动物的纤维性骨营养不良呈地方性流行，冬春季发病率最高，夏秋季发病率显著降低。

病因

钙、磷缺乏有原发性（或绝对性）的缺乏症，还有条件性（或相对性）的缺乏症。磷过剩为马属动物原发性纤维性骨营养不良的原发因素，而钙缺乏为高磷继发所致，因此高磷低钙日粮是本病的主要原因。钙和磷用量均不足，也被认为是纤维性骨营养不良的一种原因。骨盐的沉积，要求日粮中不仅有一定数量的钙、磷，而且二者比例适当。

日粮中的成分对钙的吸收有一定的影响作用，如植物中含有过多的草酸、植酸或饲料中存在过量的脂肪，进入机体内可与钙结合，形成不溶性钙而不能被吸收。草食兽的消化道中的纤维素也可导致钙的损失，影响对钙的吸收。

牛的钙、磷代谢紊乱的主要表现是骨软病，但在该病的发展过程中，无论在临床表现还是在 X 射线影像分析上都伴有纤维性骨营养不良的病理性改变。

怀孕母畜营养物质需要量增加，长期过劳或长期休闲都可助长该病的发生。慢性胃肠卡他既是骨营养不良发生后的一种表现，如异嗜癖和消化扰乱，也是纤维性骨营养不良的一种诱发因素。

发病机理

由于饲料中磷过剩或钙绝对不足或相对不足，动物采食饲料后血磷增高，使血钙浓度下降，从而刺激甲状旁腺，引起甲状旁腺激素分泌增多，促进骨钙的溶出，骨组织出现大量的多核破骨细胞和破骨细胞性巨细胞，以及薄片样骨组织消失，因此骨结构广泛地被破坏，骨组织的骨小梁零乱地排列，骨组织进行性脱钙后，被含细胞丰富的纤维组织所代替，因此骨骼以骨质疏松，呈石棉状而不是海绵状以及纤维化和增大，肿胀为特征。马属动物常在下颌支、额骨、上颌骨、鼻骨发生囊性膨隆。

在骨钙溶出的同时，磷酸盐也被同时溶出，使血磷浓度更高，而且磷的潴留又使肠吸收钙减少，反馈性促进骨钙的溶出。

症状

典型的马纤维性骨营养不良病例，临床上主要有消化紊乱、异嗜癖、跛行、拱背、面骨和四肢关节增大等特征。发病初期患畜精神不振，消化紊乱，喜食食盐和精饲料，排出粪球时带有大量液体，粪球落地后立即破碎，含大量未消化的粗糙渣滓。后期便秘，粪球干而硬。异嗜，到处啃食木槽、木桩和树皮，肷吊毛焦，肚腹蜷缩，贫血，喜卧，不愿起立，运动异常，一肢或数肢跛行，站立时两后肢时时交替负重，或两前肢交叉站立。不耐使役，容易出汗。随着病情的发展，病马走路时拱背，转弯时呈现直腰（所谓“板腰”），同时腹部收缩，后肢伸向腹下。鼻甲骨隆起，头骨变形，下颌支肥厚，严重时鼻腔狭窄而呼吸困难。牙齿松动，咀嚼困难而吐草。四肢关节肿大，肋骨变平，背弓起或凹陷，骨质疏松、容易骨折。猪纤维性骨营养不良时，与马相似，重症的呈现跛行、骨折、关节肿大、面部隆起等。

病情较轻的病例有跛行，不愿站立，站立时疼痛，腿骨弯曲，但面骨及关节一般正常。额骨的硬度下降，骨穿刺针很容易刺入。

X射线透视检查，发现尾椎骨的皮质变薄，皮质与髓质之间的界限模糊；颅骨表面不光滑，骨质密度不均匀。

诊断

马的纤维性骨营养不良呈地方流行和一定的季节性，结合饲养上的问题和临床上的特征，通常不难诊断。血钙和血磷水平的测定无特殊临床意义，但血清碱性磷酸酶及其同工酶水平的测定则可判定破骨性活动的程度。额骨穿刺有助于对中后期病例做出判断。

应注意鉴别风湿症、腱鞘炎、蹄病、外周神经麻痹及肢部、腰部挫伤、温和型肌红蛋白尿和硒缺乏症等引起运动失调的疾病。

治疗

调整日粮钙、磷含量和比例。马最适 Ca∶P 为 1∶1～1.2∶1，特别对富磷日粮，要把过剩磷减掉。通常在调整原日粮的基础上，增加饲喂钙量，如添加乳酸钙、碳酸钙、南京石粉。对病马应采用钙剂治疗，静脉注射 10%水杨酸钠溶液和 5%氯化钙溶液或 10%的葡萄糖酸钙 100～200mL，1 次/d，连用 7～10d。当发现尿液由原来的透明茶黄色转变成泻浊的黄白色，表明药物治疗奏效。哺乳母马发病，治疗中必须马驹断乳，治疗才易见效。对猪在补充钙添加剂的同时，配合维生素 D 肌注，有明显的治疗效果。

预防

调整马的日粮中钙、磷比例应接近 1∶1，而以 1.2∶1 最理想，总之其宽度须在（1～2）∶1范围内。按精饲料 5%比例的石粉，用于预防有很显著的效果。贝壳粉、蛋壳粉也有效，但不应补充骨粉。

青草搐搦（grass tetany）

青草搐搦又称青草蹒跚（grass stagger）、反刍兽低镁血症（hypomagnesaemia in

ruminant)，是放牧牛羊发生的一种高度致死性疾病。以血镁浓度下降，伴有血钙浓度降低为病理学特点。临床上以感觉过敏、惊厥、强直性或阵发性肌肉痉挛、共济失调和急性死亡为特征。本病见于乳牛、肉用牛、役用牛和绵羊。多发于春、秋两季。

病因

本病病因尚未充分阐明。用低镁饲料饲喂牛和绵羊，可人工复制本病，且有低血镁、低血钙的特征。因此，一般认为本病与血液镁、钙水平降低有关，而血镁浓度降低与采食低镁牧草有直接关系。

牧草缺镁与牧草的种类及生长的土壤有关，酸性岩、沉积岩，特别是砂岩和页岩的风化土，含镁量均低。而碱性岩风化土含镁量较高。牧草含镁量的多少，除决定于土壤含镁量外，还受土壤 pH、降雨量、植物种类及生长周期影响。土壤 pH 过高或过低，降雨量多，植物对镁的吸收量少。成熟豆科牧草含镁量相对较高。当牛、羊在春末夏初由舍饲转为放牧，特别是在牧草幼嫩的牧地，或在燕麦、小麦等禾谷类作物田内放牧时，由于幼嫩牧草及禾谷类作物含钾丰富而含镁、钙和糖少，血镁、血钙水平下降，可出现搐搦症状。

牧草或饮水中镁的含量正常或高于正常，但因其利用率低，也可导致低镁血症。牧场施钾肥过多，一方面影响植物对镁的利用，另一方面在动物体内与镁发生竞争抑制作用。再者，动物高血钾症促进钙的排泄。饲料中蛋白质含量过高，瘤胃内氮浓度增加，硫酸盐含量过高等都会影响镁的吸收。饲料中长链脂肪酸过多，也可产生皂化反应而影响镁的吸收。

营养缺乏、天气多变、疾病等均可诱发低镁血病。天气寒冷，动物摄食量减少，镁供应量降低，同时寒冷的应激作用，体内脂肪代谢加强，血镁向细胞内转移而致低血镁症。动物腹泻会缩短饲料在消化道内的时间，影响镁的吸收。

此外，镁代谢可能与甲状腺机能亢进和某种遗传因素有关。

发病机理

关于本病的发生机理，目前尚不十分清楚。镁是机体生活的必需元素之一，它不仅是骨骼正常发育所需成分，而且也是心肌及其他组织线粒体中氧化磷酸化作用不可缺少的成分。例如，胆碱酯酶、磷酸酶、己糖激酶等酶的活化都需用镁，镁还能使神经肌肉接头处和交感神经的乙酰胆碱释放减少，故对心脏血管系统、神经系统有抑制作用，当镁缺乏时，血清中镁、钙、磷的比例失调，使神经肌肉应激性增强，从而引起全身肌肉搐搦等一系列临床表现。

症状

一般表现精神不振、食欲减退、运动障碍等，通常按病程分为急性型和慢性型。

急性病例，常有明显的神经症状，突然发生，惊恐，四肢震颤，摇摆，磨牙，唇边挂有泡沫，牙关紧闭，眼球震颤，瞬膜突出，耳竖立，尾肌和后肢呈强直性痉挛，头部向一侧或向后方伸张，直至全身发生阵发性痉挛或强直性痉挛，状如破伤风样。精神可能紧张，对外界刺激敏感，严重者甩头，吼叫，盲目奔跑，不久倒地，四肢划动。有些病例未表现临床症状即死亡。

慢性病例，初无异常，多在数周或数月之后逐渐出现运动障碍，神经兴奋性增高，食欲减退，泌乳量减少，最后惊厥以至瘫痪、死亡。

水牛常呈亚急性发作，病牛常卧地不起，颈部呈一定程度的“S”形扭转姿势。少数病例呈急性、兴奋性发作，心音亢进，脉搏加速。

羊发作时，多突然死亡，病初精神沉郁，离群呆立，母羊不愿羔羊吮乳，有时表现短暂的兴奋不安。10 多小时后，开始搐搦，头向前伸，口流白沫，眼球震颤，全身肌肉痉挛，四肢划动呈游泳状，呼吸加快，体温升高。

实验室检查血液、脑脊液、尿液镁浓度明显降低。健康牛血清镁为 1.7～3.0mg/dL，发病牛一般为 0.5mg/dL 左右，脑脊液镁一般低于 1.25mg/dL。

诊断

依据临床症状（感觉过敏、肌肉痉挛、共济失调），生活史（春夏转牧于草质肥嫩的牧地，禾本科谷类青绿作物田间放牧，转牧时天气恶劣等），以及血液生化检验血镁低、血钙低和钙镁合剂治疗有卓效，可以做出诊断。急性死亡者可结合脑脊液镁含量予以确诊（正常动物脑脊液镁水平与血清水平相同，即在 2.0mg/dL 以上）。

治疗

及时应用镁制剂，效果理想。成年牛常用 10％的硫酸镁（或氯化镁、乳酸镁等）溶液 100～200mL，缓慢静脉注射。或用 25％硫酸镁溶液 50～100mL、10％氯化钙溶液 100～250mL，加在 10％葡萄糖溶液 1000mL 中，加温后缓慢静脉注射。绵羊和犊牛依据体重按成年牛的 1/10 和 1/7。最好注射钙镁合剂（硼酸葡萄糖酸钙 250g，硼酸葡萄糖酸镁或硫酸镁 50g，蒸馏水 1000mL）。

大剂量单纯使用镁制剂时，浓度不可过高，速度不可太快，血镁浓度突然升高可导致呼吸中枢麻痹（镁能抑制延脑呼吸中枢），出现呼吸困难。

慢性病例，可每日内服氧化镁或氯化镁 60g 或碳酸镁 120g，连用 10～15 日，镁用量过多可导致腹泻。因镁影响磷的吸收，可同时补充磷制剂。

预防

预防本病关键是保证饲料中生物活性镁的含量。由舍饲转为放牧时要逐渐过渡，在牧草幼嫩繁茂的牧地，放牧时间不宜过长，并适当补充干草。

在发病季节，可在精料中补充 0.3％～1.5％氧化镁，要逐渐添加，以免影响适口性。亦可将其加入蜜糖中作舔剂。

牧场施钾肥和氮肥不宜过多，以免影响青草的含镁量。

牛血红蛋白尿病（bovine hemoglobinuria）

牛血红蛋白尿是指以血红蛋白尿为特征的一类营养代谢性疾病，主要见于高产、经产乳牛产犊后发生的一种代谢病。临床上以血红蛋白尿、贫血和低磷酸盐血症为其特征。

母牛产后血红蛋白尿病（post-parturient hemoglobinuria，PPH）在 1853 年首先报道于英国，以后在美国、澳大利亚、日本等国家均有报道。通常发生于产后 4d 至 4 周的 3～6 胎高产母牛或妊娠母牛。我国 1964 年报道的一种水牛血红蛋白尿病，它与本病具有相似的临床特征和临床病理学特征。且治疗方法也很相似，只是发生的时期不同，两者是同一种疾病的不同表现形式，还是两个独立的疾病，目前尚无定论。

病因

本病的发生原因尚不清楚，一般认为，低磷血症是本病的因素。而十字花科饲用植物和其他含有溶血因子的饲料是诱因。饲料中缺磷是引起本病的主要病因。应用低磷饲料或大量饲喂甜菜渣、甘蓝等可诱发本病。此外，发生临床血红蛋白尿的母牛一般都有低磷酸盐血症，但并非所有低磷酸盐血症的母牛都发生临床血红蛋白尿症。临床应用磷制剂（磷酸二氢钠、骨粉等）治疗有特效，更证实本病的发生与缺磷有关。

机体缺磷可能是土壤或饲料中磷含量不足，寒冷或长期干旱的年份较多发生。饲料中钙和镁含量过多，影响机体对植酸盐所含磷的应用。此外，许多种饲料如萝卜、甘蓝、甜菜、青燕麦、黑麦草、苜蓿等可引发牛低磷血症，慢性胃肠道疾病可影响磷的吸收利用。

铜中毒时，可因大量铜离子作用，使血红蛋白变性，形成 Heinz 小体和红细胞变脆，但母牛一般很少有铜中毒现象。至于铜缺乏与土壤缺铜有关，因为铜是正常红细胞血液代谢所必需，当产后大量泌乳时，铜从体内大量丧失，当肝脏铜储备空虚时，发生巨红细胞性低色素性贫血。

水牛的血红蛋白尿发病原因，与土壤缺磷同时饲料中摄入磷不足有关。寒冷可能是重要的诱发因素，而其他特征与母牛产后血红蛋白尿完全相似。

发病机理

无机磷是牛红细胞糖无氧酵解过程中的一个必需因子。缺磷时，红细胞无氧酵解不能正常进行，三磷酸腺苷（ATP）及2,3-二磷酸甘油酸（2,3-DPG）都减少。红细胞表面的 ATP 依赖性钠-钾泵功能受影响，因而钠离子向红细胞流进远多于钾离子从红细胞内外流，使红细胞变形，趋向球形，最后导致溶血。红细胞 ATP 值减少到正常值的15%时，则红细胞膜变脆，变形能力降低；当减少到 11%时，红细胞存活期只有正常的 1/5，故易引起溶血。

十字花科植物或其他饲料中含有溶血因子。例如，甘蓝型油菜成熟时，具有溶血作用的 *S*-甲基半胱氨酸二亚砜（SMCO）含量增加，该物质可改变红细胞内 6-磷酸葡萄糖脱氢酶的代谢链，引起血红蛋白变性和沉淀，形成海恩次氏小体。含这种小体的红细胞通过脾脏网状内皮系统时被清除，从而导致不同程度的溶血，从肾脏排出形成血红蛋白尿。大量的血管内溶血，机体缺氧是造成动物死亡的直接原因。

症状

红尿是本病最突出的临床特征。排尿次数增加，但各次排尿量相对减少，最初 1～3d 内尿液逐渐由淡红向红色、暗红色直至紫红色和棕褐色转变，以后又逐渐消退。这种尿液做潜血试验，呈强阳性反应，但尿沉渣中很少见到红细胞。

病牛产乳量下降，绝大多数病牛的体温、呼吸、食欲均明显的变化。随着病程发展，贫血加剧，可视黏膜及皮肤苍白色，通常脉搏增数，心搏动加快加强。出现相应的贫血体征。

实验室检查：血液稀薄，凝固性降低，红细胞数、血红蛋白含量及红细胞压积值降低。血红蛋白指数升高，血红蛋白尿症及低磷酸盐血症。血红蛋白值由正常的 50%～

70%降至20%～40%，红细胞数由正常的5×10^{12}～6×10^{12}/L降至1×10^{12}～2×10^{12}/L。血清无机磷水平降低至4～15mg/L。

病理变化：血液稀薄，不易凝固。体内浆膜组织苍白或黄染。肝、脾、肾肿大，脂肪变性。胃肠黏膜有轻度炎症变化，膀胱黏膜有出血点，膀胱内积有红色尿液。

诊断

依据典型的临床症状（高产乳牛产后4周内突然发病，出现溶血性贫血、血红蛋白尿和低磷血症），结合长期饲喂低磷及十字花科植物的病史，不难诊断。应用磷制剂治疗效果显著可验证诊断。但应注意与排红尿的其他疾病鉴别。

（1）泌尿系统疾病　急性肾小球肾炎、血栓性肾炎、肾梗死、出血性膀胱炎、尿石症、尿道出血、泌尿系统肿瘤等，其主要症状为血尿，将尿液静置24h后，下层有红细胞沉淀物，可予以区别。

（2）细菌性血红蛋白尿　见于牛溶血性链球菌感染所致，常伴有高热和肠出血，早期用抗生素治疗有效。

（3）牛钩端螺旋体和巴贝西梨形虫病　二者都可发生血红蛋白尿，但都具有高热性、流行性及季节性，与分娩及采食十字花科植物无关。

（4）中毒性血红蛋白尿　引起血红蛋白尿的毒物常见的有草木犀、洋葱、亚硝酸、棉籽毒、硫化二苯胺等。这些物质引起的发病通常有明显的中毒症状，其发生的缓急与中毒轻重程度及机体的反应性等因素有关。中毒者一般无体温反应，消化道症状明显，常伴有神经症状。

治疗

治疗的原则是补磷和对症治疗为主。

补磷常用20%磷酸二氢钠溶液，每只牛300～500mL。静脉注射，12h后重复使用一次。重症可连续2～3次。

轻症病例可内服骨粉约250g，2次/d，3～5d可见效。也有用次磷酸钙30g溶于1000mL 10%葡萄糖溶液或蒸馏水中，灭菌后静脉注射。贫血严重者，应施行输血疗法或用代血浆静脉注射。

在护理时，补充富含磷的饲料，如豆饼、麸皮、骨粉、米糠等。

预防

配合日粮时，要保证足够的磷，同时调整钙磷比例。妊娠末期直至分娩时，少喂或停喂菜渣，冬季注意保暖，减少寒冷刺激。哺乳期要注意饲料里粗纤维的含量，不能饲喂过多的精料，以促进瘤胃的发育，减少本病的发生。

母牛趴卧不起综合征（dower cow syndrome）

母牛趴卧不起综合征是某些疾病的一种临床综合表现，而不是一种独立的疾病。通常指的是伴发于或继发于生产瘫痪，临床上表现长时间躺卧，经过24h并用过钙制剂治疗反应不完全，仍不能起立的一种临床综合征。但应注意到，当生产瘫痪的原因不是单纯由于缺钙或有并发症时，用钙剂治疗也可能无效。

剖检可见四肢肌肉和神经损伤，缺血性肌坏死，心肌炎，肝脏脂肪浸润和变性等。

病因

本综合征的病因目前尚不清楚。一般认为起始的生产瘫痪，随后的压力损伤是导致卧倒不起的首要原因。高产母牛分娩阶段矿物质代谢紊乱，不仅可发生以急性低钙血症为特征的生产瘫痪，而且常同时伴有低磷酸盐血症、轻度低镁血症和低钾血症。因此，常因生产瘫痪治疗延误，使躺卧时间延长，或护理不周，长时间一侧躺卧而导致“卧倒不起”综合征的发生。倒地不起超过 6～12h，就可能导致后肢有关肌肉、神经的外伤性损伤，而使卧倒不起复杂化。

分娩前后的后躯肌肉、神经的损伤，包括腓肠肌断裂、髋关节损伤、闭孔神经麻痹、腓神经麻痹等，也是引起该综合征的主要原因之一。有人统计，卧倒不起的母牛，有四肢肌肉、神经损伤的占 25%或更高。其发生原因是：母牛分娩期不安定，地面光滑，挣扎起立，造成牵引性损伤；躺卧时四肢浅层神经如膝神经和桡神经受压；胎儿过大，强力助产，损伤骨盆周围组织及周围神经，髋臼脱位，犊牛产出后，母牛发生麻痹，如同时伴有低钙血症，一般皆发展为躺卧母牛综合征。

此外，关于肾上腺皮质活动所导致者，在过度活动的病例，血液检查发现嗜酸性粒细胞减少症、淋巴细胞减少症和中性粒细胞增多症，有人提出肾上腺脑垂体反应不完全，也可导致生产瘫痪的发生。已经发现在有些肾上腺活动状态中而产生脑水肿，但脑水肿也是一些生产瘫痪的病征。

除上述原因外，还有些可疑原因并未包括在内，但在卧倒不起的病牛中，大多数常伴有酮病，或低磷酸盐血症，或低钾血症；其他情况少见。

发病机理

由于病原学上的复杂性，对本病的病理发生机制尚不统一。但本综合征主要的表现是循环系统、神经系统、运动系统（包括肌肉和骨骼关节）的机能紊乱。

目前，多数学者特别关注生产瘫痪常伴有的低镁血症、低磷酸盐血症和低钾血症。虽然有些病例往往伴有低磷酸盐血症；并且应用磷酸二氢钠与钙治疗能提高疾病的痊愈率，但其他磷酸盐血症（如磷缺乏症、产后血红蛋白尿等），瘫痪则不是其主要特征，也未曾记载卧倒不起是低磷酸盐血症的一种特有病征。

也有人认为是伴有低钾血症所致。患“母牛卧倒不起”综合征的母牛，血浆中钾含量都是减少的，而且低钾血症的程度似乎与“卧倒不起”的持续时间有关，卧倒不起 6h，平均血钾为 4mmol，而卧倒不起达 16h，平均血钾为 2～3mmol。但也有学者认为与其说低钾血症是卧倒不起的原因，还不如说是“母牛卧倒不起”综合征的结果。

在躺卧综合征中，几乎 100%的病牛有局灶性心肌炎，造成心跳过速，心律不齐，甚至静脉注射钙剂也反应迟钝。反复使用钙剂治疗，则可加重心肌炎症。躺卧综合征中，还多有蛋白尿，可能与肌肉损伤时肌蛋白释放有关。

至于某些重剧疾病，如肾机能衰竭、子宫内膜炎、中枢疾患等，引起病牛卧倒不起的现象，不应与卧倒母牛综合征混同。

症状

一般都有生产瘫痪的病史。生产瘫痪牛经过 24h 和钙剂治疗后仍不能站立，是本综合征的首要特征。通常，一些病牛除食欲减退，后躯肌肉明显无力和肿胀外，精神、体温、脉搏、呼吸、排粪、排尿等都正常。有些牛伴有局灶性的心肌炎，心率多为80～100次/min，注射钙剂后尤为明显，甚至在注射过程中突然死亡。

有些病牛，精神状态正常，前肢跪地，后肢半屈曲或向后伸，呈“青蛙腿”姿势，匍匐爬行。有些牛身体侧卧、头弯向后方。人为给予纠正，很快就恢复原状。更严重病例，多侧卧不动，食欲废绝，伴有感觉过敏和四肢搐搦，这种牛称之为不能爬动的趴窝牛，据认为常伴有脑病。有些病例，两后肢前伸，蹄尖直抵肘部，致使大腿内侧和耻骨联合前缘的肌肉遭受压迫，而造成缺血性坏死。这种牛有的伴有股关节脱臼，有的伴有股关节周围组织损伤，或圆韧带断裂。

本综合征的病程，取决于损伤的性质、程度以及护理情况。如护理适当，约有半数病牛能在4d内站起，7d内不能站起的，预后一般不良。但也有少数是在躺卧10～14d后站起并康复的。

本病大多呈低钙血症、低磷血症和低镁血症，但血清钙、磷、镁浓度亦有在正常范围之内的。血糖浓度正常，血清肌酸磷酸激酶（CPK）和谷草转氨酶（GOT）在躺卧18～20h后即可明显升高，并可持续数天，表明肌肉损伤严重。有些牛有轻度酮病，血压下降和心电异常。经治疗站立后，又卧倒不起者，预后多不良。

诊断

病因诊断很困难。一般生产瘫痪病牛，经24h连续钙剂治疗而仍然不能站立的，即可诊断为“母牛卧倒不起”综合征。包括直肠检查及X射线检查，并检验血清钙、磷、镁、钾，查找病因。例如，血镁浓度偏低（0.4mmol/L）、侧身躺卧、头后弯、感觉过敏、四肢强直和搐搦。

治疗

根据诊断的结果进行相应的治疗，有低钙血症时，可采用20%葡萄糖酸钙500～1000mL，并配合维生素C适量一次静脉注射，每天2或3次；有低磷酸盐血症时，皮下或静脉注射20%磷酸二氢钠300mL；有低血镁症时，即临床上伴有搐搦及感觉过敏的，可静脉注射15%～25%硫酸镁100～200mL；对于低血钾症，可用5g氯化钾溶于1000mL生理盐水或5%葡萄糖盐水中，缓慢静脉注射。以上治疗每天1次，必要时可重复1或2次。充分保证血钙处于正常浓度下，上述方法交替使用。

对一些精神状态好或心动过速或心律不齐的“卧倒不起”的病牛，不宜注射钙制剂。

为了减轻由于长时卧地不起引起的后肢肌肉和神经损伤，应注意护理。可适当给予垫草和定期翻身。病情好转，企图站起或站立不稳的，应人为扶持，避免摔倒，还需用草或麻袋之类揉擦腿部皮肤，促进局部血液循环。天冷时，应注意保暖等。

对于低血钙性产后瘫痪，应及早诊断和及时治疗，而且首次钙剂量一定要用足。一旦病牛首次用药后尚未站立者，尚应重复及时给药，以防止发生躺卧综合征。

佝偻病（rickets）

佝偻病是生长发育快的幼龄动物由于维生素D缺乏及钙、磷代谢障碍所致的一种骨营养不良性疾病。病理学特征是成骨细胞钙化作用不足、持久性软骨肥大及骨骺增大。临床上以生长发育迟缓、消化机能紊乱、异嗜癖，骨骼变形及运动障碍为特征。犊牛、羔羊、仔猪、幼犬、幼雏等生长发育快的动物易发。也见于野生动物及观赏动物。

病因

本病形成的主要原因是维生素D缺乏、钙缺乏、磷缺乏或其中二者比例失衡所致，分原发性和继发性两种。

原发性主要是维生素D摄入量不足，日粮中钙、磷的绝对缺乏，或因缺乏运动和日光照射而致维生素D合成利用受阻。

继发性主要见于动物胃肠吸收功能障碍，当幼畜伴有消化机能紊乱时，能影响机体对维生素D的吸收作用；或见于钙、磷的生物利用率降低，如某些慢性胃肠道疾病、肝脏疾病等。如果日粮中蛋白质缺乏，草酸及植酸过剩，其他矿物质（镁、铝等）及微量元素（铁、铜、锌、钼、铍、锶等）过剩，可干扰或拮抗钙、磷的生物利用作用，引起钙、磷的相对缺乏。

乳汁中维生素D的严重不足，是哺乳动物佝偻病发病的一种主要原因。在快速生长的幼龄动物中，犊牛和羔羊主要是因母乳中先天性缺乏、断乳过早或光照不足所致，以原发性磷缺乏为主。仔猪多因钙缺乏、维生素D缺乏或磷的相对过剩所致。雏鸡主要以维生素D缺乏或其他物质（锌、铍、锶等）干扰钙、磷的生物利用，影响骨骼正常的钙、磷沉着作用。幼犬、仔猫多因光照不足或生长发育过快而呈相对不足所致。其他伴侣动物及动物园动物多因钙、磷及维生素D摄入不平衡为多见，或因光照不足，运动不够而致。

发生机理

佝偻病的发生是以骨基质的钙化不全为基础的。而促进骨基质钙化作用的物质是维生素D，维生素D调节钙、磷的吸收与排泄。维生素D在动物肠道内的吸收，需要胆酸盐的存在，活性维生素D_3作用的靶器官主要是小肠、骨和肾。1,25-$(OH)_2$-D_3具有促进小肠对钙磷的吸收和转运的双重作用，同时具有促进肾小管对钙磷的重吸收的作用，其结果使血钙、血磷水平增高，有利于骨的钙化，也有利于骨的更新与生长。甲状旁腺激素促进溶骨，促进小肠对钙的吸收，抑制肾小管对磷的吸收，总的作用是提高血钙，降低血磷。降钙素抑制破骨细胞的形成及其活性，促进骨盐沉积，并能抑制肾小管对钙、磷的吸收，从而降低血钙。

维生素D在体内须转变为1,25-二羟维生素才能发挥生理作用，维生素D_3（D_2）经小肠吸收后进入肝脏，通过25-羟化酶催化转变成25-（OH）-D_3，再通过甲状旁腺激素的分泌调节，在肾脏由1-羟化酶转化，变为1,25-$(OH)_2$-D_3，发挥促进小肠钙、磷吸收的作用，同时也能促进破骨细胞对钙、磷的沉积。当血钙正常或升高时，1,25-二羟化醇的合成就受到抑制；反之，血钙降低时，它的合成加强。因此，当动物钙、磷比例不平衡时，其对维生素D的缺乏极为敏感，即在维生素D不足或缺乏时，钙、磷比例的不平衡，极易引起生长骨的骨基质钙化不全，从而表现骨骺肥大和长骨弯曲变形的一系列临床症状。

动物饲草中的麦角固醇和动物被皮中的维生素D_3原，在缺乏阳光照射时，则不能分别转化为维生素D_2和有活性的维生素D_3，母畜乳汁中的维生素D严重不足，而致哺乳动物发生佝偻病。

在猪尚有遗传性佝偻病，患遗传性佝偻病纯种猪的肾脏不能将25-羟化醇转变为1,25-$(OH)_2$-D_3，而致佝偻病的发生。

症状

患畜病初精神不佳，发育迟缓，食欲减退，消化不良，继而表现异嗜（舔食土墙、煤块、砖头、石子、粪便等），喜卧，不愿站立或运动。强行站立或运动时表现紧张，肢体交叉或向外叉开。常有胃肠炎和一定的神经症状。出牙期延长，齿形不规则，齿面不整。体温、脉搏、呼吸一般无变化，偶见心跳加快，呼吸困难。

佝偻病最特征的症状是骨骼变形。犊牛、羔羊低头，拱背，前肢腕关节向前向外侧突起，长骨弯曲而呈内弧形（O状）或外弧状（X）。后肢跗关节内收而呈"八"字形叉开。头骨、鼻骨肿胀。脊柱弯曲、变形。肋软骨结合部肿胀，明显呈"串珠样"肿。

仔猪发育缓慢，常跪地，痉挛，四肢叉开，后期硬腭肿胀，口腔闭合不全，采食困难，甚至影响呼吸。

幼禽腿无力，鸡喙变软，弯曲变形，采食异常。爪变软，走路不稳，常以飞节着地，呈蹲状休息，胸骨因躺卧而变形、内陷、弯曲，大腿和胸肌萎缩，运动时，凭借飞节和尾力负重，像鹅一样缓慢前行。

幼犬、仔猫多表现四肢变形，腕关节前突，指背触地或腕关节后突而呈爬行姿势。四肢无力，运行时常突然跌倒。

X射线检查，骨基质密度降低，长骨末端呈现"毛刷状"或"蛾蚀状"外观，骨骺线模糊不清。

血清碱性磷酸酶（AKP）活性往往明显升高，但血清钙、磷水平则视致病因子而定，如由于磷或维生素D缺乏，则血清无机磷水平将在正常低限时的30mg/L水平以下。血清钙水平往往在最后阶段才会降低。

病理变化，典型佝偻病，长骨的骨骺和肋骨与肋软骨的结合部肿大，长骨变短、弯曲，短骨变粗，骨干的皮质层呈孔隙状，骨软，可用刀切断。猪的上颚骨突起。

诊断

依据临床症状、生长发育迟缓、异嗜癖、关节肿大、骨骼变形，结合饲养管理，不难诊断。血清钙、磷水平及AKP活性的变化，有参考意义。骨的X射线检查及骨的组织学检查，可以帮助确诊。

治疗

治疗的原则是补充维生素D，调节日粮钙磷比例。

治疗应用维生素D制剂，如内服鱼肝油、浓缩维生素D油、鱼粉等。应用维D_2果糖酸钙注射液（每1mL中含Ca 0.5mg及维生素D_2 0.125mg），牛5～10mL，猪、羊1～3mL，犬0.5～1mL。维生素A、D注射液，维生素D_3注射液，肌肉注射，每千克体重1500～3000U，注射前后补充钙制剂，严重者可静脉注射氯化钙或葡萄糖酸钙注射液。本品为复方制剂，其组分为维生素D_2与有机钙剂的无菌白色半透明乳浊液。

预防

预防本病的关键是全价饲养妊娠母畜及哺乳母畜，保证维生素D的供给和日粮中钙磷的比例平衡，骨粉、鱼粉、磷酸钙等是最好的饲料补充物。幼龄动物多晒太阳，经常运动，排除影响钙磷吸收的干扰因素，积极调理胃肠功能。

骨软病（dsteomalacia）

骨软病是成年动物发生的一种骨营养代谢性疾病。主要原因是钙磷缺乏及二者的比例不当（反刍兽主要由于磷缺乏，猪主要由于钙缺乏）。病理学特征是骨质的进行性脱钙和未钙化的骨基质过剩。临床上以消化机能紊乱、异嗜癖、骨骼变形和运动障碍为特征。本病多发于牛、绵羊和断乳后的母猪，有一定的地区性，主要发生于土壤严重缺磷的地区，干旱年份之后尤多。

病因

骨软病形成的主要原因是日粮中磷、钙不足，或因维生素 D 缺乏，日粮中钙磷比例不平衡是骨软病发生的根本原因。牛的骨软病通常由于饲料、饮水中磷绝对缺乏或日粮中钙过量而致磷相对缺乏时，导致钙、磷比例不平衡而发生。猪的骨软病常由于日粮中缺钙而引起，多见于长期给小猪泌乳而断奶不久的母猪。不同动物对日粮中钙磷比例的要求不尽一致。日粮中合理的钙磷比：黄牛为 2.5∶1；泌乳牛为 0.8∶0.7；猪为 1∶1。日粮中的磷除与土壤有关以外，还与气候因素和植物含磷量有一定关系，在干旱年份，植物对钙、钾、钠吸收增多，磷吸收明显减少。日粮中钙、锰、铁含量过高，可降低磷的利用率。

维生素 D 缺乏在骨软病的发生上有一定促进作用。维生素 D 缺乏时，可促进磷缺乏的发生。动物长期患有慢性胃肠炎、胰腺炎等消化道疾病，影响钙、磷及维生素 D 的吸收利用，引起继发性骨软病。

发生机理

由于钙、磷代谢紊乱和调节障碍，动物为满足妊娠、泌乳及内源性代谢对钙磷的需要，动员骨骼中的钙或磷，骨质内的磷酸钙溶解并转入血液，以维持血钙平衡，满足机体的需要，由此而发生骨组织的进行性脱钙，脱钙后的骨组织被过度形成的未钙化的骨样基质所代替，导致骨骼组织中呈现多孔，呈海绵状，硬度降低，脆性增强以及局灶性增大和腱剥脱，在这个阶段如果骨骼受到重压，易引起骨变形或病理性骨折。随着时间的延长，骨组织内由未钙化的基质代替或由大量结缔组织增生填充其间，以致扁平骨增厚，管骨端变粗而使关节肿大。关节面常发生炎症，肌腱附着处由于骨质疏松而易撕裂，故患畜出现运动障碍。同时，由于钙、磷离子代谢调节紊乱，临床呈现消化不良、异嗜、消瘦等。

症状

骨软病的早期患畜表现慢性消化机能障碍和异嗜现象。食欲减退，咀嚼无力，消化不良，病牛常舔墙吃土，舔铁器，舔食垫草、粪便及石子等。可继发造成食道阻塞、创伤性网胃炎、中毒等。病猪啃砖块、骨头等异物，有时还吃食胎衣，四肢无力僵直，不愿运动，易疲劳。

随着病情的发展，动物逐渐消瘦，骨骼肿胀变形，四肢关节肿大，出现运动障碍，运步不灵活，走路后躯摇摆或跛行。病牛拱背或腰椎下陷，某些母牛发生腐蹄病。母猪喜欢躺卧，跛行；产后易发生瘫痪，严重者发生骨折。

症状明显以后，由于支柱的骨骼都伴有严重脱钙，因而脊柱、肋弓和四肢关节疼痛，外形异常。肋骨与肋软骨接合部肿胀，骨盆变形易致难产。猪鼻骨变形，上颌肿胀，硬腭突出，致使口腔闭合困难，影响吃食和咀嚼，严重者头部变形，影响呼吸或采食。

X 射线检查，骨密度降低，皮质变薄，骨小梁结构紊乱，骨关节变形。

诊断

依据异嗜、跛行和骨骼肿大变形以及 X 射线影像等特征性临床表现，结合流行病学调查，饲料成分分析和 X 射线骨密度检查及骨影像分析，不难做出诊断。血清钙、无机磷和碱性磷酸酶水平的测定有助于诊断。尤其是采用 AKP 同工酶的检验，其骨 AKP 值的升高具有重要的诊断意义。骨软症奶牛血清骨钙素明显下降，正常为 $(35.3\pm5.1)\mu g/mL$，发病时 $(21.34\pm2.4)\mu g/mL$。

在诊断时注意区别骨折、蹄病、肌肉风湿、异嗜癖、生产瘫痪及慢性氟中毒病。

治疗

在纠正错误饲养的基础上，对因治疗为主。

高磷低钙性骨软病的治疗，以补钙为主，辅用维生素 D。用 10%的氯化钙或 10%的葡萄糖酸钙，牛 100～300mL，猪、羊 50～150mL，小动物以体重大小 10～30mL 分别配合 5%的葡萄糖生理盐水 300～500mL 静脉注射。配合内服乳酸钙、骨粉和维生素 D 等。

低磷性骨软病的治疗，以补磷为主，辅以维生素 D_3 或钙制剂。可内服骨粉、磷酸二氢钠等，也可用 20%磷酸二氢钠溶液，牛 300～500mL，静脉注射，每日一次；或用 3%次磷酸钙溶液，牛 500～800mL，猪、羊 50～100mL，静脉注射。

猪常用骨粉、磷酸盐、乳酸钙、南京石粉等饲喂，妊娠后期和泌乳期的母猪，在病的早期除补充骨粉或鱼粉，还需配合维生素 D 或维丁胶性钙注射液注射。鸡常用维生素 D_3 添加，并根据饲养标准调整日粮中的钙磷比例，同时注意饲料来源和品质。

预防

预防本病主要在调整草料内磷、钙含量和磷钙比例，对日粮成分做预防性监测，粗饲料中以花生秧、豆秸为佳。麸皮、米糠、豆饼中含磷量比较高，可以适当补充。在长期饲喂干旱年代的山地植物饲料时，应考虑与外地饲料的调换。日粮中补充骨粉、磷酸盐等均有很好的预防作用。

生产瘫痪（parturient paresis）

生产瘫痪，又称产后瘫痪，产后麻痹，也称乳热症（milk fever)，是母畜在分娩前后突然发生的严重钙代谢障碍性疾病。本病以动物意识和知觉丧失、四肢瘫痪、消化道麻痹、体温下降和低血钙为特征。

该病多发生于营养良好的高产乳牛，也见于泌乳量高的乳山羊和母猪。此病多发生于产后 1～3d，大量挤出初乳之后。少数发生在分娩过程中。其他时间发病极少，治愈的母牛在下次分娩时可再度发病。

病的发生与年龄、胎次、产奶量、品种等因素有关，青年母牛少发，以 5～9 岁、3～7胎经产母牛为多发。约占总病牛数的 95%。病牛的产乳量均高于平均产乳量，产后 72h 发病数约占发病总数 90%以上。成年母羊发病与分娩关系不大，多发生在妊娠最后一个月至泌乳的前 6 个月。

病因

生产瘫痪的发生病因尚未充分阐明，一般公认低钙血症是直接原因。

(1) 钙质流失过多。由于大量钙质进入初乳，其量超出了母体从肠道吸收和动用骨骼钙量的总和，血钙迅速降低，导致本病，但不是生产瘫痪的唯一原因。因为泌乳高峰期钙消耗更多，但却很少发病。

(2) 高钙日粮和钙磷比例不当，母体骨骼中钙磷储备能力降低，储量减少。干乳期饲喂高钙饲料时，血中钙浓度升高，一方面会使甲状腺分泌降钙素增多，刺激骨基质钙化过程，以致骨骼中可迅速动员的钙减少。另一方面，血钙升高可抑制甲状旁腺素的分泌，1,25-二羟化醇合成减少，肠吸收钙的能力亦减少，以致不能应付开始泌乳时血钙的大量消耗。

(3) 补钙不足。动物在怀孕后期，胎儿增大，胎水增多，挤压胃肠器官，影响正常的消化吸收功能。分娩时雌激素增加，可抑制食欲，使肠胃对钙质吸收减少。

(4) 母体患有慢性胃肠道疾病或消耗性疾病，如慢性胃肠炎、结核病、寄生虫病等。钙、磷等矿物质不能正常吸收或消耗增多等，也可致发本病。

发病机理

发病机理尚不十分清楚。低血钙与生产瘫痪的内在联系，目前公认不疑。

钙离子具有重要的生理功能，钙代谢受多种器官和激素的调节和制约。正常情况下，血钙水平降至一定浓度（2.15mmol/L）时，甲状旁腺素的分泌增多，依次激励肾脏 1,25-二羟钙化醇的合成，增加肠钙的吸收，刺激骨钙溶解，以补充血钙之不足。至于血钙大幅度下降的机制，一般认为是钙流失过多，补充过少，骨可动员钙减少，引起钙调节障碍等。也有人认为，分娩后腹压突然降低，大量血液进入腹腔和乳房，引起脑贫血，大脑皮质抑制加强，甲状旁腺素分泌减少，甲状腺降钙素分泌增多，以致钙调节失衡，血钙急剧降低，神经肌肉的兴奋性增强，引起震颤或强直性痉挛，严重者则发生昏迷。

症状

牛的生产瘫痪依病情分为严重型和轻型，即典型或非典型两类。

典型生产瘫痪，比较少见，一般于产后 12～72h 发病，病初表现短期的兴奋不安、感觉过敏、后肢交替踏地。然后精神沉郁，有些病初即表现高度沉郁。后肢或头、颈部肌肉震颤或抽搐。后肢僵硬，飞节过度伸展，运步不稳，易摔倒。食欲减少至停止，瘤胃蠕动次数减少，排粪、排尿等减少。

数小时后出现瘫痪症状，病牛伏卧或侧卧，意识逐渐消失，昏睡至昏迷。病牛将一前肢和一后肢伸向侧方，头颈向伸腿侧弯曲，低于胸腹壁，如强行将头颈拉向前方，松手后又立即弯回原状，这一特殊姿势是该病的示病症状，瞳孔散大，各种反射迟钝或消失。

本病的另一个特征是体温降低，病初可在正常范围之内，随病程进展可降低到36℃或35℃，鼻镜干燥，皮肤及四肢发凉。心跳加快，呼吸减慢，血压降低，常伴有流涎和瘤胃臌气现象。

非典型生产瘫痪较多见。主要症状是伏卧，头颈姿势不自然，头部至鬐甲部呈轻度“S”状弯曲，四肢无力，行走困难，精神沉郁，食欲不振或废绝，反刍，泌乳下降或停止，体温正常或稍低。

羊的生产瘫痪，大多发生于妊娠后期或泌乳初期，症状同牛相似，山羊比绵羊多发。病初运步不稳，高跷步样，肌肉震颤。随后伏卧，头触地，四肢集于腹下或伸向后方，精神沉郁或昏睡，脉搏、呼吸加快。

猪的生产瘫痪，多发生于产后数小时至2～5d，病初可能出现轻微不安，不久精神转为极度沉郁，食欲废绝，躺卧昏睡，便秘。轻型者站立困难，行走后躯摇摆；有时拒绝仔猪哺乳。

犬多发于产仔多，产乳量高者，表现运动异常，全身肌肉痉挛，抽搐，卧地不起，四肢如游泳状。

病程及预后

疾病发现早晚，治疗及时与否，药物用量大小，机体本身所处状况等都直接影响到本病的病程及预后。

随分娩而出现者，多于1～2d内痊愈，距产犊时间长者，病程长，3～5d痊愈，卧地后半月不起者，预后不良。治疗早者，治愈率高。瘫而有食欲者，预后良好。瘫而不食且体温升高者，预后不良。瘫而能立且有反复者，预后慎重。

诊断

依据分娩前后数日内突然发生轻瘫，昏睡，体温低于正常，反射迟钝等典型病状，以及应用钙制剂治疗疗效迅速，不难建立诊断。但应注意鉴别诊断。

（1）母牛卧倒不起综合征。虽不能站立，但试图爬行，知觉不消失。食欲正常，体温可偏高，典型姿势呈“蛙式”，对钙制剂反应差。

（2）低血镁症。特征是兴奋性、敏感性高，抽搐并伴有强直性痉挛，对钙制剂反应慢，不受品种、年龄的限制。

（3）奶牛酮病。四季均可发生，特征是酮血、酮尿、酮乳，低血糖，有酮味。

治疗

生产瘫痪发生后，必须及早治疗，治疗越早疗效越高。如治疗不及时，病牛躺卧，后躯肌肉受压，而造成缺血性肌肉坏死和神经麻痹，可导致母牛卧倒不起综合征。本病的特效疗法是静脉注射钙制剂和乳房送风。

（1）钙制剂疗法。约有80%的病牛可应用钙制剂一次治愈。牛用40%的硼葡萄糖酸钙注射液400～600mL，或用10%的葡萄糖酸钙溶液800～1400mL，或用5%的葡萄糖氯化钙800～1200mL静脉注射，每日2或3次。猪、羊可用5%～10%的葡萄糖酸钙100～200mL静脉注射。补钙后精神迅速好转，肌肉震颤，鼻镜出汗，全身状况得到改善。

钙制剂的用量尚无统一标准，补钙不足，病牛不能站立或易复发，但注射量过大或过快，可使心律增快，心律失常，甚至造成死亡，因此在静脉注射钙剂时，要严密监听心脏，及时调整用量和速度，对出现明显心律不齐者，应停止注射。

对注射后 6～12h 病牛无反应，连续用 2 或 3 次无效或反复复发，则考虑改用其他疗法。

（2）乳房送风疗法。本法是通过乳房内注入空气，一方面刺激乳腺末梢神经，提高大脑皮质的兴奋性，从而解除抑制状态；另一方面，送风提高了乳房内压，降低了产乳量，进一步制止了血钙的减少，并通过反射作用使血压回升。

乳房送风的操作方法：先将乳房送风器消毒，并在金属筒内放置干燥消毒棉或纱布。用 70%酒精棉球擦净乳头及乳孔，插入导乳管至乳池，注入 80 万 IU 青霉素后，再连接乳房送风器打气。自下而上，以乳房皮肤紧张，乳基部边缘轮廓清楚，用手轻叩乳房呈鼓音为度。空气量不足无疗效，其量过大会发生腺泡破裂，治愈后乳量下降。注入适量空气后，再注入 40 万 IU 青霉素（溶于 200mL 生理盐水中），用纱布条轻扎乳头，1～2h 后解除。

目前，也可用新鲜牛乳注入乳池内，代替打气，前后乳区各注射 200～250mL，效果确定。

乳房送风器可用大容量注射器代替，注意过滤空气。多数病例，打入空气后半小时即能痊愈；十几分钟后牛鼻镜湿润，逐步清醒，反射恢复；数小时后恢复正常。

对症疗法：在用上述方法治疗时，应注意对症治疗，保温、强心、补液、静脉注射 25%葡萄糖注射液 500～1000mL，或静脉注射 0.5%氢化可的松 80～100mL，以提高血糖和抗休克。伴有低血镁症和低磷酸盐血症，可同时补充 15%磷酸二氢钠溶液 200mL，15%硫酸镁液 200mL。伴有瘤胃鼓气时，应早期向瘤胃内注入制酵剂或穿刺放气。并掏出直肠蓄粪，膀胱积尿时应及时导尿。

加强护理，厚垫褥草，防止并发症。侧卧的病牛，应设法让其俯卧，以便嗳气，防止瘤胃内容物返流而引起吸入性肺炎。每隔数小时改变一次姿势，每天 4 或 5 次，以免长期压迫一侧反肢而引起麻痹。

预防

目前尚无有效的预防办法。

在干乳期，应避免日粮钙摄入量过多，防止镁摄入不足。干乳期饲以低钙日粮可刺激甲状旁腺素的分泌，促进肾脏 1,25-二羟钙化醇的合成，提高分娩时骨钙动用能力和胃肠吸收能力。

在妊娠期间应有充足运动，产后 3d 内不可将乳牛的初乳挤得太空，以防血钙消耗太多。于分娩前后静脉注射适量葡萄糖酸钙注射液，可预防本病的发生。

犬低钙血症（canine deficient blood calcium）

犬低钙血症是分娩前后母犬血钙浓度急剧降低，而表现出的一种营养代谢病。临床上以体温升高、呼吸急促、全身肌肉发生阵发性或强直性痉挛收缩为特征，所以又称低血钙性痉挛、产后癫痫、产后瘫痪等。常呈急性发作，反复出现。以高产的小型犬多发。

病因

日粮中补钙量不足，是本病发生的主要原因，母犬在怀孕后期或分娩后，长期饲喂含钙低的饲料或富含磷的日粮。

母犬怀孕，尤其在怀孕后期，胎儿的快速生长发育需要大量的钙；在分娩后，大量的钙质随乳汁排出，引起母犬体内相对性缺乏或绝对性缺乏，是本病发生的根本原因，也就是说，母犬分娩前后，母体要消耗大量的钙，如果此期日粮中钙补充不足，就会导致钙的缺乏。

母犬患有慢性消耗疾病，消化道疾病，运动不足，光照缺乏，可因钙的摄入不足、消化吸收减少而诱发本病。

本病主要发生于小型观赏犬，如西狮、京巴、贵宾犬、马尔济斯犬、博美犬、腊肠犬，也发生小型猎犬及大体型的牧羊犬等犬种。本病多发于晚上，白天少见。产仔多者易发，产后至断乳前均可发生，以产后 20～30d 高发。

发生机理

本病发生机理尚不十分清楚，血钙的急剧降低是发病的基础，当母犬血钙降低时，钙、磷代谢障碍，导致细胞膜兴奋性和信号传导障碍，激素分泌失调，使运动神经兴奋性增高及神经肌肉兴奋性增高，导致肌肉的强直性或阵发性收缩，产后发生痉挛，由于运动肌高度兴奋而产生大量热使体温升高等一系列临床症状。

症状

本病常突然发病，初期表现食欲减少，不愿运动，强迫运动时，运动不灵活，四肢僵硬，易跌倒，左右摇摆。神情不安，呼吸逐渐加快，或有流涎现象，眼球轻度充血。肌肉轻微震颤，严重者呈急性发作，表现惊恐不安，眼球外突、充血且运动不灵活，全身肌肉间隔性或强直性痉挛。有些四肢僵硬如木马状，或呈游泳划动状。或四肢抽搐震颤，不能自控，牙关紧闭或抽搐，口流涎，由于咬肌的不由自主运动和舌体的不灵活，常因舌被咬破而流血。呼吸困难，呼吸急促。体温升高至 40～43℃，心音亢进，频率增加。如治疗不及时，常因窒息和衰竭而死亡。

临床化验血清钙由正常的 90～120mg/L 降低至 40～80mg/L 以下。血糖升高，血清肌酸磷酸激酶和谷丙转氨酶活性增高。中性粒细胞数增多，淋巴细胞数减少。

诊断

根据患犬产仔较多，泌乳性能好，且产后不久发病，临床上以突然发病，明显的肌肉痉挛以及血液化验情况等，容易做出诊断。但注意与脑炎、破伤风、中毒病等相区别。

治疗

补充钙制剂是本病的特效疗法，急性病发作者，可静脉注射 10%的葡萄糖酸钙 10～40mL，缓慢静脉滴注。同时配合地塞米松 2～8mg，维生素 C 0.5～1.5g。对于抽搐严重者，可皮下注射少量镇静药物。对于发热过高者，可肌注安基比林等退热药物。症状缓解后，12h 应重复用药。为了巩固疗效，可配合肌肉注射维丁胶性钙和维生素 D_3 等。

对于轻型或慢性病例，在肌肉注射或静脉注射补充钙制剂的同时，可口服钙片、巨能钙、鱼肝油等。

预防

注意日粮中补充高钙饲料，尤其对产仔数多、泌乳性能好的母犬，要补充牛奶、钙片等，同时给仔犬补充鲜牛奶、奶粉、米粥等日粮，如有可能，应早期断乳。也可预防性地静脉注射葡萄糖酸钙，每周一次，连用 3 或 4 次。

附：卧地不起综合征鉴别诊断要点

动物的运动，是在中枢神经的支配下，调节指挥四肢或全身的运动器官而实现的。神经中枢、传导途径及运动组织器官任何一处发生障碍，均可表现运动异常。

卧地不起综合征，按病因可分为运动器官疾病、传染性、中毒性、营养代谢性、神经性机能障碍。常见于蹄叶炎、创伤性网胃腹膜炎、髋关节损伤、腓肠肌或腓肠肌腱断裂、闭孔神经损伤（产后截瘫）、腓神经损伤、脓毒性子宫炎、乳酸中毒、白肌病、酮病、低钾血症、低镁血症、低磷血症和产后低血钙症等，在类症鉴别中，既要认定运动机能障碍的类型，又要查找病因，收集全身症状和局部病变，逐一鉴别。

运动器官机能障碍的鉴别

运动障碍以患肢局部机能障碍症状明显，并有明显的病因可查，则可初步诊断为肢蹄病性运动机能障碍，同时应考虑是关节性、骨骼性还是肌肉性，常见疾病有骨膜炎、关节炎、关节扭伤、关节挫伤、关节脱位、骨折、骨变形、风湿等。

1. **骨折**　骨骼受到外力的作用，骨骼的完整性（不完全骨折）及连续性（完全骨折）受到破坏，同时周围的软组织受到不同程度的损伤。主要表现有骨骼变形，患肢呈弯曲、缩短、延长等姿势；骨折两断端相互触碰，可听到骨摩擦音；肿胀、增粗，疼痛不安，不愿活动，功能障碍等。多见于撞伤、摔伤及挤压等。

骨折时合并症状有皮肤损伤、肌肉损伤、血管破裂、神经损伤、感染和发热等。严重骨折伴有内出血，内脏损伤时，可并发失血或休克症状。

2. **关节扭伤**　由于相互追逐、失足、滑跌、陷入凹坑、跳跃等因素，关节的过度伸展，屈曲或扭转而发生的关节损伤。特点是突发跛行，随运动而增重。重度扭伤时，关节韧带断裂程度大，疼痛明显，局部增温，不能站立。常发生于系、冠关节，跗关节及膝关节。

3. **关节挫伤**　凡机械性钝性外力直接作用于关节部而致发本病。重度关节挫伤，迅速出现明显的疼痛性肿胀。初期捏粉样，以后变为坚实；关节血肿时，膨胀，有波动感，穿刺流出带血液的黏液。患肢屈曲，不负重。卧倒后起立困难或不能站立。

4. **风湿病**　是常有反复发作的急性或慢性非化脓性炎症。风湿的主要症状是发病的肌群、关节疼痛，机能障碍，疼痛表现时轻时重。经常躺卧，不愿起立；触诊和压迫患部有疼痛反应。四肢肌肉风湿时，关节伸展不充分。当多数肌群发生急性风湿病时，可有明显的全身症状，精神沉郁，食欲减退，体温升高等。关节风湿病时，常呈对称性表现，患病关节肿大，有温热和疼痛反应，喜卧不愿站立与运动。强制站立时，随着运动增加，疼痛反应减轻或消失。应用水杨酸制剂效果明显，较易做出鉴别。

代谢性运动机能障碍的鉴别

1. **产后低血钙**　初期表现轻度不安；不愿走动，后肢交替踏脚，后躯摇摆，好似站立不稳，四肢肌肉震颤，很快出现瘫痪症状，后肢开始不能站立，虽然一再挣扎，但仍站不起来。出现意识抑制和知觉丧失的特征症状。病牛昏睡，眼睑反射微弱或消失，瞳孔散大，对光线照射无反应，皮肤对疼痛刺激亦无反应。肛门松弛，肛门反射消失。患畜以一种特殊姿势卧地，即伏卧，四肢屈于躯干以下，头向后弯到胸部一侧，用手可将头颈拉直，但一松手又重新弯向胸部。应用钙、磷制剂治疗，有明显效果。

轻型病例除瘫痪症状外，主要特征是头颈姿势不自然，由头部至鬐甲呈轻度的“S”状弯曲，病牛精神极度沉郁，但不昏睡，食欲废绝。各种反射减弱，但不完全消失。病牛有时能勉强站立，但站立不稳，且行动困难，步态摇摆。

2. 低磷血症 奶牛低磷血症是由于血磷低于正常水平而引起的一种营养代谢病，临床上以血红蛋白尿、跛行、瘫痪为特征。病初出现跛行，食欲不振，生长和泌乳机能降低，繁殖障碍，或突然瘫痪。红尿是本病最突出的一个症状，随着红尿的发生，逐渐出现贫血和（或）黄疸。应用20%磷酸二氢钠溶液，静脉注射疗效明显。

3. 低镁血症 发病早期出现轻微的步态强拘，感觉过敏，驱赶或突然兴奋时跌倒，并发生四肢强直和抽搐，或出现划水样动作。患畜咀嚼，嘴唇上有白沫。眼圆睁和嘴唇上有白沫是本病的两大特征。亚急性病例发病较缓和，后肢和尾巴震颤或轻微抽搐。频频排尿和排粪是亚急性病例的特征。突然的驱赶、噪声或针刺等刺激可促使其出现剧烈的抽搐，随后瘫痪。用镁或钙镁合剂治疗效果明显。

4. 低钾血症 轻者仅有食欲不振、轻度腹胀和便秘，低血钾通过植物性神经引起肠麻痹而发生腹胀或麻痹性肠梗阻。严重低钾血症常引起肌无力，甚至麻痹，也可出现痛性痉挛，四肢抽搐，吞咽困难。当呼吸肌受累时则出现呼吸困难，补充钾离子，症状迅速缓解。

5. 酮病 本病是泌乳母牛在产犊后几天至几周内发生的一种代谢疾病，本病的特征是酮血症、酮尿症、酮乳症和低血糖症，本病发生在舍饲的高产母牛，大多发生在产后6周内，病牛表现不食，昏睡或兴奋，体重下降，产奶量降低，乳汁易形成泡沫，有时发生运动失调。呼出气体有酮味，迅速消瘦。病牛呈拱背姿势，大多数病牛嗜睡，少数病牛可发生狂躁和激动。这些症状间断地多次发生，每次持续1h，之后卧地不起。

6. 硒缺乏症 是长期饲喂缺硒日粮而造成的营养代谢性疾病。可表现为消化不良、异嗜癖和腹泻等。皮肤及可视黏膜苍白或黄染。心跳加快，心律不齐，站立不稳，步态强拘，跛行。到后期则出现全身瘦弱衰竭，肌肉松弛，不能站立或行走。主要根据有地方性缺硒的历史，临床的表现，以及饲料中硒的分析较易鉴别诊断。

感染及传染性疾病的鉴别

运动机能障碍，同时伴有全身症状明显，体温升高，同群中具有传染性，则可认为传染性运动机能障碍。可考虑口蹄疫、脑炎、脓毒性子宫炎等。

1. 牛流行热 又叫“牛三日热”，本病的流行有周期性，病初恶寒战栗，体温突然升高，皮温不整，特别是角根、耳、肢端有冷感，持续2～3d，体温下降，恢复正常。体温升高的同时，病牛畏光，流泪，水样眼眵，眼睑、结膜充血、水肿，呼吸促迫；四肢关节浮肿、疼痛，不敢走动，站立困难，尤其是后肢抬起困难，严重者卧地不起。病牛常因瘫痪而淘汰。

2. 脓毒性子宫炎 牛脓毒性或中毒性子宫炎在产后头10d之内，通常是头7d之内发病，常见的症状有发热，心动过速，食欲不振，产奶量下降，瘤胃停滞和毒血症，也能见到脱水、腹泻和不同程度的精神沉郁。极严重的感染会在发生毒血症，机体衰弱和代谢紊乱之后继发卧地不起。

3. 口蹄疫 该病体温可升高。在口腔、趾间及蹄冠的柔软皮肤上发生水泡，破溃后逐渐愈合。有时在乳头皮肤上也可见到水泡；有些病牛在水泡愈合过程中，病情突然恶化，全身衰弱，肌肉发抖，心跳加快，节律不齐，食欲废绝，反刍停止，行走摇摆，站立不稳，最终卧地不起，往往因心脏麻痹而突然死亡。

4. 脑炎 急性脑膜脑炎，多呈现一般脑症状，包括抑制和兴奋。抑制期，患畜意识障碍，精神沉郁，站立不动或卧地不起，目光无神，不听呼唤，直到呈现昏睡状态；兴奋期病牛兴奋发作，咬牙切齿，眼神凶恶，犄角甩尾，时而哞叫，鼻发鼾声，易与其他病鉴别。

神经性机能障碍的鉴别

运动机能障碍，同时伴有典型的神经症状，如兴奋、痉挛、瘫痪、腱反射亢进或意识丧失，可考虑为神经性机能障碍。

1. 腓神经损伤　腓神经损伤是“趴卧病”牛或泌乳热病牛外周神经损伤的典型例子，腓神经支配跗部屈肌及指部伸肌的运动。因此，腓神经的麻痹导致跗关节伸直和过度伸张及球节过度屈曲而突出，患肢以球节和趾的背侧着地而负重。因为跗关节不能正常屈曲，患肢僵硬，前伸，跗关节伸张，腓神经感觉机能的丧失可使跖部和球节背部出现痛觉消失。依损伤严重程度不同，趾的姿态可能正常，但严重时球节突出或患肢球节背侧着地负重。

2. 产后截瘫　产后截瘫主要发生于产犊过程中或之后，多见于闭孔神经麻痹、髋关节损伤等，病牛精神，食欲基本正常，但后肢不能站立，感觉可能丧失。单纯闭孔神经麻痹可能呈蛙式外观。

其他疾病的鉴别

1. 乳酸中毒　患畜食欲消失，产奶量急剧下降，脱水，心率可达 90～120 次/min，呼吸 50～80 次/min，瘤胃积液，蠕动停止，皮肤冰凉，体温下降。通常出现腹泻或排出稀软的粪便，虚弱或卧地不起。

2. 有机磷中毒　牛有机磷重度中毒后，以神经症状为主，瞳孔缩小，腹痛，腹泻，骨骼肌纤维震颤，严重时全身震颤、抽搐、痉挛，继而发展为肢体麻痹，倒地不起，四肢做游泳状划动，最后因呼吸肌麻痹而窒息死亡。

（杨自军）

第五节　微量元素缺乏病

硒和维生素 E 缺乏症（selenium and/or vitamin E deficiency）

硒和维生素 E 的主要生物学效应是抗氧化作用，抑制和减缓体内不饱和脂肪酸的氧化和过氧化，中和代谢过程形成的自由基，防止细胞膜及细胞器脂质膜的脂质过氧化反应，保护细胞结构的完整性和稳定性。由于它们的共同生物学作用，硒和维生素 E 的缺乏症结合在一起描述。

硒和维生素 E 缺乏症是因硒缺乏，或（和）维生素 E 缺乏，导致动物骨骼肌、心肌及肝脏等组织变性坏死为特征的一种营养代谢病。多种动物包括畜禽、经济动物、实验动物和水生动物均可患病。该病具有明显的地域性和群体选择性特点，主要发生于幼龄动物。

硒元素发现于 1817 年。长期以来，认为硒是一种有毒元素，直至 20 世纪 50 年代，硒才被认为是动物机体必需的微量元素之一。70～90 年代，发现了动物体内多种酶的活性与硒有关，进一步奠定了硒的生物学作用。

维生素 E 又称生育酚，存在于植物种子胚芽中，尤其在植物油中，如麦胚油、豆油、玉米油、向日葵油等含量丰富，花生油含量较少。苜蓿、动物的肝脏等也有存在，但远不及植物油丰富。天然维生素 E 可分为 α-、β-、γ-、δ-四种，以 α-生育酚抗不育的活性较强，α-生育酚为右旋体。人工合成的维生素 E 为消旋体 α-生育酚，以脂的形式存在，具有抗不育的效应。合成维生素 E 脂在体内水解成游离型才具有抗氧化的生理效应。维生素 E 很不稳定，自身极易被氧化。

硒对动物的影响主要是通过土壤-植物体系发生作用，因此是世界性的常发病和群发病之一。美国、加拿大、英国、芬兰、瑞典、挪威、澳大利亚、新西兰、日本、土耳其、俄罗斯及我国均有发生。我国是硒缺乏症发生较严重的国家，据统计，我国约有 2/3 的地区缺硒。已查明，从东北的黑龙江到西南的云南有一条缺硒带，涉及黑龙江、吉林、辽宁、内蒙古、山西、河北、河南、湖北、陕西、甘肃、四川、云南、西藏等地。此外山东、江苏、浙江、福建等沿海地区也严重缺硒。黑龙江是缺硒最严重的省份，全省 76 个县市的饲料平均含硒量均低于 0.02mg/kg。新疆、山西、陕西、甘肃境内的动物缺硒症的发病率在 30%左右。

病因

1. *日粮硒缺乏*　动物缺硒症的直接原因是日粮或饲料中含硒量低于正常的营养需要量（0.1mg/kg）。一般认为日粮或饲料中含硒量＜0.05mg/kg 可能引起动物发病，＜0.02mg/kg 必然发病。饲料含硒量源于土壤中的含硒量，因此，土壤含硒量低是缺硒症的最根本原因。在严重缺硒地区，土壤含硒量仅为 0.02mg/kg，其自然条件有以下共同特点：①年降雨量＞560mm；②地势高于海拔 250m；③土壤偏酸性，pH＜6.5；④与硒相拮抗的元素如 S、Hg、Ar、Cd、Pb 等含量过高；⑤土壤类别多为棕壤、黑土、白浆土，以及部分草甸土。一般认为在黑钙土、草甸黑钙土、褐土中的水溶性硒含量较高。

2. *日粮维生素 E 缺乏*　维生素 E 广泛存在于动植物饲料中，通常情况下，动物不会发生维生素 E 缺乏症。但是，由于维生素 E 化学性质不稳定，易受许多因素的作用而被氧化。临床上，维生素 E 缺乏症的常见病因有：①饲料本身维生素不足，如蒿秆、块根饲料的维生素 E 含量极少；劣质干草、陈旧的饲草，或是遭受曝晒、水浸、过度烘烤的饲草，其所含的维生素 E 大部分被破坏。②饲料加工和储存不当造成维生素 E 破坏，如颗粒饲料加工时温度过高，制粒时间过长；成品饲料保存的时间过长或储存的环境温度太高。③长期饲喂含大量不饱和脂肪酸（亚油酸、花生四烯酸等）的饲料，或酸败的脂肪类，以及霉变的饲料、腐败的鱼粉等，促使维生素 E 的氧化和耗尽。④日粮中含硫氨基酸、微量元素缺乏或维生素 A 含量过高，可促进维生素 E 缺乏症的发生。⑤维生素 E 的需要量增加，如动物在生长发育期、妊娠泌乳期、应激状态等对维生素 E 的需要量增加，未能及时补充。⑥胃肠疾病、肝胆疾病可造成维生素 E 吸收障碍，导致维生素 E 缺乏。

发病机制

1. *自由基和过氧化物的生物破坏作用*　自由基（$\cdot OH$，$O_2^{\bar{\cdot}}$，$RO^{\cdot}$，$ROO^{\bar{\cdot}}$）和过氧化物对各种富含有不饱和脂肪酸的生物膜有很强的毒性，当动物缺硒时，自由基和过氧化物在动物体内蓄积，使细胞膜和亚细胞膜中的不饱和脂肪酸被氧化成脂质过氧化物（ROOH），ROOH 转变成脂质过氧化物自由基（$RO^{\cdot}$ 和 $ROO^{\bar{\cdot}}$），$ROO^{\bar{\cdot}}$ 进一步氧化不饱和脂肪酸，周而复始，可造成细胞膜、亚细胞膜结构及功能严重损坏。因此，当红细胞膜损伤，则产生溶血；毛细血管内皮细胞被破坏，则产生出血，如心肌出血、肝出血，渗出性素质；肝、脑、心肌、骨骼肌则产生变性、液化或坏死。

当动物缺硒时，自由基和过氧化物可使 DNA 酶、RNA 酶活性异常，干扰核酸、蛋白质、黏多糖酶的合成作用，直接影响细胞分裂、生长发育、繁殖和遗传，因此自由基已成了诱发许多疾病的重要因子。缺硒动物免疫功能降低，抗体产生受阻，抗病力明显下降。

2. *硒和维生素 E 的抗氧化作用*　硒在动物体内的作用是多方面的。适量补硒对改善动物的生长、增重、繁殖、抗癌、提高免疫力等方面都有良好作用和效果，但其最根本的作用是抗氧化能力，并与维生素 E 有互补效果。硒和维生素 E 的抗氧化作用见图 12-1。

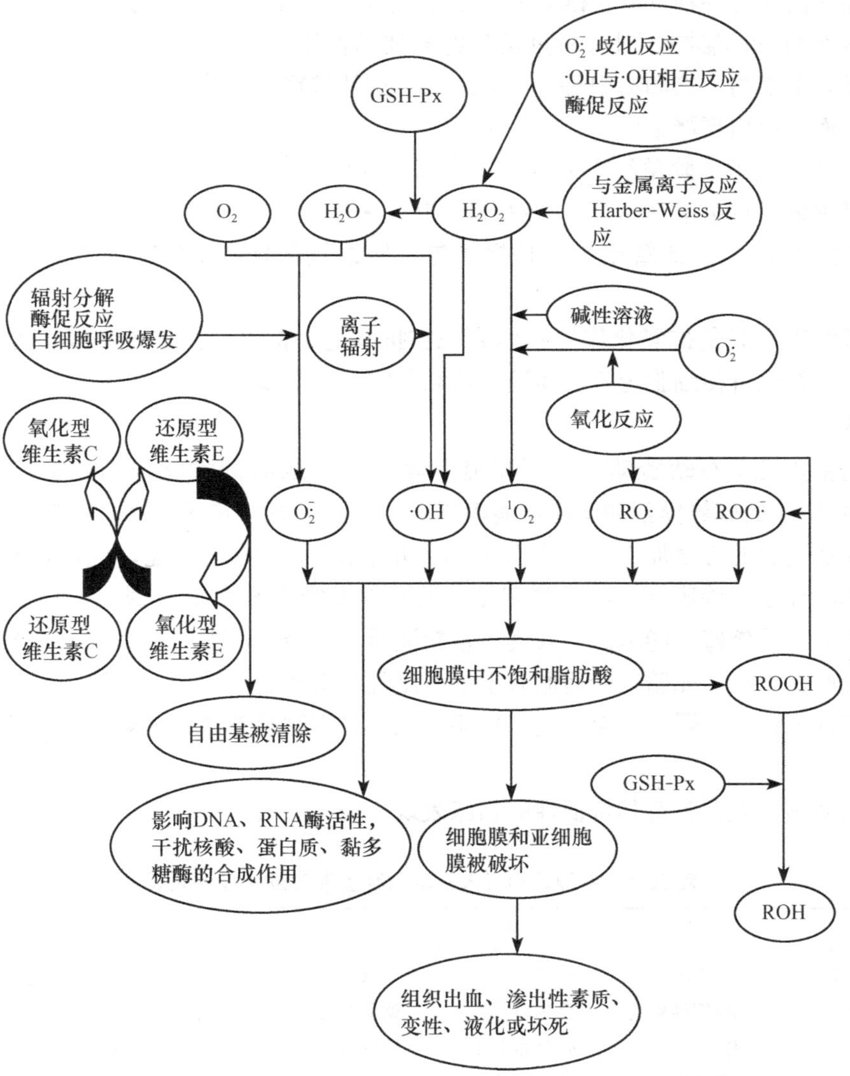

图 12-1　硒和维生素 E 的抗氧化作用

硒的抗氧化作用可分为酶类和非酶类，前者主要是通过谷胱甘肽过氧化物酶（GSH-Px）和磷脂过氧化氢谷胱甘肽过氧化物酶（PLGSH-Px）实现抗氧化作用。硒是GSH-Px的构成成分，每个GSH-Px分子内含有4个原子硒，以硒代半胱氨酸形式，成为GSH-PX的活性中心。全血中GSH-Px的活性与血硒浓度间在一定范围内成正比。GSH-Px和PLGSH-Px可将细胞代谢所产生的脂质过氧化物（ROOH）和过氧化氢（H_2O_2）转变为羟基化合物（ROH）和水而解毒，抑制细胞膜、细胞器的膜系统，如线粒体、微粒体和溶酶体膜等磷脂过氧化而发挥保护作用，从而稳定细胞结构和维持其功能。后者是非酶硒化合物，在体内也能发挥抗氧化作用，清除脂质过氧化自由基（ROO^-），分解脂质过氧化物，清除水化自由基或将其转化为稳定化合物，催化巯基化合物作为保护剂的反应等。

动物体内还有一种具有含硒GSH-Px活性的非含硒GSH-Px，其活性不受日粮加硒或维生素E含量的影响，对有机过氧化物起破坏作用。肝脏中非含硒GSH-Px活性依动物而异，羊最高，鸡和猪中等，大鼠最低。这就解释了为什么同在缺硒情况下，羊肝脏正常，而大鼠出现严重肝坏死的现象。

维生素E能够清除单线态氧（$^1O_2$），保护细胞膜免受单线态氧损伤；维生素E还可被超氧阴离子自由基（O_2^-）和羟基自由基（·OH）氧化，使细胞膜免受自由基的氧化。维生素E的主要抗氧化作用是提供氢，使过氧化自由基的脂质过氧化链式反应中断。

硒和维生素E的抗氧化作用具体表现在抗衰老、抗癌、促进免疫等多方面。大量研究证明，补硒可使细胞免疫、体液免疫和非特异性免疫功能得到改善。

症状

该病主要发生在幼龄动物。硒和维生素E缺乏的共同症状包括：①肌营养不良（白肌病）所致的姿势异常和运动功能障碍；②顽固性腹泻或下痢为主的消化功能紊乱；③心肌损伤造成的心率加快、心律不齐和心功能不全；④神经机能紊乱，表现兴奋、抑郁、痉挛、抽搐、昏迷等，以雏禽多见，尤其伴发维生素E缺乏时，发生脑软化，神经症状明显；⑤繁殖机能障碍，表现公畜精液质量下降，母畜受胎率低下甚至不孕，妊娠母畜流产、早产、死胎，产后胎衣不下，泌乳母畜产乳量减少，禽类产蛋量下降，蛋的孵化率低下；⑥体弱，发育不良，抗病力低，可视黏膜苍白、黄染，雏鸡见有出血性素质。

不同动物（人）各有其特征性的临床表现（表12-1）。

表12-1　各种动物（人）硒和维生素E缺乏症的表现

牛	羊	猪	马	禽	人
肌营养不良 胎衣滞留	肌营养不良 硒应答性疾病 （健康不佳、 繁殖率低）	肌营养不良 桑葚心 肝营养不良 渗出性素质 贫血	肌营养不良 幼驹腹泻 肌红蛋白尿	肌营养不良 渗出性素质 胰腺纤维化 肌胃变性 脑软化	克山病 癌症 心血管疾病 大骨节病 衰老

1. *反刍动物*　犊牛、羔羊表现为典型的白肌病症状群。发育受阻，步态强拘，喜卧，站立困难，臀背部肌肉僵硬。消化紊乱，伴有顽固性腹泻，心率加快，心律不齐。成年母牛胎衣不下，泌乳量下降，母羊妊娠率降低或不孕。

2. *猪*　仔猪表现为消化紊乱并伴有顽固性腹泻，喜卧，站立困难，步态强拘，后躯摇摆，甚至轻瘫或呈犬坐姿势；心率加快，心律不齐，肝组织严重变性、坏死，常因心力衰竭而死亡。尸检，心脏扩张，横径变宽，沿心肌纤维的走向发生多发性出血而呈红紫色。成年猪在运动、兴奋、追逐过程中突然发生心猝死，慢性病例呈现明显的繁殖功能障碍，母猪屡配不孕，妊娠母猪早产、流产、死胎、产弱仔。

3. *家禽*　主要表现为渗出性素质（毛细血管壁变性、坏死、血管通透性增强，血浆蛋白渗出并积聚于皮下），肌营养不良，胰腺纤维化，肌胃变性，脑软化（维生素E缺乏）。蛋鸡营养不良，产蛋量下降，孵化率低下。

4. *马属动物*　幼驹腹泻，成年马出现肌红蛋白尿、运动障碍及臀部肌肉肿胀。

5. *经济动物*　犬、水貂、狐、兔、鹿均可发病。水貂常在吃腐烂的鱼类后出现黄膘病（脂肪组织炎），这是缺硒和维生素E的共同症状。此外，水貂还表现运动障碍、步态蹒跚、四肢不灵活、呈蛙行或爬行状等症状。病的中后期，肌肉萎缩、震颤、有痛感、可视黏膜苍白。幼水貂生长缓慢，发育停滞，毛绒湿结，不整齐。成年水貂头颈一侧性弯曲、颤抖、嘶哑鸣叫。心率增数，心音减弱，呼吸急促，食欲减退或者废绝，躺卧，衰竭而死。

临床类型与病理变化

1. *白肌病*（white muscle disease）　也称肌营养不良，是幼畜的一种以骨骼肌、心肌，以及肝组织等发生变性、坏死为主要特征的疾病。在临床上多表现为突然发生运动障碍和急性心力衰竭。容易受害的骨骼肌为腰、背、臀、膈等部位的肌肉。病变部肌肉变性，色淡、苍白，似煮肉样，呈灰黄色、黄白色的点状、条状、片状不等；横断面有灰白色、淡黄色斑纹，质地变脆、变软、钙化。心肌发生变性坏死，在心肌上有针尖大小的白色坏死灶。

2. *仔猪肝营养不良*（hepatodystrophy of piglet）　也称营养性肝坏死（dietary hepatonecrosis），主要发生于3周龄至4月龄的猪，尤其是断奶前后的仔猪。典型的剖检变化，正常肝组织与红色出血性坏死的肝小叶及白色或淡黄色缺血性凝固性坏死的小叶混杂在一起，形成色彩多斑的嵌花式外观；表面凹凸，即坏死肝组织萎缩，结缔组织增生，形成瘢痕，再生的肝小叶可突起于表面，使肝表面凹凸不平。

3. *仔猪桑葚心*（mulberry heart disease of piglet）　本病多发于仔猪和快速生长的猪（体质量60～90kg），营养状况良好，饲以高能饲料，但硒和维生素E含量较低。病猪常在没有任何前驱征兆下突然死亡，幸存猪表现严重呼吸困难，发绀，躺卧，强迫行走时可突然死亡。典型的剖检变化为：心脏扩大，横径变宽呈圆球状，沿心肌纤维走向，发生多发性出血而呈红紫色（营养性毛细血管病），外观酷似桑葚，故称桑葚心。心内、外膜有大量出血点或弥漫性出血，心肌间有灰白或黄白色条纹状变性和斑块状坏死区。

4. *幼驹腹泻*（diarrhea of foal）　幼驹以腹泻为主要临床特征。根据病程可分为急性和慢性两种。急性型多在生后 1～3d 内发病，最初排糊状粪便，很快转为水样腹泻，迅速出现脱水、心力衰竭，心率达 120～150 次/min，第一心音分裂，精神沉郁，若抢救不及时，很快发生死亡。慢性型多发生于 10～30 日龄的幼驹，主要表现为消化功能紊乱，经常排糊状粪便，颜色灰白或黑色，带恶臭，有时粪便稀如水样，混有肠黏膜和血液。心搏快而弱，可达 180～200 次/min，精神倦怠，步态强拘，行动迟缓，口腔特别是舌部常有溃疡。病程长短不等，长者可达一个月以上。有的病例可自行恢复，但多数发育不良。剖检可见小肠充满黄色黏液或带血黏液。肠黏膜呈弥漫性充血，直肠有条纹状出血斑，黏膜脱落，淋巴肿大，切面多汁。

5. 禽渗出性素质（exudative diathesis of chick）　本病多发于 3～6 周龄的鸡。红细胞膜结构破坏和血管内皮细胞坏死，血管通透性增加，血浆蛋白和崩解的红细胞释放出的血红蛋白进入皮下，形成变性血红蛋白，使皮肤呈淡蓝色或淡绿色。病鸡初期精神沉郁，不愿活动，腹部皮下呈轻微的紫红色，继则皮下呈淡紫色，腿、颈翼下水肿，穿刺患处有蓝绿色液体流出。渗出区域及其附近常有点状或斑纹状皮下出血，有时伴有凝固样肌肉坏死。病鸡起立困难，站立时两翅展开以保持平衡，运步障碍，共济失调，排稀便或水样便，昏睡，体温下降，最后衰竭死亡。

6. 胰腺纤维性增生（pancreatic fibrosis）　胰腺是雏鸡缺硒最敏感的靶器官，有人认为与先天性缺硒有关，6 日龄雏鸡发病率最高，雏鸡饲料中缺硒，可加速此病的发生。本病与维生素 E 缺乏无关。患鸡生前无特征性变化，仅表现突然死亡。亚急性鸡生长不良，羽毛蓬松，血浆酸性磷酸酶、溶菌酶活性增加，但血浆和胰腺内 GSH-Px 活性变化与病情轻重无关。肉眼变化是胰腺体积缩小，宽度变窄，厚度变薄，质地较硬，呈灰白色，无光泽。病理组织学可见纤维变性，胰腺外分泌部呈空泡变性。

7. 肌胃变性（gizzard degeneration）　病理变化主要局限于肌胃。出壳后 7～10d 雏鸡出现死亡或表现全身虚弱，抑郁，羽毛蓬松，消化紊乱，发育不良，粪便呈暗色，常混有少量未消化的饲料。肌胃角质膜可见由小到大的表层损伤，深层角质膜破坏，并有大量渗出性出血。肌胃坏死，切面干燥，无光泽，呈不同程度的灰白色坏死灶。

8. 雏鸡小脑软化症（encephalomalacia of chick）　雏鸡共济失调，站立不稳，体躯摇晃。行走时步样蹒跚，或迈步时倒向一侧，或做圆圈运动。严重时头向下或向后弯曲，或脖子向一侧扭曲，两腿阵发性痉挛。后期则因两腿麻痹而不能站立，精神沉郁乃至昏迷，2～3d 内死亡。剖检可见小脑出血、水肿、坏死。局灶性或弥漫性坏死区呈灰白色。软化的脑组织结构不完整，甚至液化。

诊断

根据发病的地域性（缺硒地区）、群体选择性（幼龄畜禽多发）、特征性的临床症状、病理变化，以及用硒制剂治疗有特效等可做出初步诊断。进一步确诊，应查明病因。基础日粮、血液或被毛的含硒量分别为<0.02mg/kg、0.05μg/mL 和 0.25μg/g 时，可以确诊。全血 GSH-Px 活性与血液和组织硒水平有直接关系（表 12-2）。

表 12-2　动物组织硒含量及 GSH-Px 活性

动物品种	临床状况	红细胞 GSH-Px	血清硒/(μg/mL)	肝脏硒/(μg/gDM)	肾皮质硒/(μg/gDM)
牛	正常	19.0～36.0	0.08～0.30	0.90～1.75	3.5～5.3
	临界	10.0～19.0	0.03～0.07	0.45～0.90	1.4～3.5
	缺乏	0.2～10.0	0.02～0.025	0.07～0.60	0.6～1.4
羊	正常	60～180	0.08～0.50	0.90～3.50	3.2～10.5
	临界	8～30	0.03～0.05	0.52～0.90	2.5～3.9
	缺乏	2～7	0.006～0.03	0.02～0.35	0.2～2.1
猪	正常	100～200	0.12～0.30	1.40～2.80	5.3～10.2
	缺乏	＜50	0.05～0.06	0.10～0.35	1.4～2.7
马	正常	30～150	0.14～0.25	1.05～3.50	2.5～7.0
	缺乏	8～30	0.008～0.055	0.14～0.70	0.9～4.0

临床上应把雏鸡单纯由维生素 E 缺乏引起的脑软化而出现的神经症状与单纯硒缺乏引起的运动障碍区别开来。雏鸡硒缺乏不会出现神经症状，更没有小脑软化。雏鸡小脑软化用维生素 E 或其他抗氧化剂治疗有特效，而用硒治疗无效。

防治

在饲料中添加动物需要量的硒 0.1～0.2mg/kg（相当于亚硒酸钠 0.22mg～0.44mg/kg）是省时、省力、省钱和有效的防治方法。反刍动物也可应用植入瘤胃或皮下的缓释硒丸。

对个体和小群体动物可采用肌肉注射亚硒酸钠注射液进行治疗。为预防目的，可对妊娠母畜在分娩前 1～2 个月每隔 3～4 周注射一次。初生幼畜于生后 1～3 日龄注射一次，15 日龄再注射一次，以后每隔 4～6 周注射一次，能有效预防硒缺乏病的发生。0.1%亚硒酸钠注射液肌肉注射剂量，成年牛 15～20mL，犊牛 5mL，成年羊、鹿 5mL，羔羊、仔鹿 2～3mL，成年猪 10～12mL，仔猪 1～2mL，成年鸡、鸭 1mL，雏鸡、鸭 0.3～0.5mL，配合应用适量维生素 E，效果更好。

从食物链的源头上采取对土壤、作物、牧草喷施硒肥的措施，可有效地提高玉米等作物、牧草的含硒量，尤其籽实的含硒量。按每公顷 111.5g 亚硒酸钠配制成水溶液，进行喷洒，可使籽实的含硒量提高 0.1～0.2mg/kg，但应注意喷施后的作物或牧草不能马上饲用，以免发生硒中毒。

铜缺乏症（copper deficiency）

铜缺乏症是由于动物体内铜绝对或相对缺乏或不足，引起被毛褪色，消瘦，贫血，繁殖障碍和共济失调为临床特征的营养代谢性病。主要发生于牛、羊、鹿、骆驼、猪、马驹和其他食草动物。本病在我国宁夏、吉林、新疆、内蒙古、福建、江西和浙江等地均有发生。临床上有原发性和继发性之分。羔羊摇背症（sway back），牛舔（盐）病（licking sickness）、摔倒病（falling disease），骆驼摇摆病和猪铜缺乏症等属于原发性铜缺乏症；泥炭泻（peat scouring）、犊牛消瘦病（pine of calve）、牛消耗病（wasting disease）和羔羊地方性运动失调（enzootic ataxia）等属于继发性铜缺乏症。海岸病

(coast disease) 和盐病 (salt disease) 属于缺铜又缺钴。

病因

1. *原发性铜缺乏*　长期饲喂在低铜土壤上生长的饲草、饲料，是常见的病因。低铜的土壤有两类：一类是缺乏有机质和高度风化的砂土，如沿海平原、海边和河流的淤泥地带，这类土壤不仅缺铜，还缺钴；另一类是沼泽地带的泥炭土和腐殖土等有机质土，这类土壤中的铜多以有机络合物的形式存在，不能被植物吸收。一般认为，饲料含铜量低于 3mg/kg，可以引起单纯性铜缺乏病；3～5mg/kg 为铜缺乏病临界值；8～11mg/kg 为正常值。

2. *继发性铜缺乏*　土壤和日粮中含有充足的铜，但存在干扰铜吸收、利用的因素，导致动物对铜的吸收发生障碍。饲料中钼酸盐和含硫化合物是最重要的致动物铜缺乏因素。如采食在天然高钼土壤上生长的植物（或牧草），或工矿钼污染的饲草，或钼污染所致的钼中毒。饲喂硫酸钠、硫酸铵、甲硫氨酸、胱氨酸等含硫过多的物质，经过瘤胃微生物作用，转化为硫化物，与铜结合形成难溶解的铜硫钼酸盐复合物（$CuMoS_4$），降低机体对铜的利用。

钼浓度在 10mg～100mg/kg（干物质计）以上，Cu∶Mo＜5∶1，易产生继发性铜缺乏症。如果 Cu∶Mo 保持在（6～10）∶1 则为安全。无机硫含量＞0.4%，即使钼含量正常，也可产生继发性铜缺乏症。此外，铜的拮抗因子还有锌、铁、铅、镉、银、镍、锰等，饲料中的植酸盐过高，维生素 C 摄食量过多，也能干扰铜的吸收利用。

吮母乳的犊牛，2～3 月龄后，可发生铜缺乏症。缺铜母羊所生的羊羔，出生后不久就可产生先天性摇背症。人工喂养的犊牛因吃到已补充了铜的饲料，不致发生铜缺乏症。但是，一旦转入低铜草地，或高钼草地放牧，待体内铜耗竭时，很快产生铜缺乏症。1 岁龄犊牛缺铜现象比 2 岁龄以上牛更严重。与原发性铜缺乏症相比，继发性铜缺乏症发生的年龄稍大些。

冬季补饲添加铜的精料，动物很少发生本病。其他季节，如果没有补饲，都可发生本病。春季，尤其是多雨、潮湿，施大量氮肥或掺入一定量钼肥的草场，发生本病比例最高。

发病机制

铜是体内许多酶的组成成分，如铜蓝蛋白酶、酪氨酸酶、单胺氧化酶、赖氨酰氧化酶、超氧化物歧化酶和细胞色素氧化酶等。机体缺乏铜时，血浆铜蓝蛋白不足，使 Fe^{2+} 氧化为 Fe^{3+} 的能力减退，铁不能与球蛋白结合为铁传递蛋白，不能进入骨髓合成血红蛋白，造成低色素性贫血；铜还可以加速幼稚红细胞的成熟及释放。酪氨酸酶活性下降，造成色素代谢障碍，引起被毛褪色，由于体内二硫键（—S—S—）合成障碍，造成被毛内巯基（—SH）过多，使毛失去弹性，形成钢丝毛。细胞色素氧化酶活性下降，ATP 生成减少，磷脂合成发生障碍，造成神经脱髓鞘作用和神经系统损伤，导致运动失调。赖氨酰氧化酶活性下降，血管壁弹性下降，引起动脉破裂，导致突然死亡。单胺氧化酶活性降低，胶原溶解度增加，完整性破坏，导致骨关节异常、骨质疏松症。易骨折。

继发性缺铜影响最大的是钼酸盐和硫化物。钼酸盐可以与铜形成钼酸铜或与硫化物形成硫化铜沉淀，影响铜的吸收；钼和硫形成硫钼酸盐，特别是三硫钼酸盐和四硫钼酸盐，与瘤胃中可溶性蛋白质和铜形成复合物，降低了铜的可利用率。四硫钼酸盐经过皱胃（pH＜5），可还原为三硫钼酸盐。四硫钼酸盐和三硫钼酸盐在小肠内有封闭铜吸收的部位，增加铜排泄。硫钼酸盐被吸收后，可剥离肝细胞中与金属硫蛋白结合的铜，使血铜浓度暂时升高。铜进入血液后，与血液中白蛋白和硫钼酸盐形成 Cu-Mo-S 蛋白复合物，导致肝铜储备严重耗竭，肝铜含量降至 15～5mg/kg 以下。血铜浓度从高于正常后，继而逐渐降低至 0.5mg/L 以下，并出现临床缺铜症。

症状

运动障碍是本病的主症，多见于铜缺乏羔羊和仔猪。患畜两后肢呈“八”字形站立，行走时跗关节屈曲困难，后肢僵硬，蹄尖拖地，后躯摇摆，极易摔倒，急行或转弯时，更加明显。重症者做转圈运动，或呈犬坐姿势，后肢麻痹，卧地不起。骨骼弯曲，关节肿大。被毛褪色，由深变淡，黑毛变为棕色、灰白色，常见于眼睛周围，酷似戴白框眼镜。被毛稀疏，弹性差，粗糙，缺乏光泽。羊毛弯曲度减小，甚至消失，故称“直毛”或“丝线毛”。小细胞低色素性贫血。母畜发情异常，不孕，流产。患畜肝脏（干重）的铜含量低于 20mg/kg，血铜含量低于 0.7μg/mL。

牛的摔倒病以突然伸颈，吼叫，跌倒，并迅速死亡为特征。全部病程多在 24h 结束。因心肌贫血、缺氧和传导阻滞所致。

泥炭泻是在高钼泥炭地草场放牧数天后，发生稀水样粪便。粪便无臭味，常不自主外排，久之出现后躯污秽，被毛粗乱、褪色为特点。铜制剂治疗显效。

消瘦病呈慢性经过，开始表现步态强拘，关节肿大、僵硬，屈腱挛缩，消瘦、虚弱，多于 4～5 个月后死亡。被毛粗乱，褪色，仅少数病例表现拉稀。

羔羊摇背症是先天性营养性铜缺乏症（有人认为是遗传性缺铜）。表现为生后即死，或不能站立，不能吮乳，或快步运动时后躯摇晃，故称为摇背症。

继发性铜缺乏症的特征性表现是地方性运动失调，多发生于 1～2 个月龄羔羊，少数于生后即出现，主要表现运动不稳，后躯萎缩，驱赶或行走时易跌倒，后肢软弱，如波及前肢，则卧地不起。易骨折。少数病例可表现腹泻，但食欲正常。

梅花鹿铜缺乏症与绵羊羔铜缺乏症状类似，主要发生于刚断乳或断乳之后未成年鹿或年轻鹿，成年母鹿较少发病，临床上表现运动不稳，后躯摇晃，呈犬坐姿势。

猪铜缺乏症表现被毛失色，生长发育缓慢，轻瘫，运动不稳，贫血，可视黏膜苍白，心肌肥大，心功能减弱或衰竭。肝铜浓度降至 3～14mg/kg。实验性用低铜饲料喂猪，可产生典型的运动失调，跗关节过度屈曲，呈犬坐姿势，用补铜治疗，效果显著。

鸡铜缺乏症，精神不振，食欲减退，羽毛蓬乱，无光泽。喙、爪及可视黏膜色淡或苍白，关节变形，肢翅骨脆易折，强行驱赶，左右摇摆，运步跛行。个别的病例主动脉破裂，突然死亡。母鸡产蛋率明显下降，胚胎发育受阻，孵化率低，孵化 72～96h，胚胎出血和单胺氧化酶活性降低，并出现早期胚胎死亡。

贫血，血红蛋白浓度降为 50～80g/L，红细胞数降为 $2\times10^{12}\sim4\times10^{12}$ 个/L，相当多的红细胞内有亨氏（Heinz）小体，但无明显的血红蛋白尿现象，贫血程度与血铜浓度下降成比例。

牛血浆铜浓度从 0.9～1.0mg/L 降至 0.7mg/L 时，为低铜血症。降至 0.5mg/L 以下，为临床缺铜症。牛毛正常含铜量为 6.6～10.4mg/kg，原发性缺铜可降至 1.8～3.4mg/kg，继发性缺铜可降至 5.5mg/kg。

肝铜浓度变化非常显著，初生幼畜的肝铜浓度都较高，如犊牛为 380mg/kg，羔羊为 74～430mg/kg，仔猪为 233mg/kg，但生后不久因合成铜蓝蛋白，迅速下降，犊牛为 8～109mg/kg，羔羊为 4～34mg/kg。成年牛缺铜时，肝铜从 100mg/kg 降至 15mg/kg，甚至仅 4mg/kg。羊从 200mg/kg 以上降至 25mg/kg 以下。当肝铜（干物质）大于 100mg/kg 为正常，肝铜小于 30mg/kg 时为缺乏。

猪毛正常含铜量为 8mg/kg，低于 8mg/kg 可诊断为铜缺乏。研究证明，肝铜与毛铜和血铜呈正相关，并且毛铜变异甚小，毛铜可以作为诊断铜缺乏症的敏感指标。成年猪正常肝中铜含量平均为 19μg/g，低于 19μg/g 为铜缺乏。

缺铜时某些含铜酶活性发生改变。血浆铜蓝蛋白的正常值为 45～100mg/L，低于 30mg/L 为铜缺乏，血浆铜蓝蛋白下降程度与血浆铜浓度成比例。细胞色素氧化酶和单胺氧化酶活性下降。它们对慢性铜缺乏症有诊断意义。

病理变化，剖检可见病牛消瘦，贫血，血液稀薄、血凝缓慢。肝、脾、肾内有大量血铁黄蛋白沉着。犊牛原发性缺铜时，腕、跗关节囊纤维增生，骨骺板增宽，骨骺端钙化作用延迟，骨骼疏松。羊还表现急性脑水肿、脑白质病变和空泡生成，但肝脏等器官无血铁黄蛋白沉着。摔倒病的病牛心脏松弛、苍白、肌纤维萎缩，肝、脾肿大，静脉淤血等。

诊断

本病的诊断应根据病史调查，临床症状，饲料和牧草铜、钼、硫等元素的含量测定，动物组织铜的含量和某些含铜酶的测定，以及补饲铜后疗效观察。

临床上，本病应与寄生虫性、病毒性、细菌性和霉菌性腹泻相区别。羔羊摇背症和地方性运动失调应与山棘豆属牧草中毒、羔羊白肌病相区别。

防治

治疗原则为除去继发因素、补铜和对症治疗等。

1. *除去继发因素*　降低饲料钼、硫的含量，禁止使用高钼饲料。

2. *补铜*　补饲硫酸铜，犊牛从 2～6 月龄开始，每周补 4g，成年牛每周补 8g，连续 3～5 周，间隔 3 个月后再重复 1 次，对原发性和继发性铜缺乏症都有较好的效果。也可以用含铜盐砖，供动物舔食。皮下注射甘氨酸铜注射液，成年牛 400mg（含铜 125mg），犊牛 200mg（含铜 60mg），预防作用可以持续 3～4 个月，也可用作治疗。

3. *合理配制日粮*　根据动物营养需要标准，在饲料中添加铜。

4. *对症治疗*　止泻、强心、补液。

5. *施铜肥*　在低铜草地上，如 pH 偏低可施用含铜肥料。每公顷 5.6kg 硫酸铜，可提高牛、羊血清肝中铜浓度，防止铜缺乏症的发生。1 次喷洒可保持 3～4 年。喷洒后需等降雨之后，或 3 周以后才能让牛、羊进入草地。碱性土壤不宜用此法补铜。

锌缺乏症（zinc deficiency）

锌缺乏症是由于饲料中锌含量绝对或相对不足所引起的一种营养缺乏病。其临床特征是生长缓慢、皮肤角化不全、繁殖机能紊乱、骨骼发育异常、蹄壳变形。各种动物均可发生，猪和鸡较为常见。

人和动物锌缺乏症在许多国家都有发生。据报道，美国50个州中有39个州土壤需要施锌肥，约有400万人患有不同程度的缺锌。我国的北京、河北、湖北、湖南、陕西等省市缺锌面积多在30%以上，山西、内蒙古、新疆等地的土壤含锌亦不足，有十几个省、直辖市、自治区报道了绵羊、猪、鸡等动物的锌缺乏症，以及补锌对动物生长发育和生产性能所起的良好效应。

病因

1. *原发性缺乏*　土壤缺锌造成植物含锌过低，饲料中锌含量不足，引起动物原发性锌缺乏，又称为绝对性锌缺乏。一般土壤含锌30～100mg/kg。土壤含锌低于30mg/kg，饲料锌低于20mg/kg时，动物易发生锌缺乏症。饲料中锌的水平与土壤锌含量，特别是有效态锌密切相关。缺锌地区的土壤pH大都在6.5以上，主要是石灰性土壤、黄土、紫色土和黄河冲积物所形成的各种土壤。过多施石灰和磷肥也会使草场含锌量极度减少。

日粮中锌含量为40mg/kg时，可以满足动物的一般需要；60～80mg/kg时可以满足生长期幼畜和种公畜的需要。含锌45～55mg/kg的日粮可满足鸡生长的需要。动物对锌的需要量受年龄、生长阶段和饲料组成，尤其是日粮中干扰锌吸收利用因素的影响，所以实际日粮的锌水平要高于正常需要量。

日粮中含锌量低于10～14mg/kg时，就难以维持正常血浆锌的浓度。日粮中锌含量在12～38.4mg/kg，可引起猪的锌缺乏。日粮中锌含量为17mg/kg，可导致羊体掉毛、皮肤增厚、皱褶等临床症状。日粮中含锌量低于8～9mg/kg时，不能满足牛犊的生长需要。日粮中锌含量低于35～40mg/kg时，可引起鸡锌缺乏病。

不同饲料原料中锌的含量及生物学效应不同。各种植物中锌的含量不一样，野生牧草中锌含量较高，而玉米、高粱、稻谷、稻草、麦秸、苜蓿、三叶草、苏丹草、水果、蔬菜（特别是无叶菜）、块茎类饲料等锌含量比较低。玉米和高粱含锌量仅10～15mg/kg，块茎类饲料含锌最低，仅4～6mg/kg。植物锌与植酸结合在一起，不利于吸收，生物效应低。酵母、糠麸、饼粕类饲料及动物性饲料含锌丰富。动物性饲料的锌生物效应高。

2. *继发性缺乏*　主要是由于饲料中存在干扰锌吸收利用的因素，又称为相对性锌缺乏。钙、镉、铜、铁、铬、锰、钼、磷、碘等元素均可干扰饲料中锌的吸收。例如，高钙日粮可使猪发生继发性锌缺乏。饲料中钙∶锌为（100～150）∶1为宜，如饲料中钙达0.5%～1.5%，锌仅34～44mg/kg，猪很易产生锌缺乏症。试验表明，含锌32mg/kg的日粮中，同时含钙0.48%，可引起50%的仔猪发生不全角化症，把钙增加到0.67%～1.03%，则全部仔猪发生锌缺乏病。钙能直接竞争性拮抗锌的吸收，增加粪尿中锌的排泄量，减少锌在体内的沉积。

饲料中植酸、纤维素等含量过高可干扰锌的吸收。在猪，不论饲料中锌的含量多少，只要植酸盐与锌的摩尔浓度比超过 20∶1，即可导致临界性锌缺乏，加大其浓度比，则引起严重缺锌。在植酸参与下，钙与锌形成不易被肠道吸收的钙锌植酸复合物，干扰锌的吸收。

消化功能障碍，慢性腹泻，影响胰腺分泌的“锌结合因子”（zinc binding factor）在肠腔内停留，导致锌吸收不足。

伏里森牛（friesian）、丹麦黑斑牛容易患锌缺乏症。4～8 周龄的牛，皮肤增厚，皮屑增多。这是常染色体隐性遗传疾病，小肠上皮吸取和浓集锌的功能缺陷，锌吸收减少，引起锌缺乏。

发病机制

1. *酶的组成成分*　已知动物体内 6 大类酶（氧化还原酶、转移酶、水解酶、裂合酶、异构酶和连接酶）中有 80 种以上酶中都含有锌。锌是机体内 100 多种酶的激活剂，参与多种酶、核酸及蛋白质的合成。缺锌时，含锌酶的活性降低，胱氨酸、甲硫氨酸等氨基酸代谢紊乱，谷胱甘肽、DNA、RNA 合成减少，细胞分裂、生长和再生受阻，免疫功能降低，动物生长停滞，增重缓慢。所以，锌有“生命火花”之称。

2. *维持细胞膜完整性*　许多细胞膜（如精子细胞、白细胞、脑细胞等）都有较高浓度的锌。锌与膜成分结合，形成稳定结构，防止细胞膜脂质过氧化。

3. *味觉素的构成成分*　每个味觉素内含 2 个锌原子。缺锌可使动物食欲下降，采食减少。

4. *与某些激素活性有关*　锌和胰岛素、性激素活性有关。锌缺乏，胰岛素分泌障碍，血清性激素水平降低；睾丸的体积、重量只有正常的一半，精子成熟受影响；卵巢发育停滞，子宫上皮发育障碍，影响母畜繁殖功能。缺锌大鼠血清中生长激素含量减少。

5. *生长发育与组织再生*　锌参与 DNA、RNA 及蛋白质合成，参与细胞的分裂过程，对生长发育与组织再生有重要意义。

6. *增强免疫功能*　锌是维持正常免疫功能重要微量元素之一，缺锌可导致免疫功能下降，抗感染力低下。

7. *参与骨骼代谢*　锌作为碱性磷酸酶的成分，参与骨骼代谢。锌缺乏时，易得骨质疏松症。

8. *促进维生素 A 代谢*　锌能促进视黄醇的合成和构型转化，参与肝中维生素 A 的动员，维持血浆维生素 A 浓度的恒定，对维持正常暗适应能力有重要作用。

9. *保持上皮完整性*　锌能促进肉芽生长，促进创伤愈合。缺锌时皮肤胶原合成减少，胶原交联异常，表皮角化障碍。

临床症状

基本临床症状表现为生长发育缓慢乃至停滞，生产性能降低，生殖机能减退，骨骼发育障碍，皮肤角化不全，被毛、羽毛异常，免疫功能缺陷及胚胎畸形。

1. *牛、羊*　犊牛食欲减退，增重缓慢，皮肤粗糙、增厚、起皱，乃至出现裂隙，尤以肢体下部、股内侧、阴囊及面部为甚。四肢关节肿胀，步态僵硬，流涎。母牛健康不佳，生殖机能低下，产乳量减少，乳房皮肤角化不全，易发生感染性蹄真皮炎。绵羊的羊毛弯曲度丧失、变细、乏色、易脱落。蹄变软，发生扭曲。羔羊生长缓慢，流泪，眼周皮肤起皱、皲裂。母羊生殖机能降低。公畜睾丸萎缩，精子生成障碍。

2. 猪　　食欲减退，生长缓慢，腹部、大腿及背部等处皮肤出现境界清楚的红斑，而后转为直径 3～5cm 的丘疹，最后形成结痂和数厘米长的裂隙。痂块易碎，形成薄片和鳞屑状，这一病理过程通常历经 2～3 周。常见有呕吐及轻度腹泻。严重缺乏时，由于蹄壳磨损，导致蹄裂、蹄出血、跛行。母猪产仔减少，新生仔猪初生重降低。补锌后，病猪食欲迅速恢复，增重及皮肤症状在一周内好转，一个月内完全康复。

3. 禽　　采食量减少，生长缓慢，羽毛发育不良、卷曲、蓬乱、折损或色素沉着异常，皮肤角化过度，表皮增厚，以翅、腿、趾部明显。长骨变粗变短，跗关节肿大。产蛋减少，孵化率下降，胚胎畸形，主要表现为躯干和肢体发育不全。

4. 野生动物、皮毛动物　　流涎，鼻、胸腹部、颈部脱毛。先天性缺锌时，皮肤角化，皮屑增多，皮张质量下降。犬、猫生长缓慢，消瘦、呕吐、结膜炎、角膜炎。腹部、肢端发炎。灵长类食欲下降，舌背面角化不全，角膜炎并伴有脱毛。

诊断

依据低锌和（或）高钙日粮的生活史，生长缓慢、皮肤角化不全、繁殖机能障碍，骨骼异常等临床症状，以及补锌效果明显（诊断性治疗），可建立初步诊断。测定血清、组织锌含量有助于进一步诊断。绵羊和牛的正常血锌水平为 80～120μg/dL，饲喂低锌日粮的犊牛和羔羊的血锌水平可降至 18μg/dL。必要时可分析饲料中锌、钙等相关元素的含量。

临床表现皮肤角化不全的病例，应与疥螨性皮肤病、烟酸缺乏、维生素 A 缺乏，以及必需脂肪酸缺乏等引起的皮肤病变相区别。

治疗

饲料中添加锌盐，每吨饲料加碳酸锌、硫酸锌或氧化锌，使每千克饲料含锌 100mg 是有效的防治措施。口服碳酸锌，3 月龄犊牛 0.5g，成年牛 2.0～4.0g，每周 1 次；或肌肉注射碳酸锌，猪 2～4mg/kg·体重，1 次/d，连用 10d。补锌后，食欲迅速恢复，1～2 周内体重增加，3～5 周内皮肤症状消失。皮肤病变严重的病例可涂擦 10%氧化锌软膏。绵羊的腐蹄病，可用 10%硫酸锌溶液进行脚浴，有良好疗效。

预防

保证日粮中含有足够的锌，并适当限制钙的水平，使 Ca∶Zn 保持在 100∶1。猪日粮含钙 0.5%～0.6%时，50～60mg/kg 的锌可满足其营养需要。在低锌地区，可施锌肥，每公顷施用硫酸锌 4～5kg。牛、羊可自由舔食含锌食盐，每千克食盐含锌 2.5～5.0g 或给绵羊投服锌丸。

钴缺乏症（cobalt deficiency）

钴缺乏症是因饲料中缺少钴，引起反刍动物厌食、进行性消瘦、异食癖和贫血为临床特征的慢性地方性疾病。该病仅发生于绵羊、山羊和牛等反刍动物。杂食动物、食肉动物、草食性非反刍动物不发生本病。

不同国家对反刍动物钴缺乏症命名不同。新西兰称为灌木病（bush sickness），苏格兰称为消瘦病（pine disease），澳大利亚称为地方性消瘦病或海岸病（coast disease），日本称为废食病。美国各地对该病的命名也不一样，如盐病（salt sickness）和颈疾（neck ill）等。

病因

饲料缺钴是本病发生的主要原因，土壤缺钴又是饲料缺钴的根本原因。风砂堆积的草场、沙质土，碎石或花岗岩风化的土地，灰化土或者是火山灰烬覆盖的土壤都严重缺乏钴。当土壤中钴含量低于0.17mg/kg时，牧草中钴含量相当低，容易产生钴缺乏症。

植物中钴含量不足0.01mg/kg，可表现严重的急性钴缺乏症，牛羊体况迅速下降，死亡率很高。牛羊对钴缺乏的敏感性不同，钴含量为0.01～0.04mg/kg，羊可表现急性钴缺乏，牛则表现为消瘦；钴含量为0.04～0.07mg/kg，羊表现钴缺乏症，牛仅出现全身体况下降；钴含量在0.07mg/kg以上，羊的体况稍差，牛健康活泼。当钴含量在0.1～0.3mg/kg时，牛羊健康，繁殖能力良好。

但是，土壤中钴含量升高不一定能增加植物中钴的含量。土壤中pH和其他元素，如钙和锰含量过高，可减少植物中钴含量。耕作方法、灌溉及植物品种等都可影响植物中钴含量。

豆科植物中钴含量较高，棉籽饼中钴含量可达2.0～2.1mg/kg，普通牧草中钴含量仅0.03～0.2mg/kg。同一植株，叶片含钴56%，种子含钴24%，茎、杆、根含钴18%，果实皮壳中仅占1%～2%。

日粮中镍含量高于4.6mg/kg、锶高于25mg/kg、钡高于22mg/kg、铁高于100mg/kg时，家畜对钴的需要量会随之增多。日粮中钙、碘、铜缺乏能诱发本病。

缺钴地区的动物，如不补充钴，容易产生钴缺乏症。

发病机制

钴是动物的必需微量元素之一，尤其是反刍动物。反刍动物瘤胃中细菌生长、繁殖需要钴，其中一部分细菌可利用钴合成维生素B_{12}。细菌合成的维生素B_{12}不仅是反刍动物的必需维生素，也是瘤胃原生动物，如纤毛虫等的必需维生素，保证原生动物生长、繁殖，使纤维素的消化正常进行。缺乏钴，维生素B_{12}合成不足，直接影响细菌及原生动物的生长、繁殖，也影响纤维素等的消化。

反刍动物的能量来源主要由瘤胃正常消化过程产生的丙酸，在肝内通过糖异生途径合成葡萄糖，供给能量。丙酸转化葡萄糖的过程，需要甲基丙二酰辅酶A变位酶参与。维生素B_{12}是该酶的辅酶。维生素B_{12}缺乏，可导致反刍动物能量代谢障碍，引起消瘦、虚弱、生产性能下降。

钴能加速体内储存铁的动员，使之易进入骨髓。钴可抑制许多呼吸酶活性，引起细胞缺氧，刺激红细胞生成素的合成，代偿性促进造血功能。

维生素B_{12}在N'-5-甲基四氢叶酸转化为有活性的四氢叶酸的过程中，发挥重要作用，参与了胸腺嘧啶核苷酸的合成。缺乏维生素B_{12}，胸腺嘧啶合成受阻，细胞分裂中止，导致巨细胞性贫血。

钴可改善锌的吸收，锌与味觉素合成有关，缺钴情况下，可引起食欲下降，甚至异食癖。

由此可见，反刍动物缺钴时，不仅可直接对动物产生不利的影响，而且影响到细菌、纤毛虫等生物的活性，减少维生素 B_{12} 的体内合成，能量代谢障碍和造血功能减弱。

症状

反刍动物钴缺乏特异性症状为异食，喜食被粪尿沾污的褥草，啃舔泥土、饲槽及墙壁、慢性进行性消瘦及贫血，病程可达数月至 2 年。

病牛表现为渐进性采食减少，营养不良，渐进性消瘦，皮肤弹性减退，被毛松乱无光泽，换毛延迟，被毛由黑变为棕黄色。产乳量降低。贫血，可视黏膜苍白。繁殖功能下降。瘤胃蠕动减弱。粪便坚硬，有时其表面有一层黏液。并发肠卡他时，发生顽固性腹泻。对外界刺激反应减弱、机体极度衰弱。

成年羊缺钴时，采食减少，异食，进行性消瘦，羊毛干燥，易折断，脱落，痒感明显，产毛量下降，繁殖功能下降。贫血，可视黏膜苍白。严重钴缺乏时，流泪，面部被毛潮湿，特别是绵羊。

幼畜（犊牛、羔羊、仔猪）易患钴缺乏症，表现为精神委顿，食欲减退，生长缓慢，被毛粗糙，贫血，皮肤和可视黏膜苍白。抗病能力降低，易继发消化不良、胃肠炎、支气管炎和肺炎等。

血液学检查，红细胞数降至 3.5×10^{12} 以下，重症病例可降至 2.0×10^{12} 以下；血红蛋白含量在 80g/L 以下；红细胞压积减少。红细胞大小不均，异形红细胞增多。

血液中钴浓度从正常的 10～30ng/mL 下降到 2～8ng/mL，血液中的维生素 B_{12} 从 2.3ng/mL 下降至 0.47ng/mL。

羊的肝钴含量从 0.2～0.3mg/kg 降至 0.07～0.11mg/kg 以下，维生素 B_{12} 从 0.3mg/kg 降到 0.1mg/kg。瘤胃中钴的浓度从平均值（1.3±0.9)mg/kg 降低至平均值 (0.09±0.06)mg/kg。

钴缺乏，尿液中甲基丙二酸（methylmalonic acid，MMA）和亚胺甲基谷氨酸 (formininoglutamic acid，FIGLU）含量升高，FIGLU 浓度可从 0.08mmol/L 升高到 0.2mmol/L。MMA 浓度达 15μmol/L 以上。健康动物尿液中这两种物质含量甚微。正常血清 MMA 含量为 2～4μmol/L；钴缺乏，MMA 含量大于 4μmol/L。

诊断

根据地区性群发，慢性病程，不明原因的食欲下降、消瘦、贫血和绵羊流泪等临床症状，以及用钴制剂进行诊断性治疗，在病羊饲料中每天添加 1mg 钴，病牛口服钴制剂溶液，每天补充钴 5～35mg，连用 5～7d 后病情缓解，食欲恢复，体重增加并出现网织红细胞效应，可初步诊断为钴缺乏症。

肝脏中钴和维生素 B_{12} 含量测定，尿液中 MMA、HGLU 含量测定，以及牧草、土壤中钴含量测定有助于进一步确诊。

临床上应特别注意与慢性消耗性疾病、寄生虫病，以及铜、硒和其他营养物质缺乏引起的消瘦症相鉴别。

防治

口服硫酸钴，每只羊每天 1mg 钴，连用 7d，间隔 2 周，重复用药，或每周 2 次，每次 2mg，或每周 1 次，每次 7mg，也可用含 90%的氯化钴丸投入瘤胃内，羊每丸 5g，牛每丸 20g，对防治钴缺乏有较好的效果。用含 0.1%钴的盐砖，让牛羊自由舔食，常年供给，或在饲料中直接添加钴盐，可有效地防止钴缺乏。犊牛或羔羊（2 月龄用以内）前胃发育未成熟，宜用维生素 B_{12}皮下注射，羔羊每次 100～300μg，每周 1 次；犊牛每次 1mg，每周 1 次。给母畜补充钴，可提高乳汁中维生素 B_{12}浓度，能防止犊牛或羔羊钴缺乏。

过量钴对牛有一定的毒性作用，每 50kg·体重给予 40～55mg，可使牛中毒，使用时应予以注意。在缺钴地区，在肥料中添加微量的钴，施用于缺钴的草场有较好的预防作用。猪和家禽一般不需要在饲料中添加钴，但在饲料中必需添加足够的维生素 B_{12}。

碘缺乏症（iodinee deficiency）

碘缺乏症是由饲料和饮水中碘不足或饲料中影响碘吸收和利用的拮抗因素过多引起的，以甲状腺肿大、新生畜无毛乃至死亡为特征的一种慢性营养代谢病。各种家畜、家禽均可发生。

碘缺乏症是人和动物最常见的微量元素缺乏症，世界上许多国家都有发生，尤其是远离海岸线的内陆高原地带。我国西南、西北、东北等地区都有地方性甲状腺肿的发生。在缺碘地区，动物甲状腺肿的发病率相当高。

病因

1. *原发性碘缺乏*　饲料和饮水中碘含量低，动物碘摄入量不足引起。饲料与饮水中的碘含量与土壤含碘量密切相关。世界上有许多内陆地区，尤其是内陆高原、山区、半山区和降雨量大的沙土地带；近海雨量充沛、表土流失严重的地区；平原的石灰石、白垩土、沙土和灰化土地区多为缺碘地区。在该地区生活的动物易发生碘缺乏。在泥灰土地带，土壤中碘含量比较丰富，但碘与有机物牢固结合，不能被植物吸收和利用，仍有动物碘缺乏症的发生。一般认为，土壤中碘含量低于 0.2～2.5mg/kg，可视为缺碘地区。饲料中碘含量低于 0.3mg/kg，牛就可以发生本病。

一般来说，动物的饲料中碘含量较少，普通牧草碘含量仅为 0.06～0.14mg/kg，谷物为 0.04～0.09mg/kg，饼粕类饲料为 0.1～0.2mg/kg，乳及乳制品为 0.2～0.4mg/kg。海带中的碘含量较高，为 4000～6000mg/kg。因此，除了在沿海或经常以海藻植物做饲料来源的地区外，许多地区的动物饲料中，如果不补充碘，可发生碘缺乏症。

2. *继发性碘缺乏*　饲料中存在影响碘吸收和利用的拮抗因素引起。有些饲料，如包菜、白菜、甘蓝、油菜、菜籽饼（粕）、花生饼（粕）、花生粉、黄豆及其副产品、芝麻饼、豌豆及白三叶草等，均含有干扰碘吸收和利用的拮抗物质，如硫氰酸盐（thiocyanate）、葡萄糖异硫氰酸盐（glucosinolate）、糖苷-花生二十四烯苷（glycoside arachidoside）、氰糖苷（cyanogen glycoside）、甲硫脲（methylthiourea）、甲硫咪唑（methyimazol）等，这些物质被称为致甲状腺肿原食物（goitrogenic feed），它们能阻止或降低甲状腺的聚碘作用，或干扰酪氨酸的碘化过程。此外，氨基水杨酸类、硫脲类、磺胺类、保泰松等药物也有致甲状腺肿原作用，均可干扰碘在动物体内的吸收和利用，容易引起碘缺乏症。多年生的草地被翻耕以后，腐殖质所结合的碘会大量流失、降解，使本来已处于临界缺碘的现象显得更加突出；用石灰改造酸性土壤的地区，大量施钾肥的地区，植物对碘的吸收受到干扰，动物易发生碘缺乏症。

发病机制

碘是合成甲状腺素所必需的微量元素，动物体内70%～80%碘位于甲状腺中。甲状腺中的碘在氧化酶的催化下，转化为活性碘，并与激活的酪氨酸结合，生成一碘甲状腺原氨酸和二碘甲状腺原氨酸，继而形成三碘甲状腺原氨酸（T_3）和四碘甲状腺原氨酸（T_4）。T_3和T_4有生物学活性，称为甲状腺素。甲状腺素的分泌是通过下丘脑分泌促甲状腺素释放因子（TRF），促使垂体分泌促甲状腺素（TSH），后者作用于甲状腺促使甲状腺素分泌。在缺乏碘的情况下，由于甲状腺素分泌不足，反馈引起促甲状腺素分泌增加，以促使甲状腺素分泌和释放，同时也促进了甲状腺泡增生。持续缺碘，甲状腺组织进一步增生，形成恶性循环，最终导致甲状腺肥大。

饲料中存在的致甲状腺肿原物质，如硫氰酸盐等，在低浓度时就能抑制甲状腺上皮的代谢活性，限制腺体对碘的摄取，使甲状腺素的合成受到明显影响。某些硫氧嘧啶类药物对碘化酶、过氧化酶和脱碘酶有抑制作用，干扰碘代谢，也可引发甲状腺肥大。

甲状腺素具有调节物质代谢和维持正常生长发育的作用。饲料和饮水中碘缺乏或者存在干扰碘吸收和利用的拮抗因素，甲状腺素的合成和释放减少，除引起幼畜甲状腺肿大以外，更多的则表现为母畜繁殖机能减退，新生畜生长发育停滞，生命力下降，全身秃毛，容易死亡。这是体内与碘有关的100多种酶的活性受到抑制的结果。

甲状腺素还可抑制肾小管对水和钠的重吸收。甲状腺素合成减少时，水和钠在皮下组织滞留，并与黏多糖、硫酸软骨素和透明质酸的结合蛋白质形成黏液性水肿。

症状

除了幼畜生长发育受阻、成年畜繁殖机能下降等一般症状以外，碘缺乏症的特征症状是死胎率高或生下衰弱、活力低下的幼畜，新生畜全身或部分无毛，甲状腺肿大。不同动物碘缺乏症的主要临床表现如下。

1. 马　　成年马繁殖障碍，公马性欲减退，母马不发情，妊娠期延长，常生出死胎。母马所生的幼驹，体质虚弱，生后不久死亡的比例很高。幼驹被毛生长正常，生后3周左右，局部触诊可触及甲状腺稍肿大，多数幼驹不能自行站立，甚至不能吮乳，前肢下部过度屈曲，后肢下部过度伸展，中央及第三附骨钙化缺陷，造成跛行和跗关节变形。在严重缺碘地区，成年马甲状腺增生、肥大，纯种马和轻型马尤为明显。

2. 牛　　成年母牛繁殖障碍，母牛排卵停止，不发情，妊娠母牛经常发生流产或生死胎。公牛性欲下降。新生犊牛甲状腺增大，体质虚弱，人工辅助其吮乳，几天后可自行恢复，如出生在恶劣气候条件下，死亡率较高。有时甲状腺肿大可引起呼吸困难。新生犊牛常伴有全身和部分秃毛。

3. 羊　　成年绵羊甲状腺肿大的发生率较高，其他症状不明显。新生羔羊体质虚弱，全身秃毛，不能吮乳，呼吸困难，触诊可触及甲状腺肿大，四肢弯曲，站立困难甚至不能站立。山羊的症状与绵羊类似，山羊羔甲状腺肿大和秃毛更明显。

4. 猪　　母猪生的仔猪四肢以至全身无毛，或少毛，先天衰弱，或死胎。存活的仔猪颈部皮下有黏液性水肿，在生后数小时或数天内死亡，或生长发育停滞，成为“僵猪”。可能存在甲状腺肿大，但引起呼吸困难者极少。

5. 犬和猫　犬和猫的喉后方及第三、第四气管软骨环内侧可触及肿大的甲状腺，通常比正常的大 2 倍，严重者可见颈腹侧隆起，吞咽障碍，叫声异常，伴有呼吸困难。患病犬、猫的症状发展缓慢，病初易疲劳，不愿在户外活动。警犬执行任务时，显得紧张，不能适应远距离追捕任务。有的犬奔跑较慢，步态强拘，被毛和皮肤干燥、污秽，生长缓慢，掉毛。皮肤增厚，特别是眼睛上方、颧骨处皮肤增厚，上眼睑低垂，面部黏液性水肿。母犬发情不明显，发情期缩短，甚至不发情。公犬睾丸缩小，精子缺失，大约半数病犬有高胆固醇血症，血液中三酰甘油和脂蛋白的含量增高，偶尔可见肌酸磷酸激酶活性升高。

6. 鸡　雏鸡甲状腺肿大。肿大的甲状腺压迫食管，引起吞咽障碍，压迫气管，使吸气时常会发出笛声。公鸡睾丸变小，性欲下降，鸡冠变小，母鸡产蛋量降低。

动物血清蛋白结合碘低于 0.189～0.236μmol/L（24～30μg/L）；牛乳中蛋白结合碘浓度低于 0.063μmol/L（8μg/L）；羊乳低于 0.630μmol/L（80μg/L）。

病理剖检的主要变化为幼畜无毛，黏液性水肿和甲状腺显著肿大，一般可肿大 10～20倍。新生犊牛的甲状腺重超过 13g（正常的为 6.5～11.0g），新生羔羊的甲状腺重达 2.0～2.8g（正常羔羊的为 1.3～2.0g）。病理组织学检查可见甲状腺组织增生、肥大和新腺泡形成。

诊断

在缺碘地区，根据群发病、发病呈地区性，甲状腺肿大，母畜生下无毛或死亡的仔畜，以及黏液性水肿不难做出诊断。血清和乳汁中蛋白结合碘浓度检查，以及尸体剖检和病理学检查有助于确诊。

临床上应与传染性流产、遗传性甲状腺肿和幼驹无腺体增生性甲状腺肿鉴别诊断。

防治

补碘是根本性防治措施。内服碘化钾或碘化钠，马、牛 2～10g，猪、羊 0.5～2.0g，犬 0.2～1.0g，每日 1 次，连用数日，或内服复方碘溶液（碘 5.0g，碘化钾 10.0g，水 100.0mL），每日 5～20 滴，连用 20d，间隔 2～3 个月重复用药 1 次。应用含碘食盐（20～34mg/kg），对预防动物碘缺乏症有良好的效果。也可用含碘的盐砖让动物自由舔食，或者在饲料中添加碘化物、海藻、海带之类物质。

有人主张在母畜怀孕后期，于饮水中加入 1～2 滴碘酊，用 3%的碘酊涂擦乳头，让仔畜吮乳时吃进微量碘，亦有较好的预防作用。

此外，在配制猪、高产奶牛和其他家畜的日粮时，应按碘的需要量配方。根据我国规定的标准，按每千克饲料（干物质），各种家畜的碘需要量为：牛、羊 0.12mg/kg，肥育牛 0.35mg/kg，蛋用鸡 0.3～0.35mg/kg，肉用仔鸡 0.35mg/kg，仔猪 0.15mg/kg，母猪 0.11～0.12mg/kg，肥育猪 0.13mg/kg。

锰缺乏症（manganese deficiency）

锰缺乏症是由于日粮中锰不足或缺乏引起的一种以生长停滞、骨骼畸形、生殖机能障碍，以及新生畜运动失调为特征的营养代谢疾病。各种动物均可发生，家禽最敏感，其次是仔猪、犊牛、羔羊、绵羊、山羊等。本病往往在一个牧场内大群发病，或在一个地区呈地方性流行。

病因

原发性缺锰是由于日粮锰含量过低引起。在低锰土壤生长的植物含锰量低。土壤锰含量低于3mg/kg，活性锰低于0.1mg/kg，即可视为锰缺乏土壤。多数牧草含锰量50～100mg/kg，小麦、燕麦、麸皮、米糠等含锰量能满足动物生长需要。但是，玉米、大麦、大豆含锰很低，分别为5mg/kg、25mg/kg和29.8mg/kg，以其作为基础日粮，不能满足动物生长需要。饲料中胆碱、烟酸、生物素，以及维生素 B_2、维生素 B_{12}、维生素D等不足，机体对锰的需要量增加。

不同动物对锰的需要量不同，牛20mg/kg，羊20～40mg/kg，猪20mg/kg。鸡的需要量变化较大，饲料含锰30～35mg/kg，可保证蛋鸡良好的体况和高产蛋量，但要保持蛋壳品质，日粮锰含量应为50～60mg/kg。日粮含锰10～15mg/kg，足以维持犊牛正常生长，但要满足成年牛的繁殖和泌乳的需要，日粮锰含量应在30mg/kg以上。但报道认为，牧草中含锰量低于80mg/kg不能维持牛的正常生殖能力，低于50mg/kg常伴有不育和不发情。

饲料中钙、磷、铁、钴元素可影响锰的吸收和利用，饲料磷酸钙含量过高，可影响肠道对锰的吸收，用含钙3%～6%的日粮饲喂蛋鸡，可明显降低组织器官、蛋及子代雏鸡体内的锰含量。锰与铁、钴在肠道内有共同的吸收部位，饲料中铁和钴含量过高，可竞争性地抑制锰的吸收。

发病机理

锰是构成体内多种酶的活性基团或辅助因子，又是某些酶的激活剂，参与体内多方面的物质代谢。例如，精氨酸酶、脯氨酸酶、丙酮酸羧化酶、RNA聚合酶、超氧化物歧化酶等结构中均有锰参与。锰能激活碱性磷酸酶、脱羧酶、氧化酶、胆碱酯酶、醛羧酶等。锰缺乏时影响这些酶的活性，如丙酮酸羧化酶和磷酸烯醇式丙酮酸羧激酶活性降低，直接影响葡萄糖的生成。

锰是骨骼有机基质合成所必需的元素。锰缺乏时糖基转移酶类的活性下降，构成软骨组织的主要成分（黏多糖）的合成受损，影响骨骼的正常发育。

锰是维持动物正常繁殖机能的必需元素。缺锰动物表现卵巢功能障碍，睾丸变小，乳汁分泌不足，习惯性流产，以及幼畜病死率增高。

锰参与胆碱的生物合成，影响脂质的代谢。锰可作为合成类固醇的辅助因子，在胆固醇的生物合成过程中也起一定作用。锰缺乏，胆固醇前体的合成受影响，猪发生过量脂肪沉积和背部脂肪增厚。

锰参与糖代谢。锰缺乏的动物出现胰腺先天性萎缩或显著发育不全，使体内胰岛素的合成和分泌量下降，导致血糖不能维持正常水平。锰通过调节糖基转移酶的活性而影响凝血酶原的合成，锰缺乏降低维生素K诱导的凝血作用。

12～15d的动物胚胎的肝脏中已聚集大量的锰，此时期的肝脏是造血的主要器官，表明锰发挥刺激造血的作用。贫血的动物给予小剂量的锰盐或锰蛋白复合物，可使血红蛋白、中幼红细胞、成熟红细胞及循环血量增多。

锰在机体免疫功能方面发挥一定作用。锰缺乏使动物特异性抗体生成减少，影响中性粒细胞和巨噬细胞的功能。但是过量的锰则抑制机体的体液免疫和细胞免疫功能。

症状

动物锰缺乏表现为生长受阻，骨骼短、粗，骨重量正常。腱容易从骨沟内滑脱，形成"滑腱症"；动物缺锰常引起繁殖机能障碍，母畜不发情，不排卵；公畜精子密度下降，精子活力减退。母鸡产蛋量减少，鸡胚发生死亡等特征。

1. 牛　新生犊牛表现为腿部畸形，球关节着地，跗关节肿大，腿部扭曲，运动失调。缺锰地区犊牛主要表现哞叫，肌肉震颤乃至痉挛性收缩，关节麻痹，运动明显障碍，生长发育受阻，被毛干燥，无光泽。成年牛表现性周期紊乱，发情缓慢或不发情，不易受胎，早期发生原因不明的隐性流产、弱胎或死胎。直肠检查通常有一侧或两侧卵巢发育不良，比正常小。乳量减少，严重的无乳。种公牛性欲减退，严重者失去交配力，同时出现关节周围炎、跛行等。

2. 猪　骨骼生长缓慢，前肢呈弓形，腿短粗而弯曲，跗关节肿大，步态强拘或跛行，肌肉无力，肥胖。母猪发情不规律、不明显或不发情或胎儿吸收或死胎，无乳。缺锰母猪所生的仔猪形体矮小，体质衰弱，骨骼畸形，不愿活动，甚至不能站立。

3. 羊　骨骼生长缓慢，四肢变形，关节有疼痛表现，运动障碍。山羊的跗关节肿大。母羊发情期延长，不易受胎，早期流产、死胎。羔羊的骨骼缩短而脆弱，关节疼痛，舞蹈步态，不愿走动。

4. 禽类　鸡和鸭对锰缺乏比较敏感。2～30日龄雏鸡，10日龄雏鸭即可表现出骨骼畸形。

鸡的特征症状是骨短粗症（perosis）和滑腱症（slipped tendon）。可见单侧或双侧跗关节以下肢体扭转，向外屈曲，跗关节肿大、变形，胫骨和跖骨变粗短和腓肠肌腱脱出而偏斜。两肢同时患病者，站立时呈"O"形或"X"形；一肢患病者，一肢着地另一肢短而悬起，严重者跗关节着地移动或麻痹卧地不起，因无法采食而饿死。种母鸡所产的受精蛋含锰量较低，致使胚胎发育不良，孵化率下降，常孵化至19～21d发生胚胎死亡；刚孵出的雏鸡由于缺锰出现神经症状，如共济失调，观星姿势。

雏鸭表现生长发育不正常，羽毛稀疏无光泽，生长缓慢，一般在10日龄出现跛行，随着日龄增加，破行更加严重，胫跗关节异常肿大，胫骨远端和跗骨的近端向外弯转，最后腓肠肌腱脱离原来的位置，使腿部弯曲或扭曲。胫骨和跗骨变短变粗。当两腿同时患病时，病鸭蹲于跗关节上，不能站立。

诊断

主要根据不明原因的不孕症，繁殖机能下降，骨骼发育异常，关节肿大，前肢呈八字形或罗圈腿，后肢肌腱滑脱，头短而宽，新生幼畜平衡失调等做出可疑诊断。日粮中补充锰，症状改善，或明显好转可做出进一步诊断。饲料和动物体内锰含量测定有利于确诊。

血液中锰含量对诊断意义不大，肝脏中锰含量只有在严重缺锰时才明显下降。血液、骨骼中碱性磷酸酶升高，肝脏中精氨酸酶活性升高，可作为辅助诊断指标。

防治

改善饲养，供给含锰丰富的饲料。一般认为日粮中至少含锰量：牛20mg/kg，猪、鸡 40mg/kg，产蛋鸡 60mg/kg，才可防止锰缺乏症。各种锰化合物有同样的补锰效果。鸡通常用 1g 高锰酸钾溶于 20L 饮水内，每天 2 次，连用 2d，停药 2d，再饮 2d，对预防和早期治疗有显著效果。缺锰地区或条件性缺锰地区，母牛每天补 4g，小牛每天补 2g 硫酸锰，可防止锰缺乏。硫酸锰掺入化肥中每亩草地施用 0.5kg，可有效地防止放牧牛、羊的锰缺乏。已发生骨短粗和腱滑脱的病例，很难完全康复。

（邵良平）

第六节 其他营养代谢病

肉鸡猝死综合征（sudden death syndrome in broiler，SDS）

肉鸡猝死综合征是肉鸡在没有任何外部症状情况下突然死亡，又称急性死亡综合征（acute death syndrome，ADS）、两脚朝天病或仆翻病（flip over disease）、翻跳病。主要临床特征为突然平衡失调，翅膀强烈扇动，蹦跳，两脚朝天，突然死亡。该病主要发生于生长快速、体况良好的肉鸡群，雄性肉鸡多发，占发病鸡的 50%～80%。火鸡、蛋鸡和肉种鸡也有发生。

病因

本病病因复杂，至今仍不十分明确。根据研究资料，该病的发生与以下因素有关。

1. *性别因素* SDS 主要发生于雄性肉鸡。一般认为，SDS 与雄性肉鸡生长速度过快有关。对 2 周龄雄性肉鸡皮下注射雌二醇后，SDS 的发病率没有明显的影响，认为 SDS 与性激素的水平无关。

2. *生长速度* 生长快速的肉鸡 SDS 的发病率较生长慢的肉鸡发病率高。但是生长速度降低 10%，对 SDS 的发病率没有影响。当生长速度降低 40%时，鸡群 SDS 发病率几乎降到 0。肉鸡生长速度受遗传因素、营养及环境等多方面的影响。

3. *日粮因素* 与日粮组成有关。低营养浓度的日粮饲喂鸡群，SDS 发病率显著下降。玉米和黄豆为主的日粮比小麦和黄豆为主的日粮发病率较低。日粮组成中应用不同种类的能量饲料对 SDS 发病率亦有影响，如应用葵花子油的日粮比应用动物脂肪的日粮发病率低。

与日粮的形态有关。饲喂颗粒饲料的鸡群比饲喂粉状饲料或糊状饲料的鸡群 SDS 的发病率高。其原因不仅是鸡采食颗粒饲料生长速度快，也可能与加工颗粒饲料过程中产生了未知的 SDS 致病因子。SDS 多发生于发育早，生长速度快，体质量大的公鸡，死亡率随体质量的增加而显著增高。

与日粮营养成分有关。①饲料蛋白质水平与 SDS 有很大关系。在商品肉鸡饲料中分别加入 19%和 24%的蛋白质，经 4 个星期饲喂后，高蛋白组 SDS 的发病率显著低于低蛋白组。这可能是高蛋白日粮降低育肥期肉鸡脂肪的沉积，对心脑血管系统的应激减少有关。采用鱼粉的日粮比采用豆粕的日粮 SDS 的发病率降低 50%左右。据推测，其原因是由于鱼粉等动物性蛋白饲料中含有牛磺酸，而植物性蛋白饲料则没有。牛磺酸能明显的改善心肌代谢，它与心脏病的发生有一定的联系。②日粮中脂肪含量和质量与

SDS发生率密切相关。添加动物脂肪可使SDS发病率趋于增加，尤其在肉鸡的生长前期。日粮中添加葵花子油代替动物脂肪，可显著地降低SDS的发生，其原因可能是葵花子油中的亚油酸降低了心脏对儿茶酚胺的敏感性。日粮中缺乏脂肪，SDS的发病率增高，如用玉米糊替代动物脂肪，尽管肉鸡生长速度降低，但SDS的发病率却升高。③日粮中添加维生素A、D、E可降低SDS的发病率；维生素B_1、B_6高于需要标准添加时，也降低SDS的发病率。日粮中添加生物素（按每千克饲料中添加150μg的剂量）可降低肉鸡SDS的发病率。氯化胆碱与多种维生素配合应用也可减少SDS的发生。④高葡萄糖日粮增加了SDS的发病率，其原因可能与葡萄糖进入体内酵解成乳酸，使肉鸡体内乳酸水平增高有关。给鸡注射20%乳酸溶液，SDS发生率非常高，猝死鸡血液中乳酸水平显著高于活鸡。⑤日粮中矿物元素，如钾、钠、钙、氯、磷等平衡失调，影响体液的酸碱平衡，极易诱发SDS。酸碱平衡被突然改变，机体又一时无法缓冲时，对心脏、脑血管系统的损害将是致命的，这很可能是SDS发生的最直接原因。

4. 其他因素　应激反应与本病的发生有密切的关系。饲养密度过大、噪声、抓扑，以及其他的一些应激因素均可增高SDS的发病率。SDS死鸡多见于操作机械的旁边，或在人工添料时发生。鞭炮、雷鸣也会使SDS发病率大增。热应激提高SDS发病率和病死率。为了保证鸡舍内温度，雏鸡饲养密度过大，通风不良，是常见现象。鸡舍内CO、CO_2、NH_3等有害气体含量过高，以及拥挤本身是强应激原，可能诱发本病。

光照时间延长能增加SDS的发病率。连续光照的SDS发病率比间断光照高，原因是连续光照可使鸡群最高限度地采食，从而达到最快的生长速度，同时连续光照对鸡群也是一种强应激原。

某些药物刺激也能引起SDS的发病率升高。鸡喂离子载体类抗球虫药时，SDS发病率显著高于喂非离子载体类抗球虫药。

发病机制

本病病因复杂，发病机制尚不清楚。一般认为，血液中乳酸根离子突发性上升，酸碱平衡失调，心脏功能紊乱，导致鸡的死亡。当电解质（Na^+、K^+、Cl^-）平衡低于200mmol/kg时，SDS的发病率增高。据报道，钾与磷的缺乏是导致肉种鸡SDS的关键因素。钾维持着血浆渗透压和体液酸碱平衡，为心脏跳动所必需，并且与肌肉兴奋有关。磷能增加机体的能量供应，与脂肪酸转运、氨基酸合成等有关。死于SDS鸡的心肌磷脂组成与正常对照鸡的磷脂组成不同。这种不同可能影响到Ca^{2+}或其他离子的正常渗透，而使电解质平衡失调，心脏功能紊乱而死亡。

遗传因素、性别因素在SDS发生上起重要的作用，与心肌纤维结构上的特质有关。有人认为，肉鸡生长速度快，体质量大，与心血管系统、呼吸系统发育和功能不协调，导致肉鸡抗应激的能力差，SDS发生率高。

症状

本病多发生于2～3周龄的肉仔鸡，10多日龄的雏鸡比较多见，超过三周龄的鸡很少发病。发病前无任何明显的先兆症状，突然发作，失去平衡，向前或向后跌倒，卧地，翅膀剧烈扑动，肌肉痉挛，有的离地跳起而死，大多数病鸡发出“嘎嘎”的怪叫或尖叫声。从发病到死亡约1min。病鸡死后大多数两脚朝天，腿、颈伸展（占80%），少数侧卧（占15%）、腹卧（占5%）。

病理变化：死鸡体格健壮，肌肉丰满，嗉囊充满刚采食的饲料；心房扩张，内有血凝块，心室紧缩呈长条状，质地硬实，内无血液；肝稍有肿大，色泽较淡，部分鸡肝破裂；胆囊空虚或变小，胆汁少或没有胆汁；肺充血、水肿；腹膜和肠系膜血管充血，静脉怒张。

诊断

根据临床症状和剖检变化特点，即可做出初步诊断。

病因学诊断难度大，需要进行病史调查。了解饲料配方是否营养全价，尤其是蛋白质、维生素和微量元素等；检测饲料营养成分，如粗蛋白、粗脂肪、钾、磷、硫、氯等；了解是否大量使用动物脂肪；了解是否存在强的应激原。根据病史调查的结果，进行诊断性治疗，再根据治疗效果，验证初步诊断的正确性。

治疗

该病病程短急，难施治疗，只能对鸡群采取预防性治疗。

适度限制饲养，减缓生长速度。碳酸氢钾饮水或拌料，饮水按0.2%的浓度，连饮2～3d，拌料每吨添加3.6kg，连喂5～7d。改善营养水平，在饲料中添加足够氯化胆碱、维生素E、维生素B_1、维生素B_6和生物素等，或用电解多维饮用3～7d。在饲料中降低能量水平，提高日粮蛋白水平。

预防

1. *合理添加维生素和脂肪*　在饲料中添加脂溶性维生素A、维生素D、维生素E、维生素K和氯化胆碱，促进脂肪消化吸收。避免盲目过量添加油脂，科学调整蛋白与能量比，防止脂肪代谢障碍。

2. *适量补充矿物质*　注意添加矿物质元素，尤其要添加钾盐，保证肉鸡体内的电解质平衡；确保钙、磷水平正常，补足微量元素。适当补充碳酸氢钾，10～20日龄左右肉鸡，在饲料中拌入碳酸氢钾每吨料3.6kg，连续饲喂。

3. *加强饲养管理*　搞好通风换气，合理饲养密度，保持良好的卫生条件，以防舍内氧气含量低，造成机体缺氧而导致代谢障碍。14～21日龄的肉鸡采取限饲和控制光照。14～21日龄光照20h/d，22～42日龄光照16～18h/d，光照强度控制在0.5～2.0lx。光照控制时间一般在零点前后。

肉鸡腹水综合征（ascites syndrome in broiler）

肉鸡腹水综合征是肉鸡以腹腔积液为特征的营养代谢障碍性疾病，又称肉鸡腹水症、肉鸡右心衰竭、腹腔积液综合征、肺动脉高压综合征（pulmonary hypertension syndrome，PHS）等。主要临床特征是腹围增大和呼吸急促，病变特征是腹腔积液、右心扩张和肝硬化。

该病主要发生于肉仔鸡，蛋鸡和鸭也有发生。发病时间最早为3日龄，4～5周龄时高发。发病率1%～90%，平均30%，公鸡发病率约占70%，病程一般为7～14d。病死率15%～30%，最高达50%。

病因

本病病因复杂，往往是多种原因共同作用的结果。

1. 缺氧　肉鸡腹水综合征最早发现于海拔 3500m 以上地区，普遍认为缺氧是该病的主要因素。低海拔地区也有很高的发病率，与肉鸡的生存环境有很大的关系，尤其在低温季节，为了保温，鸡舍密闭，通风差，同时用煤炉取暖，使鸡舍内空气中 CO、CO_2 和 NH_3等有害气体浓度增高，致使氧气减少，慢性缺氧。

2. 性别　公鸡发病高达 70%，显著高于雌性肉鸡。一般认为，肉鸡腹水综合征与公鸡生长速度过快有关。

3. 品种　该病多发生于肉仔鸡。肉仔鸡生长速度快，其肺的容积与体质量的增加不成正比，为了满足机体对氧的需要，肺动脉压升高，心脏搏出血液量增加，使心脏负担加重，导致右心室肥大、扩张，进而引起门静脉淤血，腹腔大量积液。

4. 饲料　该病的发生与饲喂颗粒饲料有很大的关系，许多国家肉鸡腹水综合征的发生都有此规律性，可能与使用颗粒饲料能加快肉鸡的生长有关。

5. 高能日粮　日粮中能量水平过高，尤其，添加过多的动植物脂肪时，腹水综合征的发病率极大提高。据报道，肉仔鸡饲喂高能饲料，肉鸡腹水综合征发病率比饲喂低能饲料上升 4 倍。

6. 维生素和硒缺乏　日粮中维生素 C、维生素 A、维生素 B_6、维生素 E 等缺乏，尤其硒的含量不足，均可促进该病的发生。

7. 冷刺激　冬季鸡舍温度低、饮冷水等是该病诱发因素之一。寒冷刺激也是呼吸道疾病的诱因。

8. 中毒　霉菌毒素中毒，日粮或饮水中食盐含量过高，长时间使用或大剂量使用磺胺类药物、呋喃类药物、莫能菌素等都可诱发该病。

发病机制

肺动脉高压是肉鸡腹水综合征发生的中心环节。肺动脉高压加重了右心室的负荷，在超过心脏代偿能力的情况下，导致有心力衰竭。心力衰竭又使腔静脉血液回流障碍，血液淤滞在外周循环，肝淤血，进而发展为淤血性肝硬化，进一步加重腹腔脏器血液循环，使血液中的液体成分渗漏到血管外，最终导致腹腔积液。

引起肉鸡肺动脉高压的因素是多方面的。首先，鸡的肺脏固定于胸腔内，肺脏舒张的空间较小，容易引起肺动脉高压。其次，肉鸡生长过快，肺的容积与体质量的增加不成正比，促使肺动脉压升高。第三，在缺氧的情况下，引起毛细血管壁增厚、狭窄，肺动脉压升高。第四，天气寒冷，肺小动脉收缩，造成肺动脉压上升。缺氧和寒冷也可直接刺激心脏，使心搏动增强，在代偿失调的情况下，引起心力衰竭。饲料或饮水中食盐含量过高，导致水、钠潴留，不仅加重心脏负担，也促进血液的液体成分渗漏到血管外。呋喃类药物等损害心肌，霉菌毒素损害心脏、肝、肾，都可促进该病的发生。

症状

病鸡生长发育缓慢，食欲不振或废绝，精神沉郁，羽毛蓬乱，两翅下垂，呼吸急促，鸡冠和肉髯发绀，皮肤暗红；有的发生腹泻，体温正常。病鸡走路迟缓，严重者站立困难，腹围明显增大，腹部下垂、着地，呈现企鹅状，腹部与地面接触、摩擦，呈暗红色或青紫色，触诊腹部有明显的波动感。腹腔穿刺液呈黄色。

病理变化：病鸡皮下、肌肉淤血，发绀，腹腔聚积大量的黄色、清亮的液体，其中可能有黄白色、半透明、絮状或胶冻样纤维蛋白凝块。心脏高度扩张，右心明显扩大，心室壁松弛，体积扩大，心腔积血；心包腔聚积大量清亮液体。肺淤血、水肿，脾、肾、胃、肠淤血。发病早期，肝淤血肿大；后期，肝皱缩，体积变小，边缘钝圆，质地较韧，表面不平，常有淡黄色胶冻样物附着。肾肿大，充血，有尿酸盐沉积；肠管较细，肠道及肠黏膜严重淤血，呈暗红色，肠壁增厚，肠系膜淤血。

诊断

主要根据典型的临床症状和剖检变化。

临床上应注意与腹膜炎鉴别诊断。腹膜炎是家禽常见的疾病，腹腔中有数量不等的渗出液存在。肉鸡腹水综合征的腹腔液体呈淡黄色、透明。腹膜炎的腹腔液体呈白色、黄白色、灰色、绿色乃至黑色不等，浑浊、污秽、不透明。李凡他试验，肉鸡腹水综合征的腹腔液体呈阴性，腹膜炎的腹腔液体呈阳性。

病因学诊断比较困难，诸多情况下是多种因子共同作用的结果。临床上需要做详细的病史调查，如缺氧情况、舍内温度、使用药物、日粮组成等。检测鸡舍内氧分压、CO、CO_2 和 NH_3 等有害气体的浓度；检测饲料的能量、脂肪、维生素、钠离子、钾离子、硒、霉菌毒素（黄曲霉毒素、镰刀菌毒素）；检测饮水中钠离子、硝酸根离子的含量等均有助于病因学诊断。

治疗

治疗原则为清除病因，改善饲养管理，对症治疗。

1. *改善饲养管理*　严格执行生物安全措施，提供优质全价日粮。加强通风，降低 NH_3、CO_2 和 CO 等有害气体的浓度，增加氧气。减少饲养密度，提高鸡舍内温度，解决好防寒保暖与通风换气的矛盾。

2. *药物治疗*　腹水净拌料，连用 5～7d。饲料添加 0.6g/kg 维生素 C，连用 5～7d，15d 后再应用 5～7d。电解多维饮水，连饮 3～4d，调整电解质平衡。脲酶抑制剂能降低肠道内氨水平，减少肉鸡腹水综合征的发病率和病死率。肉鸡日粮中添加 63mg/kg 丝兰皂苷，能显著提高日增重，明显降低因腹腔积液继发的死亡率。在玉米-豆粕型的日粮中加入 1%碳酸氢钠，使日粮碱化，可降低发病率。早期在饲料中添加 0.05%的维生素 C，对降低发病率有较好的效果。治疗原发病，如慢性呼吸道病、传染性法氏囊病等。

3. *中药疗法*

方一　茯苓 90g、姜皮 50g、泽泻 20g、木香 90g、白术 30g、厚朴 20g、山楂 90g、甘草 50g、维生素 C 粉 50g。以上药品混合研末，按 1.0%～2.0%拌料饲喂，连用 3～5d。对病较重的鸡，按每只 5～8g 散药剂，煎汤口服，每日 2～3 次，连用 3～5d。

方二　苍术、木通、竹叶、朱苓、谷子、泽泻、二丑、商陆根各 100g，灯芯草 50g，混合，研末。每只鸡每次口服 1g。每天 1 或 2 次，连用 3～5d。

方三　白术、茯苓、干姜、桑白皮、大腹皮、木香、厚朴、木瓜、姜皮、泽泻、大枣各 1 份，绵茵陈、龙胆草各 2 份，甘草 1 份，水煎取汁，每只每次口服相当于 2～3g

生药的药量，每天 3 次，连用 3d，预防量减半。

方四　党参 45g，黄芪 50g，苍术 30g，陈皮 45g，瞿麦 40g，木通 30g，赤勺 50g，甘草 50g，茯苓 35g。经粉碎后，按每千克体重 2g 拌入饲料，分 2 次内服，连服 3d。

方五　麻黄 30g，桂枝 15g，黄芩 30g，黄柏 30g，板蓝根 30g，猪苓 15g，茯苓 15g，泽泻 15g，生姜皮 30g，大腹皮 30g，水煎 3 次，滤渣后，供 50kg 体质量的鸡一天饮用，连用 3d。

方六　白术、茯苓、桑皮、泽泻、大腹皮、茵陈、龙胆草各 30g，白芍、木瓜、姜皮、青木香、槟榔、甘草各 2g，陈皮、厚朴各 20g，煎汁加清水适量供 40 只鸡饮用，药渣与饲料混合饲喂，预防量减半。

4. *维持疗法*　病鸡恢复过程中，口服速补电解多维或多维葡萄糖粉，连续 3～5d。

（邵良平）

第十三章　中毒性疾病

第一节　中毒性疾病概述

毒物和中毒的概念与分类

毒物是指在一定条件下，以一定量进入动物体后，通过化学作用引起机体的机能性或器质性病理变化，表现出相应的临床症状，甚至导致机体死亡的物质。由毒物而引起动物机体的病理过程，称为中毒。由毒物引起的疾病叫中毒性疾病。

根据来源，毒物可分为内源性毒物和外源性毒物两大类。内源性毒物，是指在机体内所形成的毒物，包括有机体的某些代谢产物和寄生于机体内的细菌、病毒、寄生虫等病原体的代谢产物，由内源性毒物所引起的中毒，称为内源性毒物中毒，即自体中毒。外源性毒物，是指在体外所形成或存在而进入机体内的毒物，如动物毒、植物毒、矿物毒等，由外源性毒物引起的中毒，称为外源性毒物中毒，即一般所谓的中毒。以毒物对机体器官系统的作用分为神经毒、消化毒、呼吸毒、心血管毒、肾毒、肝毒等，称其为毒理学分类；而以毒物的来源和性质分为植物类、饲料类、农药化肥类、真菌毒素类、矿物元素类、药物类、动物类毒物等。

中毒性疾病的分类也是依据上述毒物分类进行的，而兽医临床常常以后者为分类的主要基础，将不同来源、不同性质的毒物引起的中毒疾病冠以相应的毒物名称，又称其为临床分类。常见的中毒疾病有饲料中毒，如亚硝酸盐中毒、食盐中毒、马铃薯中毒等；农药中毒，如有机磷农药中毒、氨基甲酸酯类中毒、磷化锌中毒、灭鼠灵中毒、2,4-D与2,4,5-T中毒和尿素中毒等；有毒植物中毒，如疯草中毒、毒芹中毒、栎树叶中毒等；霉菌毒素中毒，如黄曲霉毒素中毒、赭曲霉毒素中毒等；环境污染与矿物元素中毒，如氟中毒、砷中毒、镉中毒等；饲料添加剂中毒，如喹乙醇中毒、呋喃类中毒等；动物毒中毒，如蛇毒中毒、蜂毒中毒等。

中毒病的一般病因

1. *饲料加工和储存不当*　　在饲料调配、调制、加工过程中，由于方法不当或不注意卫生条件，从而产生某些有毒物质，如亚硝酸盐中毒、霉败饲草中毒等。有些原料需脱毒处理才能作为饲料，如未能进行有效的脱毒，或饲喂量较大均可造成中毒，如菜籽饼、棉籽饼中毒及苜蓿草中毒等。有时饲料添加剂使用不当或过多亦会引发中毒。

2. *农药、毒鼠药及化肥的使用、保管和运输不当*　　多见于农药、化肥管理和使用粗放或农药对器具、饮水的污染，造成家畜有机会接触而误食、误饮；家畜采食或饲喂喷洒、使用过农药而未过残毒期的农作物或牧草；也有将农药和化肥当作药物和添加剂使用不当所致中毒。此外，由于食物链的作用，误食某些农药中毒的动物尸体，也可造成食肉动物的中毒。

3. 生物地球化学因素　某些地区土壤和水源中一些元素的含量过高，导致这些元素在饲料和牧草中的含量超过动物的耐受量而发生中毒，如慢性氟中毒、地方性钼中毒等。有毒植物生长在某些特定地区，尤其是草场退化、天气干旱等生态环境恶化，一方面造成天然草场有毒植物超常生长和蔓延，另一方面，因牧草短缺，动物饥饿而采食有毒植物造成中毒。

4. 工业污染　工厂排出的“三废”（废水、废气、废渣）污染周围环境，特别是一些重金属污染物可长期残留在环境中，通过食物链系统进入人和动物体内产生毒害作用，如铅、镉、汞、砷等中毒。

5. 动物毒素　畜禽被蜜蜂、毒蛇螫咬后可引起蜂毒、蛇毒等动物毒素中毒，其中包括人工养蜂、养蝎、养蜈蚣所引起的中毒。

6. 人为的投毒　罪犯或出于某种报复性目的投毒者，对动物所用的毒物种类和投毒方式更是多种多样。

毒物作用的方式

毒物作用是毒物及其代谢产物通过与有机体的组织接触，发生直接或间接生物化学反应而引起的毒害效应，产生局部或全身性机能或器质性的损伤。毒物一般通过以下方式产生其毒性作用。

（一）局部刺激和直接腐蚀

刺激性和腐蚀性毒物，在与动物有机体接触或经不同途径进入体内过程中，对所接触的表层组织产生化学作用而造成直接损害。这类毒物与皮肤、黏膜的接触可引起皮肤灼伤、坏死与糜烂。如经消化道进入时，导致口腔、食管及胃肠黏膜的充血、坏死、溃疡，而发生口炎、胃肠炎；刺激性气体经呼吸道进入时，导致鼻、喉、气管炎和肺的充血、水肿、炎症，甚至坏死，临床上出现咳嗽、流鼻液，严重时发生喉水肿、肺水肿，甚至使动物窒息死亡。刺激性气体、酸和碱的损害大都与此类作用有关。

（二）干扰生物膜的通透性

某些毒物（如铜、铅、醚类等）对生物膜具有特殊的亲和性，对细胞和亚细胞的膜结构造成损害，主要是通过作用于膜上的蛋白质和脂质破坏生物膜。例如，铜离子能够改变红细胞膜蛋白质和磷脂组分而增加其脆性，从而导致溶血；醚类和三溴甲烷以及其他亲脂性物质可在生物膜中蓄积，干扰氧和葡萄糖转入细胞，中枢神经系统的细胞对此尤为敏感；四氯化碳、棘豆草能够破坏肝线粒体结构，使丙氨酸转氨酶（ALT）释放入血，在血液中含量增高。

（三）阻止氧的吸收、转运和利用

阻止氧的吸收与转运，如亚硝酸盐、芳香胺等毒物可使血红蛋白变为高铁血红蛋白，使其失去结合氧和运氧能力；CO对血红蛋白的亲和力较大，使血红蛋白失去携氧能力。此外，某些惰性气体，在空气中降低氧分压，引起动物窒息；光气和双光气吸入肺，干扰细胞的代谢，造成肺水肿，阻止肺泡内的气体交换。

阻止氧的利用，有些毒物可与细胞的氧化还原酶结合，以此阻断细胞氧化酶的氧化还原功能，从而导致细胞的有氧呼吸终止。如氰化物中毒时，氰离子与细胞色素氧化酶中的 Fe^{2+} 结合形成稳定的氰-细胞色素氧化酶，使其丧失电子传递能力，引起组织细胞呼吸链停止而发生窒息。

（四）抑制酶系统作用

大多数毒物进入体内后以细胞内酶为靶分子，通过抑制细胞酶的活性而发挥毒害作用。例如，毒物与酶的功能团结合，使酶失去活性，如汞、砷等金属离子可与多种巯基酶中的巯基结合，使细胞酶失去活性；毒物与基质竞争同一种酶而降低了酶的作用，如丙二酸与琥珀酸结构相似，在三羧酸循环中丙二酸与脱氧酶结合，从而抑制了琥珀酸的正常氧化；毒物与酶的激活剂作用而抑制酶的活性，如氟中毒时，F^- 与 Mg^{2+} 结合成难溶性的复合物 MgF_2，从而需要 Mg^{2+} 作激活剂的磷酸葡萄糖变位酶失去活性；毒物消耗辅酶的合成成分，也抑制了酶的活性，如铅中毒时，机体内的烟酸消耗量增加，CoⅠ和CoⅡ的构成成分烟酰胺生成减少，导致其合成减少，脱氢酶作用受到抑制；毒物的代谢物对酶的抑制，影响了酶的作用，如有机氟化合物在体内脱胺形成氟乙酸后，经过乙酰辅酶A活化，在缩合酶的作用下与草酰乙酸形成的氟柠檬酸，是顺乌头酸酶的抑制剂，影响了三羧酸循环的正常进行；有机毒物可与神经传导介质的水解酶结合，使该酶丧失活性，如有机磷化合物与胆碱酯酶结合，形成稳定的磷酰化胆碱酯酶而丧失水解能力，致使乙酰胆碱在组织中大量积聚表现中毒。

（五）其他作用方式

还有放射性损伤、电离损伤以及毒物对核酸、靶器官的毒害作用等。放射性物质，除直接辐射损伤外，还有电离作用产生的自由基等所形成的间接损伤。某些毒物（如烷烃和芳香烃的环氧化物、内酯、黄曲霉毒素、亚硝胺等）能与复制的DNA和RNA产生共价结合，呈现致癌、致突变、致畸的作用。

影响毒物作用的因素

动物有机体接触毒物后表现出毒害作用的性质和程度受诸多方面的影响，主要因素有毒物的剂量、理化性质及动物品种、个体差异及外界环境等。

（一）毒物的剂量

毒物引起的生物化学反应的程度与接毒剂量（接触浓度）和次数相关，存在着剂量-效应、剂量-反应和时间-效应的关系。剂量-效应是机体接触一定剂量的化学物质后所呈现的生物学变化，只涉及个体；剂量-反应是指接触一定剂量的化学物质后，呈现某种效应并达到一定强度的个体在群体中所占的比例。时间-效应是机体持续接触一定剂量的化学物质时，及其后所呈现的生物学变化。

无蓄积性毒物一次性大剂量接触所引起的毒性反应大于多次较小剂量的接触，而蓄积性毒物，接受多次小剂量毒物时要比一次大剂量更为有害，如有机氯化合物蓄积在体内脂肪组织中，当达到一定浓度或机体抵抗力下降时则表现出中毒症状；一些致癌、致畸的毒物在体内缓慢发生作用，导致机体发生各种癌变和胎儿畸形。还有一些毒物，在少量反复进入机体的过程中，可引起机体产生耐受性，由此可降低该毒物对接毒动物的毒性作用或提高其毒物的半数致死量（LD_{50}），如砷制剂中毒。

一般用剂量-反应关系来说明毒物的毒性，多以半数致死量（LD_{50}或ED_{50}）来表示毒物毒性的强弱。

（二）物理与化学性质

毒物溶解度、化合物的稳定性和纯度等理化性质对毒性作用有很大影响。在体液中的溶解度大的毒物一般毒性较强，因其有利于在体内被吸收和转运。化学性质不稳定或易挥发性毒物，由于保管不善而在储存中随时间延长而毒性减弱或消失。此外毒物的解离度、固体毒物的颗粒大小等也会影响毒物局部效应、吸收速率和程度，从而亦影响其毒性。

（三）动物种类

不同种类动物对同一毒物的反应性相差很大，主要是各种动物对毒物的吸收和排泄不同，血浆蛋白结合毒物的能力不同及作用部位对毒物的亲和力不同等，即反映出不同的敏感次序。例如，反刍兽对铜敏感；英格兰牧羊犬和鸽子对阿维菌素敏感，而阿维菌素对鸡和鹌鹑相对无毒；对有机氟化合物最敏感的动物为犬、猫，如犬、猫氟乙酰胺的口服致死量是0.05～0.2mg/kg，而禽类为10～30mg/kg。敌百虫对禽的致死量是70mg/kg，而大白鼠的LD_{50}则是625。

（四）体格大小、年龄和性别

新生动物和老龄动物对毒物的敏感性较高，主要是由于其解毒能力和屏障功能不健全。例如，铅、汞在幼龄动物脑内分布，高于成年动物，其肝脏较迅速地结合外来毒物且清除率低于成年动物，对中枢神经系统抑制性毒物更为敏感。体格高大的动物由于摄入的毒物量大而更易引起中毒。此外，有些毒物有性别选择性，同种动物性别不同而对毒物的敏感性也存在差异。一般来说，雌性动物对毒物的敏感性较高，尤其达到初情期后的动物更为明显，如地塞米松常常能引起妊娠动物流产，而相同剂量对雄性动物影响不大。也有些毒物对雄性动物的毒性较强，如雌激素类毒物（镉、有机磷等）对雄性毒性作用更显著。

（五）健康状况

动物机体的健康和营养状况直接影响毒物的毒性。当动物健康状况良好时，机体内的代谢旺盛、生物转化过程正常运行，排泄机能正常，动物对一般毒物的解毒能力较强。疾病状态下，毒物在体内的代谢过程受到影响而使毒物的毒性增强，如肝脏疾病影响解毒功能，使毒物在肝脏通过生物转化降低毒性的能力下降。蛋白质缺乏时，有机氯（六六六）和有机磷化合物（马拉硫磷）等的毒性增强。患肾脏疾病时，由于毒物及代谢产物的排泄受到阻碍，使毒物在体内滞留时间延长而毒性增强。此外，甲状腺机能亢进、胰岛素分泌过多等，均可改变对某些毒物的作用。

中毒的一般症状

由于毒物的性质、数量以及中毒的途径不同，中毒的临床表现也不一样。一般分为最急性、急性和慢性三种。

1. 最急性中毒　病程短促，呈闪电经过，临床常表现为惊厥、窒息和突然心衰，很快死亡，有的甚至不表现出任何症状而突然死亡，故不易诊断。

2. 急性中毒　发病突然，经过较急，但症状较明显，通常表现明显的神经症状，如瞳孔缩小或散大，精神兴奋或沉郁，肌肉痉挛或麻痹，反射敏感或减弱，感觉消失等；伴有重剧的消化障碍，如食欲废绝、流涎、呕吐、腹痛、腹泻，粪便混有黏液和血液等；体温一般正常或低下，但有机磷中毒和十字花科植物中毒的初期以及伴有器官发炎的中毒，体温升高；另外，还有循环、泌尿、呼吸系统和皮肤等表现中毒症状。

3. 慢性中毒　其病隐袭，病程较长，一般表现消瘦、贫血及消化障碍等，但不易显示典型症状，易被忽视或误诊。值得注意的是慢性中毒所造成的损失并不亚于急性中毒，甚至超过急性中毒，因它不但引起动物的健康和生产性能下降，造成饲料的浪费，最终导致动物死亡，有些毒物还在动物体内蓄积、残留，从而造成人、畜的毒害或中毒。

中毒性疾病的一般诊断程序

中毒性疾病的诊断，必须详细调查病史，全面搜集症状，结合病理学检查以及毒物化验和动物试验的结果等，加以综合分析。中毒性疾病有别于其他群发性疾病如传染病、寄生虫病、代谢病和遗传病，可根据其群发性（同群或同圈畜禽同时或先后发病）、无传染性、体温正常或低于正常等特征做出怀疑诊断。但对于具体中毒病的诊断应通过以下方面进行综合分析。

（一）病史调查

包括询问病史和现场调查。首先，应详细了解患畜有无接触毒物的可能性，有可能摄入毒物或摄入可疑饲料或饮水的时间、总量，同群饲喂、放牧家畜发病的性别、年龄、体重及种类、发病数与死亡数，以及发病后的主要症状，既往病史与诊疗等情况。在初步了解病史的基础上，到发病现场如厩舍、牧场、水源等进行必要的现场针对性调查，以发现可能的毒源，如放牧场是否有有毒植物，有无被工厂或矿区“三废”污染的可能性；饲料及饮水是否被毒物污染；饲料的来源，是否存在霉变，加工或储存不当等；农药化肥是否保存得当等。对怀疑的饲草（料）、饮水、土壤等，应采取病料，留做进行实验室化验检查。

（二）临床检查

对中毒的患畜，必须进行全面的临床检查，特别要注意消化系统和神经系统的异常表现。消化系统症状如流涎、呕吐、腹痛和腹泻等，神经症状如肌肉震颤、运动失调、痉挛或麻痹、昏迷和视力障碍等，此外，也要注意呼吸困难、发绀、黄疸、贫血、血尿等症状。参照病史、进行综合分析，可大致推断中毒的种类，如副交感神经兴奋为主症的，可考虑有机磷或氨基甲酸酯类中毒；如呼吸症状为主症，闪电病程的可提示氰化物中毒或亚硝酸盐中毒；如以皮肤症状为主，有光照病史的，可能为三叶草、荞麦等光敏性毒物中毒等。

（三）病理学检查

病理学检查对于中毒病的诊断具有重要价值。尸体剖检应在动物死亡或急宰之后立即按常规程序进行，必须完整并详细记录，这在诊断学和法医学上都是非常重要的。描述应准确、完整而简明扼要。报告应明确地记载所发现的重要的病变和特点。

剖检一般按常规程序进行，在剖检时应重点注意皮肤、消化系统、泌尿系统和呼吸系统，皮肤和可视黏膜应注意颜色，如氰化物中毒黏膜呈樱桃红色，皮肤呈桃红色，亚硝酸盐中毒时，皮肤与黏膜均呈暗紫色（发绀）；胃肠道检查时，应注意内容物的气味和黏膜状态，如氰化物具有苦杏仁味，磷化锌与砷化物呈蒜臭味，急性中毒死亡的动物常可在胃内找到毒物碎片等，具有腐蚀性的毒物如强酸、强碱、酚类、重金属盐类和某些有毒植物可刺激胃黏膜发生充血、出血或糜烂。

（四）毒物化验

怀疑是中毒性疾病时，应及时采集病料进行实验室检查。通常采取的病料包括可疑的草料、饮水和土壤，患畜的胃肠内容物、血液、尿液以及脏器如肝、肾脑等。采取和存送病料时应注意病料的采集方法、量和存送方法，一般血清或全血大于 10mL，尿液 20mL 以上，脏器如肝、肾等 100g，体脂 100g，脑的全部，胃内容物 500～1000g，采样工具和装样容器必须洁净干燥，检样不能用水冲洗，要分别包装，密封。标记好样品名称、取样日期，低温避光存送，并应附上临床病例摘要和剖检记录，提出化验的目的。

（五）动物试验

目前，已知的毒物中有许多尚无特异的检测方法，特别是有的毒植物成分尚未查明。因此，通过采集可疑毒物或用初步提取物对相同动物或敏感动物进行人工复制病例，通过对临床症状、病理变化的观察及相关指标的测定等，与自然中毒病例进行比较，可为诊断提供重要依据。与此同时，通过对试验动物中毒的治疗试验，可为自然中毒的防治提供依据。

试验动物应选择与自然中毒相同的动物，复制模型要有生物统计学意义的动物数量，并设立相应的对照组，其结果才比较能够如实反映实际中毒的情况。也可以选用家兔、小鼠、大鼠、豚鼠等实验动物。

（六）治疗性诊断

在以上初步诊断的基础上，及时采取试验性治疗，具有进一步验证诊断及获得早期防治效果的双重意义，可争取救治时间，减少中毒损失。与此同时，可采集样品进行实验室检查，为确诊提供理论依据。尤其是有特效解毒剂的中毒病，如怀疑或初步诊断为有机磷中毒时，在送检可疑材料的同时，进行试验性的有机磷特效解毒治疗，若出现症状减轻、病情缓解，则可验证初步诊断，并立即开展大群、全群防治；反之，则应纠正诊断，及时调整抢救方案。

治疗性诊断既适合于个别动物中毒，亦适宜于大群动物发病。只是个别动物中毒时，试验性治疗要从小剂量开始为宜；大群动物则应选部分病例为试验小组，在实施试验治疗和观察之后，才可作为全群防治措施再推广到大群动物中去。

中毒性疾病的一般急救措施

一般急救原则为除去毒源、阻止有毒物质继续进入体内，拮抗或消除已吸收的毒物和对症治疗。

（一）除去毒源

立即停止采食和饮用一切可疑饲料、饮水，如怀疑为吸入或接触性中毒时，应迅速将动物撤离中毒现场。收集、清除甚至销毁可疑饲料、呕吐物、毒饵等，清洗、消毒饲饮用具、厩舍和场地。中毒患畜供给新鲜饮水和优质饲草、饲料，保持吸入新鲜空气和环境的安静舒适，尽量营造有利于康复护理的条件。

（二）阻止毒物的吸收

先考虑吸附、中和、沉淀和氧化等方法，然后采取洗胃、催吐或清洗皮肤，缓泻或灌肠等方法阻止毒物吸收。

吸附剂常选用药用炭、白陶土等；中和剂主要根据毒物酸碱性质进行选择，如酸性毒物，可选用氧化镁、石灰水上清液、氢氧化铝凝胶等，碱类中毒时可用稀盐酸或食醋等；沉淀解毒，如重金属中毒、生物碱中毒可选用鞣酸等；氧化解毒，如砷化物、有毒植物的生物碱、氰化物，无机磷或亚硝酸盐中毒时，可使用氧化剂如 0.1%高锰酸钾液等，使毒物氧化，而失去毒性。但如是有机磷农药类中毒，不能应用高锰酸钾洗胃，因这些农药氧化后能增强其毒性。

1. 洗胃、催吐或清洗皮肤　适用于中毒时间较短，毒物在胃内（一般不超过 4h）的情况。洗胃应选用内径较大的胃管，常用生理盐水、清洁温水或 0.2%～0.5%活性炭悬液。

催吐适用于犬、猫和猪，常用的催吐剂有阿扑吗啡（0.05～0.1mL/kg，静脉注射或皮下注射，猫忌用）、硫酸铜（猪 0.5～2g、犬 0.1～0.5g 内服）等。吃入腐蚀性毒物（酚、酸、氨水等）、吃入石油蒸馏物（汽油、煤油等）、患畜呈昏迷状态、缺乏咳嗽反射时（中枢抑制）和抽搐与惊厥尚未被控制等情况禁用催吐剂。

皮肤上沾染的毒物，应及时进行清洗，必要时应将部分被毛剪去，可用大量清洁水充分清洗，或在水中加入少量清洁剂。脂溶性毒物可先用酒精或肥皂水擦洗，但不能使面积扩大。禁用煤油。反刍动物可考虑施行瘤胃切开术，禽类可考虑切开嗉囊，除去有毒物质。敌百虫中毒时禁止用碱性溶液清洗或灌胃。

2. *缓泻或灌肠*　中毒时间较长，大部分毒物已进入肠管时，可采用缓泻或灌肠的方法促进毒物的排除。

缓泻一般应选盐类泻剂，因能增加肠内渗透压，可阻止毒物的吸收，排毒的效果较好，常选用硫酸钠（最好不用硫酸镁，因发生中毒时，肠管受到损伤，容易吸收镁离子，从而产生中枢神经系统的抑制作用）并配伍木炭末或另灌淀粉浆，以吸附毒物，保护胃肠黏膜，阻止毒物吸收。因油类泻剂有溶解某些毒物和促进吸收的作用，故应禁用。但食盐和升汞中毒时不能应用盐类泻剂。

灌肠是为了促进肠蠕动，加速毒物的排出。在应用泻剂的同时，可用温水深部灌肠。灌肠对小家畜，特别是猪疗效较好。

（三）促进体内毒物排除

当毒物已吸收入血时，应根据患畜的体质施行泻血、利尿和应用解毒剂等方法，促进毒物的转化与排除。

1. *泻血、利尿和透析*　泻血可以将进入血液中的毒物直接排出体外。对中毒初期的体壮病例，可用颈静脉穿刺放血法，其适合于治疗高铁血红蛋白血症，巴比妥类、水杨酸钠和一氧化碳中毒。放血后应及时补充营养，有条件时最好输以健康同种动物的新鲜血液。

利尿可使用呋塞米、氢氯噻嗪等化学利尿剂，也可用甘露醇、山梨醇等高渗性利尿剂。利尿的同时注意补充水和电解质，以防代谢失调。

透析适合于钾、钠、氯、钙、氨、尿素、苯丙胺、酚类、胍类及抗生素、磺胺类等小分子毒物中毒，常用于动物的透析疗法主要为腹膜透析和结肠透析法，血液透析法因成本高而难以普及应用。

2. *应用一般解毒剂*　一般解毒剂也称非特效解毒剂或广谱解毒剂，主要是通过氧化、还原和络合等作用，使毒物毒性减轻或变为无毒。对不明毒物或一些无特效解毒剂的中毒病可选用这一类解毒剂进行治疗，可增强机体的解毒机能。常用的如硫代硫酸钠，可以与多种毒物络合形成稳定的络合物，使毒物的毒性降低或消失；维生素 C 在 Fe^{3+} 转化成 Fe^{2+}、叶酸转化为四氢叶酸及维持含巯基酶的还原状态具有重要作用；葡萄糖醛酸内酯能与肝脏中的芳香族碳氢化合物结合，变成无毒的葡萄糖醛酸结合物，经肾排出，故有解毒保肝作用，而葡萄糖在肝脏中可氧化为葡萄糖醛酸，而达到解毒效果，此外有改善心肌营养、补充能量和利尿排毒的功能。此外如硫酸亚铁、硫酸镁、氧化镁、碳酸氢钠等亦有结合金属和非金属毒物的作用。

3. *应用特效解毒剂*　对某一种或某一类毒物呈现特效解毒作用的药剂，称为特效解毒剂。例如，亚硝酸盐中毒时可用亚甲蓝、甲苯胺蓝、维生素 C 等制剂治疗；有机磷农药中毒时，可用胆碱酯酶复活剂（碘解磷定、氯磷定、双复磷等）和阿托品；砷中毒时用二巯基丙醇等；有机氟中毒的特效解毒剂为乙酰胺（解氟灵）；双香豆素类中毒可用维生素 K 等。这些解毒剂其用量和用法详见各有关中毒病的治疗。

（四）维护全身机能及对症疗法

在治疗中毒病时，要注意维护患病动物的全身机能，及时进行对症治疗，包括预防和治疗惊厥、维持心肺机能和体温、抗休克、调整电解质和体液平衡、减轻疼痛等。

很多毒物至今尚无有效拮抗剂及特效的解毒疗法，抢救措施主要依赖于及时排除毒物及合理的支持与对症治疗，目的在于保护及恢复重要脏器的功能，维持机体的正常代谢过程。根据中毒病例表现的临床症状，选用相应的对症和支持治疗措施。

预防和治疗惊厥，可选用硫喷妥钠或戊巴比妥等中短效巴比妥类制剂，同时配合肌肉松弛剂或安定剂，疗效较稳定安全。

维持心肺功能和体温。维持心脏功能可注射 5%～10%葡萄糖溶液，配合 20%安钠咖或强尔心、维生素 C、肌苷等。维持呼吸功能，首先要注意清除分泌物，保证呼吸道畅通，药物可选用 25%尼可刹米、山梗菜碱等，也可采用人工呼吸法等。在治疗过程中，应随时注意体温的变化，并迅速用物理方法或药物纠正体温，以防体温过高或过低使机体对毒物的敏感性增加。

抗休克可采取补充血容量，纠正酸中毒和给予血管扩张药物如苯苄胺、异丙肾上腺素等措施。

调节电解质和体液平衡，根据脱水性质，选择补液药物如等渗溶液生理盐水、5%葡萄糖注射液、复方氯化钠注射液等高渗溶液如 10%～50%葡萄糖注射液等，同时注意纠正电解质平衡，如补钾、补钙或（和）补镁。

缓解疼痛可选用镇静剂及止痛药物等。此外，要加强护理。

（徐世文、李金龙）

第二节　饲料中毒

硝酸盐和亚硝酸盐中毒（nitrate and nitrite poisoning）

硝酸盐或亚硝酸盐中毒是动物摄入过量含有硝酸盐或亚硝酸盐的饲料和（或）饮水，进入血液后使血红蛋白氧化为高铁血红蛋白而失去携氧能力，导致组织缺氧而引起的一种中毒病。临床上以起病突然、黏膜发绀、血液褐变、呼吸困难、神经紊乱和经过短急为特征。本病多发生于猪，其次是犬、牛和羊，马等其他动物很少发生。

病因

饲草、草料富含硝酸盐，主要见于氮肥施用增加，土壤肥沃，光照不足，铜、钼、锰等矿物质缺乏，此外也见于气候急变、除草剂的应用和病虫害等，这也会使植物中的硝酸盐含量增高，如燕麦草、苜蓿、甜菜叶、白菜，以及大麦、黑麦、燕麦、高粱、玉米及其青贮等都含有较多的硝酸盐，从而导致硝酸盐中毒的发生。

硝酸盐还原菌广泛分布于自然界，其活性需要一定的湿度和温度，最适温度为20～40℃。当青绿饲料或块根饲料，经日晒雨淋或堆垛存放而腐烂发热时，以及用温水浸泡、文火闷煮或靠灶坑余烬、锅釜残热而持久加盖保温时，往往会使硝酸盐还原菌活跃，产生大量的亚硝酸盐，被采食后引起中毒。

饮用硝酸盐含量高的水，也是造成亚硝酸盐中毒的原因。含硝酸钾200～500ppm①的饮水即可引起牛、羊的中毒，而施过氮肥地区的田水，厩舍、厕所、垃圾堆附近的地面水或水泡水，含硝酸盐常达1700～3000ppm，有的甚至高达8000～10 000ppm，极易造成中毒。

瘤胃内也存在大量硝酸盐还原菌，当瘤胃内pH大约为7，或饥饿、瘤胃机能障碍，维生素A、维生素E缺乏，饲料中碳水化合物不足时，易形成亚硝酸盐蓄积，此时动物对亚硝酸盐中毒的耐受性也降低。

此外，误投或误饮，以及宠物食入腌制不良的食品，也是中毒的原因。由于硝酸盐肥料或硝酸盐药品等酷似食盐，被误用易引起中毒。

发病机理

亚硝酸盐吸收入血后，与Cl^-交换进入红细胞，将血红蛋白中的二价铁（Fe^{2+}）转化为三价铁（Fe^{3+}），Fe^{3+}与—OH具有高结合力，失去携带氧的能力，其结果引起全身性缺氧。在缺氧过程中，中枢神经系统最为敏感，出现一系列神经症状，最终发生窒息，甚至死亡。

亚硝酸盐还具有扩血管作用，使患畜末梢血管扩张，血压降低，导致血管麻痹而使外周循环衰竭。此外，亚硝酸盐还有致癌和致畸作用。亚硝酸盐在体内可转化为亚硝胺和亚硝酰胺，其不仅引起成年动物癌症，还可透过胎盘屏障使子代动物致癌；亚硝酸盐可通过母乳和胎盘影响幼畜及胚胎，故常有死胎、流产和畸形。

一次性大量食入硝酸盐后，硝酸盐及其与胃酸释放的NO_2对消化道产生的腐蚀刺激作用，可直接引起胃肠炎。

不同动物对亚硝酸盐的敏感性不同，猪最敏感，其次为牛，羊、马，家禽、兔与经济动物亦可发生。猪的亚硝酸钠中毒量为48～77mg/kg·体重，致死量为88mg/kg·体重；牛的亚硝酸钠最小致死量为88～110mg/kg·体重，羊为40～50mg/kg·体重。硝酸钾以4～7g/kg·体重可引起猪的致死性胃炎；硝酸钾对牛的最小致死量是600mg/kg·体重。

症状

猪通常在采食后1h左右突然发病，最急性中毒常无前驱症状即突然死亡，同群同饲的猪只多同时或相继发生，食欲好的病情重，故有饱潲病或饱潲瘟之俗称。病猪流涎，可视黏膜发绀，呈蓝紫色乃至紫褐色，血液褐变，呈咖啡或酱油色，耳、鼻、四肢以及全身厥冷，体温正常或低下，兴奋不安，步态蹒跚，无目的徘徊或做圆圈运动，呼吸高度困难，心跳急速，不久即倒地昏迷，四肢泳动，抽搐窒息而死。整个病程不到1h。

---

① 1ppm=10^{-6}，后同。

牛羊通常在采食之后5h内突然起病，除血液褐变、黏膜发绀、高度呼吸困难、抽搐等基本症状外，还伴有流涎、呕吐、腹痛、腹泻等硝酸盐对消化道刺激症状。且呼吸困难和循环衰竭的临床表现更为突出。整个病程可延续12～24h。

鸡表现不安或精神沉郁，食欲减少或废绝，嗉囊膨大。站立不稳，两翅下垂，口黏膜与冠、髯发绀，口内黏液增多。呼吸困难，体温正常，最后死于窒息。

慢性中毒时，表现的症状多种多样。牛慢性中毒时常表现为“低地流产”综合征，就是因摄入含高硝酸盐的杂草所致，其他动物也表现有流产、分娩无力、受胎率低等综合征。较低或中等量的硝酸盐还可引起维生素A缺乏症和甲状腺肿等。而畜禽虚弱，发育不良，增重缓慢，泌乳量少，慢性腹泻，步态强拘等则是多种动物常见的症状。

动物一次摄入大量的硝酸盐，可直接刺激消化道黏膜引起急性胃肠炎，表现为流涎，呕吐，腹泻及腹痛。

中毒家畜的尸体腹部多较膨满，皮肤苍白，可视黏膜呈棕褐色或蓝紫色，血液不易凝固，呈咖啡或酱油色，在空气中长期暴露亦不变红。全身血管扩张充血。新鲜尸体刚打开胃腔时可能闻到硝酸样气味。牛中毒病尸，还伴有硝酸盐直接刺激所造成的胃肠道炎性病变。

诊断与预后

应根据黏膜发绀、血液褐变、呼吸高度困难等主要临床症状，特别短急的疾病经过，以及起病的突然性、发病的群体性、与饲料调制失误的相关性，做出初步诊断，并立即进行抢救。通过特效解毒药美蓝的疗效，验证诊断。必要时在现场可做变性血红蛋白和亚硝酸盐的简易检验。

亚硝酸盐简易检验：取残余饲料液汁1滴，滴在滤纸上，加10%联苯胺1或2滴，再加10%冰醋酸1或2滴，滤纸变为棕色，即为阳性反应。

变性血红蛋白检查：取血液少许于小试管内，与空气振荡后转为鲜红色的，为还原型血红蛋白；振荡后仍为棕褐色，大体就是变性血红蛋白。为进一步验证，可滴加1%氰化钠液1～3滴，血液即转为鲜红。

病程一般为数小时至数日不等，牛的延迟发病型可超过一周以上。

预后判定与血液中高铁血红蛋白（MtHb）含量有关，随着血液中MtHb的增加，中毒相应加剧，直至死亡。据观察，血中MtHb达30%时，动物发绀、不能起立；MtHb达40%时，出现明显中毒症状；MtHb达60%时，即死亡。

治疗

小剂量的亚甲蓝对亚硝酸盐中毒具有药到病除、起死回生的作用。剂量为1～2mg/kg（猪）或8mg/kg（反刍兽）。通常用1%亚甲蓝液（取亚甲蓝1g，溶于10mL酒精中，再加灭菌生理盐水90mL），即0.1～0.2mL/kg（猪）或0.8mL/kg（反刍兽），静脉注射或耳后（猪）深层肌肉注射。

亦可用甲苯胺蓝，据动物实验证明，甲苯胺蓝治疗变性血红蛋白较亚甲蓝更好，其还原变性血红蛋白的速度比亚甲蓝快37%。剂量为5mg/kg，配成5%溶液，静脉注射，也可做肌肉注射或腹腔注射。

另外，大剂量维生素C治疗亚硝酸盐中毒疗效也很确实，而且取材方便，只是奏效速度不如亚甲蓝快。猪 0.5～1g，牛 3～5g，配成 5%溶液，肌肉或静脉注射。葡萄糖作为供氢体，对亚硝酸盐中毒的治疗也有一定的疗效。

此外，应及时进行一般解毒和对症治疗。

预防

预防硝酸盐和亚硝酸盐中毒，应该注意改善青绿饲料的堆放和蒸煮办法。青绿饲料不论生熟，摊开敞放，是预防亚硝酸盐中毒的有效措施。接近收割的青绿饲料不应施用硝酸盐等化肥，以免增高其中的硝酸盐或亚硝酸盐的含量。

氢氰酸中毒（hydrocyanic acid poisoning）

氢氰酸中毒是采食含氰甙类植物或氰化物，在体内生成游离的氢氰酸，抑制呼吸酶，使组织呼吸发生障碍的一种急剧性中毒病。临床上以起病突然、窒息、抽搐痉挛、血液鲜红和闪电病程为特征。本病多见于牛、羊，马和猪少发。

病因

采食富含氰甙的植物，是动物氢氰酸中毒的主要原因。

富含氰甙的植物如高粱、玉米的幼苗，尤其是刈割或遭灾之后的再生幼苗；各种豆类，包括豌豆、蚕豆、海南刀豆、箭筈豌豆；亚麻籽、亚麻叶及亚麻籽饼；木薯的嫩叶和根皮部分；许多野生或种植的青草，如苏丹草即苏丹高粱、约翰逊草即宿根高粱、三叶草、绵绒毛草、百脉根、狭叶草藤、水麦冬以及水舌舌茅。

亚麻籽饼中所含的氰甙是亚麻苦苷，通过蒸煮可被破坏，如果饲喂前只用热水浸泡或饲喂后饮以大量温水，则亚麻苦苷变成氢氰酸而造成中毒。

误食或吸入氰化物农药如钙腈酰胺或误饮冶金、电镀、化工等厂矿的废水，亦可引起氰化物中毒。

发病机理

多数氰苷类植物本身就含有氰糖酶，通常在青贮堆垛或霉败等过程中，由于温度和湿度的适宜，可自行分解而产生氢氰酸。采食后，植物所含氰苷类物质在胃肠道尤其反刍兽的瘤胃内，经植物带进和（或）微生物释放的氰糖酶的作用，水解生成氢氰酸。

少量氢氰酸吸收后，在肝脏内经硫氰酸酶催化，转变为硫氰化物而随尿排出。大量氢氰酸吸收，超过肝脏解毒功能，则与细胞色素氧化酶的 Fe^{3+} 结合，生成氰化高铁细胞色素氧化酶，使细胞色素丧失传递电子的能力，结果氧化磷酸化受阻，呼吸链中断，导致组织缺氧。此外，氢氰酸还能抑制细胞色素氧化酶、过氧化物酶、接触酶、脱羟酶、琥珀酸脱氢酶、乳酸脱氢酶等的活性，干扰细胞内代谢，进一步加重代谢紊乱。由于氧相对过剩，静脉血饱含氧合血红蛋白而呈鲜红色。由于中枢神经系统对氧特别敏感，呼吸中枢和血管运动中枢等生命中枢首先遭受毒害，短时间内即可导致死亡。

氰化物在肝脏内产生硫氰酸盐，可干扰碘的吸收，引起碘缺乏，从而影响甲状腺激素的合成，妊娠母畜慢性氰化物中毒时出现新生儿死亡和甲状腺肿。

症状

通常在采食含氰苷类植物的过程中或采食后 1h 左右突然起病。

患畜站立不稳，呻吟苦闷，表现不安，可视黏膜潮红，呈玫瑰样鲜红色，静脉血亦呈鲜红色。呼吸极度困难，抬头伸颈，迎风站立，甚而张口喘息。肌肉痉挛，首先是头、颈部肌肉痉挛，很快扩展到全身，有的出现后弓反张和前弓反张。全身或局部出汗，体温正常或低下。马表现腹痛，牛羊可伴发臌胀，有时出现呕吐。不久即精神沉郁，全身衰弱，卧地不起，皮肤感觉减退，结膜发绀，血液暗红，瞳孔散大，眼球震颤，脉搏细弱疾速，抽搐窒息而死。病程一般不超过1～2h。中毒严重的仅数分钟即可死亡。

剖检可视黏膜呈樱桃红色，血液暗红（病初急宰的血液呈鲜红色），凝固不良，各组织器官的浆膜面和黏膜面，特别是心内、外膜有斑点状出血，腹腔脏器显著充血，体腔和心包腔内有浆液性液体，肺色淡红、水肿，气管和支气管内充满大量淡红色泡沫样液体，切开瘤胃有时可闻到苦杏仁味。

诊断与预后

根据采食氰甙类植物的病史，起病的突然性，发生的群体性，黏膜和静脉血鲜红、极度呼吸困难、神经紊乱而体温正常或低下等综合症状，以及特急的闪电型病程，很易做出诊断。进一步确定诊断应依据氢氰酸的定量和定性试验。

该病易与病程较急的亚硝酸盐中毒相混。二者的鉴别要点是：主要应着眼于静脉血的颜色。亚硝酸盐中毒时血液褐变，属变性血红蛋白，采血于试管内加以振荡，血液褐色不退。氢氰酸中毒时，病初静脉血呈鲜红色，末期虽因窒息而变为暗红色，但属还原血红蛋白，置试管中加以振荡，即与空气中的氧结合，生成氧合血红蛋白，使血液转为红色，不难区分。

本病病程短促，及时恰当治疗，预后良好。

治疗

特效解毒，常用的药物有硫代硫酸钠、亚硝酸钠和亚甲蓝。一般先静脉注射亚硝酸钠，再静脉注射硫代硫酸钠，1%亚硝酸钠1mL/kg·体重；2%亚甲蓝1mL/kg·体重；10%硫代硫酸钠液1mL/kg·体重。亚硝酸钠的解毒效果比亚甲蓝确实。通常用亚硝酸钠和硫代硫酸钠配伍，如亚硝酸钠3g，硫代硫酸钠30g，蒸馏水300mL，成年牛一次静脉注射；亚硝酸钠1g，硫代硫酸钠5g，蒸馏水50mL，成年绵羊一次静脉注射。

为阻止胃肠道内氢氰酸的吸收，可采用洗胃或缓泻方法，亦可用硫代硫酸钠内服或瘤胃内注入（牛用30g），1h后重复给药。

对二甲氨基苯酚（4-DMAP）是一种抗氰新药，按10mg/kg的剂量，配成10%溶液静脉或肌肉注射，可形成40%以上的高铁血红蛋白，对致死量氢氰酸中毒病马有急救效果。按10mg/kg的剂量，配成10%溶液肌肉注射，对处于濒死期的氢氰酸中毒仔猪亦有救治功效。配伍硫代硫酸钠，则疗效更加确实。

此外，应根据临床症状，进行积极的对症治疗。

预防

氢氰酸中毒，最好将含氰甙的饲料放于流水中浸渍24h，或漂洗后加工利用。此外，不要在含有氰苷植物的地区放牧家畜。

菜籽饼粕中毒（rape seed-cake poisoning）

菜籽饼粕中毒是动物长期或大量摄入菜子饼粕引起的一种中毒病，临床上以急性胃肠炎、肺气肿、肺水肿和肾炎为特征。常见于猪和禽类，其次为牛和羊。

病因

硫葡萄糖苷广泛存在于十字花科、白花菜科、金莲花科、番木瓜科、大戟科等植物中，是菜籽饼粕中的主要有毒物质。油菜植物的各部分都含有硫葡萄糖苷，种子中的含量最高，其他部分较少，顺序依次为种子＞茎＞叶＞根。另外，硫葡萄糖苷存在多种降解物和衍生物，主要有异硫氰酸酯、硫氰酸酯、噁唑烷硫酮、腈等，此外尚有芥籽碱、单宁等成分，均可导致动物中毒。

当菜子饼粕处理不当，动物大量采食或长期采食时可引起发病。猪一次采食150～200g、犊牛采食0.5kg未处理的菜籽饼即可中毒。日粮中菜子饼的含量鸡＞5%、猪＞10%～20%、牛＞15%，即可出现中毒表现。

发病机理

硫葡萄糖苷本身无毒，家畜长期摄入菜籽饼之后，在胃内经芥籽酶水解，产生多种有毒物质，引起中毒症状。其中异硫氰酸酯（ITC）的辛辣味对黏膜有强烈的刺激作用，长期或大量饲喂菜籽饼可引起肠胃炎、肾炎及支气管炎，甚至肺水肿。

ITC和硫氰酸酯中的硫氰离子（SCN^-）是与碘离子（I^-）的形状和大小相似的单价阴离子，在血液中可与I^-竞争，浓集到甲状腺中去，抑制甲状腺滤泡细胞浓集碘的能力，从而导致甲状腺肿大，使动物生长速度降低。此外，噁唑烷硫酮（OZT）主要导致甲状腺肿大，故被称为甲状腺肿因子或致甲状腺肿素。

腈进入体内后能迅速析出氰离子（CN^-），因而对机体的毒性比ITC和OZT大得多。可引起细胞内窒息，但症状发展缓慢，腈可抑制动物生长，被称为菜籽饼中的生长抑制剂。

籽饼中还含有一种经瘤胃细菌转化产生的称为二甲基半胱氨酸二亚砜（SMCO）的毒物，导致溶血性贫血。菜籽饼中含有感光过敏物质，可引起黄疸、血红蛋白尿和肝细胞广泛性坏死等感光过敏综合征。此外，菜籽饼含单宁和2%～5%的植酸，影响蛋白质和许多微量元素的吸收和利用。

症状

菜籽饼粕中毒一般表现为五种类型，有时几种类型表现可能同时出现。

消化型表现为精神委顿，食欲减退或废绝，流涎，反刍停止，瘤胃蠕动减弱或停止，腹痛、腹胀，明显便秘或腹泻，严重者粪便中带血。呼吸型以肺水肿和肺气肿为病理学特征，临床上表现为呼吸加快或喘息，时伴发痉挛性咳嗽，有的鼻孔有泡沫性液体，听诊湿啰音。有的叩诊出现过清音。泌尿型表现为以尿频、血红蛋白尿、泡沫尿和贫血等溶血性贫血为特征。神经型以失明、狂躁不安等神经症状为特征。神经系统兴奋，后期目盲（视觉障碍），倦怠无力，全身衰弱，体温下降，心力衰竭，往往因虚脱而死。抗甲状腺素型，主要发生于幼龄动物，生长缓慢，发育不良，甲状腺肿大。妊娠母畜妊娠期延长，所生仔畜脖子粗大，秃毛，死亡率升高。感光过敏型，背部、面部和体侧皮肤出现红斑、渗出及类湿疹样损害，动物因皮肤发痒而不安、摩擦，会导致进一步的感染和损伤。

有些病例还可能伴有亚硝酸盐或氢氰酸中毒的症状。

剖检可见胃肠道黏膜充血、肿胀、出血。肝肿胀、色黄、质脆。胸、腹腔有浆液性、出血性渗出物，有的患畜在头、颈、胸部皮下组织发生水肿。肾有出血性炎症，有时膀胱积有血尿。肺水肿和气肿。甲状腺肿大。

诊断与预后

根据饲喂菜籽饼或鲜油菜的病史，结合急性胃肠炎、呼吸困难等临床症状可初步诊断，进一步确诊需要做饲料中异硫氰酸盐等定量检测。

神经型和泌尿型多为急性中毒，病程短、发展快，牛急性中毒出现神经症状时，一般在10h内死亡。溶血性病例，严重者常突然发病，很快虚脱死亡。泌尿型病例，多预后不良。其他类型的中毒病例，虽病程较长，需几周或更长时间，但一般预后良好。

治疗

目前没有可靠的治疗方法，应注意重点采取预防措施。发病后，及时停喂有毒饲料。进行积极的对症治疗。

预防

1. *限制饲喂量*　菜籽饼中硫葡萄糖苷及其分解产物的含量，随油菜的品种和加工方法的不同有很大变化，我国的“双高”油菜饼粕中硫葡萄糖苷含量高达12%～18%。在饲料中的安全限量，蛋鸡、种鸡为5%，生长鸡、肉鸡为10%～15%，母猪、仔猪为5%，生长肥育猪为10%～15%，应严格执行。

2. *与其他饲料搭配使用*　菜籽饼与棉籽饼、豆饼、葵花籽饼、亚麻饼、蓖麻饼等适当配合使用，能有效地控制饲料中的毒物含量并有利于营养互补，菜籽饼中赖氨酸的含量和有效性低，在单独或配合使用时。应添加适量的合成赖氨酸（0.2%～0.3%），或添加适量的鱼粉、血粉等动物性蛋白质。

3. *去毒措施*

（1）坑埋法。将菜籽饼用水拌湿后埋入土坑中30～60d，可除去大部分毒物。

（2）水浸法。硫葡萄糖苷具水溶性，用水浸泡数小时，换水1或2次，也可用温水浸泡数小时后滤过。本法对水溶性营养物质的损失较多。

（3）热处理法。用干热、湿热、高压热处理菜籽饼粕，可使硫葡萄糖苷酶失去活性。但高温处理时，蛋白质变性程度很大而降低了饼粕的使用价值；而且硫葡萄糖苷仍留在饼粕中，饲喂后可能被动物肠内某些细菌酶解而产生毒性。

（4）化学处理法。用碱、酸、硫酸亚铁等处理。碱处理时可破坏硫葡萄糖苷和绝大部分芥籽碱。通常采用$NaOH$、$Ca(OH)_2$、Na_2CO_3 3种，其中以Na_2CO_3的去毒效果最好。氨处理法需同时加热，使氨与硫葡萄糖苷反应，生成无毒的硫脲。硫酸亚铁中的铁离子可与硫葡萄糖苷及其降解产物分别形成螯合物，从而使硫葡萄糖苷失去活性。

（5）微生物降解法。某些细菌和真菌可以破坏硫葡萄糖苷及其降解产物。

（6）溶剂提取法。用醇类（乙醇或异丙醇）水溶液提取菜籽饼中的硫葡萄糖苷和多酚化合物，还能抑制饼粕中酶的活性。本法成本高，醇溶性蛋白质损失也多。

（7）培育“双低”油菜品种。这是菜籽饼粕去毒和提高其营养价值的根本途径。20世纪70年代，“双低”油菜品种，在加拿大和欧洲各国大力培育并推广，效果良好，近年来，我国在引进和选育“双低”油菜品种方面已经取得了成效。但新的油菜品种仍存在着产量低、抗病力差和易出现品种退化等问题。

棉籽饼粕中毒（cotton seed-cake poisoning）

棉籽饼粕中毒是动物长期或大量摄入榨油后的棉籽饼粕引起的一种中毒性疾病。临床上以出血性胃肠炎、全身水肿、血红蛋白尿和实质器官变性为特征。本病主要见于犊牛、单胃动物和家禽。

病因

棉籽和棉籽饼粕中含有15种以上的棉酚类色素，其中主要是棉酚，其他色素均为棉酚的衍生物，如棉紫酚、棉绿酚、棉蓝酚、二氨基棉酚、棉黄素等。

棉酚及其衍生物的含量因棉花的栽培环境条件、棉籽储存期、含油量、蛋白质含量、棉花纤维品质、制油工艺过程等多种因素的变化而不同。棉酚的毒性虽然不是最强，但因其含量远比其他几种色素为高，所以棉籽及棉籽饼粕的毒性强弱主要取决于棉酚的含量。

此外，妊娠母畜和幼畜特别敏感。饲料中钙、铁、蛋白质和维生素A缺乏时，或青绿饲料不足、过度劳役时亦增加动物的敏感性。

发病机理

大量棉酚进入消化道后，可刺激胃肠黏膜，引起胃肠炎。吸收入血后，能损害心、肝、肾等实质器官。因心脏损害而致的心力衰竭又会引起肺水肿和全身缺氧性变化。棉酚能增强血管壁的通透性，促进血浆或血细胞渗入周围组织，使受害的组织发生浆液性浸润和出血性炎症，同时发生体腔积液。棉酚易溶于脂质，能在神经细胞积累而使神经系统的机能发生紊乱。

棉酚可与许多功能蛋白质和一些重要的酶结合，使它们失去活性。棉酚与铁离子结合，从而干扰与血红蛋白的合成，引起缺铁性贫血。棉酚可以通过乳汁，引起哺乳仔畜发病；棉酚能破坏动物的睾丸生精上皮，导致精子畸形、死亡，甚至无精子，造成繁殖能力降低或公畜不育。

棉酚能导致维生素A缺乏，引起犊牛夜盲症，并可使血钾降低，造成动物低血钾症。

症状

棉酚中毒可分三种形式，即急性致死的循环衰竭、亚急性致死的继发性肺水肿和慢性致死的恶病质。毒性反应随动物种类和食物成分而有差别，主要与吸收量有关。共同症状是食欲下降、体重减轻和虚弱、呼吸困难以及心功能异常，还包括代谢失调引起的尿石症和维生素A缺乏症等。

各种动物棉籽饼粕中毒的主要临床表现如下。

1. *反刍兽*　犊牛食欲差，精神萎靡，行动缓慢无力，体弱消瘦，腹泻，呼吸促迫，鼻液多，听诊肺部有明显的湿啰音。视力减弱或目盲，瞳孔散大。成年牛羊食欲减退，反刍减少或停止，逐渐虚弱，四肢浮肿，间或有腹痛表现，粪便中混有血液，心搏加快，呼吸困难，鼻液多泡沫，咳嗽。孕畜多流产。部分牛、羊出现血红蛋白尿或血尿，公畜易患磷酸盐尿结石。

2. 猪　精神不振，减食或拒食，呕吐，心搏快，呼吸困难，体重逐渐减轻，有时搐搦。肥育猪中出现后躯皮肤干燥和皴裂。仔猪常腹泻、脱水和惊厥，病死率高。

3. 犬　精神萎靡，厌食、呕吐、腹泻、体重减轻，心搏加快，心律不齐，后躯共济失调，最后因恶病质和心衰而死。

4. 鸡　食欲和体重下降，两腿无力，不活泼。母鸡产蛋小，蛋黄膜增厚，蛋黄呈茶色至深绿色，不宜调碎调匀，煮熟后蛋黄坚韧而有弹性（俗称“硬黄蛋”、“橡皮蛋”），蛋白呈粉红色，孵化率降低。

棉籽饼粕中毒的病理变化主要表现为胸腹腔与心包腔有不同程度的积液，心脏柔软扩张，心内外膜有出血点，心肌颜色变淡。肝淤血质韧，脾萎缩，胃肠黏膜充血、出血和水肿。肺充血、水肿，间质增宽，切面可见有大小不等的空腔，有多量泡沫样液体溢出。

镜检肝小叶间质增生，肝细胞呈现退行性变化和坏死。多见浑浊肿胀和颗粒变性，线粒体肿胀。心肌纤维排列紊乱，部分空泡变性或萎缩。肾充血，肾小管上皮细胞肿胀、颗粒变性。视神经萎缩。睾丸多数曲精小管上皮排列稀疏，胞核模糊或自溶，精子数减少，结构被破坏，线粒体肿胀。

诊断与预后

根据临床症状和棉酚含量测定以及动物的敏感性，可以做出确诊。

本病一般呈慢性经过，病期一个月左右，较重者一周内即可致死，猪病死率高。成年反刍动物和马较能耐受，病程较长。

治疗

治疗应采取综合措施，因不单纯是棉酚中毒，而且还伴有钙、磷代谢紊乱和维生素A缺乏。畜群中一旦发现病例，全群应立即停止喂棉籽饼或继续在棉地放牧，并补充青饲料或优质干草。为加速排除胃肠内容物，并使残存棉酚灭活，单胃动物可投服盐类泻剂（如硫酸钠、硫酸镁等），反刍动物可用1∶3000高锰酸钾溶液或5%碳酸氢钠液洗胃，或使用硫酸钠缓泻。

解毒可服用铁盐（硫酸亚铁、枸橼酸铁铵等）、钙盐（乳酸钙、碳酸钙、葡萄糖酸钙），或静脉注射10%葡萄糖酸钙溶液与复方氯化钠溶液。高蛋白饲料对缓解毒性有益。补充钙剂还可以同时调整钙磷代谢失调。注射维生素A、维生素C有助于康复。

预防

预防本病时，应限制棉籽饼的饲喂量。各种动物都不能单纯大量饲喂棉籽饼，仅可作为蛋白质补充剂在日粮中适当加入。猪日粮中含棉籽饼应少于8%（或日粮中游离棉酚低于100mg/kg），马、骡每天补饲棉籽饼应少于0.5kg，牛少于1kg，鸡少于30g。

日粮中应注意补充足量的矿物质和维生素。硫酸亚铁与棉籽饼中棉酚按1∶1配合，能有效地解除毒性。仔鸡比例应为2∶1。将硫酸亚铁配成1%～2%溶液，与饲料充分拌匀。同时补充足量钙盐。种公畜不宜饲喂棉籽饼。

马铃薯中毒（potato poisoning）

马铃薯中毒是指家畜食入大量发芽、变质或腐烂的马铃薯所致的一种中毒病。临床上以出血性胃肠炎、神经损害和皮炎为其病理和临床特征。各种动物均可发生，主要见于猪和牛。

病因

马铃薯的有毒成分主要是马铃薯素（龙葵素、茄碱），另外，马铃薯的茎叶内还含有4.7%的硝酸盐，在条件适宜时也可以变成亚硝酸盐，对机体产生毒害作用；在腐烂、发霉的马铃薯内尚含有腐败毒，也具有毒性作用。由此可见，马铃薯素、亚硝酸盐和腐败毒可能是引起马铃薯中毒的综合因素。

中毒主要是由于摄入马铃薯茎叶、发青的马铃薯皮或霉烂的马铃薯等造成的。

发病机理

马铃薯毒素进入胃肠道，刺激胃肠黏膜，引起胃肠炎症状，毒素入血，可引起红细胞破坏，发生溶血，临床上出现贫血、黄疸和血红蛋白尿。毒素进入中枢作用于延脑和脊髓，引起神经功能紊乱，感觉神经和运动神经末梢发生麻痹。进入肾脏，引起肾脏病变，出现频尿、少尿、蛋白尿症状。进入皮肤血液的龙葵素，可引起皮肤的炎症。

症状

马铃薯中毒，主要表现为神经机能和消化机能紊乱，此外尚表现有皮疹、肾炎和溶血。根据中毒程度和家畜的种类不同，其临床症状也有差异。

重度中毒，多取急性经过，主要表现兴奋、狂暴、沉郁、昏睡，痉挛、麻痹、共济失调等神经症状，一般2～3d死亡。

轻度中毒，多取慢性经过，主要表现胃肠炎症状如流涎、呕吐、腹痛、便秘或腹泻，甚至便血等。患畜精神沉郁，肌肉弛缓，极度衰弱，皮温不整。妊娠家畜往往发生流产。

猪多半是吃食生的发芽或腐烂的马铃薯所致。一般多于食后4～7d出现中毒症状。病猪神经症状较轻微，呈现明显胃肠炎症状，呕吐、腹泻、腹痛。病猪垂头呆立或钻入垫草中，腹部皮下发生湿疹，头、颈和眼睑部发生水肿。牛、羊多于口唇周围、肛门、尾根、四肢的系凹部以及母畜的阴道和乳房部位发生湿疹或水泡性皮炎（亦称马铃薯性斑疹）。有时四肢，特别是前肢皮肤发生深层组织的坏疽性病灶。绵羊则常呈现贫血和尿毒症的症状。

诊断与预后

根据家畜采食发芽、腐烂马铃薯的病史，并伴有流涎、呕吐、腹痛、腹泻、腹胀以及神经紊乱的临床表现，可做出诊断。

本病应早发现，及时治疗，能达到满意的治疗效果。

治疗

无特效解毒药。可采用一般性解毒措施，并针对出血性胃肠炎、狂暴不安等神经症状以及皮肤湿疹和坏疽等实施对症处置。因多是累积性食入中毒，洗胃、催吐等排出胃肠内容物的一些抢救措施不必采用，无实际意义。

预防

注意马铃薯的储存，应存放在干燥、凉爽，无阳光照射的地方，防止发芽变绿。如已发芽变绿，喂前应注意除去嫩芽及发绿部分，挖去芽及芽眼周围部分，通过蒸煮降低毒性再饲喂。此外，马铃薯饲喂家畜应与其他饲料搭配，一般来说应控制在日粮的25%左右，妊娠母猪为防止流产最好不要喂。

酒糟中毒（brewery grain poisoning）

酒糟中毒是指由于采食过量或变质的酒糟引起一种中毒病。临床上以胃肠炎和皮炎为特征。本病主要发生于牛、猪。

病因

酒糟储存过久或储存方法不当，饲喂量过大或长期单一饲喂，都可能引起酒糟中毒。

酒糟中的有毒成分非常复杂，取决于酿酒原料、工艺过程、堆积储存条件和污染变质情况等，应具体分析并加以测定。新鲜酒糟中可能存在的有毒成分包括残存的酒精、龙葵素、麦角毒素，以及多种真菌毒素，谷类酒糟的麦角胺，甘薯酒糟的翁家酮等。

储存酒糟中可能存在的有毒成分除包括新鲜酒糟原来存在的残存酒精等有毒成分外，还包括酒糟酸败形成的乙酸、乳酸等游离的有机酸；酒糟变质形成的正丙醇、异丁醇、异戊醇等杂醇油；酒糟发霉产生的各种真菌毒素等。

发病机理

醇醛类有毒物质主要危害中枢神经系统，首先使大脑皮层兴奋性增强，进而表现步态蹒跚，共济失调，最后使延髓血管运动中枢和呼吸中枢受到抑制，甚至损伤视神经和视网膜，出现呼吸障碍、视力障碍和虚脱，重者因呼吸中枢麻痹而死亡。慢性中毒时，除引起肝及胃肠损害外，还可引起心肌病变，造血功能障碍和多发性神经炎等。醛类毒物比醇类毒物毒性强，是原生质毒。

有机酸类毒物大量进入胃肠道，具有强烈刺激性，引起胃肠炎症，出现腹泻、腹痛症状。胃肠道酸度过大，可促进钙的排泄，导致骨骼营养不良。

此外，由于酿酒原料的不同和导致变质的原因不同，酒糟内的毒物也会发生明显变化，如谷类原料的酒糟中常含有麦角生物碱，马铃薯酒糟中含有茄碱，霉败原料酿酒的酒糟中含有多种霉菌毒素等，因此对酒糟中毒，应根据具体病因，阐明中毒机理。

症状

急性中毒时，患畜开始呈现兴奋不安，心动亢进，呼吸急促，随后呈现腹痛、腹泻等胃肠炎症状。步态不稳，四肢麻痹，卧地不起，最后体温降低，可由于呼吸中枢麻痹而死亡。

慢性中毒，表现为长期消化紊乱、便秘或腹泻，并有黄疸，有的出现血尿、结膜发炎、视力减退甚至可致失明，皮疹和皮炎。生长期动物出现佝偻病，成年动物出现骨软病。母畜不孕，孕畜流产。牛中毒时则发生顽固性前胃弛缓，有时出现支气管炎、下痢和后肢湿疹（称酒糟性皮炎）。

病猪以消化道症状和神经症状表现为主，病牛以消化道症状和皮疹为主。

病理变化有胃肠黏膜充血、出血，小结肠纤维素性炎症，直肠出血、水肿，肠系膜淋巴结充血，心内膜出血，肺充血、水肿，肝、肾肿胀，质地脆弱。

诊断与预后

根据病史、临床症状、病理解剖变化和实验室检验，可做出诊断。

酒糟中毒的实验室检验，将少量变异酒糟用蒸馏水浸泡，过滤，置烧杯中，测定pH。初步测得 pH<5.0，由此推定酒糟酸败。

及时发现，采取恰当的治疗措施，一般预后良好。

治疗

立即停喂有毒酒糟，以 1%碳酸氢钠液内服或静脉注射 5%碳酸氢钠注射液，便秘时应用盐类泻剂，肠炎时可给予止泻药和消炎药，出现神经症状，可给予镇静剂如硫酸镁注射液、水合氯醛注射液等，同时注意补液如静脉注射 5%葡萄糖、生理盐水等，也可根据具体症状，给予 10%氯化钙溶液，维生素 C 注射液、20%安钠咖注射液等，同时加强对症治疗，有良好的疗效。对皮疹或皮炎的治疗，用 2%明矾水或 1%高锰酸钾液冲洗，如剧痒时可用 3%石炭酸酒精液涂擦。

预防

妥善储存酒糟，尽量饲喂新酒糟，应与其他饲料搭配饲喂，喂量不宜过多，以不超过日粮的 1/3 为宜。饲喂酒糟过程中，应适当补钙，轻微酸败的酒糟，可适当添加生石灰以中和酸，霉败的酒糟禁止饲喂。

感光过敏性中毒（photosensitivity poisoning）

感光过敏性中毒是指动物采食含有光敏物质的饲料后，在光线照射下体表浅色素部分发生的一种过敏性中毒病。临床上以浅色素部位的皮肤出现红斑、水泡和皮炎为特征。牛、羊、猪、马等均可发生本病。

病因

原发性因素，主要见于动物采食了含有光敏性的植物和药物引起。常见的含有光敏性物质的植物如荞麦、灰菜、多年生黑麦草、金丝桃属植物、龙舌兰属植物等，以及被某些真菌寄生的植物如狗牙根草、藜、粟、羽扇豆、野蒺藜等和感染了蚜虫的三叶草等。因这些植物中所含荞麦素、金丝桃素、黑麦草碱及一些尚未鉴定的光敏性物质，受一定波长的光线照射后，引起光过敏反应。常见的药物如四氯化碳、菲啶（抗锥虫药）等，某些药物如皮质类固醇、玫瑰红等染料亦可引起光过敏。

继发性因素，主要见于胆汁代谢紊乱性疾病。叶绿素在体内转化为叶绿胆紫素，需经胆汁排泄。而叶绿胆紫素为光敏物质，如不能及时经胆汁排泄而进入血流，当组织内尤其是皮肤内叶绿胆紫素的量达一定程度后，即可引起感光过敏。凡可产生肝损伤和胆管堵塞的因素，就可能有产生光敏反应的现象，此称为肝源性光敏反应。

有的病例还难以区分为原发性和肝源性光敏反应，如采食油菜、红三叶草、车轴草、羊舌草、车前草、水淹后的三叶草、猪屎豆等，还有些牛、羊因采食幼嫩紫花苜蓿，有散在性光过敏现象。

遗传性因素，常见于先天性卟啉血症。此外，有些品种羊更易产生光敏性皮炎，如考力代羊、南丘羊等，与遗传性胆色素排泄障碍有关。

发病机理

当光敏物质到达皮肤后，在一定波长光线照射下，光敏分子被光激活，获得能量，处于活化状态。当光敏分子恢复至低能状态时，所释放的能量与皮肤细胞成分发生光化学反应，从而损伤了细胞结构，释放组胺，组织通透性增大，出现充血、水肿和坏死。主要发生在浅色素皮肤，表现为皮肤发红、水泡、溃烂、结痂，以及瘙痒和脱皮。同时发生消化系统及中枢神经系统的障碍。

症状

基本症状表现在浅色素皮肤，太阳光照射后，局部皮肤红、肿，形成丘疹、水泡甚至脓泡，伴有痒感。多局限在皮肤色素浅、被毛稀、朝阳光的背侧，如嘴、眼周围、面部、耳郭，病区与健区皮肤界限明显。猪和剪过毛的羊可能在背部和颈部大面积发生，牛常在乳房、乳头、四肢、胸腹部、颌下和口周围出现疹块。停止日晒和停喂致敏饲料后，发痒缓解，症状数日后消失，饮食欲变化不大。严重病例，皮肤显著肿胀，疼痛，形成脓泡，破溃后，流出黄色液体，结痂，有时痂下化脓，皮肤坏死。与此同时，常伴有口炎、结膜炎、鼻炎、阴道炎等症状。患畜食欲废绝，流涎，便秘，有的有黄疸，心律不齐，体温升高。有的出现神经症状，兴奋、战栗、攻击人畜，有的痉挛、麻痹。有的呼吸困难，运动失调，后躯麻痹，双目失明。

剖检可见病变多局限于皮肤，有各种不同程度炎症。有的出现消化系统炎症性变化和脑部病变。肝源性光过敏反应有肝脏损伤、肿大。卟啉症，尚有骨骼、牙齿内有卟啉沉着，显红紫色为特征。

诊断与预后

根据有采食光敏性食物病史，皮肤炎症仅局限在皮色较浅、背毛较稀及朝向太阳部位，可做出初步诊断。但应与猪的锌缺乏症、真菌性皮炎、罗氏梭菌感染引起的公羊大头病等相区别。

猪的锌缺乏症常表现为皮肤增厚、皮屑增多，病区主要在臀部、四肢。补锌后可迅速恢复健康。真菌性皮炎常与本病混淆，因其炎症也局限于背部，但与毛色和毛的疏密无关。罗氏梭菌性皮炎常呈炎性肿胀，病损部位有许多梭菌存在。

经及时治疗，一般预后良好。

治疗

本病一经诊断应把动物移到避光处，停止饲喂光敏原性食物，使用缓泻剂，使未吸收的光敏性食物迅速排除，治疗应取抗组胺药，如苯海拉明、曲吡那敏等药物，也可静脉注射钙制剂和维生素 C。扑尔敏，牛 50～80mg，猪和羊 10mg，2 或 3 次/d 肌肉注射。为防止感染，可用明矾水洗患部，再用碘酊或龙胆紫药水涂擦患部，或用薄荷脑 0.2g、氧化锌 2g、凡士林 2g，制成软膏涂抹，同时肌注抗菌药。大群猪、羊发病还可灌服中药。清热解毒、散风止痒，用土茯苓 30g、牛膝 15g、蒲公英 15g、银花 10g、野菊花 15g、钻地风 9g、赤芍 9g、地肤子 20g、生甘草 5g，按比例配制，煎汤灌服。

预防

避免动物采食含有光能物质的饲料。对呈区域性流行的地方，最好饲养黑毛动物，以便利用当地资源。

（徐世文、李金龙）

第三节 有毒植物中毒

栎树叶中毒（oak leaf poisoning）

栎树叶中毒又称青杠叶中毒、橡树叶中毒、柞树叶中毒等，是指动物采食栎树的枝叶后引起的一种中毒病。临床上以便秘或下痢、水肿、胃肠炎和肾脏损害为主要临床特征。本病除犬、猫外，可发生于各种其他家畜、实验动物，以至于鸵鸟等，其中对牛类的危害最为严重。

病因

栎树又称橡树，俗称青冈树、柞树，是显花植物双子叶门壳斗科（山毛榉科）栎属植物。本病发生于生长栎树的林带，尤其是乔木被砍伐后，新生长的灌木林带。放牧牛羊可因大量采食栎树叶而中毒。据报道，牛采食栎树叶数量占日粮的50%以上即可引起中毒，超过75%会中毒死亡。也有因采集栎树叶喂牛或垫圈而引起中毒者。尤其是春季干旱，其他牧草发芽生长较迟，而栎树返青早，常被大量采食，可引发大批发病死亡。

栎树叶中的主要有毒成分是一种高分子栎叶单宁，其在胃肠内可降解为毒性更大的低分子多酚化合物而产生毒性反应，导致出血性肠炎及肾病而出现严重后果。春季幼嫩的栎树叶有一定的适口性，可加重耕牛的采食及中毒机会。

发病机理

高分子栎叶单宁是栎树叶中的主要有毒物质，属水解类单宁，在胃肠内，可经生物降解产生毒性更大的低分子多酚类化合物，能通过胃肠黏膜吸收进入血液循环并分布于全身器官组织，从而发生毒性作用。由于栎单宁降解产物的刺激作用，经胃肠道吸收时会导致胃肠道的出血性炎症，经肾脏排出时会导致以肾小管变性和坏死为特征的肾病，最后则因肾功能衰竭而致死。

症状

自然中毒病例多在采食栎树叶 5～15d，出现早期症状。人工发病试验中有的于采食嫩叶后第三天出现症状。病初表现精神沉郁，食欲、反刍减少，常喜食干草，瘤胃蠕动减弱，肠音低沉。很快发展为腹痛综合征，磨牙、不安、徘徊、回顾腹部及后肢踢腹等。排粪迟滞，粪球干燥，色深，外表有大量黏液或纤维性黏稠物，有时混有血液。粪球干小常串联成念珠状，有的长达数米，严重时排出腥臭的焦黄色或黑红色糊状粪便。口腔黏膜出现豆大的浅溃疡灶。鼻镜多干燥，后期龟裂。

病初尿频，量多，尿液稀薄而清亮，有的排血尿。随着病势加剧，饮欲逐渐减退以至消失，尿量减少，甚至无尿。可在会阴、股内、腹下、胸前、肉垂等躯体下垂部位出现水肿，腹腔积水，腹围膨大下垂，冲击触诊有震荡感。尿蛋白试验呈强阳性，尿沉渣镜检可发现大量肾上皮细胞、白细胞及各种管型。

体温一般无变化，但后期由于盆腔器官水肿而导致肛门温度过低。也可见流产或胎儿死亡。病情进一步发展，患畜虚弱，卧地不起，出现黄疸，血尿，脱水等症状，最后因肾功能衰竭而死亡。

剖检变化可见身体下垂部如下颌、肉垂、胸腹下部多积聚有数量不等的淡黄色胶冻样液体，各浆膜腔中都有大量积液。消化道黏膜肿胀、出血、溃疡等。胆囊肿大。肾脏多数肿大，变性、出血点或出血斑，皮质和髓质界限模糊。

诊断与预后

根据采食栎树叶或橡子的病史、临床特征等可做出诊断。早期诊断的主要根据包括有采食或饲喂栎树叶的病史、体温正常、食欲稍减、粪便干燥、色暗黑并带有较多的黏液和少量的血丝，以及尿蛋白检查阳性和排除其他疾病和传染病。

病程的长短颇不一致，多在出现临床症状后的第二周内死亡。如能恢复排尿、排粪及出现饮食欲，同时患畜的神态转为安静者，则为病情好转的预兆；但随着恢复排尿及其皮下水肿消失，患畜将骤然消瘦，且须经历较长的恢复期。

治疗

先应立即停止饲喂栎树叶，禁止在栎林区放牧，改喂青草或青干草供应新鲜饮水。

目前尚无特效解毒药物治疗。对中毒较轻的牛，多采用硫代硫酸钠解毒，同时应用缓泻药，进行强心、利尿、补液等对症治疗。硫代硫酸钠，每头成年牛每次 8～15g，配成 10%溶液，一次静脉注射，每日一次，连用 2～3d。在病程中，为促进毒物排泄，防治酸中毒，可内服植物油、液体石蜡进行缓泻；尿液 pH 在 6.5 以下时，可静脉注射 5%碳酸氢钠溶液有一定效果。适当使用强心剂和利尿剂如安钠咖、呋塞米等。

预防

预防的最根本措施是恢复青杠树林区自然生态的平衡，改造青杠林牧地，改变山区养牛管理粗放的现状，储备越冬度春的青干草，提高放牧牛的体质。减少青杠树叶在牛日粮中的比例，采取半天舍饲半天放牧或加喂夜草，或人为地青杠树叶和杂草地轮牧等。补饲添加剂，在春季发病季节可定期试用 1%石灰水，每天每头牛灌服 500mL。可用 0.05%或 0.075%的高锰酸钾溶液，每次 4000mL 灌服，每日或隔日一次，在青杠树吐叶时开始至发病终止时停服，效果良好。

疯草中毒（locoism）

疯草中毒是指动物采食棘豆属和黄芪属中有毒植物引起的一种慢性中毒病。临床上以头部震颤、运动蹒跚和后肢麻痹等神经症状为特征。本病主要发生于草食兽，但从动物种属上看，马、骡最敏感，羊次之。

疯草是棘豆属和黄芪属中有毒植物的统称。疯草是全世界危害家畜最为严重的一类有毒植物。棘豆属植物有 300 多种，我国的棘豆属植物有 100 多种，引起家畜中毒的有 20 多种，主要有黄花棘豆、甘肃棘豆、小花棘豆等，主要分布于西北、华北及西南牧区，对放牧动物危害极大。黄芪属植物约有 2000 多种，我国约有 300 多种，主要分布在北方高山地带。引起中毒的主要是茎直黄芪和变异黄芪，前者主要分布在西藏，后者主要分布在内蒙古、甘肃及宁夏。

病因

上述两大植物属于多年草本植物，主要生长在海拔1100～3200m的草地。二者适口性均很差。在牧草能满足的情况下，当地动物能辨认出，并不采食。如牧草严重不足时，动物才不得以采食以维持生命。然而一旦家畜开始采食疯草，则将很快变得嗜好成瘾，以至仅采食疯草，直至中毒死亡。此外，从外地引进的动物，由于对疯草无识别力，也易中毒。

发病机理

疯草的主要有毒成分是苦马豆素类生物碱。苦马豆素与甘露糖的空间结构类似，与α-甘露糖苷酶具有高度亲和性，是一种很强的α-甘露糖苷酶抑制剂。甘露糖苷酶的活性低下使甘露糖不能水解，在溶酶体中大量积聚，导致细胞空泡变性。从而造成器官组织损害和功能障碍，其中以神经系统和生殖系统最为敏感，特别是小脑蒲肯野氏细胞，而且外周神经系统的神经细胞也普遍发生空泡变形，髓神经纤维脱髓鞘现象，中毒动物出现以运动失调为主的神经症状。由于生殖系统细胞的广泛空泡变性，可造成母畜不孕、流产，公畜不育，胎儿死亡和发育畸形。

症状

疯草中毒通常是一个渐进的过程，牲畜在采食疯草的初期，上膘较快，体重稍有增加。一段时间之后，营养状况开始下降，继而出现精神沉郁，反应迟钝，被毛粗乱，随着病情进展，出现特征性临床症状，目光呆滞，头部震颤，步态不稳，后肢拖地。严重时在颚下、喉等部位出现水肿，后肢麻痹，卧地不起，最后衰竭死亡。孕畜流产、死胎、早产、畸胎等症状，母畜不孕和公畜不育。有的出现便秘或腹泻，失明和脱毛等症状。

病理学特征为神经系统、肝和肾等器官细胞内形成空泡变性。实验室检查可见贫血，血清α-甘露糖苷酶活性下降，尿中低聚糖含量增加。

诊断与预后

根据病史和临床症状可做出初步诊断。确诊时可测血清α-甘露糖苷酶活性或尿液低聚糖含量增加与否。

轻症病例，经过积极治疗，一般预后良好。

治疗

疯草中毒目前无特效疗法，一般只进行对症治疗。轻度中毒或发病较短的病例，应立即停止饲喂疯草，加强饲养管理，供给优质牧草并加强补饲，则可逐渐恢复。中毒严重者，采用10%硫代硫酸钠等渗葡萄糖溶液，按1mL/kg·体重静脉注射，有一定疗效。

预防

加强饲养管理，准备充足饲料，避免在有疯草草场放牧，若放牧应采取轮牧。在有棘豆的草场限制放牧易感的羊和马，而代之以不易感的家畜或在棘豆结荚期和枯草期实行轮牧，即在有棘豆的草场上放牧10～15d，在无棘豆草场上放牧10～15d或更长时间，如此循环放牧在一定程度上可避免家畜中毒。此外也可以去除草场毒草，如化学防除、人工防除等，化学防除可用2,4-D丁酯200～300g/亩①人工或飞机喷洒，防效达

① 1亩≈667m^2，后同。

95%以上。也可对疯草进行脱毒使用。处理方法是稀盐酸水或常水浸泡处理2～3d，然后阴干或风干后存放使用。这样，即可有效地除去疯草，还获得优质高蛋白的饲草。

毒芹中毒（cicuta virosa poisoning）

毒芹中毒是指动物采食毒芹后引起的一种中毒病。临床上以痉挛抽搐和出血为特征。主要发生于草食兽和杂食兽，常见于牛、马、羊和猪。

病因

毒芹俗称野芹菜，是多年生伞科植物，喜生长于潮湿、低洼地带。家畜毒芹中毒，是因误食毒芹根茎部引起的。

中毒多发生在早春和晚秋。由于毒芹春季比其他植物发芽早且生长快，所以早春到低洼地带放牧时，家畜贪青不仅采食毒芹的幼苗，由于其根茎有少甜味，也采食生长在地表的毒芹根茎；晚秋时牧草枯萎，家畜喜欢吃具有甜味的毒芹根茎或霜后气味消失的毒芹枯叶，因而引起中毒。

夏季虽然毒芹生长茂盛，但因有类似芹菜样的气味，家畜不喜欢采食，或采食量不多，所以很少引起中毒。

发病机理

毒芹的有毒成分是生物碱毒芹素，存在于植物的各部分，但以根茎内含量最多，此外，还含有毒芹醇、挥发油、毒芹醛等。

毒芹素是一种类脂质样物质。经胃肠道迅速地被吸收，并扩散到整个机体，首先作用于延脑和脊髓，引起兴奋性增强和强直性痉挛，同时刺激心血管运动中枢和迷走神经，导致呼吸、血压和心脏功能障碍。运动神经受到抑制，则骨骼肌发生麻痹，终因呼吸麻痹而死亡。

症状

牛、羊采食毒芹后一般2～3h内出现临床症状。病初兴奋不安，口、鼻流出白色或淡褐色泡沫状液体，食欲废绝，反刍停止，瘤胃臌气，腹泻，腹痛，频频排尿。同时由头颈部到全身肌肉出现阵发性或强直性痉挛，在痉挛发作时，患畜突然倒地，头颈后仰，四肢强直，牙关紧闭，心动增强，体温升高，脉搏加快，呼吸促迫，瞳孔散大。病至后期，卧地不起，体温下降，知觉消失，脉搏细弱，四肢末端冷厥，终因呼吸中枢麻痹而死亡。

猪发生中毒时，表现兴奋不安，呕吐，运动失调，全身搐搦，口吐白沫，呼吸促迫，瞳孔散大，肢端发冷，卧地不起，呈麻痹状态，病程为数小时至1～2d。妊娠母猪中毒时，所产的初生仔猪表现全身震颤，后肢不稳，病仔猪多在一周内死亡。

马发生中毒时与牛相似，瘦弱马匹易中毒，表现不安，腹痛，很快陷入沉郁状态，近似昏迷，两眼无光，眼球下陷，四肢划动，黏膜发绀，脉搏细弱，多在惊厥中死亡。

毒芹中毒后的病理变化，黏膜呈蓝紫色，口、鼻附有红色泡沫，胃内容物混有毒芹。皮下结缔组织有散在性出血点、出血斑，肌肉深红色，血液暗红色、稀薄、凝固减慢。胃肠黏膜弥漫性充血、出血、水肿，呈弥漫性黑红色。气管、支气管弥漫性充血、出血，内含淡红色泡沫状液体。

诊断与预后

根据病因（早春在低洼草地、容易生长毒芹的地方放牧的牛、羊，采食了毒芹的嫩芽或根茎而发病）、主要症状以及病理剖检变化（胃内容物中有毒芹茎叶）进行综合分析而确诊。也可以采取检验生物碱的方法进行检测，或做动物的生物试验而作为确诊的根据。

严重病例一般预后不良。

治疗

毒芹中毒尚无特效疗法，主要采取排毒、解毒，改善呼吸、循环机能及解痉镇静、强心补液等综合性的对症疗法。

中毒初期，为迅速排出胃内容物，立即应用0.5%～1%鞣酸溶液洗胃，洗胃后，可内服碘剂（碘1g、碘化钾2g、溶于1500mL水中），牛200～500mL，羊100～200mL。也可以用豆浆或牛奶内服，必要时，可施行瘤胃切开术，以排出毒物。

当胃内容物清除后，为防止残余毒物继续被吸收，可应用吸附剂或用缓泻剂（油类泻剂）。当有呼吸衰竭时应用呼吸中枢兴奋剂，皮下注射尼可刹米、苯甲酸钠咖啡因等。解痉镇静，可皮下注射1%硫酸阿托品10～20mL或静脉注射5%水合氯醛酒精注射液200～300mL。

预防

在早春或晚秋缺乏青绿饲料的季节，应禁止在低洼、沟渠岸边有毒芹生长的地方放牧；毒芹晒干后，毒性仍不消失，故混有毒芹的干草，不能用作饲料；改造有毒芹生长的放牧地，可深翻土壤进行覆盖或用除莠剂净化。

蕨中毒（bracken poisoning）

蕨中毒是由动物采食过量蕨科中有毒蕨属植物引起的一种中毒性疾病。临床上牛急性中毒以高热、贫血和全身出血综合征为特征，慢性中毒以膀胱肿瘤、血尿为特征；马以硫胺素缺乏的症状为特征，主要发生于牛、绵羊，马和猪均可发生。

病因

蕨系多年生草本植物，又名蕨菜、蕨萁、龙头菜、山凤菜、如意草等。蕨株高几十厘米到几米，高矮差异悬殊，根茎粗大，长而横行呈索状，生命力极强，以无性繁殖方式蔓延，同时其孢子可运隔漂移，进行有性繁殖。在我国，引起动物中毒的常见种是欧洲蕨斜羽变种和毛叶蕨，分布于我国大部分省区，主要生长于海拔200～3000m的山丘荒坡和林地、草原。

过度利用的草场及不合理开垦的山林地上常常滋生大量蕨类植物。由于它们在春季萌芽早于其他牧草，易被以放牧为主的动物在短期内大量采食而中毒。

发病机理

目前已经从蕨中提取出多种成分如紫云英苷、荠草酸和原蕨苷等，但其中大部分不能确定确切的毒性作用。原蕨苷为一种基因毒性致癌原，是引起牛蕨中毒的毒性因子，而硫胺酶是造成单胃动物蕨中毒的根本原因。多数学者还证实蕨中含有某种骨髓损伤因子。它们能导致骨髓产生类放射性损伤，从而引起高热，贫血，血小板减少以及一系列细胞学和体液学改变的类放射性损伤病变。蕨中毒作用造成的严重骨髓损伤，血液凝固不良以及心、肝、肾等实质脏器的损害，是引起中毒患畜死亡的主要原因。

症状

牛急性蕨中毒时，体温升高至 40～42℃，流涎，腹痛，食欲减退或废绝，瘤胃蠕动减弱或停止，皮肤和可视黏膜点状出血，还可见鼻衄，血汗，便血，血尿，血乳和天然孔出血，外伤易造成皮下或肌间血肿。部分病牛因咽喉水肿、麻痹造成呼吸困难、窒息而死亡。临床病理学检查可见贫血，粒细胞减少，重症牛低于 2×10^{10}个/L，血小板减少，重症牛低于 5×10^{10}个/L。慢性蕨中毒以反复发生血尿为特征，常出现尿频、尿血和排尿痛苦，多数死于衰竭。

绵羊中毒时，出现血尿，瞳孔散大，对光反射减弱，永久性失明。此外，还表现维生素 B_1 缺乏症，出现脑灰质软化的一系列神经症状。

马中毒初期运动失调，消瘦，心律减慢，节律不齐。继而体温升高，皮肤知觉过敏，步态蹒跚，共济失调。严重者肌肉震颤，最后卧地不起，濒死期出现阵发性癫痫样痉挛和角弓反张。

治疗

尚无特效疗法。对轻症中毒牛可采取输血、输液，给予骨髓刺激剂、肝素拮抗剂，还可应用强心、利尿、止血、抗纤维蛋白溶解酶制剂，对马属动物应尽早使用维生素 B_1 制剂，按 5mg/kg 的剂量，静脉或肌肉注射，连用 2～4d。对于重症中毒及慢性中毒动物，无治疗价值，应及早淘汰。

在早春应避免动物到蕨生长茂盛的草场、林地放牧。

（徐世文、李金龙）

第四节　霉菌毒素中毒

黄曲霉毒素中毒（aflatoxin poisoning）

黄曲霉毒素中毒是人畜共患且有严重危害性的一种霉败饲料中毒病，临床上以消化机能障碍、全身性出血腹水和神经机能障碍为特征。病理学特征为肝细胞变性、坏死、出血、胆管和肝细胞增生。长期慢性小剂量摄入含有黄曲霉毒素的饲料，还有致癌作用。

各种动物都可中毒，但动物年龄、性别不同，对毒素的敏感性不同，最易感的是鳟鱼，畜禽的敏感顺序是雏鸭、雏鸡、仔猪、犊牛、育肥猪、成年牛、绵羊。

病因

黄曲霉毒素（aflatoxin，AFT）主要由黄曲霉和寄生曲霉产生。自然界分布的黄曲霉中，仅有 10%菌株能产生黄曲霉毒素，其他能产生黄曲霉毒素的真菌尚有温特曲霉、黑曲霉、青霉等 20 多种。AFT 是一类结构相似的化合物，都具有一个双呋喃环和一个氧杂萘邻酮（香豆素）结构，它们在紫外线照射下都发荧光。根据它们产生荧光的颜色可分为两大类，发出蓝紫色荧光的称 B 族毒素，发出黄绿色荧光的称 G 族毒素。目前已有 20 余种，如 $AFTB_1$、$AFTB_2$、$AFTG_1$、$AFTG_2$、$AFTM_1$、$AFTM_2$ 等，其中除前 4 种为天然产物外，其余的均为其衍生物。它们的毒性强弱与其结构有关，凡呋喃环末端有双键者，毒性强，可导致畜禽和人类肝损害和肝癌。研究表明 $AFTB_1$、$AFTB_2$、$AFTG_1$、$AFTM_1$，都可以诱发猴、大白鼠、小白鼠等动物致肝癌。在这些毒素中又以 $AFTB_1$ 的毒性及致癌性最强，进行饲料中 AFT 含量检测和进行饲料卫生学评价时，一般以 $AFTB_1$ 作为主要监测指标。

最适合黄曲霉菌生长的植物有花生、玉米、黄豆、棉花等植物的种子，最适合生长、产毒的温度为 24～30℃，种子湿度为 10%～15%，相对湿度为 70%～80%，有时作物生长在田间时黄曲霉菌就可生长产毒。畜禽黄曲霉中毒的原因多是采食了产毒霉菌污染的花生、玉米、豆类及其副产品所致。

发病机理

黄曲霉毒素经胃肠吸收后，主要分布在肝，肝含量比其他组织器官高 5～10 倍，血液中含量极微，肌肉中一般不能检出。机体摄入毒素后，在肝脏微粒体混合功能氧化酶催化下，进行羟化、脱甲基和环氧化反应。羟化作用生成单羟基衍生物 $AFTM_1$、$AFTH_1$、$AFTQ_1$ 和黄曲霉毒醇等，约经 7d，大部分随呼吸、尿液、粪便及乳汁排出体外。

黄曲霉毒素主要影响 DNA、RNA 的合成与降解，蛋白质、脂肪的分解与代谢，线粒体代谢及溶酶体的结构和功能，引起碱性磷酸酶、转氨酶、异柠檬酸脱氢酶活性升高，肝脂肪增多，肝糖原下降以及肝细胞变性、坏死。此外，黄曲霉毒素还具有致癌、致突变和致畸性，可使人畜诱发肝癌、胃腺癌、肾癌、直肠癌、乳腺癌、卵巢癌和皮下肉瘤等。黄曲霉毒素是已发现毒素中最强的致癌物。

症状

家禽以雏鸭、雏鸡和火鸡最敏感，中毒多呈急性经过，且病死率很高，幼鸡多发生于 2～6 周龄，临床症状为食欲不振，嗜眠，生长发育缓慢，虚弱，翅膀下垂，时时凄叫，贫血，腹泻，粪便中带有血液。雏鸭表现食欲废绝，脱羽，鸣叫，步态不稳，跛行，角弓反张，病死率为 80%～90%。成年鸡、鸭和鸽的耐受性较强。慢性中毒，初期多不明显，通常表现食欲减退，消瘦，不愿活动，贫血，长期可诱发肝癌。母鸡发生脂肪肝综合征，产蛋率和孵化率降低。蛋鸭表现皮下出血，肝肿大。鸽子肝肿大、发硬，胆管内有干酪样物质，呈桑葚状。病死家禽肝肿大，弥漫性出血和坏死，亚急性和慢性型发生肝细胞增生，纤维化和硬变，肝体积缩小，常发生心包积水和腹水症。其他脏器出血，病程在一年以上者可发生肝细胞癌和胆管癌。

猪黄曲霉毒素中毒可分为急性、亚急性、慢性三种。急性型发生于 2～4 月龄的仔猪，尤其是食欲旺盛、体质健壮的猪发病率较高，多数在临床症状出现前突然死亡。亚急性型体温升高 1～1.5℃或接近正常，精神沉郁，食欲减退或丧失，口渴，粪便干硬呈球状，表面被覆黏液和血液。可视黏膜苍白，后期黄染，皮肤充血、出血。后肢无力，步态不稳，间歇性抽搐。严重者卧地不起，常于 2～3d 内死亡。慢性型多发生于育成猪和成年猪，病猪精神沉郁，食欲减少，生长缓慢或停滞，消瘦。可视黏膜黄染，皮肤表面出现紫斑。随着病情的发展，病猪呈现神经症状，如兴奋、不安、痉挛、角弓反张等。肝功能障碍，SGPT、SGOT 和 AKP 活性升高，血浆蛋白下降，溴黄酞钠廓清试验，染料清除时间延长，白细胞增多，淋巴细胞减少。剖检急性型主要呈现贫血和出血，心外膜和心内膜有明显的出血斑点，常与猪瘟相混淆；而慢性中毒尚有胎儿死亡或畸胎。

成年牛多呈慢性经过，只有犊牛容易死亡，特别是 3～6 月龄犊牛，有精神沉郁、角膜浑浊、厌食、消瘦、呈间歇性腹泻和腹水。乳牛产乳量下降或停止泌乳，间或发生流产。病牛死后剖检呈现肝脏硬化、纤维化，肝细胞瘤，胆囊扩张，腹腔积液。低蛋白血症，红细胞数明显减少，白细胞数增多，凝血时间延长。急性病例，谷草转氨酶、瓜氨酸转移酶和凝血酶原活性升高；亚急性和慢性病例，异柠檬酸脱氢酶和碱性磷酸酶活性明显升高。

诊断与预后

根据病史调查、患病动物有采食霉变饲料的病史，但在动物中无传染性、无免疫性和季节性，凡食用霉饲料者可中毒，未食者不发病；全身黏膜、浆膜出血，典型的肝脏病变和血清酶活性升高，同时在饲料中可检出一定量的毒素可做出初步诊断。

饲料中黄曲霉毒素测定有定性和定量法，前者将代表性饲料用紫外灯 365nm 照射，暗处观察，显蓝光者为 B_1、B_2 毒素，显绿光者为 G_1、G_2 毒素；后者又分为薄层层析法和免疫测定法两种，层析法需用标准毒素在薄层板上迁移速率为对照，而免疫法则是把标准黄曲霉毒素 B_1 附着到牛的白蛋白分子上，形成抗原，免疫家兔后产生抗牛白蛋白-黄曲霉毒素 B_1 抗体，再用 ELISA 法或亲和层析等技术去检测血液及饲料中黄曲霉毒素 B_1 的含量，此法检出率高。

治疗

目前无治疗本病的特效药，一般多取对症治疗，促使毒物排出，保护肝脏，制止出血，保护胃肠等措施。

预防

防止本病关键是搞好防霉去毒工作。

防霉主要是选育抗黄曲霉毒素的农作物品种；采用适宜的种植技术和收获方法，如花生种植不重茬，收获前灌水，收获时尽量防止破损；玉米、小麦等农作物收割后要及时晒晾，使含水量符合要求；采用适当的储藏方法和化学防霉剂，如对氨基苯甲酸、丙酸、乙酸钠、亚硫酸钠等都能阻止黄曲霉的生长。对已含有黄曲霉毒素的饲料，可应用物理、化学和生物学方法去除其中的毒素，这些方法需要一定的设备和技术，不够简便，且去毒处理后，产品营养价值下降。

杂色曲霉毒素中毒（sterigmatocystin poisoning）

杂色曲霉毒素（sterigmatocystin，ST）中毒是动物采食杂色曲霉毒素污染的饲料引起的一种中毒病。马属动物曾称为“黄肝病”，羊称为“黄染病”。临床上以渐进性消瘦和全身性黄疸为特征，病理学特征为病理变化以肝细胞和肾小管上皮细胞变性、坏死，间质纤维组织增生。本病主要发生于马属动物、羊、家禽及实验动物。

病因

杂色曲霉毒素又称柄曲霉毒素，主要由杂色曲霉、构巢曲霉和离蠕孢霉 3 种霉菌产生。这 3 种主要产毒霉菌普遍存在于土壤、农作物、食品和水果中，如小麦、大米、玉米、花生、面粉、火腿、干酪和黄油等。在 3 种主要产毒霉菌中，以杂色曲霉的产毒量最高，构巢曲霉和离蠕孢霉的产量分别约为前者的一半。此外，黄曲霉、寄生曲霉、谢瓦曲霉、皱褶曲霉、赤曲霉、焦曲霉、黄褐曲霉、变色曲霉、爪曲霉等也可产生。

杂色曲霉毒素是一类化学结构相似的化合物，其基本结构为一个双呋喃环和一个氧杂蒽酮。目前已确定的有 10 种以上，在紫外灯下呈现砖红色荧光，分子式为 $C_{18}H_{12}O_6$，相对分子质量 324，熔点为 246～248℃。难溶于水和碱性溶液，易溶于氯仿、乙腈、苯、吡啶和二甲亚砜等有机溶剂。

该病主要是家畜食入被杂色曲霉素污染的饲草引起的。在宁夏回族自治区盐池、灵武两个县，陕西定边县及内蒙古鄂托克旗等地，马属动物和羊多发生本病。每年 12 月至次年 6 月为发病期，4～5 月为高峰期，康复的家畜到翌年还可再次发病。

发病机理

杂色曲霉毒素具有肝毒性，其发病机制尚不清楚。据报道，动物急性中毒病变以肝、肾坏死为主，肝小叶坏死部位因染毒途径不同而异，口服染毒后主要表现肝小叶中央部位坏死，腹腔染毒后出现肝小叶周围坏死。慢性中毒可引起原发性肝癌、肝硬化、肠系膜肉瘤、横纹肌肉瘤、血管肉瘤和胃鳞状上皮增生等。

症状

马属动物多在采食霉败糜草后 10～20d 出现中毒症状。病初精神沉郁，饮食欲减退，以后废绝，进行性消瘦。结膜初期潮红、充血，后期黄染。一般 30d 后症状严重，出现神经症状如头顶墙，无目的徘徊。尿少色黄，粪球干少，表面有黏液。体温一般不升高，少数病例濒死前体温升高达 40℃以上。

绵羊、山羊均可患病，羔羊易感，多为亚急性。一般在采食霉败饲料 7d 后发病，精神委顿，食欲不振，消瘦。随着病情的发展出现结膜潮红、巩膜黄染，虚弱，腹泻，尿黄或红，病程 10～30d。2 月龄以下的羔羊发病多，死亡率高。1.5 岁以上羊也发病，但很少死亡。实验室检查，尿胆红素阳性，血清凡登白试验阳性。幼畜病死率高于成年家畜。

奶牛呈慢性经过，产奶量下降，腹泻，严重者血痢，最后衰竭死亡。鸡呈急性经过，产蛋率迅速下降，精神萎靡，羽毛蓬松，喜饮水，腹泻，粪便中常带血性黏液，最后昏迷死亡，病死率达 50%以上。

病理变化主要表现为肝脏肿大，表面不平，呈黄绿色，呈花斑样色彩。皮下、腹膜、脂肪黄染。肺、脾、膀胱、胃肠道、肾脏广泛性出血。病理组织学变化可见肝细胞严重空泡化和脂肪变性，肝细胞间纤维组织增生。肾小管上皮细胞空泡变性或坏死脱落。大脑部分神经细胞空泡化，呈网织状。羊特征性的剖检变化是皮肤和内脏器官高度黄染。皮下组织、脂肪、浆膜、黏膜均黄染。肝脏肿大，质脆，胆囊充满胆汁。胃肠道黏膜充血，肾脏肿大、质软、色暗，全身淋巴结水肿。

诊断

根据采食霉败饲草的病史，临床症状和特征性的病理剖检变化可以做出初步诊断。但要确诊必须测定样品中的杂色曲霉毒素含量并分离培养出产毒霉菌。

杂色曲霉毒素的测定，普遍采用薄层层析紫外扫描法，此法操作简便、准确度高，杂质干扰小。

治疗

无特效疗法，根据病情给予对症治疗。使役家畜应充分休息，保持环境安静，避免外界刺激。增强肝脏解毒机能，恢复中枢神经机能，防止继发感染。可选用高渗葡萄糖溶液和维生素 B_1 静注，也可口服葡醛内酯、肌苷片等。患病动物兴奋不安时，可用10%安溴注射液，内服水合氯醛。防止继发感染可选用抗生素类药物。

预防

本病的预防主要是防止糜草发霉，或不喂已发霉的糜草，这是杜绝家畜发生本病的根本措施。为了防止糜草发霉，在收割后要充分晒干，然后堆放于通风，地面水流通畅的地方，严禁雨淋。

玉米赤霉烯酮中毒（zearalenone poisoning）

玉米赤霉烯酮中毒，又称 F-2 毒素中毒，是由于采食了被玉米赤霉烯酮污染的饲料引起的一种中毒病。临床上以阴户肿胀、乳房隆起和慕雄狂等雌激素综合征为特征。本病主要发生于猪，尤其是 3～5 月龄的仔猪，牛羊等反刍动物偶见报道。本病遍布全国各地。

病因

致病毒素为玉米赤霉烯酮。它主要是禾谷镰刀菌的一种代谢产物。粉红镰刀菌、三线镰刀菌、串珠镰刀菌、木贼镰刀菌、茄病镰刀菌、表球镰刀菌、囊球镰刀菌、黄色镰刀菌和尖孢镰刀菌等也能产生这种毒素。F-2 毒素是雌激素类物质，分子式为 $C_{18}H_{22}O_5$，白色结晶，不溶于水、二硫化碳和四氯化碳，而易溶于碱性水溶液、乙醚、苯、氯仿、乙烷、乙酸乙酯和乙醇。F-2 毒素最初是由赤霉病玉米中分离出来的一种二羟基苯酸内酯，其衍生物至少有 15 种以上，如玉米赤霉烯醇等，可应用硅胶 G 薄层层析法检测。

本病的发生是家畜采食上述产毒真菌特定菌株污染的玉米（主要）、小麦、大麦、燕麦、高粱、水稻、豆类以及青贮和干草等所致。

发病机理

玉米赤霉烯酮具有很强的生殖毒性和致畸作用，能刺激雌激素受体的转录，还会降低家畜的耗料量，导致生长下降，免疫抑制，繁殖障碍。同时，它还可能诱发肿瘤，而且也具有血液和免疫毒性方面影响。

玉米赤霉烯酮是一种子宫毒，可使家畜、禽类、啮齿类等实验动物表现雌激素亢进症。未达性成熟的雌性小白鼠中毒时，多出现子宫肥大，阴道肿胀以及乳腺隆起，但长期染毒可使卵巢萎缩，胎儿畸形等。

症状

各种患畜均表现以生殖器官机能障碍为基础的雌激素综合征。

猪中毒时拒食和呕吐。阴道黏膜瘙痒，阴道与外阴黏膜淤血性水肿，分泌混血黏液，外阴肿大，阴门外翻，往往因尿道外口肿胀而排尿困难，甚至继发阴道脱（占30%～40%）、直肠脱（占5%～10%）和子宫脱。青年母猪，乳腺过早成熟而乳房隆起，出现发情征兆，发情周期延长并紊乱。成年母猪生殖能力降低，多数第一次配种或授精不易受胎（假妊娠）或者每窝产仔头数减少。仔猪虚弱，后肢外展（八字腿）畸形，轻度麻痹，免疫反应性降低。妊娠母猪易发早产，流产，胎儿吸收，死胎或胎儿木乃伊化。公猪和去势公猪，显现雌性化综合征，如乳腺过早成熟似泌乳状肿大，包皮水肿，睾丸萎缩和性欲明显减退，有时还继发膀胱炎、尿毒症和败血症。

牛中毒时，食欲大减，体重减轻，高度兴奋不安，敏感，假发情。同时显现外阴阴道炎症状-外阴肿大、潮红。阴门外翻，取排尿姿势，频频排尿。持续月余。同时，繁殖机能发生障碍，如不孕、妊娠后流产或死胎。

玉米赤霉烯酮中毒时的病理变化主要是生殖系统的变化：阴唇和乳腺肿大，乳腺导管发育不全，乳腺间质性水肿；阴道水肿、坏死；子宫颈水肿，细胞增生，并出现鳞状细胞变性，子宫肥大，肌层细胞增生性增厚，子宫角变粗变长，子宫增大，蓄积水肿液。发情前期小母猪，卵巢发育不全，部分卵巢萎缩，常无黄体形成，卵泡闭锁，卵母细胞变性。已配母猪，子宫水肿，卵巢发育不全。公猪睾丸萎缩。

诊断与预后

根据采食霉饲料的病史，雌激素综合征和雌性化综合征等临床症状，以及生殖系统的一系列特征性病理变化，可以做出诊断。在此基础上，采集饲料样品进行霉菌培养、分离和鉴定进行确切诊断。如应用薄层层析、气相色谱-质谱检测饲料中的玉米赤霉烯酮等。

治疗

无特效药物治疗。停止饲喂霉败饲料，经过1～2周，症状即逐渐缓解以至消失，可望康复。

预防

限制本病的根本措施是防霉。由于玉米赤霉烯酮化学结构稳定，含毒饲料（草）经加热、蒸煮和烘烤等处置（包括酿酒或制糖）后，仍有毒性作用。可采取水浸法、去皮减毒法和稀释法进行减毒。

单端孢霉毒素类中毒（trichothecin poisoning）

单端孢霉毒素毒类又称单端孢霉烯族化合物，属于镰刀菌毒素族。这类毒素包括40多种结构类似的化合物，其共同的特点为具有倍半萜烯结构，能引起动物疾病的毒素主要有T-2毒素、二醋酸藨草镰刀菌烯醇、新茄病镰刀菌烯醇、雪腐镰刀菌烯醇。

（一）T-2毒素中毒

T-2毒素中毒是由单端孢霉烯族化合物中的T-2毒素引起的一种中毒病。临床上以拒食、呕吐、腹泻及诸多脏器出血为特征。本病为人畜共患病。本病多发生于猪，家禽次之，牛、羊等反刍动物发生较少。

病因

其病原为T-2毒素，由三隔镰刀菌、拟枝孢镰刀菌、梨孢镰刀菌、粉红镰刀菌和禾谷镰刀菌等产生。T-2毒素可在饲料中无限期地持续存在。病因主要是由于畜禽采食被T-2毒素污染的玉米、麦类等饲料所致。

发病机理

T-2毒素对皮肤和黏膜具有直接刺激作用，可引起口腔、食道、胃肠道烧灼，造成口、唇、肠黏膜溃疡与坏死。T-2毒素对骨髓造血功能有较强的抑制作用，并可导致骨髓造血组织坏死，引起血细胞特别是白细胞减少。T-2毒素引起凝血功能障碍，其被吸收进入血后产生细胞毒作用，损伤血管内皮细胞，破坏血管壁的完整性，使血管扩张、充血、通透性增高，T-2毒素还可使血小板再生、血小板凝聚和释放功能发生障碍，引起全身各组织器官出血。

症状

猪急性中毒时，一般在采食后1h左右发病，表现拒食，呕吐，精神不振，步态蹒跚。接触污染饲料的唇、鼻周围皮肤发炎、坏死，口腔、食道、胃肠黏膜出现炎性病变，临床上多表现为流涎、腹泻及出血性胃肠炎症状。慢性病例，多数表现生长发育缓慢，形成僵猪，多伴有慢性消化不良和再生障碍性贫血。

家禽中毒时食欲减退或废绝，鸡冠和肉垂色淡或青紫。姿势异常，如垂头，闭眼，羽毛竖起，翅膀展开，知觉迟钝。特别是1～7d的雏鸡、肉用仔鸡常出现腿置于背侧不收回，丧失自主性运动。成年鸡产蛋率降低，肉用鸡增重减慢，急性中毒于采食含毒饲料后3h～3d发病；慢性多在5～8d发病，多数经过20d死亡。

反刍动物的中毒相对较轻。急性病例表现精神沉郁，被毛粗乱，反应迟钝，共济失调。食欲、反刍大减或废绝，胃肠蠕动减弱或消失，腹泻，粪便中混有黏膜、伪膜和血液。随着病情的发展，出现广泛性出血症状，如皮肤出血、便血、尿血。体温下降0.5～1℃，当继发感染时，可升高0.5～1℃。慢性中毒病例的病情发展缓和，症状基本同急性。但由于毒素长期作用，多诱发骨髓造血机能衰竭，白细胞、血小板生成减少，凝血时间延长。

T-2毒素中毒的病变多为营养不良性消瘦和恶病质。猪、牛消化道黏膜发炎、出血和坏死，瘤胃乳头脱落，胃壁糜烂性溃疡和真胃炎。肝、脾肿大、出血，心肌出血，脑实质出血和软化。骨髓和脾脏等造血机能衰退。病理组织学变化可见肝细胞坏死，心肌纤维变性，骨髓细胞萎缩，细胞核崩解。禽类可见内脏器官广泛性出血和损害。

诊断与预后

一般根据流行病学调查、临床症状、病理变化进行初步诊断。确诊诊断必须测定饲料中T-2毒素，也可进行产毒霉菌的分离培养。

本病应与黄曲霉毒素及红色青霉毒素等中毒病区别。这类毒素都产生早期非特异性症状，并且都发生出血及肝、肾损害，但是黏膜和皮肤脱落则为T-2毒素所特有。

一旦发生中毒后，多预后不良。

治疗

当怀疑T-2毒素中毒时，应停止采食霉败饲料，尽快投服泻剂，以清除胃肠内毒素。同时给予黏膜保护剂和吸附剂，保护胃肠道黏膜。对症治疗可静脉注射葡萄糖溶液、乌洛托品注射液及强心剂等。

预防同 F-2 毒素中毒。

（二）二醋酸藨草镰刀菌烯醇中毒

该毒素是由藨草镰刀菌、木贼镰刀菌、三隔镰刀菌和接骨木镰刀菌等镰刀菌属霉菌产生的。这些产毒霉菌常污染玉米等谷物，尤其是在潮湿的夏秋季节，当温度降到 6～18℃时污染率最高。这种毒素的毒性作用及中毒的临床表现与 T-2 毒素极为相似。

（三）新茄病镰刀菌烯醇中毒

产生该毒素的主要是茄饼镰刀菌、燕麦镰刀菌、黄色镰刀菌、藨草镰刀菌、拟枝孢镰刀菌、梨孢镰刀菌和三隔（线）镰刀菌等。该毒素主要引起马属动物中毒。动物中毒后主要表现为神经症状——沉郁或狂暴。病理组织学变化为脑膜充血，出血，水肿，脑白质液化坏死。与马属动物霉玉米中毒非常相似。

（四）雪腐镰刀菌烯醇中毒

该毒素由雪腐镰刀菌产生。人和家畜误食被该产毒菌污染的小麦后，人则引起头昏、恶心、呕吐、头痛、疲倦、腹泻等；家畜则发生拒食、呕吐、生长迟缓等。故该毒素又有致吐霉素之称。

霉稻草中毒（moldy straw poisoning）

霉稻草中毒又称丁烯酸内酯中毒，是动物采食发霉稻草或苇状羊茅草所致的一种真菌毒素中毒病。临床上以耳尖、尾端干性坏疽，蹄腿肿胀、溃烂，以至蹄匣和趾（指）骨腐脱为临床特征。本病主要发生于水牛，黄牛次之，乳牛以及绵羊、山羊、兔、小鼠均可实验发病。国内多发生于舍饲的耕牛。

本病的发生有明显的地区性和季节性。在我国发生于产稻地区，尤其是南方产稻地区，如四川、湖南、湖北、浙江、云南、贵州以及陕西等。通常发病由每年 10 月开始，11～12 月为发病高峰期，延续到次年 4 月后病势自行停止。

病因

动物采食被丁烯酸内酯类毒素污染饲料是发病的原因。

致病毒素是丁烯酸内酯或某些单端孢霉烯族化合物，由三隔镰刀菌、梨孢镰刀菌、拟枝孢镰刀菌、雪腐镰刀菌、木贼镰刀菌、粉红镰刀菌、半裸镰刀菌和砖红镰刀菌等产生。镰刀菌在气温较低（7～15℃）的环境中可产生大量的丁烯酸内酯，而在常温条件下的产毒量少。因此，在冬季牛采食污染霉菌的稻草后，容易引起中毒。同时，在寒冷季节，远端机体体表末梢血管收缩，血流缓慢，在毒素的作用下，更易促使发病，这说明冷冻是本病发生的诱因。

丁烯酸内酯对小白鼠经口服 LD_{50} 为 275mg/kg，经腹腔注射 LD_{50} 为 43.7～71mg/kg；犊牛每天投服 22～31mg/kg，可使尾巴发生红斑和水肿，投服 30～68mg/kg 经

3～4d 可引起死亡；另外，丁烯酸内酯涂于家兔皮肤可引起明显的皮肤反应。

发病机理

本病主要是丁烯酸内酯以及单孢霉烯族化合物等毒素作用于外周血管，使末梢血管发生痉挛性收缩，使管壁增厚，管腔狭窄，血流缓慢，形成血栓，引起局部血循障碍而产生水肿、出血、肌肉变性，出现跛行，因局部供血不足，产生肢端坏疽、腐脱。当伴有淋巴循环障碍和继发感染时，症状加重。

症状

病牛精神委顿，拱背站立，被毛粗乱，皮肤干燥，个别出现鼻黏膜烂斑，有的公牛阴囊皮肤干硬皱缩。体温、脉搏、呼吸等全身症状轻微或不显。

特征性变化在耳、尾、肢端等末梢部。病初表现跛行。站立时频频提举四肢尤其后肢。行走时步态僵硬。蹄冠部肿胀、微热、微痛。系凹部皮肤有横行裂隙。数日后，肿胀蔓延至腕关节或跗关节，跛行加重。继而肿胀部皮肤变凉，表面渗出黄白色或黄红色液体，并破溃出血、化脓或坏死。严重的则蹄匣或趾（指）关节脱落。少数病例，肿胀可蔓延至股部或肩部。肿胀消退后，皮肤硬结，如龟板样。有些病牛肢端在肿胀消退后发生干性坏疽，跗（腕）关节以下的皮肤形成明显的环形分界线，坏死部远端皮肤紧箍于骨骼上。多数病牛伴发耳尖和尾梢部坏死，患部干硬，终至脱落。

黄牛病情较轻，病程较短，死废率较低。水牛病情重，病程长，可达月余甚至数月，最后衰竭死亡或废役淘汰。

妊娠母牛可有流产、死胎、胎衣不下和阴道脱等症状。

诊断与预后

根据病史和临床症状可做出初步诊断。在鉴别诊断上，应注意区别可造成耳、尾、蹄坏死的类症，如伊氏锥虫病、坏死杆菌病、慢性硒中毒等。

坏死杆菌病以背、腹、臀、颈胸部肌肉坏死、腐烂为主，常有皮下组织和皮肤分离而成口袋状瘘管，又叫眼子病，严重者腹部烂穿，内脏突出，但耳、尾尖无干性坏死，病变部有坏死杆菌。

伊氏锥虫病多于夏季发生，亦可发生肢端干枯，尾干枯脱落，但血液学检查，或接种小白鼠后检查，有锥虫可确诊。

慢性硒中毒亦可出现蹄壳脱落，但主要发生在高硒地区，无季节性，亦无皮肤干枯、坏死现象。

本病的发病率可高达 85%以上，病死率通常在 25%左右，但多数致残，轻症可望康复。

治疗

目前尚无特效治疗药，首先应立即停喂霉稻草或苇状羊茅草，并给胡萝卜秧等饲料加强营养，配合对症治疗，可收到一定效果。

病初，为促进末梢血液循环，可对患部进行热敷、按摩或灌服白胡椒酒（白酒 200～300mL，白胡椒 20～30g，一次灌服）。肿胀部破烂而继发感染时，可施行外科处理，辅以抗菌药疗法。

预防

预防要点在于秋收冬藏期间防止稻草发霉，不喂或少喂霉稻草，必要时，可用10%纯石灰水浸泡霉稻草，3d后捞出，清水冲洗，晒干再喂。

青霉毒素中毒（penicillin toxin poisoning）

青霉毒素是指由青霉属和曲霉属某些菌株所产生的有毒代谢产物的总称。我国的黄粒米与日本的黄变米不完全相同，分离出的菌种以曲霉属为主，但也有青霉属如岛青霉、橘青霉等。目前已经发现的青霉毒素有黄绿青霉毒素、岛青霉毒素类、橘青霉毒素、红青霉毒素、皱褶青霉毒素、展青霉毒素、青霉震颤毒素等。

在上述毒素中，能引起较大危害的中毒病有以下3类。

（一）红青霉毒素中毒

红青霉毒素中毒是由红青霉毒素引起的一种中毒性疾病。临床上以中毒性肝炎和脏器出血为特征。各种动物均可发生，主要危害牛、羊、猪、马属动物和家禽，发病率不高，但病死率高。

病因

红青霉毒素，由红色青霉和产紫青霉产生，分为红青霉毒素A、B两种，后者毒性较强。本病的发生是畜禽采食上述霉菌污染的玉米、麦类、豆类及牧草等所致。红青霉毒素的毒性作用与黄曲霉毒素极为相似，但不具有致癌性，有致畸性。

发病机理

红青霉毒素分为红青霉毒素A、B两种，分子式为$C_{26}H_{32}O_{11}$和$C_{26}H_{30}O_{11}$。红青霉毒素B是一种双酐化合物，而红青霉毒素A是红青霉毒素B的还原物，红青霉毒素B的毒性比红青霉毒素A强。红青霉毒素的粗制品中的毒素A对小鼠经口LD_{50}为120～200mg/kg，对猪的致死量为64mg/kg，其纯品小鼠腹腔注射LD_{50}为6.6mg/kg；毒素B对猪的致死量为3.0mg/kg，毒素B对大鼠经口LD_{50}为400～500mg/kg，鸡拌料LD_{50}为83mg/kg。这两种毒素均易溶于丙酮、醇类和酯类，而不溶于水。主要损害肝脏和肾脏，毒性作用与黄曲霉毒素相似，不同的是该毒素没有致癌作用。

症状

主要表现为中毒性肝炎、胃肠炎和全身性出血症状。反刍动物表现精神沉郁，食欲减退或废绝，流涎，可视黏膜黄染，腹痛，腹泻，粪便带血。尿液中混有血液。马属动物除上述症状外在病后期出现痉挛、共济失调等神经机能紊乱，甚至出现昏迷或虚脱。猪表现增重减慢和结肠炎，母猪可发生流产。家禽多呈现生产性能降低，增重减慢和致死性出血综合征。

自然中毒的家禽或家畜，都具有急性肝炎、肠炎和脏器出血的病理变化。马属动物的脑、胸膜、心包、胃、盲结肠等都呈现广泛性出血。猪整个胃肠黏膜呈紫红色。组织学变化为肝脂肪变性、坏死，中性粒细胞和淋巴细胞浸润。

诊断

根据病因、临床症状及病理解剖学变化可建立初步诊断。确诊需要对霉败饲料进行产毒霉菌的分离、培养和鉴定，进行毒素的薄层层析检验。必要时可用产毒霉菌培养物进行人工复制试验。鉴别诊断应与黄曲霉毒素中毒相区别。

预后谨慎。

防治

无特效治疗药物，具体可参照黄曲霉毒素中毒的防治措施。

（二）青霉震颤毒素中毒

青霉震颤毒素中毒又称震颤素中毒，是由动物采食被震颤毒素污染饲料引起的一种中毒性疾病。临床上以持续性纤维震颤、虚脱和惊厥等为特征。本病多见于犊牛、雏鸡等畜禽，山羊和猪也有发生。豚鼠和家兔也都易感，经口或腹腔注射毒素后即出现震颤综合征。

病因

本病的致病毒素是震颤毒素，主要由圆弧青霉、软毛青霉及徘徊青霉等产生，此外，曲霉属的烟曲霉、黄曲霉等也产生这类毒素，毒素按其结构的不同可分为震颤毒素A、B、C三种，其中以震颤毒素A的毒性较强。

这些产毒霉素在自然界的分布很广，几乎所有食品、储粮和大多数饲料，尤其是青贮饲料都能被污染。家畜采食被这些产毒霉菌污染的谷物、玉米、青贮等饲料、饲草，就会引起中毒。试验证明，用其菌丝悬浮液或污染饲料的氯仿提取物，口服或注射均能使犊牛、绵羊、猪、鸡和实验动物人工发病。

发病机理

震颤毒素属于神经毒，进入动物机体后，主要侵害中枢神经系统，确切的毒理机制尚不清楚。有人认为该毒素能使某种神经介质受到破坏，导致中枢某些特定区域产生兴奋或抑制现象。

症状

中毒的主要临床表现是兴奋增强，共济失调，震颤，眼球突出和呼吸困难。

犊牛中毒早期症状为震颤，当患畜受到惊恐或强迫运动时，病情明显加重。四肢无力，多取叉开姿势站立。运动时步态强拘，共济失调，易摔倒。卧地时四肢呈游泳样划动。严重者，角弓反张，抽搐，眼球震颤，突出，多突然死亡。有时多尿，瞳孔散大，流泪，流涎，腹泻和呼吸急促等症状。成年牛发病较少。

鸡中毒没有年龄差别，发病时主要表现震颤和共济失调。但1～2周龄的症状最明显。

中毒畜禽血液学检验，血清丙酮酸含量下降，乳酸和血糖含量明显升高，肌酸磷酸激酶活性升高。急性病例，在病初血钙、血镁含量升高。

诊断与预后

根据病史、临床症状、产毒霉菌的分离和鉴定，以及饲料中毒素的测定，进行综合判定。

重症预后谨慎。

防治

发现中毒后，立即停止饲喂霉败饲料，即使已表现虚脱的患畜，通常也能在一周内恢复。药物治疗多施行对症疗法，为了解除肌肉强直性痉挛可应用氯丙嗪。增强肝脏的解毒功能，可静脉注射高渗葡萄糖溶液、维生素C、维生素B族制剂，并配合使用肌苷和三磷酸腺苷，促进肾脏排毒，可使用强心剂和乌洛托品。除此之外应加强饲养和护理，给予富含维生素的青绿饲料和优质干草，供给清洁饮水，保持患畜安静。

（三）展青霉毒素中毒

展青霉毒素中毒是由于动物采食被展青霉毒素污染的饲料而引起的一种中毒病。临床上以中枢神经系统机能紊乱为临床特征。本病主要发生于奶牛，其他动物亦可发生。临床上常见于奶牛采食发霉的麦芽根所致，故又称霉麦芽根中毒。

病因

该病的致病毒素为展青霉毒素，主要由荨麻青霉和棒曲霉产生。

发病机理

展青霉毒素是一种神经毒。主要作用于机体神经系统，特别是损伤脑、脊髓和坐骨神经干，从而引起感觉和运动机能障碍。在病初表现为兴奋性症状，患畜兴奋，感觉过敏，肌肉震颤和痉挛，特别是横纹肌痉挛。后期处于抑制状态，表现出昏睡、昏迷等。由于呼吸肌、膈肌的痉挛性收缩，临床上出现呼吸浅表、增数。后期由于心力衰竭而引起肺充血及水肿，更加剧了呼吸困难。

此外，展青霉毒素能诱发恶性肿瘤，使鸡胚产生畸形。

症状

病牛食欲、反刍减少，体温一般为38.5～39℃。病初呼吸浅表、增数，心音增强。对外界刺激反应敏感，当触摸皮肤时，惊恐不安，眼球突出，目光凝视。对音响或有人接近时，表现极度恐惧。全身肌肉特别是肘后肌群痉挛，站立姿势异常，如头颈伸直、腰背拱起、行走无力和站立不稳。后肢时时抬举及伸展，膝关节麻痹、弯曲、易于跌倒，倒后极难站起。病情发展到中期，出现呼吸困难，肺泡呼吸音增强，有啰音，鼻腔流出大量白色泡沫状液体，心音减弱且混浊。严重病牛卧地不起，四肢呈游泳状划动，头颈弯向背部，四肢强直。粪软，表面附有大量黏液，个别病例粪便中混有血块。最终由于心力衰竭而死。

血液学检查可见白细胞总数增多，中性粒细胞多达65%以上，淋巴细胞减少到40%以下。粪潜血阳性。

病理学变化可见脑膜血管扩张、充血，皮质部软化，神经细胞消失。脊髓液增多并稍混浊。坐骨神经束膜有线状、点状或弥漫性出血。神经干周围组织呈胶样浸润和出血。心脏冠状沟及纵沟有血点，右心室扩张。肝脏肿大表面光滑，色暗红，质地变软，切面外翻，流出少量血液。肝小叶界限模糊。组织学变化为肝小叶内有坏死灶，其中细胞核消失，周围有大量炎性细胞浸润。有的肝小叶内出现局限性出血、水肿，气管、支气管内有白色泡沫状液体。严重者有肺气肿。组织学变化为大叶性肺炎的不同阶段变化。肠黏膜肿胀，有出血斑，肠内容物混杂有血液。

诊断

根据饲喂霉麦芽的病史以及神经症状为主的临床特征，配合病理学变化，产毒霉菌的分离、培养和鉴定等，可以做出诊断。

防治

对本病尚无特效治疗药物，只能采取对症疗法。预防是根本措施，应严格禁止饲喂霉麦芽根饲料。

赭曲霉毒素 A 中毒（ochratoxin A poisoning）

赭曲霉毒素 A（ochratoxins A，OA）中毒是畜禽采食含有赭曲霉毒素 A 的饲料引起的一种中毒病。临床上以多尿和腹泻为特征。病理学特征是肾脏和肝脏损害。毒素剂量小多先侵害肾脏，毒素剂量大时损害肝脏。幼龄畜禽比成年的敏感。本病主要发生于雏鸡、犊牛和仔猪等。

病因

赭曲霉毒素 A 主要由赭色曲霉产生，其他曲霉和青霉如硫色曲霉、菌核曲霉、洋葱曲霉、孔曲霉、鲜绿青霉、普通青霉、圆弧青霉、变紫青霉等也能产生赭曲霉毒素。这些霉菌在自然界中广泛分布，极易污染畜禽饲料，在温度和湿度适宜时产生大量赭曲霉毒素。畜禽采食了被赭曲霉毒素 A 污染的玉米、大麦、黑麦、燕麦、荞麦、高粱和豆类等谷物，以及麦麸等副产品，甚至污染的干草等，都可以引起中毒。

发病机理

赭曲霉毒素 A 为无色结晶化合物，易溶于极性有机溶剂中，不溶于水，但可溶于碳酸氢钠水溶液中，OA 耐热性较强，普通加工调制温度，仅有 20%的毒素可损失，150～160℃可破坏它。

关于 OA 的中毒病理，目前尚不十分清楚。现已证明，OA 的靶器官为畜禽的肝脏和肾脏，引起肝细胞透明变性、液化坏死和肾脏近曲小管上皮损伤，从而引起严重的全身机能异常。研究表明，OA 及其降解产物赭曲霉素 α 是细胞呼吸抑制剂，抑制细胞对能量和氧的吸收及传递，使线粒体缺氧、肿胀和损伤。OA 还可竞争性与苯丙氨酸结合，抑制氨基酸的酰化作用，导致蛋白质减少；损伤淋巴结组织和免疫器官，影响体液免疫和细胞免疫。其亦能通过胎盘影响胎儿组织器官发育。

症状

雏鸡呈现精神不振，生长发育缓慢，消瘦，食欲大减而喜饮，排粪频繁、稀软，甚至腹泻、脱水。有些随病情发展呈现神经症状，如外周反射机能丧失，站立不稳，多取蹲坐姿势，有的共济失调，腿和颈肌呈阵发性纤维性震颤，乃至休克而死亡，病死率较高。死后主要病变为肾脏肿大、苍白。慢性病例，肾脏变硬出现间质性纤维变性。成鸡表现缺铁性贫血，产蛋量减少，蛋壳变薄。剖检肾脏肿大呈灰紫色，肝脏变性，血凝不良等。血液生化学检验，血清总蛋白、白蛋白、球蛋白、胆固醇含量减少，而尿酸含量增加。

犊牛中毒时精神沉郁，食欲减少或废绝，拉稀，脱水等症状。有的尿频，但每次的尿量减少，尿液相对密度小。重症病犊的尿液检验，尿蛋白阳性，尿沉渣中可见颗粒管型。血清谷草转氨酶活性升高，肝糖原减少。

猪常呈地方流行性，主要呈现肾功能障碍。临床上表现消化机能紊乱，生长发育停滞，脱水，多尿，蛋白尿甚至尿中带血。妊娠母猪流产。病理变化主要表现肝病和肾病变。肝细胞变性、液化坏死，肾实质坏死，肾小管上皮细胞玻璃样退行性变性，严重者肾小管坏死，广泛生成结缔组织和囊肿。皮下及腔体内见有水肿。

妊娠母畜往往发生流产，胎儿肾脏苍白，肝索完全分解，肝脏细胞广泛性坏死，子宫黏膜出血。

诊断

根据病史，结合临床表现等，可做出初步诊断。必要时，可对饲料样品进行病原真菌培养、分离和产毒真菌的鉴定，提取和纯化赭曲霉毒素 A，通过毒性实验，以便确诊。

防治

首先要防止谷物饲料发霉。如把饲料（玉米、大麦、小麦等）晾干至可供储存的水分含量（12%～13%），储存时重复循环换置，良好的饲料管理将能限制饲料里真菌的生长。饲料中添加防腐剂的主要效果是减少微生物、抑制毒素的产生、避免储存时营养成分的损失，防霉剂通常有丙酸、霉敌、除霉净等，防霉剂仅能阻止发霉，但不能消除饲料已产生的霉菌毒素。因此，应阻止饲喂已发霉变质的饲料，以防引起中毒。

其次对已中毒的畜禽，应绝食，酌情选用人工盐和植物油等泻下剂，及早清除胃肠中含毒的内容物，充分饮水；然后给予容易消化、富含维生素的新鲜饲料，或内服矽碳银等保护肠黏膜的药物；或针对病情采取对症疗法。对猪和牛，还必须注意强心、补液、输糖，以防脱水，保护肝功能，增强新陈代谢，以利康复。

（徐世文、李金龙）

第五节　农药及鼠药中毒

有机磷中毒（organophosphate poisoning）

有机磷农药中毒是由于动物接触、吸入或误食某种有机磷农药所致的中毒性疾病。临床上以神经症状和胆碱能神经兴奋症状为特征。病理学基础是体内胆碱酯酶钝化和乙酰胆碱蓄积。各种动物均可发生。

病因

有机磷农药种类繁多，按毒性大小分为 3 类，剧毒类包括甲拌磷（3911）、硫特普（苏化 203）、对硫磷（1605）、内吸磷（1059）等；强毒类包括敌敌畏（DDVP）、甲基内吸磷（甲基 1059）等；低毒类包括乐果、马拉硫磷（4049，马拉松）、敌百虫等。引起家畜中毒的主要是甲拌磷、对硫磷和内吸磷，其次是乐果、敌百虫和马拉硫磷。

有机磷农药可经消化道、呼吸道或皮肤进入机体而引起中毒。通常发生于误食撒布有机磷农药的青草或庄稼，误饮撒药地区附近的地表水；配制或撒布药剂时，粉末或雾滴沾染附近或下风方向的畜舍、草料及饮水，被家畜所舔吮、采食或吸入；误用配制农药的容器当作饲槽或水桶而饮喂家畜；用药不当，如滥用有机磷农药治疗外寄生虫病；也见于放毒。

发病机制

有机磷化合物吸收后，能与胆碱酯酶结合，形成比较稳定的磷酰化胆碱酯酶而失去分解乙酰胆碱的能力，乙酰胆碱大量蓄积，胆碱能神经兴奋，出现毒蕈碱样、烟碱样以及中枢神经系统症状，如虹膜括约肌收缩使瞳孔缩小，支气管平滑肌收缩和支气管腺体分泌增多，导致呼吸困难，甚至发生肺水肿；胃肠平滑肌兴奋，表现腹痛不安，肠音强盛，不断腹泻；膀胱平滑肌收缩，造成尿失禁；汗腺和唾液腺分泌增加，引起大出汗和流涎；骨骼肌兴奋，发生肌肉痉挛，最后陷于麻痹；中枢神经系统，则是先兴奋后抑制，甚至发生昏迷。

有机磷化合物与胆碱酯酶的结合，刚开始是可逆的，随着时间的延续，结合愈益牢固，最后则变为不可逆反应。动物体内一般都有充足的胆碱酯酶储备，当毒物进入量较少，血浆胆碱酯酶活性下降 20%～30%时，往往不显露临床症状（潜在性中毒）；当进入量较多，酶活性下降 50%左右时，临床症状多较明显；待下降到 70%以上时，中毒重剧而危险。

上述胆碱酯酶钝化机理，是有机磷中毒的共同机理和主要机理，不同有机磷农药还各有特定的毒作用，如某些有机磷农药对中枢神经系统、神经节和效应器官可能有直接作用，对三磷酸腺苷酶、胰蛋白酶以及其他一些酯酶可能也呈抑制作用。

症状

由于有机磷农药的毒性、摄入量、进入途径以及机体的状态不同，中毒的临床症状和发展经过亦多种多样，但除少数呈闪电型最急性经过，部分呈隐袭型慢性经过外，大多取急性经过，于吸入、吃进或皮肤沾染后数小时内突然起病，表现如下基本症状。

病初精神兴奋，狂暴不安，向前猛冲，向后暴退，无目的奔跑，以后高度沉郁，甚而倒地昏睡、昏迷。眼球震颤，瞳孔缩小，严重的几乎成线状。肌肉痉挛一般从颜面部肌肉开始，很快扩延到颈部乃至全身，轻则震颤，频频踏步，重则抽搐，角弓反张，或做游泳样动作。

口腔湿润或流涎，食欲减损或废绝，腹痛不安，肠音高朗连绵，不断排稀水样粪，甚至排粪失禁，有时粪内混有黏液或血液。重症后期，肠音减弱及至消失，并伴发臌胀。

病初胸前、会阴部及股内侧出汗，很快全身汗液淋漓。体温多升高，呼吸困难，甚至张口呼吸。严重病例心跳急速，脉搏细弱，不感于手，往往伴发肺水肿，有的会因窒息而死。孕畜流产。

血液中胆碱酯酶活力一般均降到 50%以下。

诊断与预后

根据接触有机磷农药的病史和临床症状可建立初步诊断。必要时进行有机磷农药检验。紧急时可做阿托品治疗性诊断，方法是皮下或肌肉注射常用剂量的阿托品，如系有机磷中毒，则在注射后 30min 内心率不加快，原心率快者反而减慢，毒蕈碱样症状也有所减轻。否则很快出现口干，瞳孔散大，心率加快等现象。

轻症病例，只表现流涎，肠音增强，局部出汗以及肌肉震颤，经数小时即自愈。重症病例，多继发肺水肿或呼吸衰竭，而于起病当天死亡；耐过 24h 以上的，多有痊愈希望，完全康复常需数日之久。

治疗

治疗原则阻止毒物吸收，使用特效解毒剂和对症治疗。

实施特效解毒，应使用胆碱酯酶复活剂和乙酰胆碱对抗剂。胆碱酯酶复合剂常用的有碘解磷定、氯磷定、双解磷、双复磷等。解毒作用在于能和磷酰化胆碱酯酶的磷原子结合，形成磷酰化解磷定等，碘解磷定和氯磷定剂量为20～50mg/kg·体重，以生理盐水配成2.5%～5%溶液，缓慢静脉注射，以后每隔2～3h注射1次，剂量减半，直至症状缓解。双解磷和双复磷的剂量为碘解磷定的一半，用法相同。双复磷能通过血脑屏障，对中枢神经中毒症状的缓解效果更好。乙酰胆碱对抗剂常用的是硫酸阿托品，牛的剂量为0.25mg/kg·体重，马、羊、猪、犬为0.5～1mg/kg·体重；皮下或肌肉注射。重度中毒，以其1/3量混于葡萄糖盐水内缓慢静注，另2/3量做皮下注射或肌肉注射。经1～2h症状未见减轻的，可减量重复应用，直到出现所谓阿托品化状态。阿托品化的临床标准是口腔干燥，出汗停止，瞳孔散大，心跳加快等。阿托品化之后，应每隔3～4h皮下或肌肉注射一般剂量阿托品，以巩固疗效，直至痊愈。

在实施特效解毒的同时或稍后，采用除去未吸收毒物的措施。经皮肤沾染中毒的，用5%石灰水、0.5%氢氧化钠液或肥皂水洗刷皮肤；经消化道中毒的，可用2%～3%碳酸氢钠液或食盐水洗胃，并灌服活性炭。但须注意，敌百虫中毒不能用碱水洗胃和洗消皮肤，否则会转变成毒性更强的敌敌畏。

对于危重病例，应对症采用辅助疗法，以消除肺水肿，兴奋呼吸中枢，输入高渗葡萄糖溶液等，有助于提高疗效。

氨基甲酸酯类农药中毒（carbamate insecticide poisoning）

氨基甲酸酯类农药中毒是动物摄入该类药物后引起的一种中毒病，临床上以胆碱能神经兴奋症状为特征。各种动物均可发病。

氨基甲酸酯类农药均为二硫代氨基甲酸（NH_2CS_2H）的衍生物，其通式为：R_2—O—CONH—R_1，其中R_1为甲基；R_2为苯酚、萘或其他环烃，有时为脂肪族链，R_1为芳香族基团时为除草剂，R_1为苯并咪唑时为杀菌剂，在农业生产中被广泛应用，兽医临床上以呋喃丹中毒较为多见。

病因

生产和管理不严及使用不当，造成饲料、饮水污染而引起中毒。动物采食近期喷洒过氨基甲酸酯类农药的农作物或牧草。在兽医临床上用作杀虫剂治疗动物体内外寄生虫疾病时，由于滥用或过量应用。偶尔见于人为蓄意破坏性投毒。

中毒机制

氨基甲酸酯类农药可经消化道、呼吸道和皮肤吸收，经皮肤吸收的毒性较其他途径为低。吸收后分布于肝脏、肾脏、脂肪和肌肉组织中，其他组织中含量甚低。在肝脏进行代谢，一部分经水解、氧化或与葡萄糖醛酸结合而解毒，一部分以原形或其代谢产物迅速由肾脏排泄，24h可排出90%以上。

氨基甲酸酯类农药的立体结构式与乙酰胆碱相似，可与胆碱酯酶阴离子部位和酯解部位结合，形成可逆性复合物，即氨基甲酰化胆碱酯酶，从而抑制该酶的活性，造成乙酰胆碱蓄积，刺激胆碱能神经，出现与有机磷中毒相似的临床症状。但是与有机磷相比，氨基甲酸酯对胆碱酯酶的结合力既较弱又不稳定，形成的氨基甲酰化胆碱酯酶易水解，使胆碱酯酶活性在4h左右自动恢复。故症状轻于有机磷中毒，且恢复较快。但呋喃丹与胆碱酯酶的结合不可逆，故毒性较高。此外，氨基甲酸酯对肝、肾也有损害作用，对动物还有致畸、致突变及致癌性。

症状

急性中毒的症状与有机磷农药中毒相似，经呼吸道和皮肤中毒者，2～6h发病，经消化道中毒发病较快，10～30min即可出现症状。主要表现为流涎，呕吐，腹痛，腹泻，胃肠音高朗，蠕动次数增多，多汗，呼吸困难，黏膜发绀，瞳孔缩小，肌肉震颤。严重者发生强直痉挛，共济失调，后期肌肉无力，麻痹。气管平滑肌痉挛导致缺氧，窒息而死亡。

剖检可见肺充血水肿，肝脏质脆出血，肾肿大发炎，胃黏膜点状出血。组织学检查小脑、脑干和上部脊髓中的有鞘神经发生水肿，并伴有空泡变性。肌肉局部贫血、变性。

诊断与预后

根据病史和临床症状可做出初步诊断。确诊需要做毒物分析。本病应与有机磷中毒进行鉴别。

重症病例预后谨慎。

治疗

患畜应尽快注射乙酰胆碱对抗剂硫酸阿托品，解除毒蕈碱样症状，注射剂量和间隔时间依照病情而定，建议用量为犬、猫为0.2～2mg/kg·体重，牛、绵羊0.6～1.0mg/kg·体重，马、猪0.1～0.2mg/kg·体重，一般1/4量静脉注射，必要时可重复给药；也可用氢溴酸东莨菪碱。碘解磷定等胆碱酯酶复活剂解毒效果不明显。

同时采取相应的治疗。如阻止毒物吸收可使用缓泻剂（禁用油类泻剂），消除肺水肿可用高糖静脉注射，兴奋呼吸可选用尼可刹米等。如果氨基甲酸酯类与有机磷农药混配中毒，应首先使用阿托品类药物和胆碱酯酶复活剂治疗有机磷农药中毒，然后视病情对症治疗。

预防

生产和使用农药应严格执行各种操作规程，严禁动物接触当天喷洒农药的田地、牧草和涂抹农药的墙壁，以免误食中毒。用氨基甲酸酯类农药治疗畜禽外寄生虫时，谨防过量和被动物舔食中毒。

尿素中毒（urea poisoning）

尿素中毒是动物摄入尿素或双缩脲及其他铵盐引起的一种急性中毒性疾病。临床上以流涎、呼吸急促和痉挛为特征。本病主要发生于反刍动物，牛、羊常见，其他动物偶有发生。

病因

反刍兽能够利用非蛋白氮，在饲料中加入尿素补饲时，如果没有一个逐渐增量的过程，初次就突然按规定量饲喂，极易引起中毒。另外，在饲喂尿素过程中，不按规定控制用量，或添加的尿素与饲料混合不匀，或将尿素溶于水而大量饲喂，均可引起中毒。用量一般控制在饲料总干物质的1%以下或精料的3%以下。此外，补饲尿素的同时饲喂富含脲酶的大豆饼或蚕豆饼等饲料，可增加中毒的危险性；动物饮水不足、体温升高、肝功能障碍、瘤胃pH升高、蛋白质不足以及动物处于应激状态等都可能增加动物对尿素中毒的易感性。

家禽、猪对尿素非常敏感，饲喂被尿素污染或人为添加的饲料也可发生中毒；曾有牛、羊饮服大量新鲜人尿而发生急性中毒死亡的报道，因人尿中含有尿素3%左右；也偶尔见于尿素保管不善，被动物误食或偷食而中毒。

中毒机制

瘤胃微生物通过脲酶将尿素水解为二氧化碳和氨（尿素→氨甲酰胺→碳酰胺→氨），氨被微生物利用转化为菌体蛋白，进入肠道被动物消化吸收。氨的释放率依赖于摄入非蛋白氮的量、脲酶的活性和瘤胃pH。当瘤胃pH低于6.2时，尿素释放的氨与质子形成了带正电荷的氨离子（NH_4^+），水溶性高，吸收率低；pH大于8.0时，尿素能迅速生成大量氨，通过瘤胃壁被机体吸收。吸收的氨主要在肝脏代谢，如果进入肝脏的氨超过了肝脏的解毒能力，则进入外周血液中。当外周血液中氨超过一定量时，出现中毒症状。中毒的严重程度同血氨浓度密切相关，达20mg/L，即出现明显的中毒症状，达到50mg/L或以上时，可引起动物死亡。

氨中毒机理仍不十分清楚。氨可抑制鸟氨酸循环，代偿性增加了糖原的无氧酵解，使血糖和血液中乳酸浓度增加，出现乳酸血症。脑组织氨含量过高干扰大脑的能量代谢和Na^+-K^+ ATP酶，细胞能量供给障碍，引起细胞损害，出现一系列神经症状。此外，尿素分解产物氨甲酰胺也具有毒性作用。

症状

牛、羊在摄入过量尿素后30～60min出现症状。表现不安，呻吟，呼吸困难，心跳加快，口、鼻流出泡沫状的液体，反刍停止，瘤胃臌气，肌肉痉挛，眼球颤动，共济失调，步态不稳。继而角弓反张反复发作。后期则出汗，瞳孔散大，肛门松弛，窒息死亡。急性中毒病例，可在1～2h内因窒息死亡。如延长至1d左右者，则可发生后躯不全麻痹。

一般认为，血氨为8.4～13mg/L时，即开始出现症状，达20mg/L时，表现共济失调，达50mg/L时，动物即死亡。牛瘤胃液氨浓度超过800mg/L，羊500mg/L有诊断意义。但必须注意血液和瘤胃液应在动物死亡后1h内采集，并冷冻，否则瘤胃内容物的自溶和蛋白水解可使氨含量升高200～500mg/L而影响测定结果。

本病无特征性的病理变化。瘤胃内容物可能有氨味，胃肠道呈急性卡他性甚至出血坏死性炎症。肺脏明显水肿、充血、出血，并可继发急性卡他性或化脓性支气管肺炎，有时在气管或支气管（特别是绵羊）内有瘤胃内容物。肝脏、肾脏变性。心包积液，心内、外膜出血。软脑膜充血、出血，神经细胞变性。

诊断与预后

根据采食尿素的病史，结合强直性痉挛和呼吸困难等临床症状，即可初步诊断。测定血氨浓度对诊断和预后均具有重要意义。本病应与有机磷中毒、有机氯中毒、氰化物中毒、脑膜炎、瘤胃酸中毒等进行鉴别。

由于本病的病情急剧，对误饲或偷吃尿素等偶然因素所致的中毒病例，救治工作常措手不及，多致死亡。如能早期发现中毒病例，及时实施救治，一般均可获得满意的疗效。

治疗

本病尚无特效疗法。应立即停喂尿素，并采用下列综合措施治疗。灌服大量食醋或稀乙酸等弱酸类溶液，以抑制瘤胃中脲酶的活力，并中和尿素的分解产物氨，减少氨的吸收，成年牛可用食醋或1%乙酸加水灌服，一般用量为1L左右。对症治疗包括瘤胃臌气时穿刺放气，缓解痉挛，纠正脱水和促进氨排出等。

预防

妥善保管尿素，防止动物误食。除反刍动物外，家禽及其他动物应禁饲尿素。反刍兽补饲尿素要循序渐进，不能超量，混合要拌匀，同时喂给富含碳水化合物的饲料，以保证瘤胃微生物生命活动的需要。尿素不宜溶于水饮服，否则易迅速流入真胃和小肠而被直接吸收或被胃中的脲酶分解成氨而发生中毒。

抗凝血杀鼠药中毒（anticoagulant rodenticide poisoning）

抗凝血类杀鼠药中毒是动物摄入抗凝血类杀鼠药引起的一种中毒病。临床上以广泛性多器官出血为特征。各种动物均可发生，常见于犬、猫、猪、禽等。

抗凝血杀鼠药，常用有华法令即杀鼠灵、杀鼠酮、敌鼠、克灭鼠、灭鼠迷、双杀鼠灵和氯杀鼠灵等，其中华法令为一种强力抗血凝灭鼠药，使用最为广泛，常引起各种动物发生中毒。

病因

误食灭鼠毒饵（各种畜禽），吞食被抗凝血杀鼠药毒死的鼠而造成二次中毒（犬、猫、猪），抗凝血治疗时华法令用量过大，疗程过长或伍用保泰松等能增进其毒性的药物（马、犬、猫）。各种抗凝血杀鼠药的毒性不同，不同动物以及同一动物的不同个体对它们的敏感性亦各异。华法令对各种畜禽单次给药中毒量（mg/kg・体重），鼠为50～100；犬5～50；猫5～50；猪3.0；禽采食每千克含毒0.1mg的饲料达体重的半量；马、牛等大动物华法令多次给药中毒量为12d内累积每千克体重200mg。

发病机制

华法令类抗凝血毒物所共有的香豆素或茚满二酮（indandione）基核，是其呈维生素K拮抗作用而导致凝血障碍的结构基础。凝血酶原、因子Ⅶ、因子Ⅸ、因子Ⅹ等维生素K依赖性凝血因子，在肝细胞核糖体内合成后，其谷氨酸残基（glutamyl residue）还必须在维生素K的参与下羧化，才能成为有功能活性的凝血蛋白。在这一羧化过程中，维生素K本身变为环氧化型，后者必须经还原酶的作用再还原为维生素K，上述羧化过程才得以继续进行。华法令等香豆素类抗凝剂的毒性作用即在于对维生素K这一氧化还原循环的干扰，特异性地抑制氧化型维生素 K 的还原，结果活化的维生素 K 枯竭，肝细胞生成的凝血酶原、因子Ⅶ、Ⅸ和Ⅹ，其谷氨酸残基未经羧化，不能与钙离子和磷脂结合，无凝血功能活性，致使需要这些维生素 K 依赖性凝血因子参与的内外途径凝血过程都发生障碍，而导致出血倾向。

华法令等香豆素类抗凝血杀鼠药，只影响维生素 K 依赖性凝血因子的生成，而血浆中已形成的维生素 K 依赖性凝血因子不受影响。因此只有当血浆中现存维生素 K 依赖性凝血因子各随其半衰期（因子Ⅶ为 6.2h，因子Ⅸ为 13.9h。因子Ⅹ为 16.5h，凝血酶原为 41h）逐渐降低而达到一定限度时，才显露凝血障碍。

摄入的华法令，经小肠完全吸收，与血浆中的白蛋白疏松结合，经肝脏降解，由肾脏随尿排出。在犬体内的半衰期为 20～24h，在马体内为 13.3h。随着在肝脏内的降解，抑制作用逐步减消，维生素 K 依赖性凝血因子的正常生成过程亦得到恢复。当然，即使在华法令等的抑制作用期间，如能得到大量维生素 K 的持续供应，则凝血酶原等维生素 K 依赖性凝血因子的生成过程亦能照常进行。此外，华法令还能扩张微血管，并使血管内皮细胞的基底物质和细胞器丢失，血管平滑肌和弹力纤维变性，而增加血管的通透性，加剧出血倾向。

症状

急性中毒，可因发生脑、心包腔、纵隔或胸腹腔内出血，而无前驱症状死亡。

亚急性中毒时，吐血、便血和鼻衄，广泛的皮下血肿，特别在易受创伤的部位。有时可见巩膜、结膜和眼内出血。偶尔可见四肢关节内出血，关节肿胀和僵硬。可视黏膜苍白，心律失常，呼吸困难，甚而步态蹒跚，卧地不起。脑、脊髓以及硬膜下腔或蛛网膜下腔出血，则出现痉挛、轻瘫、共济失调、搐搦、昏迷等神经症状而急性死亡。

凝血酶原、因子Ⅶ、因子Ⅸ、因子Ⅹ等维生素 K 依赖性凝血因子含量降低；内、外在途径凝血的各项检验如凝血时间、凝血酶原时间、激活的凝血时间以及激活的部分凝血活酶时间，都显著异常，分别延长为正常的 2～10 倍。

华法令中毒初期，主要呈外在途径凝血障碍，表现为凝血酶原时间延长，因血浆因子Ⅶ半衰期最短，消失得最早。病程 3d 之后，因子Ⅸ、因子Ⅹ和凝血酶原的活性也相继衰减，内在途径凝血随之发生障碍，激活的凝血时间和激活的部分凝血活酶时间开始延长。但整个病程中，流血时间、血小板计数、血块收缩、凝血酶时间及血浆纤维蛋白含量均无明显变化。

诊断

根据病史，出血性素质即可做出初步诊断，确诊需根据毒物分析、凝血功能检查和维生素 K 治疗结果。

治疗

治疗要点是消除凝血障碍，纠正低血容量及调整血管外血液蓄积所造成的器官功能紊乱。患畜应保持安静，尽量避免创伤，在凝血酶原时间尚未恢复正常之前不得施行任何手术。

为消除凝血障碍，应补给维生素 K 作为香豆素类毒物的拮抗剂。维生素 K_1 是上选药物，猫 2～5mg，犬 10～15mg，马 150～200mg，混合于葡萄糖液内静脉注射，每隔

12h 1 次，连用 3～5d。

急性病例，出血严重，为纠正低血容量，并补给即效的凝血因子，应输注新鲜全血，每千克体重 10～20mL，半量迅速输注，半量缓慢滴注。出血常在输血过程中或输注后的短时间内逐渐停止。

体腔积血通常不宜放出，血肿亦不必切开，凝血功能恢复后积血多能自行吸收。

（徐世文、李金龙）

第六节 矿物类物质中毒

无机氟化物中毒（inorganic fluoride poisoning）

无机氟中毒是由动物摄入无机氟化物引起的急、慢性中毒总称。急性氟中毒以胃肠炎、呕吐、腹泻和肌肉震颤、瞳孔扩大、虚脱死亡为特点；慢性氟中毒以骨骼变形、牙齿病变为特征。世界各国及我国大多数省（区）均有本病，各种家畜均可发生，反刍兽、肉鸡尤为敏感。

病因

氟中毒主要见于工业氟污染、地方性高氟和饲料添加剂高氟。

工业氟污染见于利用含氟矿石作为原料或催化剂工厂如磷肥厂、钢铁厂、炼铝厂和氟化物厂等排出的“三废”污染了周围空气、土壤、牧草及地表水，当动物长期饮用含氟废水或被降尘污染的地表死水，也可发生氟病。

地方性高氟也称自然高氟，往往分布在富氟岩矿（萤石、磷灰石、云母等）区、火山喷发地区，以及干旱、荒漠地区。我国从东北经华北、西北直至新疆，有一不连续的向北弯曲的半弧形高氟地带，其中高氟区多分布在干旱、半干旱地区。植物从土壤中吸收的氟主要累积于根部，自然高氟区生长的植物，被人、畜食用的部分，虽然含氟量有所增加，在中毒病因上也起一定的作用，但不同于工业污染区，饮水是地方性氟病更为重要的毒源。

长期饲喂未经脱氟的矿物质添加剂，如过磷酸钙、天然磷灰石等也可致病。

发病机制

氟是动物机体必需的微量元素，可促进牙齿和骨骼的钙化，对神经兴奋性的传导及代谢酶系统都有一定作用。但过量氟化物吸收进入体内可产生明显的毒害作用，主要损害骨骼和牙齿，呈现低血钙、氟斑牙和氟骨症等一系列表现。氟及其化合物直接与呼吸道和皮肤接触，则产生强烈的刺激和腐蚀作用。

胶原纤维损害是氟病最基本的病理过程。骨骼和牙齿内的胶原纤维分别由成骨细胞和成牙质细胞分泌，磷灰石晶体沿胶原纤维固位。氟化物可使成骨细胞和成牙质细胞代谢失调，合成蛋白质和能量的细胞器受损，氟可抑制磷酸化酶，使胶原的磷酸化受阻，合成的胶原纤维数量减少或质量缺陷，而骨盐只能沉积在磷酸化的胶原上，从而导致骨骼矿化过程障碍。

氟可使骨盐的羟基磷灰石结晶变成氟磷灰石结晶，非常坚硬且不易溶解，大量氟磷灰石形成是骨硬化的基础。氟磷灰石的形成使骨盐稳定性增加，加之氟能激活某些酶使造骨活跃，导致血钙浓度下降，引起继发性甲状旁腺机能亢进，使破骨细胞活跃，骨吸收增加。因此，患畜表现骨硬化和骨疏松并存的病理变化。

氟作用于发育期牙齿的成釉质细胞，使其分泌、沉积基质及其后的矿化过程障碍，导致釉质形成不良，釉柱排列紊乱、松散，中间出现空隙，釉柱及其基质中矿物晶体的形态、大小及排列异常，釉面失去正常光泽。严重中毒时，成釉质细胞坏死，造釉停止，导致釉质缺损，形成发育不全的斑釉（氟斑牙）。氟对牙本质的损害表现为钙化过程紊乱或钙化不全，牙齿变脆，易磨损。病牛牙齿磨片镜检发现，釉质发育不良，表面凹凸不平，凹陷处有色素沉着，钙化不全；牙本质小管靠近髓腔四周有局灶性断裂，断裂处出现空洞样坏死区。

除骨、牙受损外，由于过量氟对原生质、多种酶的毒性作用，而使多种组织器官出现病理变化。

症状

急性氟中毒一般在食入半小时左右出现症状，患畜流涎、呕吐、不停咀嚼、腹痛、腹泻、呼吸困难、肌肉震颤、瞳孔散大。多数家畜感觉过敏，严重时搐搦和虚脱，在数小时内死亡。有时动物粪便中带有血液和黏液。

慢性氟中毒家畜生长缓慢，消瘦，牙齿釉质粗糙少光泽，白垩状，釉面上出现黄色、褐色或黑色的凹陷斑。牙齿普遍过度磨损，有的齿列不齐，呈现阶状齿、波状齿。有的出现长牙，有的臼齿脱落，有的发生齿槽骨膜炎。氟中毒母羊新生羔羊牙齿过短。下颌骨肥厚，常有骨赘，有些病例面骨也肿大。肋骨上出现局部硬肿。管骨变粗，常有骨赘；腕关节或跗关节肿胀，甚至愈着，患肢僵硬，蹄尖磨损，有的蹄匣变形，跛行，重症起立困难。有的病例可见盆骨和腰椎变形，易发生骨折。患畜咀嚼障碍，出现齿间蓄草或吐草团的现象，患畜日渐消瘦，最终衰竭而死亡。

X 射线检查，病牛骨密度增大，骨外膜呈羽状增厚，骨密质增厚，骨髓腔变窄，尾骨变形，最后 1～4 尾椎密度减低或被吸收，个别牛可见尾椎陈旧性骨折。2 岁以下病羊骨密质密度减低，骨密质系数减小，少数 3 岁以上的病羊表现为骨质增生。跛行马患肢关节骨密度增高，骨端增粗，关节囊、关节间隙狭窄，有的在侧韧带及骨间韧带附着点有条索状或块状的钙化阴影。

诊断

根据流行病学调查结果、临床特征可做出初步诊断。确诊需要做血氟、骨氟、水氟和饲料氟等的测定。骨氟超过 1000mg/kg、尿氟超过 15mg/L，饮水含氟量超过 4mg/L 可作为氟病的诊断指标。肉鸡饲料氟超过 350mg/kg 即可引发中毒。

治疗

急性氟中毒应立即抢救，小家畜可灌服催吐剂，内服蛋清、牛奶、浓茶等。各种动物均可用 0.5%氯化钙或石灰水洗胃，同时可静脉注射氯化钙或葡萄糖酸钙补充体内钙的不足，配合维生素 D、维生素 B_1 和维生素 C 治疗。

慢性氟中毒，首先要停止摄入高氟牧草或饮水。移至安全区放牧是最经济的有效方法，并给予富含维生素的饲料及矿物质添加剂。修整牙齿。对跛行患畜，可静脉注射葡萄糖酸钙。

食盐中毒（salt poisoning）

食盐中毒是在动物饮水不足的情况下，过量食入食盐或含盐饲料而引起的一种中毒性疾病。临床上以消化机能紊乱和神经症状为特征。病理学特征为嗜酸性粒细胞（嗜伊红细胞）性脑膜炎。各种动物均可发病，以猪和家禽尤为敏感多发。

病因

舍饲家畜中毒多见于配料疏忽，误投过量食盐或对大块结晶盐未经粉碎和充分拌匀，或饲喂含盐分高的泔水、酱渣、咸菜及腌菜水和洗咸鱼水等。放牧家畜则多见于供盐时间间隔过长，或长期缺乏补饲食盐的情况下，突然加喂大量食盐，加上补饲方法不当，如在草地撒布食盐不匀或让家畜在饲槽中自由抢食。鸡可耐受饮水中0.25%的食盐，湿料中含2%的食盐能引起雏鸭中毒。用食盐或其他钠盐治疗大家畜肠阻塞时，一次用量过大，或多次重复应用均可能引起中毒。

各种动物的食盐内服急性致死量（g/kg·体重），牛、猪及马约为2.2，羊6.0，犬4.0，家禽1.0～1.5。动物缺盐程度和饮水的多少直接影响致死量。

发病机制

食盐是畜禽必需的矿物质，它对维持机体体液离子平衡具有重要作用。高浓度的食盐水摄入后刺激胃肠黏膜，引起胃肠炎。同时，胃肠道内容物的渗透压升高，大量体液向胃肠内渗透，导致机体脱水。食盐被吸收后，血液中的Na^+浓度增高，被动扩散到脑脊液，造成脑组织Na^+积聚。脑组织Na^+浓度升高则继发脑水肿，颅内压升高以及脑组织缺氧Na^+能加速ATP转化为AMP，AMP大量蓄积，糖无氧酵解受阻，能量产生不足。由于缺氧和能量供应不足，致使神经细胞发生变性、坏死，出现一系列神经症状。因此，食盐中毒实质上是钠中毒，即钠盐中毒。

症状

猪中毒时初期表现极度口渴，黏膜潮红，呕吐，口唇肿胀。由于脑水肿，而呈现神经机能紊乱症状，如兴奋不安、转圈、肌肉痉挛、全身震颤、无目的徘徊，或倒地后四肢呈游泳状划动。该神经症状一般呈周期性发作，少数有持续发作的。肌肉痉挛往往从头部开始，逐渐向后抽搐，病猪呈犬坐姿势。抽搐发作时，体温轻度升高。后期，后肢或四肢瘫痪，昏迷不醒，衰竭而死，病程约48h，血液检查可发现嗜酸性粒细胞显著增多（6%～10%）。慢性中毒表现为便秘、口渴和皮肤瘙痒，突然暴饮大量水后，引起脑组织和全身组织急性水肿，表现与急性中毒相似的神经症状。

牛主要表现为食欲废绝，烦渴贪饮，口腔干燥，黏膜充血，腹痛、腹泻，粪便中混有黏液和血液。严重时出现双目失明，后肢麻痹球节挛缩等症状，后期卧地不起，多于24h内死亡。慢性中毒时主要表现食欲减退，体重减轻，体温下降，衰弱，有时腹泻，多因衰竭而死亡。

鸡表现口渴，嗉囊积液，口、鼻流黏液，常发生下痢，呼吸困难，痉挛，头颈扭曲（前庭神经损害）。最终腿、翅麻痹死亡。雏鸭可见不断鸣叫，站立不稳，头向后仰，有时身体后翻，胸腹朝天，两脚在空中前后交替摆动，头颈不断扭曲。

犬主要表现为共济失调，肌肉震颤，视力障碍及腹泻。

剖检变化主要在中枢神经系统和消化道。脑软膜充血，脑回变平，脑沟血管明显，并有积液。镜检，脑组织中嗜酸性粒细胞增多。猪胃黏膜充血、出血、水肿，常有溃疡，小肠黏膜有弥漫性炎症。牛、羊瓣胃和真胃黏膜有明显充血和炎症。慢性中毒时，骨骼肌水肿，心包积液，大脑皮质软化、坏死。鸡消化道黏膜出血，内脏器官充血，肾、输卵管和排泄物中有尿酸盐沉积。

诊断

根据过饲食盐和（或）限制饮水的病史，临床上的神经症状、病理剖检变化和实验室检查，可以确定诊断。血清钠正常为135～145mmol/L，中毒时可达180～190mmol/L，肝和脑组织中氯化钠含量测定超过250mg/100g和180mg/100g可确诊，也可通过残留饲料、饮水的食盐含量测定进行诊断。

治疗

首先应停喂停饮含盐饲料及饮水。中毒早期可多次给予少量清水或灌服适量的温水，较好的方法是催吐、洗胃，然后用植物油或液体石蜡导泻，以减少氯化钠吸收，促使其排出，但禁用盐类泻剂。发作期禁止饮水。为了调节体液一价、二价阳离子平衡，可静脉注射钙制剂，拮抗高血钠。5%二巯基丙磺酸钠注射液，猪5mL/kg，肌肉注射，2次/d，亦有一定疗效。缓解脑水肿，降低颅内压，可静脉注射25%山梨醇、20%甘露醇或高渗葡萄糖液。镇静解痉，可肌注盐酸氯丙嗪注射液或地西泮注射液，亦可静注硫酸镁注射液或溴化钙注射液。

铜中毒（copper poisoning）

铜中毒是动物因摄入过量铜引起的一种中毒性疾病。根据病程可分为急性铜中毒和慢性铜中毒。根据疾病起始原因，分为原发性铜中毒和继发性铜中毒。临床上以腹痛、腹泻、肝机能异常和溶血危象为特征。各种动物均可发生，反刍兽较单胃动物敏感，临床上常发生于羊、牛。

病因

急性铜中毒多因一次误食大剂量可溶性铜盐引起，如羔羊在含铜药物喷洒过不久的草地放牧，或饮用含铜浓度较大的饮水等。慢性铜中毒常因环境污染如矿山周围，铜冶炼厂、电镀厂附近，因含铜灰尘、残渣、废水中的含铜化合物污染了周围的土地，使土壤铜含量升高或由于地球化学因素区域性土壤中铜含量升高，或长期用含铜较多的猪粪、鸡粪施肥的草场，导致牧草、饲料铜含量过高，引起绵羊铜中毒。饲料调配不当，铜盐添加过多或不均。饲料中钼和硫过少，或吸收不足，也会引起继发性铜中毒。某些植物如三叶草等可促进铜在肝内蓄积，易诱发溶血危象。有些犬可能因遗传基因缺陷，产生类似人的遗传病（Wilson病）样的遗传性铜中毒。

各种动物对饲料铜的耐受剂量（mg/kg），绵羊为25、牛和鹅100、兔200、猪250、鸡和鸭300、马800、大鼠1000。各种含铜化合物对动物的毒性作用也不一样，毒性从大到小依次为 $CuCO_3 > Cu(NO_3)_2 > CuSO_4 > CuCl_2 > Cu_2O > CuO$（粉）$> CuO$（针）$> Cu$（铜丝）。

发病机制

一次摄入大量铜盐，对胃肠黏膜产生直接刺激，引起胃肠炎症。临床上出现流涎、腹痛、腹泻等症状。肝脏是体内铜储存的主要器官，吸收入血的大量铜离子积聚在肝细胞核、线粒体及肝浆液中，可损伤这些亚细胞结构，引起肝功能异常。当肝铜浓度过高，在某些诱因作用下，肝铜迅速释放入血，血浆铜浓度大幅度升高，红细胞膜变性、红细胞内海因兹（Heinz）小体形成，发生溶血临床上出现血红蛋白尿、黄疸、PCV值下降，动物极度虚弱，多在1～3d内死亡。肾脏也是铜储存和排泄的器官之一，出现溶血危象后，产生肾小管坏死和肾功能衰竭。

症状

急性铜中毒时，羊有明显的腹痛，腹泻，惨叫，频频排出稀水样粪便，有时排淡红色或褐红色尿液。猪、犬可出现呕吐，粪及呕吐物中含绿色至蓝色黏液，呼吸增快，脉搏增数。后期体温下降，虚脱，休克，严重者在3～48h内死亡。

羊慢性铜中毒临床上分为3个阶段。早期为铜积累阶段，除肝铜浓度大幅度升高，体增重减慢，天冬氨酸氨基转移酶（AST）、精氨酸酶（ARG）、山梨醇脱氢酶（SDH）活性呈短暂升高外，不显任何临床症状。中期为溶血危象前阶段，肝功能明显异常，AST、ARG、SDH迅速而持续升高，血浆铜浓度逐渐升高，但精神、食欲变化轻微。此期可维持1～6周。后期为溶血危象阶段，动物表现烦渴，呼吸困难，卧地不起。血液呈酱油色，血红蛋白浓度降至52g/L，可视黏膜黄染，红细胞形态异常并出现较多Heinz小体。PCV下降至19%左右，甚至降到10%。血浆铜浓度急剧升高1～7倍，病羊可在1～3d内死亡。

猪铜中毒时，食欲下降，消瘦，粪稀，有时呕吐，可视黏膜淡染，贫血。后期部分猪死亡。犬慢性铜中毒时，呼吸困难，昏睡，可视黏膜苍白或黄染，肝脏缩小，体重下降，腹水增多。

剖检可见急性铜中毒时消化道充血、出血甚至溃疡，反刍兽有的真胃破裂。胸、腹腔内有红色积液。膀胱出血，内有褐红色尿液。慢性铜中毒，肝呈黄色，质脆，有灶状坏死。肝窦扩张，肝小叶中央坏死，胞质严重空泡化，脱落的枯否氏细胞内有大量含铁血黄素沉着，肝细胞溶解。肾呈黑色、肿胀，切面有金属光泽，肾小管上皮细胞变性、肿胀，肾小球萎缩，脾脏肿大，弥漫性淤血和出血。

诊断

急性铜中毒可根据病史，结合腹痛、腹泻、PCV下降而做出初步诊断。反刍兽饲料中铜浓度＞30mg/kg有重要诊断意义。慢性铜中毒诊断主要根据肝、肾、血浆铜浓度及酶活性测定而定。当肝铜浓度＞500/kg，肾铜浓度＞80～100mg/kg（干重），血浆铜浓度（正常值为0.7～1.2mg/L）大幅度升高时，有溶血危象先兆，即可诊断。但应与其他引起溶血、黄疸的疾病相鉴别。

治疗

立即中止铜供给。静脉注射三硫钼酸钠，剂量为0.5mg/kg·体重，稀释成100～200mL溶液，缓慢静脉注射，3h后视病情可追加等剂量钼盐重复注射，对急性铜中毒羊有保护作用，四硫钼酸钠亦有同等效果。亚临床中毒及经用硫钼酸钠抢救脱险的患畜，可在日粮中补充钼酸铵 100mg、硫酸钠 1g，拌匀饲喂，连续数周，直至粪便中铜含量接近正常水平后停止。

预防

在高铜草地放牧的羊，可在精料中补充 7.5mg/kg 的钼、50mg/kg 的锌及 0.2%的硫，不仅可预防铜中毒，而且有利于被毛生长，但应警惕钼中毒。绝不允许把猪、鸡的日粮（含高铜）喂绵羊、山羊。

砷中毒（arsenic poisoning）

砷中毒是动物摄入指有机和无机砷化合物引起的一种中毒病。根据病程可分为急性、亚急性和慢性中毒。临床上以胃肠炎、神经症状为特征。各种动物均可发生。

砷化物根据其毒性可分为 3 类，剧毒的如三氧化二砷、亚砷酸钠和砷酸钙；强毒的有砷酸铅、退菌特；低毒的见于巴黎绿、甲基硫胂、甲基胂酸钙和甲胂钠等。

病因

误食含砷鼠药、含砷农药处理过的种子、喷洒过的青草，或为驱除体外寄生虫而以砷剂做药浴时，药液过浓、喷射过急、浸泡过久、皮肤有破损和药浴后舐吮等，都可引起急性砷中毒。有机砷制剂如胂苯胺酸和胂苯胺酸钠如用量过大或长期使用，亦可造成砷中毒。

工业污染如洗含砷矿时的废水、冶炼时的烟尘污染周围的牧地或水源，引起慢性砷中毒。地方性高砷也是砷中毒的病因之一。

各种家畜对砷剂的敏感性相差悬殊。亚砷酸钠中毒量（mg/kg · 体重），猪为 2.0，马 6.5，牛 7.5，绵羊 11.0。三氧化二砷中毒量（mg/kg · 体重），猪为 7.2～11.0，马、牛和绵羊 33～55。

发病机制

砷是细胞毒或原浆毒，能与酶的巯基结合，使体内含巯基酶如乳酸脱氢酶、琥珀酸脱氢酶等失去活性，干扰氧化磷酸化，细胞代谢障碍，组织细胞变性乃至坏死。砷能麻痹血管平滑肌，破坏微血管通透性，造成组织器官出血。任何途径引起的急性中毒都表现出胃肠道严重出血，慢性中毒时神经系统出现广泛性损害。此外，砷中毒与皮肤病、肝癌、肺癌、肾癌等有密切关系，对胚胎发育也有一定的影响，可致畸胎。

症状

急性中毒，多于采食后数小时突然起病，患畜呻吟，流涎，呕吐，腹痛不安，胃肠臌胀，并很快出现重剧的腹泻，粪便恶臭，混有黏液、血液及伪膜。对腹壁做冲击式触诊，可感到腹水震荡。在马，腹痛更加剧烈，可视黏膜充血十分显著。患畜全身症状重剧，呼吸促迫，脉搏细弱，通常在发病后的数小时内，于全身抽搐状态下死亡。

亚急性中毒，病程延续 2～7d，临床症状仍以胃肠炎为主。患畜可视黏膜潮红黄染，巩膜重度黄染；食欲废绝，烦渴贪饮，持续腹泻；心动强盛，脉搏细数，四肢末端厥冷，表现明显的外周循环衰竭。在反刍兽，触诊瘤胃、网胃和真胃时表现疼痛，有时排血尿或血红蛋白尿。后期常出现肌肉震颤、共济失调、抽搐等神经症状，最后昏迷而死。

慢性中毒，患畜发育停滞或消瘦衰竭，被毛粗刚逆立而容易脱落，呈恶病质状态。可视黏膜潮红充血，结膜和眼睑水肿，口腔黏膜红肿并有溃疡（砷毒性口炎），可蔓延到鼻唇部而经久不愈。食欲不定，下痢与便秘交替，顽固难治。大多伴有神经麻痹症状，但以感觉神经麻痹为主。

有机砷如胂苯胺酸钠引起的猪、羊慢性中毒，临床上几乎只表现神经症状，包括视力障碍、头部肌肉挛缩、共济失调等。原因一除，迅即痊愈；继续进展，则可造成失明和某些末梢神经麻痹。

急性病例胃肠道变化十分突出，胃、小肠、盲肠黏膜充血、出血、水肿和糜烂，腹腔内有蒜臭样气味。牛、羊真胃糜烂、溃疡甚至发生穿孔。肝、肾、心脏等呈脂肪变性，脾肿大、充血。慢性病例除胃肠炎症病变外，尚见有喉及支气管黏膜的炎症以及全身水肿等变化。

诊断

根据病史和临床症状，一般可做出初步诊断，确诊需要做饲料、饮水、尿液以及肝肾、胃肠内容物等砷含量测定，肝和肾的砷含量（湿重）超过10～15mg/kg即可确定为砷中毒。

治疗

应用特效解毒剂，二巯基丙醇肌肉注射，马和牛的首次剂量为5mg/kg·体重，以后每隔4h 1次，剂量减半，直至痊愈。猪、羊、犬的首次剂量均为2～3mg/kg·体重，用法同上。二巯基丙磺酸钠注射液肌肉或静脉注射，马、牛剂量为5～8mg/kg·体重，猪、羊7～10mg/kg·体重，用法同上。也可选用二巯基丁二酸钠，剂量为20mg/kg·体重，1或2次/d，静脉注射。

为阻止毒物吸收，尽快采用2%氧化镁液、0.1%高锰酸钾液或0.5%～1%药用炭液反复洗胃。在猪和犬可用催吐剂，洗胃后可灌服硫代硫酸钠（马、牛25～50g，猪、羊5～10g），稍后再灌服缓泻剂。

应同时实施补液、强心、保肝、利尿等对症疗法。为保护胃肠黏膜，可用黏浆剂，但莫用碱性药，以免形成可溶性亚砷酸盐而促进吸收。

预防

严格毒物保管制度，防止含砷农药污染饲料和饮水，并避免畜禽误食。应用砷剂治疗，要严格控制剂量，外用时注意防止患畜舔吮。

钼中毒（molybdenum poisoning）

钼中毒又称继发性或条件性铜缺乏症，是由于动物摄入过量钼所引起的一种中毒病。临床上以持续性腹泻和被毛褪色为特征。江西水牛的钼中毒还伴有皮肤发红，俗称“红皮白毛症”。在自然条件下，该病仅发生于反刍兽。牛比羊易感，水牛的易感性高于黄牛，马和猪的易感性很低，一般不呈现临床症状。

病因

天然高钼土壤或工业污染引起的高钼土壤上生长的植物能大量吸收钼，动物食用这种植物可发生中毒。天然高钼地区呈一定的地理分布，多为腐殖土和泥炭土，在英国、美国、新西兰、爱尔兰、澳大利亚等都曾报道过此病，称为“下泻病”（teart）或“泥炭泻”（peat scouring）。铝矿、钨矿石、铝合金、铁钼合金等的生产冶炼过程可形成污染性高钼土壤，或直接造成牧草污染。曾报道江西大余用含钼 0.44mg/L 的尾砂水灌溉农田，逐年沉积使土壤含钼量达 25～45mg/kg，生长的稻草含钼达 182mg/kg，牛采食后发生中毒。此外，过多地给牧草施钼肥，植物含钼量增高。碱性土壤、多雨性季节生长的植物钼含量高。

饲料铜、钼含量比值及矿物质含量影响铜的吸收。反刍动物饲料中铜、钼含量比值最好保持在 6∶1～10∶1，若此值低于 2∶1，就可能发生钼中毒。饲料中 S、Zn、Cd、Se 等矿物质含量也干扰铜的吸收，如饲料中硫酸盐与钼形成硫钼酸盐，影响铜的吸收和利用。

发病机制

反刍兽的钼中毒主要是由于钼干扰机体内的铜代谢所致，其机制尚未完全明了。目前认为，瘤胃中形成的硫钼酸盐在疾病的发生上比较重要。

正常情况下，饲料在瘤胃中发酵产生硫化氢，与钼酸盐作用形成硫钼酸盐，并与饲料中铜形成难溶性 Cu-Mo-S-蛋白质复合物，妨碍铜的吸收。硫钼酸盐与铜竞争小肠黏膜上吸收位点，并在肠道与铜形成硫钼酸铜，使铜的吸收率明显下降。当钼酸盐吸收入血后，可与血浆白蛋白上的铜结合，一方面可使血浆铜水平上升，另一方面妨碍了肝脏对铜的利用，到达肝脏后进入肝细胞，与细胞质内蛋白质结合，使铜与金属硫蛋白分离，一部分进入血液，一部分可直接进入胆汁排出体外，久之使体内铜逐渐耗竭，致使含铜酶活性降低是本病发生的基础。

症状

牛在高钼草地上放牧后 1～6 周内发病，水牛通常在第 8～10 天后。病初持续性腹泻，粪便呈液状，充满气泡。随着病情进展，渐进性消瘦，结膜苍白，皮肤发红，被毛无光泽、褪色变浅（俗称“白毛红皮症”）。眼周围特别明显，像戴眼镜一样。关节疼痛，腿和背部明显僵硬，运动异常。产乳量下降，性欲减退或丧失，繁殖力降低。慢性钼中毒时常见骨质疏松，易骨折、长骨两端肥大，异嗜等。

绵羊钼中毒症状较牛轻，表现轻度下泻，被毛褪色，卷曲度消失，容易折断。羔羊可出现严重运动失调、失明，典型背部凹陷特征。

诊断

在本病流行区，根据持续性腹泻、消瘦贫血、被毛褪色、皮肤发红等临床症状，以及夏季呈爆发流行、冬季症状减轻、脱离污染区自行痊愈等发病规律，可做出初步诊断。采用硫酸铜治疗，若有良效，即可确诊。

治疗

发病动物内服硫酸铜有良好疗效。硫酸铜成年牛 1～2g/d，成年羊、犊牛 0.5～1g/d 内服，连用 4d，疗效确实。也可注射甘氨酸铜注射液，犊牛用量为 60mg，成年牛 120mg。有效期 3～4 月。每季注射 1 次，即可预防。

预防

杜绝毒源，防止污染，改良土壤为预防本病的根本措施。施用硫肥或铜肥可减低植物对钼的吸收，提高植物的铜含量。根据土壤性质及微量元素含量，合理施用。定期脱离高钼环境（轮牧），高钼饲草晒干后再利用也有一定效果。

镉中毒（cadmium poisoning）

镉中毒是动物长期摄入过量镉引起的一种中毒性疾病。临床上以生长发育缓慢、贫血、繁殖障碍和骨骼损伤为特征。本病主要发生在环境镉污染严重的地区，各种动物均可发生。

病因

动物镉中毒主要原因是饲料、饮水的镉污染，此外，也见于含镉药物使用不当。

镉污染来自工业“三废”，如冶炼厂、冶金厂、电镀厂和染料厂等排放的废气、废水和废渣污染，由污水灌溉农田，使土壤镉含量增高，再由作物吸收富集，生产高镉饲料及粮食，发生中毒或危害人畜健康。江西赣南的镉污染，就是由于钨矿选矿的废水中含有镉，通过灌溉农田所造成的。某些含镉的磷酸盐肥料是农田土壤和作物的污染源。氧化镉和邻氨基苯甲酸镉用于猪蛔虫治疗，若用量过大可能引起急性中毒。

发病机制

经胃肠道、呼吸道或（和）皮肤吸收的镉，主要储留在肝、肾，体内半衰期长达10～30年。

镉能减少铁的吸收与利用，影响血红蛋白合成，此外能改变红细胞膜通透性，红细胞变形，引起贫血。镉进入骨骼，引起骨组织脱钙，表现为骨质疏松，骨质软化，多发性骨折而引起身躯缩短骨骼变形，全身疼痛，最后发生肌萎缩及其他并发症而死亡。吸收的镉能与体内金属硫蛋白（MT）结合形成Cd-MT复合物，沉积在肾脏使肾小管上皮细胞变性，再吸收能力发生障碍，出现蛋白尿、血尿。镉进入睾丸组织，引起大量生殖细胞凋亡、坏死，导致生殖障碍。

此外，镉尚能引起免疫器官结构破坏，导致免疫功能下降。镉可以通过引起DNA甲基化等途径，引起致畸、致癌和致突变作用。

症状

急性中毒时，可呈现胃肠道刺激症状，如呕吐、腹痛、腹泻等，严重时血压下降，虚脱致死。

慢性中毒，临床症状因动物品种不同而有一定差异。一般的临床表现为精神沉郁，被毛粗乱无光泽，食欲下降，黏膜苍白，极度消瘦；骨骼矿化作用不良，骨骼变轻、质脆，走路摇摆；贫血，血液稀薄，血红蛋白浓度极度降低，严重者下颌间隙及颈部水肿。随着中毒时间的延长，上述症状呈渐进性发展。

另外，镉中毒动物繁殖功能障碍，公畜睾丸缩小，精子生成受损，母畜不孕或出现死胎。

镉中毒动物血液稀薄，红细胞数、血红蛋白含量和红细胞压积容量显著降低，红细胞变形和脆性增大，生理盐水稀释后红细胞发生棘形改变。尿液中出现蛋白质。血清尿素氮、总蛋白、白蛋白和铜蓝蛋白含量下降。

诊断与预后

镉的慢性中毒多为亚临床，仅表现为生长发育缓慢、贫血、出现蛋白尿等，故生前诊断较难。尸检时测定肝、肾内镉含量有诊断意义，健康肝、肾内镉含量常低于 2～5mg/kg，中毒时高达 10～30mg/kg 以上。

重症病例，预后不良。

治疗

本病无特效解毒剂。停喂含镉饲料、饮水，采取对症治疗。

预防

严格控制工业“三废”中镉的排放量。对已污染的土壤，施用石灰，可阻止和减少植物对镉的吸收。提高日粮中的蛋白质和钙含量可使慢性镉中毒减轻，适当采用锌、硒添加剂亦有一定效果。

硒中毒（selenium poisoning）

硒中毒是动物摄入过量的硒而发生的一种中毒性疾病。按病程分为急性和慢性中毒。临床上急性中毒以腹痛、失明、呼吸困难和运动失调为特征，慢性中毒以脱毛、蹄壳变形和脱落为特征。各种动物均可发生，高硒地区放牧的牛羊和马多见，其次是猪。

病因

家畜硒中毒的病因，主要是采食的草料含硒量过高。其次是防治硒缺乏症时，硒的使用超量。

草料中的硒含量，取决于土壤中的硒含量、存在形式和植物的种类。高（可溶性）硒土壤生长的植物，含硒量一般要高于非高硒土壤生长的植物。植物按其吸收利用土壤硒的能力分为专性聚硒植物或硒指示植物，如黄芪属、菊科、十字花科植物等，生长在硒含量为 1～50mg/kg 的土壤中，植株聚硒量可达 10～15 000mg/kg（干重）；兼性或次级聚硒植物，如金合欢属、紫菀属和滨藜属等多种植物，植株聚硒量为 25～100mg/kg（干重）；不吸收硒或低聚硒植物，包括绝大多数植物，如饲料作物、牧草、野草等。有些植物能将土壤中的不溶性硒转换成易吸收的形式，使不吸收硒或低聚硒植物也能吸收和富集硒，特称转换植物（converter plant），如北美的黄芪和棘豆，澳大利亚的网状鸡眼藤和迦南相思树。此外，在高硒地区，如我国湖北省恩施、陕西省紫阳等局部地区和美国怀俄明州为高硒土壤，生长的植物和粮食含硒量高。

饲料中硒含量超过 5mg/kg 即能引起明显的硒中毒症状，动物对硒的最大耐受量与硒元素的化学形式、摄入的持续时间和日粮的成分密切相关，高蛋白日粮可降低硒的毒性，亚麻籽饼对硒的毒性有拮抗作用，饲料中砷、银、汞、铜和镉的水平对硒的毒性影响很大。

发病机制

进入畜体的可溶性硒和有机硒，绝大部分经小肠吸收。吸收入血后，主要与白蛋白结合，迅速散布全身，并在肝、肾、毛等器官组织中沉积，或在红细胞和肝脏内经还原和甲基化，生成二甲基硒（DMSe）由呼出气排泄，或生成三甲基硒（TMSe）由尿液排泄。硒的毒性作用即硒中毒的发病机理还不清楚。据认为主要是干扰谷胱甘肽过氧化物酶等含巯基酶类的活性作用，造成细胞结构的过氧化损伤，主要为心肌、肝、肾实质的变性和坏死。硒可引起毛细血管扩张和通透性增加，引起肺及胃肠道黏膜充血、水肿。硒可减少羊肝内硫和蛋白质含量，食物中蛋白含量高，可缓解硒中毒。硒可通过胎盘屏障，使母畜繁殖能力下降，胎儿生长发育停滞和畸形，羔羊生后不久死亡。仔猪生后脚爪出血，或生后不久死亡。

硒一次口服中毒量（mg/kg·体重），马和绵羊 2.2，牛 9.0，猪 15.0。

症状

急性硒中毒，常见于犊牛和羔羊采食大量高硒转换植物或误食误用中毒量硒剂之后。精神沉郁，呼吸困难，黏膜发绀，流涎，腹痛，脉搏细弱，运动失调，痉挛抽搐，反刍兽臌气，数小时至数日内死于呼吸循环衰竭。

亚急性硒中毒，又称瞎撞病（blind stagger），见于饲喂含硒 10～20mg/kg 饲料或进入高硒牧地数（6～8）周的牛、绵羊和马。主要表现神经症状和失明。患畜步态蹒跚，头抵墙壁，无目的徘徊，做圆圈运动，到处瞎撞，流涎，吞咽障碍，数日内死于麻痹和虚脱。

慢性硒中毒，又称碱病，见于长期采食含少量硒（5mg/kg 以上）谷物或牧草的动物。主要表现食欲下降，渐进性消瘦，中度贫血，被毛粗乱，鬃和尾毛（马）、尾根长毛（牛）脱落，跛行，蹄冠下部发生环状坏死，蹄壳变形或脱落。猪脊背部脱毛，蹄壳生长不良。鸡本身无明显表现，但蛋硒量升高，孵化率降低，鸡胚畸形（无眼、无喙、缺翅或肢异常）。

诊断

根据病史和失明、神经症状、消瘦、贫血、脱毛、蹄匣脱落等临床综合征，可做出初步诊断。确定诊断必须依赖于饲料硒测定以及血硒、毛硒和肝、肾等组织硒测定。饲料中的硒长期超过 5mg/kg，毛硒 5～10mg/kg，疑为硒中毒；毛硒＞10mg/kg，肝、肾硒 10～25mg/kg，蹄壳硒达 8～10mg/kg，尿硒＞4mg/L 时可诊断为硒中毒。

治疗

立即停喂高硒日粮。无特效解毒药。较为安全的解毒剂是对氨基苯胂酸，按 10mg/kg 含量补饲，可减少硒的吸收，促进硒的排泄。

汞中毒（mercury poisoning）

汞中毒是动物摄入过量汞引起的一种中毒性疾病。临床上以胃肠炎、皮炎、尿毒症或支气管炎为特征。因汞侵入途径不同，可分别引起胃肠炎、支气管肺炎和皮肤炎。吸收后，则导致肾脏和神经组织等实质器官的严重损害。急性中毒多死于胃肠炎或肺水肿。慢性中毒多死于尿毒症，或者后遗神经机能紊乱。各种动物均可发生。

症因

有机汞农药，包括剧毒的西力生（氯化乙基汞）、赛力散（乙酸苯汞）和强毒的谷仁乐生（磷酸乙基汞）、富民隆（磺胺汞），不仅残毒量大，而且残效期长，国内已不再生产，使用范围也明显缩小，有机汞农药中毒越来越少。

动物舔吮作为油膏剂外用的碘化汞或氯化汞，误食经有机汞农药处理过的种子或沾染有机汞农药的饲料和饮水，可引起急性中毒。

汞化合物，不论是有机的还是无机的，在常温下即可升华而产生汞蒸气。在汞剂包装、运送、存放和使用过程中有任何失误，都会使空气被汞蒸气所污染。汞蒸气比空气重，笼罩地面，易污染下风方向的饮水、牧草和禾苗，亦可直接被动物吸入，而造成中毒。曾有报道，给马长期外敷汞软膏，使同厩饲喂的牛持续吸入汞蒸气而发生了中毒。

发病机制

汞化合物具腐蚀性。当汞剂经皮肤、消化道或呼吸道侵入畜体时，会分别引起皮炎、口黏膜溃烂（汞毒性口炎）、胃肠炎或支气管肺炎，乃至肺水肿。

汞化合物进入机体后遍布全身各器官组织中，主要侵害神经系统，沉积于神经组织内，造成脑和末梢神经的变性，其中最严重的是小脑和大脑两半球，造成不可逆损害。汞能与体内含巯基酶类的巯基结合，使之失去活性，使几乎所有的组织细胞都受到不同程度的损害。如汞与金属硫蛋白结合形成的复合物达一定量时，可引起上皮细胞损伤，血管上皮损伤可产生出血，肾小管上皮损伤可产生肾功能衰竭，肠上皮损伤可出现下痢、出血、疝痛等症状。

此外，有机汞可通过胎盘屏障影响胎儿，使新生儿发生先天性疾病；甲基汞对精细胞的形成有抑制作用；还可通过乳汁传递给幼畜，引起幼畜肢端震颤，甚至死亡。

症状

急性汞中毒，多因误食大量无机汞而突然起病，呈重剧的胃肠炎症状。患畜呕吐，呕吐物带血色，并有剧烈的腹泻，粪便内混有黏液、血液及伪膜。通常在数小时内因脱水和休克而急死。

亚急性汞中毒，多因误食有机汞农药或吸入高浓度汞蒸气而发生，起病较急。因误食而发生的，主要表现流涎、腹痛、腹泻等胃肠炎症状；因吸入汞蒸气而发生的，则主要表现咳嗽、流泪、流鼻液、呼出气恶臭、呼吸促迫或困难（肺水肿时），肺部听诊可闻广泛的捻发音、干性和湿性啰音。几天之后，即开始出现肾病症状和神经症状。患畜背腰拱起，排尿减少，尿中含大量蛋白质，有的排血尿。尿沉渣镜检有肾上皮细胞和颗粒管型。与此同时或稍后，还表现肌肉震颤、共济失调和头部肌肉阵挛，有的发生后躯麻痹，最后多在全身抽搐状态下死亡，病程1周左右。

慢性汞中毒，多因长期少量吸入汞蒸气或采食含有机汞残毒的饲料而发生，是汞中毒最常见的一种病型。患畜精神沉郁，食欲减损，腹泻经久不愈，逐渐衰弱消瘦，皮肤瘙痒，渗出黄红色液体，被毛纠集、结痂、脱落，状同湿疹。口唇黏膜红肿溃烂，触压齿龈有明显疼痛，严重的则齿牙松动以至脱落（汞毒性口炎）。神经症状最为突出，患畜低垂头颈，闪动眼睑，肌肉震颤，口角流涎，有的发生咽麻痹而不能吞咽。轻症病例运步笨拙而强拘。重症病例则步态蹒跚，共济失调，甚而后躯轻瘫，不能站立，最后多陷于全身抽搐。病程常拖延数周。如能彻底除去病因，坚持驱汞治疗，约有半数患畜可望康复，预后判断必须慎重。

急性汞中毒的基本病变在各实质器官，特别在肾脏。除眼观肾脏肿大、出血和浆液浸润外，组织学检查可见肾小体膨大，肾小球缺血，鲍曼氏囊内有蛋白凝块沉积，肾小管变性重剧而且广泛。其次是侵入途径的相应病变。汞类毒物食入所致的，有重剧的胃肠炎病变，可见胃肠黏膜充血、出血、水肿、溃疡甚至坏死；汞蒸气吸入所致的，有明显的呼吸道病变，可见气道黏膜充血、出血、支气管肺炎，甚至肺充血、肺出血，有的伴有胸膜炎；体表接触沾染所致的，有皮肤炎病变，可见皮肤潮红、肿胀、出血、溃烂、坏死、皮下出血或胶样浸润。慢性汞中毒，除侵入门户和排泄途径的病变外，主要病变在神经系统。脑及脑膜有不同程度的出血和水肿。组织学检查可见大脑皮质和小脑的神经细胞以及末梢神经变性。

诊断与预后

根据病史和临床症状，不难做出诊断。必要时，可采取饲料、饮水、胃肠内容物以及尿液送检。尸检时取肾脏检验汞毒有确定诊断意义，当肾汞达 10～15mg/kg 即可认为是汞中毒。

重症中毒，预后不良。

治疗

按一般中毒病常规处理后，及时使用解毒剂。

特效解毒药也是双巯基化合物，解毒机理亦同。驱汞疗法，可用二巯基丙醇、二巯基丙磺酸钠和二巯基丁二酸钠。后两种药效果较好，且毒副作用小，有利于长期重复给药，达到缓缓驱汞的目的。

急性和亚急性中毒时，可用 5%二巯基丙磺酸液（5～8mg/kg·体重）肌肉或静脉注射，首日 3 或 4 次，次日 2 或 3 次，第 3～7 天各 1 或 2 次，停药数日后再进行下一疗程；或用 5%～10%二巯基丁二酸钠液（20mg/kg·体重）缓缓静注，3 或 4 次/d，连续 3～5d 为一疗程。停药数日后再进行下一疗程。

慢性中毒时，驱汞常需很长时间，约 1 个月。可用 5%二巯基丙磺酸钠液（5mg/kg·体重）或 5%～10%二巯基丁二酸钠液（20mg/kg·体重）缓缓静注，1 或 2 次/d，3d 为一疗程。停药 4d 后再进行下一疗程。一般需要 3～5 个疗程。

在实施上述驱汞疗法的同时，亦可口服或静注硫代硫酸钠（用量同砷中毒），以形成无毒的硫化汞排出，增强驱汞效果。保肝、输液、利尿等对症治疗与砷中毒相同，不得忽略。

（徐世文，李金龙）

第七节　药 物 中 毒

喹乙醇中毒（olaquindox poisoning）

喹乙醇中毒是动物摄入过量喹乙醇而引起的一种中毒性疾病。临床上以全身广泛性出血、失明为特征。本病常见于家禽、猪和兔。

病因

喹乙醇（又称快育灵）是喹噁啉类的合成抗菌药和促生长剂，对革兰氏阴性菌的巴氏杆菌、沙门氏菌、大肠杆菌、变形杆菌等都有抑制作用；同时又具有促进蛋白质同化作用，提高饲料利用率，促使畜禽生长和加快增重，被作为一种饲料添加剂而广泛应用。

中毒主要是使用不当，如添加剂量过大或拌料不均匀，连续使用时间过长，或饲料厂家在饲料生产时已添加，而使用时重复添加等。鸡、鸭对喹乙醇较敏感，由于喹乙醇的广泛使用，鸡、鸭发生药物中毒的报道很多，成为家禽的一种常见中毒病。喹乙醇的安全用量为每千克饲料中添加 25～35mg，该量已可满足禽类促生长需要。鸡按 50mg/kg·体重剂量给予，连服 6d 可使半数鸡发生临床中毒，按 90mg/kg·体重一次内服即可急性中毒死亡。《中华人民共和国兽药典》规定，喹乙醇仅用于育成猪（<35kg）的促生长，饲料中的添加剂量为 50～100g/t，休药期为 35d，禁用于家禽。

发病机理

喹乙醇内服吸收迅速，生物利用度较高，鸡、犬和猪内服的生物利用度分别为 53%、90%和 100%。吸收后 85%经肾脏排出，15%随粪便以原形排出体外。猪内服 2mg/kg·体重，24h 约 95%被排出。喹乙醇对哺乳动物毒性较低，小鼠口服 LD_{50} 为 3316mg/kg·体重，大鼠口服 LD_{50} 为 1700mg/kg·体重。

据研究报道，喹乙醇毒作用的靶器官主要是肾上腺。中毒畜、禽因肾上腺受损，皮质激素（醛固酮类）分泌紊乱，体内电解质代谢障碍，从而导致组织器官的出血、变性、坏死。

症状

家禽急性中毒可在喂药后数小时即发病死亡，一般是在 7～10d 后开始发病和死亡，病死率可高达 60%左右。患禽精神沉郁，呆立，蹲伏不动或倒地不起，有的堆挤在一起，有的呈昏睡状态。食欲减损或废绝，口流黏液，嗉囊扩张，充满液体。排黑色稀粪，粪中混有血液。鸭中毒时，随着病程的延长，嘴上喙出现水泡，水泡破裂后脱皮结痂；有的上喙变短且喙边缘上翘卷起，而形成严重的畸形嘴。死后血液不凝固，呈暗红色，肝淤血肿大，呈暗红色，质地脆弱易碎。多数患禽腺胃和肌胃浆膜有出血斑，乳头出血，黏膜表层和整个消化道均有出血，小肠前段常见大面积出血，盲肠扁桃体肿大、出血。胆囊扩张，胆汁浓稠。脾充血出血。肾肿胀出血。肺淤血水肿。心脏扩张，心包液增多，心肌出血。肌肉出血。卵泡出血，呈紫葡萄状。

猪初期粪便干燥，食欲减退，增重减慢，机体脱水。有的表现为皮肤充血，全身呈红色，肌肉震颤，后肢瘫痪，侧卧，严重者 1～2d 后死亡。死亡率与日粮中喹乙醇含量及摄入持续的时间长短有关，有时病死率可达 30%，存活的猪成为小僵猪。血浆尿素和肌酐含量升高数倍，并出现低钠血症和高钾血症。剖检可见胃和小肠空虚，有时有溃疡性病变，大肠内有干粪球，粪球上有黏稠的黏液；肾上腺萎缩，实质器官充血。组织学变化为肾上腺皮质萎缩、变薄，发生纤维变性，产生醛固酮的弓状区（多形区）萎缩严重，肾上腺髓质肥大；骨骼肌及心肌变性。

精神沉郁、反应迟钝；被毛粗乱且无光泽，皮肤充血，全身呈红色，耳根及背中线两侧出现黄豆大的水泡，水泡易破裂流出液体，最后结痂；有的表现异食癖，如咬尾、咬耳、喝尿，有的食欲减退或废绝；尿液赤黄色、浑浊，大便干燥；站立不稳，运动失调，倒地、四肢泳动。体温正常或稍偏低。病重猪卧地不起，呼吸困难，张口吐舌，口流黏稠唾液，可视黏膜发绀，最后昏迷而死。胸腹腔和心包积液，胃内充满黄色黏稠状饲料，胃底黏膜脱落；肠黏膜易脱落，肠系膜淋巴结肿大、出血，肠充血、出血；肺充血、出血、水肿；肝脏稍肿、质脆。

兔表现食欲废绝，精神沉郁，腹泻，肌肉无力，四肢瘫痪。剖检可见胃浆膜下有大小不等的坏死灶，胃壁变薄，胆囊肿大；胃肠黏膜有出血斑点，肠道内充满泡沫样的液体，并有出血。

诊断

根据饲料中添加喹乙醇的病史，结合临床症状和病理变化，可初步诊断。必要时测定饲料和动物组织中喹乙醇的含量。

治疗

本病尚无特效解毒药，一旦发生喹乙醇中毒，应立即停喂可疑饲料，供给全价饲料，家禽喂葡萄糖液及多种维生素进行辅助治疗。

预防

严格执行《中华人民共和国兽药典》的规定，因喹乙醇对家禽的安全范围小，应禁用。喹乙醇不能与抗生素混合使用或同时使用。育成猪饲料中添加时应严格控制剂量，并混合均匀。

阿维菌素类药物中毒（avermectin poisoning）

阿维菌素类药物中毒是过量该类药物进入动物体内所引起的一种中毒性疾病。临床上以神经机能紊乱为特征。各种动物均可发生，常见于犬、猪、羊，特别是 Collies 品系的牧羊犬异常敏感。

病因

阿维菌素类药物是由阿维链球菌产生的一种新型大环内酯类抗寄生虫药。由于其对体内外寄生虫，特别是线虫和节肢动物均有良好的驱杀作用，被认为是目前最优良、应用最广泛、销量最大的一类新型广谱、高效、低毒和用量小的抗生素类抗寄生虫药。本类药物皮下注射吸收缓慢，半衰期较长（牛约 8d）；口服吸收快，但生物利用度较低，犬仅为注射的 41%。吸收后广泛分布于全身组织，并以肝脏和脂肪组织中浓度最高，98%从粪便排泄。

伊维菌素类药物常用剂量为 0.2mg/kg·体重。中毒主要是使用剂量过大、间隔时间过短，偶尔见于给药途径错误。本类药物对动物的毒性与品种、年龄有关，一般幼龄动物较敏感。比格犬口服伊维菌素 2.0mg/kg·体重无明显的毒性反应，2.5mg/kg·体重可导致瞳孔散大，5.0mg/kg·体重出现全身震颤，40.0mg/kg·体重可致死。Collies 品系的牧羊犬异常敏感，口服 0.05mg/kg·体重无明显的反应，0.1～0.2mg/kg·体重可引起全身震颤、瞳孔散大和死亡。

中毒机制

阿维菌素类药物的中毒机理仍不十分清楚。阿维菌素类药物可增加无脊椎动物神经突触后膜对 Cl^- 的通透性，从而阻断神经信号的传递，最终使神经麻痹，并导致动物死亡。这种作用的主要机制是通过增强无脊椎动物外周神经抑制递质 γ-氨基丁酸（GABA）的释放，同时引起由谷氨酸控制的 Cl^- 通道开放。哺乳动物外周神经传导介质为乙酰胆碱，GABA 主要分布于中枢神经系统，在用治疗剂量驱杀哺乳动物体内外寄生虫时，由于血脑屏障的影响，药物进入其大脑的数量极少，与线虫相比，欲影响哺乳动物神经功能所需的药物要高得多。因此，当大量的阿维菌素类药物进入哺乳动物的大脑后，GABA 生成增多，突触后 Cl^- 通道开放，使 Cl^- 进入通过膜超极化引起抑制作用。突触后运动神经元 Cl^- 含量的增加导致负电荷滞留（低电阻），引起受体细胞交替出现兴奋和抑制信号。与乙酰胆碱的兴奋性作用相比，GABA 兴奋允许 Na^+ 进入细胞，从而产生一系列的毒性反应。

症状

犬表现食欲减退或废绝，步态不稳，共济失调，舌从口腔伸出，呼吸困难，震颤，瞳孔散大。卧地不起，腹胀，肌肉无力，四肢呈游泳状划动，心音减弱。严重者昏迷，反射减弱或消失，死亡。在治疗犬微丝蚴时，可因微丝蚴死亡而发生急性过敏反应。

猪表现步态不稳，舌肌麻痹，舌尖露出口外。瞳孔扩大，眼睑水肿，眼结膜发绀，口腔流出大量白沫。共济失调，前肢跪地，全身肌肉松弛无力，腹胀，呼吸急促，头部出现不自主的颤抖。严重者昏迷，死亡。剖检可见胃肠臌气，膀胱积尿，肺脏出血，心包积液，心脏有水肿，脾脏肿大，胃黏膜有弥漫性出血，盲肠内有黑色粪便。

牛羊表现精神沉郁，呼吸急促，食欲废绝，共济失调，步态不稳，四肢叉开，肌肉无力。有的倒地后四肢划动，强直性痉挛，昏迷，死亡。剖检可见胃肠浆膜、黏膜有少量的出血点，水肿。肝脏肿胀且呈酱红色，切面流出大量紫黑色血液，易碎。脾脏散布出血点，肺脏呈淡红色有出血点，脑膜血管充盈，脑沟回平滑湿润多汁。

马表现腹中线以下瘙痒，腹部水肿，僵硬，四肢水肿，发热，眼睑水肿，腹痛。精神沉郁，食欲废绝，共济失调，步态僵硬。有的注射局部化脓，梭状芽孢杆菌性肌炎。

诊断

根据使用伊维菌素的病史，结合肌肉无力、共济失调、呼吸急促等临床症状，可初步诊断。必要时检测胃内容物和相关组织伊维菌素的含量。

治疗

本病尚无特效解毒药，口服中毒可用活性炭和盐类泻剂促进未吸收的药物排出。主要采取对症和支持治疗，如心动徐缓可用阿托品，昏迷可用毒扁豆碱，急性过敏可用肾上腺素，同时强心、补液、补充能量。

预防

伊维菌素类虽较安全，除内服外，仅限于皮下注射，肌肉、静脉注射易引起中毒反应。临床上应严格控制用药剂量和用药间隔期。因其从乳汁排出，泌乳动物及母牛产前1个月禁用。未断奶的仔猪和4月龄以下的犊牛禁用。伊维菌素在体内排泄缓慢，对食品动物用药屠宰前应严格遵守休药期，牛、猪、羊分别为35d、28d和21d。

血虫净中毒（diminazene aceturate poisoning）

血虫净中毒是由于过量三氮脒进入动物体内引起的一种中毒性疾病。临床上以神经功能紊乱为特征。各种动物均可发生，常见于犬、猪和牛。

病因

血虫净又称三氮脒、贝尼尔（Berenil），是传统使用的广谱抗血液原虫药，对锥虫、梨形虫和边虫（无形体）均有治疗作用。本品毒性大，安全范围小，中毒主要是使用不当，如剂量过大或连续使用时间过长。

发病机理

血虫净刺激性强，毒性反应大，有时治疗剂量即可引起起卧不安、频频排尿、肌肉震颤等不良反应。注射液对局部有刺激，应分点深部肌肉注射。水牛较敏感，连续使用应谨慎；马较敏感，忌大剂量使用；骆驼敏感，1.4mg/kg·体重即有毒性反应，4～5mg/kg·体重可致死，应禁用；黄牛 10mg/kg·体重可引起毒性反应，大剂量可使奶牛产奶量减少；犬用量达 25mg/kg·体重则出现严重的中毒症状。常用剂量为马 3～4mg/kg·体重，牛、羊 3～5mg/kg·体重，犬 3.5mg/kg·体重。

症状

轻度中毒表现不安，前肢刨地，频频排尿，心跳、呼吸加快，流涎，盲目转圈，肌肉轻微震颤，1～2h 后逐渐恢复。马治疗量亦可引起出汗，流涎和腹痛。

严重中毒表现食欲废绝，精神沉郁，呆立，黏膜发绀，反刍减少，瘤胃臌气，肠音废绝，粪便干燥。眼球、肌肉震颤，步态不稳，共济失调，转圈或盲目前冲，后期卧地不起，有的病犬四肢关节疼痛，多因肾功能衰竭而死亡。

犬剖检可见肝脏发青，质硬；脾脏发青，质硬，边缘变钝；肾脏皮质和髓质交界处弥漫性出血；肠系膜淋巴结水肿、出血。组织学变化为肝脏、肾脏、肌肉和心肌发生脂肪变性。

诊断

根据使用血虫净的病史，结合临床症状和剖检变化，即可初步诊断。必要时检测组织和血液中血虫净的含量。

治疗

本病尚无特效解毒药，主要采取对症和支持治疗及促进药物排泄的措施。可用阿托品解毒，并强心、补液，配合维生素 C、ATP 等，以提高疗效。

预防

严格遵守推荐治疗剂量，重复用药应间隔 24d 以上。本品临用前配成 5%～7%无菌溶液深部肌肉注射。对敏感动物使用后应注意观察反应，发现中毒应及时治疗。

马杜拉霉素中毒（maduramicin poisoning）

马杜拉霉素中毒是动物摄入过量马杜拉霉素引起的一种中毒性疾病。临床上以腹泻和运动障碍为特征。本病可发生于各种动物，常见于家禽、猪、兔、牛和羊。

病因

马杜拉霉素又称马度米星，由马杜拉放线菌发酵产生，常用其铵盐，为白色结晶粉末，溶于有机溶剂。马杜拉霉素抗球虫谱广，广泛用于预防鸡球虫病，饲料中添加的推荐预防量为 5g/t，休药期 5～7d，产蛋期禁用。因安全范围很窄。饲料中马杜霉素中毒剂量（mg/kg）鸡为 6，牛 4.8，犬 12。

马杜拉霉素中毒因种属和年龄而有差异，马属动物非常敏感，成年家禽（尤其是火鸡）比肉鸡更敏感，致死剂量与动物种属有关。同族抗生素有协同作用，其他抗生素、药物和低蛋白日粮可能会增加其毒性。中毒主要是由于使用剂量过大，药物在饲料中混合不均匀而使局部浓度过大，或将某些药物应用于靶动物或与其他药物联合应用而产生中毒。

发病机制

马杜拉霉素进入机体导致细胞内离子转运异常是造成机体代谢异常、功能异常及组织器官病变的基础。当药物剂量过高，超过了机体的清除能力时，过高浓度的药物能影响机体细胞膜、亚细胞（如线粒体等）膜的离子转运过程，从而产生中毒作用。因此，马杜拉霉素中毒时动物的超急性死亡可能是由这种心血管效应引起。动物长期接触毒性剂量的药物，机体组织细胞会出现不可逆的损伤。这种组织损伤的基础是离子转运的异常。由于马杜拉霉素可引起宿主细胞内钠离子升高，然后继发 Ca^{2+} 升高。细胞内 Ca^{2+} 升高引起细胞的脂质过氧化增加，组织细胞坏死。马杜拉霉素可使神经肌肉接头处神经递质乙酰胆碱开始大量释放，后来释放减少，神经功能异常，出现腿无力及麻痹的症状。

症状

各种动物中毒的共同症状是食欲减退或废绝，腹泻，肢体无力，步态不稳，突然死亡。

家禽超急性中毒时几乎不表现任何症状而突然死亡。一般呈急性中毒过程，在过量摄入药物后 30min～20h 出现症状，表现乱飞乱跳，口吐黏液，观星状和扭颈等神经兴奋症状。水样腹泻，腿软，行走及站立不稳，严重的两腿麻痹向后伸，昏睡，1～2d 内因衰竭而死亡。亚急性中毒表现为食欲不振，被毛紊乱，精神沉郁，腹泻，腿软，增重及饲料转化率降低。产蛋鸡中毒时产蛋量下降；火鸡对马杜拉霉素更敏感，中毒后还表现为呼吸困难。鹅、鸭和鹧鸪中毒可见脚爪痉挛内收，脸冠发紫等。急性死亡剖检可见普遍性的全身充血或出血，心肌扩张，心肌苍白及出血；体腔大量积液；肺充血、水肿；肝淤血、肿胀呈花斑状，颜色紫红，胆囊充盈；胃肠道黏膜充血、出血，腺胃黏膜易剥离；肾脏淤血，有的有尿酸盐沉积。在给药后 7～14d 死亡的动物以上病变最明显。

猪表现食欲缺乏，反应迟钝，腹泻，呼吸困难，肌红蛋白尿，共济失调，后肢麻痹或瘫痪，鼻孔流血。严重者昏迷，死亡。剖检可见肌肉呈对称性的苍白区，气管内有大量泡沫，肺小叶血肿或水肿，肝脏淤血，胃肠黏膜充血、出血，肾淤血，膀胱内有红色尿液潴留。

牛羊主要表现食欲缺乏，腹泻，心跳加快，节律不齐，呼吸困难，黏膜发绀。共济失调，后肢麻痹或瘫痪，肌红蛋白尿，可突然死亡。绵羊还表现肌肉僵直。

犬表现精神沉郁，卧地不起，驱赶不愿走动，站立不稳，四肢无力，腿麻痹或瘫痪。有的出现肌红蛋白尿，有的腹泻，口吐白沫，严重者抽搐而死亡。

兔表现精神沉郁，食欲减退或废绝，步态不稳，四肢无力，趴卧在地，运动减少。继而反应迟钝，四肢麻痹，呼吸急促，头颈稍斜，嘴着地。有的角弓反张，挣扎，很快死亡。剖检可见胸、腹腔积液，心包积液，气管、肺脏淤血或出血。胃肠黏膜脱落，肝脏肿大，肾脏淤血，膀胱积尿，尿液淡黄色或淡红色。

诊断

根据病史和临床资料，可初步诊断。必要时测定饲料和胃内容物中离子载体抗生素的含量。本病应与硒-维生素 E 缺乏综合征、肉毒中毒、猪棉酚中毒等进行鉴别。

治疗

本病尚无特效解毒药，中毒后立即更换可疑饲料，供给全价优质饲料。家禽可饮用3%～5%的葡萄糖及电解质溶液，或饮用口服补液盐，补充维生素。其他动物早期可灌服活性炭和盐类泻剂，并采取强心、补液、补充能量和维生素等措施。另外，硒和维生素 E 可降低这类添加剂过量对动物的毒性。

预防

严格按照规定剂量和限用动物使用离子载体饲料添加剂。饲料添加时要称量准确，混合均匀。

（徐世文、李金龙）

第八节　动物毒中毒

蛇毒中毒（snake venom poisoning）

蛇毒中毒是动物被毒蛇咬伤而引起的一种动物毒素中毒。临床上以毒血症、溶血、中枢麻痹及休克甚至死亡为特征。各种动物均可发生。

病因

世界上蛇类有 3000 种左右，其中毒蛇约 650 种。我国的蛇类约有 150 多种，毒蛇占 47 种，常见的有金环蛇、银环蛇、眼镜蛇、五步蛇、蝮蛇、蝰蛇、龟壳花蛇、竹叶青和海蛇。这些毒蛇，除海蛇主要分布于近海地区外，大多数分布于长江以南各省区，而长江以北平原和丘陵地区只有蝮蛇、蝰蛇等较少几种毒蛇。家畜于放牧觅食时被毒蛇咬伤，马、牛及羊被咬伤的部位多在跗关节或球关节附近，犬、猫则多在四肢和头部。咬伤部位愈接近中枢神经和血管丰富部位，中毒症状愈严重，病程愈短。猪由于皮肤厚及皮下脂肪丰富，毒素吸收缓慢，其中毒症状出现也慢，各种动物对蛇毒的敏感性不尽相同。最敏感的是马属动物，其次是绵羊和牛，而猪的敏感性最小。

发病机制

蛇毒是一种含特异性毒蛋白、多肽类及某些酶类的复杂化合物，如胆碱酯酶、凝血素、凝集素、溶蛋白素、蛋白分解酶等。因此，蛇毒的作用是多方面的，通常据此将其分为三类，即神经毒、血循毒和混合毒。神经毒主要作用于脊髓神经和神经肌肉接头，使骨骼肌麻痹乃至全身瘫痪；亦可直接作用于延髓的呼吸中枢或呼吸肌，使呼吸肌麻痹，最后窒息而死。血循毒主要作用于血液循环系统，引起心力衰竭、溶血、出血、凝血、血管内皮细胞破坏，最后休克而死。混合毒则兼有神经毒和血循毒的毒性作用，但总是以其中某一种毒性作用为主。毒蛇种类不同，所含毒素也不尽相同，金环蛇、银环蛇等眼镜蛇科环蛇属毒蛇的毒液多属神经毒；蝰蛇、蝮蛇、竹叶青等蝰蛇科和蝮蛇科毒蛇的毒液多属血循毒；眼镜蛇和眼镜王蛇的毒液多属混合毒。

症状

神经毒症状，咬伤后，流血少，红肿热痛等局部症状轻微，通常在咬伤后的数小时内即可出现急剧的全身症状。患畜痛苦呻吟，兴奋不安，全身肌颤，吞咽困难，口吐白沫，瞳孔散大，血压下降，呼吸困难，脉律失常，最后四肢麻痹，卧地不起。终因呼吸肌麻痹，窒息死亡。

血循毒症状，咬伤后，局部症状特别明显，主要表现为咬伤部剧痛，流血不止，迅速肿胀，发紫发黑，很快出现坏死，肿胀迅速向上发展，一般经 6～8h 可蔓延到全肢、背腰部以至全身。病情进一步发展，出现血尿、血红蛋白尿、少尿、尿闭及胸膜腔大量出血等全身症状，最后导致心力衰竭或休克而死。

混合毒症状，咬伤后，局部出现红肿热痛和坏死等。毒素吸收后，全身症状重剧而且复杂，既具备神经毒所致的各种神经症状，又具备血循毒所致的各种临床表现。呼吸中枢和呼吸肌麻痹引起的窒息，或血管运动中枢麻痹和心力衰竭引起的休克，通常是死亡的直接原因。

诊断与预后

根据病史和临床症状，一般可以确诊。

家畜被毒蛇咬伤不易早期发现，一经发现，则早已陷于全身中毒，甚难救治。因此，患畜大多于 1～2d 内死亡，预后不良。

治疗

治疗原则是防止毒素扩散，排毒和解毒及对症治疗。

发现毒蛇咬伤，应在伤口近心端处进行结扎，以能阻断淋巴、静脉回流为限，但不能阻碍动脉血的供应，以后间隔 15～20min 放松 1～2min，以免缺血而发生坏死，排毒和服蛇药后解除结扎。

结扎后，应立即用清水、氨水、过氧化氢或 0.1%高锰酸钾液冲洗伤口。然后，沿咬伤牙痕并与血管走向平行，进行切开扩创，创口要深达被咬伤局部组织的肌肉和肌膜，将其周围组织切除，或扩创后挤压、烧烙、抽吸（切不可用嘴吸）周围组织中的毒液。

处理伤口之前或同时，内服或局部涂敷蛇药，和（或）注射抗血清。蛇药如湛江蛇药、季德胜蛇药、南通蛇药、群生蛇药、上海蛇药等，也可选用七叶一枝花、八角莲、山梗菜、万年青、青木香、石蟾蜍、半边莲、田基黄等捣烂外敷。咬伤部周围，可注射 1%～2%高锰酸钾液、过氧化氢或胃蛋白酶液，并用 0.25%～0.5%盐酸普鲁卡因注射液 100～200mL 封闭。为结合或破坏已吸收的毒素，可缓慢静脉注射 2%高锰酸钾注射液 50～100mL。单价或多价抗蛇毒血清早期静注常具有特效，皮下注射，亦有较好的解毒效果。用量：猪、羊为 20～50mL；马、牛为 80～100mL。

对症治疗，应用大剂量糖皮质激素如地塞米松等，具有解毒、抗休克作用。也可用山梗菜碱、安钠咖、乌洛托品、樟脑、葡萄糖等强心、解毒、兴奋呼吸的药物。有窒息危险的，应施行气管切开术。

蜂毒中毒（bee venom poisoning）

蜂毒中毒是指蜜蜂毒腺分泌的毒液经螫针注入畜体引起的一种中毒性疾病。临床上以局部红肿、瘙痒为特征。各种动物均可发生。

病因

蜂巢通常筑于灌木丛、草丛中或屋檐下、树枝上，竹蜂巢筑于竹子上。当家畜放牧时触动蜂巢或激惹蜂群，会遭到蜂群的袭击。家畜中以马最为敏感，马蜂毒中毒时可致死亡，山羊及绵羊亦能发生死亡，乳牛的乳房常受到螫刺，鸭、鹅吞食蜂类，几分钟内可死亡。

发病机制

蜂毒含有磷脂酶A、透明质酸酶、乙酰胆碱、甲酸、5-羟色胺、组胺及多肽类等化合物。组胺、5-羟色胺和乙酰胆碱可使平滑肌收缩，血压下降，呼吸不整，运动麻痹，局部疼痛，淤血及水肿。磷脂酶A可引起严重的血压下降，间接性溶血，具有很强的致死作用。另一方面蜂毒可以使肾上腺皮质的功能增强，以提高机体的防卫机能，故对炎症、过敏性疾病等有良好影响。

症状

蜂毒中毒有局部症状和全身症状。

螫伤后，局部立即出现剧烈热痛、淤血及肿胀。轻症者很快恢复，严重者偶可引起局部组织坏死。毒素吸收后，可出现体温升高、心跳加快、呼吸急促、兴奋或沉郁、血红蛋白尿、严重者转为麻痹、血压下降、呼吸困难，往往由于呼吸麻痹而死亡。

螫伤后短时间内死亡的患畜常有喉头水肿，各实质器官淤血，皮下及心内膜有出血斑，脾脏肿大，脾髓质内充满暗褐色的血液，肝脏柔软变性，肌肉变软呈煮肉样。

治疗

排毒，解毒，脱敏抗休克及对症治疗是关键措施。

及时拔除螫针，针刺螫伤局部，挤出或吸出毒液，然后用3%氨水、肥皂水、5%碳酸氢钠溶液或2%～3%高锰酸钾液洗涤，洗涤后局部做普鲁卡因封闭，涂10%氨溶液或氧化锌软膏。

及时应用抗过敏药和抗休克药，如苯海拉明，马、牛0.1～0.5g，猪、羊、犬40～60mg，肌注；氢化泼尼松或地塞米松，马5～10mg，奶牛10～30mg，犬1～2mg，肌肉或静脉注射。曲吡那敏，马、牛60～100mg，猪、羊、犬10～20mg，肌注。0.1%盐酸肾上腺素注射液，马、牛2～5mL，羊、猪0.2～1.0mL，犬0.1～0.5mL，肌肉注射。为保肝解毒，可应用高渗葡萄糖、5%碳酸氢钠、40%乌洛托品、钙剂及维生素B或维生素C等。

（徐世文、李金龙）

第九节　其他中毒性疾病

二噁英中毒（dioxin poisoning）

二噁英中毒是指动物摄入二噁英引起的一种中毒性疾病。各种动物均可发生，以鸡、猪和牛较多见。

二噁英是指能够与芳香烃受体结合的，且导致产生各种生物化学变化的一大类物质的总称。美国环保局确认的有 30 种，主要包括多氯二苯对二噁英类 7 种，多氯二苯呋喃类 10 种，多氯联苯类 13 种。其中毒性最大、致癌作用最强的是 2,3,7,8-四氯二苯对二噁英。二噁英在体内几乎不能代谢，而是蓄积在脂肪组织中，并通过食物链进行转移富集。

病因

环境中的二噁英及其类似物来源广泛，如有机氯杀虫剂（如 DDT、六六六等），聚氯乙烯塑料产品的生产、回收、垃圾掩埋和作为垃圾被焚烧时，均会产生有强毒性和致癌性的二噁英，污染空气、水源、土壤和野生动植物；除此之外，垃圾及固体废弃物的焚烧、金属冶炼、黏合剂、汽车尾气排放、森林火灾和农业秸秆燃烧等，也可产生二噁英。目前，二噁英已在全球造成低水平的污染，它无所不在，甚至北极也不能幸免。二噁英污染难以控制的最主要原因是它具有超常的物理、化学、生物降解期，需要几十年甚至更长时间，几乎不能被降解为无毒物质。

动物中毒主要是采食被污染的牧草，饲料的加工、储存、运输过程污染，饲料中加入被污染的添加剂等。二噁英对动物的毒性因种属有很大的差异。

发病机制

二噁英具有类似激素的作用，称为“环境激素”。二噁英及其类似物主要通过被动扩散方式进入细胞，与芳香烃受体结合，激活芳香烃受体，配体-受体复合物与 DNA 识别位点结合，特异基因的转录与翻译，表达蛋白质产生毒性作用。其毒性主要表现为生殖与发育毒性、免疫毒性、致癌性、肝毒性和皮肤毒性。二噁英具有雌激素样作用，引起睾丸重量减轻，精子数量减少，胎儿体重减轻、畸形。2,3,7,8-四氯二苯对二噁英具有很强的致癌性，主要的靶器官在肝脏、甲状腺、肺脏、皮肤和软组织。二噁英不具有致突变性，主要表现为促癌作用。二噁英能引起胸腺萎缩、体液免疫和细胞免疫抑制，机体对疾病的易感性增加。暴露于高浓度的 2,3,7,8-四氯二苯对二噁英时，皮肤发生增生或角化过度、色素沉着等痤疮症状。肝毒性的特征是变性与坏死，伴有单核细胞浸润，多核巨大肝细胞数、分裂指数及胞浆内脂肪滴增多，肝脏转氨酶活性升高，卟啉合成与降解酶活性改变，使卟啉代谢发生障碍，导致血液和尿液原卟啉含量升高，但二噁英所致的肝毒性与动物种类有关。

症状

肉鸡表现生长受阻，呼吸困难，无力，运动失调，水肿，死亡率很高，又称雏鸡水肿病。产蛋鸡产蛋率急剧降低，蛋壳坚硬，孵化后小鸡难以破壳。牛表现体重降低，消瘦，食欲正常，但饲料转化率极低，产奶量下降，皮肤及鳞状上皮角化。犬、猫表现渐进性消瘦，慢性呼吸系统感染，口腔和鼻腔损伤，脱毛。

鸡剖检可见皮下水肿，心包积液，腹水。犬猫表现肾小管变性，肝脏中心小叶变性。牛脾脏萎缩，肾脏水样变性。

诊断

根据临床症状和病理变化，结合流行病学调查，可初步诊断。确诊必须进行饲料、动物组织中二噁英及其类似物的分析，常用高分辨率色谱-质谱联用法。

治疗

本病尚无特效疗法，用活性炭、苯巴比妥，维生素 A、维生素 D、维生素 E 等治疗均不能降低脂肪中二噁英的含量。

预防

针对二噁英的来源，控制产生渠道，是世界各国普遍采用的防治措施。主要包括严格控制氯酚类杀虫剂、消毒剂的生产、使用；全面禁止垃圾、农作物秸秆的无序焚烧；生活垃圾焚烧炉要严格控制焚烧温度不低于 850℃，烟气停留时间不小于 2h，氧浓度不低于 6%；对工业三废及纸浆漂白液进行净化处理；加强汽车尾气净化等。建立完善的动物性食品中二噁英含量检测体系，加强二噁英的检测和食品安全管理和提高人们的自我防范意识，严禁二噁英超标的食品流入市场。

一氧化碳中毒（carbon monoxide poisoning）

一氧化碳中毒俗称煤气中毒，是动物吸入过量的一氧化碳（CO）引起的一种中毒性疾病。临床上以神经症状和呼吸困难为特征。各种动物均可发生，主要见于幼畜。

病因

当空气中 CO 的含量达到 0.1%～0.2%时，动物吸入后即可引起中毒。含碳物质燃烧不完全可产生大量 CO，煤气管道泄漏也可逸出大量 CO。动物中毒多发生于通风不良的产房、育雏室。寒冷季节，在舍内生火取暖，当门窗紧闭，通风孔被遮盖或烟囱或者烟道堵塞时，常引起 CO 中毒。失火现场空气中 CO 浓度可达 10%，也可发生中毒。

发病机制

CO 经过呼吸道吸入肺泡后，通过气体交换进入血液。CO 与 Hb 的亲和力比 O_2 与 Hb 的亲和力大 210～240 倍，其中 85%与血红蛋白（Hb）的氧结合部位结合，形成稳定的 COHb，Hb 失去携带 O_2 的能力，COHb 能引起血红蛋白解离曲线左移，血氧不易释放给组织，而造成缺氧。高浓度的 CO 还可与含二价铁的肌球蛋白结合，影响氧从毛细血管弥散到细胞内的线粒体，损害线粒体功能。同时，CO 与还原型细胞色素氧化酶的二价铁结合，抑制细胞色素氧化酶的活性，影响细胞呼吸和氧化过程，阻碍对氧的利用。但氧与细胞色素氧化酶的亲和力大于 CO。COHb 呈鲜红色，因而 CO 中毒动物的血液、可视黏膜和各内脏器官均呈樱桃红色。组织缺氧，体内无氧酵解加强，产生大量酸性中间产物，使机体发生酸中毒。中枢神经系统对缺氧最为敏感，故先受损害，临床上发生一系列神经功能障碍的症状。

症状

病初畏光，流泪，呕吐；精神沉郁，眩晕，站立不稳，食欲减退，呼吸困难，脉搏增快。随着病情进展，步态不稳或卧地，可视黏膜呈樱桃红色或发绀；全身出汗，呼吸急促，脉细而快，心音减弱；肌肉出现阵发性痉挛，逐渐呈昏睡或昏迷状态。后期昏迷状态，反射消失，大小便失禁，呼吸困难，甚至呼吸衰竭和心脏麻痹，窒息而死亡。

急性中毒者，尸体剖检可见血管和各内脏器官内的血液呈樱桃红色，脏器表面有出血点。慢性中毒者，可见肝脏、脾脏、肾脏肿大，有时可见心肌坏死。组织学变化为大脑半球和脑干白质软化，皮质坏死，脑水肿、出血以及海马体坏死，还有脱髓鞘。

诊断与预后

根据病史，临床症状可做出初步诊断，确诊需做 HbCO 含量检测。

轻症患畜如及时脱离中毒环境，吸入新鲜空气，一般能很快恢复健康。

治疗

动物 CO 中毒时，应立即将患畜转移到空气新鲜处进行救治。在转移动物过程中，要特别注意人的安全，首先应打开圈舍门窗，更换室内空气，排除蓄积的 CO，并查明 CO 的发生源，并迅速排除，以免继续产毒。轻度中毒者，转移至空气新鲜处后，能很快恢复健康。中毒较重者可采用下列方法治疗。

补氧，有条件时可立即对患畜进行输氧，输氧量为 5～7L/min 为宜，中小动物可施行人工呼吸。静脉注射过氧化氢（H_2O_2），即用 10%葡萄糖注射液将过氧化氢配成 0.24%以下的稀溶液后，进行静脉注射，牛、马每次 500～1000mL，中、小动物可酌情减量。有条件的可以进行输血疗法。

防治脑水肿，常用 20%甘露醇、25%山梨醇或高渗葡萄糖溶液，交替静脉注射。同时应用利尿剂和地塞米松。在脑水肿得到控制并稳定后，选用促进细胞机能恢复的药物，如细胞色素 c、辅酶 A、ATP 及大剂量的维生素 C。也可选用血管扩张药，改善脑循环，如低分子或中分子右旋糖酐等。

对症治疗及防治并发症，对于心律失常、呼吸麻痹、休克和电解质失调的患畜应及时纠正，并可选择保护心脏的药物。选用广谱抗生素，预防和控制肺部感染。

预防

加强预防 CO 中毒的宣传，冬季应经常检查和检修产房、育雏室内的取暖设备（如煤炉），防止漏烟、倒烟，设风斗和通风孔，保持室内通风良好。

（徐世文、李金龙）

主要参考文献

陈家璞. 小动物疾病. 北京：北京农业大学出版社，1993
董德长. 实用肾病学. 上海：上海科学技术出版社，1999
郭定宗. 兽医内科学. 北京：高等教育出版社，2005
侯加法. 小动物疾病学. 北京：中国农业出版社，2002.
李毓义，李彦舫. 动物遗传免疫病学. 北京：科学出版社，2001
李毓义，杨宜林. 动物普通病学. 长春：吉林科技出版社，1994
李毓义，张乃生. 动物群体病症状鉴别诊断. 北京：中国农业出版社，2003
陆桂平. 动物病理学. 北京：中国农业出版社. 2001
倪有煌，李毓义. 兽医内科学. 北京：中国农业出版社，1996
王民桢. 家畜遗传病学. 北京：科学出版社，1996
王民桢. 兽医临床鉴别诊断学. 北京：中国农业出版社，1994
王小龙. 兽医临床病理学. 北京：中国农业出版社，1995
王小龙. 兽医内科学. 北京：中国农业大学出版社，2004
熊云龙，王哲. 动物营养代谢病. 长春：吉林科学技术出版社，1995
岩崎利郎，辻本元，長谷川篤彦. 獣医内科学（小动物篇）. 日本：文堂出版社，2005
叶任高，陆再英. 内科学. 北京：人民卫生出版社，2004
张才骏. 牛症状临床鉴别诊断学. 北京：科学出版社，2007
Fraser C M. 默克兽医手册. 韩谦等译. 北京：中国农业大学出版社，1997